Bíblia de Navarra

Santos Evangelhos

QUADRANTE

Com aprovação eclesiástica

Dados Internacionais de Catalogação na Publicação (CIP)

Bíblia de Navarra, Santos Evangelhos, 2ª ed. – São Paulo: Quadrante Editora, 2023.

ISBN: 978-85-7465-577-2

1. Bíblia – Ensinamentos 2. Bíblia – Estudo e ensino
3. Evangelho – Estudo e ensino 4. Novo Testamento.

CDD-220.07

Índice para catálogo sistemático:

1. Bíblia: Estudo e ensino 220.07

QUADRANTE EDITORA
Rua Bernardo da Veiga, 47 - Tel.: 3873-2270
CEP 01252-020 - São Paulo - SP
www.quadrante.com.br / atendimento@quadrante.com.br

Bíblia de Navarra

Santos Evangelhos

2ª edição

Tradução do texto bíblico
Pe. Matos Soares

Revisão técnica e adequação da tradução bíblica à Neovulgata
Artur Padovan

QUADRANTE

IMPRIMATUR
Dom Walmor Oliveira de Azevedo
Arcebispo de Belo Horizonte
Presidente da Conferência Nacional dos Bispos do Brasil

NIHIL OBSTAT
Dom Pedro Carlos Cipollini
Bispo Diocesano de Santo André
Presidente da Comissão Episcopal Pastoral para a Doutrina da Fé – CNBB

NOTA A ESTA EDIÇÃO BRASILEIRA

O leitor desta edição dos Santos Evangelhos se deparará regularmente com duas datas à margem do texto bíblico. Com elas, deseja-se sugerir, sem quebra de unidade temática, uma divisão do texto dos quatro evangelistas segundo os dias do ano, a fim de que o leitor que assim o desejar se organize para conhecer a Boa-nova em sua extensão e de maneira ordenada.

As datas em redondo têm início a 1º de dezembro e fim a 31 de maio, ao passo que as datas em itálico abarcam o período de 1º de junho a 30 de novembro. Desta forma, o que se pautar por essas indicações terá condições de concluir os Santos Evangelhos num semestre e relê-lo noutro.

Sumário

EVANGELHO SEGUNDO SÃO MATEUS

9 | *Introdução ao Evangelho segundo São Mateus*
27 | *Evangelho segundo São Mateus*
133 | *Notas ao Evangelho segundo São Mateus*

EVANGELHO SEGUNDO SÃO MARCOS

233 | *Introdução ao Evangelho segundo São Marcos*
251 | *Evangelho segundo São Marcos*
321 | *Notas ao Evangelho segundo São Marcos*

EVANGELHO SEGUNDO SÃO LUCAS

389 | *Introdução ao Evangelho segundo São Lucas*
409 | *Evangelho segundo São Lucas*
523 | *Notas ao Evangelho segundo São Lucas*

EVANGELHO SEGUNDO SÃO JOÃO

629 | *Introdução ao Evangelho segundo São João*
649 | *Evangelho segundo São João*
729 | *Notas ao Evangelho segundo São João*

EVANGELHO

SEGUNDO
SÃO MATEUS

INTRODUÇÃO

O *Evangelho segundo São Mateus* é o primeiro livro do Novo Testamento. O Antigo, que narra a formação e o desenvolvimento do povo de Deus, chega ao fim, de acordo com a ordem dos manuscritos cristãos, com os livros dos profetas cujos anúncios aguardam respectivo cumprimento. No começo do Novo Testamento, o primeiro Evangelho recorda constantemente que em Jesus se cumprem essas profecias e as restantes Escrituras e que a obra de Jesus representa a renovação definitiva de Israel – o povo da Antiga Aliança –, com a formação da Igreja como novo povo de Deus. Desta forma, o Evangelho revela que o cristianismo tem suas raízes no povo judaico, ao mesmo tempo que apresenta dimensão universal.

O *Evangelho segundo São Mateus* gozou de grande autoridade desde a sua composição, sendo conhecido e usado pelos documentos cristãos de finais do século I que chegaram até nós: a *Didaquê*, escrita entre os anos de 80 e 100; a *Primeira Carta aos Coríntios*, do Papa São Clemente Romano, entre 92 e 101; a chamada *Epístola de Barnabé*, escrita entre 96 e 98; as *Cartas* de Santo Inácio, mártir de Antioquia, morto entre 107 e 114; os escritos de São Policarpo, que morreu em 156 etc. Mas a sua influência estendeu-se para além do Ocidente cristão. Com efeito, Eusébio de Cesareia afirma que Panteno (c. 150-216), que foi mestre de Clemente de Alexandria, esteve na Índia e descobriu que o *Evangelho de Mateus* era conhecido ali, para onde tinha sido levado pelo apóstolo Barnabé[1]. Os Padres mais antigos citam-no com frequência, enquanto outros – como Orígenes, Santo Hilário de Poitiers, São Jerônimo etc. – comentam-no de maneira sistemática. Alguns, como São João Crisóstomo e São Cromácio de Aquileia, dedicam uma longa série de homilias a glosar o texto em seu conjunto; mais habituais são as homilias sobre diversas de suas passagens por parte de autores como São Leão Magno, São Máximo de Turim, São Pedro Crisólogo, São Gregório Magno, entre outros. Refiram-se ainda os tratados sobre a oração escritos por São Cipriano, Orígenes e Tertuliano a propósito do Pai-nosso; e a explicação que Santo Agostinho dá deste primeiro Evangelho ao tratar do Sermão da Montanha (*De Sermone Domini in monte*). O mesmo se aplica a épocas posteriores, onde encontramos comentários de grandes Doutores, como São Tomás de Aquino, e belos tratados, como a exposição do Pai-nosso que Santa Teresa realiza no *Caminho de perfeição*. Não é em vão que – em razão da sua riqueza – se chama a este texto o Evangelho do catequista[2].

Depoimentos antigos garantem que São Mateus foi o primeiro a passar a escrito o Evangelho de Jesus Cristo. Do século II, chegou-nos o testemunho de Pápias,

---

1 Cf. *Historia ecclesiastica*, 5, 10, 3.

2 «Os Evangelhos foram também, antes de serem escritos, expressão de um ensinamento oral, transmitido às comunidades cristãs, e refletem mais ou menos claramente uma estrutura catequética. Porventura a narração de São Mateus não foi já chamada o Evangelho do catequista e a de São Marcos, o Evangelho do catecúmeno?» (São João Paulo II, *Catechesi tradendae*, n. 11).

bispo de Hierápolis, que afirma: «Mateus dispôs os discursos [do Senhor] na língua dos hebreus, e cada um os interpretou como pôde»[3]. Não existe nenhuma cópia nem qualquer descrição desse texto a que Pápias se refere, pelo que não sabemos se a língua a que alude é o hebraico ou o aramaico; também não sabemos se os discursos que menciona são o conjunto do Evangelho ou apenas as palavras do Senhor. Em contrapartida, o texto grego foi desde muito cedo usado como canônico.

I. ESTRUTURA E CONTEÚDO

O primeiro Evangelho é um texto escrito com enorme cuidado, em que a própria estrutura pretende transmitir ensinamentos. Visto no seu todo, nota-se a presença de cinco sermões do Senhor ao longo do relato, sermões que alternam com cinco seções que contêm relatos dos sinais messiânicos de Jesus. Alguns autores veem refletida nessa disposição do Evangelho a ideia de fundo que preside à obra: Jesus é a plenitude da Lei (Pentateuco), também ela constituída de cinco livros.

No entanto, o conteúdo deste Evangelho pode ser descrito de outras maneiras. Tal como acontece nos outros dois sinóticos, reconhece-se em São Mateus uma estrutura que, tendo como centro a confissão de Pedro em

3 Eusébio de Cesareia, *Historia ecclesiastica,* 3, 39, 16.

Cesareia de Filipe[4], divide a narrativa em duas partes: até esse momento, a ação desenrola-se na Galileia e a pregação de Jesus – que versa sobre o Reino dos Céus, a verdadeira justiça, a plenitude da Lei etc. – geralmente dirige-se às multidões; a partir da confissão de Pedro, contudo, os ensinamentos do Senhor destinam-se fundamentalmente aos discípulos mais próximos e fazem referência ao messianismo sofredor de Jesus e a alguns aspectos da futura vida da Igreja. A narrativa pode ser estruturada atendendo a esses dois blocos: assim, a primeira parte, que apresenta a atividade de Jesus na Galileia, é precedida pelo Evangelho da infância e pela preparação do ministério de Jesus. Na segunda parte, também se podem distinguir dois momentos: o caminho da Galileia para Jerusalém e a atividade e os acontecimentos da vida do Senhor na Cidade Santa. O evangelista assinala essa estrutura geral com um elemento de estilo: muitas vezes – chegam a noventa – introduz as ações narradas com o advérbio «então»; mas só em três ocasiões – no começo do ministério público de Jesus, depois da confissão de Pedro e na traição de Judas – utiliza a expressão «desde então»[5].

Em traços largos, o esquema deste Evangelho é o seguinte:

---

4 Cf. Mt 16, 13-20.

5 Mt 4, 17; 16, 21; 26, 16.

APRESENTAÇÃO (1, 1-4, 11). Compreende o relato do nascimento e da infância de Jesus (1, 1-2, 23), seguido da narração do batismo e das tentações (3, 1-4, 11). No seu conjunto, ensina que Jesus é o Filho de Deus, nascido da Virgem Maria por obra do Espírito Santo, e que ao mesmo tempo é verdadeiro homem, descendente de Davi; que Ele é o Messias de Israel e o Salvador de todos os homens; e que triunfa onde os outros, sucumbindo à tentação, tinham fracassado.

PRIMEIRA PARTE: MINISTÉRIO DE JESUS NA GALILEIA (4, 12-16, 20). Jesus proclama, com palavras e obras, o advento do Reino de Deus, chama os seus discípulos e congrega o novo povo de Deus (4, 12-25); como sumo Mestre, Legislador e Profeta, promulga a nova Lei do Reino no Sermão da Montanha (5, 1-7, 29). Seus ensinamentos são avalizados pelas «obras do Messias», os milagres que confirmam sua autoridade (8, 1-9, 38). O sermão da missão dos Doze (10, 1-42), as ações de Jesus (11, 1-12, 50) e seus ensinamentos em parábolas sobre o Reino dos Céus (13, 1-52) ressaltam de modo novo que Ele é mais do que um Mestre: é o Messias de Israel. Os dirigentes religiosos do povo escolhido (11, 16-12, 45) obstinam-se em recusá-lo, mas os sinais de Jesus são tão evidentes (14, 13-15, 39) que São Pedro confessa o que Ele verdadeiramente é: o Messias, o Filho de Deus (16, 13-20).

SEGUNDA PARTE: MINISTÉRIO A CAMINHO DE JERUSALÉM (16, 21-20, 34). O Evangelho apresenta o «caminho da Cruz». Os dois anúncios da Paixão (16, 21; 17, 22-23) e o sentido da Transfiguração (17, 9.12) assinalam o significado do que vai acontecer: Jesus tem de ser entregue e aceita sua missão, mas também sabe que, após a morte, virão a ressurreição e a glorificação. Esse ensinamento se completa com instruções sobre a vida futura da Igreja, dentre as quais sobressai o chamado Discurso Eclesiástico (18, 1-35). No caminho para Jerusalém (19, 1-20, 34), outros episódios ilustram diversos aspectos da vida eclesial: a pobreza, o espírito de serviço etc.

TERCEIRA PARTE: MINISTÉRIO DE JESUS EM JERUSALÉM (21, 1-28, 20). Inicia-se com a manifestação messiânica de Cristo e a purificação do Templo (21, 1-22) e prossegue com as controvérsias de Jesus com os judeus (21, 23-23, 39). Há um tema de fundo unindo esses episódios: Israel fracassou, não fora capaz de corresponder ao dom de Deus, e por isso o Senhor fundará um novo povo que dê frutos (21, 43). O chamado Discurso Escatológico completa os ensinamentos de Jesus aos seus discípulos (24, 1-25, 46): com as suas palavras, Cristo exorta à vigilância, porque a fidelidade ao dom de Deus tem de se exprimir em obras. A narração reveste-se de especial intensidade quando se detém no último dia da vida de Cristo: o seu oferecimento à vontade do Pai (26, 26-46), a sua prisão, o processo e a condenação (26, 47-27, 31), a sua morte (27, 32-66) e a sua ressurreição (28, 1-20). O relato destaca a entrega serena de Jesus à sua missão como Servo do Senhor e a recusa de Israel aos planos de Deus. Os desígnios divinos cumprem-se na morte de Jesus, mas também na sua ressurreição (28, 6). Com ela e com o mandato apostólico, tem início uma nova etapa: Jesus, o Senhor ressuscitado, permanece na Igreja; abriram-se as portas do céu, e é necessário anunciar essa mensagem de salvação a todos os homens (28, 16-20).

II. COMPOSIÇÃO E ENQUADRAMENTO HISTÓRICO

O autor e as circunstâncias da composição

A atribuição a Mateus deste primeiro Evangelho está presente em todos os documentos antigos, sendo também confirmada no Evangelho mesmo, uma vez que é o único que atribui o nome de Mateus ao cobrador de impostos que o Senhor chama no começo de sua vida pública[6] e que coincide com o Mateus que é nomeado nas listas dos Doze[7]. São Lucas afirma que se chamava Levi e São Marcos, Levi, filho de Alfeu[8].

A leitura deste escrito permite supor que tanto o seu autor como os seus destinatários imediatos eram judeus

6 Cf. Mt 9, 9.

7 Cf. Mt 10, 1-4; Mc 3, 13-19; Lc 6, 12-16; At 1, 13.

8 Cf. Lc 5, 27; Mc 2, 14.

convertidos ao cristianismo. Com efeito, embora o autor evite os vulgarismos e procure exprimir-se bem em grego, estão presentes ali muitas expressões de cunho palestinense que só este Evangelho utiliza: «Reino dos Céus», «Pai celestial», «Cidade Santa», «casa de Israel», «a carne e o sangue», «atar e desatar» etc. Por outro lado, o autor faz muito mais alusões que os outros sinóticos a costumes judaicos: a oferenda sobre o altar, o comportamento dos sacerdotes quanto ao sábado, o uso dos filactérios etc.[9] Tudo isso dá a entender que os primeiros destinatários do Evangelho são cristãos procedentes do judaísmo, para os quais os ensinamentos da Lei continuam vigentes, embora entendidos à luz da nova Lei de Cristo[10]. No entanto, essa circunstância não limita o horizonte universal do Evangelho, presente no mandato final de fazer discípulos entre todos os povos[11], na caracterização dos cristãos como sal da terra e luz do mundo[12] e na índole catequética e esclarecedora do texto. Tem-se observado que este evangelista é um homem que aplicou a si mesmo o conselho do Senhor recolhido em Mt 13, 52: «Todo escriba instruído nas coisas do Reino dos Céus é semelhante a um pai de família que tira do seu tesouro coisas novas e velhas».

Há ainda outras circunstâncias que permitem vislumbrar a comunidade a que este Evangelho se dirige. O Senhor adverte seus discípulos de que terão

---

9 Cf. Mt 5, 23; 12, 5; 23, 5.

10 Cf. Mt 28, 19.

11 Cf. Mt 28, 19.

12 Cf. Mt 5, 13-14.

dificuldades na sua missão cristianizadora: da parte dos próprios familiares, dos gentios, de governadores e reis, mas sobretudo dos fariseus. É fácil perceber que as controvérsias de Jesus com os doutores da Lei e fariseus dizem respeito tanto ao momento em que tiveram lugar como ao tempo posterior da Igreja[13] – circunstância especialmente perceptível na atualização que o Evangelho faz de uma frase de Oseias que o Senhor diz por duas vezes: «Quero misericórdia, e não sacrifício»[14]. Após a destruição do Templo, essa expressão foi invocada com frequência pelo judaísmo da Palestina para explicar que os atos de misericórdia ocupavam o lugar dos atos de culto. Evocando-a nas controvérsias com os doutores da Lei, o evangelista pretende mostrar aos fariseus que o sentido dos textos sagrados, incluindo o das duas passagens às quais eles recorrem, é aquele que Jesus lhes conferiu.

Tais elementos levam-nos a supor que este Evangelho surgiu na região de Antioquia da Síria, onde, após a destruição de Jerusalém, foram refugiar-se muitos judeus e cristãos de origem judaica; essa hipótese é reforçada pelo fato de Santo Inácio de Antioquia, autor de finais do século I, tê-lo citado. A crítica concorda com que o *Evangelho de São Mateus*, na língua dos hebreus a que Pápias se refere, data dos anos de 50 ou 60; a versão grega, que é a canônica, poderá situar-se cerca de duas décadas depois.

---

13 Cf. Mt 10, 17-21; Mt 23, 34.

14 «Ide e aprendei o que significa: *Quero misericórdia, e não sacrifício*» (Mt 9, 13). «Se vós soubésseis o que quer dizer: *Quero misericórdia, e não sacrifício*, jamais condenaríeis os inocentes» (Mt 12, 7).

Características teológicas e literárias

O Evangelho didático. Do que ficou dito, pode-se concluir que o primeiro Evangelho tem uma forte unidade – também literária –, em que todos os parágrafos, quer pelo que dizem, quer pelas circunstâncias e o modo como o fazem, estão cheios de intencionalidade. O estilo torna patente com que cuidado o evangelista procurou ser preciso e claro na exposição da doutrina.

Nos relatos dos milagres, por exemplo, em comparação com a vivacidade que encontramos em São Marcos, a narrativa de São Mateus é estilizada e solene, evitando pormenores acessórios e sublinhando essencialmente duas coisas: a majestade de Jesus e a estreita relação entre o que pede quem Lhe solicita alguma coisa e a resposta do Senhor[15]. Nisto, o leitor encontra um modo de se relacionar com Cristo. No que se refere às palavras de Jesus, o Evangelho recolhe muitas expressões em que se torna manifesta a sonoridade dos vocábulos e o ritmo poético, de modo que as frases do Senhor sejam cada vez mais fáceis de reter na memória e acorram aos lábios com mais espontaneidade. Nesse aspecto, pode-se dizer que este Evangelho é o primeiro livro de *catequese* cristã.

Todavia, este Evangelho também é catequético segundo outro ponto de vista: pelo fato de conter de forma ordenada as normas que o cristão deve viver, correspondendo

---

15 Assim, a resposta de Jesus às súplicas é muitas vezes: «Seja-te feito conforme creste», ou outras versões da mesma frase. Comparar, por exemplo, Mt 8, 5-13 com Lc 7, 1-10; ou Mt 9, 18-26 com Mc 5, 21-43.

na perfeição ao mandato final do Senhor: «Jesus, aproximando-se, falou-lhes assim: "Foi-me dado todo o poder no céu e na terra. Ide, pois, e ensinai todas as gentes, batizando-as em nome do Pai, do Filho e do Espírito Santo, ensinando-as a observar todas as coisas que vos mandei. Eis que eu estou convosco todos os dias, até a consumação dos séculos"»[16]. A leitura do *Evangelho segundo São Mateus* permite perceber imediatamente que nos sermões de Jesus estão contidos os mandamentos sobre o modo de rezar, de jejuar, de ensinar, de exercer os ministérios na Igreja etc., os quais os apóstolos estão encarregados de ensinar e os discípulos, de cumprir[17].

O Evangelho dos discursos do Senhor. Este escrito foi assim chamado por conter discursos longos de Cristo, por meio dos quais podemos perceber as palavras de Jesus e assistir à sua pregação. Cinco desses discursos[18] – o da montanha, o da missão dos doze apóstolos, o das parábolas, o chamado discurso eclesiástico e o discurso escatológico – chegam ao fim com uma versão da seguinte expressão: «Tendo Jesus acabado de dar essas instruções...»[19]. Há outros sermões de extensão menor, como o das invectivas e controvérsias com os fariseus e os doutores da Lei[20]; mas, em todos eles, o cristão encontra uma orientação clara para o seu comportamento,

16 Mt 28, 18-20.

17 Mt 6, 1-18; 23, 1-12; 18, 1-35 etc.

18 Cf. Mt 5, 1-7, 29; 10, 1-42; 13, 1-52; 18, 1-35; 24, 1-25, 46.

19 Mt 11, 1; cf. Mt 7, 28; 13, 53; 19, 1; 26, 1.

20 Cf. Mt 23, 13-36; 12, 25-45.

um fundamento para a sua esperança, um alento para a sua pregação e postura no meio do mundo.

O Evangelho do cumprimento. Já se disse que, embora o destino universal do Evangelho esteja patente no relato, o seu ambiente original se localiza numa comunidade em que predominam os cristãos provenientes do judaísmo. Deste modo, e embora o Evangelho transcenda as circunstâncias concretas da sua composição, é necessário ter em mente os cristãos de origem judaica que foram seus destinatários imediatos. São Mateus se esforça por mostrar, com especial esmero, que na Pessoa e na obra de Cristo se cumpre todo o Antigo Testamento, uma vez que Jesus é o Messias prometido; com efeito, o evangelista apresenta os atos e as palavras de Jesus à luz de diversos textos do Antigo Testamento, de tal maneira que podem-se identificar no seu relato cerca de cento e cinquenta alusões a esses textos, cinquenta das quais constituem citações explícitas dos livros sagrados. Por outro lado, são muitas as ocasiões em que faz notar expressamente que determinado evento «aconteceu para que se cumprisse o que o Senhor havia dito por meio do profeta»[21] (utilizando essa ou outra expressão com o mesmo sentido). Todavia, o cumprimento do Antigo Testamento não se limita às ações de Jesus que nele estavam anunciadas. De fato, a Lei que Deus entregou a Israel tem de ser cumprida, desde o maior até o menor

---

21 Mt 1, 22-23; cf. 2, 5.15.17-18.23; 3, 3-4; 4, 14-16; 8, 17; 12, 17-21; 13, 14.35; 21, 4-5; 26, 56; 27, 9-10.

dos mandamentos[22]; e cumpre-se não tanto na sua literalidade, como no seu espírito – na nova Lei proposta por Cristo. Essa atitude pode ser resumida numa frase do Sermão da Montanha: «Não julgueis que vim abolir a lei ou os profetas; não vim para os abolir, mas para os cumprir»[23].

III. ENSINAMENTO

É evidente que o ensinamento de base dos quatro Evangelhos diz respeito a Jesus Cristo e à sua obra. As ações e as palavras de Jesus, bem como as das diversas pessoas que dEle se aproximam, acabam por revelar quem Ele verdadeiramente é e qual é o alcance para a salvação dos homens de tudo o que Ele faz e diz. Esse caudal de doutrina chegou-nos por meio dos apóstolos, enviados por Cristo; no entanto, cada evangelista sublinhou aspectos específicos. Ora, se tivéssemos de condensar em traços breves os ensinamentos do *Evangelho de São Mateus*, poderíamos fazê-lo ao redor de duas noções: a Pessoa de Jesus Cristo e a Igreja por Ele fundada.

22 Cf. Mt 5, 18-19.

23 Mt 5, 17.

Jesus Cristo

Tal como figura na narrativa de São Mateus, Jesus se caracteriza sobretudo pela sua majestade, assemelhando-se àquilo que detectamos intuitivamente num mosaico bizantino ou num Pantocrator das igrejas medievais do Ocidente: verdadeiro homem e, simultaneamente, verdadeiro Deus e Senhor de toda a Criação. Essas características ficam bem expressas nos títulos que Lhe são aplicados ao longo do Evangelho.

Jesus é, antes de mais nada, o *Filho de Deus*. Desde a sua concepção por obra do Espírito Santo até a fórmula trinitária do batismo no final, São Mateus afirma e insiste em que Jesus, o Cristo, é o Filho de Deus[24]. São numerosas as passagens que mencionam as relações entre o Pai e o Filho: Jesus é o Filho do Pai, o Pai é Deus e o Filho é igual ao Pai, filiação divina que os homens só podem conhecer por meio do dom sobrenatural da fé[25]. É à luz dessa verdade essencial que todos os outros títulos messiânicos com os quais o Antigo Testamento prenunciou Jesus – Filho de Davi, Rei, Filho do Homem, Messias, Senhor – adquirem o seu sentido mais profundo.

Outra maneira de afirmar a divindade de Jesus é com o nome *Emanuel*, que significa «Deus conosco» – título que é dado ao Menino desde a sua concepção[26]. Jesus utiliza uma paráfrase desse nome para afirmar a sua

---

24 Cf. Mt 1, 20; 28, 19.

25 Cf. Mt 11, 25-27; 16, 16-17.

26 Cf. Mt 1, 23.

presença no meio da Igreja: «Porque onde estão dois ou três congregados em meu nome, aí estou eu no meio deles»[27]. E, no final do Evangelho, na cena de envio dos discípulos, volta a utilizar uma glosa desse nome no intuito de afirmar a sua presença na Igreja até o final dos tempos; pois, assim como Deus esteve com Israel no deserto e com os guias do seu povo – Moisés, Josué etc. –, assim também Jesus estará com a Igreja: «Eis que eu estou convosco todos os dias, até a consumação dos séculos»[28].

Mas Jesus não é apenas o Filho de Deus: é também o *Filho do Homem*. Ele se apresenta como tal ao longo do Evangelho, embora seja principalmente com as obras que mostra que o seu caminhar terreno foi o do humilde *Servo do Senhor* profetizado por Isaías e que, com as suas palavras e milagres[29], cumpre o desígnio salvífico de Deus acerca dos homens. Uma das características do Servo de Deus é ser recusado pelos seus iguais; e São Mateus contém ensinamentos e fatos que iluminam, com profundidade e dramatismo, o mistério da *reprovação de Jesus, o Messias prometido*, por parte dos líderes judaicos, que arrastaram atrás de si uma parte importante do povo. O evangelista vai expondo esse mistério de diversas maneiras: umas vezes, ao relatar os episódios de aversão dos doutores da Lei, dos fariseus e dos príncipes dos sacerdotes por Jesus; outras, ao narrar os sofrimentos de sua Paixão, onde mostra que esses acontecimentos de sua vida

27 Mt 18, 20.

28 Mt 28, 20; cf. Ex 40, 34-38.

29 Cf. Mt 8, 16-17; 12, 15-21.

não são uma frustração dos planos divinos, mas tinham sido previstos e anunciados pelos profetas, constituindo mesmo o seu cumprimento[30]. Daí que o Senhor os advirta de que a promessa de Deus será dada a outro povo, a um povo que dê frutos[31]. Esse novo povo é a Igreja.

A Igreja

O *Evangelho de São Mateus* foi chamado o *Evangelho eclesiástico*. Uma das razões para essa designação é o fato de ter sido o mais usado na Igreja antiga; outra, mais profunda, está em que a Igreja nele aparece recorrentemente como realidade. A própria palavra «Igreja» figura por três vezes neste Evangelho[32]. Por outro lado, mesmo sem ser diretamente nomeada, a Igreja está presente como pano de fundo da narração: é insinuada de diversas formas numa série de parábolas. Sua fundação é anunciada e a sua realidade, explicitamente articulada na promessa do primado a Pedro; está de certo modo incipiente no sermão do capítulo 18; figura em alguns episódios, como o da tempestade acalmada; é sugerida como o novo e verdadeiro Israel na parábola dos vinhateiros homicidas; sua missão como instrumento universal de salvação é fundamentada no mandato missional que encerra o Evangelho... Em resumo, a Igreja palpita ao longo

---

30 Cf. Mt 12, 17; 13, 35; 26, 54.56; 27, 9 etc.

31 Cf. Mt 21, 43.

32 Cf. Mt 16, 18; 18, 17 (duas vezes).

do texto evangélico, estando sempre presente na mente e no coração do evangelista.

Em estreita relação com a eclesiologia está a noção de Reino de Deus ou *Reino dos Céus*, que Jesus instaurou e pregou. São Mateus fala cinquenta e uma vezes do Reino; São Marcos, catorze; São Lucas, trinta e nove. Mas, enquanto os dois últimos usam a fórmula «o Reino de Deus», Mateus – exceto em cinco ocasiões – prefere «Reino dos Céus», que era o modo habitual de referir essa realidade, a fim de se evitar, por questão de respeito, pronunciar o nome de Deus. O Reino de Deus é instaurado com o advento de Jesus, e Ele mesmo explica, em especial nas parábolas, as características desse Reino. Esses aspectos são ressaltados pelo primeiro Evangelho, que, por esse motivo, é também chamado o *Evangelho do Reino*.

EVANGELHO
SEGUNDO SÃO MATEUS

I. Nascimento e infância de Jesus

Genealogia de Jesus Cristo

(Lc 3, 23-38)

1 1 Genealogia de Jesus Cristo, filho de Davi, filho de Abraão. 1 DEZ
2 Abraão gerou Isaac, Isaac gerou Jacó, Jacó gerou *1 JUN*
Judá e os seus irmãos, 3 Judá gerou Farés e Zara de Tamar,
Farés gerou Esron, Esron gerou Arão. 4 Arão gerou Ami-
nadabe, Aminadabe gerou Naasson, Naasson gerou Sal-
mon, 5 Salmon gerou Booz de Raab, Booz gerou Obede
de Rute, Obede gerou Jessé, 6 Jessé gerou o rei Davi.

Davi gerou Salomão daquela que foi mulher de Urias.
7 Salomão gerou Roboão, Roboão gerou Abias, Abias ge-
rou Asa, 8 Asa gerou Josafá, Josafá gerou Jorão, Jorão ge-
rou Ozias, 9 Ozias gerou Joatão, Joatão gerou Acaz, Acaz
gerou Ezequias, 10 Ezequias gerou Manassés, Manassés
gerou Amon, Amon gerou Josias, 11 Josias gerou Jeconias
e seus irmãos na época da deportação para a Babilônia.

12 E, depois da deportação para a Babilônia, Jeconias
gerou Salatiel, Salatiel gerou Zorobabel, 13 Zorobabel
gerou Abiude, Abiude gerou Eliaquim, Eliaquim gerou
Azor, 14 Azor gerou Sadoque, Sadoque gerou Aquim,
Aquim gerou Eliude, 15 Eliude gerou Eleazar, Eleazar ge-
rou Matã, Matã gerou Jacó, 16 e Jacó gerou José, o esposo
de Maria, da qual nasceu Jesus, que é chamado Cristo.

17 Todas as gerações, pois, desde Abraão até Davi são
catorze gerações; e, desde Davi até a deportação para
a Babilônia, catorze gerações; e, desde a deportação
para a Babilônia até Cristo, catorze gerações.

Concepção virginal e nascimento de Jesus
(Lc 1, 26-38; 2, 1-7)

18 A geração de Jesus Cristo foi assim: estando Maria,
sua mãe, desposada com José, antes de coabitarem, en-
controu-se grávida por obra do Espírito Santo.
19 José, seu esposo, sendo justo e não a querendo di-
famar, resolveu repudiá-la secretamente. 20 Andando ele
com isto no pensamento, eis que um anjo do Senhor lhe
apareceu em sonhos e lhe disse:
«José, filho de Davi, não temas receber Maria como
tua esposa, porque o que nela foi concebido é obra do Es-
pírito Santo. 21 Dará à luz um filho ao qual porás o nome
de Jesus, porque ele salvará o seu povo dos seus pecados.»
22 Tudo isto aconteceu para que se cumprisse o que o
Senhor havia dito por meio do profeta:

23 *Eis que a Virgem conceberá e dará à luz um filho,*
a quem chamarão pelo nome de Emanuel,
que significa: *Deus conosco.*

24 Ao despertar do sono, José fez como lhe tinha man-
dado o anjo do Senhor e recebeu a sua esposa; 25 e, sem
que a tivesse conhecido, deu ela à luz um filho, e deu-lhe
o nome de Jesus.

Adoração dos magos

2 [1] Tendo Jesus nascido em Belém de Judá no tempo 2 DEZ
do rei Herodes, eis que uns magos vieram do oriente *2 JUN*
a Jerusalém, [2] dizendo:

«Onde está o rei dos judeus que acaba de nascer? Porque nós vimos a sua estrela no oriente e viemos adorá-lo.»

[3] Ao ouvir isto, o rei Herodes perturbou-se, e toda
a Jerusalém com ele; [4] e, convocando todos os príncipes dos sacerdotes e os escribas do povo, perguntou-lhes onde havia de nascer o Messias.

[5] Eles disseram-lhe: «Em Belém de Judá, porque assim foi escrito pelo profeta:

> [6] *E tu, Belém, terra de Judá,*
> *de modo algum és a menor*
> *entre as principais cidades de Judá,*
> *porque de ti sairá um chefe*
> *que apascentará meu povo, Israel.*»

[7] Então Herodes, tendo chamado secretamente os
magos, interrogou-os cuidadosamente acerca do tempo
em que lhes tinha aparecido a estrela; [8] depois, enviando
-os a Belém, disse:

«Ide e informai-vos bem acerca do menino, e, quando o encontrardes, comunicai-me a notícia, a fim de que eu também vá adorá-lo.»

[9] Tendo ouvido as palavras do rei, eles partiram, e eis
que a estrela que tinham visto no Oriente ia adiante deles

até que, chegando sobre o lugar onde estava o menino, pa-
rou. 10 Vendo a estrela, ficaram tomados de imensa alegria.
11 Entraram na casa, viram o menino com Maria, sua mãe, e,
prostrando-se, o adoraram; e, abrindo os seus tesouros, ofe-
receram-lhe presentes: ouro, incenso e mirra. 12 Em seguida,
avisados por Deus em sonhos para não tornarem a Herodes,
voltaram por outro caminho para a sua terra.

Fuga para o Egito. Morte dos inocentes

13 Tendo eles partido, eis que um anjo do Senhor apa-
receu em sonhos a José e lhe disse:

«Levanta-te, toma o menino e sua mãe, foge para o Egito e fica lá até que eu te avise, porque Herodes vai procurar o menino para lhe tirar a vida.»

14 E ele, levantando-se de noite, tomou o menino e
sua mãe e retirou-se para o Egito, 15 onde permaneceu
até a morte de Herodes, cumprindo-se deste modo o que
tinha sido dito pelo Senhor por meio do profeta:

Do Egito chamei o meu filho.

16 Então Herodes, vendo que tinha sido enganado pe-
los magos, irou-se em extremo e mandou matar todos os
meninos que havia em Belém e em todos os seus arredo-
res, da idade de dois anos para baixo, segundo a data que
tinha averiguado dos magos. 17 Então se cumpriu o que
fora dito por meio do profeta Jeremias:

18 *Uma voz se ouviu em Ramá,*
pranto e grande lamentação:
Raquel chorando os seus filhos
sem admitir consolo, porque já não existem.

Retorno a Nazaré
(*Lc 2, 51-52*)

19 Morto Herodes, o anjo do Senhor apareceu em so-
nhos a José no Egito 20 e disse-lhe:
«Levanta-te, toma o menino e sua mãe e vai para a terra de Israel, porque morreram os que buscavam tirar a vida do menino.»
21 Ele levantou-se, tomou o menino e sua mãe e voltou
para a terra de Israel. 22 Mas, ao ouvir dizer que Arquelau
reinava na Judeia em lugar de seu pai Herodes, temeu ir
para lá; e, avisado por Deus em sonhos, retirou-se para
a região da Galileia 23 e foi habitar numa cidade chama-
da Nazaré, cumprindo-se deste modo o que tinha sido
predito pelos profetas:

Será chamado Nazareno.

II. Preparação do ministério de Jesus

Pregação de São João Batista

(Mc 1, 1-8; Lc 3, 1-18; Jo 1, 19-34)

3 1 Naqueles dias apareceu João Batista pregando no 3 DEZ
deserto da Judeia. 3 JUN
2 «Convertei-vos, dizia, porque está próximo o reino
dos céus.»
3 Pois este é aquele de quem falou o profeta Isaías
quando disse:

Voz do que clama no deserto:
«Preparai o caminho do Senhor,
endireitai as suas veredas.»

4 João trazia uma veste feita de pelo de camelo e um
cinto de couro em volta dos rins, e o seu alimento eram
gafanhotos e mel silvestre.
5 Então ia ter com ele gente de Jerusalém e toda a
Judeia, bem como de toda a região do Jordão, 6 e eram
batizados por ele no rio Jordão, confessando os seus pe-
cados. 7 Vendo um grande número de fariseus e saduceus
que vinham ao seu batismo, disse-lhes:
«Raça de víboras, quem vos ensinou a fugir à ira vin-
doura? 8 Produzi, pois, autênticos frutos de penitência,
9 e não queirais dizer no vosso íntimo: "Temos Abraão
por pai!", porque eu vos digo que Deus pode suscitar
destas pedras filhos a Abraão. 10 O machado já está posto

à raiz das árvores; toda árvore que não dá bom fruto será
cortada e lançada no fogo.
11 «Com efeito, eu vos batizo com água para vos levar
à conversão, mas o que há de vir depois de mim é mais
poderoso do que eu, e eu não sou digno de lhe levar as
sandálias; ele vos batizará no Espírito Santo e no fogo.
12 Ele tem a pá na sua mão e limpará bem a sua eira, e
recolherá o seu trigo no celeiro; a palha, porém, ele a
queimará num fogo inextinguível.»

Batismo de Jesus
(Mc 1, 9-11; Lc 3, 21-22)

13 Então foi Jesus da Galileia ao Jordão e apresentou-
se a João, para ser batizado por ele. 14 Mas João se opu-
nha, dizendo:

«Sou eu que devo ser batizado por ti, e tu vens a mim?»

15 Jesus respondeu-lhe:

«Deixa por agora, pois convém que cumpramos assim toda a justiça.»

Então ele aceitou. 16 Logo que foi batizado, Jesus saiu
da água; e eis que se abriram os céus, e viu o Espírito de
Deus descer como pomba e vir sobre ele, 17 enquanto
uma voz do céu dizia:

«Este é o meu Filho amado, no qual pus toda a minha complacência.»

Jejum e tentações de Jesus
(Mc 1, 12-13; Lc 4, 1-13)

4 1 A seguir Jesus foi conduzido pelo Espírito Santo
ao deserto, para ser tentado pelo diabo. 2 Depois
de jejuar quarenta dias e quarenta noites, teve fome.
3 E, aproximando-se dele o tentador, disse-lhe:

«Se és Filho de Deus, diz que estas pedras se convertam em pães.»

4 Jesus respondeu:

«Está escrito:

Não só de pão vive o homem,
mas de toda palavra que sai
da boca de Deus.»

5 Então o diabo transportou-o à cidade santa,
colocou-o sobre o pináculo do templo 6 e disse-lhe:

«Se és Filho de Deus, lança-te daqui abaixo, pois está escrito:

Mandou aos seus anjos, a teu respeito,
que te levem nas suas mãos,
não seja que machuques o teu pé contra alguma pedra.»

7 Jesus disse-lhe:

«Também está escrito: *Não tentarás o Senhor teu Deus.*»

8 De novo o diabo o transportou a um monte muito
alto e lhe mostrou todos os reinos do mundo e a sua
magnificência, 9 e lhe disse:

«Tudo isto te darei se, prostrado, me adorares.»

10 Então Jesus disse-lhe:
«Vai-te, Satanás, porque está escrito:

O Senhor teu Deus adorarás,
e só a ele servirás.»

11 Então o diabo deixou-o; e eis que chegaram anjos
para servi-lo.

Primeira parte
Ministério de Jesus na Galileia

Pregação de Jesus
(Mc 1, 14-15; Lc 4, 14-15)

12 Tendo ouvido que João fora preso, Jesus retirou-se **4 DEZ**
para a Galileia. 13 Depois, deixando Nazaré, foi habitar ***4 JUN***
em Cafarnaum, situada junto do mar, nos confins de Za-
bulon e Neftali, 14 cumprindo-se o que tinha sido anun-
ciado pelo profeta Isaías quando disse:

15 *Terra de Zabulon e terra de Neftali,*
no caminho do mar,
além do Jordão,
Galileia dos gentios;
16 *o povo que jazia nas trevas*
viu uma grande luz;
para os que jaziam
na sombra da morte,
uma luz se levantou.

17 Desde então, começou Jesus a pregar e a dizer: «Convertei-vos, pois se aproxima o Reino dos Céus.»

Vocação dos primeiros discípulos
(Mc 1, 16-20; Lc 5, 1-11; Jo 1, 35-51)

18 Caminhando ao longo do mar da Galileia, viu dois irmãos, Simão, chamado Pedro, e André, que lançavam a rede ao mar, pois eram pescadores.

19 «Segui-me, disse-lhes, e eu vos farei pescadores de homens.»

20 Imediatamente, deixadas as redes, eles o seguiram.
21 Mais adiante, viu outros dois irmãos, Tiago, filho de Zebedeu, e João, que estavam numa barca juntamente com seu pai Zebedeu consertando as suas redes, e chamou-os.
22 Sem delongas, deixando a barca e o pai, o seguiram.

23 Jesus percorria toda a Galileia, ensinando nas sinagogas, pregando o Evangelho do Reino e curando todas as enfermidades e doenças entre o povo.

24 A sua fama espalhou-se por toda a Síria, e trouxeram-lhe todos os que tinham algum mal, possuídos de vários achaques e dores: possessos, lunáticos, paralíticos;
e curava-os. 25 Seguiam-no grandes multidões da Galileia,
da Decápole, de Jerusalém, da Judeia e de além do Jordão.

III. O DISCURSO DA MONTANHA

As bem-aventuranças
(Lc 6, 20-26)

5 1 Vendo aquelas multidões, Jesus subiu a um monte e,
tendo-se sentado, aproximaram-se dele os discípulos.
2 Abrindo então a sua boca, ensinava-os, dizendo:

3 «Bem-aventurados os pobres de espírito, porque de-
les é o Reino dos Céus.

4 «Bem-aventurados os que choram, porque serão
consolados.

5 «Bem-aventurados os mansos, porque possuirão a terra.

6 «Bem-aventurados os que têm fome e sede de justiça,
porque serão saciados.

7 «Bem-aventurados os misericordiosos, porque al-
cançarão misericórdia.

8 «Bem-aventurados os puros de coração, porque ve-
rão a Deus.

9 «Bem-aventurados os pacificadores, porque serão
chamados filhos de Deus.

10 «Bem-aventurados os que sofrem perseguição por
amor da justiça, porque deles é o Reino dos Céus.

11 «Bem-aventurados sereis quando vos insultarem,
vos perseguirem e disserem falsamente toda sorte de mal
contra vós por causa de mim. 12 Alegrai-vos e exultai,
porque será grande a vossa recompensa nos céus; pois
também assim perseguiram os profetas que vieram antes
de vós.

Sal da terra. Luz do mundo
(Mc 4, 21; Lc 11, 33; 14, 34-35)

13 «Vós sois o sal da terra. Mas se o sal perder a sua for- 5 DEZ *5 JUN*
ça, com que se salgará? Para nada mais serve senão para
ser lançado fora e calcado pelos homens.
14 «Vós sois a luz do mundo. Não pode esconder-se
uma cidade situada sobre um monte; 15 nem se acende
uma lucerna e se põe debaixo do alqueire, mas sobre o
candeeiro, a fim de que dê luz a todos os que estão em
casa. 16 Assim brilhe a vossa luz diante dos homens, para
que vejam as vossas boas obras e glorifiquem o vosso
Pai que está nos céus.

Jesus e sua doutrina, plenitude da Lei
(Lc 6, 27-36; 12, 58-59; 16, 17-18)

17 «Não julgueis que vim abolir a lei ou os profetas; não
vim para os abolir, mas para os cumprir. 18 Porque em ver-
dade vos digo: antes passarão o céu e a terra do que um
só jota ou um só traço da lei sem que tudo seja cumprido.
19 Aquele, pois, que violar um destes mandamentos, mesmo
dos menores, e ensinar assim aos homens, será considerado
o menor no Reino dos Céus; mas o que os guardar e ensinar,
esse será considerado grande no Reino dos Céus. 20 Porque
eu vos digo que, se a vossa justiça não exceder a dos escribas
e a dos fariseus, não entrareis no Reino dos Céus.
21 «Ouvistes que foi dito aos antigos: *Não mata-
rás*, e quem matar será submetido ao juízo do tribunal.

22 Pois eu digo-vos que todo aquele que se irar contra o seu
irmão será submetido ao juízo do tribunal; e o que chamar
"imbecil" a seu irmão será condenado pelo Sinédrio; e o
que lhe chamar "louco" será condenado ao fogo da Geena.
23 Portanto, se estás para fazer a tua oferta diante do altar e
te lembrares aí que teu irmão tem alguma coisa contra ti,
24 deixa lá a tua oferta diante do altar e vai reconciliar-te
primeiro com teu irmão, e depois vem fazer a tua oferta.
25 Acomoda-te sem demora com o teu adversário, enquan-
to estás em caminho com ele, para que não suceda que esse
adversário te entregue ao juiz, e o juiz te entregue ao seu
ministro, e sejas posto na prisão. 26 Em verdade vos digo:
Não sairás de lá antes de teres pago o último quadrante.

27 «Ouvistes que foi dito: *Não cometerás adultério*.
28 Eu, porém, vos digo que todo aquele que olhar para
uma mulher cobiçando-a já cometeu adultério com ela
no seu coração. 29 Por isso, se o teu olho direito é para
ti causa de queda, arranca-o e lança-o para longe de
ti; porque é preferível para ti que se perca um dos teus
membros a que todo o teu corpo seja lançado na Geena.
30 E, se a tua mão direita é para ti causa de queda, corta-a
e lança-a para longe de ti; porque é preferível para ti que
se perca um dos teus membros a que todo o teu corpo
seja lançado na Geena.

31 «Também foi dito: *Aquele que repudiar sua mulher,
dê-lhe libelo de repúdio*. 32 Eu, porém, vos digo: todo
aquele que repudiar sua mulher, exceto em caso de união
ilegal, expõe-na ao adultério; e o que desposar a repudia-
da comete adultério.

33 «Igualmente ouvistes que foi dito aos antigos: 6 DEZ
Não perjurarás, mas guardarás para com o Senhor os teus ju- 6 JUN
ramentos. 34 Eu, porém, vos digo que não jureis de modo
algum: nem pelo céu, porque é o trono de Deus; 35 nem
pela terra, porque é o escabelo de seus pés; nem por Jeru-
salém, porque é a cidade do Grande Rei. 36 Nem jurarás
pela tua cabeça, pois não podes tornar branco ou negro
um só dos teus cabelos. 37 Seja o vosso falar: Sim, sim;
não, não. Tudo o que disto passa procede do Maligno.

38 «Ouvistes que foi dito: *Olho por olho e dente por*
dente. 39 Eu, porém, vos digo que não resistais àquele que
é mau; mas, se alguém te ferir na tua face direita, apre-
senta-lhe também a outra; 40 e ao que quiser chamar-te
a juízo para te tirar a túnica, cede-lhe também a capa.
41 Se alguém te forçar a dar mil passos, vai com ele dois
mil. 42 Dá a quem te pede e não voltes as costas ao que
deseja que lhe emprestes.

43 «Ouvistes que foi dito: *Amarás o teu próximo* e
aborrecerás o teu inimigo. 44 Eu, porém, vos digo: amai
os vossos inimigos e orai pelos que vos perseguem,
45 para que sejais filhos do vosso Pai que está nos céus, o
qual faz nascer o sol sobre maus e bons, e manda a chuva
sobre justos e injustos. 46 Porque, se amais os que vos
amam, que recompensa haveis de ter? Não fazem os pu-
blicanos também o mesmo? 47 E se saudardes somente os
vossos irmãos, que fazeis de especial? Não fazem também
assim os gentios? 48 Sede, pois, perfeitos como o vosso
Pai celestial é perfeito.

Retidão de intenção: esmola, oração e jejum
(Lc 11, 1-4)

6 1 «Guardai-vos de fazer as boas obras diante dos ho-
mens com o fim de serdes vistos por eles; caso contrá-
rio, não tereis direito à recompensa do vosso Pai que está
nos céus. 2 Quando, pois, deres esmola, não faças tocar
a trombeta diante de ti, como fazem os hipócritas nas
sinagogas e nas ruas, para serem louvados pelos homens.
Em verdade vos digo que já receberam a sua recompensa.
3 Mas, quando deres esmola, não saiba a tua mão esquer-
da o que faz a tua direita, 4 para que a tua esmola fique
em segredo, e teu Pai, que vê em segredo, te pagará.

5 «Quando orardes, não sejais como os hipócritas, que **7 DEZ** ***7 JUN***
gostam de orar em pé nas sinagogas e nos cantos das pra-
ças, a fim de serem vistos pelos homens. Em verdade vos
digo que já receberam a sua recompensa. 6 Tu, porém,
quando orares, entra no teu quarto e, fechada a porta,
ora a teu Pai em segredo; e teu Pai, que vê em segredo,
te dará a recompensa. 7 Nas vossas orações não useis mui-
tas palavras como os gentios, os quais julgam que serão
ouvidos à força do seu muito falar. 8 Não os imiteis, por-
que vosso Pai sabe o que vos é necessário antes que vós o
peçais. 9 Vós, pois, orai assim:

Pai nosso, que estás nos céus,
santificado seja o teu nome;
10 venha o teu reino,
seja feita a tua vontade,
assim na terra como no céu.
11 O pão nosso de cada dia nos dá hoje;
12 perdoa-nos as nossas ofensas
assim como nós perdoamos a quem nos tem ofendido;
13 e não nos deixes cair em tentação,
mas livra-nos do mal.

14 «Porque, se vós perdoardes aos homens as suas ofen-
sas, também vosso Pai celeste vos perdoará. 15 Mas, se não
perdoardes aos homens, tampouco vosso Pai vos perdoa-
rá as vossas ofensas.

16 «Quando jejuardes, não vos mostreis tristes como
os hipócritas, que desfiguram os seus rostos para mostrar
aos homens que jejuam. Em verdade vos digo que esses já
receberam a sua recompensa. 17 Mas tu, quando jejuares,
unge a cabeça e lava o rosto, 18 a fim de que não pareça
aos homens que jejuas, mas a teu Pai, que está no segre-
do; e teu Pai, que vê o secreto, te dará a recompensa.

Confiança na Providência paternal de Deus
(Lc 12, 22-34)

19 «Não acumuleis para vós tesouros na terra, onde a
ferrugem e a traça os consomem, e onde os ladrões arrom-
bam e roubam. 20 Entesourai para vós tesouros no céu,

onde nem a ferrugem nem a traça os consomem, e onde
os ladrões não arrombam nem roubam. 21 Porque, onde
está o teu tesouro, aí está também o teu coração.

22 «O olho é a lâmpada do corpo. Se o teu olho for
são, todo o teu corpo terá luz. 23 Mas, se teu olho for
defeituoso, todo o teu corpo estará em trevas. Se, pois, a
luz que há em ti é trevas, quão espessas serão essas trevas!

24 «Ninguém pode servir a dois senhores, porque ou
há de odiar um e amar o outro, ou há de afeiçoar-se a
um e desprezar o outro. Não podeis servir a Deus e às
riquezas.

25 «Portanto vos digo: Não vos preocupeis nem com **8 DEZ** ***8 JUN***
a vossa vida, acerca do que haveis de comer, nem com o
vosso corpo, acerca do que haveis de vestir. Porventura
não vale mais a vida que o alimento, e o corpo mais que
as vestes? 26 Olhai para as aves do céu, que não semeiam
nem ceifam, nem fazem provisões nos celeiros; e, con-
tudo, vosso Pai celeste as sustenta. Porventura não va-
leis vós muito mais do que elas? 27 Qual de vós, por mais
que se afadigue, pode acrescentar um só côvado à dura-
ção da sua vida? 28 E por que vos inquietais com as vestes?
Considerai como crescem os lírios do campo: não traba-
lham nem fiam. 29 Digo-vos, todavia, que nem Salomão
em toda a sua glória se vestiu como um deles. 30 Se, pois,
Deus veste assim uma erva do campo – que hoje existe
e amanhã é lançada no forno –, quanto mais a vós, ho-
mens de pouca fé! 31 Não vos aflijais, pois, dizendo: "Que
comeremos? Que beberemos? Com que nos vestiremos?"
32 Os gentios é que procuram com excessivo cuidado todas
essas coisas. Vosso Pai sabe que tendes necessidade delas.

[33] «Buscai, pois, em primeiro lugar o Reino de Deus
e a sua justiça, e todas essas coisas vos serão dadas por
acréscimo. [34] Não vos preocupeis, pois, pelo dia de ama-
nhã; o dia de amanhã terá as suas preocupações próprias.
Basta a cada dia o seu cuidado.

Preceitos diversos: não julgar o próximo
(Mc 4, 24; Lc 6, 37-42)

7 [1] «Não julgueis para que não sejais julgados. [2] Pois,
segundo o juízo com que julgardes, sereis julgados; e,
com a medida com que medirdes, sereis medidos.
[3] «Por que olhas tu para a palha que está no olho de
teu irmão, e não notas a trave no teu? [4] Como ousas dizer a teu
irmão: Deixa-me tirar-te do olho uma aresta, tendo tu no
teu uma trave? [5] Hipócrita, tira primeiro a trave do teu olho,
e então verás bem para tirar a aresta do olho de teu irmão.

Respeito às coisas santas

[6] «Não deis aos cães as coisas santas, nem lanceis aos por-
cos as vossas pérolas, para que não suceda que eles as cal-
quem com os pés e, voltando-se contra vós, vos dilacerem.

Eficácia da oração
(Lc 11, 5-13)

[7] «Pedi, e vos será dado; buscai, e achareis; batei, e vos
será aberto. [8] Porque todo aquele que pede recebe; quem
busca encontra; e a quem bate abrir-se-á.
[9] «Qual de vós dará uma pedra a seu filho, quando
este lhe pede pão? [10] Se lhe pedir um peixe, lhe dará uma

serpente? 11 Se vós, pois, sendo maus sabeis dar coisas
boas a vossos filhos, quanto mais vosso Pai celeste dará
coisas boas aos que lhe pedirem!

A «regra de ouro»
(Lc 6, 31)

12 «Tudo o que vós quereis que os homens vos façam, **9 DEZ** ***9 JUN***
fazei-o também vós a eles; esta é a Lei e os profetas.

A porta estreita
(Lc 13, 22-30)

13 «Entrai pela porta estreita, porque larga é a porta
e espaçoso o caminho que conduz à perdição, e muitos
são os que entram por ela. 14 Como é estreita a porta e
apertado o caminho que conduz à vida, e quão poucos
são os que dão com ele!

Os falsos profetas
(Lc 6, 43-44)

15 «Guardai-vos dos falsos profetas, que vem a vós
com vestes de ovelhas, mas por dentro são lobos rapaces.
16 Pelos seus frutos os conhecereis. Porventura colhem-
se uvas dos espinhos, ou figos dos abrolhos? 17 Assim,
toda árvore boa dá bons frutos, e toda árvore má dá
maus frutos. 18 Não pode uma árvore boa dar maus fru-
tos, nem uma árvore má dar bons frutos. 19 Toda árvore
que não dá bons frutos será cortada e lançada ao fogo.
20 Vós os conhecereis, pois, pelos seus frutos.

Cumprir a vontade de Deus
(Lc 13, 25-30)

21 «Nem todo o que me diz "Senhor, Senhor" entrará no Reino dos Céus, mas só o que faz a vontade de meu Pai que está nos céus. 22 Muitos me dirão naquele dia: "Senhor, Senhor, não profetizamos nós em teu nome, e em teu nome expulsamos os demônios, e em teu nome fizemos muitos milagres?" 23 E então eu lhes direi bem alto: Nunca vos conheci! Apartai-vos de mim, vós que obrais a iniquidade!

Edificar sobre a rocha
(Lc 6, 46-49)

24 «Todo aquele, pois, que ouve estas minhas palavras e as observa será semelhante ao homem prudente, que edificou a sua casa sobre rocha. 25 Caiu a chuva, transbordaram os rios, sopraram os ventos e investiram contra aquela casa, mas ela não caiu, porque estava fundada sobre rocha.

26 «Mas todo aquele que ouve estas minhas palavras e não as pratica será semelhante ao homem insensato, que edificou a sua casa sobre areia. 27 Caiu a chuva, transbordaram os rios, sopraram os ventos e investiram contra aquela casa, e ela caiu, e foi grande a sua ruína.»

Autoridade do ensinamento de Jesus

28 Quando Jesus acabou este discurso, estavam as multidões admiradas da sua doutrina, 29 porque as ensinava como quem tinha autoridade, e não como os seus escribas.

IV. OS MILAGRES DO MESSIAS

Cura de um leproso
(Mc 1, 40-45; Lc 5, 12-16)

8 1 Tendo Jesus descido do monte, uma grande multi- **10 DEZ** ***10 JUN***
dão o seguiu. 2 E eis que, aproximando-se um lepro-
so, se prostrou dizendo:
«Senhor, se queres, podes curar-me.»
3 Jesus, estendendo a mão, tocou-o e disse-lhe:
«Quero, sê curado.»
E logo ficou curado da sua lepra.
4 E Jesus disse-lhe:
«Vê, não o digas a ninguém, mas vai, mostra-te ao
sacerdote e faz a oferta que Moisés ordenou, em testemu-
nho da tua cura.»

A fé do centurião
(Lc 7, 1-10; Jo 4, 46-54)

5 Tendo entrado em Cafarnaum, aproximou-se dele
um centurião e fez-lhe uma súplica, 6 dizendo:
«Senhor, o meu servo jaz em casa paralítico e sofre muito.»
7 Jesus disse-lhe:
«Eu irei e o curarei.»
8 Mas o centurião respondeu:
«Senhor, eu não sou digno de que entres na minha
casa; diz, porém, uma só palavra e o meu servo será curado.
9 Pois também eu sou um homem sujeito a outro, tendo
soldados às minhas ordens. E digo a um: "Vai", e ele vai;

e a outro: "Vem", e ele vem; e ao meu servo: "Faz isto",
e ele o faz.»

10 Jesus, ouvindo estas palavras, admirou-se e disse aos
que o seguiam:

«Em verdade vos digo: Em ninguém de Israel achei
tanta fé. 11 Digo-vos, pois, que virão muitos do Oriente
e do Ocidente, e se sentarão com Abraão, Isaac e Jacó
no Reino dos Céus, 12 ao passo que os filhos do Reino
serão lançados nas trevas exteriores, onde haverá choro e
ranger de dentes.»

13 Então disse Jesus ao centurião:

«Vai, seja-te feito conforme creste.»

E naquela mesma hora ficou curado o servo.

Cura da sogra de Pedro
(Mc 1, 29-31; Lc 4, 38-39)

14 Tendo chegado Jesus à casa de Pedro, viu que a sogra
deste estava de cama com febre. 15 Tomando-a pela mão, a
febre a deixou, e ela se levantou e pôs-se a servi-los.

Outras curas
(Mc 1, 32-34; Lc 4, 40-41)

16 Pela tarde apresentaram-se muitos possessos de de-
mônios, e ele com a sua palavra expulsou os espíritos e
curou todos os enfermos, 17 cumprindo-se deste modo o
que foi anunciado pelo profeta Isaías, quando diz:

Ele mesmo tomou sobre si as nossas fraquezas
e carregou com as nossas enfermidades.

Exigências para quem segue Jesus
(Lc 9, 57-62)

18 Vendo-se Jesus rodeado por uma grande multidão, 11 DEZ
ordenou que passassem para a outra margem do lago. *11 JUN*
19 E, aproximando-se um escriba, disse-lhe:
«Mestre, seguir-te-ei para onde quer que fores.»
20 Jesus disse-lhe:
«As raposas têm as suas covas e as aves do céu, os seus
ninhos; mas o Filho do Homem não tem onde reclinar
a cabeça.»
21 Um outro dos seus discípulos disse-lhe:
«Senhor, deixa-me ir primeiro sepultar meu pai.»
22 Jesus, porém, respondeu-lhe:
«Segue-me, e deixa que os mortos sepultem os seus
mortos.»

A tempestade acalmada
(Mc 4, 35-41; Lc 8, 22-25)

23 Subindo a uma barca, seguiram-no seus discípulos.
24 E eis que se levantou no mar uma grande tempestade,
de modo que as ondas alagavam a barca; ele, porém, dor-
mia. 25 Aproximaram-se dele os discípulos e acordaram-
no, dizendo:
«Senhor, salva-nos, que perecemos!»

26 Jesus, porém, disse-lhes:
«Por que temeis, homens de pouca fé?»
Então, levantando-se, repreendeu os ventos e o mar, e
fez-se uma grande bonança. 27 Os homens admiraram-se
muito, dizendo:
«Quem é este a quem até os ventos e o mar obedecem?»

Os endemoninhados de Gadara
(Mc 5, 1-20; Lc 8, 26-39)

28 Quando Jesus chegou à outra margem do mar, à
região dos gadarenos, foram-lhe ao encontro dois en-
demoninhados que saíam dos sepulcros. Eram tão fu-
riosos que ninguém ousava passar por aquele caminho.
29 E puseram-se a gritar, dizendo:
«Que tens tu conosco, Filho de Deus? Vieste aqui
atormentar-nos antes do tempo?»
30 A certa distância deles, havia uma vara de muitos
porcos que pastavam. 31 Os demônios suplicaram a Jesus:
«Se nos expulsas, manda-nos para aquela vara de porcos.»
32 Ele disse-lhes:
«Ide.»
Eles, saindo, entraram nos porcos, e toda a vara se
precipitou com ímpeto no mar por um despenhadeiro;
e morreram nas águas. 33 Os pastores fugiram e, chegan-
do à cidade, contaram tudo o que se tinha passado com
os endemoninhados. 34 Então toda a cidade saiu ao en-
contro de Jesus e, quando o viram, pediram-lhe que se
retirasse do seu território.

Cura de um paralítico
(Mc 2, 1-12; Lc 5, 17-26)

9 1 Subindo a uma pequena barca, tornou a atravessar 12 DEZ
o mar e voltou para a sua cidade. 2 E eis que lhe apre- 12 JUN
sentaram um paralítico que jazia no leito. Vendo Jesus a
fé que eles tinham, disse ao paralítico:

«Filho, tem confiança; são-te perdoados os teus
pecados.»

3 Então alguns dos escribas disseram dentro de si: «Este
blasfema.» 4 Tendo Jesus visto os seus pensamentos, disse:

«Por que pensais mal nos vossos corações? 5 Que coi-
sa é mais fácil? Dizer: "São-te perdoados os teus peca-
dos", ou dizer: "Levanta-te e anda"? 6 Para que saibais,
pois, que o Filho do Homem tem poder sobre a terra de
perdoar pecados: «Levanta-te», disse então ao paralitico,
«toma o teu leito e vai para a tua casa.»

7 E ele levantou-se, e foi para a sua casa. 8 Vendo isso,
as multidões ficaram cheias de temor, glorificando a
Deus por ter dado tal poder aos homens.

Vocação de Mateus
(Mc 2, 13-17; Lc 5, 27-32)

9 Partindo Jesus dali, viu um homem que estava sen-
tado ao telônio, chamado Mateus, e disse-lhe:

«Segue-me.»

E ele, levantando-se, o seguiu.

10 E aconteceu que, estando reclinado à mesa na casa
deste homem, muitos publicanos e pecadores vinham e
se punham à mesa com Jesus e com os seus discípulos.

11 Ao ver isto, os fariseus diziam aos seus discípulos:

«Por que motivo come o vosso Mestre com os publicanos e pecadores?»

12 Jesus, ouvindo isto, disse:

«Os sãos não têm necessidade de médico, e sim os
enfermos. 13 Ide e aprendei o que significa: *Quero misericórdia, e não sacrifício*. Porque não vim chamar os justos, mas os pecadores.»

Questão sobre o jejum
(Mc 2, 18-22; Lc 5, 33-39)

14 Então foram ter com ele os discípulos de João e lhe disseram:

«Por que razão nós e os fariseus jejuamos frequentemente e os teus discípulos não jejuam?»

15 Jesus respondeu-lhes:

«Porventura podem estar tristes os companheiros do esposo enquanto o esposo está com eles? Mas virão dias em que lhes será tirado o esposo, e então eles jejuarão.

16 «Ninguém coloca um remendo de pano novo em
roupa velha, porque este remendo levaria consigo uma
parte da roupa, e se faria um rasgão pior. 17 Nem se
coloca vinho novo em odres velhos; doutro modo, arrebentam-se os odres, derrama-se o vinho e perdem-se os odres. Mas coloca-se vinho novo em odres novos, e assim ambas as coisas se conservam.»

Ressurreição da filha de Jairo e cura da hemorroíssa
(Mc 5, 21-43; Lc 8, 40-56)

18 Enquanto lhes dizia estas coisas, eis que um homem 13 DEZ
importante se aproximou e se prostrou diante dele, dizendo: *13 JUN*
«Senhor, a minha filha acaba de morrer; mas vem,
põe a tua mão sobre ela, e será salva.»
19 Jesus, levantando-se, seguiu-o com os seus discípulos.
20 Eis que uma mulher, que havia doze anos padecia
de um fluxo de sangue, se chegou por detrás dele e to-
cou-lhe a fímbria da veste, 21 porque dizia no seu íntimo:
«Ainda que eu toque somente a sua veste, serei curada.»
22 Voltando-se Jesus e vendo-a, disse:
«Tem confiança, filha, a tua fé te salvou.»
E ficou sã a mulher desde aquele momento.
23 Tendo Jesus chegado à casa daquele homem, viu
os músicos fúnebres e uma multidão de gente que fazia
muito barulho.
24 «Retirai-vos», disse, «porque a menina não está
morta, mas dorme.»
E escarneciam dele. 25 Tendo-se feito sair a gente, ele
entrou e, tomando a menina pela mão, ela se levantou.
26 E divulgou-se esta notícia por toda aquela terra.

Cura dos cegos. O endemoninhado mudo
(Lc 11, 14-15)

27 Partindo dali Jesus, seguiram-no dois cegos,
gritando e dizendo:

«Tem piedade de nós, Filho de Davi!»

28 Tendo chegado à casa, aproximaram-se dele os cegos.
E Jesus disse-lhes:

«Credes que posso fazer isto?»

Eles responderam: «Sim, Senhor.»

29 Então tocou-lhes os olhos, dizendo:

«Faça-se convosco segundo a vossa fé.»

30 E abriram-se os seus olhos. Jesus advertiu-os
severamente:

«Olhai que ninguém o saiba.»

31 Mas eles, retirando-se, divulgaram a sua fama por
toda aquela terra.

32 Tendo estes se retirado, apresentaram-lhe um mudo
possesso de um demônio. 33 Expulso o demônio, falou
o mudo e admiraram-se as multidões, dizendo:

«Nunca se viu coisa assim em Israel.»

34 Os fariseus, porém, diziam:

«Ele expulsa os demônios por meio do príncipe dos
demônios.»

Necessidade de bons pastores
(Mc 6, 34; Lc 10, 2)

35 Jesus ia percorrendo todas as cidades e aldeias, en-
sinando nas sinagogas, pregando o Evangelho do Reino e
curando toda doença e toda enfermidade.

36 Vendo aquelas multidões, compadeceu-se delas, por-
que estavam fatigadas e abatidas *como ovelhas sem pastor*.

37 Então disse a seus discípulos:

«A messe é verdadeiramente grande, mas os operários
são poucos. 38 Rogai, pois, ao Senhor da messe que man-
de operários para a sua messe.»

V. DO ANTIGO AO NOVO POVO DE DEUS

Eleição dos Doze Apóstolos
(Mc 3, 13-19; Lc 6, 12-16)

10 1 Tendo convocado os seus doze discípulos, deu- 14 DEZ
-lhes Jesus poder de expulsar os espíritos imun- *14 JUN*
dos e de curar todas as doenças e todas as enfermidades.
2 Os nomes dos doze apóstolos são estes: o primeiro é Si-
mão, chamado Pedro, e André, seu irmão; Tiago, filho de
Zebedeu, e João, seu irmão; 3 Filipe e Bartolomeu; Tomé e
Mateus, o publicano; Tiago, filho de Alfeu, e Tadeu; 4 Si-
mão Cananeu e Judas Iscariotes, que foi quem o entregou.

Primeira missão dos Apóstolos
(Mc 6, 6-13; Lc 9, 1-6)

5 A estes doze enviou Jesus, depois de lhes ter dado as
instruções seguintes:
«Não vades para entre os gentios, nem entreis nas ci-
dades dos samaritanos; 6 ide antes às ovelhas perdidas da
casa de Israel. 7 Ide e anunciai: "Está próximo o Reino dos
Céus." 8 Curai os enfermos, ressuscitai os mortos, limpai
os leprosos, expulsai os demônios. Dai de graça o que de

graça recebestes. 9 Não queirais levar nas vossas cinturas nem ouro, nem prata, nem dinheiro, 10 nem alforje para o caminho, nem duas túnicas, nem sandálias, nem bastão; porque o operário tem direito ao seu sustento.

11 «Em qualquer cidade ou aldeia em que entrardes, informai-vos de quem há nela digno de vos receber e ficai aí até partirdes. 12 Ao entrar naquela casa, saudai-a. 13 Se aquela casa for digna, descerá sobre ela a vossa paz; se não for digna, a vossa paz voltará a vós. 14 Se não vos receberem nem ouvirem as vossas palavras, ao sair daquela casa ou cidade sacudi o pó dos vossos pés. 15 Em verdade vos digo: será mais tolerável no dia do juízo a sorte de Sodoma e de Gomorra do que a daquela cidade.

Instruções de Jesus para a missão apostólica

(Mc 13, 9-13; Lc 12, 1-12.49-53; 21, 12-17)

16 «Eis que eu vos mando como ovelhas no meio de 15 DEZ *15 JUN*
lobos. Sede, pois, prudentes como serpentes e simples como pombas. 17 Acautelai-vos dos homens, porque vos farão comparecer diante dos seus tribunais e vos açoitarão nas suas sinagogas. 18 Sereis levados por minha causa à presença dos governadores e dos reis, em testemunho diante deles e dos gentios. 19 Quando vos entregarem, não cuideis como ou o que haveis de falar, porque naquela hora vos será inspirado o que haveis de dizer. 20 Porque não sois vós que falais, mas o Espírito de vosso Pai é quem fala em vós. 21 O irmão entregará à morte o

seu irmão e o pai, o filho; os filhos se levantarão contra os
pais e lhes darão a morte. 22 Vós, por causa do meu nome,
sereis odiados por todos; aquele, porém, que perseverar
até o fim será salvo. 23 Quando vos perseguirem numa
cidade, fugi para outra. Em verdade vos digo que não
acabareis de percorrer as cidades de Israel antes que
venha o Filho do Homem.

24 «Não é o discípulo mais que o mestre, nem o servo
mais que o senhor. 25 Basta ao discípulo ser como o mes-
tre, e ao servo como o senhor. Se eles chamaram Belzebu
ao pai de família, quanto mais aos de sua casa! 26 «Não
os temais, pois, porque nada há encoberto que se não
venha a descobrir, nem oculto que se não venha a saber.
27 O que eu vos digo nas trevas, dizei-o às claras, e o que
vos é dito ao ouvido, pregai-o sobre os telhados. 28 Não
temais os que matam o corpo, mas não podem matar
a alma. Temei antes aquele que pode lançar na geena a
alma e o corpo. 29 Porventura não se vendem dois pas-
sarinhos por um asse? E, todavia, nem um só deles cai-
rá sobre a terra sem a permissão de vosso Pai. 30 Até os
próprios cabelos da vossa cabeça estão todos contados.
31 Não temais, pois; vós valeis mais que muitos pássaros.

32 «Todo aquele, portanto, que me confessar diante
dos homens, também eu o confessarei diante de meu Pai
que está nos céus. 33 Porém, aquele que me negar diante
dos homens, também eu o negarei diante de meu Pai que
está nos céus.

34 «Não julgueis que vim trazer a paz à terra; não vim
trazer a paz, mas a espada. 35 Porque vim colocar

o homem contra seu pai,
e a filha contra sua mãe,
e a nora contra sua sogra.
36 *E os inimigos do homem*
serão os de sua própria casa.

37 «Quem ama o pai ou a mãe mais do que a mim não
é digno de mim, e quem ama o filho ou a filha mais do
que a mim não é digno de mim. 38 Quem não toma a sua
cruz e me segue não é digno de mim. 39 Quem encontrar
a sua vida perdê-la-á, e quem perder a sua vida por amor
de mim achá-la-á.

40 «Quem vos recebe a mim recebe, e quem recebe a
mim recebe aquele que me enviou. 41 Quem recebe um
profeta, na qualidade de profeta, receberá recompensa de
profeta; quem recebe um justo, na qualidade de justo,
receberá recompensa de justo. 42 E todo aquele que der
de beber um simples copo de água fresca a um destes pe-
queninos, a título de ser meu discípulo, em verdade vos
digo que não perderá a sua recompensa.»

Embaixada de São João Batista

(Lc 7, 18-30)

11 1 Tendo Jesus acabado de dar essas instruções aos **16 DEZ**
seus doze discípulos, partiu dali para ir ensinar e ***16 JUN***
pregar nas cidades deles.

2 E como João, estando no cárcere, tivesse ouvido fa-
lar das obras de Cristo, enviou dois de seus discípulos
3 para perguntar-lhe:
«És tu aquele que há de vir, ou esperamos outro?»
4 Jesus respondeu-lhes:
«Ide e contai a João o que ouvis e vedes: 5 *Os cegos
veem*, os coxos andam, os leprosos são limpos, os surdos
ouvem, os mortos ressuscitam, *os pobres são evangelizados*;
6 e bem-aventurado aquele que não encontrar em mim
motivo de escândalo.»
7 Tendo eles partido, começou Jesus a falar de João
às turbas:
«Que fostes vós ver no deserto? Uma cana agitada
pelo vento? 8 Mas que fostes ver? Um homem vestido de
roupas finas? Ora, os que vestem roupas finas vivem nos
palácios dos reis. 9 Mas que fostes ver? Um profeta? Sim,
vos digo eu, e ainda mais do que profeta. 10 Porque este é
aquele de quem está escrito:

Eis que eu envio o meu mensageiro adiante de ti,
o qual te preparará o caminho diante de ti.

11 «Em verdade vos digo que, entre os nascidos das mu-
lheres, não veio ao mundo outro maior que João Batista.
Entretanto, o menor no Reino dos Céus é maior do que ele.
12 «Desde os dias de João Batista até agora, o Reino
dos Céus adquire-se à força, e são os violentos que o ar-
rebatam. 13 Todos os profetas e a lei profetizaram até João.

14 E, se vós quereis compreender, ele mesmo é o Elias que
há vir. 15 Aquele que tem ouvidos para ouvir, ouça.

Censuras contra a incredulidade
(Lc 7, 31-35)

16 «A quem hei de comparar esta geração? É semelhan-
te aos rapazes que estão sentados na praça e que gritam
aos seus companheiros, 17 dizendo:

"Tocamos flauta para vós,
e não bailastes;
entoamos lamentações,
e não chorastes."

18 «Pois veio João, que não comia nem bebia, e di-
zem: "Ele tem demônio." 19 Veio o Filho do Homem, que
come e bebe, e dizem: "Eis um glutão e um bebedor de
vinho, amigo dos publicanos e dos pecadores."
«Mas a sabedoria foi justificada por suas obras.»

Jesus a increpar as cidades incrédulas
(Lc 10, 13-16)

20 Então começou a censurar as cidades em que ti- 17 DEZ *17 JUN*
nham sido operados muitos dos seus milagres por não
terem feito penitência.

21 «Ai de ti, Corazim! Ai de ti, Betsaida! Porque, se em
Tiro e em Sidônia tivessem sido feitos os milagres que
se realizaram em vós, há muito tempo que teriam feito
penitência em cilício e em cinza. 22 Por isso vos digo que
haverá menor rigor para Tiro e Sidônia no dia do juízo
que para vós.

23 «E tu, Cafarnaum, *elevar-te-ás* porventura *até o céu?*
Hás de ser abatida até o inferno! Se em Sodoma tivessem
sido feitos os milagres que se fizeram em ti, ainda hoje
existiria. 24 Por isso vos digo que no dia do juízo haverá
menos rigor para a terra de Sodoma que para ti.»

Ação de graças de Jesus
(Lc 10, 21-24)

25 Naquela ocasião Jesus, falando novamente, disse:
«Eu te louvo, ó Pai, Senhor do céu e da terra, porque
escondeste estas coisas aos sábios e aos prudentes, e as
revelaste aos pequeninos. 26 Sim, Pai, porque assim foi
do teu agrado. 27 Todas as coisas me foram entregues por
meu Pai, e ninguém conhece o Filho senão o Pai, nem
conhece o Pai senão o Filho e aquele a quem o Filho
o quiser revelar.

28 «Vinde a mim todos os que estais fatigados e carre-
gados, e eu vos aliviarei. 29 Tomai sobre vós o meu jugo e
aprendei de mim, que sou manso e humilde de coração,
e achareis descanso para as vossas almas: 30 porque o meu
jugo é suave e o meu peso, leve.»

Questão sobre o sábado
(Mc 2, 23-28; Lc 6, 1-5)

12 1 Naquele tempo, num dia de sábado, passava Je-
sus por umas searas; seus discípulos, tendo fome,
começaram a colher espigas e a comê-las. 2 Vendo isso os
fariseus, disseram-lhe:
«Eis que os teus discípulos fazem o que não é permi-
tido fazer no sábado.»
3 Jesus respondeu-lhes:
«Não lestes o que fez Davi quando teve fome, ele e os
que com ele iam? 4 Como entrou na casa de Deus e co-
meu os pães da proposição, os quais não era lícito comer
nem para ele nem para os que iam com ele, mas só para
os sacerdotes? 5 Não lestes na Lei que aos sábados os sa-
cerdotes no templo violam o sábado e ficam sem culpa?
6 Ora, eu vos digo que aqui está alguém maior que o
templo. 7 Se vós soubésseis o que quer dizer: *Quero mise-
ricórdia, e não sacrifício*, jamais condenaríeis os inocentes.
8 Porque o Filho do Homem é senhor do sábado.»

Cura do homem com a mão seca
(Mc 3, 1-6; Lc 6, 6-11)

9 Partindo dali, foi à sinagoga deles, 10 onde se encon- 18 DEZ
trava um homem que tinha seca uma das mãos; e eles, *18 JUN*
para terem de que o acusar, perguntaram-lhe:
«É permitido curar aos sábados?»
11 Ele respondeu-lhes:

«Que homem haverá entre vós que, tendo uma ove-
lha, se esta cair no dia de sábado numa cova, não a toma-
rá e tirará de lá? 12 Ora, quanto mais vale um homem do
que uma ovelha? Logo, é permitido fazer o bem no dia
de sábado.»

13 Então disse ao homem:

«Estende a tua mão.»

Ele estendeu-a, e ela tornou-se sã como a outra.

14 Os fariseus, ao saírem dali, tiveram conselho contra
ele sobre o modo de o levarem à morte.

Jesus, servo de Deus

15 Jesus, sabendo disso, retirou-se daquele lugar. Mui-
tos seguiram-no, e curou-os a todos. 16 Ordenou-lhes que
não o revelassem, 17 para que se cumprisse o que tinha
sido anunciado pelo profeta Isaías:

18 *Eis o meu servo, que eu escolhi,*
o meu amado, em quem se compraz a minha alma.
Farei repousar sobre ele o meu Espírito,
e ele anunciará a justiça às nações.
19 *Não contenderá nem clamará,*
nem ouvirá alguém a sua voz nas praças;
20 *não quebrará a cana rachada,*
nem apagará o pavio fumegante,
até que faça triunfar a justiça;
21 *e as nações esperarão no seu nome.*

Calúnia dos fariseus.
Pecado contra o Espírito Santo
(Mc 3, 22-30; Lc 6, 43-45; 11, 14-26)

22 Então trouxeram-lhe um endemoninhado cego e 19 DEZ
mudo, e ele o curou, de sorte que falava e via. 23 E ficaram 19 JUN
assombradas todas as multidões, e diziam:
«Não será este o Filho de Davi?»
24 Mas os fariseus, ouvindo isto, disseram:
«Este não lança fora os demônios senão por virtude
de Belzebu, príncipe dos demônios.»
25 Porém Jesus, conhecendo os pensamentos deles,
disse-lhes:
«Todo reino dividido contra si mesmo será destruído,
e toda cidade ou família dividida contra si mesma não
subsistirá. 26 Ora, se Satanás lança fora a Satanás, está
dividido contra si mesmo; como subsistirá, pois, o seu
reino? 27 E se eu lanço fora os demônios por virtude de
Belzebu, por virtude de quem os expulsam vossos filhos?
Por isso é que eles serão os vossos juízes. 28 Se eu, porém,
lanço fora os demônios pela virtude do Espírito de Deus,
então é chegado a vós o Reino de Deus. 29 Como pode
alguém entrar na casa de um valente e saquear os seus
bens, se antes não prender o valente? Só então lhe poderá
saquear a casa. 30 Quem não é comigo é contra mim, e
quem não recolhe comigo dispersa.
31 «Por isso vos digo: Todo pecado e blasfêmia será
perdoado aos homens; a blasfêmia contra o Espírito San-
to, porém, não será perdoada. 32 Se alguém disser uma

palavra contra o Filho do Homem, lhe será perdoada;
mas se alguém a disser contra o Espírito Santo, não lhe
será perdoada, nem neste século nem no futuro.

33 «Ou dizei que a árvore é boa e o seu fruto é bom,
ou dizei que a árvore é má e o seu fruto é mau; pois pelo
fruto se conhece a árvore. 34 Raça de víboras, como po-
deis dizer coisas boas, vós que sois maus? Porque a boca
fala da abundância do coração. 35 O homem bom
tira boas coisas do seu bom tesouro, e o mau homem tira
más coisas do seu mau tesouro. 36 Ora, eu vos digo que
os homens darão conta no dia do juízo de toda palavra
ociosa que tiverem proferido. 37 Porque pelas tuas palavras
serás justificado ou condenado.»

O sinal de Jonas
(Lc 11, 24-26.29-32)

38 Então lhe replicaram alguns dos escribas e fariseus,
dizendo:

«Mestre, desejamos ver algum sinal teu.»

39 Ele lhes respondeu:

«Esta geração má e adultera pede um sinal, mas
não lhe será dado outro sinal senão o do profeta Jonas.
40 Porque, assim como *Jonas esteve no ventre da baleia três
dias e três noites*, assim estará o Filho do Homem
três dias e três noites no seio da terra. 41 Os habitantes de
Nínive se levantarão no dia do juízo contra esta geração
e a condenarão, porque fizeram penitência com a prega-
ção de Jonas. Ora, aqui está quem é mais do que Jonas.

42 A rainha do Sul levantar-se-á no dia do juízo contra
esta geração e a condenará, porque veio dos confins da
terra a ouvir a sabedoria de Salomão. Ora, aqui está
quem é mais do que Salomão.

43 «Quando o espírito impuro sai de um homem,
anda errando por lugares áridos em busca de repouso,
e não o encontra. 44 Então diz: "Voltarei para minha
casa, donde saí." E, quando vem, a encontra desocupada,
varrida e adornada. 45 Então vai e toma consigo outros sete
espíritos piores do que ele, e, entrando, habitam ali; e o último estado daquele homem torna-se pior que o primeiro.
Assim também acontecerá a esta geração perversa.»

O verdadeiro parentesco com Jesus
(Mc 3, 31-35; Lc 8, 19-21)

46 Estando ele ainda a falar ao povo, eis que sua
mãe e seus irmãos se achavam fora, desejando falar-lhe.
47 Alguém lhe disse:

«Tua mãe e teus irmãos estão ali fora e desejam falar-te.»

48 Ele, porém, respondeu ao que falava:

«Quem é minha mãe e quem são os meus irmãos?»

49 E, estendendo a mão para os seus discípulos, disse:

«Eis minha mãe e meus irmãos. 50 Porque todo aquele
que fizer a vontade de meu Pai que está nos céus, esse é
meu irmão e minha irmã e minha mãe.»

VI. AS PARÁBOLAS DO REINO

Parábola do semeador. Sentido das parábolas

(Mc 4, 1-20; Lc 8, 4-15)

13 1 Naquele dia, saindo Jesus de casa, sentou-se à 20 DEZ
beira-mar. 2 E juntou-se em volta dele uma grande *20 JUN*
multidão de gente, de tal sorte que teve de entrar numa
barca e sentar-se nela; e toda a multidão estava em pé
sobre a praia. 3 E disse-lhes muitas coisas por parábolas:
«Eis que saiu o semeador a semear. 4 Enquanto semeava,
uma parte da semente caiu ao longo do caminho, e vieram
as aves do céu e comeram-na. 5 Outra parte caiu em lugar
pedregoso, onde não havia muita terra, e logo nasceu, por-
que não tinha profundidade de terra. 6 Mas, saindo o sol,
queimou-se e, porque não tinha raiz, secou. 7 Outra parte
caiu entre os espinhos, e cresceram os espinhos e a sufoca-
ram. 8 Outra parte, enfim, caiu em boa terra, e frutificou:
uns grãos deram cem por um, outros sessenta, outros trinta.
9 Quem tem ouvidos para ouvir, ouça.»
10 Chegando-se a ele os discípulos, disseram-lhe:
«Por que razão lhes falas por meio de parábolas?»
11 Ele respondeu-lhes:
«Porque a vós é concedido conhecer os mistérios do
Reino dos Céus, mas a eles não é concedido. 12 Porque
ao que tem será dado ainda mais, e terá em abundância;
mas ao que não tem, até o que tem lhe será tirado. 13
Por isso lhes falo em parábolas, porque vendo não veem

e ouvindo não ouvem nem entendem. 14 E cumpre-se
neles a profecia de Isaías, que diz:

Ouvireis com os ouvidos, e não entendereis;
olhareis com os vossos olhos, e não vereis.
15 *Porque o coração deste povo tornou-se insensível,*
os seus ouvidos tornaram-se duros,
e fecharam os olhos;
para não suceder que vejam com os olhos,
e ouçam com os ouvidos,
e entendam com o coração e se convertam,
e eu os sare.

16 «Bem-aventurados, porém, os vossos olhos, por-
que veem, e os vossos ouvidos, porque ouvem. 17 Em
verdade vos digo que muitos profetas e justos desejaram
ver o que vedes, e não o viram; e ouvir o que ouvis, e não
o ouviram.

18 «Ouvi, pois, vós o que significa a parábola do seme-
ador: 19 todo aquele que ouve a palavra do Reino e não a
compreende, vem o espírito maligno e arrebata o que foi
semeado no seu coração; este é o semeado ao longo da
estrada. 20 O semeado no lugar pedregoso é aquele que ouve
a palavra e logo a recebe com gosto; 21 mas não tem raiz
em si, antes é inconstante; e, quando lhe sobrevém tribu-
lação e perseguição por causa da palavra, logo sucumbe.
22 O semeado entre espinhos é aquele que ouve a palavra,
mas os cuidados deste século e a sedução das riquezas sufo-
cam a palavra, e fica infrutuosa. 23 O semeado em boa terra é

aquele que ouve a palavra e a compreende; esse dá fruto, e umas vezes dá cem, outras sessenta, e outras trinta por um.»

Parábola da cizânia

24 Propôs-lhes outra parábola, dizendo:
«O Reino dos Céus é semelhante a um homem que 21 DEZ
semeou boa semente no seu campo. 25 Porém, enquanto *21 JUN*
os homens dormiam, veio seu inimigo e semeou cizânia
no meio do trigo, e foi-se. 26 Tendo crescido a erva e dado
fruto, apareceu então a cizânia. 27 Chegando os servos do
pai de família, disseram-lhe: "Senhor, porventura não se-
measte tu boa semente no teu campo? Donde veio, pois,
a cizânia?" 28 Ele respondeu-lhes: "Foi um inimigo que
fez isto." Os servos disseram-lhe: "Queres que vamos e
a arranquemos?" 29 Ele respondeu-lhes: "Não, para que
talvez não suceda que, arrancando a cizânia, arranqueis
juntamente com ela o trigo. 30 Deixai crescer uma e outra
coisa até a ceifa, e no tempo da ceifa direi aos segadores:
Colhei primeiramente a cizânia e atai-a em molhos para
a queimar; o trigo, porém, recolhei-o no meu celeiro."»

Parábolas do grão de mostarda e da levedura

(Mc 4, 30-34; Lc 13, 18-21)

31 Propôs-lhes outra parábola, dizendo:
«O Reino dos Céus é semelhante a um grão de mos-
tarda que um homem tomou e semeou no seu campo.
32 É a menor de todas as sementes, mas, depois de ter

crescido, é maior que todas as hortaliças e chega a tornar-se uma árvore, de sorte que as aves do céu vêm aninhar-se nos seus ramos.»

33 Disse-lhes outra parábola:

«O Reino dos Céus é semelhante ao fermento que uma mulher toma e mistura em três medidas de farinha, até que tudo fica fermentado.»

34 Todas estas coisas disse Jesus ao povo em parábolas,
e não lhes falava sem parábolas, 35 a fim de que se cum-
prisse o que estava anunciado pelo profeta, que diz:

Abrirei em parábolas a minha boca;
publicarei as coisas escondidas desde a criação do mundo.

Explicação da parábola da cizânia

36 Então, despedido o povo, foi para casa, e chegaram-se a ele seus discípulos, dizendo:

«Explica-nos a parábola da cizânia no campo.»

37 Ele respondeu:

«O que semeia a boa semente é o Filho do Homem;
38 o campo é o mundo; a boa semente são os filhos do
Reino; a cizânia são os filhos do maligno; 39 o inimigo que
a semeou é o diabo; o tempo da ceifa é o fim do mundo;
os segadores são os anjos. 40 De maneira que, assim como é
colhida a cizânia e queimada no fogo, assim acontecerá no
fim do mundo. 41 O Filho do Homem enviará os seus anjos
e tirarão do seu Reino todos os que causam escândalos e
os que praticam a iniquidade, 42 e lançá-los-ão na fornalha

de fogo. Ali haverá choro e ranger de dentes. 43 Então
resplandecerão os justos como o sol no Reino de seu Pai.
Quem tem ouvidos para ouvir, ouça.

Parábolas do tesouro escondido, da pérola e da rede

44 «O Reino dos Céus é semelhante a um tesouro 22 DEZ
escondido num campo, o qual, quando um homem o *22 JUN*
acha, esconde-o e, pela alegria que sente ao achá-lo, vai e
vende tudo o que tem, e compra aquele campo.
45 «O Reino dos Céus é também semelhante a um
mercador que busca pérolas preciosas 46 e, tendo encon-
trado uma de grande preço, vai, vende tudo o que tem e
a compra.
47 «O Reino dos Céus é ainda semelhante a uma rede
lançada ao mar, que colhe todo tipo de peixes. 48 Quando
está cheia, os pescadores tiram-na para fora e, sentados
na praia, escolhem os bons para os cestos e jogam fora
os maus. 49 Será assim no fim do mundo: virão os anjos
e separarão os maus do meio dos justos, 50 e os lançarão
na fornalha de fogo. Ali haverá choro e ranger de dentes.
51 «Compreendestes tudo isso?»
Eles responderam: «Sim.»
52 Ele disse-lhes:
«Por isso todo escriba instruído nas coisas do Reino
dos Céus é semelhante a um pai de família, que tira do
seu tesouro coisas novas e velhas.»

VII. JESUS SE RETIRA PARA AS REGIÕES VIZINHAS

Ninguém é profeta em sua terra

(Mc 6, 1-6; Lc 4, 16-30)

53 Quando Jesus acabou de dizer estas parábolas, par-
tiu dali. 54 E, indo para a sua pátria, ensinava nas suas
sinagogas, de modo que se admiravam e diziam:
«Donde lhe vêm esta sabedoria e estes poderes?
55 Porventura não é este o filho do carpinteiro? Não se
chama sua mãe Maria, e seus irmãos Tiago, José, Simão
e Judas? 56 Suas irmãs não vivem todas entre nós? Donde
vêm, pois, a este todas estas coisas?»
57 E estavam perplexos a seu respeito. Mas Jesus
disse-lhes:
«Não há profeta sem prestígio, senão na sua pátria e
na sua casa.»
58 E fez ali poucos milagres, por causa da increduli-
dade deles.

Martírio de São João Batista

(Mc 6, 14-29; Lc 3, 19-20)

14 1 Naquele tempo, o tetrarca Herodes ouviu falar 23 DEZ
da fama de Jesus 2 e disse aos seus cortesãos: 23 JUN
«Este é João Batista, que ressuscitou dos mortos, e eis
por que tantos milagres se operam por meio dele.»

3 Porque Herodes tinha mandado prender João, e
tinha-o acorrentado e metido no cárcere por causa de
Herodíades, mulher de seu irmão Filipe. 4 Porque João
lhe dizia: «Não te é lícito tê-la por mulher.» 5 E, queren-
do matá-lo, teve medo do povo, porque o consideravam
um profeta.

6 Mas, no dia natalício de Herodes, a filha de Herodíades
bailou no meio dos convivas e agradou a Herodes. 7 Por isso
ele prometeu-lhe com juramento dar-lhe o que quer que ela
lhe pedisse. 8 E ela, instigada por sua mãe, disse:
«Dá-me aqui num prato a cabeça de João Batista.»

9 O rei entristeceu-se, mas, por causa do juramento
e dos comensais, mandou dar-lha; 10 e mandou degolar
João no cárcere. 11 Foi trazida a sua cabeça num prato e
dada à moça, e ela levou-a para sua mãe. 12 Chegando os
seus discípulos, levaram o corpo e sepultaram-no; depois,
foram dar a notícia a Jesus.

Primeira multiplicação dos pães
(Mc 6, 30-44; Lc 9, 10-17; Jo 6, 1-15)

13 Tendo Jesus ouvido isto, retirou-se dali numa barca
a um lugar afastado, sozinho; mas, tendo sabido isso as
turbas, seguiram-no a pé desde as cidades. 14 Ao sair da
barca, viu Jesus uma grande multidão e teve compaixão
dela, e curou os seus enfermos. 15 Ao cair da tarde, apro-
ximaram-se dele os discípulos, dizendo:

«Este lugar é deserto, e a hora é já adiantada; deixa ir
essa gente, para que, indo às aldeias, compre de comer.»
16 Mas Jesus disse-lhes:
«Não têm necessidade de ir; dai-lhes vós de comer.»
17 Responderam-lhe:
«Não temos aqui senão cinco pães e dois peixes.»
18 Ele disse-lhes:
«Trazei-os aqui.»
19 Em seguida, tendo mandado à multidão que se
sentasse sobre a erva, tomou os cinco pães e os dois pei-
xes, levantou os olhos ao céu, abençoou-os e, partindo
os pães, deu-os aos discípulos, e os discípulos às turbas.
20 Comeram todos e saciaram-se, e levantaram doze ces-
tos cheios dos bocados que sobraram. 21 Ora, o número
dos que tinham comido era de cinco mil homens, sem
contar mulheres e crianças.

Jesus caminha sobre as águas
(Mc 6, 45-52; Jo 6, 16-21)

22 Em seguida, Jesus mandou os seus discípulos su- **24 DE**
birem na barca e passar antes dele à outra margem do ***24 JU***
mar, enquanto despedia as turbas. 23 Despedidas as tur-
bas, subiu sozinho num monte para orar. Quando che-
gou a noite, achava-se ali só. 24 Entretanto, a barca dis-
tanciara-se já muitos estádios da terra e era agitada pelas
ondas, porque o vento lhe era contrário. 25 Na quarta
vigília da noite, foi Jesus ter com eles, andando sobre o mar.
26 Os discípulos, quando o viram andar sobre o mar,

turbaram-se e disseram: «É um fantasma!» E, com medo, começaram a gritar.

27 Mas Jesus falou-lhes imediatamente, dizendo:

«Tende confiança; sou eu, não temais.»

28 Pedro, tomando a palavra, disse:

«Senhor, se és tu, manda-me ir até onde estás por sobre as águas.»

29 Ele disse:

«Vem.»

Descendo Pedro da barca, caminhava sobre a água
para ir a Jesus. 30 Vendo, porém, que o vento era forte,
temeu e, começando a submergir-se, gritou, dizendo:

«Senhor, salva-me!»

31 Imediatamente Jesus, estendendo a mão, o tomou e lhe disse:

«Homem de pouca fé, por que duvidaste?»

32 Depois que subiram na barca, o vento cessou.
33 Os que estavam na barca prostraram-se diante dele,
dizendo:

«Verdadeiramente tu és o Filho de Deus.»

Curas em Genesaré
(Mc 6, 53-56)

34 Tendo atravessado o mar, foram para a terra de Gene-
saré. 35 Tendo-o reconhecido o povo daquele lugar, manda-
ram avisar toda aquela região, e lhe apresentaram todos os
doentes. 36 Estes lhe rogavam que os deixassem tocar sequer a
orla de suas vestes. E todos os que o tocaram ficaram sãos.

As tradições dos antigos. A verdadeira pureza
(Mc 7, 1-23)

15 1 Então aproximaram-se dele uns escribas e 25 DE
fariseus de Jerusalém, dizendo: 25 JU
2 «Por que violam os teus discípulos a tradição dos
antigos? Pois não lavam as mãos quando comem pão.»
3 Ele respondeu-lhes:
«E vós também, por que transgredis o mandamento
de Deus por causa da vossa tradição? Porque Deus disse:
4 *Honra teu pai e tua mãe* e *quem amaldiçoar seu pai ou
sua mãe seja punido de morte.* 5 Porém, vós dizeis: qual-
quer que disser a seu pai ou a sua mãe: "É oferta a Deus
qualquer coisa minha que te possa ser útil" 6 não está mais
obrigado a honrar seu pai ou sua mãe; e, assim, por causa
da vossa tradição, tornastes nulo o mandamento de Deus.
7 Hipócritas, bem profetizou de vós Isaías, dizendo:

8 *Este povo honra-me com os lábios,*
mas o seu coração está longe de mim.
9 *Em vão me prestam culto,*
ensinando doutrinas
que são preceitos humanos.»

10 Depois, chamando a si as turbas, disse-lhes:
«Ouvi e entendei. 11 Não é aquilo que entra pela boca
que mancha o homem, mas aquilo que sai da boca:
isso é que torna imundo o homem.»

12 Então, aproximando-se dele seus discípulos, disseram-lhe:

«Sabes que os fariseus, ouvindo essas palavras, se escandalizaram?»

13 Jesus respondeu:

«Toda planta que meu Pai celestial não plantou será
arrancada pela raiz. 14 Deixai-os; são cegos e guias de cegos;
e, se um cego guia outro cego, ambos cairão na fossa.»

15 Pedro, tomando a palavra, disse-lhe:

«Explica-nos essa parábola.»

16 Jesus respondeu:

«Também vós tendes tão pouca compreensão? 17 Não
compreendeis que tudo o que entra pela boca passa ao ventre
e se lança depois num lugar escuso? 18 Mas as coisas
que saem da boca vêm do coração, e estas são as que
mancham o homem; 19 porque do coração saem os maus
pensamentos, os homicídios, os adultérios, as fornicações, os furtos, os falsos testemunhos, as blasfêmias.
20 Estas coisas são as que mancham o homem; o comer,
porém, com as mãos por lavar não mancha o homem.»

A cananeia

(Mc 7, 24-30)

21 Partindo dali, retirou-se Jesus para a região de Tiro **26 DEZ** ***26 JUN***
e de Sidônia. 22 E eis que uma cananeia, que tinha saído
daqueles arredores, gritou:

«Senhor, Filho de Davi, tem piedade de mim! Minha filha está miseravelmente atormentada por um demônio.»

23 Ele, porém, não lhe respondeu palavra. Aproximando-se seus discípulos, pediram-lhe:

«Despede-a, porque vem gritando atrás de nós.»

24 Ele respondeu:

«Eu não fui enviado senão às ovelhas desgarradas da casa de Israel.»

25 Ela, porém, veio e prostrou-se diante dele, dizendo:

«Senhor, ajuda-me!»

26 Ele respondeu:

«Não é bom tomar o pão dos filhos e lançá-lo aos cachorrinhos.»

27 Ela replicou:

«Assim é, Senhor, mas também os cachorrinhos comem das migalhas que caem da mesa dos seus donos.»

28 Então Jesus disse-lhe:

«Ó mulher, grande é a tua fé! Seja-te feito como queres.»

E, desde aquela hora, ficou sã a sua filha.

Cura de muitos enfermos

29 Tendo Jesus saído dali, dirigiu-se para o mar da
Galileia; e, subindo a um monte, sentou-se aí. 30 E con-
correu a ele uma grande multidão do povo, que trazia
consigo coxos, cegos, mudos, aleijados e muitos outros,
e lançaram-nos a seus pés, e ele os curou; 31 de sorte que

as turbas se admiravam, vendo falar os mudos, andar os coxos, ver os cegos; e davam glória ao Deus de Israel.

Segunda multiplicação dos pães
(Mc 8, 1-10)

[32] Jesus, chamando os seus discípulos, disse:

«Tenho pena deste povo, porque há já três dias que não se afastam de mim, e não têm o que comer. Não quero despedi-los em jejum, para que não desfaleçam no caminho.»

[33] Os discípulos disseram-lhe:

«Onde poderemos encontrar neste deserto pães suficientes para matar a fome de tão grande multidão?»

[34] Jesus disse-lhes:

«Quantos pães tendes vós?»

Eles responderam:

«Sete, e uns poucos peixinhos.»

[35] Ordenou então ao povo que se sentasse sobre a terra; [36] e, tomando os sete pães e os peixes, deu graças, partiu-os, deu-os aos seus discípulos, e os discípulos os deram ao povo.

[37] Comeram todos e saciaram-se; e dos bocados que sobraram levantaram sete cestos cheios. [38] Os que tinham comido eram quatro mil homens, sem contar mulheres e crianças. [39] Em seguida, despedindo o povo, entrou Jesus numa barca, e foi para o território de Magadã.

Insídias de fariseus e saduceus
(Mc 8, 11-21; Lc 12, 54-56)

16 1 Foram ter com ele os fariseus e os saduceus, e, 27 DEZ
para o tentarem, pediram-lhe que lhes mostrasse 27 JUN
algum prodígio do céu. 2 Ele, porém, respondeu-lhes:
«Vós, quando vem chegando a noite, dizeis: "Haverá
tempo sereno", porque o céu está avermelhado. 3 E de
manhã: "Hoje haverá tempestade", porque o céu tem um
brilho encarnado sombrio. 4 Sabeis, pois, distinguir o as-
pecto do céu e não conseguis conhecer os sinais dos tem-
pos? Esta geração perversa e adúltera pede um sinal, mas
não lhe será dado outro sinal senão o do profeta Jonas.»

E, deixando-os, retirou-se.

5 Tendo os seus discípulos atravessado para a ou-
tra margem do mar, tinham-se esquecido de levar pão.
6 Jesus disse-lhes:

«Atenção! Guardai-vos do fermento dos fariseus e dos saduceus.»

7 Mas eles discorriam entre si, dizendo: «Não trouxe-
mos pão.» 8 Conhecendo Jesus isto, disse:
«Homens de pouca fé, por que comentais entre vós
que não tendes pão? 9 Ainda não compreendeis, nem
vos lembrais dos cinco pães para os cinco mil homens,
e quantos cestos recolhestes? 10 Nem dos sete pães para
quatro mil homens, e quantos cestos recolhestes? 11 Por
que não compreendeis que não foi a respeito de pães que
eu vos disse: Guardai-vos do fermento dos fariseus e dos
saduceus?»

12 Então compreenderam que não havia dito que se guardassem do fermento dos pães, mas da doutrina dos fariseus e dos saduceus.

Confissão e primado de São Pedro
(Mc 8, 27-30; Lc 9, 18-21)

13 Tendo chegado à região de Cesareia de Filipe, Jesus interrogou os seus discípulos, dizendo:

«Quem dizem os homens que é o Filho do Homem?»

14 Eles responderam:

«Uns dizem que é João Batista, outros que é Elias, outros que é Jeremias ou algum dos profetas.»

15 Jesus disse-lhes:

«E vós, quem dizeis que eu sou?»

16 Respondendo Simão Pedro, disse:

«Tu és o Cristo, o Filho do Deus vivo.»

17 Respondendo Jesus, disse-lhe:

«Bem-aventurado és, Simão bar-Jona, porque não foi
a carne e o sangue que te revelaram isso, mas meu Pai que
está nos céus. 18 E eu digo-te que tu és Pedro, e sobre esta
pedra edificarei a minha Igreja, e as portas do inferno não
prevalecerão contra ela. 19 Eu te darei as chaves do Reino
dos Céus: tudo o que ligares sobre a terra será ligado tam-
bém nos céus, e tudo o que desatares sobre a terra será
desatado também nos céus.»

20 Depois ordenou a seus discípulos que não dissessem a ninguém que ele era o Cristo.

SEGUNDA PARTE
MINISTÉRIO A CAMINHO DE JERUSALÉM

VIII. RUMO À JUDEIA E JERUSALÉM

Jesus prediz sua Paixão e Glória. A lei da renúncia cristã

(Mc 8, 31-9, 1; Lc 9, 22-27)

21 Desde então começou Jesus a manifestar a seus dis- **28 DEZ**
cípulos que devia ir a Jerusalém, padecer muitas coisas ***28 JUN***
dos anciãos, dos príncipes dos sacerdotes e dos escribas,
ser morto e ressuscitar ao terceiro dia. 22 Tomando-o
Pedro à parte, começou a admoestá-lo, dizendo:

«Longe de ti estas coisas, Senhor; não te sucederá isso!»

23 Ele, voltando-se para Pedro, disse-lhe:

«Afasta-te de mim, Satanás! Tu serves-me de escândalo, porque não tens a sabedoria das coisas de Deus, mas das coisas dos homens!»

24 Então Jesus disse aos seus discípulos:

«Se alguém quer vir atrás de mim, negue-se a si mes-
mo, tome a sua cruz e siga-me. 25 Porque quem quiser
salvar a sua vida perdê-la-á, e quem perder a sua vida por
amor de mim achá-la-á.

26 «Pois, que aproveitará a um homem ganhar todo
o mundo, se vier a perder a sua alma? Ou que dará um
homem em troca da sua alma? 27 Porque o Filho do

homem há de vir na glória de seu Pai com os seus anjos, e
então dará a cada um segundo as suas obras. 28 Em verda-
de vos digo que, entre aqueles que estão aqui presentes,
há alguns que não provarão a morte antes que vejam vir
o Filho do Homem em seu Reino.»

A Transfiguração
(Mc 9, 2-13; Lc 9, 28-36)

17 1 Seis dias depois, tomou Jesus consigo Pedro, Tia-
go e João, seu irmão, e levou-os à parte a um alto
monte, 2 e transfigurou-se diante deles. O seu rosto ficou
refulgente como o sol, e as suas vestes tornaram-se alvas
como a luz. 3 Eis que lhes apareceram Moisés e Elias, fa-
lando com ele. 4 Pedro, tomando a palavra, disse a Jesus:
«Senhor, bom é nós estarmos aqui; se queres, farei aqui
três tendas: uma para ti, uma para Moisés e uma para
Elias.»

5 Estando ele ainda a falar, eis que uma nuvem res-
plandecente os envolveu; e saiu da nuvem uma voz que
dizia:

«Este é o meu Filho dileto, em quem pus toda a mi-
nha complacência; ouvi-o.»

6 Ouvindo isto, os discípulos caíram de bruços e ti-
veram grande medo. 7 Porém, Jesus aproximou-se deles,
tocou-os e disse-lhes:

«Levantai-vos, não temais.»

8 Eles, então, levantando os olhos, não viram nin-
guém, exceto Jesus somente.

9 Quando desciam do monte, Jesus fez-lhes a seguinte
proibição:
«Não digais a ninguém o que vistes, até que o Filho
do Homem ressuscite dos mortos.»
10 Os discípulos perguntaram-lhe:
«Por que dizem, pois, os escribas que Elias deve vir
primeiro?»
11 Ele respondeu-lhes:
«Elias certamente há de vir e restabelecerá todas as
coisas. 12 Digo-vos, porém, que Elias já veio, e não o re-
conheceram; antes, fizeram dele o que quiseram. Assim
também o Filho do Homem há de padecer às suas mãos.»
13 Então os discípulos compreenderam que lhes tinha
falado de João Batista.

Cura do jovem lunático

(Mc 9, 14-29; Lc 9, 37-43)

14 Tendo ido para junto do povo, aproximou-se dele um **29 DEZ**
homem que se lançou de joelhos diante dele, 15 dizendo: ***29 JUN***
«Senhor, tem compaixão de meu filho, porque é lu-
nático e sofre muito; pois muitas vezes cai no fogo, e
muitas na água. 16 Apresentei-o a teus discípulos, e não
o puderam curar.»
17 Jesus respondeu:
«Ó geração incrédula e perversa, até quando hei
de estar convosco? Até quando vos hei de suportar?
Trazei-o aqui.»

18 Jesus ameaçou o demônio, e este saiu do jovem, o qual, desde aquele momento, ficou curado.

19 Então os discípulos aproximaram-se de Jesus em particular e disseram-lhe:

«Por que não pudemos nós lançá-lo fora?»

20 Jesus disse-lhes:

«Por causa da vossa falta de fé. Porque em verdade vos digo que, se tiverdes fé como um grão de mostarda, direis a esta montanha: "Passa daqui para acolá", e ela passará, e nada vos será impossível.» (21)

Segundo anúncio da Paixão. Tributo do Templo

(Mc 9, 30-32; Lc 9, 43-45)

22 Enquanto andavam pela Galileia, Jesus disse-lhes:
«O Filho do Homem será entregue às mãos dos ho-
mens; 23 eles lhe darão a morte, mas ele ressuscitará ao
terceiro dia.»

E eles entristeceram-se em extremo.

24 Quando entraram em Cafarnaum, chegaram-se a Pedro os que recebiam o didracma e disseram-lhe:

«Vosso Mestre não paga o didracma?»

25 Ele respondeu-lhes: «Sim.»

Quando Pedro entrou em casa, Jesus antecipou-se dizendo:

«Que te parece, Simão? De quem recebem os reis da terra o tributo ou o censo? De seus filhos, ou dos estranhos?»

26 Ao responder-lhe: «Dos estranhos», disse-lhe Jesus: «Logo, estão isentos os filhos. 27 Todavia, para que não os escandalizemos, vai ao mar e lança o anzol, e o primeiro peixe que sair, toma-o e, abrindo-lhe a boca, acharás dentro um estáter. Toma-o e dá-o por mim e por ti.»

IX. DISCURSO SOBRE A VIDA NA IGREJA

Os «pequenos» e o Reino. O escândalo. A ovelha perdida

(Mc 9, 33-50; Lc 9, 46-50; 17, 1-3; 15, 4-7)

18 1 Naquela mesma ocasião aproximaram-se de Jesus os discípulos, dizendo:

«Quem é o maior no Reino dos Céus?»

2 Jesus, chamando um menino, colocou-o no meio deles 3 e disse:

«Em verdade vos digo que, se não vos converterdes e vos não tornardes como crianças, não entrareis no Reino dos Céus. 4 Aquele, pois, que se fizer pequeno como este menino, esse será o maior no Reino dos Céus; 5 e quem receber em meu nome um menino como este, é a mim que recebe. 6 Porém, aquele que escandalizar um destes pequeninos que creem em mim, melhor lhe fora que se lhe pendurasse ao pescoço a mó de um moinho e que o lançassem ao fundo do mar. 7 Ai do mundo por causa dos escândalos! Eles são inevitáveis, mas ai daquele homem por quem vem o escândalo! 8 Por isso, se a tua mão ou o

teu pé te escandaliza, corta-o e lança-o para longe de ti;
melhor te é entrar na vida com um pé ou mão a menos
do que, tendo duas mãos e dois pés, ser lançado no fogo
eterno. 9 E, se o teu olho te escandaliza, arranca-o e lança
-o para longe de ti; melhor te é entrar na vida com um só
olho do que, tendo dois, ser lançado no fogo da geena. 10
Cuidai de não desprezar um só destes pequeninos, pois
vos declaro que os seus anjos nos céus veem incessante-
mente a face de meu Pai que está nos céus. (11)

12 «Que vos parece? Se alguém tiver cem ovelhas e 30 DEZ *30 JUN*
uma delas se desgarrar, porventura não deixa as outras
noventa e nove no monte e vai em busca daquela que se
desgarrou? 13 E, se acontecer que a encontre, digo-vos em
verdade que se alegra mais por esta do que pelas noventa
e nove que não se desgarraram. 14 Assim, não é a vontade
de vosso Pai que está nos Céus que pereça um só destes
pequeninos.

Correção fraterna. Poderes dos Apóstolos

(Lc 17, 3-4)

15 «Se teu irmão pecar contra ti, vai e corrige-o entre
ti e ele só. Se te ouvir, ganhaste o teu irmão. 16 Se, porém,
te não ouvir, toma ainda contigo uma ou duas pessoas,
para que *pela palavra de duas outras testemunhas se decida*
qualquer disputa. 17 Se não os ouvir, dize-o à Igreja. Se
não ouvir a Igreja, considera-o como um gentio e um
publicano.

18 «Em verdade vos digo: Tudo o que ligardes sobre
a terra será ligado no céu, e tudo o que desatardes sobre a
terra será desatado no céu.
19 «Ainda vos digo que, se dois de vós se unirem en-
tre si sobre a terra a pedir qualquer coisa, esta lhes será
concedida por meu Pai que está nos céus. 20 Porque onde
estão dois ou três congregados em meu nome, aí estou eu
no meio deles.»

Perdão das ofensas.
Parábola do servo desapiedado
(Lc 17, 3-4)

21 Então, aproximando-se dele Pedro, disse:
«Senhor, até quantas vezes poderá pecar meu irmão
contra mim, que eu lhe perdoe? Até sete vezes?»
22 Jesus respondeu-lhe:
«Não te digo que até sete vezes, mas até setenta vezes sete.
23 «Por isso o Reino dos Céus é comparado a um rei
que quis fazer as contas com os seus servos. 24 Tendo co-
meçado a fazer as contas, foi-lhe apresentado um que lhe
devia dez mil talentos. 25 Como não tivesse com que
pagar, mandou o seu senhor que fosse vendido ele, sua
mulher, seus filhos e tudo o que tinha, e que se saldasse
a dívida. 26 Porém o servo, lançando-se-lhe aos pés, lhe
suplicou: "Tem paciência comigo, e eu te pagarei tudo."
27 E o senhor, compadecido daquele servo, deixou-o ir
livre e perdoou-lhe a dívida. 28 Mas este servo, tendo
saído, encontrou um dos seus companheiros, que lhe devia

cem denários, e, lançando-lhe a mão, sufocava-o dizendo:
"Paga o que me deves." 29 O companheiro, lançando-se-
lhe aos pés, lhe suplicou: "Tem paciência comigo, e eu te
pagarei." 30 Porém ele recusou e mandou metê-lo na prisão
até que pagasse a dívida. 31 Os outros servos seus compa-
nheiros, vendo isso, ficaram muito contristados e foram
referir ao seu senhor tudo o que tinha acontecido. 32 Então
o senhor chamou-o e disse-lhe: "Servo mau, eu perdoei-te
a dívida toda porque me suplicaste. 33 Não devias tu, logo,
compadecer-te também do teu companheiro, como eu me
compadeci de ti?" 34 E o seu senhor, irado, entregou-o aos
torturadores até que pagasse toda a dívida.

35 «Assim também vos fará meu Pai celestial, se cada
um não perdoar do íntimo do seu coração a seu irmão.»

Matrimônio e virgindade

(Mc 10, 1-12)

19 1 Tendo Jesus acabado estes discursos, partiu da 31 DEZ
Galileia e foi para o território da Judeia, além do *1 JUL*
Jordão. 2 Uma grande multidão o seguia, e curou os seus
doentes. 3 Foram ter com ele os fariseus para o tentar, e
disseram-lhe:

«É lícito a um homem repudiar sua mulher por qual-
quer motivo?»

4 Ele respondeu-lhes:

«Não lestes que, no princípio, o Criador *os fez homem
e mulher*, e disse: 5 *Por isso deixará o homem pai e mãe,*

e unir-se-á a sua mulher, e os dois serão uma só carne?
6 Por isso não mais são dois, mas uma só carne. Portanto,
não separe o homem o que Deus juntou.»
7 «Porque mandou, pois, Moisés», replicaram eles,
«dar libelo de repúdio e despedi-la?»
8 Respondeu-lhes:
«Moisés, por causa da dureza do vosso coração, per-
mitiu-vos repudiar vossas mulheres; mas no princípio
não foi assim. 9 Eu, pois, digo-vos que todo aquele que
repudiar sua mulher, a não ser por causa de fornicação, e
se casar com outra comete adultério; e o que se casar com
uma repudiada comete adultério.»
10 Disseram-lhe os discípulos:
«Se tal é a condição do homem a respeito de sua mu-
lher, não convém casar.»
11 Ele respondeu-lhes:
«Nem todos compreendem esta palavra, mas somen-
te aqueles a quem foi concedido. 12 Porque há eunucos
que nasceram assim do ventre de sua mãe; há eunucos
a quem os homens fizeram tais; e há eunucos que a si
mesmos se fizeram tais por amor do Reino dos Céus.
Quem puder compreender isto, compreenda.»

Jesus bendiz as crianças
(Mc 10, 13-16; Lc 18, 15-17)

13 Então lhe foram apresentados várias crianças para
que lhes impusesse as mãos e orasse por elas; mas os
discípulos repreendiam-nas. 14 Jesus, porém, disse-lhes:

«Deixai as crianças e não as impeçais de vir a mim,
porque delas é o Reino dos Céus.»
15 E, tendo-lhes imposto as mãos, partiu dali.

O jovem rico. Pobreza e entrega cristãs
(Mc 10, 17-31; Lc 18, 18-30)

16 Aproximando-se dele um jovem, disse-lhe: **1 JAN**
«Mestre, que hei de fazer de bom para alcançar a vida ***2 JUL***
eterna?»
17 Jesus respondeu-lhe:
«Por que me interrogas acerca do que é bom? Um
só é o bom. Porém, se queres entrar na Vida, guarda os
mandamentos.»
18 «Quais?», perguntou ele.
Jesus disse:

«*Não matarás, não cometerás adultério, não roubarás,*
não dirás falso testemunho, 19 *honra teu pai e tua mãe,*
e *amarás o teu próximo como a ti mesmo.*»

20 «Tenho observado tudo isso», disse-lhe o jovem.
«Que me falta ainda?»
21 Jesus disse-lhe:
«Se queres ser perfeito, vai, vende o que tens e dá-o
aos pobres, e terás um tesouro no céu; depois vem e
segue-me.»
22 O jovem, porém, tendo ouvido esta palavra, reti-
rou-se triste, porque tinha muitos bens.

23 Jesus disse, então, a seus discípulos:
«Em verdade vos digo que um rico dificilmente en-
trará no Reino dos Céus. 24 Digo-vos mais: É mais fácil
passar um camelo pelo fundo de uma agulha do que um
rico entrar no Reino dos Céus.»
25 Os discípulos, ouvidas estas palavras, ficaram mui-
to admirados, dizendo:
«Quem poderá, pois, salvar-se?»
26 Porém Jesus, olhando para eles, disse-lhes:
«Aos homens isto é impossível, mas a Deus tudo é
possível.»
27 Então Pedro, tomando a palavra, disse-lhe:
«Eis que abandonamos tudo e te seguimos; que
haverá então para nós?»
28 Jesus disse-lhes:
«Em verdade vos digo que no dia da regeneração,
quando o Filho do Homem estiver sentado no trono da
sua glória, vós que me seguistes também estareis senta-
dos sobre doze tronos, e julgareis as doze tribos de Israel.
29 E todo aquele que tiver deixado casa, ou irmãos, ou ir-
mãs, ou pai, ou mãe, ou filhos, ou campos, por causa do
meu nome, receberá o cêntuplo e possuirá a vida eterna.
30 Muitos primeiros serão os últimos, e muitos últimos
serão os primeiros.

Parábola dos operários da vinha

20 1 «O Reino dos Céus é semelhante a um pai de 2 JAN *3 JUL*
família que, ao romper da manhã, saiu a contra-

tar operários para sua vinha. 2 Tendo combinado com
os operários um denário por dia, mandou-os para a sua
vinha. 3 Tendo saído por volta da terceira hora, viu ou-
tros que estavam na praça ociosos 4 e disse-lhes: "Ide vós
também para a minha vinha, e dar-vos-ei o que for jus-
to." 5 Eles foram. Saiu outra vez por volta da hora sexta e
da nona, e fez o mesmo. 6 Por volta da décima primeira,
saiu, encontrou outros que estavam sem fazer nada e dis-
se-lhes: "Por que estais aqui todo o dia sem trabalhar?"
7 Eles responderam: "Porque ninguém nos contratou."
Ele disse-lhes: "Ide vós também para a minha vinha."
8 No fim da tarde o senhor da vinha disse ao seu mor-
domo: "Chama os operários e paga-lhes o salário, come-
çando pelos últimos até os primeiros." 9 Tendo chega-
do os que tinham ido à hora décima primeira, recebeu
cada um seu denário. 10 Chegando também os primeiros,
julgaram que haviam de receber mais; porém, também
eles receberam um denário cada um. 11 Mas, ao recebe-
rem, murmuravam contra o pai de família, 12 dizendo:
"Estes últimos trabalharam somente uma hora, e os igua-
laste conosco, que suportamos o peso do dia e do calor."
13 Porém ele, respondendo a um deles, disse: "Amigo, eu
não te faço injustiça. Não ajustaste tu comigo um dená-
rio? 14 Toma o que é teu e vai-te. Eu quero dar também
a este último tanto como a ti. 15 Ou não me é lícito fazer
dos meus bens o que quero? Porventura vês com maus
olhos que eu seja bom?" 16 Assim, os últimos serão os
primeiros e os primeiros serão os últimos.»

Terceiro anúncio da Paixão

(Mc 10, 32-34; Lc 18, 31-34)

17 Subindo Jesus a Jerusalém, tomou de parte os doze 3 JAN *4 JUL*
discípulos e disse-lhes pelo caminho:
18 «Eis que subimos para Jerusalém, e o Filho do Homem
será entregue aos príncipes dos sacerdotes e aos escribas, e
o condenarão à morte, 19 e o entregarão aos gentios para
ser escarnecido, açoitado e crucificado, e ao terceiro dia
ressuscitará.»

Pedido da mãe dos filhos de Zebedeu

(Mc 10, 35-45)

20 Então aproximou-se dele a mãe dos filhos de Ze-
bedeu com seus filhos, prostrando-se para lhe fazer um
pedido. 21 Ele disse-lhe:
«Que queres?»
Ela respondeu:
«Ordena que estes meus dois filhos se sentem no teu
reino, um à tua direita e outro à tua esquerda.»
22 Jesus respondeu:
«Não sabeis o que pedis. Podeis vós beber o cálice que
eu hei de beber?»
Eles lhe responderam:
«Podemos.»
23 Disse-lhes:
«Certamente haveis de beber o meu cálice, mas,
quanto a estardes sentados à minha direita ou à esquerda,

não pertence a mim conceder-vo-lo; será para quem está
reservado por meu Pai.»
24 Os outros dez, ouvindo isto, indignaram-se contra
os dois irmãos. 25 Mas Jesus chamou-os e disse-lhes:
«Vós sabeis que os príncipes das nações as subjugam e
que os grandes as governam com autoridade. 26 Não será
assim entre vós, mas todo aquele que quiser ser entre vós
o maior, seja vosso servo; 27 e quem quiser ser entre
vós o primeiro, seja vosso escravo; 28 assim como o Fi-
lho do Homem não veio para ser servido, mas para servir
e dar a sua vida para redenção de muitos.»

Cura dos cegos de Jericó

(Mc 10, 46-52; Lc 18, 35-43)

29 Saindo ele de Jericó, seguiu-o muita gente.
30 E eis que dois cegos, que estavam sentados junto à estra-
da, ouviram dizer que Jesus passava e puseram-se a gritar:
«Senhor, Filho de Davi, tem piedade de nós!»
31 O povo repreendia-os para que se calassem. Eles,
porém, cada vez gritavam mais:
«Senhor, Filho de Davi, tem piedade de nós!»
32 Jesus parou, chamou-os e disse:
«Que quereis que eu vos faça?»
33 «Senhor», responderam eles, «queremos que se
abram os nossos olhos!»
34 Jesus, compadecido, tocou-lhes os olhos, e no
mesmo instante recuperaram a vista e o seguiram.

TERCEIRA PARTE
MINISTÉRIO DE JESUS EM JERUSALÉM

X. PURIFICAÇÃO DO TEMPLO E CONTROVÉRSIAS

Entrada do Messias na Cidade Santa

(Mc 11, 1-11; Lc 19, 28-40; Jo 12, 12-19)

21 1 Aproximando-se de Jerusalém e chegando a 4 JAN
Betfagé, junto do monte das Oliveiras, enviou *5 JUL*
Jesus dois dos discípulos, 2 dizendo-lhes:

«Ide à aldeia que está de fronte de vós e logo encontrareis presa uma jumenta e o seu jumentinho com ela. Desprendei-a e trazei-ma. 3 Se alguém vos disser alguma coisa, dizei que o Senhor precisa deles, e logo os deixará trazer.»

4 Tudo isto aconteceu para que se cumprisse o que tinha sido anunciado pelo profeta:

5 *Dizei à filha de Sião:*
Eis que o teu rei vem a ti manso,
montado sobre uma jumenta
e sobre um jumentinho,
filho da que leva o jugo.

6 Indo os discípulos, fizeram como Jesus lhes ordenara. 7 Trouxeram a jumenta e o jumentinho, puseram sobre eles as suas vestes e fizeram-no montar em cima.

8 O povo em grande número estendia no caminho os
seus mantos; outros cortavam ramos de árvores e junca-
vam com eles a estrada. 9 E as multidões que o precediam
e as que iam atrás gritavam, dizendo:

«*Hosana* ao Filho de Davi!
Bendito o que vem em nome do Senhor!
Hosana no mais alto dos céus!»

10 Quando entrou em Jerusalém, alvoroçou-se toda a
cidade. Dizia-se:
«Quem é este?»
11 «Este é Jesus, o profeta de Nazaré da Galileia»,
respondia a multidão.

Jesus no Templo
(Mc 11, 15-19; Lc 19, 45-48; Jo 2, 13-25)

12 Jesus entrou no templo de Deus, expulsou todos
os que lá vendiam e compravam; derrubou as mesas
dos cambistas e as cadeiras dos que vendiam pombas,
13 e dizia-lhes:
«Está escrito: *A minha casa será chamada casa de ora-
ção,* mas vós fazeis dela um *covil de ladrões.*»
14 Aproximaram-se dele no templo cegos e coxos, e os
curou. 15 Quando os príncipes dos sacerdotes e os escri-
bas viram as maravilhas operadas por ele e as crianças gri-
tando no templo e dizendo: «Hosana ao Filho de Davi!»,
indignaram-se 16 e disseram-lhe:

«Ouves o que estes dizem?»

«Sim», respondeu-lhes Jesus. «Nunca lestes: *Da boca das crianças e dos meninos de peito fizeste sair um perfeito louvor?*»

17 Tendo-os deixado, retirou-se para fora da cidade, para Betânia, e lá passou a noite.

Maldição da figueira
(Mc 11, 12-14.20-25)

18 Pela manhã, quando voltava para a cidade, teve 5 JAN
fome. 19 Vendo uma figueira junto do caminho, aproxi- *6 JUL*
mou-se dela e não encontrou nela senão folhas, e disse-lhe:

«Nunca mais nasça fruto de ti.»

E imediatamente a figueira secou. 20 Vendo isso, os
discípulos admiraram-se e disseram:

«Como secou a figueira imediatamente?»

21 Jesus respondeu:

«Em verdade vos digo que, se tiverdes fé e não duvidardes, não só fareis o que foi feito a esta figueira, mas ainda, se disserdes a este monte: "Sai daí e lança-te no
mar", assim se fará. 22 E tudo o que pedirdes com fé na
oração, o recebereis.»

Autoridade de Jesus
(Mc 11, 27-33; Lc 20, 1-8)

23 Tendo chegado ao templo, os príncipes dos sacerdotes e os anciãos do povo aproximaram-se dele enquanto ensinava, e disseram-lhe:

«Com que autoridade fazes essas coisas? E quem te deu tal direito?»

24 Jesus respondeu-lhes:

«Também eu vos farei uma pergunta; se me responderdes, eu vos direi com que direito faço estas coisas.
25 Donde era o batismo de João? Do céu ou dos homens?»

Mas eles refletiam consigo: «Se lhe dissermos que é do
céu, ele dirá: "Por que não crestes, pois, nele?" 26 Se lhe
dissermos que é dos homens, tememos o povo; porque
todos têm João como profeta.» 27 Portanto, responderam
a Jesus:

«Não sabemos.»

Ele disse-lhes por sua vez:

«Pois tampouco eu vos digo com que direito faço estas coisas.

Parábola dos dois filhos

28 «Que vos parece? Um homem tinha dois filhos.
Aproximando-se do primeiro, disse-lhe: "Filho, vai tra-
balhar hoje na minha vinha." 29 Ele respondeu: "Não
quero." Mas depois, tocado de arrependimento, foi.
30 Dirigindo-se em seguida ao outro, falou-lhe do mesmo
modo; e ele respondeu: "Eu vou, senhor", mas não foi.
31 Qual dos dois fez a vontade do pai?»

«O primeiro», responderam eles.

Jesus disse-lhes:

«Em verdade vos digo que os publicanos e as mere-
trizes vos precederão no Reino de Deus. 32 Porque veio
a vós João no caminho da justiça e não crestes nele;

os publicanos e as meretrizes, porém, creram nele. E vós, vendo isso, nem assim fizestes penitência depois, para crerdes nele.

Parábola dos vinhateiros homicidas

(Mc 12, 1-12; Lc 20, 9-19)

33 «Ouvi outra parábola: 6 JAN *7 JUL*

«Havia um pai de família que *plantou uma vinha, cercou-a com uma sebe, cavou nela um lagar e edificou uma torre*; depois, arrendou-a a uns agricultores e ausentou-se daquela região. 34 Estando próxima a estação dos frutos, enviou os seus servos aos agricultores para receberem os frutos da sua vinha. 35 Mas os agricultores, agarrando os servos, feriram um, mataram outro, e a outro apedrejaram. 36 Enviou novamente outros servos, em maior número do que os primeiros, e fizeram-lhes o mesmo. 37 Por último, enviou-lhes seu filho, dizendo: "Hão de ter respeito a meu filho." 38 Porém os agricultores, vendo o filho, disseram entre si: "Este é o herdeiro; vamos, matemo-lo, e teremos a sua herança." 39 E, lançando-lhe mão dele, puseram-no fora da vinha e o mataram. 40 Quando, pois, vier o senhor da vinha, que fará ele àqueles agricultores?»

41 Responderam-lhe:

«Matará sem piedade esses malvados, e arrendará a sua vinha a outros agricultores que lhe paguem o fruto a seu tempo.»

42 Jesus disse-lhes:

«Nunca lestes nas Escrituras:

A pedra que os construtores rejeitaram,
esta se tornou a pedra angular;
pelo Senhor foi feito isso,
e é coisa maravilhosa aos nossos olhos?

43 «Por isso vos digo que vos será tirado o Reino
de Deus, e será dado a um povo que tire fruto dele.
44 Quem cair sobre esta pedra será feito em pedaços, e
aquele sobre quem ela cair será esmagado.»

45 Tendo os príncipes dos sacerdotes e os fariseus ou-
vido as suas parábolas, conheceram que falava deles.

46 Procuravam prendê-lo, mas tiveram medo do povo,
porque este o tinha como profeta.

Parábola dos convidados às bodas
(Lc 14, 15-24)

22 1 Jesus, tomando a palavra, tornou-lhes a falar em 7 JAN
parábolas, dizendo: *8 JUL*

2 «O Reino dos Céus é semelhante a um rei que prepa-
rou o banquete de bodas para seu filho 3 e mandou os seus
servos chamarem os convidados para as bodas, mas não
quiseram ir. 4 Enviou de novo outros servos, dizendo-lhes:
"Dizei aos convidados: Eis que preparei o meu banquete,
os meus touros e animais cevados já estão mortos e tudo
está pronto; vinde às núpcias." 5 Mas eles desprezaram o
convite e foram-se, um para a sua casa de campo, outro
para o seu negócio. 6 Os demais lançaram mão dos servos

que ele enviara, ultrajaram-nos e mataram-nos. 7 O rei,
tendo ouvido isto, irou-se e, mandando os seus exércitos,
exterminou aqueles homicidas e pôs fogo à sua cidade.
8 Então disse aos servos: "As bodas com efeito estão prepa-
radas, mas os convidados não eram dignos. 9 Ide, pois, às
encruzilhadas, e a quantos encontrardes convidai-os para
as núpcias." 10 Tendo saído os seus servos pelos caminhos,
reuniram todos os que encontraram, maus e bons; e ficou
cheia de convidados a sala das bodas. 11 Entrou depois o
rei para ver os que estavam à mesa, e viu lá um homem
que não estava vestido com veste nupcial. 12 E disse-lhe:
"Amigo, como entraste aqui, não tendo a veste nupcial?"
Ele, porém, emudeceu. 13 Então o rei disse aos seus servos:
"Atai-lhe os pés e as mãos e lançai-o nas trevas exteriores;
ali haverá choro e ranger de dentes." 14 Porque são muitos
os chamados, mas poucos os escolhidos.»

O tributo a César

(Mc 12, 13-17; Lc 20, 20-26)

15 Então, retirando-se os fariseus, deliberaram entre
si sobre como o surpreenderiam no que falasse. 16 Envia-
ram-lhe os seus discípulos juntamente com os herodia-
nos, os quais disseram:
«Mestre, sabemos que és verdadeiro e que ensinas o
caminho de Deus segundo a verdade sem atender a nin-
guém, porque não fazes acepção de pessoas. 17 Dize-nos,
pois, o teu parecer: é lícito dar o tributo a César ou não?»

18 Jesus, conhecendo a sua malícia, disse:
«Por que me tentais, hipócritas? 19 Mostrai-me a moeda
do tributo.»

Eles lhe apresentaram um denário.

20 E Jesus disse-lhes:

«De quem é esta imagem e inscrição?»

21 «De César», responderam.

Então disse-lhes:

«Dai, pois, a César o que é de César, e a Deus o que é de Deus.»

22 Tendo ouvido isso, admiraram-se e, deixando-o, retiraram-se.

A ressurreição dos mortos

(Mc 12, 18-27; Lc 20, 27-40)

23 Naquele dia foram ter com ele os saduceus, que 8 JAN *9 JUL*
negam a ressurreição, e interrogaram-no, 24 dizendo:
«Mestre, Moisés disse: *Se morrer algum homem sem ter*
filhos, case-se seu irmão com sua mulher, e dê descendência
a seu irmão. 25 Ora, entre nós havia sete irmãos. O pri-
meiro, depois de casado, morreu e, não tendo descen-
dência, deixou sua mulher para seu irmão. 26 O mesmo
sucedeu ao segundo e ao terceiro, até o sétimo. 27 Depois
de todos, morreu também a mulher. 28 Na ressurreição,
de qual dos sete será a mulher, uma vez que todos foram
casados com ela?»

29 Jesus respondeu-lhes:

«Errais por não compreenderdes as Escrituras nem o
poder de Deus.30 Porque, na ressurreição, nem os ho-
mens terão mulheres, nem as mulheres maridos, mas
serão como os anjos de Deus no céu. 31 E, acerca da res-
surreição dos mortos, não lestes o que Deus vos disse:
32 *Eu sou o Deus de Abraão, o Deus de Isaac e o Deus de
Jacó*? Ora, ele não é Deus de mortos, mas de vivos.»
33 As turbas, ouvindo isso, admiravam-se da sua
doutrina.

O primeiro mandamento
(Mc 12, 28-34; Lc 10, 25-28)

34 Os fariseus, tendo sabido que Jesus reduzira ao si-
lêncio os saduceus, reuniram-se. 35 Um deles, doutor da
lei, perguntou para tentá-lo:
36 «Mestre, qual é o maior mandamento da Lei?»
37 Jesus disse-lhe:
«*Amarás o Senhor teu Deus de todo o teu coração, de
toda a tua alma e de todo o teu espírito.* 38 Este é o maior
e o primeiro mandamento. 39 O segundo é semelhante a
este: *Amarás o teu próximo como a ti mesmo.* 40 Destes dois
mandamentos depende toda a Lei e os profetas.»

Divindade do Messias
(Mc 12, 35-37; Lc 20, 41-44)

41 Estando juntos os fariseus, Jesus interrogou-os: 9 JAN
42 «Que vos parece do Cristo? De quem é ele filho?» *10 JUL*

«De Davi», responderam-lhe.

43 Ele disse-lhes:

«Como, pois, lhe chama Davi, inspirado pelo Espírito, "Senhor", dizendo:

44 *Disse o Senhor ao meu Senhor:*
Senta-te à minha mão direita,
até que eu ponha os teus inimigos
por escabelo de teus pés?

45 «Se, pois, Davi lhe chama "Senhor", como é ele seu filho?»

46 Ninguém podia responder-lhe uma só palavra. Daquele dia em diante, não houve mais quem ousasse interrogá-lo.

Censuras aos escribas e fariseus

(Mc 12, 38-40; Lc 11, 37-54; 20, 45-47)

23 1 Então Jesus falou às turbas e aos seus discípulos,
2 dizendo:
«Sobre a cadeira de Moisés sentaram-se os escribas e
os fariseus. 3 Observai, pois, e fazei tudo o que eles vos
disserem, mas não imiteis as suas ações, porque dizem
e não fazem. 4 Atam cargas pesadas e impossíveis de le-
var e as põem sobre os ombros dos outros homens, mas
nem com um dedo as querem mover eles próprios. 5 Fa-
zem todas as suas obras para serem vistos pelos homens.

Ampliam os seus filactérios e aumentam as franjas das
suas vestes. 6 Gostam de ocupar os primeiros lugares nos
banquetes, as primeiras cadeiras nas sinagogas, 7 das sau-
dações na praça, e de serem chamados "rabi" pelos ho-
mens. 8 Mas vós não vos façais chamar rabi, porque um
só é o vosso Mestre, e vós sois todos irmãos. 9 A ninguém
chameis "pai" sobre a terra, porque um só é vosso Pai, o
que está nos céus. 10 Nem façais que vos chamem mestres,
porque um só é vosso Mestre, o Cristo. 11 Aquele que entre
vós for o maior será vosso servo. 12 Aquele que se exaltar
será humilhado, e o que se humilhar será exaltado.

13 «Ai de vós, escribas e fariseus hipócritas, que fechais **10 JAN**
o Reino dos Céus aos homens! Pois nem vós entrais, nem *11 JUL*
deixais que entrem os que estão para entrar.

(14) «Ai de vós, escribas e fariseus hipócritas, que devorais as casas das viúvas a pretexto de longas orações! Por isso sereis julgados mais severamente.

15 «Ai de vós, escribas e fariseus hipócritas, que rodeais o mar e a terra para fazerdes um prosélito e, depois de o terdes feito, o tornais filho da geena duas vezes pior do que vós.

16 «Ai de vós, guias cegos, que dizeis: "Se alguém jurar
pelo templo, isso não é nada; mas quem jurar pelo ouro do
templo fica obrigado!" 17 Estultos e cegos! Que é mais: o
ouro ou o templo, que santifica o ouro? 18 E dizeis: "Se al-
guém jurar pelo altar, isso não é nada; mas quem jurar pela
oferenda que está sobre ele fica obrigado." 19 Cegos! Que é
mais: a oferta ou o altar, que santifica a oferta? 20 Aquele,
pois, que jura pelo altar jura por ele e por tudo o que está

sobre ele; 21 e o que jura pelo templo jura por ele e por
Aquele que habita nele; 22 e o que jura pelo céu jura pelo
trono de Deus e por Aquele que está sentado sobre ele.

23 «Ai de vós, escribas e fariseus hipócritas, que pa-
gais o dízimo da hortelã e do endro e do cominho,
mas desprezais os pontos mais graves da Lei: a justiça,
a misericórdia e a fidelidade! São estas coisas que seria
preciso praticar, sem omitir as outras. 24 Guias cegos, que
filtrais um mosquito e engolis um camelo!

25 «Ai de vós, escribas e fariseus hipócritas, que lim-
pais o que está por fora do copo e do prato, enquanto por
dentro estais cheios de rapina e de imundície. 26 Fariseu
cego, purifica primeiro o que está dentro do copo e do
prato, para que também o que está fora fique limpo.

27 «Ai de vós, escribas e fariseus hipócritas, que sois
semelhantes aos sepulcros branqueados, que por fora pa-
recem formosos, mas por dentro estão cheios de ossos de
mortos e de toda a sorte de podridão! 28 Assim também
vós por fora pareceis justos aos homens, mas por dentro
estais cheios de hipocrisia e iniquidade.

29 «Ai de vós, escribas e fariseus hipócritas, que edificais
os sepulcros dos profetas e adornais os monumentos dos
justos, 30 e dizeis: "Se nós tivéssemos vivido nos dias de
nossos pais, não teríamos sido seus cúmplices no sangue
dos profetas"! 31 Assim, dais testemunho contra vós mes-
mos de que sois filhos daqueles que mataram os profetas.
32 Acabai, pois, de encher a medida de vossos pais.

33 «Serpentes, raça de víboras! Como escapareis da con-
denação da geena? 34 Por isso, eis que eu vos envio profetas,

sábios e escribas; matareis e crucificareis uns, e açoitareis
outros nas vossas sinagogas, e os perseguireis de cidade em
cidade, 35 para que caia sobre vós todo sangue justo que se
tem derramado sobre a terra, desde o sangue do justo Abel
até o sangue de Zacarias, filho de Baraquias, a quem matas-
tes entre o templo e o altar. 36 Em verdade vos digo que
tudo isto virá sobre esta geração.

Queixa contra Jerusalém
(Lc 13, 34-35)

37 «Jerusalém, Jerusalém, que matas os profe-
tas e apedrejas os que te são enviados! Quantas vezes
eu quis juntar teus filhos, como a galinha recolhe de-
baixo das asas os seus pintinhos, e tu não quiseste!
38 *Eis que será deixada deserta a vossa casa!* 39 Pois eu vos
digo: Desde agora não me tornareis a ver, até que digais:
Bendito aquele que vem em nome do Senhor.»

XI. DISCURSO ESCATOLÓGICO E PARÁBOLAS

Anúncio da destruição do Templo
(Mc 13, 1-2; Lc 21, 5-6)

24 1 Tendo saído do templo, Jesus ia-se retirando, **11 JAN** *12 JUL*
quando se aproximaram dele os seus discípulos
para o fazerem atentar para as edificações do templo.
2 Mas ele, respondendo, disse-lhes:

«Vedes tudo isto? Em verdade vos digo que não ficará
aqui pedra sobre pedra que não seja derrubada.»

Começo das tribulações. Perseguições por causa do Evangelho

(Mc 13, 3-13; Lc 21, 7-19)

3 Estando sentado sobre o monte das Oliveiras, apro-
ximaram-se dele seus discípulos à parte, e perguntaram:

«Dize-nos quando sucederá isso, e qual será o sinal da
tua vinda e do fim do mundo.»

4 Jesus respondeu-lhes:

«Vede que ninguém vos engane. 5 Porque virão mui-
tos em meu nome, dizendo: "Eu sou o Cristo", e sedu-
zirão muitos. 6 Ouvireis falar de guerras e de rumores de
guerras. Olhai que não vos turbeis, porque importa que
essas coisas aconteçam; mas não é ainda o fim. 7 Levan-
tar-se-á nação contra nação, e reino contra reino, e have-
rá fomes, pestilências e terremotos em diversos lugares.
8 Todas essas coisas são o princípio das dores.

9 «Então sereis sujeitos aos tormentos e vos matarão,
e sereis odiados por todas as gentes por causa do meu
nome. 10 Muitos então sucumbirão, uns aos outros se
entregarão e se odiarão. 11 Levantar-se-ão muitos falsos
profetas, e seduzirão muitos. 12 Multiplicando-se a ini-
quidade, se esfriará a caridade de muitos. 13 Mas aque-
le que perseverar até o fim, esse será salvo. 14 Será pre-
gado este Evangelho do Reino por todo o mundo, em
testemunho a todas as gentes. Então chegará o fim.

A grande tribulação
(Mc 13, 14-23; Lc 21, 20-24)

15 «Quando, pois, virdes a abominação da desola-
ção, que foi predita pelo profeta Daniel, posta no lugar
santo – quem lê compreenda –, 16 então os que habitarem
na Judeia fujam para os montes; 17 quem se encontrar no
telhado não desça para pegar coisa alguma de sua casa,
18 e quem estiver no campo não volte atrás para pegar o
seu manto. 19 Ai das grávidas e das que tiverem crianças
de peito nesses dias! 20 Rogai para que não seja a vossa
fuga no inverno ou em dia de sábado, 21 porque então
haverá uma grande tribulação, como nunca houve des-
de o princípio do mundo até agora, nem jamais haverá.
22 E, se não se abreviassem aqueles dias, não se salvaria
carne alguma; em atenção aos escolhidos, porém, serão
abreviados.

23 «Então, se alguém vos disser: "Eis, aqui está o 12 JAN
Cristo", ou "Ei-lo ali", não deis crédito; 24 porque se le- *13 JUL*
vantarão falsos cristos e falsos profetas, e farão grandes
milagres e prodígios, de tal modo que, se fosse possível,
enganariam até os escolhidos. 25 Eis que eu vo-lo predis-
se. 26 Se, pois, vos disserem: "Eis que ele está no deser-
to", não saiais; ou ainda: "Ei-lo no interior da casa", não
deis crédito. 27 Porque, assim como o relâmpago sai do
Oriente e se mostra até o Ocidente, assim será a vinda
do Filho do Homem. 28 Onde estiver o cadáver, aí se
ajuntarão os abutres.

A vinda do Filho do Homem

(Mc 13, 24-27; Lc 21, 25-28)

29 «Logo depois da tribulação daqueles dias, *escurecer-
se-á o sol, a lua não dará a sua luz, as estrelas cairão do céu
e as potestades dos céus serão abaladas.* 30 Então aparecerá
o sinal do Filho do Homem no céu, e nesse momento
todas as tribos da terra chorarão e verão *o Filho do Homem
vir sobre as nuvens do céu* com grande poder e majesta-
de. 31 Mandará os seus anjos com poderosas trombetas,
e reunirão os seus escolhidos dos quatro ventos, de uma
extremidade dos céus até a outra.

Certeza do fim: a lição da figueira

(Mc 13, 28-31; Lc 21, 29-33)

32 «Aprendei isto por uma comparação tirada da fi-
gueira: Quando os seus ramos estão tenros e as folhas
brotam, sabeis que está perto o estio; 33 assim também,
quando virdes tudo isto, sabei que está perto, e que está
às portas. 34 Em verdade vos digo que não passará esta
geração sem que se cumpram todas estas coisas. 35 O céu
e a terra passarão, mas as minhas palavras não passarão.

Tempos da segunda vinda de Cristo

(Mc 13, 32-37; Lc 17, 22-37)

36 «Quanto àquele dia e àquela hora, ninguém os sabe:
nem os anjos do céu, nem o Filho, mas somente o Pai.

37 Assim como foi nos dias de Noé, assim será também a
vinda do Filho do Homem. 38 Nos dias que precederam o
dilúvio, comiam e bebiam, casavam-se e casavam seus fi-
lhos, até o dia em que Noé entrou na arca, 39 e não soube-
ram nada até que veio o dilúvio e os levou a todos. Assim
será também na vinda do Filho do Homem. 40 Então, de
dois que estiverem no campo, um será tomado e o outro
será deixado; 41 de duas mulheres que estiverem moendo
com a mó, uma será tomada e a outra será deixada.

Necessidade da vigilância. Parábola do servo fiel
(Lc 12, 35-48; 21, 34-36)

42 «Vigiai, pois, porque não sabeis a que hora virá o 13 JAN
vosso Senhor. 43 Sabei isto: se o pai de família soubesse a *14 JUL*
que hora há de vir o ladrão, vigiaria, sem dúvida, e não o
deixaria arrombar a sua casa. 44 Por isso estai vós também
preparados, porque o Filho do Homem virá na hora em
que menos pensardes.

45 «Quem é, pois, o servo fiel e prudente a quem o se-
nhor constituiu sobre a sua família para lhes dispensar o
alimento a seu tempo? 46 Bem-aventurado aquele servo a
quem o seu senhor, quando vier, achar procedendo assim.
47 Em verdade vos digo que lhe confiará a administração de
todos os seus bens. 48 Mas, se aquele servo mau disser no seu
coração: "O meu senhor tarda em vir", 49 e começar a bater
nos seus companheiros, e a comer e beber com os ébrios,
50 virá o senhor daquele servo no dia em que o não espera,
na hora que não sabe, 51 e o fará em pedaços, e porá a sua
parte entre os hipócritas; ali haverá pranto e ranger de dentes.

Parábola das virgens néscias e prudentes

25 1 «Então o Reino dos Céus será semelhante a dez
virgens que, tomando as suas lâmpadas, saíram
ao encontro do esposo. 2 Cinco delas eram tolas e cin-
co prudentes. 3 As cinco tolas, tomando as lâmpadas,
não levaram azeite consigo; 4 as prudentes, porém, leva-
ram azeite nos seus vasos juntamente com as lâmpadas.
5 Tardando o esposo, começaram a cochilar todas e ador-
meceram. 6 À meia-noite, ouviu-se um clamor: "Eis que
vem o esposo! Saí ao seu encontro!" 7 Então levantaram-
se todas aquelas virgens e prepararam as suas lâmpadas.
8 As tolas disseram às prudentes: "Dai-nos do vosso azei-
te, porque as nossas lâmpadas se apagam." 9 As prudentes
responderam: "Para que não suceda faltar-nos ele a nós
e a vós, ide antes aos que o vendem e comprai para vós."
10 Mas, enquanto elas foram comprá-lo, chegou o es-
poso, e as que estavam preparadas entraram com ele a
celebrar as bodas, e foi fechada a porta. 11 Mais tarde,
chegaram também as outras virgens, dizendo: "Senhor,
senhor, abre-nos!" 12 Ele, porém, respondeu: "Em verda-
de vos digo que não vos conheço." 13 Vigiai, pois, porque
não sabeis o dia nem a hora.

Parábola dos talentos

(Lc 19, 11-27)

14 «Será também como um homem que, estando para 14 JAN
empreender uma viagem, chamou os seus servos e lhes en- *15 JUL*
tregou os seus bens. 15 Deu a um cinco talentos, a outro

dois, a outro um – a cada um segundo a sua capacidade – e partiu. 16 Logo em seguida, o que tinha recebido cinco talentos foi, negociou com eles e ganhou outros cinco. 17 Da mesma sorte, o que tinha recebido dois ganhou outros dois. 18 Mas o que tinha recebido um só foi fazer um buraco na terra, e nela escondeu o dinheiro do seu senhor. 19 Muito tempo depois, voltou o senhor daqueles servos e chamou-os à prestação de contas. 20 Aproximando-se o que tinha recebido cinco talentos, apresentou-lhe outros cinco, dizendo: "Senhor, tu entregaste-me cinco talentos; eis outros cinco que lucrei." 21 Seu senhor disse-lhe: "Muito bem, servo bom e fiel; já que foste fiel no pouco, confiar-te-ei o muito; entra na alegria de teu senhor." 22 Apresentou-se também o que tinha recebido dois talentos e disse: "Senhor, entregaste-me dois talentos; eis que lucrei outros dois." 23 Seu senhor disse-lhe: "Muito bem, servo bom e fiel; já que foste fiel no pouco, confiar-te-ei o muito; entra na alegria de teu senhor." 24 Apresentando-se também o que tinha recebido um só talento, disse: "Senhor, sei que és homem austero, que colhes onde não semeaste e recolhes onde não espalhaste. 25 Tive receio e fui esconder o teu talento na terra; eis o que é teu." 26 Então o seu senhor disse-lhe: "Servo mau e preguiçoso, sabias que eu colho onde não semeei e que recolho onde não espalhei. 27 Devias, portanto, ter dado o meu dinheiro aos banqueiros e, à minha volta, eu teria recebido certamente com juros o que era meu. 28 Tirai-lhe, pois, o talento e dai-o ao que tem dez talentos.

29 «"Porque ao que tem, dar-se-á, e terá em abundância; mas ao que não tem, tirar-se-á até o pouco que tem.

30 E a esse servo inútil, lançai-o nas trevas exteriores; ali
haverá pranto e ranger de dentes."»

O Juízo Final

31 «Quando, pois, vier o Filho do Homem na sua ma- 15 JAN *16 JUL*
jestade e todos os anjos com ele, então se sentará sobre o
trono de sua majestade. 32 Todas as nações serão congrega-
das diante dele, e separará uns dos outros como o pastor
separa as ovelhas dos cabritos. 33 E porá as ovelhas à sua
direita e os cabritos à esquerda. 34 Então o Rei dirá aos
que estiverem à sua direita: "Vinde, benditos de meu Pai,
possuí o Reino que vos está preparado desde a criação do
mundo: 35 porque tive fome e me destes de comer; tive
sede e me destes de beber; era peregrino e me acolhestes;
36 estava nu e me vestistes, enfermo e me visitastes, na pri-
são e fostes visitar-me." 37 Então os justos lhe responderão:
"Senhor, quando te vimos faminto e te demos de comer,
ou sedento e te demos de beber? 38 Quando te vimos
peregrino e te acolhemos, ou nu e te vestimos? 39 Quan-
do te vimos enfermo ou na prisão e fomos visitar-te?"
40 O Rei, respondendo, lhes dirá: "Em verdade vos digo:
tudo o que fizestes a um destes meus irmãos mais pequeni-
nos, foi a mim que o fizestes." 41 Em seguida, dirá aos que
estiverem à esquerda: "Apartai-vos de mim, malditos, para o
fogo eterno, que foi preparado para o diabo e para os seus
anjos: 42 porque tive fome e não me destes de comer; tive
sede, e não me destes de beber; 43 era peregrino e não me
acolhestes; estava nu e não me vestistes; enfermo e na pri-
são, e não me visitastes." 44 Então eles também responderão:

"Senhor, quando te vimos faminto ou sedento, peregri-
no ou nu, enfermo ou na prisão, e não te assistimos?"
45 E lhes responderá: "Em verdade vos digo: Tudo quanto
não fizestes a um destes mais pequeninos, a mim o não
fizestes." 46 E estes irão para o suplício eterno; os justos,
porém, para a vida eterna.»

XII. PAIXÃO, MORTE E RESSURREIÇÃO DE JESUS

Último anúncio da Paixão e conspiração contra Jesus

(Mc 14, 1-2; Lc 22, 1-2; Jo 11, 45-57)

26 1 Aconteceu que, tendo Jesus acabado todos estes 16 JAN
discursos, disse aos seus discípulos: *17 JUL*
2 «Vós sabeis que daqui a dois dias será celebrada a
Páscoa, e o Filho do Homem será entregue para ser cru-
cificado.»
3 Então se reuniram os príncipes dos sacerdotes e anci-
ãos do povo no palácio do sumo sacerdote, que se chamava
Caifás, 4 e tiveram conselho acerca dos meios de prende-
rem a Jesus por astúcia e de o matarem. 5 Mas eles diziam:
«Não no dia da festa, para que não suceda levantar-se
algum tumulto entre o povo.»

Unção em Betânia e traição de Judas Iscariotes

(Mc 14, 3-11; Lc 22, 3-6; Jo 12, 1-11)

6 Estando Jesus em Betânia, em casa de Simão o le-
proso, 7 aproximou-se dele uma mulher com um vaso de

alabastro cheio de um bálsamo precioso e, estando recos-
tado à mesa, derramou-o sobre a cabeça dele. 8 Vendo
isso, os discípulos indignaram-se, dizendo:
«Para que esse desperdício? 9 Esse bálsamo podia ter-
se vendido por bom preço e dado aos pobres.»
10 Jesus, sabendo disso, disse-lhes:
«Por que incomodais esta mulher? Ela fez-me ver-
dadeiramente uma boa obra; 11 porque vós tereis sem-
pre os pobres convosco, mas a mim nem sempre tereis.
12 Derramando ela este bálsamo sobre o meu corpo, pre-
parou-me para a sepultura. 13 Em verdade vos digo: Onde
quer que seja pregado este Evangelho em todo o mundo,
publicar-se-á também o que ela fez em memória dela.»
14 Então, um dos doze, que se chamava Judas Iscario-
tes, foi ter com os príncipes dos sacerdotes 15 e disse-lhes:
«Que me quereis dar para que eu vo-lo entregue?»
E *combinaram* com ele *trinta moedas de prata.*
16 Desde então buscava oportunidade para o entregar.

Preparação da Última Ceia e anúncio da traição de Judas

(Mc 14, 12-21; Lc 22, 7-13; Jo 13, 21-32)

17 No primeiro dia dos Ázimos aproximaram-se de
Jesus os discípulos, dizendo:
«Onde queres que te preparemos a ceia de Páscoa?»
18 Jesus disse:
«Ide à cidade, à casa de tal pessoa, e dizei-lhe:
"O Mestre manda dizer: O meu tempo está próximo;
celebrarei a Páscoa em tua casa com meus discípulos."»

19 Os discípulos fizeram como Jesus tinha ordenado e
prepararam a Páscoa.
20 Ao anoitecer, pôs-se Jesus à mesa com os doze.
21 Enquanto comiam, disse-lhes:
«Em verdade vos digo que um de vós me há de
entregar.»
22 Eles, muito tristes, começaram a dizer-lhe um a um:
«Porventura sou eu, Senhor?»
23 Mas ele respondeu:
«O que põe comigo a mão no prato, esse me entrega-
rá. 24 O Filho do Homem certamente se vai, como está
escrito dele; mas ai daquele homem por quem será entre-
gue o Filho do Homem! Melhor fora a tal homem que
não tivesse nascido.»
25 Tomando a palavra Judas, aquele que o ia entre-
gar, disse:
«Sou eu porventura, Mestre?»
«Tu o disseste», respondeu-lhe.

Instituição da Sagrada Eucaristia
(Mc 14, 22-25; Lc 22, 14-20)

26 Enquanto comiam, Jesus tomou pão e, havendo-o
abençoado, partiu-o e deu-o a seus discípulos, dizendo:
«Tomai e comei, isto é o meu corpo.»
27 Depois, tomando um cálice, deu graças e deu-o a
eles, dizendo:

«Bebei dele todos; 28 Porque este é o meu sangue da
nova aliança, que será derramado por muitos para remis-
são dos pecados. 29 Digo-vos: desta hora em diante não
beberei mais deste fruto da videira até o dia em que o
beberei de novo convosco no Reino de meu Pai.»

Predição do abandono dos discípulos

(Mc 14, 26-31; Lc 22, 31-34; Jo 13, 36-38)

30 Depois de recitarem o hino, saíram para o monte 17 JAN *18 JUL*
das Oliveiras. 31 Então Jesus disse-lhes:

«Todos vos escandalizareis esta noite por minha causa, porque está escrito:

Ferirei o pastor,
e as ovelhas do rebanho se dispersarão.

32 «Porém, depois que eu ressuscitar, irei adiante de vós para a Galileia.»

33 Pedro respondeu-lhe:

«Ainda que todos se escandalizem a teu respeito, eu nunca me escandalizarei.»

34 Jesus disse-lhe:

«Em verdade te digo que esta noite, antes que o galo cante, três vezes me negarás.»

35 Pedro disse-lhe:

«Ainda que eu tenha de morrer contigo, não te negarei.»
Do mesmo modo falaram todos os discípulos.

Oração e agonia de Jesus no horto

(Mc 14, 32; Lc 22, 39-46)

36 Então foi Jesus com eles a um lugar chamado
Getsêmani, e disse-lhes:
«Sentai-vos aqui enquanto eu vou ali orar.»
37 E, tendo tomado consigo Pedro e os dois filhos
de Zebedeu, começou a entristecer-se e angustiar-se.
38 Disse-lhes então:
«A minha alma está triste até a morte; ficai aqui e
vigiai comigo.»
39 E, adiantando-se um pouco, prostrou-se com o ros-
to em terra e fez esta oração:
«Meu Pai, se é possível, passe de mim este cálice!
Todavia, não se faça como eu quero, mas como tu queres.»
40 Depois foi ter com seus discípulos e encontrou-os
dormindo; então disse a Pedro:
«Não pudestes vigiar sequer uma hora comigo?
41 Vigiai e orai, para que não caiais em tentação. O espí-
rito está pronto, mas a carne é fraca.»
42 Retirou-se de novo pela segunda vez e orou assim:
«Meu Pai, se este cálice não pode passar sem que eu o
beba, faça-se a tua vontade.»
43 Foi novamente e encontrou-os dormindo, por-
que os seus olhos estavam pesados. 44 Deixando-os, foi
de novo e orou pela terceira vez, dizendo as mesmas
palavras. 45 Finalmente, foi ter novamente com os seus
discípulos, e disse-lhes:

«Dormi agora e descansai; eis que chegou a hora, e o
Filho do Homem vai ser entregue nas mãos dos pecado-
res. 46 Levantai-vos, vamos; eis que se aproxima o que me
há de entregar.»

Prisão de Jesus
(Mc 14, 43-52; Lc 22, 47-53; Jo 18, 1-12)

47 Estando ele ainda a falar, eis que chega Judas, um
dos doze, e com ele uma grande multidão com espadas e
varapaus, enviada pelos príncipes dos sacerdotes e pelos
anciãos do povo. 48 O traidor tinha-lhes dado este sinal:
«Aquele que eu beijar, é esse; prendei-o.» 49 Aproximan-
do-se logo de Jesus, disse:

«Salve, Mestre», e beijou-o.

50 Jesus lhe disse:

«Amigo, a que vieste!»

Então avançaram, lançaram mão de Jesus e prende-
ram-no.

51 E eis que um dos que estavam com Jesus, esten-
dendo a mão, desembainhou a sua espada e, ferindo um
servo do sumo sacerdote, cortou-lhe a orelha. 52 Jesus
disse-lhe:

«Põe a tua espada no seu lugar, porque todos os que
tomarem a espada morrerão pela espada. 53 Julgas por-
ventura que eu não posso rogar a meu Pai, e que ele não
poria aqui à minha disposição logo mais de doze legiões
de anjos? 54 Como, pois, se cumprirão as Escrituras, se-
gundo as quais assim deve suceder?»

55 Depois, Jesus disse à multidão:
«Vós viestes armados de espadas e de varapaus para
me prender como se faz a um salteador? Todos os dias
estava eu sentado entre vós ensinando no templo, e não
me prendestes. 56 Mas tudo isto aconteceu para que se
cumprissem as Escrituras dos profetas.»
Então todos os discípulos o abandonaram e fugiram.

Interrogatório diante dos príncipes dos sacerdotes

(Mc 14, 53-65; Lc 22, 66-71; Jo 18, 13-24)

57 Os que tinham prendido Jesus levaram-no à casa de 18 JAN *19 JUL*
Caifás, o sumo sacerdote, onde se tinham reunido os es-
cribas e os anciãos. 58 Pedro seguia-o de longe até o átrio
do príncipe dos sacerdotes. E, tendo entrado, sentou-se
com os servos para ver o fim. 59 Os príncipes dos sacer-
dotes e todo o Sinédrio procuravam algum falso testemu-
nho contra Jesus, a fim de o entregarem à morte, 60 mas
não o encontravam, posto que se tivessem apresentado
muitas testemunhas falsas. Por último, chegaram duas
61 que declararam:
«Este homem disse: "Posso destruir o templo de Deus
e reedificá-lo em três dias."»
62 Levantando-se, o sumo sacerdote disse-lhe:
«Nada respondes? Que é isto que estes testemunham
contra ti?»
63 Jesus, porém, estava calado. Então o sumo sacerdo-
te disse-lhe:

«Eu te conjuro pelo Deus Vivo que nos digas se tu és o Cristo, o Filho de Deus.»
64 «Tu o disseste», respondeu-lhe Jesus. «Em verdade vos digo: Em breve vereis *o Filho do Homem sentado à direita do Poder e vir sobre as nuvens do céu.*»
65 Então o sumo sacerdote rasgou as suas vestes, dizendo:
«Blasfemou! Que necessidade temos de mais testemunhas? Eis que acabais de ouvir a blasfêmia.
66 Que vos parece?»
«É réu de morte», responderam eles.
67 Então cuspiram-lhe no rosto e feriram-no a bofetadas. Outros deram-lhe tapas no rosto,
68 dizendo:
«Profetiza, Cristo! Quem é que te feriu?»

As negações de São Pedro
(Mc 14, 66-72; Lc 22, 54-62; Jo 18, 15-18.25-27)

69 Enquanto isso, Pedro estava sentado fora, no átrio. Aproximou-se dele uma criada, dizendo:
«Tu também estavas com Jesus, o Galileu.»
70 Mas ele negou diante de todos, dizendo:
«Não sei o que dizes!»
71 Saindo ele à porta, viu-o outra criada e disse aos que ali se encontravam:
«Este também andava com Jesus Nazareno.»
72 Novamente ele o negou com juramento:
«Não conheço esse homem!»
73 Pouco depois aproximaram-se de Pedro os que ali estavam, e disseram:

«Tu certamente também és um deles, porque até o teu modo de falar te dá a conhecer.»

74 Então começou a amaldiçoar e a jurar:

«Não conheço esse homem!»

E imediatamente o galo cantou. 75 Pedro lembrou-se
das palavras que lhe tinha dito Jesus:

«Antes que o galo cante, três vezes me negarás.» E, tendo saído, chorou amargamente.

Conduzem Jesus a Pilatos
(Mc 15, 1)

27 1 Logo de manhã, todos os príncipes dos sacerdotes
e anciãos do povo se reuniram em conselho contra
Jesus para o entregarem à morte. 2 Em seguida, levaram-no
manietado e entregaram-no ao governador Pôncio Pilatos.

Desespero e morte de Judas

3 Então Judas, que o tinha entregado, vendo que Jesus 19 JAN *20 JUL*
fora condenado, tocado de remorso, trouxe de volta as
trinta moedas de prata aos príncipes dos sacerdotes e aos
anciãos, 4 dizendo:

«Pequei entregando sangue inocente.»

Mas eles disseram:

«Que nos importa? Isso é contigo.»

5 Então, tendo atirado as moedas de prata para dentro
do templo, retirou-se e foi enforcar-se. 6 Os príncipes dos
sacerdotes, tomando as moedas de prata, disseram:

«Não é lícito colocá-las no tesouro do Templo, porque são preço de sangue.»

7 E, tendo consultado entre si, compraram com elas
o Campo do Oleiro para sepultura dos estrangeiros.
8 Por esta razão aquele campo foi chamado «Campo de
Sangue» até o dia de hoje. 9 Assim se cumpriu o que foi
predito pelo profeta Jeremias: *Tomaram as trinta moedas*
de prata, custo daquele cujo preço foi avaliado pelos filhos
de Israel, 10 e *deram-nas pelo campo do oleiro, tal como o*
Senhor me ordenou.

Julgamento de Jesus diante de Pilatos
(Mc 15, 1-15; Lc 23, 1-25; Jo 18, 28-19, 16)

11 Jesus foi apresentado diante do governador, que o
interrogou:

«Tu és o Rei dos Judeus?»

«Tu o dizes», respondeu-lhe Jesus.

12 Mas, embora o acusassem os príncipes dos sacerdo-
tes e os anciãos, nada respondeu. 13 Então Pilatos disse-lhe:

«Não ouves de quantas coisas te acusam?»

14 Mas não lhe respondeu a pergunta alguma, de
modo que o governador ficou extremamente admirado.

15 Por ocasião da festa da Páscoa, o governador ti-
nha por costume soltar um preso à escolha do povo.
16 Naquela ocasião, tinha ele um preso famoso, que se chama-
va Barrabás. 17 Estando eles reunidos, perguntou-lhes Pilatos:

«Quem quereis que eu vos solte? Barrabás ou Jesus,
que se chama Cristo?» 18 Porque sabia que o tinham
entregado por inveja.

19 Enquanto ele estava sentado no tribunal, sua
mulher mandou-lhe dizer:

«Nada haja entre ti e esse justo, porque fui hoje muito
atormentada em sonhos por causa dele.»
20 Mas os príncipes dos sacerdotes e os anciãos
persuadiram o povo a que pedisse Barrabás e que fizesse
morrer Jesus. 21 O governador, tomando a palavra, disse-lhes:
«Quem dos dois quereis que eu vos solte?»
«Barrabás!», responderam eles.
22 Pilatos disse-lhes:
«Que hei de fazer, então, de Jesus, que se chama Cristo?»
Disseram todos:
«Seja crucificado!»
23 O governador disse-lhes:
«Mas que mal fez ele?»
Eles, porém, gritavam mais alto:
«Seja crucificado!»
24 Pilatos, vendo que nada conseguia, mas que cada
vez era maior o tumulto, tomou água e lavou as mãos
diante do povo, dizendo:
«Eu sou inocente do sangue deste justo; é lá convosco.»
25 Todo o povo respondeu:
«O seu sangue caia sobre nós e sobre nossos filhos!»
26 Então soltou-lhes Barrabás. Quanto a Jesus, de-
pois de o ter mandado flagelar, entregou-lho para ser
crucificado.

Coroação de espinhos
(Mc 15, 16-20; Jo 19, 1-3)

27 Então os soldados do governador, conduzindo 20 JAN
Jesus ao Pretório, juntaram em volta dele toda a coorte. *21 JUL*

28 Depois de o terem despido, lançaram sobre ele um
manto escarlate. 29 Em seguida, tecendo uma coroa de
espinhos, puseram-lha sobre a cabeça, e na mão direita
uma cana. E, dobrando o joelho diante dele, o escarne-
ciam, dizendo:
«Salve, Rei dos Judeus!»
30 Cuspindo-lhe, tomavam a cana e batiam-lhe com
ela na cabeça. 31 Depois que o escarneceram, tiraram-lhe
o manto, revestiram-no com as suas vestes e levaram-no
para o crucificar.

Crucificação e morte de Jesus
(Mc 15, 21-41; Lc 23, 26-49; Jo 19, 17-30)

32 Ao saírem, encontraram um homem de Cirene, cha-
mado Simão, a quem obrigaram a levar a cruz de Jesus.
33 Tendo chegado ao lugar chamado Gólgota, isto é, «lugar
do Crânio», 34 *deram-lhe a beber* vinho misturado com *fel*;
provou-o, mas não o quis beber. 35 Depois que o crucifica-
ram, *repartiram entre si as suas vestes lançando sortes*, 36 e ali
sentados o guardavam. 37 Puseram por cima da sua cabeça
uma inscrição indicando a causa da sua condenação: «Este
é Jesus, Rei dos Judeus». 38 Ao mesmo tempo foram cruci-
ficados com ele dois ladrões: um à direita, outro à esquerda.
39 Os que iam passando ultrajavam-no, *meneando a
cabeça* 40 e dizendo:
«Ó tu, que destróis o templo e o reedificas em três dias,
salva-te a ti mesmo; se és Filho de Deus, desce da cruz.»
41 Da mesma sorte, insultavam-no também os prínci-
pes dos sacerdotes com os escribas e os anciãos; diziam:

42 «A outros salvou, mas a si mesmo não se pode sal-
var. Não é o Rei de Israel? Desça agora da cruz, e crere-
mos nele. 43 *Confiou em Deus; que Ele o livre agora, se lhe*
quer bem, uma vez que disse: "Eu sou Filho de Deus."»
44 Do mesmo modo o insultavam os ladrões que
estavam crucificados com ele.
45 Desde a hora sexta até a hora nona houve trevas 21 JAN
sobre toda a terra. 46 Perto da hora nona, exclamou Jesus 22 JUL
com voz forte:
«*Eli, Eli, lemá sabactáni?*» – isto é: «*Deus meu, Deus*
meu, por que me abandonaste?»
47 Alguns dos que ali estavam, ao ouvirem isso, diziam:
«Ele chama por Elias.»
48 E imediatamente um deles correu e, tendo toma-
do uma esponja, ensopou-a em *vinagre*, colocou-a sobre
uma cana e lhe *deu de beber*. 49 Porém, os outros diziam:
«Deixa; vejamos se vem Elias livrá-lo.»
50 Mas Jesus, tornando a dar um alto grito, expirou.
51 E eis que o véu do templo se rasgou em duas partes
de alto a baixo, a terra tremeu, as rochas fenderam-se,
52 abriram-se as sepulturas e muitos corpos dos santos,
que tinham adormecido, ressuscitaram. 53 E, saindo
das sepulturas depois da ressurreição de Jesus, foram à
Cidade Santa e apareceram a muitos.
54 O centurião e os que com ele estavam de guarda
a Jesus, vendo o terremoto e as coisas que aconteciam,
tiveram grande medo e diziam:
«Na verdade este era Filho de Deus.»
55 Achavam-se também ali muitas mulheres que olha-
vam de longe, as quais tinham seguido Jesus desde a

Galileia para servi-lo. 56 Entre elas estavam Maria Mada-
lena, Maria, mãe de Tiago e de José, e a mãe dos filhos
de Zebedeu.

Jesus é sepultado

(Mc 15, 42-47; Lc 23, 50-56; Jo 19, 31-42)

57 Pela tarde, veio um homem rico de Arimateia, cha-
mado José, que também era discípulo de Jesus. 58 Foi ter
com Pilatos e pediu-lhe o corpo de Jesus. Pilatos mandou
então que lhe fosse dado o corpo. 59 José, tomando o
corpo, envolveu-o num lençol branco 60 e depositou-o
no seu sepulcro novo, o qual tinha mandado abrir numa
rocha. Depois rolou uma grande pedra para diante da
boca do sepulcro e retirou-se. 61 Maria Madalena e a ou-
tra Maria estavam lá, sentadas defronte do sepulcro.

62 No outro dia, que é o seguinte à Preparação, os
príncipes dos sacerdotes e os fariseus foram juntos ter
com Pilatos 63 e disseram-lhe:

«Senhor, lembramo-nos de que esse impostor, quan-
do ainda vivia, disse: "Ressuscitarei depois de três dias."
64 Ordena, pois, que seja guardado o sepulcro até o
terceiro dia, a fim de que não venham os seus discípulos,
o furtem e digam ao povo: "Ressuscitou dos mortos", e
seja o último engano pior do que o primeiro.»

65 Pilatos respondeu-lhes:

«Tendes uma guarda; ide e guardai-o como entenderdes.»

66 Foram e prepararam o sepulcro, selando a pedra e
pondo lá a guarda.

O Senhor ressuscita e aparece às mulheres

(Mc 16, 1-8; Lc 24, 1-12; Jo 20, 1-10)

28 1 Passado o sábado, ao amanhecer do primeiro 22 JAN
dia da semana, foram Maria Madalena e a outra 23 JUL
Maria visitar o sepulcro. 2 E eis que se deu um grande
terremoto, porque um anjo do Senhor desceu do céu e,
aproximando-se, revolveu a pedra do sepulcro e sentou-
se sobre ela. 3 O seu aspecto era como de um relâmpago
e as suas vestes, como a neve. 4 Com o temor que tiveram
dele, aterraram-se os guardas e ficaram como mortos.
5 Mas o anjo, tomando a palavra, disse às mulheres:

«Não temais, vós, porque sei que procurais Jesus,
que foi crucificado. 6 Ele não está aqui, porque ressus-
citou como tinha dito. Vinde e vede o lugar onde tinha
sido posto. 7 Ide dizer logo aos seus discípulos: "Ele res-
suscitou dos mortos e eis que vai adiante de vós para a
Galileia; lá o vereis." Eis que eu vo-lo disse.»

8 Partindo imediatamente do sepulcro com medo e gran-
de gáudio, foram correndo anunciar a nova aos discípulos.
9 E eis que Jesus lhes saiu ao encontro e lhes disse: «Eu
vos saúdo.» Elas aproximaram-se, abraçaram-lhe os pés e
prostraram-se diante dele. 10 Então Jesus disse-lhes:

«Não temais; ide e avisai a meus irmãos que vão à
Galileia; lá me verão.»

Suborno aos soldados

11 Enquanto elas iam a caminho, foram à cidade al-
guns dos guardas e noticiaram aos príncipes dos sacerdo-
tes tudo o que tinha acontecido. 12 Tendo-se eles reunido
com os anciãos, depois de tomarem conselho, deram uma
grande soma de dinheiro aos soldados, 13 dizendo-lhes:
«Dizei: "Os seus discípulos vieram de noite e, en-
quanto estávamos dormindo, o roubaram." 14 Se chegar
isto aos ouvidos do governador, nós o acalmaremos e es-
tareis seguros.»
15 Eles, tendo recebido o dinheiro, fizeram conforme
haviam sido instruídos. Assim se divulgou este rumor en-
tre os judeus até o dia de hoje.

Aparição na Galileia e mandato apostólico universal

(Mc 16, 14-18; Lc 24, 36-49; Jo 20, 19-31)

16 Os onze discípulos partiram para a Galileia, para
o monte que Jesus lhes tinha indicado, 17 e, quando o
viram, adoraram-no; alguns, porém, ainda duvidavam.
18 Jesus, aproximando-se, falou-lhes assim:
«Foi-me dado todo o poder no céu e na terra. 19 Ide,
pois, e ensinai todas as gentes, batizando-as em nome
do Pai, do Filho e do Espírito Santo, 20 ensinando-as a
observar todas as coisas que vos mandei. Eis que eu estou
convosco todos os dias, até a consumação dos séculos.»

NOTAS AO EVANGELHO SEGUNDO SÃO MATEUS

***1, 1-2, 23.** São Mateus e São Lucas dão início aos respectivos Evangelhos com a narração de alguns episódios referentes ao nascimento e à infância de Jesus, ensinando assim que a boa-nova sobre Jesus inclui – além de sua morte e ressurreição, de seus ensinamentos e da sua atividade pública – o anúncio da sua estirpe humana e a forma inteiramente singular de seu nascimento como homem, sendo o Filho eterno de Deus (cf. Jo 1, 14). São Mateus – com o relato e, mais especificamente, com as citações do Antigo Testamento (1, 23; 2, 6.15.18.23) – mostra que Jesus é o Messias descendente de Davi, o Salvador em quem se cumpriram as promessas de Deus ao antigo povo de Israel.

Embora de perspectivas diferentes, Mateus e Lucas recordam os mesmos fatos essenciais: que o Menino se chamará Jesus porque essa foi a indicação do anjo; que foi concebido por obra do Espírito Santo no seio da Virgem Maria, desposada de São José, mas sem que Ela tivesse conhecido varão; que nasceu em Belém de Judá, embora tivesse posteriormente vivido em Nazaré etc. Mateus narra os fatos centrando-se especialmente na função de São José; Lucas, centrando-se na de Nossa Senhora. São Mateus faz notar que é São José que recebe a explicação da concepção virginal, que acolhe a esposa e que dá nome ao Menino (1, 18-25). Depois da partida dos Magos, José é avisado de que deve tomar o Menino e sua Mãe e fugir para o Egito. Morto Herodes, José recebe novo aviso do anjo, ordenando-lhe que regresse à terra de Israel (2, 1-23). Não é estranho que essas passagens tenham sido, na Igreja, uma fonte de devoção ao Santo Patriarca, «que fez as vezes de pai de Nosso Senhor Jesus Cristo, e que foi verdadeiro esposo da Rainha do universo e Senhora dos anjos. José foi eleito pelo Pai eterno como protetor e guarda fiel dos seus principais tesouros, isto é, de seu Filho e de sua Esposa, e cumpriu esse ofício com fidelidade incorruptível. [...] Se é verdade que a Igreja no seu todo é devedora da Virgem Mãe, por cujo intermédio recebeu a Cristo, depois de Maria é a São José que deve um agradecimento e uma veneração singulares» (São Bernardino de Sena, *Sermones*, 2).

1, 1-17. Traçando a genealogia de Jesus até Abraão, Mateus pretende mostrar que Jesus procede do povo de Israel, com o qual Deus se comprometeu (cf. Gn 12, 2-3), e que em Jesus se cumprem as promessas universalistas que Deus fez ao Patriarca (8, 11; cf. Gn 17, 4-5). Incluindo Davi no título (v. 1), salientando depois que era «rei» (v. 6), ensina que Jesus é o Rei Messias prometido (cf. 2 Sm 7, 14). Em contrapartida, Lucas fará remontar a genealogia do Senhor até Adão, a fim de sublinhar que Jesus pertence a toda a humanidade (cf. Lc 3, 23-28 e nota). «Sendo consubstancial ao Pai, [Cristo] dignou-se fazer-se consubstancial à sua Mãe; e sendo, como era, o único que estava livre de pecado, uniu-se à nossa natureza [...]. Não teríamos podido nos beneficiar da vitória do triunfador se a sua vitória tivesse sido obtida à margem da nossa natureza. Por essa admirável participação, brilhou para nós o mistério da regeneração, de tal maneira que, graças ao próprio Espírito por cuja virtude Cristo foi concebido, nascemos de novo com uma origem espiritual» (São Leão Magno, *Epistulae*, 31).

São Mateus constrói a genealogia assinalando três etapas da história da salvação (cf. v. 17) e atribuindo catorze gerações a cada uma delas, ainda que nem todas tenham a mesma duração; é evidente, pois, que pretende conferir um significado aos números. A soma do valor numérico das consoantes da palavra «Davi» em hebraico é 14 (D = 4 + V = 6 + D = 4), pelo que é provável que Mateus pretenda dizer com isso que Jesus é o verdadeiro Filho de Davi. Alguns autores consideram que, tal como acontece em outras passagens deste Evangelho – as sete parábolas (13, 1-52) e os sete «ais» (23, 13-32) –, o evangelista tem aqui em mente o número sete, símbolo de plenitude e totalidade: indica seis gerações de sete membros, e Jesus inaugura a sétima, que é a geração da plenitude.

As genealogias da Bíblia não são meras listas de ascendentes de determinada personagem, simples registros da respectiva estirpe. Sabemos que, no regresso da Babilônia (cf. Esd 2, 29-62; Ne 7, 64), a situação de cada pessoa, enquanto sujeito de direitos e obrigações, radicava na sua vinculação a uma tribo, a um clã ou a uma família. Nas listas genealógicas, as expressões «gerou» e «filho de» podem indicar uma descendência imediata ou mediata, omitindo elos intermédios; por outro lado, os nomes podem ter sentido coletivo, referindo-se a clãs e tribos. Na genealogia de Jesus, a cadeia dos patriarcas (vv. 1-6) coincide com a que é enunciada em 1 Cr 2, 1-5 e a dos reis (vv. 6-11), com 1 Cr 3, 5-16; os outros antepassados de Jesus (vv. 12-16) não estão registrados com a mesma clareza no Antigo Testamento (cf. 1 Cr 2, 17--21). Verifica-se ainda um fenômeno peculiar: o evangelista emprega a mesma forma – «gerou» – para ligar cada elo da genealogia ao seguinte até chegar a José; mas, no v. 16, utiliza uma fórmula diferente – «nasceu» (literalmente «foi gerado») – para assinalar a ação de Deus na concepção virginal de Jesus. Jesus, sendo Filho de Deus, é Filho de Davi por meio de José.

Para além de Maria, são quatro as mulheres referidas nessa genealogia: Tamar (cf. Gn 38, 1-30), Raab (cf. Js 2, 1-21; 6, 17), a mulher de Urias, Betsabé (cf. 2 Sm 11, 2-27; 12.24) e Rute (cf. Rt 1, 1-4, 22). Eram todas estrangeiras que se integraram de forma surpreendente na história de Israel, isto é, na história da salvação, à qual pertencem igualmente homens e mulheres. No Evangelho de São Mateus, são um símbolo, entre muitos outros, de que a salvação divina se dirige a toda a humanidade.

1, 18-25. Jesus, mesmo não sendo filho de José segundo a carne, é, no entanto, o Messias descendente de Davi. Esse fato já fora indicado na genealogia, mas agora o evangelista explica como se tornara possível: é obra de Deus, pois foi Ele que teve a iniciativa de chamar José para ser esposo de Maria e pai do Menino. São José o aceita obedientemente e, por desígnio divino, exerce uma verdadeira paternidade sobre Jesus, impondo-Lhe o nome e cuidando do Menino e de Nossa Senhora. Explica São João Crisóstomo: «Não penses que, pelo fato de a concepção de Cristo ser obra do Espírito Santo, tu és alheio ao serviço dessa economia divina. Porque, se é certo que não tens qualquer participação na geração e que a Virgem permanece intacta, no entanto entrego-te tudo quanto pertence ao ofício de pai sem atentar contra a dignidade da virgindade: dar nome ao filho. Com efeito, serás tu a dar-Lho. Porque, ainda que não tenhas sido tu a engendrá-lO, serás tu a fazer as vezes de pai junto dele. Daí que, começando pela imposição do nome, Eu te una intimamente Àquele que nascerá» (*In Matthaeum*, 4, 12).

«Maria, sua mãe, estava desposada com José» (v. 18). Os esponsórios – *qiddushin* (literalmente, «santificações», «consagrações») – eram um compromisso de união matrimonial cujos efeitos jurídicos e morais eram os de um matrimônio propriamente dito (cf. Dt 20, 7); com efeito, o adultério de uma mulher desposada devia ser punido com a lapidação (cf. Dt 22, 23-24). Ao fim de um ano ou mais, celebrava-se o matrimônio – *nissuin* –, com a condução da esposa à casa do esposo. O texto, com as indicações contidas no v. 19, mostra até que ponto José era justo, com uma justiça que ia além da letra dos preceitos (cf. 5, 20); de fato, a sua atitude equivalia a libertar Maria do compromisso de mulher desposada. Não é de espantar que muitos autores – Orígenes, Santo Efrém, São Basílio, São Jerônimo, São Tomás de Aquino etc. – tenham interpretado a sua atitude, não como um gesto de suspeita, mas como sinal da intuição de que houvera uma intervenção de Deus em Maria: «José considerava-se indigno e pecador e considerava que não devia conviver com uma mulher que o assombrava pela grandeza da sua admirável dignidade. Ele via com tremor que Ela ostentava o sinal certo da gestação da divina presença e, como não era capaz de penetrar naquele mistério, decidiu deixá-la. [...] Maravilhou-se com a novidade do milagre e com a profundidade do mistério» (São Bernardo, *Laudes Mariae, Sermo* 2, 14).

«José, filho de Davi...» (v. 20). De acordo com a tradição judaica, impor o nome a uma criança significava reconhecê-la como filho. É Deus quem lho ordena, e é assim que o Evangelho descreve a vocação de José: «Maria é a humilde serva do Senhor, preparada desde toda a eternidade para a missão de ser Mãe de Deus; e José é aquele que Deus escolheu para ser o "coordenador do nascimento do Senhor" (Orígenes, *Homilia XIII in Lucam*, 7), aquele que tem o encargo de providenciar a inserção "ordenada" do Filho de Deus no mundo, mantendo o respeito pelas disposições divinas e pelas leis humanas. Toda a chamada vida "privada" ou "oculta" de Jesus foi confiada à sua guarda» (São João Paulo II, *Redemptoris custos*, n. 8).

O Menino chamar-se-á Jesus – *Yehoshu'a*, que quer dizer «o Senhor salva» – «porque Ele salvará o povo dos seus pecados» (v. 21). No contexto do Antigo Testamento, salvar o povo significava libertá-lo dos inimigos; depois do desterro, como se lê no livro de Isaías, passou a significar também a restauração de Israel como Reino de Deus, uma vez expiados os seus pecados. Tal como o anjo, também Jesus afirmará mais tarde, na Última

Ceia (26, 28), que os pecados serão perdoados por obra sua: «Jesus é o nome próprio de quem é Deus e homem, nome que significa Salvador e que não Lhe foi imposto por acaso, nem por disposição humana, mas por conselho e mandato de Deus» (*Catechismus romanus*, 1, 3, 5). Todos os nomes profetizados no Antigo Testamento para o Filho de Deus podem ser referidos a esse, pois «enquanto os outros se referiam a um aspecto da salvação que nos seria dada, este compendia em si mesmo a realidade e a causa da salvação de todos os homens» (*Idem*, 1, 3, 6).

«Tudo isto aconteceu...» (v. 22). Com a referência ao cumprimento do oráculo de Isaías, o evangelista reafirma a virgindade de Nossa Senhora e a divindade de Jesus; esse prodígio assombroso realizou-se devido à fé rendida de duas criaturas admiráveis, Maria e José: «A todos quisera persuadir que fossem devotos desse glorioso Santo [São José], pela grande experiência que tenho de quantos bens alcança de Deus. [...] Não sei verdadeiramente como se pode pensar na Rainha dos Anjos, no tempo em que tanto se angustiou com o Menino Jesus, sem dar graças a São José pelo auxílio que lhes prestou. Quem não encontrar mestre que o ensine, tome esse glorioso Santo por mestre, e não errará no caminho» (Santa Teresa de Jesus, *Livro da vida*, 6, 7-8).

«Emanuel» (v. 23). Cristo é verdadeiramente Deus conosco não só pela sua missão divina, mas porque é Deus feito homem (cf. Jo 1, 14). Isso não quer dizer, porém, que tenha de ser habitualmente tratado por Emanuel, pois o nome se refere de forma mais direta ao seu mistério de Verbo encarnado.

«Sem que a tivesse conhecido» (v. 25). A Neovulgata traduz: «*et non cognoscebat eam, donec peperit filium*», seguindo o texto grego. A tradução literal de «*donec*» seria «enquanto» («*heos*», em grego), partícula que refere aquilo que aconteceu até determinado momento, neste caso até a concepção virginal de Jesus, ignorando os acontecimentos posteriores.

Encontramos a mesma partícula em Jo 9, 18, em que se afirma que os fariseus não acreditaram no milagre da cura do cego de nascimento «enquanto» não chamaram seus pais; a verdade é que também não acreditaram depois de os terem chamado. A Igreja proclama a virgindade perpétua de Maria (cf. *Catecismo da Igreja Católica*, n. 498), «daquela que havia de permanecer virgem antes do parto, no parto e depois do parto; daquela que, de modo único e excepcional, cultivaria sempre a virgindade no seu espírito, na sua alma e no seu corpo» (São João Damasceno, *Sermo 6 in nativitate Virginis Mariae*, 5). Cf. notas a Lc 1, 26-38; 2,1-7.

2, 1-12. Se o primeiro capítulo do Evangelho tratava da origem de Jesus, este segundo é dedicado à sua missão, ao destino da sua vida. Jesus é o Messias, um rei à maneira de um novo Davi, maior que o primeiro, e no qual se cumpriram as profecias: a estrela que anunciou o seu nascimento (cf. Nm 24, 17), o nascimento em Belém (cf. Mq 5, 1), a submissão a Deus dos reis da terra, que Lhe oferecem os seus dons e O adoram (Is 49, 23; 60, 5-6; Sl 72, 10-15)... Mas Jesus é também o Filho de Deus que cumpre a obra da salvação, obra que Israel – que também é chamado de filho de Deus no Antigo Testamento (cf. Ex 4, 22-23; Os 11, 1 etc.) – não soube levar a cabo (cf. 2, 15). Se Jesus é o iniciador do novo povo de Deus, esses magos, pela circunstância de não serem judeus, são as primícias dos gentios que receberão o chamamento à salvação em Jesus Cristo. Assim o entendeu a Igreja ao decidir celebrá-los na solenidade da Epifania: «Que todos os povos venham a integrar-se na família dos patriarcas, e que os filhos da promessa recebam a bênção da descendência de Abraão [...]. Que todas as nações, na pessoa dos três magos, adorem o Autor do universo, e que Deus seja conhecido, já não apenas na Judeia, mas em todo o mundo, para que por toda parte *seja grande o seu nome em Israel*» (São Leão Magno, *Sermo 3 in Epiphania Domini*, 2).

«Tendo Jesus nascido em Belém de Judá no tempo do rei Herodes, eis que uns magos vieram do oriente a Jerusalém...» (v. 1). O relato serve, antes de mais nada, para expor o contexto histórico: Jesus nasceu no tempo de Herodes, o Grande. Esse Herodes – que era pai de Herodes Antipas (14, 1-2), avô de Herodes Agripa I (cf. At 12, 1-23) e bisavô de Herodes Agripa II (cf. At 25, 13-26, 32) – não era judeu, mas idumeu; no entanto, conseguiu reinar com o apoio do Império Romano e prestando vassalagem às autoridades romanas. Durante o seu reinado, teve grande atividade pública e reconstruiu luxuosamente o Templo de Jerusalém. Era célebre pela sua crueldade: matou a maior parte das suas mulheres, vários filhos seus e um número significativo de personalidades influentes. O Evangelho não nos diz grande coisa sobre a identidade desses magos. Sua origem e seu número foram especificados por tradições tardias; a mais conhecida tem por base o evangelho apócrifo armênio, que afirma que os magos eram três reis irmãos e originários da Pérsia, de nome Melquior, Gaspar e Baltasar.

Com a pergunta: «Onde está o rei dos judeus que acaba de nascer?» (v. 2), Mateus introduz, por assim dizer, um contraste entre dois reis – Herodes e Jesus – que têm dois modos diferentes de reinar: o de Herodes, cruel e desumano (vv. 16-18); o de Jesus, cheio de mansidão (21, 5). O relato, incluindo a profecia de Miqueias (v. 6) e seu cumprimento no Menino nascido em Belém, mostrará que o verdadeiro Rei é Jesus.

«Vimos a sua estrela no Oriente» (v. 2). As tentativas de identificar essa estrela com um cometa ou com um conjunto de astros não têm dado resultados satisfatórios. De acordo com a mentalidade da época, o nascimento de personagens importantes estava relacionado a determinados movimentos dos astros, e Deus poderá ter aproveitado essas noções para conduzir os magos a Jesus Cristo. Desse ponto de vista, o sentido da passagem é claro: os magos iniciam o seu itinerário na revelação de Deus na natureza – a estrela –, mas têm de passar pela revelação nas Escrituras de Israel (v. 5) para encontrarem o Deus verdadeiro. «Nasce Cristo Deus, feito homem por via da incorporação de uma carne dotada de uma alma inteligente, o mesmo que tinha concedido às coisas que viessem do nada. Entretanto, brilha no alto a estrela do Oriente, que conduz os magos ao local onde jaz a Palavra encarnada, mostrando que há na Lei e nos profetas uma palavra misticamente superior, que dirige os povos para a luz suprema do conhecimento. Assim, pois, a palavra da Lei e dos profetas, entendida alegoricamente, conduz ao pleno conhecimento de Deus, qual estrela, aqueles que foram chamados pela força da graça, de acordo com o desígnio divino» (São Máximo, o Confessor, *Centuria*, 1, 9).

Os presentes referidos no v. 11 recordam a promessa feita por Deus a Israel (cf. Is 60, 1-6), de que seria o centro e o destino dos reis da terra: os augúrios de felicidade do texto de Isaías estão presentes nos próprios superlativos do v. 10. Os presentes oferecidos eram muito apreciados no Oriente, para além de terem significado próprio. Santo Hilário de Poitiers (*Commentarius in Mattheum*, 1, 5) vê neles uma confissão do ser de Jesus, que recebe o ouro como Rei, o incenso como Deus e a mirra como homem.

2, 13-18. O evangelista relata os mistérios da vida de Cristo, revelando seu significado profundo. Assim, a fuga de Jesus para o Egito e o seu regresso à terra de Israel indicam que Ele é semelhante a Jacó (cf. Gn 46, 1-7), que desceu ao Egito, e ao povo de Israel, que subiu do Egito (cf. Ex 12, 37-15, 20). Jesus é o novo Israel, e com Ele começa o novo povo de Deus, que é a Igreja. Também se detecta aqui um paralelismo entre Jesus e Moisés, que foi providencialmente libertado da morte ainda criança (cf. Ex 2, 1-10) e que, depois, foi instrumento do Senhor para a constituição do seu povo.

O episódio da matança dos inocentes reflete a brutalidade de Herodes. O relato encaixa perfeitamente na longa lista de crueldades do rei (cf. Flávio Josefo, *Antiquitates iudaicae*, 15, 102-266; 16, 356-404; 17, 42-144.167). A Igreja venera essas crianças como mártires de Cristo: «As crianças, sem o saberem, morreram por Cristo; os pais fazem luto pelos mártires que morrem. Cristo tornou dignos testemunhos seus aqueles que ainda não sabiam falar. Eis como reina Aquele que veio reinar. Eis que o Libertador concede a liberdade e o Salvador, a salvação. [...] Oh, grande dom da graça! De quem são os méritos, para que assim triunfem as crianças? Ainda não falam e já confessam a Cristo. Ainda não podem travar batalhas valendo-se dos seus próprios membros e já obtêm a palma da vitória» (São Quodvultdeus, *Sermo 2 de Symbolo*). Em continuidade com a ação dos inocentes que proclamaram a glória do Senhor, não de palavra, mas com a morte – *non loquendo, sed moriendo* –, a oração da Igreja pede ao Senhor: «Fazei que a nossa vida dê testemunho da fé que os nossos lábios professam» (Missal Romano, *Santos inocentes, mártires, Oração coleta*).

Raquel (v. 18) era a esposa predileta do patriarca Jacó (cf. Gn 29, 30), mãe de Benjamim e de José; este, por sua vez, era o pai de Efraim e de Manassés. De acordo com o livro do Gênesis (cf. Gn 35, 19; 48, 7), Raquel morreu perto de Belém, e foi aí que Jacó a sepultou. A passagem de Jr 31, 15 citada por Mateus refere-se aos cativos de Efraim e Manassés que, na sequência da destruição de Jerusalém, em 587 a.C., esperam nos campos de concentração de Ramá a partida para o desterro. Mas o conjunto do texto de Jeremias é um oráculo de consolação, anunciando que, por trás da desgraça do desterro, se esconde um novo favor de Deus, que há de restaurar o povo e fazer com ele uma nova aliança, interior e definitiva (cf. Jr 31, 31). Da mesma maneira, Mateus vê por trás da desgraça que foi a perseguição ao Menino e a morte dos inocentes o cumprimento do desígnio divino na formação do novo povo mediante Jesus.

2, 19-23. Não sabemos quanto tempo esteve a Sagrada Família no Egito. Mateus é o único que nos fala desse episódio, mas não fornece dados precisos. Herodes terá morrido, provavelmente, em março ou abril de 4 a.C., e seu filho Arquelau foi *etnarca* da Judeia e da Samaria até 6 d.C., altura em que viu-se deposto e exilado devido às queixas pelos seus atos de brutalidade; isso significa que não tinha jurisdição na Galileia, onde ficava Nazaré. Da atitude de José (v. 22), podemos tirar consequências proveitosas: «Nas diversas circunstâncias da sua vida, o Patriarca não renuncia a pensar nem se exime da sua responsabilidade. Pelo contrário, coloca toda a sua experiência humana a serviço da fé. Quando volta do Egito, *ouvindo que Arquelau reinava na Judeia em lugar de seu pai Herodes, temeu ir para lá*. Aprendeu a mover-se dentro dos planos divinos e, como confirmação de que Deus quer o que ele pressentia, recebe a indicação de se retirar para a Galileia» (São Josemaria Escrivá, *É Cristo que passa*, n. 42).

Jesus era conhecido por todos como sendo originário de Nazaré; era «o Nazareno», designação que, para as autoridades judaicas, tinha sentido depreciativo (cf. Jo 1, 46; 19, 19). Ainda no tempo de São Paulo, os judeus que não acreditavam tentavam humilhar os cristãos dando-lhes o nome de nazarenos (cf. At 24, 5). Não há nenhum texto dos profetas que contenha de forma explícita a expressão que São Mateus refere (v. 23); o mais provável é que o evangelista se refira a Is 11, 1, onde se anuncia um descendente de Davi – o rebento, *neser*, de Jessé – sobre o qual repousarão todos os dons do Espírito do Senhor.

***3, 1-4, 11.** São Mateus relata a preparação imediata de Jesus para a sua manifestação pública. Essa preparação realiza-se em locais carregados de enorme significado salvífico na história do povo de Israel: o rio Jordão (v. 5), porta de entrada da Terra Prometida (cf. Js 3, 8), e sobretudo o deserto (3, 1; 4, 1), lugar das provas e da purificação do povo (cf. Dt 8, 2), mas também onde Deus fala ao coração de seu filho Israel (cf. Os 2, 16) e onde se manifestam as maravilhas que o Senhor realizou em favor do seu povo (cf. Is 42, 11; 43, 19 etc.). São esses os cenários em que tem lugar a inauguração do Reino de Deus com a chegada do Messias, anunciada e reconhecida por João Batista, o último dos profetas.

3, 1-12. João Batista surge na linha de alguns profetas do Antigo Testamento, fazendo recordar especialmente Elias (cf. 2 Rs 1, 8; 2, 8-13ss.). A citação de Is 40, 3 esclarece a missão profética de João: primeiro, preparar o povo judaico para receber o Reino de Deus; segundo, dar testemunho de que Jesus é o Messias que traz o referido Reino. Nos ensinamentos do Batista (vv. 8-12), o evangelista sublinha de forma sutil que a mensagem de João é idêntica à de Jesus, seja na iminência do advento do Reino (v. 2; cf. 4, 17), seja na denúncia da atitude dos fariseus e dos saduceus (v. 7; cf. 12, 34; 23, 33), que são como árvores estéreis (v. 10; cf. 7, 19). Este é o primeiro exemplo da catequese cristã, que transmite a verdade que Jesus Cristo veio ensinar.

O Batista proclama a chegada iminente do Reino do Céu (v. 1), que é uma maneira de se referir ao Reino de Deus. A fórmula «Reino de Deus» exprime a intervenção soberana e misericordiosa de Deus na vida de seu povo. De fato, o plano primitivo da criação foi quebrantado pela rebelião que é o pecado do homem. Para ser restabelecido, foi necessária uma nova intervenção divina, que se realizou por meio da obra redentora de Jesus Cristo, Messias e Filho de Deus; essa intervenção foi precedida por uma série de etapas preliminares, que constituem a história salvífica do Antigo Testamento. Jesus Cristo torna presente o Reino de Deus, cuja iminência João Batista anuncia; mas Jesus instaura um Reino de Deus de dimensão espiritual, sem as colorações nacionalistas que os judeus do seu tempo tinham concebido. A salvação não está garantida aos descendentes de Abraão segundo a carne, mas exige uma conversão pessoal que se traduza em obras de uma vida santa diante de Deus: «convertei-vos» (v. 2); «produzi, pois, autênticos frutos de penitência» (v. 8); «bom fruto» (v. 10). A nova etapa do Reino de Deus introduzida pela obra redentora de Cristo exige uma mudança radical na conduta humana (cf. 9, 17; Mc 2, 22; Lc 5, 37-39).

3, 13-17. Porque Jesus passou por esse batismo, se não tinha pecados dos quais tivesse de se purificar (cf. Hb 4, 15)? Os evangelistas não evitam essa dificuldade; e as palavras de João Batista, a sua resistência a batizar Jesus (v. 14), indicam a mesma coisa. Mas nem os Evangelhos nem a Tradição cristã

– que está na sua origem e que os segue – omitiram o relato. A narração deixa entrever que Jesus, ao recorrer ao batismo de João, está querendo dizer que também Ele secunda o plano disposto por Deus de preparar o seu povo por meio dos profetas. Desse modo, o Senhor cumpre «toda a justiça» (v. 15), ou seja, tudo aquilo que foi estabelecido por Deus. Como ensina o *Catecismo da Igreja Católica*, o batismo de Jesus representa «a aceitação e a inauguração de sua missão de Servo sofredor» (n. 536). Ou seja, Jesus é o Servo anunciado pelo profeta Isaías que, como cordeiro levado ao matadouro (cf. Jo 1, 29), aceita mansa e humildemente a missão que o Pai Lhe encomenda. Jesus faz-se batizar, prefigurando assim o seu batismo de sangue, a sua morte na Cruz para a remissão dos pecados; por amor, submete-se por inteiro à vontade do Pai, e o Pai comove-se e aceita, agradado, a oferta de seu Filho (v. 17). O início da missão de Cristo – a sua morte pelos nossos pecados, para que possamos ressuscitar para uma vida nova – que a passagem significa fez do batismo de Cristo um sinal do nosso batismo. Como ensina a doutrina cristã: «Pelo batismo, o cristão é sacramentalmente assimilado a Jesus, que antecipa em seu batismo a sua morte e a sua ressurreição; deve entrar neste mistério de rebaixamento humilde e de arrependimento, descer à água com Jesus para subir novamente com Ele, renascer da água e do Espírito para tornar-se, no Filho, filho bem-amado do Pai e "viver em uma vida nova" (Rm 6, 4)» (*Idem*, n. 537). Cf. notas a Mc 1, 9-11 e a Lc 3, 21-22.

4, 1-11. Antes de dar início à sua obra messiânica e de promulgar a nova Lei no Sermão da Montanha, Jesus se prepara no deserto com a oração e o jejum. Moisés tinha procedido da mesma maneira antes de promulgar, em nome de Deus, a Antiga Lei do Sinai (cf. Ex 34, 28), e Elias caminhara quarenta dias no deserto para levar a cabo a sua missão de renovar o cumprimento da Lei (cf. 1 Rs 19, 5-8). A Igreja também nos convida a uma renovação interior por meio de práticas penitenciais durante os quarenta dias da Quaresma, para que, «no combate contra o espírito do mal, sejamos fortalecidos com o auxílio da temperança» (Missal Romano, *Quarta-feira de Cinzas, Oração coleta*). Cf. também a nota a Lc 4, 1-13.

Com o episódio das tentações, Mateus apresenta Jesus como o novo Israel, em contraste com o antigo: Jesus é tentado da mesma maneira que Moisés e o povo eleito foram tentados na sua peregrinação no deserto durante quarenta anos. Os israelitas caíram na tentação, murmurando contra Deus quando tiveram fome (cf. Ex 16, 1ss), exigindo um milagre quando lhes faltou água (cf. Ex 17, 1-7) e adorando o bezerro de ouro (cf. Ex 32). Pelo contrário, Jesus vence as tentações e, desse modo, exprime a sua maneira de ser o Messias: não como quem procura uma exaltação pessoal ou um triunfo entre os homens, mas com o cumprimento abnegado da vontade de Deus, tal qual expressa nas Escrituras.

As ações de Jesus também são um exemplo para a vida de cada cristão: perante as dificuldades e tentações, não devemos esperar triunfos fáceis ou intervenções imediatas e aparatosas de Deus; a confiança no Senhor e a oração, a graça divina e a fortaleza levar-nos-ão, como a Cristo, à vitória: «Se o Senhor permitiu que o tentador O visitasse, fê-lo para que nós tivéssemos, além da força do seu auxílio, o ensinamento do seu exemplo. [...] Não venceu o adversário com o vigor do seu braço, mas com as palavras da Lei. [...] Não triunfou sobre o inimigo mortal dos homens como Deus, mas como homem. Combateu para nos ensinar a combater. Venceu para que também nós sejamos vencedores» (São Leão Magno, *Sermo 39 de Quadragesima*).

***4, 12-16, 20.** Começa o ministério na Galileia. Jesus proclama, com palavras e obras, que chegou o Reino de Deus. Em primeiro lugar, chama os seus discípulos e convoca o novo povo de Deus (4, 12-25); a seguir, como supremo Mestre, Legislador e Profeta, promulga a nova Lei do Reino no Sermão da Montanha (5, 1-7,29). Os seus ensinamentos são avalizados pelas «obras do Messias», os milagres que confirmam a sua autoridade (8, 1-9, 38).

O envio dos apóstolos (10, 1-42), bem como os atos (11, 1-12, 50) e as palavras (13, 1-52) de Jesus, dão a conhecer que Ele é mais do que um Mestre: é o Messias de Israel. Os dirigentes religiosos do povo escolhido (11, 16-12, 45) obstinam-se em rejeitá-lO, mas os sinais são tão evidentes (14, 13-15, 39) que São Pedro confessa o que Ele verdadeiramente é: o Messias, o Filho de Deus (16, 13-20).

4, 12-17. Jesus faz de Cafarnaum o centro da sua atividade (v. 13). Essa cidade costeira do mar da Galileia é quase um protótipo da região: rica em recursos naturais, situada na confluência de rotas comerciais, tinha uma população mista, da qual talvez apenas um terço seria judaica. O episódio do centurião (8, 5-13; cf. Lc 7, 1-10; Jo 4, 46-53) faz pensar que haveria uma convivência pacífica entre as diversas raças e culturas. A região, mencionada com diversas referências (v. 15), foi invadida no tempo de Isaías, nos anos de 734-721 a.C., pelos assírios, que a devastaram e a deixaram muito maltratada; uma parte da sua população hebraica foi deportada, sendo para ali levados grupos de estrangeiros, a fim de a colonizarem. É por isso que a Bíblia chama essa zona de «Galileia dos gentios». Essa terra – sublinha o evangelista – foi a primeira a receber a luz da salvação e a pregação do Messias; assim se cumpriam as profecias (cf. Is 8, 23-9, 1).

Perante a proximidade do Reino do Céu (cf. nota a 3, 1-12), a pregação de Jesus é um apelo premente à conversão (v. 17). Muitas versões traduzem «convertei-vos» por «fazei penitência», porque é aí que se encontra o sentido mais profundo da conversão: «Penitência significa a íntima mudança do coração sob o influxo da Palavra de Deus e na perspectiva do Reino. Mas penitência quer dizer também mudar de vida, em coerência com a mudança do coração; e, nesse sentido, fazer penitência completa-se com produzir frutos dignos de penitência; toda a existência se torna penitencial, aplicada numa contínua caminhada em direção ao que é melhor. Fazer penitência, no entanto, só será algo autêntico e eficaz se se traduzir em atos e gestos de penitência. Nesse sentido, penitência significa [...] o esforço concreto e cotidiano do homem, amparado pela graça de Deus, por perder a própria vida por Cristo como único modo de ganhá-la: o esforço por se despojar do homem velho e se revestir do novo; por superar em si mesmo o que é carnal, para que prevaleça o que é espiritual; o esforço por se elevar continuamente das coisas daqui de baixo para as lá do alto, onde está Cristo» (São João Paulo II, *Reconciliatio et paenitentia*, n. 4).

4, 18-25. Embora a pregação de Jesus (4, 17) seja idêntica à de João (3, 2), este só anuncia a iminência do Reino, enquanto Nosso Senhor começa a instaurar esse Reino na história humana com as suas obras e as suas palavras. Assim, chama os primeiros discípulos a deixarem tudo para O seguirem, e com eles formará mais tarde o grupo dos Doze, sobre o qual fundará a sua Igreja. Paradoxalmente, Jesus escolhe um grupo de pescadores, homens rudes (cf. At 4, 13), para que «não se pensasse que a fé dos crentes não era devida à ação de Deus, mas à eloquência e à ciência» (São Jerônimo, *Commentarii in Matthaeum*, 5, 19). Não obstante, instituiu-os como «guias e mestres de todos e administradores dos divinos mistérios e ordenou-lhes que fossem como astros que iluminassem com a sua luz não só o país dos judeus, mas todos os países que há debaixo do sol, todos os homens que habitam a terra inteira» (São Cirilo de Alexandria, *Commentarium in Ioannem*, 12, 1).

Os evangelistas anotam a resposta imediata e efetiva dos apóstolos ao chamamento do Senhor (cf. nota a Mc 1, 16-20); e São Mateus singulariza Pedro desde o início (v. 18): «No que diz respeito às suas propriedades pessoais, Pedro era um homem por natureza; um cristão pela graça; um apóstolo, e o primeiro deles, por uma graça maior» (Santo Agostinho, *In Ioannis Evangelium*, 124, 5).

Após o chamamento, o evangelista registra, num breve resumo, a atividade inicial de Jesus (v. 23) e o eco que teve na Galileia e nas regiões circundantes (vv. 24-25). Tanto as palavras como os milagres são sinais de que Jesus instaura o Reino de Deus, sinais da misericórdia e da graça divinas que, por meio de Cristo, se oferecem a todos os homens, representados na multidão que a Ele recorre. «O Senhor Jesus deu início à sua Igreja pregando a boa-nova do advento do Reino de Deus prometido desde há séculos nas Escrituras [...]. Este Reino manifesta-se na palavra, nas obras e na presença de Cristo» (Conc. Vaticano II, *Lumen gentium*, n. 5).

***5, 1-7, 29.** O Sermão da Montanha é o primeiro dos cinco grandes sermões em que São Mateus reúne os ensinamentos de Jesus sobre o Reino de Deus. Colocando os ensinamentos do Senhor antes dos milagres (8, 1-9, 39), São Mateus pretende possivelmente sublinhar que Jesus é um verdadeiro Mestre; por isso, Mateus é muitas vezes chamado o Evangelho didático. Neste sermão, é apresentada uma síntese daqueles que pertencem ao Reino (5, 1-12) e uma exposição daquilo em que consiste a verdadeira justiça: das atitudes a manter com relação à Lei (5, 17-48; 6, 16-18), a Deus (6, 25-34), ao próximo (6, 1-4; 7, 1-5) e à oração (6, 7-14; 7, 7-11).

5, 1-12. As bem-aventuranças são o pórtico do Sermão da Montanha, no qual Jesus recolhe as promessas feitas ao povo eleito desde Abraão, mas conferindo-lhes orientação nova, não as ordenando apenas à posse da terra, mas ao Reino do Céu: «As bem-aventuranças retratam o rosto de Jesus Cristo e descrevem-nos a sua caridade; exprimem a vocação dos fiéis associados à glória da sua Paixão e ressurreição; definem os atos e as atitudes características da vida cristã; são promessas paradoxais, que sustentam a esperança no meio das tribulações; anunciam aos discípulos as bênçãos e recompensas já obscuramente adquiridas; já estão inauguradas na vida da Virgem Maria e de todos os santos» (*Catecismo da Igreja Católica*, n. 1717).

Como fórmula de bênção, as bem-aventuranças fazem parte da linguagem bíblica tradicional; já o livro dos Salmos começa assim: «Feliz...» (Sl 1, 1). Com as bem-aventuranças, proclama-se que uma pessoa é ditosa, feliz; nesse sentido, elas ocupam o centro dos anseios humanos, porque «todos nós queremos viver felizes, e no gênero humano não há ninguém que não dê o seu assentimento a esta proposição, mesmo antes de ela ser plenamente enunciada» (Santo Agostinho, *De moribus Ecclesiae*, 1, 3, 4). Mas Cristo acrescenta-lhes um horizonte escatológico, isto é, de salvação eterna: a quem vive assim, de acordo com o espírito por Ele ensinado, abrir-se-ão as portas do Céu. Deus não é um ser indiferente, mas Alguém que tomou partido, que consolará os seus, os saciará, lhes chamará seus filhos etc. As bem-aventuranças são um caminho para a felicidade humana, pois exprimem o duplo desejo que Deus inscreveu no coração do homem: procurar a verdadeira felicidade na terra e alcançar a bem-aventurança eterna.

São Mateus recolhe nove bem-aventuranças; as oito primeiras referem-se às atitudes do cristão perante o mundo (vv. 3-10), enquanto a nona muda de destinatário – que passa a ser «vós» (cf. v. 11) – e se refere aos que sofrem por causa de Cristo. A esta bem-aventurança segue-se uma exortação à alegria: sofrer por Cristo é sinal de que se escolheu o caminho correto. No texto de São Lucas (cf. Lc 6, 20-26 e nota), esse aspecto é o mais relevante.

As bem-aventuranças foram comentadas e desenvolvidas com profusão na catequese da Igreja. A primeira (v. 3) e a oitava (v. 10) aludem ao Reino dos Céus como prêmio; na primeira, proclamam-se felizes os «pobres de espírito». Já no Antigo Testamento, a pobreza aparece como uma situação não só econômico-social, mas com valor religioso (cf. Sf 2, 3ss): é pobre quem se apresenta diante de Deus com uma atitude humilde, sem méritos pessoais, considerando a sua realidade de pecador necessitado dEle. Daí que, além de viver com real e efetiva sobriedade e austeridade de vida, se aceite e se queira essa condição não como algo imposto por necessidade, mas voluntariamente, com afeto. Essa pobreza voluntária aparece expressa no texto de Mateus como a pobreza em espírito; é evidente, pois, que essa bem-aventurança exige a austeridade e o desprendimento dos bens materiais e dos diversos dons recebidos de Deus. Na oitava, afirma-se que são felizes «os que sofrem perseguição por amor da justiça». A justiça tem na Bíblia um valor mais religioso e mais amplo que o conotado pela sua utilização predominantemente jurídico-moral. «Na língua hebraica, justo quer dizer piedoso, servidor irrepreensível de Deus, cumpridor da vontade divina (cf. Gn 7, 1; 18, 23-32; Ez 18, 5ss; Pr 12, 10; Mt 1, 19); outras vezes, significa bom e caridoso para com o próximo (cf. Tb 7, 6; 9, 6). Numa palavra, justo é aquele que ama a Deus e demonstra esse amor cumprindo os mandamentos divinos e orientando toda a vida para o serviço dos seus irmãos, os homens» (São Josemaria Escrivá, *É Cristo que passa*, n. 40). A união da busca da justiça com as perseguições permite concluir que essa bem-aventurança «designa a perfeição de todas as outras, porque o homem é perfeito nelas quando não as abandona nas tribulações» (São Tomás de Aquino, *Super Evangelium Matthaei, ad loc.*).

Duas bem-aventuranças, a segunda e a quarta (vv. 4, 6), têm em comum a forma passiva do prêmio; é uma maneira de dizer que será Deus a consolar e a saciar os seus protagonistas. Os que choram são os que se afligem por alguma causa, em especial os que têm pena das ofensas a Deus, sejam próprias ou alheias. Os que têm fome e sede de justiça são os que se esforçam sinceramente por cumprir a vontade divina, que se exprime nos mandamentos, nos deveres de estado e na união da alma com Deus; em suma, os que querem ser santos. Significativamente, o prêmio vem de Deus, porque só o Senhor pode consolar verdadeiramente, e só Ele pode fazer os homens santos.

Os «mansos» (v. 5) são aqueles que, imitando a Cristo (cf. 11, 25-30 e nota; 12, 15-21), mantêm o espírito sereno, humilde e firme nas adversidades, sem se deixarem levar pela ira ou pelo abatimento: «Adotados como verdadeiros filhos de Deus, levemos íntegra e com plena semelhança a imagem do nosso Criador, não imitando-O na sua soberania, que só a Ele cabe, mas sendo imagem sua pela nossa inocência, simplicidade, mansidão, paciência, humildade, misericórdia e concórdia, virtudes pelas quais o Senhor se dignou fazer-se um de nós e ser semelhante a nós» (São Pedro Crisólogo, *Sermones*, 117).

«Misericordiosos» (v. 7)

são os que, compreendendo os eventuais defeitos dos outros, perdoam, desculpam e ajudam. A parábola do servo desapiedado (18, 21-35), e em especial as palavras do senhor desse servo (18, 32-33), são o melhor comentário a essa bem-aventurança.

«Ver a Deus» (v. 8) não se refere apenas à bem-aventurança definitiva. Na linguagem do Antigo Testamento, significa antes ter uma relação estreita com Ele, participar das suas decisões como os conselheiros de um rei participam das disposições do seu soberano. Daí a capacidade que outorgam a virtude da pureza e a limpeza de coração: «A pureza de coração é a condição prévia da visão. Desde já nos concede ver *segundo* Deus, receber o outro como um "próximo"; permite-nos perceber o corpo humano, o nosso e o do próximo, como um templo do Espírito Santo, uma manifestação da beleza divina» (*Catecismo da Igreja Católica*, n. 2519).

Os «pacificadores» (v. 9) são os que promovem a paz, em si mesmos e nos outros, e sobretudo procuram reconciliar-se e reconciliar os outros com Deus: «A paz nunca se alcança duma vez para sempre, antes deve estar constantemente a ser edificada. Além disso, como a vontade humana é fraca e ferida pelo pecado, a busca da paz exige o constante domínio das paixões de cada um e a vigilância da autoridade legítima. Mas tudo isto não basta. [...] A paz é assim também fruto do amor, o qual vai além do que a justiça consegue alcançar» (Conc. Vaticano II, *Gaudium et spes*, n. 78).

5, 13-16. As imagens do sal e da luz refletem a situação de quem vive as bem-aventuranças, ou seja, do discípulo de Jesus, e salientam a importância das boas obras (v. 16). Cada pessoa terá de lutar pela santificação pessoal, mas também pela santificação dos outros. É isso o que Jesus ensina com essas duas expressivas imagens.

O sal preserva os alimentos da corrupção. Nos sacrifícios da Antiga Lei, simbolizava a inviolabilidade e a permanência da Aliança (cf. Lv 2, 13). O Senhor declara que os seus discípulos são o sal da terra, isto é, os que dão sabor divino a tudo o que é humano e preservam o mundo da corrupção, mantendo viva a Aliança com Deus. «O que a alma é no corpo, assim são os cristãos no mundo» (*Epistula ad Diognetum*, 6, 1).

A luz é necessária para caminhar e para viver. No Antigo Testamento, essa luz necessária é Deus (cf., por exemplo, Sl 27, 1) e a Palavra de Deus (cf., por exemplo, Sl 119, 105). Os discípulos de Jesus devem ser também, como Ele, luz para os que jazem nas trevas (cf. 4, 16; Is 8, 23-9, 1). «Parece-me que candeia representa a caridade, que deve alumiar, alegrar não só os que me são mais queridos, mas a *todos os que estão em casa*, sem excluir ninguém» (Santa Teresa do Menino Jesus e da Sagrada Face, *História de uma alma*, n. 289). Com a caridade, todas as obras boas serão instrumentos de apostolado cristão: «Inúmeras oportunidades se oferecem aos leigos para exercerem o apostolado de evangelização e santificação. O próprio testemunho da vida cristã e as obras, feitas com espírito sobrenatural, têm eficácia para atrair os homens à fé e a Deus; diz o Senhor: "Assim brilhe a vossa luz diante dos homens, de modo que vejam as vossas boas obras e deem glória ao vosso Pai que está nos céus" (Mt 5, 16)» (Conc. Vaticano II, *Apostolicam actuositatem*, n. 6).

Se os discípulos perderem a sua identidade cristã, desaparecem, como acontece com os restos do sal. Também os cristãos deixarão de ter sentido se o fato de seguirem a Cristo não se traduzir em obras concretas (vv. 14-15). O alqueire é uma medida de volume variável que provavelmente se utilizava para apagar as lamparinas de azeite à noite, evitando que a casa se enchesse de fumaça. O Senhor não nos dá a luz para a termos apagada.

5, 17-48. No ambiente de expectativa messiânica do tempo de Jesus, era comum atribuir ao Messias a função de intérprete definitivo da Lei. São Mateus, ao mesmo tempo que evoca o paralelismo com Moisés, mostra que Jesus ultrapassa essa função de intérprete, situando-se acima da Lei, no nível do próprio Deus. Jesus ensina o verdadeiro valor da Lei que Deus tinha dado ao povo hebraico por meio de Moisés e aperfeiçoa-a, dando, com a sua autoridade divina, a interpretação definitiva dela. Jesus acrescenta ao que «foi dito» (por Deus) o que Ele agora estabelece; sem anular os preceitos da Lei antiga (cf. v. 18), interioriza-os, conduzindo-os à perfeição do seu conteúdo (cf. v. 17) e propondo aquilo que já estava implícito neles, embora os homens não o tivessem compreendido com a profundidade devida. As palavras de Cristo no Sermão da Montanha são, pois, numa expressão já célebre, «o modo perfeito da vida cristã» (Santo Agostinho, *De sermone Domini in monte*, 1, 1, 1).

Depois de ter ensinado o valor da Lei em termos gerais (vv. 17-19) e de ter especificado que o seu verdadeiro cumprimento ultrapassa em muito a observância meramente formal (v. 20), o Senhor exemplifica esses ensinamentos com as antíteses (vv. 21-47). Ainda que não seja fácil detectar uma ordem nesses enunciados, eles parecem remeter a cinco mandamentos do Decálogo: o quinto (vv. 21-26), o sexto (vv. 27-32), o oitavo (vv. 33-37), o sétimo (vv. 38-42) e o décimo (vv. 42-47). São muitas as maneiras pelas quais o Senhor conduz a uma interiorização dos mandamentos: convidando à magnanimidade (vv. 39-42) e à grandeza de alma (vv. 44-47), evitando todo tipo de subterfúgios e de palavreados (vv. 34-37) etc. Mas, sobretudo, Jesus personaliza esse seu ensinamento, salientando que cada um se apresentará pessoalmente diante de Deus e terá de Lhe prestar contas.

No v. 22, Jesus indica três faltas que podemos cometer contra a caridade. Aí aprecia-se uma gradação que começa na irritação e prossegue ao insulto. A expressão «chamar "imbecil"» é uma tradução adaptada de «chamar "*raca*"», termo aramaico que equivalia a uma manifestação de desprezo entre os judeus; e «chamar "louco"» corresponde a «chamar "renegado"», que é uma ofensa maior, porque é o mesmo que dizer que uma pessoa perdeu por completo o sentido moral e religioso. No seu comentário a essa passagem (*De sermone Domini in monte*, 1, 9, 24), Santo Agostinho recorda que, da mesma maneira como há gradação no pecado, há igualmente gradação no castigo. Mas o texto também salienta a importância dos pecados interiores contra a caridade – o rancor, o ódio etc. –, que facilmente desembocam em outros: a murmuração, a injúria, a calúnia etc.

Nosso Senhor leva igualmente à plenitude o preceito da Antiga Lei sobre o adultério e o desejo da mulher do próximo (vv. 27-30), condenando o olhar pecaminoso. Por «olho direito» e «mão direita» (vv. 29-30) entende-se aquilo que mais apreciamos. Esse modo de falar não significa que devamos mutilar-nos fisicamente, mas que temos de lutar sem concessões, estando dispostos a sacrificar tudo aquilo que possa ser ocasião clara de ofender a Deus. Por isso, essas palavras tão gráficas do Senhor dizem respeito a uma das ocasiões mais frequentes de pecado: o olhar.

A questão do divórcio merece referência especial (vv. 31-32): a Lei de Moisés (cf. Dt 24, 1-4) tinha tolerado o divórcio devido à dureza de coração dos hebreus; Jesus restabelece a indissolubilidade originária do matrimônio tal como Deus o tinha instituído (cf. 19, 4-6; Gn 1, 27; 2, 24; Ef 5, 31; 1 Cor 7, 10). A frase «exceto em caso de união ilegal» não constitui uma exceção ao princípio da indissolubilidade do matrimônio que Jesus acaba de restabelecer. A cláusula mencionada refere-se, muito provavelmente, a uniões que eram admitidas como casamentos entre alguns povos pagãos, mas que eram proibidas, pelo fato de serem incestuosas, quer na Lei mosaica (cf. Lv 18), quer na tradição rabínica; trata-se, portanto, de uniões que são inválidas desde a sua raiz, devido à existência de impedimento.

O v. 48 resume os ensinamentos deste capítulo, recordando certamente o preceito do Levítico: «Deveis santificar-vos e permanecer santos, porque Eu sou santo» (11, 44). Assim, pois, o Senhor conduz a Lei à sua plenitude propondo a imitação da perfeição do nosso Pai celestial. E a maneira de o fazer é imitando a Cristo: «Se quereis imitar a Deus, uma vez que fostes criados à sua imagem, imitai o seu exemplo. Vós que sois cristãos e que proclamais a bondade com o vosso próprio nome, imitai a caridade de Cristo» (Santo Astério de Amasia, *Homiliae*, 13). O fim do cumprimento da Lei é alcançar a santidade de Deus. Em sentido estrito, é impossível a criatura ter a perfeição de Deus; deste modo, o que o Senhor pretende dizer aqui é que a perfeição divina deve ser o modelo para o qual o cristão há de tender, sabendo que tem uma distância infinita a separá-lo do seu Criador. Percebe-se assim que o chamamento universal à santidade não é uma sugestão, mas uma exigência de Jesus Cristo. «Tens obrigação de santificar-te. – Tu também. – Alguém pensa, por acaso, que é tarefa exclusiva de sacerdotes e religiosos? A todos, sem exceção, disse o Senhor: "Sede perfeitos, como meu Pai Celestial é perfeito"» (São Josemaria Escrivá, *Caminho*, n. 291).

6, 1-18. Prossegue o ensinamento de Jesus sobre a verdadeira «justiça», o caminho que conduz à salvação. De acordo com os mestres daquele tempo, era necessário acrescentar aos mandamentos da Lei a esmola, a oração e o jejum, considerados atos fundamentais de piedade individual. Em contraposição ao cumprimento exterior dessas práticas, Jesus Cristo ensina que a verdadeira piedade deve ser vivida com retidão de intenção, na intimidade com Deus e evitando a ostentação. A Igreja recorda essas práticas no começo da Quaresma: «Não há coisa mais útil que unir jejuns santos e razoáveis à esmola que, sob a denominação geral de misericórdia, contém muitas e louváveis ações de piedade, de modo que, mesmo no meio de situações desiguais de fortuna, as disposições de espírito de todos os fiéis possam ser as mesmas» (São Leão Magno, *Sermo 6 de Quadragesima*, 1-2).

Mas a página mais comentada deste texto é a que se refere à oração. O Senhor destaca a simplicidade e a veracidade com que devemos dirigir-nos a Deus. A primeira formulação é negativa: a oração do cristão não deve ser a de uma pessoa que está atuando num teatro – é esse o significado literal da palavra «hipócrita» (v. 5) –, nem deve ser servil como a dos pagãos, que nas suas orações tinham o costume de enumerar todas as qualidades do deus ao qual se dirigiam até a exaustão, para que o deus não se aborrecesse por terem se esquecido de alguma (v. 7). A oração do cristão deve ser sincera: «A nossa mente deve estar em conformidade com o que dizem os lábios» (São Bento, *Regula*, 19).

A seguir, Jesus ensina o Pai-nosso, a oração característica do cristão (vv. 9-13): «A oração dominical é, na verdade, um resumo de todo o Evangelho» (Tertuliano, *De oratione*, 1). Toda a Tradição da Igreja contém elogios rasgados a essta prece: «A oração dominical é perfeitíssima. [...] Além de se pedirem coisas licitamente desejáveis, as petições sucedem-se na ordem pela qual devemos desejá-las, de sorte que a oração dominical não só regula as nossas petições, como serve de norma para todos os nossos afetos» (São Tomás de Aquino, *Summa theologiae,* 2-2, 83, 9).

Essa oração começa com uma invocação ao Pai que, na fórmula registrada por São Mateus, sublinha a dimensão litúrgica da oração em comum: «O Senhor ensinou-nos a orar em comunidade por todos os nossos irmãos. Porque Ele não diz: "Pai meu que estás no Céu", mas "Pai nosso", a fim de que a nossa oração seja a oração de um só coração e de uma só alma, orientada para a edificação de todo o corpo da Igreja» (São João Crisóstomo, *In Matthaeum,* 19, 41). Após a invocação, surgem as petições: «Depois de nos ter posto na presença de Deus, nosso Pai, para adorá-lO, amá-lO e bendizê-lO, o Espírito filial faz subir de nossos corações sete pedidos, sete bênçãos. Os três primeiros, mais teologais, nos atraem para a glória do Pai; os quatro últimos, como caminhos para Ele, oferecem nossa miséria à sua graça» (*Catecismo da Igreja Católica*, n. 2803).

A primeira petição é a de que o nome de Deus seja santificado (v. 9). Na Bíblia, o nome equivale à pessoa; como Deus é a própria santidade, o que aqui se pede é que a sua santidade seja reconhecida e honrada pelas criaturas. O advento do

Reino, que se impetra a seguir (v. 10, segunda petição), consiste na realização do desígnio salvador de Deus no mundo (cf. nota a 3, 1-12). Mas isso exige de nós uma submissão espontânea e confiada a Deus; por isso, uma das manifestações do advento do Reino é o cumprimento amoroso da vontade de Deus (terceira petição). Daí que possamos dizer, com Santa Teresa de Jesus: «Fique, pois, bem claro: quem sinceramente tiver dito ao Senhor: *Faça-se a vossa vontade*, há de ter perdoado tudo, ou ao menos estar resolvido a fazê-lo» (*Caminho de perfeição*, 36, 2).

As últimas petições, o pão de cada dia (quarta), o perdão das ofensas (quinta), que não nos deixe cair em tentação (sexta) e que nos livre do mal (sétima) – cf. nota a Lc 11, 1-4 – dizem respeito às nossas necessidades. O primeiro Evangelho glosa a quinta (v. 12) com umas palavras do Senhor (vv. 14-15) nas quais impõe a necessidade de perdoar com verdadeiro espírito: «Eis um fato, irmãs, para ponderarmos muito. Uma graça tão imensa e de tanta importância, como é perdoar-nos o Senhor nossas culpas, merecedoras do fogo eterno, nos é concedida a troco de tão pouca coisa como é perdoarmos também nós. Mas, Senhor, gratuitamente me haveis de perdoar, porque tenho tão poucos desses atos insignificantes a oferecer! Aqui vossa misericórdia acha campo! Bendito sejais vós por me suportardes, a mim criatura tão pobre!» (*Ibidem*).

«Ofensas» (v. 12): não se trata apenas de reconhecer pecados antigos, mas também a nossa condição atual de pecadores.

Na sexta petição (v. 13), reconhecemos a nossa debilidade para lutar contra as tentações apenas com as nossas forças, pelo que suplicamos a Deus que nos ajude (cf. *Catechismus romanus*, 4, 15, 14).

«Mas livrai-nos do mal» (v. 13b, sétima petição) verte uma expressão que também pode ser traduzida por «livrai-nos do maligno», ou seja, do demônio, origem dos nossos pecados e desgraças.

6, 19-34. Este conjunto de ensinamentos insiste novamente no caráter interior e espiritual da Lei que o Senhor leva à plenitude. O coração do homem anseia por um tesouro em cuja posse julga encontrar a segurança e a felicidade. Jesus ensina que o verdadeiro tesouro são as boas obras realizadas com retidão de intenção, as quais serão eternamente premiadas por Deus no Céu; é, portanto, aí que o discípulo de Cristo deve ter o seu coração. Uma vez mais, a justiça do

Reino de Deus aparece como a única coisa importante para o homem: quem procura cumprir a vontade do Pai em conformidade com as palavras de Jesus receberá todo o restante por acréscimo (cf. v. 33).

No quadro geral, os vv. 22-23 são uma joia da doutrina sapiencial de Jesus, que utiliza a imagem dos olhos como a lâmpada do corpo, ao qual dão luz. A exegese cristã viu nesses olhos e nessa lâmpada a intencionalidade dos nossos atos: «Com o olho pretende significar-se a intenção. Quem quer fazer uma coisa começa por pretendê-la; assim, se a tua intenção é lúcida – simples, transparente –, isto é, orientada para Deus, todo o teu corpo, ou seja, todas as tuas ações serão lúcidas, dirigidas sinceramente ao bem» (São Tomás de Aquino, *Super Evangelium Matthaei, ad loc.*).

Os vv. 25-32 constituem uma ampliação dos ensinamentos sobre a atitude com que devemos rezar o Pai-nosso: pondo a nossa confiança em Deus como Pai, enquanto vivemos no meio das nossas realidades comuns e diárias. E recordam-nos que Deus não é uma entidade estranha ao mundo em que vivemos; pelo contrário, neste preciso momento alimenta as aves do céu (v. 26), veste os lírios do campo com trajes magníficos (v. 29) etc. «Se vivêssemos mais confiantes na Providência divina, seguros – com fé enérgica! – desta proteção diária que nunca nos falta, quantas preocupações ou inquietações não pouparíamos! Desapareceriam tantos desassossegos que, na frase de Jesus, são próprios dos pagãos, dos *homens mundanos*, das pessoas desprovidas de sentido sobrenatural! [...] Pela misericórdia de Deus, somos filhos desse Pai nosso, Todo-poderoso, que está nos céus e ao mesmo tempo na intimidade do nosso coração. [...] Temos todos os motivos para caminhar com otimismo por esta terra, com a alma bem desprendida dessas coisas que parecem imprescindíveis, já que *o vosso Pai sabe muito bem de que coisas necessitais!*, e Ele proverá» (São Josemaria Escrivá, *Amigos de Deus*, n. 116).

Em seguida (vv. 33-34), o Senhor exorta-nos a viver cada dia com serenidade, eliminando preocupações inúteis e procurando sobretudo o Reino de Deus e a sua justiça, isto é, pondo as preocupações espirituais à frente das materiais. «O Senhor não disse que não temos de semear, mas que não temos de andar preocupados; nem que não temos de trabalhar, mas que não temos de ser pusilânimes nem deixar-nos abater pelas preocupações. Sim, Ele mandou-nos que nos alimentássemos, mas não nos disse que andássemos angustiados com o alimento» (São João Crisóstomo, *In Matthaeum*, 21, 3).

7, 1-12. São Mateus recolhe diversas recomendações do Senhor sobre o comportamento dos seus discípulos: devem viver em caridade fraterna, sendo muito prudentes nos seus juízos (vv. 1-2). Em conformidade com uma prática habitual na época, a voz passiva era utilizada para evitar pronunciar o nome de Deus, ao mesmo tempo que se referiam as ações divinas. Nesta passagem, Jesus se serve da voz passiva («sereis julgados», «sereis medidos») para indicar que Deus, que conhece todos os nossos pensamentos, se apropriará dos nossos critérios de juízo para nos julgar. «Pois Deus mede como medimos e perdoará como perdoamos, e socorre-nos da maneira e com as entranhas com que nos vê socorrer» (São Gregório Magno, *Moralia*, 29). A seguir (vv. 3-5), adverte-nos de que podemos ter a vista deformada e ver mal as coisas, embora estejam corretas. Recordando esta passagem, Santo Agostinho dava o seguinte conselho: «Procurai adquirir as virtudes que vos parece que faltam aos vossos irmãos, e já não vereis os seus defeitos, porque não os tereis vós» (*Enarrationes in Psalmos*, 30, 2, 2).

Por outro lado, temos a obrigação de guardar a doutrina de Cristo como coisa santa, como uma pérola de grande valor (v. 6). A expressão «coisas santas» evoca provavelmente as ofertas apresentadas no Templo, que eram santas e reservadas aos sacerdotes, não se dando aos estranhos e muito menos aos cães, que tudo comem sem distinguir o puro do impuro (cf. Ex 22, 30). A pérola é um objeto precioso, razão pela qual o Reino dos Céus é como uma pérola de grande valor (13, 45-46), que não pode ser dada a um animal impuro (cf. Lv 11, 7), o qual não a valoriza e a torna impura. Os primeiros cristãos aplicavam esse ensinamento à Eucaristia: «Que da vossa ação de graças comam e bebam apenas os batizados em nome do Senhor, pois acerca dela disse o Senhor: "Não deis as coisas santas aos cães"» (*Didaquê*, 9, 5).

Finalmente, o Mestre aconselha-nos a rezar com a segurança de que Deus Pai nos concederá o que Lhe pedirmos (vv. 7-11; cf. nota a Lc 11, 5-13) e a fazer bem aos outros sem condições, as quais, em boa lógica, não as pomos no amor a nós próprios (v. 12). Esta sentença de Jesus, a chamada «regra de ouro», constitui um critério prático na caridade para com os outros; no contexto do Sermão da Montanha, remete à doutrina do Senhor como plenitude da Lei: o amor ao próximo é um resumo dos mandamentos (cf. 5, 17-48 e nota). No entanto, a «regra de ouro» é apenas o limite inferior do amor fraterno; esse ensinamento será completado com o «mandamento novo» (Jo 13, 34), em que Jesus Cristo nos ordena que amemos os outros como Ele nos amou.

7, 13-27. No final do discurso, e agora sob a perspectiva do Juízo, Jesus enuncia as condições necessárias para se entrar no Reino de Deus. O caminho que conduz ao Reino é custoso, mas a meta é a Vida, ou seja, a salvação eterna (vv. 13-14): «O caminho de Cristo "conduz à vida", um caminho contrário "leva à perdição" (Mt 7, 13). A parábola evangélica dos *dois caminhos* está sempre presente na catequese da Igreja. Significa a importância das decisões morais para nossa salvação» (*Catecismo da Igreja Católica* n. 1696).

O Senhor insiste em que o discípulo será julgado pelas suas obras (vv. 15-20), por meio das quais se tornará manifesto se cumpriu a vontade do Pai na terra (vv. 21-23). Os falsos profetas (v. 15) eram, no Antigo Testamento (cf. Jr 23, 9-40), aqueles que, não sendo enviados por Deus, enganavam o povo. Jesus nos previne contra eles, recomendando aos seus discípulos que não olhem para as aparências, mas para as obras, e fornecendo um critério de discernimento: se forem de Deus, darão bons frutos. Por isso, a entrada no Reino, isto é, a pertença à Igreja, não se demonstra apenas com palavras, mas com obras: é necessário dar bons frutos (v. 19), fazer a vontade do Pai (v. 21) e traduzir as palavras de Jesus na prática diária (v. 24). O frei Luís de Granada recomenda, muito graficamente: «Olha que ser bom cristão não é apenas rezar e jejuar e ir à Missa, mas que Deus te encontre fiel, como a outro Jó e a outro Abraão, no tempo da tribulação» (*Guia de pecadores,* 1, 2, 21).

A parábola do que edifica sobre a rocha (vv. 24-27) resume o comportamento de quem deseja entrar no Reino de Deus, que se vai tornando presente na Igreja. Quem se esforça por levar à prática os ensinamentos de Jesus, embora sofra tribulações pessoais ou se veja rodeado de erros, permanecerá forte na fé, como o homem sábio que edifica a sua casa sobre a rocha.

7, 28-29. Estes versículos, que encerram o discurso, exprimem a condição messiânica de Jesus – pelo seu modo de ensinar – e o efeito que as suas palavras tiveram nos ouvintes.

Ao mesmo tempo, servem de elo com a seção seguinte, em que se narram alguns milagres do Senhor, que ratificam o seu poder.

Há quem tenha considerado, com Lutero, que as exigências éticas do Sermão da Montanha são impossíveis de cumprir pelos homens e que Jesus as apresentou como uma lista de acusações contra a soberba humana, a fim de nos fazer reconhecer que somos sempre pecadores. Mas esta interpretação não faz justiça ao texto evangélico, pois Jesus proclama estes ensinamentos para serem cumpridos – é claro que não apenas com as nossas forças naturais, mas com a ajuda da graça que Ele nos conquistou. Os ensinamentos de Jesus pressupõem e elevam a Lei moral natural, conduzindo-a à sua perfeição, pois o seu fim é tornar-nos participantes da natureza divina: «Deus foi iluminando a natureza humana por etapas progressivas, com a ideia de assemelhá-la a si: primeiro apresentaram-se a Lei e os profetas, com todas as suas prescrições; depois veio Aquele que é o resplendor perfeito da luz» (São Gregório de Nissa, *In Cantica Canticorum commentarius*, 5).

***8, 1-9, 38.** Na seção anterior (5, 1-7, 29), Jesus aparecia como supremo legislador e doutor. Agora, apresenta-se dotado de poder divino sobre as doenças, a morte, os elementos da natureza e os espíritos maus. Esses milagres realizados por Jesus confirmam a autoridade divina dos seus ensinamentos, bem como a sua divindade: «Jesus acompanha suas palavras com numerosos "milagres, prodígios e sinais" (At 2, 22) que manifestam que o Reino está presente nEle. Atestam que Jesus é o Messias anunciado» (*Catecismo da Igreja Católica*, n. 547).

Esta seção é composta por três milagres de misericórdia (8, 1-15), aos quais se segue uma referência ao cumprimento das profecias (8, 16-17) em que se revela o sentido messiânico das obras de Jesus, o Servo do Senhor misericordioso. Seguem-se três milagres que tornam manifesto o poder do Senhor (8, 23-9, 8) e mais quatro milagres nos quais se sublinha o eco das obras de Jesus nas pessoas (9, 18--34). A narrativa dos milagres não tem em Mateus a vivacidade que tem em São Marcos; em contrapartida, expõe com grande nitidez a autoridade e a majestade de Jesus como expressões do seu poder soberano. Por outro lado, o relato reitera a necessidade da fé em Jesus (8, 13.26; 9, 2.21.28 etc.) para se realizarem os prodígios.

8, 1-4. O Evangelho comenta, pela terceira vez (cf. 4, 25; 5, 1), que as multidões seguiam Jesus, tornando assim manifesta a popularidade que Ele tinha alcançado (v. 1). Nesta cura, destaca-se a fé do leproso no poder de Jesus, bem como o fato de Ele não procurar fama pessoal.

De acordo com o livro do Levítico (cf. Lv 13, 45-46), os leprosos tinham de viver isolados, usar vestes rasgadas, andar com o cabelo solto e gritar que eram impuros, a fim de não contagiar os outros. Quando se curavam da doença, tinham de se apresentar ao sacerdote, que confirmava a cura e lhes passava um certificado declarando que estavam sãos, o que lhes permitia reintegrarem-se na vida civil e religiosa de Israel (cf. Lv 14, 1ss). A cena põe em relevo a misericórdia de Jesus e, simultaneamente, o seu respeito pelas regras estabelecidas na Lei. Mas, para além desses ensinamentos, e como tantas vezes acontece nos Evangelhos, o episódio tem um grande significado para nós: «Porque lhe tocou o Senhor, quando a Lei proibia que se tocasse nos leprosos? [...] Tocou-lhe para dar uma prova de humildade, para nos ensinar a não desprezar ninguém, para que não odiemos ninguém em razão de eventuais feridas ou manchas do corpo. [...] Consideremos agora, queridíssimos irmãos, que não haja lepra de pecado na nossa alma, que não retenhamos em nós qualquer contaminação de culpa; e, se a tivermos, adoremos imediatamente o Senhor e digamos-Lhe: "Senhor, se quiseres, podes purificar-me"» (Orígenes, *Homiliae in Matthaeum*, 2, 2-3).

8, 5-13. Quando entrava na casa de um gentio, um judeu contraía uma impureza legal (cf. Jo 18, 28; At 11, 2-3); daí a delicadeza e a fé do centurião no seu pedido ao Senhor (vv. 8-9). Destaca-se a fé do centurião no poder de Jesus; com efeito, pelo fato de O tratar por Senhor e de recorrer à comparação com o poder que exerce, o centurião confessa que, da mesma maneira como ele atua em nome do César e as suas ordens são acatadas porque o César detém o poder, assim também Jesus atua na terra com o poder de Deus e tudo o que Ele disser se fará. Tão grande profissão de fé enche Jesus de admiração (v. 10), e Ele aproveita este encontro com um crente gentio para fazer a solene profecia do destino universal do Evangelho (vv. 11-12).

Mas a fé do centurião traduz-se em fatos. Jesus, como o *Evangelho de São Mateus* menciona em outras passagens (cf. 15, 28; 17, 20 etc.), afirma que os milagres se realizam de acordo com a fé de quem crê (v. 13). A fé exemplar do oficial romano foi eficaz, pois «naquela mesma hora ficou curado o servo»; e não é de estranhar que o seu exemplo tenha atravessado tempos e fronteiras. «A fé deste centurião anuncia a fé dos gentios; foi como o grão de mostarda, pequeno mas ardoroso» (Santo Agostinho, *Sermones*, 6, 1 [Morin]).

No momento solene em que o cristão se prepara para receber o próprio Jesus na Sagrada Eucaristia, a Liturgia da Igreja, para lhe avivar a fé, põe-lhe na boca e no coração precisamente as palavras do centurião de Cafarnaum: «Senhor, eu não sou digno...». Porque a fé também deve ser humilde: «O que vos parece que Ele elogiou na fé deste homem? A humildade. "Senhor, eu não sou digno de que entreis...". Foi isso o que Ele elogiou, e por tê-lo elogiado entrou. A humildade do centurião foi a porta por onde o Senhor entrou para tomar plena posse daquele que já possuía» (*Idem, ibidem*, 6, 2).

8, 14-15. O Senhor detecta a necessidade e remedeia-a. «Todos nós temos febre. Eu tenho febre, por exemplo, quando me deixo levar pela ira. Há tantas febres quantos os vícios. Por isso, peçamos aos apóstolos que intercedam diante de Jesus para que venha ter conosco e nos toque na mão; pois se Ele nos tocar na mão, a febre deixar-nos-á nesse exato momento» (São Jerônimo, *Commentarium in Marcum*, 3, 5). Por sua vez, a pessoa que foi curada, a sogra de Pedro, corresponde ao dom de Jesus pondo-se imediatamente a servi-lO. Os Padres da Igreja comentam essa passagem em sentido espiritual, sublinhando a união da cura e do serviço: curados por Jesus, temos a obrigação de servir a Deus e aos nossos irmãos.

8, 16-17. São Mateus apresenta aqui a verdadeira interpretação dos milagres de Jesus à luz da profecia de Isaías: as obras de Jesus são também uma revelação sobre a sua Pessoa. «Comovido com tantos sofrimentos, Cristo não apenas se deixa tocar pelos doentes, mas assume suas misérias: "Ele levou nossas enfermidades e carregou nossas doenças" (Mt 8, 17; cf. Is 53, 4). Não curou todos os enfermos. Suas curas eram sinais da vinda do Reino de Deus. Anunciavam uma cura mais radical: a vitória sobre o pecado e a morte por sua Páscoa» (*Catecismo da Igreja Católica*, n. 1505).

8, 18-22. Jesus, que age com poder curando as doenças, é simultaneamente o Messias humilde, rejeitado pelos membros do seu próprio povo. Quem quiser estar com Ele terá de segui-lO. Seguir Jesus é ser seu discípulo (cf. 19, 21). Ocasionalmente, as multidões seguem-nO (4, 25; 8, 1; 20, 29 etc.), mas os verdadeiros discípulos são os que O seguem de modo permanente. O doutor da Lei chama-Lhe «Mestre» (v. 19) e o discípulo chama-Lhe «Senhor» (v. 21); mas Jesus pede-lhes a ambos que partilhem o seu destino e adverte o doutor da Lei de que a vida junto dEle é mais exigente que a das raposas e das aves, animais prototípicos de uma vida agitada. O evangelista não nos relata qual foi a decisão final desse doutor da Lei; é como se a transferisse para o cristão que lê as palavras de Jesus. Ao discípulo, Jesus recorda que o Reino exige uma disposição radical: é assim que deve ser entendida a expressiva frase do Senhor (v. 22). «Se Jesus lho proibiu, não é porque nos mande descuidar a honra devida àqueles que nos geraram, mas para nos dar a entender que, com relação às coisas do Céu, nada há em nós mais necessário do que compreender que temos de nos entregar a elas com todo o fervor e que nem por um momento podemos adiar isso, por muito ineludível e premente que seja o que pudesse afastar-nos delas» (São João Crisóstomo, *In Matthaeum*, 27).

«Filho do Homem» (v. 20). Antes da pregação do Senhor, esse título nunca tinha sido compreendido em toda a sua profundidade. Embora pudesse significar apenas «homem», em Dn 7, 14 tem um sentido transcendente. Como título destinado a definir a missão de Jesus, estava menos comprometido com as aspirações judaicas a um Messias terreno; por essa razão, foi preferido pelo Senhor para designar a si próprio como Messias sem reavivar o nacionalismo hebraico. Depois da ressurreição de Jesus, os apóstolos compreenderam finalmente que «Filho do Homem» equivalia precisamente a «Filho de Deus».

8, 23-27. Jesus não tem poder apenas sobre as doenças, mas também sobre os poderes do mal e sobre os elementos da natureza, pois é o Filho de Deus (cf. nota a Mc 4, 35-41). O relato do milagre é muito esquemático e, por isso mesmo, muito revelador.

No «Evangelho eclesiástico», como por vezes é chamado o Evangelho de Mateus, a barca é uma imagem da Igreja: Jesus subiu nela e os seus discípulos seguiram-nO (v. 23). Há ocasiões em que a Igreja, tal como a barca, passa por dificuldades, pois sofre o impacto das ondas; mais ainda, vive cercada delas e parece estar sozinha, já que Cristo dorme. O problema, contudo, não são as dificuldades; o que pode suscitar temor nos discípulos é a falta de fé (v. 26), o esquecimento de que Cristo é o Senhor (v. 25): «De acordo com esses fatos, as Igrejas em que não se vela a Palavra de Deus naufragam, não porque Cristo se entregue ao sono, mas porque está adormecido em nós, por causa do nosso sono» (Santo Hilário de Poitiers, *Commentarius in Mattheum*, 8, 1). Mas Jesus responde sempre ao pedido dos discípulos: a «grande tempestade» (v. 24) transforma-se numa «grande bonança» (v. 26), e «os homens» (v. 27) ficam assombrados diante do poder do Senhor. A Igreja, onde Cristo se encontra presente, é o lugar seguro para a salvação. «As ondas batem contra ela, mas ela mantém-se firme e, ainda que frequentemente os elementos deste mundo se choquem com enorme fragor, ela oferece aos aflitos um porto seguro de salvação» (Santo Ambrósio, *Epistulae*, 2, 1).

8, 28-34. São Mateus situa este episódio na região dos «gadarenos» (v. 28), enquanto São Marcos e São Lucas falam de «gerasenos». Qualquer das denominações deverá estar correta, uma vez que Gerasa fica a cerca de 50 km deste lago e Gadara, a cerca de 20 km. O aspecto relevante desta passagem é mostrar que o poder de Jesus também alcança as terras dos pagãos, bem como os demônios e as forças diabólicas. Os demônios dirigem-se a Ele com uma expressão curiosa: «Vieste aqui atormentar-nos antes do tempo?» (v. 29). Com essa frase, torna-se patente uma concepção da época, segundo a qual tinha sido concedido um tempo aos demônios antes da vitória final de Deus; este exorcismo mostra que Jesus antecipa a vitória final (cf. nota a Lc 8, 26-39). Para além disso, os judeus consideravam os porcos animais impuros – note-se que o evento tem lugar em terra de gentios –, cuja carne não podiam comer (cf. Lv 11, 7; Dt 14, 8), pelo que este episódio da cura do possesso e da morte dos porcos exprime a vitória completa de Jesus sobre o demônio.

A atitude negativa dos habitantes da cidade recorda-nos, por contraste, que o encontro com Cristo exige que os planos pessoais sejam subordinados aos planos divinos; com efeito, uma atitude egoísta e materialista fecha o horizonte dos bens eternos e coloca-nos em perigo de expulsarmos Deus da nossa vida.

9, 1-8. Ao curar o paralítico apenas com a sua palavra, Jesus mostra aos que murmuravam que, tendo poder para curar os efeitos do pecado (a doença), também tem poder para curar a causa, isto é, o próprio pecado, e que, por conseguinte, o seu poder é divino. «Assim, ao perdoar os pecados, curou o homem e deu a entender de forma visível quem era Ele, na sua Pessoa. Se, fora de Deus, ninguém é capaz de perdoar os pecados, e se o Senhor os perdoava e curava os homens, salta à vista que Ele era o Verbo de Deus feito Filho do Homem e que tinha poder para perdoar os pecados, como homem e como Deus. Dessa maneira, enquanto homem compadece-se de nós; enquanto Deus, tem piedade de nós e perdoa as nossas ofensas» (Santo Irineu, *Adversus haereses*, 5, 17, 3).

No final da passagem (cf. v. 8), o evangelista transmite o espanto e a admiração da multidão com o fato de que o perdão dos pecados se torne presente neste mundo. Estas palavras podem aplicar-se à Igreja, uma vez que o Senhor tornou os apóstolos e os seus sucessores – a saber, os bispos e os seus colaboradores, os presbíteros – participantes desse poder (cf. Jo 20, 22-23): «Ao perdoarem os pecados, os homens demonstram o seu ministério, mas não exercem o direito de um poder; e nem sequer perdoam em seu próprio nome, mas em nome do Pai, do Filho e do Espírito Santo. Eles pedem e a divindade dá; pois o serviço pertence aos homens, mas a generosidade pertence ao poder de Deus» (Santo Ambrósio, *De Spiritu Sancto*, 3, 18, 137). Cf. nota a 18, 15-20.

9, 9-13. Jesus chama quem quer, sem se ater às distinções que os fariseus faziam. Nesta altura, chama um cobrador de impostos – ofício que era considerado pecaminoso, uma vez que consistia em recolher os impostos dos judeus para os cofres romanos –, o mesmo a quem Marcos e Lucas chamam Levi (cf. Mc 2, 14; Lc 5, 27) e que a Tradição identifica com o autor deste primeiro Evangelho. A atitude de Jesus, que se aproxima dos pecadores, foi motivo de escândalo para muitos (11, 19); mas Jesus, recorrendo às palavras do profeta Oseias (cf. Os 6, 6), identificou a sua misericórdia para com os pecadores com a atitude do próprio Deus. Ninguém deve desanimar por se ver cheio de misérias; com efeito, reconhecer-se pecador é a única atitude adequada perante Deus. Ele veio para todos, mas aquele que já se considera justo, precisamente por isso, fecha as portas a Deus, porque a verdade é que todos somos pecadores e todos precisamos de Deus.

Perante o chamamento de Deus, não nos são pedidas grandes qualidades, mas atenção para ouvir e prontidão para responder: «O que a ti te admira, a mim parece-me razoável. – Por que foi Deus procurar-te no exercício da tua profissão? Assim procurou os primeiros: Pedro, André, João e Tiago, junto às redes; Mateus, sentado à mesa dos impostos... E – admira-te! – Paulo, na sua ânsia de acabar com a semente dos cristãos» (São Josemaria Escrivá, *Caminho*, n. 799). Cf. notas a Mc 2, 13-17 e Lc 5, 27-32.

9, 14-17. Estes versículos iluminam o gesto de Jesus quando chama os pecadores. Jesus vem trazer um novo estilo de relação com Deus, que pressupõe uma regeneração completa. O seu espírito é novo e pujante demais para ser moldado às velhas formas, cuja vigência caducava.

Nosso Senhor não suprimiu o jejum; mas, confrontado com a complicadíssima casuística da época, que afogava a singeleza da piedade autêntica, chamou a atenção para a simplicidade de coração (cf. 6, 1-18 e nota). Jesus afirma expressamente que os seus discípulos «jejuarão» (v. 15). Será a Igreja a concretizar, em cada época e com o poder que Deus lhe conferiu, as formas do jejum de acordo com o espírito do Senhor. Comenta Santo Agostinho: «É por isso que jejuamos antes da solenidade da Paixão do Senhor e abandonamos o jejum nos cinquenta dias que se seguem. Todo aquele que jejua conforme é devido procura humilhar a sua alma partindo de uma fé não fingida, com o gemido da oração e da mortificação corporal; ou, então, deixa de lado o prazer carnal, passando fome e sede, porque, movido por alguma carência espiritual, tem o olhar fixado no gozo da verdade e da sabedoria. O Senhor referiu-se a ambos os tipos de jejum quando Lhe perguntaram por que era que os seus discípulos não jejuavam. [...] Assim, pois, uma vez que o esposo nos foi tirado, nós, seus filhos, temos de chorar. [...] O nosso pranto é justo se ardemos em desejos de vê-lO» (*Sermones*, 210,4).

9, 18-26. Com estes dois milagres fica demonstrada, uma vez mais, a necessidade da fé para quem deseja ser digno de receber as ações salvadoras de Jesus (cf. notas a Mc 5, 21-43 e Lc 8, 40-56). A fé da hemorroíssa, embora se exprima com timidez, vence os obstáculos e alcança o que parecia impossível: «A fé curou num momento aquilo que a ciência humana não tinha conseguido curar em doze anos. [...] A mulher tocou nas vestes e foi curada, foi libertada de um mal antigo. Infelizes de nós que, mesmo recebendo e comendo diariamente o Corpo do Senhor, não nos curamos das nossas calamidades. Não é Cristo que falta a quem está doente, mas a fé. Agora que permanece em nós, Ele poderá curar as feridas muito mais do que fazia naquele tempo, quando, ao passar, curou esta mulher» (São Pedro Crisólogo, *Sermones*, 33).

O caso desse homem que tinha importância na cidade não é menos edificante: ele visivelmente se humilha diante de Jesus, pedindo-Lhe abertamente a sua intervenção porque a filha tinha morrido (v. 18). Para um milagre tão grande, é necessária uma fé igualmente grande: «Aquele homem acreditou e a filha ressuscitou e viveu. Quando Lázaro morreu, Nosso Senhor também disse a Marta: "Se acreditares, o teu irmão ressuscitará"; Marta respondeu-Lhe: "Sim, Senhor, eu creio", e o Senhor ressuscitou-o quando ele já estava morto havia quatro dias. Aproximemo-nos, pois, caríssimos, dessa fé da qual brotam tantos poderes. A fé elevou alguns até o céu, venceu as águas do dilúvio, multiplicou a descendência das estéreis, [...] acalmou as ondas, curou os doentes, venceu os poderosos, fez ruir muralhas, fechou a boca de leões, extinguiu chamas, humilhou os soberbos e cumulou os humildes de honra e de glória. Todos esses portentos foram realizados pela fé» (Afraates, *Demonstrationes*, 1, 17-18).

9, 27-34. Estes cegos (v. 27) formulam a sua súplica a Jesus chamando-Lhe Filho de Davi, ou seja, o Messias esperado. Jesus ouve-os e cura-os. A posterior cura do endemoninhado (v. 33) é mais um sinal, quer para aquelas pessoas, quer para nós, de que Jesus é efetivamente o Messias que estava para vir (cf. 11, 3-5). Jesus afirma-se, pois, como Messias, mas proíbe a divulgação desta notícia, porque a salvação que traz não é a esperada pela mentalidade nacionalista; com efeito, o seu messianismo é o do servo humilde, que se entrega pelos homens. A «desobediência» dos cegos, que ignoram a proibição de Jesus e divulgam o que Ele lhes fez (v. 31), poderá surpreender; São João Crisóstomo explica que essa atitude resulta de não serem capazes de se conter, e comenta: «O que Ele nos quer ensinar é que nunca falemos de nós nem consintamos que nos elogiem; mas, se a glória se refere a Deus, não só não havemos de impedi-la, como havemos mesmo de promovê-la» (*In Matthaeum*, 32, 1).

Com a cura do mudo, o evangelista deixa registrada a divisão de opiniões a respeito de Jesus: havia quem, com simplicidade de coração, reconhecesse o seu poder singular; e havia outros que, com argumentos retorcidos, interpretavam de forma negativa os sinais que Ele realizava.

9, 35-38. Com a narração do Sermão da Montanha e dos milagres de Jesus, o evangelista mostrou que Ele realizava o programa que fica condensado no v. 35 e que fora anunciado antes de começarem estas duas seções, em 4, 23 – um programa que se desenrolará num âmbito universal e ao longo da história por intermédio dos apóstolos, enviados a trabalhar no campo do Senhor.

São Mateus anota os sentimentos de Jesus, que se comove com a situação do povo do seu tempo; nela vê cumprida a profecia de Ez 34, em que Deus, por meio do profeta, repreende os maus pastores de Israel, para cuja substituição enviará o Messias. Por isso, as palavras do evangelista deixam entrever a profundidade dos sentimentos do coração de Jesus: «Esse Coração divino é um abismo que entesoura todo bem; e é necessário que os pobres esvaziem nele as suas necessidades. É um abismo de gozo no qual podemos submergir os nossos pesares; é um abismo de humildade e remédio para o nosso orgulho. É um abismo de misericórdia para os infelizes e um abismo de amor no qual podemos submergir a nossa pobreza» (Santa Margarida Maria de Alacoque, *Epistula*, em Liturgia das Horas, *Ofício de leituras de 16-X*).

Jesus contempla a grandeza da missão (vv. 37-38). Tal como no tempo de Jesus, também hoje os operários são poucos para a tarefa, e Deus conta com a nossa oração: «Há poucos trabalhadores para uma messe abundante; ao ouvir isto, não podemos deixar de sentir uma grande tristeza, porque temos de reconhecer que, embora haja pessoas que desejam ouvir coisas boas, falta quem se dedique a anunciá-las. [...] Rogai também por nós, para que o nosso trabalho por vosso bem seja fecundo e para que a nossa voz não deixe nunca de vos exortar» (São Gregório Magno, *Homiliae in Evangelia*, 17, 3).

A obra do Senhor consistiu em pregar o Evangelho do Reino e confirmar o seu advento com a cura de enfermidades e doenças (v. 35). A seguir, com a constituição e a missão dos Doze, o evangelista mostrará que o mesmo farão os apóstolos, enviados a pregar a proximidade do Reino (10, 7) e constituídos pelo Senhor com o poder de curar as enfermidades e doenças (10, 1).

***10, 1-12, 50.** Nesta seção, o evangelista apresenta o confronto entre Jesus e os discípulos, de um lado, e os judeus incrédulos, do outro. Estamos perante a passagem do antigo para o novo povo de Deus. O trecho se inicia com o segundo dos cinco sermões do Senhor incluídos no Evangelho de Mateus, a que se costuma chamar o sermão da «Missão dos Doze» (10, 1-42), em que Jesus prepara os doze apóstolos e lhes dá instruções para a missão, tarefa a que dará continuidade a Igreja ao longo dos tempos. Porém, confrontados com a proclamação de Jesus como Messias, os dirigentes religiosos do povo escolhido obstinam-se em rejeitá-lO (11, 16-12, 50).

10, 1-4. Para instaurar o Reino de Deus que veio inaugurar, Jesus vai fundar um novo povo de Deus: a Igreja. Com esse fim, escolhe agora os doze apóstolos, a quem dá instruções e poder e que são os sucessores e os substitutos dos doze patriarcas das doze tribos de Israel, bem como o germe de sua Igreja. «Enviou-os primeiro aos filhos de Israel e, depois, a todos os povos, para que, participando do seu poder, fizessem de todas as gentes discípulos seus e as santificassem e governassem, e deste modo propagassem e apascentassem a Igreja, servindo-a, sob a direção do Senhor, todos os dias até o fim dos tempos» (Conc. Vaticano II, *Lumen gentium*, n. 19).

O evangelista sublinha explicitamente que a obra dos apóstolos prossegue na obra de Cristo, que lhes confere o seu próprio poder de «curar todas as doenças e todas as enfermidades» (v. 1; 9, 35). Dado que o Senhor enviou os apóstolos a todos os povos (28, 19) e prometeu a sua assistência até o fim dos tempos (28, 20), a Igreja confessa que esse poder apostólico foi transmitido aos seus sucessores: «Para apascentar e aumentar continuamente o Povo de Deus, instituiu na Igreja diversos ministérios, para o bem de todo o corpo. Com efeito, os ministros que têm o poder sagrado servem os seus irmãos para que todos os que pertencem ao Povo de Deus, e por isso possuem a verdadeira dignidade cristã, alcancem a salvação [...]. Jesus Cristo, pastor eterno, edificou a Igreja tendo enviado os apóstolos como Ele fora enviado pelo Pai; e quis que os sucessores deles, os bispos, fossem pastores na sua Igreja até o fim dos tempos. Mas, para que o mesmo episcopado fosse uno e indiviso, colocou o bem-aventurado Pedro à frente dos outros apóstolos e nele instituiu o princípio e fundamento perpétuo e visível da unidade de fé e comunhão» (Conc. Vaticano II, *Lumen gentium*, n. 18).

10, 5-15. A essência do sermão fica registrada nestes primeiros versículos: a obra dos apóstolos na Igreja será a mesma que a obra de Cristo, a sua pregação sobre a proximidade do Reino do Céu (v. 7) será idêntica à pregação de Jesus no início do seu ministério (4, 17) e as suas obras de poder (v. 8) serão as mesmas que Jesus fez e que ficaram descritas na seção anterior (8, 1-9, 38), por meio das quais demonstrarão que a sua missão é divina (cf. Is 35, 5-6; 40, 9; 52, 7; 61, 1).

Os apóstolos são enviados «antes às ovelhas perdidas da casa de Israel» (v. 6), e também nisso imitam a Jesus, que usará essa frase para responder à mulher cananeia (15, 24). Dessa maneira, cumpre-se o desígnio divino da salvação, segundo o qual foram feitas as promessas, firmada a Aliança, entregue a Lei e enviados os profetas ao povo hebraico; desse povo, segundo a carne, nasceria o Messias. Compreende-se que o Messias e o Reino de Deus tivessem de ser anunciados em primeiro lugar à casa de Israel, e só depois aos não judeus, uma vez que o povo de Israel era o meio pelo qual todas as outras nações poderiam voltar a encontrar-se com Deus; com efeito, o Israel renovado é o germe do novo povo de Deus: «Escolheu, por isso, a nação israelita para seu povo. Com ele estabeleceu uma aliança; a ele instruiu gradualmente, manifestando-se a si mesmo e ao desígnio da própria vontade na sua história, e santificando-o para si. Mas todas estas coisas aconteceram como preparação e figura da nova e perfeita Aliança que em Cristo havia de ser estabelecida e da revelação mais completa que seria transmitida pelo próprio Verbo de Deus feito carne. [...] Esta nova aliança instituiu-a Cristo, o novo testamento no seu sangue, chamando o seu povo de entre os judeus e os gentios para formar um todo não segundo a carne, mas no Espírito, e tornar-se o Povo de Deus» (Conc. Vaticano II, *Lumen gentium*, n. 9).

Os apóstolos também imitam Jesus no desprendimento dos bens (v. 9), ainda que, no contexto da mensagem central da missão – «está próximo o Reino dos Céus» (v. 7) –, dê a impressão de que aquilo que o Senhor quer transmitir-lhes com essas indicações é a premência da missão: não devem preocupar-se com coisa alguma, porque o Pai proverá (10, 29-31). Eles levam o tesouro da paz (vv. 11-15), que, como enviados de Jesus, derramarão sobre aqueles que os acolherem. A paz é o dom que o Senhor trouxe ao mundo (cf. Lc 2, 14) e o prêmio excelso da vida do homem nesta terra: «É a paz que gera filhos de Deus, que alimenta o amor e promove a unidade; ela é o descanso dos bem-aventurados e a mansão da eternidade. O fim próprio da paz e o seu fruto específico consistem em se unirem a Deus aqueles que o próprio Senhor separa do mundo» (São Leão Magno, *Sermo 6 in nativitate Domini*, 3).

10, 16-42. São Mateus compila aqui um conjunto de instruções e de advertências sobre o modo de levar a cabo a propagação do Evangelho, instruções essas que são uma espécie de protocolo da missão; elas não se referem apenas aos apóstolos, mas a todos os discípulos de Cristo que, no desempenho da sua tarefa, terão de sofrer contradições e perseguições como Ele próprio as padeceu, pois «não é o discípulo mais que o mestre, nem o servo mais que o senhor» (v. 24).

A primeira seção (vv. 16-25) apresenta-se como um desenvolvimento da frase com que começa: «Eis que eu vos mando como ovelhas no meio de lobos» (v. 16). Anteriormente (10, 11-15), Jesus tinha feito notar que os apóstolos seriam recebidos por uns e rejeitados por outros; agora, faz notar que a rejeição se traduzirá em falsidades (v. 25), perseguições (vv. 17-18.23), ódio (v. 22) e rupturas familiares (v. 21). Nisso, os discípulos serão como o seu Mestre (vv. 24-25), e por essa razão serão felizes (5, 11). No entanto, não devem se preocupar, porque tudo será para o bem: eles serão testemunhas da verdade de Jesus diante dos homens (v. 18) e serão sempre assistidos pelo Espírito Santo (vv. 19-20). Fica aqui condensado o ensinamento de Cristo sobre o martírio, que tanto vigor teve entre os primeiros cristãos e que a Igreja recorda também para os nossos dias: «Por esta razão, o martírio, pelo qual o discípulo se torna semelhante ao Mestre [...], é considerado pela Igreja um dom insigne e prova suprema de amor. E embora seja concedido a poucos, todos, porém, devem estar dispostos a confessar a Cristo diante dos homens e a segui-lO no caminho da cruz no meio das perseguições, que nunca faltarão à Igreja» (Conc. Vaticano II, *Lumen gentium*, n. 42).

O v. 23 é um dos versículos de interpretação mais difícil do Novo Testamento. Jesus designa-se a si mesmo – aqui como em outras passagens – como Filho do Homem, indicando que é o Juiz que, no final do mundo, julgará todas as criaturas humanas (cf. 25, 31). Mas não é evidente que a vinda a que o Evangelho se refere nessa passagem tenha de ser entendida como a vinda gloriosa de Jesus no final dos tempos; poderá significar a ressurreição como antecipação desse triunfo futuro, no qual se prefigura o juízo do mundo. Seja como for, as palavras do Senhor indicam duas coisas: a urgência da pregação do Reino e que essa pregação durará enquanto durar a história.

As exortações contidas nos vv. 26-33 podem ser, uma vez mais, condensadas nas primeiras palavras desta passagem: «Não os temais» (v. 26). Jesus convida à confiança na paternal providência de Deus, da qual falou longamente no Sermão da Montanha (cf. 6, 19-34); aqui, fá-lo no contexto das perseguições que esperam os seus discípulos, mas que estes não devem temer: «Se os passarinhos, que são de tão baixo preço, não deixam de estar sob a providência e o cuidado de Deus, como podeis vós, que sois eternos pela natureza da vossa alma, recear que não vos olhe com particular cuidado Aquele a quem respeitais como vosso Pai?» (São Jerônimo, *Catena aurea, ad loc.*). Mas essa providência está orientada a uma missão: confessar a Cristo (v. 32) e fazê-lo em voz alta (v. 27), para que a sua verdade chegue até o último recanto do mundo: «A Igreja nasceu para tornar todos os homens participantes da redenção salvadora e, por eles, ordenar efetivamente a Cristo o universo inteiro, dilatando pelo mundo o seu reino para glória de Deus Pai. Toda a atividade do Corpo Místico que a este fim se oriente chama-se apostolado. A Igreja exerce-o de diversas maneiras, por meio de todos os seus membros» (Conc. Vaticano II, *Apostolicam actuositatem*, n. 2).

Finalmente, o discurso regressa ao tema que o percorre: Jesus é sinal de contradição (vv. 34-35), e o discípulo tem de contar com isso. Por essa razão, são-lhe pedidas duas coisas: radicalidade, isto é, um seguimento exigente de Cristo (vv. 37-39), e identificação com o Mestre (vv. 40-42).

11, 1-15. Este capítulo apresenta, como que em contraste, a diferença entre os que aceitam Jesus – João Batista (vv. 11-15) e os pequeninos (11, 25-30) – e os que não O aceitam: os homens daquela geração e as cidades incrédulas (11, 16-24). Perante as «obras de Cristo», o Batista envia-Lhe os seus discípulos, e o Senhor os faz compreender que as suas ações são o cumprimento daquilo que as profecias antigas anunciavam como sinais próprios do Messias e do seu Reino (cf. Is 26, 19; 29, 18-19; 35, 5-6; 61, 1 etc.); como que dizendo-lhes que Ele, Jesus, é efetivamente o profeta «que há de vir» (v. 3).

Mas o texto também nos fala do Batista (vv. 7-14). Anteriormente, o Evangelho tinha salientado a confluência entre a pregação de João e a de Jesus (cf. nota a 3, 1-12), e anotará depois outras semelhanças: tal como Jesus, também João sofreu a incredulidade do povo (11, 16-19), bem como uma morte violenta (14, 1-2), porque a verdade é que ambos cumpriram «toda a justiça» (3, 15). No entanto, as palavras que aqui se recolhem mostram a diferença entre os dois: João – declara Jesus – é Elias (v. 14), o profeta que, de acordo com a crença que vigorava naquele tempo, tinha de vir de novo antes do Messias (cf. 17, 10-13; Mc 9, 11-13); é um profeta e mais que um profeta (v. 9); é o maior entre os nascidos de mulher (v. 11); é o precursor (v. 10). Porém, em comparação com Jesus, ele próprio se sente um escravo e menos que um escravo (3, 11): «Podias falar-me de Elias, que foi arrebatado ao céu mas não é maior que João; Enoque foi arrebatado, mas também não é maior que João. Moisés foi o maior legislador e admiráveis foram todos os profetas, mas não eram mais que João. E não sou eu que me atrevo a comparar profeta com profeta, é o Senhor, seu e nosso» (São Cirilo de Jerusalém, *Catecheses*, 3, 6).

Jesus assinala a grandeza de João também pela sua pertença ao Reino, porque, «desde o tempo de João Batista até agora, o Reino dos Céus adquire-se à força» (v. 12): desde que João Batista anunciou Cristo presente entre os homens, os poderes do inferno redobraram o seu assalto, que se prolonga pelo tempo da Igreja (cf. Ef 6, 12); por isso, é necessário esforço para conquistar o Reino. A situação descrita pelo Senhor parece ser a seguinte: os chefes do povo judaico esperavam o Reino de Deus como herança merecida e estavam descansados, confiados nos seus direitos e nos seus méritos de raça; pelo contrário, serão outros, os esforçados – à letra, os salteadores –, a apoderar-se dele como que de assalto, pela força, lutando contra os inimigos da alma. «Essa força não se traduz em violência contra os outros: é fortaleza para combater as fraquezas e misérias próprias, valentia para não mascarar as infidelidades pessoais, audácia para confessar a fé, mesmo quando o ambiente é adverso» (São Josemaria Escrivá, *É Cristo que passa*, n. 82).

11, 16-19. As palavras do Senhor são a continuação necessária da passagem anterior. O Batista e os seus discípulos já perceberam que as obras de Jesus são as obras do Messias (11, 2-6), mas os chefes do povo continuam acusando obstinadamente Jesus. Por isso, Cristo remete novamente para as «obras» (v. 19): são elas o testemunho da verdade do seu ser e da sua missão.

Aludindo talvez a uma canção popular ou a um jogo infantil da época (v. 17), o Senhor censura aqueles que se recusam a reconhecer a falta de razoabilidade das suas desculpas. As crianças teimosas são apresentadas aqui, como em outros textos bíblicos, não na sua ingenuidade infantil, mas na sua falta de maturidade: «A insensatez apega-se ao coração da criança, mas a vara da disciplina a afugentará» (Pr 22, 15). Pelo contexto, a repreensão é dirigida aos chefes do povo, que acusam Jesus de ser «um glutão e um bebedor de vinho, amigo dos publicanos e dos pecadores» (v. 19; cf. 9, 9-17). No entanto, as palavras do Senhor também são uma advertência para a nossa insensatez, pois corremos o risco de não nos darmos conta da grandeza da plenitude de vida que Deus nos concedeu com Cristo: «Chegaremos à consumação quando chegar o tempo previamente fixado pelo Pai, quando, deixando de ser crianças, alcançarmos a medida do homem perfeito. Assim agradou ao Pai dos séculos, que o determinou dessa forma para que não recaíssemos na insensatez infantil e os seus dons não se perdessem novamente» (Santo Anastácio de Antioquia, *Sermones*, 5, 7).

11, 20-24. Corozaim (ou Corazim) e Betsaida eram duas cidades florescentes situadas na margem norte do lago de Genesaré, não muito longe de Cafarnaum. Durante o seu ministério público, Jesus pregou com frequência e fez muitos milagres nessas cidades (v. 20). Tiro e Sidônia, duas cidades da Fenícia, eram, além de Sodoma e Gomorra – todas célebres pelos seus vícios –, exemplos clássicos entre os judeus do castigo de Deus pelos pecados (cf. Ez 26-28; Is 23). Com essas alusões, Jesus ressalta a ingratidão daqueles que poderiam tê-lO conhecido mas não se converteram, dando a entender que, no dia do Juízo (vv. 22.24), lhes serão pedidas contas mais rigorosas. Em contraposição com São Lucas, que recolhe essas frases como um lamento do Senhor (cf. Lc 10, 13-16 e nota), São Mateus acentua o tom de censura (v. 20), salientando que há sempre espaço para a conversão, «porque o grave não é cair, mas sim, depois de caídos, ficarmos estendidos e não querermos levantarmos; o grave é obstinarmonos no mal e, entregues à preguiça, cobrirmos com pensamentos de desespero a fraqueza da nossa vontade» (São João Crisóstomo, *Ad Theodorum Lapsum*, 1, 7).

11, 25-30. Em contraste com os que não creem nEle, Jesus se enche de alegria com os que O aceitam, os simples e humildes que não confiam na sua própria sabedoria, que não se consideram prudentes e sábios. Esta passagem foi considerada por alguns a joia dos Evangelhos sinóticos, porque recolhe a oração de Jesus, que chama Pai a Deus; porque Ele se apresenta a nós como Aquele que conhece a Deus e que tudo recebeu dEle; e porque é Ele que O revela aos homens (v. 27; cf. Lc 10, 21-24 e nota), se O recebermos com humildade (v. 25). Estas palavras são uma bela oração e um testemunho dos sentimentos mais profundos de Jesus. «Sua exclamação emocionada, "Sim, Pai!", exprime o fundo de seu coração, sua adesão ao "beneplácito" do Pai, como num eco ao "*fiat*" de sua Mãe em sua concepção e como prelúdio àquele "sim" que dirá ao Pai em sua agonia. Toda a oração de Jesus está nesta adesão amorosa de seu coração de homem ao "mistério da vontade" (Ef 1, 9) do Pai» (*Catecismo da Igreja Católica*, n. 2603).

O «jugo» (vv. 29-30) era uma palavra que se utilizava para se referir à Lei de Moisés (cf. Eclo 51, 33), que, com o passar do tempo, fora ficando sobrecarregada de insuportáveis minúcias (cf. At 15, 10), não dando paz ao coração. O Senhor tinha anunciado para os tempos futuros uma nova época, em que atrairia os seus fiéis «com laços humanos, com laços de amor» (Os 11, 4); com a imagem do seu jugo suave e da sua carga leve, Jesus se apresenta como sendo essa nova iniciativa de Deus: «Qualquer outra carga te oprime e te angustia, mas a carga de Cristo alivia-te o peso. Qualquer outra carga tem peso, mas a de Cristo tem asas. Se cortares as asas de um pássaro, parece que o alivias do peso, mas quanto mais lhe tirares esse peso, mais o prendes à terra: verás no solo aquele que quiseste aliviar de um peso. Restitui-lhe o peso das asas, e verás como voa» (Santo Agostinho, *Sermones*, 126, 12).

Jesus também é «manso e humilde de coração» (v. 29). Com essa expressão, que serve de elogio nas bem-aventuranças (cf. 5, 5), designa-se no Antigo Testamento (cf. Sl 37, 11) a pessoa paciente, que desiste da cólera e que põe a sua confiança em Deus; apresentando-se desse modo, Jesus une as suas exigências à sua Pessoa. «Obrigado, meu Jesus!, porque quiseste fazer-te perfeito Homem, com um Coração amante e amabilíssimo, que ama até à morte e sofre; que se enche de júbilo e de dor; que se entusiasma com os caminhos dos homens e nos mostra aquele que conduz ao Céu; que se submete heroicamente ao dever e se guia pela misericórdia; que vela pelos pobres e pelos ricos; que cuida dos pecadores e dos justos... –

Obrigado, meu Jesus, e dá-nos um coração à medida do Teu!» (São Josemaria Escrivá, *Sulco*, n. 813).

12, 1-8. Ao fazer, com autoridade divina, a interpretação definitiva da Lei, Jesus teve de se confrontar com alguns fariseus, que não aceitavam a sua doutrina, apesar de estar garantida pelos milagres que fazia. É o que acontece a propósito do sábado, instituído por Deus, que ordenou que o povo judaico se abstivesse de certos trabalhos nesse dia para poder dedicar mais tempo a honrar o Senhor. Com o passar do tempo, o preceito divino foi se complicando, a ponto de na época de Jesus existir uma lista de 39 espécies de trabalhos que eram proibidos fazer ao sábado. Jesus ensina frequentemente que o descanso do sábado deve ser quebrado pelo serviço a Deus e ao próximo e rebate a acusação dos fariseus com quatro razões: o exemplo de Davi, o exemplo dos sacerdotes, o sentido da misericórdia divina e o domínio do próprio Jesus sobre o sábado.

A frase de Oseias (v. 7; cf. Os 6, 6) já tinha aparecido nas controvérsias de Jesus com os fariseus (cf. 9, 3). Nesta passagem, Jesus parece pressupor que o texto tinha uma relevância especial para os seus interlocutores; a polêmica não é tanto com os sacrifícios do Templo, mas com a necessidade de distinguir o que é mais importante do que é menos. Adiante, com o episódio do homem da mão seca, o Evangelho mostrará quão longe estavam aqueles homens da misericórdia e, portanto, de perceber quem era Jesus. A disposição para a misericórdia abre os olhos para ver mais claramente a Deus e as suas obras: «Reconhece, ó cristão, a altíssima dignidade desta tua sabedoria, e entende bem qual deve ser o teu comportamento e quais são os prêmios que te são prometidos. A misericórdia quer que sejas misericordioso, a justiça deseja que sejas justo, pois o Criador quer ver-se refletido na sua criatura e Deus quer ver a sua imagem refletida no espelho do coração humano, mediante a imitação que fazes das obras divinas. Não ficará frustrada a fé dos que assim agem, os teus desejos realizar-se-ão e gozarás eternamente daquilo que é o objeto do teu amor» (São Leão Magno, *Sermones*, 95, 7).

12, 9-14. Com este milagre, Jesus corrobora os seus ensinamentos sobre o sábado e o poder que detém sobre ele. O leitor capta imediatamente a desproporção entre a corajosa ação do Senhor e a mesquinhez dos que O criticam: «Manda avançar o doente, tentando comovê-los com a visão do homem, para ver se, compadecidos com o espetáculo, afastavam a sua malícia e, por consideração para com o infeliz, punham fim à sua ferocidade. Mas aqueles homens [...] preferem que a reputação de Cristo sofra a que o pobre homem seja curado. Desse modo, manifestam duplamente a sua malícia: primeiro, com a sua guerra declarada a Cristo; depois, porque a fazem com tal sanha, que não vacilam perante a hipótese de prejudicarem a saúde dos outros» (São João Crisóstomo, *In Matthaeum*, 40, 1).

12, 15-21. Os últimos episódios narrados pelo evangelista mostram que as autoridades se opunham a Jesus, pelo que o Senhor se afasta daquela zona para evitar confrontos (vv. 15-16). Mas nem por isso deixa de curar os necessitados. Neste gesto, o evangelista revela a chave doutrinal do mistério de Jesus e, com a citação de Is 42, 1-4 (vv. 18-21), dá a conhecer o sentido das narrativas contidas nestes dois capítulos (11, 1-12, 45), nos quais se percebe o endurecimento dos dirigentes de Israel: em Jesus, cumpre-se a profecia do Servo sofredor, cujo magistério amável e discreto haveria de trazer ao mundo a luz da verdade. A sua missão como Servo sofredor, que teve início com o batismo no Jordão (3, 17), volta a ser aqui evidenciada por São Mateus com a narrativa da rejeição dos fariseus e voltará a ser apontada de maneira especial na sua Paixão e morte (cf. 27, 30). No entanto, o texto do profeta (v. 21) acaba por afirmar o triunfo universal do Messias humilde, porque só Ele pode dar aquilo que todas as gentes e todas as nações esperam.

12, 22-37. A cura do possesso cego aparece nos três sinóticos (cf. Mc 3, 22-27; Lc 11, 14-23), embora São Mateus seja o único a dizer que também era «mudo» (v. 22). Uns quantos fariseus mal-intencionados (v. 24) acusam Jesus. O Senhor lhes ensina, com uma argumentação prática: trata-se de uma luta entre Ele e Satanás, na qual este é vencido porque Jesus é mais forte (v. 29). As expulsões de demônios que Ele realiza são uma prova do advento do Reino de Deus e de que Satanás está sendo expulso dos seus domínios. As palavras do v. 30 resumem toda a argumentação do Senhor: ou se está com Ele, ou se está com o demônio. Uma exigência tão absoluta não pode deixar de evidenciar a identidade divina da sua Pessoa.

A dureza dos fariseus explica o ensinamento de Jesus acerca do pecado contra o Espírito Santo e o seu caráter irremissível. Este pecado (v. 32) «não consiste propriamente em ofender o Espírito Santo com palavras; consiste, antes, na recusa em aceitar a salvação que Deus oferece ao homem, mediante o mesmo Espírito Santo, agindo em virtude do sacrifício da Cruz. [...] A blasfêmia contra o Espírito Santo é o pecado cometido pelo homem que reivindica um pretenso "direito a perseverar no mal" – em qualquer pecado – e, por isso mesmo, recusa a redenção» (São João Paulo II, *Dominum et vivificantem*, n. 46). É neste sentido que se diz que é irremissível.

No final da passagem (vv. 33-37), o evangelista recolhe algumas sentenças muito expressivas. Com efeito, os fariseus que acusam Cristo não medem o valor das palavras, mas as palavras são como as obras e, por meio delas, podemos salvar-nos ou condenar-nos: «Toda falta cometida contra a justiça e a verdade impõe o *dever de reparação*, mesmo que seu autor tenha sido perdoado. Quando se torna impossível reparar um erro publicamente, deve-se fazê-lo em segredo; se aquele que sofreu o prejuízo não pode ser diretamente indenizado, deve-se dar-lhe satisfação moralmente, em nome da caridade. Esse dever de reparação se refere também às faltas cometidas contra a reputação de outrem. Essa reparação, moral e às vezes material, será avaliada na proporção do dano causado e obriga em consciência» (*Catecismo da Igreja Católica*, n. 2487).

À semelhança do que acontece em outras ocasiões, o Senhor recorda aqui a existência dos novíssimos; neste caso em concreto, a existência do Juízo (v. 36). Seguindo esse procedimento de Cristo e dos apóstolos, «a Igreja não pode omitir, ainda, sem grave mutilação da sua mensagem essencial, uma constante catequese sobre as realidades que a linguagem cristã tradicional designa como os quatro *novíssimos do homem*: morte, juízo (particular e universal), inferno e paraíso» (São João Paulo II, *Reconciliaitio et paenitentia*, n. 26).

12, 38-45. Em resposta aos que Lhe pedem um sinal – talvez um milagre ou outra ação prodigiosa que confirme o seu poder –, Jesus anuncia a sua morte e ressurreição, comparando-se com o profeta Jonas; com esse paralelo, mostra que Ele próprio é o «sinal» de Deus por excelência. Assim, tanto os ninivitas como a rainha pagã pedirão contas aos judeus que não se converterem nem procurarem a verdade (vv. 41-42). E a rejeição de Jesus por parte daqueles homens dá ocasião a uma advertência grave (vv. 43-

45): se continuarem a rejeitar a luz, o seu último estado será pior que o primeiro.

12, 46-50. Aqueles que aceitam Jesus e fazem a vontade de Deus Pai são tidos por Ele como membros da sua família. Não é em vão que, neste ponto, Jesus não fala de Deus ou do Pai dos Céus, mas de «meu Pai que está nos céus» (v. 50): «Tornar-se discípulo de Jesus é aceitar o convite a pertencer à *família de Deus,* a viver conforme a sua maneira de viver» (*Catecismo da Igreja Católica*, n. 2233). Por isso, essas palavras de Jesus sempre foram entendidas como um elogio à fidelidade de Nossa Senhora, e nunca como censura: «Ela fez a vontade de meu Pai. É esse aspecto que o Senhor exalta nela: ter feito a vontade de seu Pai, e não o fato de a sua carne ter engendrado a carne dEle. [...] Minha Mãe, a quem proclamais ditosa, é-o precisamente pela sua observância da Palavra de Deus; não por o Verbo Deus ter se feito carne nela e ter habitado entre nós, mas antes porque guardou fielmente o mesmo Verbo de Deus, que a criou e nela se fez carne» (Santo Agostinho, *In Ioannis Evangelium*, 10, 3).

O termo «irmãos» (v. 46) de Jesus se refere aos seus parentes. Nas línguas antigas – o hebraico, o aramaico, o árabe etc. –, era habitual usar esse termo para se referir aos membros da mesma família, do mesmo clã, e até da mesma tribo. A Igreja sempre professou com plena segurança que Jesus Cristo não teve irmãos de sangue em sentido próprio; trata-se do dogma da virgindade perpétua de Maria (cf. notas a 1, 18-25; Mc 3, 31-35; e Lc 8, 19-21).

***13, 1-52.** O discurso em parábolas, que é, segundo São Mateus, o terceiro dos proferidos por Jesus, dá início a uma nova seção do Evangelho. Recolhe sete parábolas acerca do Reino dos Céus. Os três Evangelhos sinóticos transmitem esse discurso (cf. Mc 4, 1-34; Lc 8, 4-18), e os três contam o mesmo fato: após a exposição da primeira parábola, a do semeador, os discípulos perguntam ao Senhor qual é o seu significado, e Jesus lhes explica «os mistérios do Reino dos Céus» (v. 11; cf. Mc 4, 11; Lc 8, 10). A parábola do semeador nos ensina a acolher a Palavra de Deus; é talvez por isso que figura no princípio do sermão, no qual se incluem ainda a parábola da cizânia – que não aparece em Marcos nem em Lucas – e a parábola do grão de mostarda, que aparece em São Marcos (cf. 4, 30--32), mas que em São Lucas está em outro local (cf. 13, 18-19). Recebem o nome de «parábolas do crescimento», porque exprimem as condições em que a semente cresce, bem como a pequenez do Reino nos seus começos e o efeito multiplicador que resulta da força nele contida (cf. nota a Mc 4, 1-34). Mateus recolhe ainda outras parábolas complementares: a do tesouro, a da pérola e a da rede.

É surpreendente o número de ocasiões em que Jesus recorre ao ensinamento em parábolas. Os mestres da época valiam-se delas para explicar frases da Escritura, mas Jesus utiliza-as com mais frequência e com a finalidade de revelar os mistérios do Reino de Deus: «Jesus convida a entrar no Reino por meio das *parábolas*, traço típico de seu ensinamento (cf. Mc 4, 33-34). Por elas, convida ao festim do Reino (cf. Mt 22, 1-14), mas exige também uma opção radical: para adquirir o Reino, é preciso dar tudo (cf. Mt 13, 44-45); as palavras não bastam, são necessários atos (cf. Mt 21, 28-31). As parábolas são como espelhos para o homem: este acolhe a palavra como um solo duro ou como uma terra boa? (cf. Mt 13, 3-9). Que faz ele dos talentos recebidos? (cf. Mt 25, 14-30). Jesus e a presença do Reino neste mundo estão secretamente no coração das parábolas. É preciso entrar no Reino, isto é, tornar-se discípulo de Cristo para "conhecer os mistérios do Reino dos Céus" (Mt 13, 11). Para os que ficam "de fora" (Mc 4, 11), tudo permanece enigmático (cf. Mt 13, 10-15)» (*Catecismo da Igreja Católica*, n. 546).

13, 1-23. Esta parábola é a mais comprida de todo o sermão; aparece nos três sinóticos (Mc 4, 1-20; Lc 8, 4-15) e é quase o paradigma das parábolas do Reino. A sua mensagem pode ser compendiada da seguinte maneira: por que razão as palavras de Jesus produzem efeitos tão díspares entre os seus ouvintes? Precisamos ter em conta que nos movemos no mistério da graça que Deus concede e da correspondência do homem. É preciso salvaguardar os dois aspectos: a liberdade com que Deus dá a graça e a liberdade com que o homem corresponde. Inicialmente, os discípulos não devem ter compreendido a parábola; era como passar da escuridão para uma luz potente. O Mestre teve a paciência de avançar passo a passo. A parábola torna-se clara depois de explicada (vv. 18-23), e nós, os leitores do Evangelho, podemos compreendê-la tanto no contexto da vida de Jesus como no contexto da vida da Igreja. A Palavra de Jesus tem de ser bem acolhida pelos homens. Há alguns que a ouvem sem a entender (v. 19; cf. v. 14), isto é, que são surdos para Deus; é o caso das autoridades religiosas de Israel, que andavam vigiando Jesus (cf. 11, 1-12, 50) e interpretando-O erroneamente. Outros são fracos ou inconstantes (v. 21), como as multidões que O ouviram junto ao monte (5, 1) ou que se beneficiaram dos seus milagres (14, 21), mas O abandonaram na hora da provação. Outros falham, não por fraqueza, quando têm de defender a Palavra, mas porque esta não pode frutificar numa vida que não seja reta (v. 22). Mas a Palavra de Deus, quando é lançada à terra, é sempre fecunda (cf. Is 55, 10-11) e não deixa de encontrar um lugar onde dê fruto. A palavra de Jesus, enquanto palavra de Deus, pode frutificar em maior ou menor proporção (v. 23), porque os homens não são iguais uns aos outros, mas é sempre eficaz: «Quando esta Palavra é proclamada, a voz do pregador ressoa exteriormente, mas a sua força é percebida no interior e faz reviver os próprios mortos: o seu som gera novos filhos de Abraão para a fé. Esta palavra é, pois, viva no coração do Pai, viva nos lábios do pregador, viva no coração de quem crê e de quem ama. E, se é assim viva, é também, e sem dúvida, eficaz» (Balduíno da Cantuária, *Tractatus*, 6).

13, 24-43. As parábolas têm formas muito diversas, e nestes versículos encontramos todo o tipo de exemplos: desde uma frase (v. 33) até uma alegoria muito desenvolvida (vv. 24-30; cf. vv. 37-43). Muitas vezes, as parábolas assumem um tom paradoxal, de que Jesus se serve para fixar a atenção e excitar a curiosidade, e lançam quase sempre uma isca à imaginação: para compreender a mensagem, é preciso querer penetrar para além da imagem expressa.

O primeiro evangelista recolhe dois textos muito significativos do Antigo Testamento a propósito do uso das parábolas: por um lado, o Senhor recorre a elas para poder revelar o mistério oculto do Reino (vv. 34--35; cf. 13, 11); mas, por outro lado, elas são um apelo à responsabilidade pessoal: quem não está disposto a querer entender, fica-se pela história (13, 13-15). Por sua vez, os discípulos de Cristo, os que perguntam o significado das parábolas (v. 36), entendem-nas (13, 51) porque, na plena revelação de Jesus, Deus lhes deu esse dom (13, 16-17). Os discípulos têm de o fazer frutificar atualizando a doutrina nos seus ensinamentos (13, 52): «Insisto: suplica ao Senhor que conceda aos seus filhos o "dom de línguas", o dom de se fazerem entender por todos. A razão pela qual desejo este "dom de línguas", podes deduzi-la das páginas do Evangelho, repletas de parábolas, de exemplos que materializam a doutrina e ilustram as coisas espirituais, sem envilecer nem degradar a palavra de Deus. Para todos – doutos e menos doutos –, é mais fácil considerar e entender a mensagem divina através dessas imagens humanas» (São Josemaria Escrivá, *Forja*, n. 895).

A parábola da cizânia complementa a do semeador, embora num sentido diferente. O Senhor semeia a palavra, mas o diabo (v. 39) também semeia as suas ciladas e obtém fruto em alguns homens. Isso aconteceu na própria vida de Jesus, onde a sua pregação do Reino encontra a oposição semeada por Satanás; e acontecerá na vida da Igreja, pois é inevitável que os filhos de Deus convivam com os filhos do Maligno (v. 38): o mal e o bem coexistem e desenvolvem-se ao longo da história. O ensinamento de Jesus versa sobre a paciência: assim como não é fácil distinguir o trigo da cizânia enquanto não aparece a espiga madura (v. 26), também não é fácil distinguir o bem do mal. No final, porém, Cristo – o Filho do Homem triunfante – julgará a todos e dará a cada um o que merece.

O convite à paciência e à esperança se alimenta com as parábolas do grão de mostarda e da levedura (vv. 31-33). A primeira é uma imagem agrícola; a segunda, uma imagem doméstica. Ambas incidem sobre a desproporção do resultado final com relação à pequenez dos começos: o grão de mostarda é proverbial pela sua pequenez (cf. 17, 20), mas converte-se na árvore frondosa anunciada por Ezequiel (cf. Ez 17, 22-24) para representar o Reino de Deus; e um pouco de levedura é capaz de fazer fermentar uma quantidade muito grande de massa. A levedura também é uma figura do cristão: vivendo no meio do mundo, sem perder a sua natureza, o cristão ganha almas para o Senhor com o seu exemplo e a sua palavra; segundo a doutrina da Igreja, é isso que é próprio dos leigos: «As imagens evangélicas do sal, da luz e do fermento, embora se refiram indistintamente a todos os discípulos de Jesus, têm uma específica aplicação nos fiéis leigos. São imagens maravilhosamente significativas, porque falam não só da inserção profunda e da participação plena dos fiéis leigos na terra, no mundo, na comunidade humana, mas também, e sobretudo, da novidade e da originalidade de uma inserção e de uma participação destinadas à difusão do Evangelho que salva» (São João Paulo II, *Christifideles laici*, n. 15).

A reunião das três parábolas no mesmo contexto reforça a esperança do discípulo de Cristo, fazendo-o ver que terá dificuldades, mas que o resultado será alentador: «Nas horas de luta e contradição, quando talvez "os bons" encham de obstáculos o teu caminho, levanta o teu coração de apóstolo; ouve Jesus que fala do grão de mostarda e do fermento. – E diz-Lhe: "*Edissere nobis parabolam*" – explica-me a parábola. E sentirás a alegria de contemplar a vitória futura: aves do céu à sombra do teu apostolado, agora incipiente; e toda a massa fermentada» (São Josemaria Escrivá, *Caminho*, n. 695).

13, 44-52. Com as parábolas do tesouro escondido e da pérola (vv. 44-46), Jesus apresenta o valor supremo do Reino do Céu e a atitude que deve ter o homem que quiser alcançá-lo. Há ligeiras diferenças entre os ensinamentos de uma e outra: o tesouro significa a abundância de dons; a pérola, a beleza do Reino; o tesouro aparece de surpresa, a pérola pressupõe uma procura. Em qualquer dos dois casos, contudo, exige-se generosidade por parte do homem, porque Deus «nunca falta a quem por Ele se decide a tudo deixar» (Santa Teresa de Jesus, *Caminho de perfeição*, 1, 2). A vida no Reino, o seguimento de Cristo, é uma vida árdua, mas o fruto vale a pena: «O tesouro esteve escondido porque o campo tinha de ser comprado. Com efeito, por tesouro escondido no campo entende-se Cristo encarnado, que se encontra gratuitamente. [...] Mas não há maneira de utilizar e possuir esse tesouro, juntamente com o campo, a não ser pagando por ele, já que não se podem possuir as riquezas celestes senão sacrificando o mundo» (Santo Hilário de Poitiers, *Commentarius in Mattheum*, 13, 7).

A imagem da rede lançada ao mar (vv. 47-50) expõe uma ideia semelhante à da parábola da cizânia. O Reino do Céu, tal como a Igreja, convoca a todos, embora alguns não se mostrem dignos dele; no final, os anjos separarão os bons dos maus. É a mesma ideia que se exprime na parábola dos convidados para as bodas (22, 1-14), onde todos são convidados, «maus e bons» (22, 10), mas onde se diz explicitamente que é preciso cada um tornar-se digno de ser não apenas «chamado», mas «escolhido».

Os discípulos entendem o Senhor (v. 51), razão pela qual podem se tornar os doutores da Lei do novo Israel (v. 52). Ora, se compreendem a Cristo, as coisas antigas – a Lei de Moisés – e as coisas novas – Jesus e a nova Lei por Ele ensinada – serão eficazes para a sua missão evangelizadora, porque Cristo «é sempre novo, porque renova sempre o espírito, e nunca se torna velho, porque nunca murchará» (São Bernardo, *In vigilia nativitatis Domini, Sermo*, 6, 6).

***13, 53-16, 20.** Após o discurso das parábolas, o evangelista narra diversos milagres e ensinamentos de Jesus na Galileia e nas regiões limítrofes. Vai se tornando manifesto que, perante Jesus, o homem tem de tomar partido: ou por Ele ou contra Ele. Partindo do discurso das parábolas, Mateus identifica claramente três grupos de pessoas: de um lado, os discípulos – e especialmente Pedro –, que estão próximos de Jesus; de outro, as multidões que O seguem, mas sem O compreenderem verdadeiramente; e por fim as autoridades religiosas, que tramam ciladas contra Ele. Esta seção culmina com a solene confissão de Pedro, em que o príncipe dos apóstolos proclama que Jesus é o Messias e o Filho de Deus (16, 16).

13, 53-58. A admiração inicial (v. 54) contrasta com o escândalo final (v. 57). Os habitantes de Nazaré não conheciam o mistério de Jesus; é possível que a familiaridade que haviam tido com Ele lhes dificultasse o reconhecimento do caráter sobrenatural da sua missão. Ora, se a fé é capaz de produzir milagres (cf. 8, 5-13 e nota), a incredulidade impede-os, pois, «uma vez que para haver curas eram necessários ambos os elementos, a saber, a fé dos que eram curados e a força daquele que os curava, um deles não podia dar-se na ausência do outro» (São Gregório Nazianzeno, *De teologia*, 30, 10).

«Filho do carpinteiro» (v. 55). É a única passagem do Evangelho em que se menciona a profissão de São José; em Mc 6, 3, «carpinteiro» aplica-se ao próprio Jesus. Os Evangelhos são unânimes acerca da profissão de Jesus na sua vida oculta. Em termos sociais, esse trabalho não figurava entre os mais humilhantes – como acontecia com os que não tinham trabalho fixo, os pobres da terra – nem estava, obviamente, associado aos proprietários de terras e aos poderosos; seria semelhante à profissão de alguns apóstolos: funcionários, pescadores, pequenos empresários etc. A vida de trabalho de Jesus também é uma revelação para nós (cf. nota a Mc 6, 1-6), como fizeram notar os primeiros escritores cristãos: «Era tido por filho de José, o carpinteiro, [...] e Ele próprio foi considerado carpinteiro, qualidade na qual produziu obras desse ofício – arados e jugos – enquanto viveu entre os homens, ensinando com elas os símbolos da justiça e o que é uma vida de trabalho» (São Justino, *Dialogus cum Tryphone*, 88, 7).

Sobre os irmãos de Jesus, vejam-se as notas a 12, 46-50 e Mc 6, 1-6.

14, 1-12. Este Herodes, denominado «Antipas», é o

mesmo que aparece na Paixão (cf. Lc 23, 7ss). Era filho de Herodes, o Grande (2, 1-18) e governava as regiões da Galileia e da Pereia. Era casado com uma filha de um rei da Arábia, embora vivesse em concubinato com Herodíades. O historiador Flávio Josefo (cf. *Antiquitates iudaicae*, 18, 116-119) dá mais pormenores deste episódio, nomeadamente que teve lugar na fortaleza de Maqueronte e que a filha de Herodíades se chamava Salomé.

O evangelista salienta a estreita relação que havia entre o Batista e Jesus (vv. 1-2.12). A morte do Batista é como que um anúncio da morte de Cristo, porque «o ávido dragão saboreava a cabeça do servo, em ânsias pela Paixão do Senhor» (São Pedro Crisólogo, *Sermones*, 174). Porém, do ponto de vista da esperança em Cristo, a sua morte é uma vitória: «Que mal causou o seu final a este homem justo? O que Lhe fez a sua morte violenta? [...] Não foi uma morte, mas uma vitória, o que Ele recebeu, não foi o fim de uma vida, mas o começo de uma maior. Aprende a comportar-te como cristão, e não só nada te afetará, como terás maiores recompensas» (São João Crisóstomo, *De Providentia*, 22, 10).

Em contrapartida, a história daqueles que estavam constituídos em autoridade é uma acumulação de despropósitos, que acabam no assassinato do Batista: «Uma jovem dança, a mãe transborda de crueldade, entre os prazeres e as lascívias dos comensais fazem-se juras temerárias e cumpre-se impiamente aquilo que foi jurado» (Santo Agostinho, *Sermones*, 307, 1). Torna-se claro que Herodes é o antiexemplo dos governantes. A doutrina da Igreja diz que não se deve jurar com ligeireza, pois «a santidade do nome divino exige que não se recorra a ele para coisas fúteis» (*Catecismo da Igreja Católica*, n. 2155); muito menos se podem fazer juramentos ou promessas de ordem imoral (cf. *Idem*, n. 2154) – e, no caso de se terem feito, não se devem cumprir: «É mau prometer o reino como recompensa por uma dança, é cruel conceder a morte de um profeta para manter um juramento» (Santo Ambrósio, *De officiis*, 3, 12, 77).

14, 13-21. Com a multiplicação dos pães, o Senhor aponta simbolicamente para a formação do novo povo de Deus (cf. nota a Mc 6, 30-44). São Mateus centra-se especialmente nos sentimentos do Coração do Senhor perante as necessidades dos homens. Por isso, além do milagre da multiplicação, recorda a cura dos doentes (v. 14).

No contexto das ações de Jesus, o relato mostra que Ele não está apenas satisfazendo as necessidades corporais da multidão, mas que, com os seus gestos – que são muito semelhantes aos da instituição da Eucaristia (v. 19; cf. 26, 26) –, anuncia o banquete messiânico cujo anfitrião é Ele. Por isso, na Tradição cristã, este milagre foi interpretado como uma figura da Sagrada Eucaristia.

Para realizar este grande milagre, Jesus procura a livre cooperação dos homens e quer que os seus discípulos vão buscar os pães e os peixes para distribuí-los à multidão. O mesmo se passa na Igreja, onde o Senhor se oferece a nós no banquete eucarístico por meio dos seus ministros.

14, 22-33. É frequente haver tempestades no lago de Genesaré: as águas se agitam, com grave perigo para as embarcações. O episódio de Jesus andando sobre o mar (vv. 25-27) também é relatado em Mc 6, 48-50 e em Jo 6, 19-21. Em contrapartida, São Mateus é o único que narra que São Pedro também andou sobre as águas (vv. 28-31); é também o único que registra a promessa solene de Jesus a Pedro (16, 17-19) e o episódio do imposto do Templo (17, 24-27), nos quais se reflete a importância que Jesus quis conferir a Pedro dentro da Igreja. Este episódio mostra a grandeza e a debilidade do apóstolo, a sua fé e a sua dificuldade em acreditar: «Assim também disse Pedro: "Manda-me ir ter contigo sobre as águas". [...] E Ele respondeu: "Vem!" Pedro desceu do barco e pôs-se a caminhar sobre as águas [...]. Era disso que Pedro era capaz no Senhor. E em si mesmo, de que era capaz? "Sentindo a violência do vento, teve medo e, começando a ir ao fundo, gritou: 'Salva-me, Senhor!'" Acreditou no Senhor e foi capaz pelo Senhor; mas titubeou como homem, e nessa altura voltou-se para o Senhor» (Santo Agostinho, *Sermones*, 76, 8).

Este episódio ilumina a vida cristã: também a Igreja, como barca dos apóstolos, é combatida; Jesus, que vela por ela, vem salvá-la, não sem ter permitido que lutasse, para fortalecer a têmpera dos seus filhos. Nas provas de fé e de fidelidade, no combate do cristão por se manter firme quando lhe faltam as forças, o Senhor anima-nos (v. 27), estimula-nos a pedir (v. 30) e estende-nos a mão (v. 31). Então, como agora, brota dos lábios do cristão uma confissão de fé: «Verdadeiramente tu és o Filho de Deus» (v. 33). «O Senhor levanta e sustenta esta esperança que vacila, tal como fez na pessoa de Pedro quando estava prestes a se afundar, voltando a consolidar-lhe os pés sobre as águas. Portanto, se também a nós nos dá a mão Aquele que é a Palavra, se, vendo-nos vacilar no abismo das nossas especulações, nos confere a estabilidade iluminando um pouco a nossa inteligência, não temeremos, se caminharmos agarrados à sua mão» (São Gregório de Nissa, *De beatitudinibus*, 6).

14, 34-36. Ressalta-se nesta passagem, por contraste com a anterior, a fé destes homens, que se aproximaram de Jesus e obtiveram aquilo que procuravam. Deste modo, tornaram-se para nós um exemplo de que na Humanidade adorável do Salvador podemos encontrar alívio para todos os nossos males (cf. 11, 28).

15, 1-20. Este episódio – que tanta relevância teve na atitude dos primeiros cristãos com relação às regras dos doutores da Lei e dos fariseus – é narrado nos dois primeiros Evangelhos (cf. nota a Mc 7, 1-23). Cristo explica que, em muitos casos, tais tradições chegaram a anular (v. 6) o mandamento de Deus, pelo que, nesses casos, não devem ser seguidas (v. 14).

Nosso Senhor proclama o verdadeiro sentido dos preceitos morais. O erro de alguns doutores da Lei consistia em dar atenção exclusivamente ao exterior, abandonando a pureza interior ou do coração. Por exemplo, a seus olhos, a oração consistia mais na recitação exata de uma fórmula, de umas palavras, do que na elevação da alma a Deus (cf. 6, 5-6). O mesmo se aplicava a outras prescrições: «No Evangelho, o Senhor declara o mandamento da Lei: "Honra teu pai e tua mãe", que não deve ser entendido pelo som das palavras, que podem, com vã adulação, aproveitar-se da indigência dos pais» (São Jerônimo, *Epistulae*, 123, 5).

Com as suas palavras (v. 19), Jesus nos ensina onde se encontra o verdadeiro centro da vida moral: nas decisões interiores do homem. Os dois últimos preceitos do Decálogo incidem precisamente aí: é necessária uma luta sincera contra os pecados interiores – os maus pensamentos, os ódios, os rancores, os desejos impuros etc. – para se ter uma consciência reta e para que essas faltas não degenerem em pecados exteriores. A passagem recorda a sexta bem-aventurança (cf. 5, 8), que convida à limpeza do coração para ver a Deus. «A expressão "puros de coração" designa aqueles que entregaram o coração e a inteligência às exigências da santidade de Deus, principalmente em três campos: a caridade, a castidade ou a retidão sexual, o amor à verdade e à ortodoxia da fé» (*Catecismo da Igreja Católica*, n. 2518).

15, 21-28. Tiro e Sidônia são duas cidades fenícias situadas na costa do Mediterrâneo, que fazem atualmente parte do Líbano; nunca pertenceram à Galileia, encontrando-se perto da fronteira noroeste desta região, o que significa que, no tempo de Jesus, ficavam fora dos domínios de Herodes Antipas. É para aqui que o Senhor se retira, talvez para evitar a perseguição deste e dos judeus e se dedicar com mais intensidade à formação dos apóstolos. Os habitantes desta região de Tiro e Sidônia eram, na sua maioria, pagãos. São Mateus designa esta mulher por «cananeia», uma vez que, de acordo com o Gênesis (cf. 10, 15), esta zona foi uma das primeiras colônias dos cananeus; São Marcos chama-lhe «sirofenícia» (cf. Mc 7, 26), e ambos ressaltam a sua condição de pagã, elemento que confere maior relevo à sua fé no Senhor. Mas essa fé tão grande se desdobra em atos concretos e audazes: a mulher pede sem receio de ser inoportuna (v. 23), insiste embora se considere indigna (vv. 24-26), persevera perante as dificuldades (v. 27) e acaba por conseguir o que quer (v. 28). «Vemos muitas vezes que o Senhor não nos concede imediatamente aquilo que Lhe pedimos; fá-lo para que o desejemos com mais ardor ou para que apreciemos melhor o seu valor. Esse atraso não é uma negação, mas uma prova que nos dispõe a receber com maior abundância aquilo que pedimos» (São João Maria Vianney, *Sermão sobre a oração*).

15, 29-31. Os evangelistas recolhem várias vezes (cf. 11, 4-5; Lc 7, 21-23), a título de resumo, curas de Jesus com as quais se cumpria o que fora anunciado pelo profeta Isaías para os tempos messiânicos: «Então se abrirão os olhos do cego, os ouvidos do surdo ficarão a ouvir, o coxo saltará como um cervo, e a língua do mudo dará gritos de alegria» (Is 35, 5-6).

15, 32-39. Os milagres de Jesus, além de serem fatos reais, são sinais das realidades sobrenaturais: «Acerca dos milagres, depois de admirarmos a sua grandeza, temos ainda de sondar a sua profundidade. Não devemos ficar na superfície, mas penetrar no seu interior, de modo a lermos e entendermos aquilo que vemos e admiramos» (Santo Agostinho, *In Ioannis Evangelium*, 24, 2). Neste caso (v. 37), a superabundância do alimento corporal significa a magnitude dos dons divinos, em especial da Eucaristia (cf. Jo 6, 1-70); e a ajuda dos discípulos assinala a mediação dos ministros da Igreja. «O milagre da multiplicação dos pães, quando o Senhor proferiu a bênção, partiu e distribuiu os pães a seus discípulos para alimentar a multidão, prefigura a superabundância deste único pão de sua Eucaristia» (*Catecismo da Igreja Católica*, n. 1335).

Para o sentido específico desta segunda multiplicação dos pães, cf. nota a Mc 8, 1-10.

16, 1-12. Os fariseus se dirigem a Jesus pela segunda vez (cf. 12, 38) pedindo-Lhe um sinal. O Senhor – e os leitores do Evangelho – tem bem presentes as duas multiplicações dos pães que acaba de realizar (14, 13-21; 15, 32-39) e os milagres que fez entre uma e outra (cf. 15, 29-31 e nota); acontece que aqueles homens «não Lhe perguntavam para crerem, mas para O prenderem» (São João Crisóstomo, *In Matthaeum*, 53, 2). Por isso, a resposta do Senhor é uma censura: eles viram os prodígios, mas não se interrogaram sobre o significado deles.

Um pouco mais enigmático é o diálogo de Jesus com os seus discípulos (vv. 5-12). Como acontece em outros casos, os discípulos não interpretam corretamente uma frase de Jesus (vv. 5-7); mas o Senhor, que é um verdadeiro Mestre, ensinava os seus discípulos em privado (vv. 8-12): «É certo que os apóstolos aprenderam muito observando Cristo, mas também aprenderam muito ouvindo-O, pois Ele falava-lhes numa linguagem que eles eram capazes de entender com os ouvidos da carne, além do que lhes dizia no íntimo do coração, mediante o Espírito Santo» (São Boaventura, *Sententiae*, 3, 24, 2).

16, 13-20. De acordo com a narrativa de Mateus, este episódio se refere a duas realidades distintas, embora intimamente relacionadas: a confissão de fé de Pedro e a promessa do primado.

Em contraposição a todos aqueles que não souberam perceber quem é Jesus (v. 14; cf. 14, 2; 16, 2-4 etc.), Pedro confessa claramente que Ele é o Messias prometido e o Filho de Deus: «O Senhor pergunta aos seus apóstolos que opinião têm os homens sobre Ele, e, nos pontos em que coincidem, as respostas revelam a ambiguidade da ignorância humana. Mas, quando quer saber o que pensam os próprios discípulos, o primeiro a confessar o Senhor é aquele que também é primeiro na dignidade apostólica» (São Leão Magno, *Sermo 4 in anniversario ordinationi suae*, 2-3). Esta confissão de Pedro não abarca apenas a missão de Jesus – ser o Messias –, mas também o seu ser íntimo: Jesus é o Filho de Deus. Esta é a confissão completa de quem é Jesus, a mesma que fazem os cristãos unidos a Pedro. Porém, esta confissão não pode ser proferida apenas com base na experiência humana; tem de ser feita com base na fé, que é graça de Deus. Por isso, São Leão Magno glosa da seguinte maneira as palavras do Senhor (v. 17): «És verdadeiramente ditoso, porque foi meu Pai quem to revelou; a opinião humana não te induziu em erro, mas a revelação do céu iluminou-te, e não foi ninguém de carne e osso quem to ensinou, mas Aquele de quem sou o Filho único» (*Ibidem*). É por isso também que, como ensina o *Catecismo da Igreja Católica*, as palavras da confissão de Pedro nesta passagem devem ser entendidas em sentido literal – não há metáfora alguma ao confessar Jesus como Filho de Deus –, uma vez que ele as pronuncia por revelação do Pai (cf. nn. 441-442).

Se esta confissão de Pedro é um dom de Deus, não o é menos a graça que o Senhor lhe promete a seguir (vv. 18-19) e que depois lhe conferirá (cf. Jo 21, 15-23 e nota): o poder de atar e desatar na Igreja fundada por Ele. «E acrescenta: "Também Eu te digo", isto é: tal como meu Pai te revelou a minha divindade, também Eu agora te dou a conhecer a tua dignidade: "Tu és Pedro": Eu, que sou a pedra inviolável, a pedra angular que fez dos dois povos uma só coisa, Eu, que sou o fundamento fora do qual ninguém pode edificar, digo-te a ti, Pedro, que também és pedra, porque serás fortalecido pelo meu poder, de tal forma que o poder que me pertence como próprio seja comum a ambos pela tua participação comigo. Sobre esta pedra edificarei a minha Igreja, e o poder do inferno não a derrotará. Sobre esta fortaleza – quer dizer – construirei o templo eterno e a sublimidade da minha Igreja, que alcançará o céu e se erguerá sobre a firmeza da fé de Pedro» (São Leão Magno, *Sermo 4 in anniversario ordinationi suae*, 2-3).

Há outra passagem do Evangelho (18, 18) em que Jesus também promete aos discípulos que lhes dará o poder de ligar e desligar (v. 19). Por isso, a Tradição viu em Pedro o sinal da unidade da Igreja: «A prerrogativa deste poder também será comunicada aos outros apóstolos, e transmite-se a todos os bispos da Igreja, mas não é em vão que se encomenda a um o que se ordena a todos; isto é especialmente outorgado a Pedro, porque a figura de Pedro é colocada à frente de todos os outros pastores da Igreja» (*Ibidem*).

A Igreja entendeu desde o começo que este dom a Pedro se transmite aos seus sucessores como bispos de Roma; trata-se da doutrina do primado que – juntamente com a infalibilidade do Romano Pontífice quando fala *ex cathedra* – foi definida como dogma de fé na constituição dogmática *Pastor aeternus*, do Conc. Vaticano I, e reafirmada em documentos posteriores: «O bispo da Igreja de Roma, no qual permanece o múnus concedido pelo Senhor de forma singular a Pedro, o primeiro dos apóstolos, para ser transmitido aos seus sucessores, é a cabeça do colégio dos bispos, Vigário de Cristo e Pastor da Igreja universal neste mundo; o qual, por consequência, em razão do cargo, goza na Igreja de poder ordinário, supremo, pleno, imediato e universal, que pode exercer sempre livremente» (*Codex iuris canonici*, cân. 331; cf. Conc. Vaticano II, *Lumen gentium*, n. 18).

Os santos viram no amor à Igreja e ao Romano Pontífice um sinal verdadeiro do amor a Cristo: «Quem for desobediente ao Cristo na terra, o qual está no lugar do Cristo no Céu, não participará no fruto do sangue do Filho de Deus» (Santa Catarina de Sena, *Epistulae*, 207).

***16, 21-20, 34.** Após a confissão de Pedro em Cesareia de Filipe (16, 13-20), o Evangelho adquire um tom diferente. Jesus se dirige agora aos seus discípulos com ensinamentos sobre a sua própria missão como Servo sofredor e sobre o que deve ser a vida da futura Igreja. A respeito deste último aspecto, sobressai o cap. 18, que, devido à concentração dos ensinamentos, foi designado por «Discurso Eclesiástico». Depois, já a caminho de Jerusalém (19, 1-20, 34), vão se agrupando outros episódios que ilustram diversos aspectos da vida eclesial: a pobreza, o espírito de serviço etc.

***16, 21-17, 27.** Com o ensinamento de Jesus sobre a sua Paixão, morte e ressurreição (16, 21) e a posterior repreensão a Pedro (16, 23), o Evangelho aponta decididamente o «caminho da Cruz». Os dois anúncios da Paixão (16, 21; 17, 22-23) e o sentido da transfiguração (17, 9.12) preparam o leitor para o que vai acontecer. O Senhor sabe que vai ser entregue e aceita a sua missão; mas também sabe que a última palavra não é a morte, e sim a ressurreição e a glorificação. E é isso o que ensina aos seus discípulos.

16, 21-28. Jesus repreende Pedro com energia quando este pretende dissuadi-lO de afrontar a morte, incluída na sua missão como Messias (cf. nota a Mc 8, 31-9, 1). A seguir, com uma sequência de sentenças paradoxais, expõe a verdadeira dimensão da entrega dos discípulos a Ele: «O caminho da perfeição passa pela cruz. Não existe santidade sem renúncia e sem combate espiritual. O progresso espiritual envolve ascese e mortificação, que levam gradualmente a viver na paz e na alegria das bem-aventuranças» (*Catecismo da Igreja Católica*, n. 2015).

17, 1-13. Na transfiguração, Jesus mostra antecipadamente aos discípulos a glória que merecerá pela sua Paixão (cf. nota a Lc 9, 28-36). O vínculo deste episódio com a confissão de Pedro e o primeiro anúncio da Paixão não é apenas temporal – teve lugar «seis dias depois» (v. 1) –, mas também teológico: há uma confirmação vinda do Céu de que Jesus é o Filho de Deus (v. 5), tal como Pedro tinha confessado (16, 16), e de que a sua morte e ressurreição (16, 21) são o cumprimento da Lei e dos profetas, representados por Moisés e Elias (v. 3). Os discípulos reagem com alegria (v. 4) e medo (vv. 6-7), sem perceberem totalmente o significado do que tinham visto (cf. nota a Mc 9, 2-13).

Moisés e Elias são os dois representantes máximos do Antigo Testamento: da Lei e dos profetas. Na imagem de Jesus falando com eles (v. 3), a Tradição viu dois ensinamentos: por um lado, o de que Jesus é o centro da Revelação porque «toda a Escritura divina constitui um só livro, e esse único livro é Cristo, já que toda a Escritura divina fala de Cristo e toda ela se realiza em Cristo» (Hugo de São Vítor, *De Arco Noe morali*, 2, 8); por outro lado, o de que os livros do Antigo Testamento são necessários para se compreender Jesus Cristo, porque «se, como diz o apóstolo Paulo, Cristo é o poder de Deus e a sabedoria de Deus, e o que não conhece as Escrituras não conhece o poder de Deus nem a sua sabedoria, segue-se que ignorar as Escrituras é ignorar Cristo» (São Jerônimo, *Commentarii in Isaiam*, Prol., 1).

Este episódio é também uma descrição da personalidade de Jesus: Ele é o Senhor (v. 4), o Filho de Deus em quem Deus põe o seu agrado (v. 5; cf. Is 42, 1), Aquele a quem devemos escutar (v. 5) porque é revelador de Deus: «Por isto, quem agora quisesse perguntar a Deus, ou quisesse alguma visão ou revelação, não só seria néscio, como faria agravo a Deus, não pondo os olhos totalmente em Cristo, sem querer outra coisa ou novidade. Porque Deus poderia responder-lhe dizendo: "Se já te disse todas as coisas na minha Palavra, que é o meu Filho, e não tenho outra, que te posso agora responder ou revelar que seja mais do que isso? Põe os olhos só nEle, porque nEle te disse e te revelei tudo, e encontrarás nEle ainda mais do que pedes e desejas [...]; ouvi-O, porque não tenho mais fé a revelar, nem mais coisas a manifestar"» (São João da Cruz, *Subida ao Monte Carmelo*, 2, 22, 5).

Finalmente, ao descer do monte, numa explicação que está presente em várias passagens do primeiro Evangelho (cf. nota a 11, 1-15), o Senhor esclarece os discípulos sobre a relação entre Elias e João Batista.

17, 14-20. Com a cura deste jovem, Jesus nos ensina a importância da fé na oração. A força da comparação do Senhor (v. 20) se fundamenta no fato de a semente de mostarda ser um grão minúsculo, mas que produz uma planta que pode chegar a três metros de altura. Assim também os cristãos, em virtude da sua união com Cristo, participam de alguma maneira da onipotência de Deus. A expressão «mover montanhas» era provavelmente uma maneira proverbial de falar, mas que exprime a força da oração sincera.

Este episódio, lido na sequência da transfiguração, ensina-nos também que no monte (cf. 17, 1-5), quando se percebe a glória do Senhor, é fácil acreditar; por outro lado, na agitação da vida cotidiana, é mais difícil, e por vezes temos pouca fé (v. 20). Por isso, a fé exige um exercício contínuo; crer é viver de fé, e essa fé robustecida nos torna capazes de agir acima das nossas forças: «A fé, embora seja uma só pelo seu nome, tem duas realidades distintas. Com efeito, há uma fé pela qual se acredita nos dogmas e que exige que o espírito atente em determinadas verdades e a vontade adira a elas. [...] O outro tipo de fé é aquele que Cristo concede a alguns como dom gratuito, [...] capaz de realizar obras que superam por completo as capacidades humanas. [...] Procura, pois, chegar àquela fé que depende de ti e que conduz quem a possui ao Senhor, e desse modo o Senhor dar-te-á também a outra fé, aquela que age acima das forças humanas» (São Cirilo de Jerusalém, *Catecheses*, 5, 10-11).

O v. 21 não consta de todos os manuscritos, mas também está presente em Mc 9, 29.

17, 22-27. A partir da confissão de Pedro, o Senhor vai formando os seus discípulos acerca dos acontecimentos salvíficos que ocorrerão em

Jerusalém – a sua Paixão e a sua ressurreição – e acerca da vida da futura Igreja. Nestes versículos, a tristeza que suscita neles o anúncio da Paixão (v. 23) é contrabalançada pelo consolo que resulta da maneira de ser de Jesus e do seu poder (vv. 25-27).

O episódio do tributo do Templo contém dois ensinamentos muito claros: o de que Jesus é Filho de Deus e Senhor do Templo e o da responsabilidade de Pedro sobre a Igreja. O tributo do Templo, que era diferente do tributo a Roma (22, 15-22), tinha por base a passagem de Ex 30, 11-16, que prescrevia que os maiores de vinte anos contribuíssem com meio siclo para a manutenção do culto do Templo. A didracma de que fala o texto correspondia a dois denários e era equivalente a meio siclo. Não sabemos exatamente se, no tempo de Jesus, tratava-se de um imposto propriamente dito ou uma contribuição que era feita pelos judeus mais observantes; mas sabemos que havia muitos, como por exemplo os sacerdotes, que estavam isentos e outros que não pagavam. Os últimos episódios narrados no Evangelho – a confissão de Pedro e a transfiguração – deixaram claro que Jesus é Filho de Deus e que, portanto, tem mais razões que qualquer outra pessoa para não pagar o imposto; no entanto, o Senhor manda Pedro pagar «para que não os escandalizemos» (v. 27). E, ao incluir Pedro no mesmo pagamento, está indicando também um modo de conduta para os cristãos que se refletirá depois em outros textos do Novo Testamento: «Dai a cada um o que lhe é devido: o imposto a quem se deve o imposto; a taxa a quem se deve a taxa; o respeito a quem se deve o respeito; a honra a quem se deve a honra» (Rm 13, 7; cf. 1 Pd 2, 13-17).

O estáter (v. 27) valia quatro denários. Neste milagre, reflete-se a cuidadosa providência do Senhor com os seus.

***18, 1-20, 34.** Esta seção começa com o quarto dos discursos do Senhor recolhidos no *Evangelho de Mateus*: o Discurso Eclesiástico (18, 1-35), no qual se congrega um corpo de indicações e advertências que visam a boa condução da vida da Igreja. A tônica dos ensinamentos de Jesus é colocada nas relações dos cristãos entre si, bem como nas atribuições e obrigações daqueles que estão constituídos em autoridade dentro da Igreja.

A seção prossegue com a ida para a Judeia e para Jerusalém (19, 1-20, 34). Os episódios contêm ensinamentos semelhantes aos do capítulo anterior sobre a vocação cristã, sobre a precedência na Igreja etc.

18, 1-14. Ensinamentos de Jesus sobre os «pequenos» na Igreja. A princípio, à pergunta dos discípulos sobre quem é o mais importante, Jesus responde com um gesto que parece um paradoxo: «Se me perguntais o que é o essencial na religião e na disciplina de Jesus Cristo, responder-vos-ei: primeiro, a humildade; segundo, a humildade; e terceiro, a humildade» (Santo Agostinho, *Epistulae*, 118, 22).

Depois, o Senhor adverte para o perigo do escândalo na Igreja: «O escândalo é a atitude ou o comportamento que leva outrem a praticar o mal» (*Catecismo da Igreja Católica*, n. 2284). Para ressaltar a gravidade do escândalo, Jesus recorre a imagens hiperbólicas, mas muito expressivas; o escândalo é especialmente grave quando afeta os preferidos do Senhor, os mais frágeis, como as crianças (v. 14).

Finalmente, a parábola da ovelha perdida. Em São Lucas, essa parábola significa a misericórdia de Deus, que faz tudo o que está ao seu alcance para salvar todos os homens. No contexto do Discurso Eclesiástico, deverá aplicar-se aos que passam por situações espirituais difíceis; nessa altura, é preciso ir à procura da ovelha perdida, mesmo que para isso sejam necessários comportamentos heroicos (vv. 12-14). Se a Igreja em geral, e cada cristão em particular, tem ânsias de propagar a fé, com mais razão ainda deve se esforçar por ajudar aqueles que já a abraçaram a superarem as suas dificuldades: «Se quereis emular a Deus, uma vez que fostes criados à sua imagem, imitai o seu exemplo. Vós que sois cristãos, e que com o vosso nome proclamais a bondade, imitai a caridade de Cristo, [...] pastor das cem ovelhas que, quando uma delas se afasta do rebanho e vagueia errante, não fica ao pé das outras que se deixavam apascentar calmamente, mas vai à procura dela. [...] Pensemos no que se esconde por trás do véu desta imagem. Esta ovelha não é, a rigor, uma ovelha qualquer, nem este pastor é um pastor como os outros; significam mais alguma coisa. Nestes exemplos estão contidas realidades sobrenaturais; eles nos dão a entender que não podemos jamais desesperar dos homens nem dá-los por perdidos, que não podemos desprezá-los quando se encontram em perigo nem ser remissos em ajudá-los, mas que, quando se desviam da retidão e erram, devemos tentar fazê-los regressar ao bom caminho, congratulando-nos com o seu regresso e reunindo-os com a multidão dos que continuam a viver justa e piedosamente»

(Santo Astério de Amasia, *Homiliae*, 13).

O v. 11 não consta de todos os manuscritos e deverá ter origem em Lc 19, 10.

18, 15-20. A passagem recolhe três notas para a vida da Igreja: a prática da fraternidade, o poder dos pastores e a oração em comum. Os cristãos, em especial os pastores, devem velar pelos seus irmãos como fez Cristo, para que nenhum se perca (cf. Jo 17, 12). Com a prática da correção fraterna, é especificada uma forma de cooperar na salvação do irmão que se desviou (vv. 15-17). A última solução – considerá-lo «um gentio e um publicano» (v. 17) – equivale à excomunhão, entendida como último recurso para lhe salvar a alma (cf. 1 Cor 5, 4-5).

A Tradição da Igreja entendeu estas palavras do Senhor (v. 18) em sentido próprio, como significando que Cristo intervém na remissão dos pecados: «As palavras *ligar* e *desligar* significam: aquele que excluirdes da vossa comunhão será excluído da comunhão com Deus; aquele que receberdes de novo na vossa comunhão, Deus o acolherá também na sua. *A reconciliação com a Igreja é inseparável da reconciliação com Deus*» (*Catecismo da Igreja Católica*, n. 1445). Com o tempo, a Igreja, assistida pelo Espírito Santo, estabeleceu a forma de celebrar o sacramento da penitência: «A Igreja viu sempre um nexo essencial entre o juízo confiado aos sacerdotes neste sacramento e a necessidade de que os penitentes declarem os próprios pecados, salvo nos casos de impossibilidade. Portanto, sendo a confissão completa dos pecados graves, por instituição divina, parte constitutiva do sacramento, ela não está de modo algum confiada ao livre juízo dos pastores» (São João Paulo II, *Misericordia Dei*).

Finalmente, Jesus sublinha o valor e o poder da oração em comum (vv. 19-20). A afirmação de Jesus deve ter sido, para os seus discípulos, reveladora do seu caráter divino, pois, de acordo com uma expressão dos mestres daquele tempo, quando os homens se reúnem para tratar das palavras da Lei, o próprio Deus está no meio deles. A doutrina da Igreja recorre a este texto para ensinar que Jesus Cristo está presente na liturgia: «Cristo está sempre presente na sua Igreja, especialmente nas ações litúrgicas. Está presente no sacrifício da Missa, quer na pessoa do ministro, oferecendo-se agora, pelo ministério dos sacerdotes, como se ofereceu na Cruz, quer sobretudo sob as espécies eucarísticas. Está presente com o seu dinamismo nos sacramentos, de modo que, quando alguém batiza, é o próprio Cristo que batiza. Está presente na sua palavra, pois é Ele que fala ao ser lida na Igreja a Sagrada Escritura. Está presente, enfim, quando a Igreja reza e canta, Ele que prometeu: "Onde estiverem dois ou três reunidos em meu nome, Eu estou no meio deles"» (Conc. Vaticano II, *Sacrosanctum concilium*, n. 7).

18, 21-35. À pergunta de Pedro sobre o perdão, Jesus responde com uma expressão que pode ser traduzida de duas maneiras: «setenta vezes sete» ou «setenta e sete vezes». A expressão pode ser entendida como uma antítese de Gn 4, 24, onde Lamec exprime o seu desejo de uma vingança pertinaz: «Se Caim foi vingado sete vezes, Lamec sê-lo-á setenta vezes sete»; assim, frente ao «nunca perdoarei» de Lamec, Jesus declara que é preciso perdoar «sempre»: «O Senhor não encerrou o perdão num número determinado, mas deu a entender que é preciso perdoar continuamente e sempre» (São João Crisóstomo, *In Matthaeum*, 61, 1).

A parábola do servo desapiedado esclarece a razão última do perdão: todos somos devedores de Deus. A parábola é especialmente eloquente se tivermos em conta as quantias referidas: um denário correspondia ao salário de um dia de um trabalhador e um talento valia cerca de seis mil denários; desse modo, o que o rei perdoa ao servo mau equivale a sessenta milhões de denários, uma quantia exorbitante e impossível de restituir. É provavelmente nesse exagero que reside *a verdade* profunda da parábola, a sua revelação da infinita misericórdia de Deus com os pecadores; suprimindo a hipérbole, desvirtuar-se-ia a verdade do ensinamento da parábola, e não apenas a sua força expressiva e pedagógica. A dureza de coração do servo mau depois de ter sido perdoado da sua imensa dívida é igualmente hiperbólica; mas, uma vez mais, é precisamente nesse exagero que reside *a verdade* da ingratidão do homem com relação ao Deus misericordioso e da nossa dureza para com os nossos semelhantes, a quem nos custa perdoar até os menores defeitos: «Esforça-te, se é preciso, por perdoar sempre aos que te ofendem, desde o primeiro instante, já que, por maior que seja o prejuízo ou a ofensa que te façam, mais te tem perdoado Deus a ti» (São Josemaria Escrivá, *Caminho*, n. 452).

19, 1-12. Aproveitando a insídia de alguns fariseus, Jesus expõe a doutrina da indissolubilidade do matrimônio (cf. nota a Mc 10, 1-12). O inciso do v. 9 não deve ser interpretado como uma exceção (cf. nota a 5, 17-48), uma vez que a ordenação do matrimônio – à entrega mútua dos cônjuges e à procriação e educação dos filhos – exige a indissolubilidade: «O homem e a mulher, que, pela aliança conjugal "já não são dois, mas um só" (Mt 19, 6), prestam-se recíproca ajuda e serviço com a íntima união das suas pessoas e atividades, tomam consciência da própria unidade e cada vez mais a realizam. Esta união íntima, que é o dom recíproco de duas pessoas, exige, do mesmo modo que o bem dos filhos, a inteira fidelidade dos cônjuges e a indissolubilidade da sua união» (Conc. Vaticano II, *Gaudium et spes*, n. 48).

Depois, perante a pergunta dos discípulos, o Senhor exprime o valor do celibato não como resultado de uma atitude cômoda ou cética (v. 10), mas como dom de Deus (v. 11). Foi também assim que a Igreja o entendeu: «A santidade da Igreja é também especialmente favorecida pelos múltiplos conselhos que o Senhor propõe no Evangelho aos seus discípulos. Entre eles sobressai o de, com o coração mais facilmente indiviso, se consagrarem só a Deus, na virgindade ou no celibato, dom da graça divina que o Pai concede a alguns (cf. Mt 19, 11; 1 Cor 7, 7). Esta continência perfeita, abraçada pelo Reino dos Céus, foi sempre tida em grande estima pela Igreja, como sinal e incentivo do amor e ainda como fonte privilegiada de fecundidade espiritual no mundo» (Conc. Vaticano II, *Lumen gentium*, n. 42).

É significativo que os dois temas – o matrimônio e o celibato pelo Reino dos Céus – sejam apresentados no mesmo contexto: «Ambos, o sacramento do matrimônio e a virgindade pelo Reino de Deus, provêm do próprio Senhor. É Ele que lhes dá sentido e concede a graça indispensável para vivê-los em conformidade com sua vontade. A estima da virgindade por causa do Reino e o sentido cristão do casamento são inseparáveis e se ajudam mutuamente: "Denegrir o matrimônio é ao mesmo tempo minorar a glória da virgindade; elogiá-lo é realçar a admiração que se deve à virgindade" (São João Crisóstomo, *De virginitate*, 10, 1)» (*Catecismo da Igreja Católica*, n. 1620).

19, 13-15. O que é narrado nesta passagem corresponde a um costume judaico: as crianças se apresentavam ao pai e os alunos ao mestre para receberem deles a bênção e se encomendarem às suas orações; no Oriente, a imposição das mãos sobre a cabeça era um ato de fé simples no caráter sagrado deste gesto. Não temos informação de que os mestres da época tivessem predileção pelas crianças; com efeito, não há no Talmude – a enciclopédia religiosa judaica tradicional – nenhum texto que saliente o afeto pelas crianças, e a atitude inicial dos discípulos do Senhor parece ter ido na mesma linha (v. 13). Como em muitos outros aspectos, Jesus teve uma iniciativa peculiar, expressa na afirmação de que o Reino dos Céus é dos que se assemelham às crianças (v. 14).

19, 16-30. Este episódio é narrado nos três primeiros Evangelhos, mas Mateus é o que descreve com maior precisão o diálogo entre Jesus e o jovem. Este cumpre os mandamentos (vv. 18-20) e pergunta a Jesus que mais deve «fazer de bom» (vv. 16.20). Jesus lhe dá uma primeira resposta (v. 17), já preparando-o para a exigência que depois lhe fará: «Aqui não se trata apenas de se dispor a ouvir um ensinamento e de acolher na obediência um mandamento. Trata-se, mais radicalmente, de *aderir à própria pessoa de Cristo,* de compartilhar a sua vida e o seu destino, de participar da sua obediência livre e amorosa à vontade do Pai» (São João Paulo II, *Veritatis splendor*, n. 19).

Neste sentido, tanto este episódio como o anterior, sobre o matrimônio (cf. 9, 1-12), refletem a plenitude e a perfeição da Lei, que se dão naqueles que vivem de acordo com o estilo de vida e a doutrina de Cristo. O Senhor ensina a indissolubilidade do matrimônio e exige o cumprimento dos mandamentos, mas também pede a alguns o celibato e o desprendimento de todos os bens pelo Reino do Céu.

A cena termina com o jovem indo embora triste (v. 22): o apego às suas coisas prevaleceu sobre o convite de Jesus. À falta de coragem para corresponder ao chamado do Senhor com a entrega pessoal, segue-se a tristeza: «A tristeza, que é um vício causado pelo amor a si próprio, não é um vício específico, mas a raiz de todos os vícios em geral» (São Tomás de Aquino, *Summa theologiae*, 2-2.28, 4 ad 1).

Depois de o jovem rico se retirar, Jesus expõe a doutrina sobre as riquezas (cf. nota a Mc 10, 23-31); e a seguir, perante a pergunta de Pedro, explica qual é o destino daqueles que seguiram Cristo com sinceridade. Seguir Jesus pressupõe acreditar numa «regeneração» (v. 28), num novo nascimento, no qual terá lugar uma autêntica mudança na escala de valores: aqueles que são agora desprezados serão os juízes; aqueles que parecem os últimos serão os primeiros; e tudo quanto uma pessoa entregar agora voltará a recebê-lo multiplicado por cem.

20, 1-16. A parábola vem explicar a frase anterior (19, 30); na verdade, acaba com uma expressão muito semelhante (20, 16). À primeira vista, parece referir-se ao povo hebraico, a quem Deus chamou ao romper da manhã, embora tivesse acabado por se dirigir também aos gentios.

A parábola expõe a misericórdia e a bondade de Deus, que é superior aos critérios humanos de justiça. Todos somos devedores da livre disposição da bondade divina, que nos chamou a trabalhar na sua vinha; nem Deus é injusto, nem nós temos o direito de julgá-lO. Pelo contrário, a nossa atitude natural deve ser de agradecimento: «Tudo o que temos na alma ou no corpo, exterior ou interiormente, tudo o que possuímos de natural ou de sobrenatural, tudo são benefícios teus, e isso Te declara benfeitor. [...] E, se um recebe mais e outro menos, tudo é, contudo, teu; e sem Ti nem a mínima coisa se pode possuir. O que recebe mais não pode gloriar-se do seu merecimento, nem elevar-se acima dos outros. [...] Mas o que tem menos coisas não deve entristecer-se nem portar-se indignamente ou invejar o mais rico. [...] Tu sabes o que convém dar a cada um» (Tomás de Kempis, *De imitatione Christi*, 3, 22, 2-3).

Por outro lado, o importante é responder afirmativamente ao chamado divino, não importando o momento em que ele ocorre; serão verdadeiros discípulos os que conhecerem essa bondade divina e a manifestarem com obras: «Muitas vezes te perguntas por que certas almas, que tiveram a ventura de conhecer o verdadeiro Jesus desde crianças, vacilam tanto em corresponder com o melhor que possuem: a vida, a família, os sonhos. Olha: tu, precisamente por teres recebido "tudo" de golpe, tens obrigação de mostrar-te muito agradecido ao Senhor: tal como reagiria um cego que recuperasse a vista de repente, enquanto aos outros nem lhes passa pela cabeça que devem dar graças porque veem. Mas... não é suficiente. Todos os dias, tens que ajudar os que te rodeiam, para que se comportem com gratidão pela sua condição de filhos de Deus. Senão, não me digas que és agradecido» (São Josemaria Escrivá, *Sulco*, n. 4).

Finalmente, com a atitude daqueles homens que parecem acusar o proprietário de injustiça (cf. v. 13), a parábola nos ensina a não julgar a Deus, a aceitar os seus dons e a agradecer-Lhe que tenha querido contar conosco no seu plano salvífico.

20, 17-19. Subindo a Jerusalém para cumprir o desígnio divino, Jesus, obediente, enfrenta o risco da morte, que prediz pela terceira vez. Por outro lado, prepara os apóstolos para que, quando chegar o momento da prova, se lembrem de que Ele a tinha profetizado e essa memória os ajude a superá-la.

O terceiro anúncio da Paixão é descrito com mais pormenor por Mateus do que pelos outros dois sinóticos, já que Jesus não se limita a falar da sua morte, mas descreve com mais detalhes a maneira como vai ser denegrido. Talvez esteja preparando o próximo episódio, em que vai associar Tiago e João ao seu destino, explicando-lhes que o percurso até a ressurreição é longo e doloroso: «Mas não devemos percorrer com excessiva pressa esse caminho; não devemos deixar cair no esquecimento uma coisa muito simples, que talvez nos escape de vez em quando: a de que não poderemos participar da Ressurreição do Senhor se não nos unirmos à sua Paixão e à sua Morte. Para acompanharmos Cristo na sua glória [...], é preciso que penetremos antes no seu holocausto e nos sintamos uma só coisa com Ele, morto no Calvário» (São Josemaria Escrivá, *É Cristo que passa*, n. 95).

20, 20-28. Jesus corrige as ambições e os interesses excessivamente humanos dos apóstolos e da mãe dos Zebedeus – Tiago Maior e João – afirmando a primazia da vontade de Deus e da atitude de serviço. Com uma linguagem litúrgico-sacrificial, que evoca o Servo sofredor do profeta Isaías (cf. Is 52, 13-53, 12), Nosso Senhor explica claramente que nEle o serviço chega ao oferecimento da própria vida (v. 28). A Tradição indica de que forma este serviço se cumpriu na vida dos dois irmãos: «Perguntamos de que forma os filhos de Zebedeu, Tiago e João, beberam o cálice do martírio, já que a Escritura apenas narra que São Tiago foi decapitado por Herodes, ao passo que João terminou a sua vida de morte natural. Mas, se lermos a história da Igreja, na qual se narra que também ele foi metido num recipiente de óleo fervendo para ser martirizado e que, atleta de Cristo, dele saiu para receber a coroa, sendo depois relegado para a ilha de Patmos, perceberemos que tampouco se subtraiu ao martírio. João bebeu o cálice da confissão como o tinham bebido os três jovens na fornalha ardente, embora o perseguidor não lhe tenha feito derramar o sangue» (São Jerônimo, *Commentarii in Matthaeum*, 20, 23).

Mas, para além de serem um anúncio aos Zebedeus, as palavras do Senhor são um ensinamento para todos os seus discípulos (vv. 25-28). Jesus Cristo se apresenta como exemplo que deve ser imitado por todos quantos exercem autoridade na Igreja: Ele, que é Deus e o Juiz que veio julgar o mundo (cf. Fl 2, 5-11; Jo 5, 22-27; At 10, 42), não se impõe, mas serve-nos por amor a ponto de entregar a sua vida por nós (cf. Jo 15, 13); essa é a sua forma de ser o primeiro. Foi também assim que entendeu São Pedro, que exorta os presbíteros a que apascentem o rebanho de Deus que lhes foi confiado não como dominadores sobre a herança, mas servindo de exemplo (cf. 1 Pd 5, 1-3); e São Paulo, que, não estando submetido a ninguém, se faz servo de todos para ganhar o maior número (1 Cor 9, 19ss; 2 Cor 4, 5).

A expressão «para redenção de muitos» (v. 28) não deve ser interpretada como restrição da vontade salvífica universal de Deus. «Muitos» aqui não se contrapõe a «todos», mas a «um»: um é o que salva e a todos é oferecida a salvação.

20, 29-34. Qualquer dos três Evangelhos sinóticos recorda tanto o milagre de Jesus em Jericó quanto o título messiânico – Filho de Davi – que os cegos Lhe dão, antecipando a sua manifestação em Jerusalém. Sobre estes fatos, cada evangelista sublinha um aspecto peculiar, embora os três ressaltem a fé destes homens, que se manifesta nos gritos pedindo auxílio (vv. 30-31), e o agradecimento, que se expressa no seguimento (v. 34). Como faz outras vezes (cf. 8, 28-34; 9, 27-31), São Mateus aponta que os cegos eram dois; é também o único a identificar como causa da cura a compaixão de Jesus (v. 34): «Estes cegos mostraram claramente que eram dignos de ser curados; primeiro, com os seus gritos, e também porque, depois de receberem a graça, não se afastaram do Senhor, como fazem muitos ingratos depois de receberem benefícios. Não foi o que fizeram estes cegos, que antes da dádiva se mostraram constantes e depois da dádiva se mostraram agradecidos, seguindo o Senhor» (São João Crisóstomo, *In Matthaeum*, 66).

***21, 1-28, 20.** Os últimos dias da vida terrena de Jesus são narrados pelos Evangelhos sinóticos de acordo com o mesmo esquema e tratando os mesmos temas. Mateus dá início ao relato com uma manifestação messiânica de Cristo e com a purificação do Templo (21,

1-22); seguem-se as controvérsias com os judeus, que explicam os motivos pelos quais Jesus acabará por ser condenado (21, 23-23, 39); o chamado Discurso Escatológico completa os ensinamentos (24, 1-25, 46). A narrativa assume especial intensidade quando se detém nas últimas horas da vida do Senhor, no seu oferecimento à vontade do Pai (26, 26-46), na sua prisão, no seu processo e na sua condenação (26, 47-27, 31), na sua morte (27, 32-66) e na sua ressurreição (28, 1-20).

Neste quadro, o relato de Mateus destaca alguns aspectos, como a entrega serena do Senhor à sua missão de Servo sofredor e a rejeição dos planos de Deus por parte de Israel, entre outros.

***21, 1-23, 39.** As controvérsias de Jesus com os chefes religiosos nos informam os motivos que levaram à sua morte. Mas há um tema de fundo que une os episódios desta seção: Israel não foi capaz de corresponder ao dom de Deus, e por isso Deus fundará um povo novo, que dê frutos (21, 43). As palavras do Senhor são, ainda, uma advertência para os que constituem o novo povo que é a Igreja: como Jesus dirá mais adiante (25, 1-46), a fidelidade ao dom de Deus tem de se traduzir em obras.

21, 1-11. A entrada triunfal de Jesus na Cidade Santa é a sua manifestação como Rei Messias. Mateus vê na jumenta presa com o seu jumentinho (v. 2) o cumprimento da profecia de Zacarias (v. 5). O jumento, antiga montaria de príncipes (cf. Gn 22, 3; 49, 11; Ex 4, 20; Nm 22, 21; Jz 5, 10), foi substituído, nos tempos da monarquia israelita, pelo cavalo, manifestação de poder (cf. 1 Rs 5, 6; 10, 26-30 etc.). Por isso, o vaticínio de Zacarias a propósito do jumento significava o advento de um Rei de paz que não triunfa com armas nem com violência, mas com a humildade e a mansidão (cf. Zc 9, 9-10). Os Santos Padres identificaram neste episódio o seguinte simbolismo: a jumenta representa o judaísmo, que estava sujeito ao jugo da Lei, enquanto o jumentinho são os gentios; e Jesus introduz uns e outros na Igreja, a nova Jerusalém.

Da mesma maneira como os personagens importantes dos nossos tempos são recebidos com tapetes à entrada dos edifícios, assim também os discípulos e a multidão atapetam a entrada de Jesus na sua cidade (vv. 7-8), ao mesmo tempo que O aclamam como Salvador. Com efeito, a palavra judaica «hosana» (v. 9) tinha inicialmente esse sentido de súplica dirigida a Deus: «Salva-nos!»;

posteriormente, começou a ser utilizada como grito de júbilo para aclamar alguém, um brado semelhante a «Viva!». Assim, a multidão exprime o seu entusiasmo gritando: «Viva o Filho de Davi!». Compreende-se, pois, que a Igreja tenha recolhido estas aclamações no prefácio da Santa Missa, pois com elas apregoa a realeza de Cristo: «É costume muito geral e antigo chamar Rei a Cristo em sentido metafórico, por Ele possuir o grau supremo de excelência, que O eleva acima de todas as coisas criadas. Deste modo, diz-se que Ele reina nas inteligências dos homens, não tanto pelo sublime e altíssimo grau da sua ciência, mas porque Ele é a Verdade e porque os homens têm necessidade de beber dEle e dEle receber obedientemente a verdade. Diz-se também que reina nas vontades dos homens, não só porque nEle a vontade humana está inteira e perfeitamente submetida à santa vontade divina, mas também porque, com as suas moções e inspirações, influi na nossa vontade, incendiando-a com propósitos nobilíssimos. Finalmente, diz-se com verdade que Cristo reina nos corações dos homens porque, com a sua caridade supereminente e com a sua mansidão e benignidade, se faz amar pelas almas de maneira que nunca ninguém – entre todos os nascidos – foi ou será tão amado como Cristo Jesus» (Pio XI, *Quas primas*, n. 4).

21, 12-17. Do primeiro dia em Jerusalém, Mateus retém três sinais messiânicos: a purificação do Templo (vv. 12-13; cf. nota a Mc 11, 12-25), as curas (v. 14) e o louvor a Deus dos humildes (vv. 15-16) contido em Sl 8, 3, que Jesus vê cumprido nas aclamações das crianças. O evangelista deixa antever nestes três sinais a divindade de Cristo.

O livro do Êxodo (cf. 23, 15) ordenava aos israelitas que não se apresentassem no Templo de mãos vazias, mas levassem uma vítima para ser sacrificada. Para facilitar o cumprimento desta indicação aos que vinham de longe, tinha sido organizado nos átrios do Templo um serviço de venda de animais para os sacrifícios; mas aquilo que, a princípio, teria sido útil havia degenerado (v. 13). Movido pelo zelo pela casa de seu Pai (cf. Jo 2, 17), Jesus expulsou os vendedores com uma santa indignação, querendo inculcar o respeito devido ao Templo com uma atitude simbólica comum aos profetas (cf. Ez 5, 1-17, por exemplo). Com mais razão, esta atitude deve servir de advertência aos cristãos, que têm o próprio Senhor no sacrário. Sobre as paixões e os sentimentos de Cristo, cf. nota a Mc 3, 1-6.

21, 18-22. A maldição da figueira é uma espécie de parábola animada; e é também um exemplo da onipotência divina. Quem tem fé tudo pode e fará coisas ainda mais difíceis: «Jesus Cristo estabelece esta condição: que vivamos da fé, porque depois seremos capazes de remover montanhas. E há tantas coisas a remover... no mundo e, primeiro, no nosso coração! Tantos obstáculos à graça! Portanto, fé! Fé com obras, fé com sacrifício, fé com humildade, porque a fé nos converte em criaturas onipotentes» (São Josemaria Escrivá, *Amigos de Deus*, n. 203). Por outro lado, o Salvador enuncia uma aplicação concreta desse espírito de fé: a oração tudo alcança.

21, 23-27. Ao longo de dois capítulos, o Evangelho recolhe as disputas dos chefes do povo com Jesus. É possível que a purificação do Templo por parte do Senhor tenha exacerbado os ânimos, e os príncipes dos sacerdotes e os anciãos – os membros laicos do Sinédrio – pedem a Jesus que lhes dê uma prova da autoridade com que age ou uma confissão declarada de que Ele é o Messias. Mas Jesus, que sabe que as intenções dos seus interlocutores não são retas, evita dar-lhes uma resposta direta, optando por lhes fazer previamente uma pergunta sobre a missão de João Batista, uma vez que este foi o «precursor», o anunciador do Messias. O evangelista faz notar que eles não tinham acreditado em João (v. 25); mas, à luz do que Jesus afirma na passagem seguinte (21, 32), percebemos que nem sequer se tinham esforçado nesse sentido. Deste modo, tornam-se credores do silêncio do Senhor (v. 27), pois nada do que Ele dissesse poderia movê-los à penitência.

21, 28-46. Com estas duas parábolas, o Senhor se refere à rejeição do seu Deus por parte de Israel e à decisão divina de criar um novo povo (v. 43).

Mateus é o único que recolhe a parábola dos dois filhos, uma parábola que sublinha a necessidade da conversão (v. 32): Israel assemelha-se ao filho que disse «sim» a Deus mas depois não acreditou nem deu frutos (cf. v. 30), como os fariseus que «dizem e não fazem» (23, 3); em contrapartida, os pecadores dizem «não» às obras da Lei com o seu comportamento, mas se convertem perante os sinais de Deus (v. 32), fazem a vontade do Pai e entram no Reino de Deus (v. 31). O Senhor assinala três etapas no caminho que conduz à fé: ver, arrepender-se e crer. «Quando o pecado está no homem, o homem deixa de poder contemplar a Deus. Mas podes curar-te, se quiseres. Põe-te nas mãos do médico, e ele fará uma punção nos olhos da tua alma e do teu coração. Que médico é este? É Deus, que sara e purifica por meio da sua Palavra e da sua sabedoria. [...] Se entenderes tudo isto e viveres pura, santa e justamente, poderás ver a Deus; mas a fé e o temor a Deus hão de ter absoluta preferência no teu coração, pois só então entenderás tudo isto» (São Teófilo de Antioquia, *Ad Autolycum*, 1, 7).

A parábola dos vinhateiros homicidas é uma espécie de compêndio da história da salvação (cf. nota a Mc 12, 1-12): começa com uma invocação implícita de Is 5, 1-7, onde Israel é comparado a uma vinha que, a despeito de todos os cuidados divinos, em vez de dar frutos tinha dado agraços, razão pela qual o Senhor quer destruí-la. No contexto em que Jesus prega a parábola, que é o mesmo em que, pouco tempo depois, viveriam os evangelistas, é fácil compreender a alegoria: os vinhateiros, encarregados por Deus do cuidado do seu povo, simbolizam as classes dirigentes de Israel; Deus tinha enviado diversos profetas, que não tinham recolhido frutos, mas, pelo contrário, tinham sido maltratados ou mortos (cf. 2 Cr 24, 21); finalmente, Deus enviou o seu Filho Único, Jesus – e deste modo fica clara a diferença entre Jesus, o Filho, e os profetas, que são apenas servos –, que eles também decidem matar, desta vez fora da vinha, ou seja, de Jerusalém. O castigo de Deus é, portanto, lógico. Mateus é o único evangelista que, ao narrar esta parábola, declara que a vinha será entregue «a um povo que tire fruto dele» (v. 43), aludindo à Igreja, o novo povo de Deus.

22, 1-14. Esta parábola, muito semelhante a uma que é recolhida por São Lucas (cf. Lc 14, 15-24 e nota), completa o significado das duas que a precedem. Israel – representado pelos primeiros convidados – não só rejeitou o banquete de Deus, o seu apelo à salvação, como maltratou e matou os servos que o seu Senhor lhe enviou; por isso, o seu destino é funesto (v. 7). A rejeição de Israel é acompanhada por uma nova iniciativa divina, que chama todos os homens à Igreja, o novo povo de Deus; não obstante, e tal como acontecia nas parábolas da cizânia e da rede (cf. 13, 24-50), entre os que respondem ao chamado há «maus e bons» (v. 10), e nem todos são dignos, porque nem todos se converteram, comprando o traje nupcial. Este episódio é, pois, uma chamada de atenção àqueles que já fazem parte da Igreja: o fracasso de Israel (v. 7) será o deles se não forem dignos da eleição de que foram alvo (v. 13). «O que havemos de entender pelo traje nupcial, senão a caridade? Deste modo, entra no banquete, mas não com traje nupcial, quem, entrando na Igreja, tem fé, mas não tem caridade» (São Gregório Magno, *Homiliae in Evangelia*, 2, 18, 9).

22, 15-22. Os partidários de Herodes eram defensores da política da dinastia de Herodes; isto é, em lugar de uma dominação romana direta – e, obviamente, dos impostos diretos – exercida por um governador, preferiam a mediação de um príncipe local que se responsabilizasse por pagar uma parte dos impostos a Roma; em termos religiosos, partilhavam das teses materialistas dos saduceus. Os fariseus, por sua vez, eram cumpridores meticulosos da Lei e consideravam o domínio romano uma usurpação, tendo, portanto, uma posição radicalmente diferente da dos herodianos. Mas os elementos destes dois partidos unem-se para conspirar contra Jesus. A pergunta era difícil e a resposta, comprometedora. Mas Jesus responde-lhes com uma profundidade que é, ao mesmo tempo, inteiramente fiel à pregação que vem fazendo do Reino de Deus: dar a César o que lhe pertence, sem deixar de dar a Deus o que é seu. Estas palavras são a fonte da doutrina da Igreja sobre o poder dos governos, que gerem o bem comum temporal, e o poder da Igreja, destinado à gestão dos bens espirituais. «A Igreja não tem soluções técnicas para oferecer e não pretende "de modo algum imiscuir-se na política dos Estados"; mas tem uma missão a serviço da verdade para cumprir, em todo tempo e contingência, a favor de uma sociedade à medida do homem, da sua dignidade, da sua vocação. Sem verdade, cai-se numa visão empirista e cética da vida. [...] A sua doutrina social é um momento singular deste anúncio: é serviço à verdade que liberta» (Bento XVI, *Caritas in veritate*, n. 9).

22, 23-33. Esta passagem registra o ambiente típico da argumentação dos mestres daquela época. Os saduceus apresentam a Jesus um caso altamente teórico, talvez imaginado com base no episódio dos sete maridos de Sara, filha de Raguel (Tb 3, 8). O cumprimento da lei do levirato (cf. Dt 25, 5-50) parecia demonstrar a impossibilidade da outra vida. Acontece que os saduceus – responde Jesus – não entenderam as Escrituras, pois pensam que aquela lei terá vigência na vida futura; mas sobretudo não compreenderam o poder de Deus (v. 30), que mantém os homens no ser mesmo que tenham morrido e que, na ressurreição da carne, lhes conferirá uma condição semelhante à dos anjos, na qual o matrimônio deixará de ser necessário. O Senhor ratifica assim a doutrina sobre a ressurreição dos mortos e a vida bem-aventurada (cf. nota a Lc 20, 27-40). Em conclusão, o evangelista evoca com alegria a admiração que a clareza e a profundidade da doutrina do Senhor suscitava na multidão.

22, 34-40. Respondendo a uma pergunta feita pelos fariseus – cuja principal preocupação era cumprir todos os mandamentos contidos nas leis mosaicas, que alcançavam o número de 613 –, Jesus ensina que a Lei se resume aos dois mandamentos do amor (cf. Dt 6, 5; Lv 19, 18). Toda a tradição evangélica é testemunha de que Jesus vinculou o amor a Deus ao amor ao próximo; mas o relato de Mateus recolhe esse aspecto de maneira singular: o doutor da Lei pergunta «qual é o maior mandamento da Lei» (v. 36), e Jesus responde-lhe com um mandamento que se traduz em dois, ou melhor, com dois mandamentos que são um só. Seja como for, fica claro que este mandamento se distingue dos outros: «Nenhum destes dois amores pode ser perfeito faltando-lhe o outro, porque não se pode amar verdadeiramente a Deus sem amar o próximo, nem se pode amar o próximo sem amar a Deus. [...] Esta é a única e verdadeira prova de amor de Deus: procurarmos ser solícitos com os nossos irmãos e ajudá-los» (São Beda, *Homiliae*, 2, 22). O mais importante, contudo, é amar a Deus, porque o amor ao próximo é uma consequência e um efeito do amor a Deus; e, quando o homem é amado, Deus é amado, já que o homem é imagem de Deus (cf. São Tomás de Aquino, *Super Evangelium Matthaei, in loc.*). A respeito da intensidade do amor a Deus, escrevia São Bernardo: «Perguntas-me por que razão e com que método ou medida deve Deus ser amado. E eu respondo-te: a razão para amar a Deus é Deus; o método e a medida é amá-lO sem método nem medida» (*De diligendo Deo*, 1, 1).

22, 41-46. Deus prometeu ao Rei Davi que um dos seus descendentes possuiria o reino eternamente (2 Sm 7, 12ss); era uma alusão ao Messias, e assim o interpretou a tradição judaica, que lhe chamava «Filho de Davi». No tempo de Jesus, o Messias era concebido com um forte sentido nacionalista: como um rei terreno, descendente de Davi, que libertaria o povo judeu da dominação romana. A pergunta de Jesus aos fariseus sobre o sentido da passagem do

Sl 110, 1 deixa-os sem resposta; com efeito, para responderem corretamente, os fariseus teriam de aceitar a preexistência e a divindade do Messias (anterior e superior a Davi, o autor do Salmo) e, simultaneamente, a sua humanidade verdadeira (filho de Davi, Messias). Era uma maneira implícita de convidar à fé nEle, como Filho de Deus e membro da família de Davi; deste modo, fazia alusão ao mistério da dupla natureza – divina e humana – na única Pessoa do Verbo, Jesus Cristo: «Ficando, pois, salvaguardado o caráter próprio de cada uma das naturezas, e unidas ambas numa só Pessoa, a majestade assume a humildade, o poder assume a debilidade, a eternidade assume a mortalidade; e, para saldar a dívida contraída pela nossa condição pecadora, a natureza invulnerável une-se à natureza passível, Deus verdadeiro e homem verdadeiro conjugam-se harmoniosamente na Pessoa única do Senhor. [...] Tal era, amadíssimos, o tipo de nascimento que convinha a Cristo, força e sabedoria de Deus; com Ele, mostrou-se igual a nós pela sua humanidade e superior a nós pela sua divindade. Se não fosse Deus verdadeiro, não podia ter remediado a nossa situação; se não fosse homem verdadeiro, não podia ter-nos dado o exemplo» (São Leão Magno, *Sermo I in nativitate Domini*, 2-3).

23, 1-36. Nesta como em outras passagens do Novo Testamento, não devemos ler uma condenação generalizada dos doutores da Lei e dos fariseus. Na verdade, ao final do discurso (v. 34), o Senhor fala de doutores da Lei que sofrerão o mesmo que Ele e, em outra passagem (cf. 13, 52), dá por certa a existência de doutores da Lei cristãos, que ensinam aos discípulos os mistérios do Reino dos Céus. Em geral, contudo, estamos perante uma dura acusação àqueles doutores da Lei e fariseus que, com o seu comportamento, se deixavam guiar mais pelas aparências exteriores do que pela necessidade de viver de acordo com a verdade.

Este discurso é constituído por duas partes: a primeira (vv. 1-12) dirige-se ao povo e aos discípulos; a segunda – os célebres «ais» (vv. 13-32) – é dirigida àqueles doutores da Lei e fariseus. Há nelas um tema comum: com as suas palavras, Cristo não pretende abolir a doutrina da Lei ensinada pelos doutores da Lei e os fariseus (cf. vv. 3.23), mas purificá-la e levá-la à plenitude.

No princípio (vv. 1-12), o comportamento dos fariseus e dos doutores da Lei é contrastado com o que deve ser o comportamento dos mestres cristãos: aqueles «dizem e não fazem» (v. 3) e gostam de ser os primeiros (v. 6); os cristãos, pelo contrário, devem servir e humilhar-se (vv. 11-12). E Jesus exemplifica estes ensinamentos de maneira concreta (vv. 7-10). «Mestre», «pai» e «doutor» eram títulos honoríficos que se davam àqueles que ensinavam a Lei de Moisés; quando Jesus recomenda aos seus discípulos que não aceitem esses títulos, está dizendo que o cristão não deve procurar as honras, mas o serviço. Santo Agostinho resumia muito bem essa atitude numa frase conhecida: «Somos reitores e somos também servos: presidimos, mas só se servimos» (Santo Agostinho, *Sermones*, 340A).

O sermão dos «ais» (vv. 13-32) enuncia pormenorizadamente as lamentáveis consequências e as contradições que derivam de um cumprimento meramente exterior da Lei. Há dois qualificativos que se repetem ao longo destas palavras, como um refrão: «hipócritas» (vv. 13.15.23.25.27.29) e «cegos» (vv. 16.24.26). Em sentido próprio, «hipócrita» significa «ator» (cf. 6, 1-8); contudo, a pessoa que se comporta permanentemente como ator corre o risco de se converter num farsante, pois a preocupação com as aparências vai unida a uma despreocupação com a substância, e essa atitude acaba por conduzir à cegueira e ao sem sentido. É isso mesmo que Jesus exprime com a imagem do mosquito e do camelo: preocupam-se com impurezas minúsculas – o mosquito, «*qamla*» em aramaico, é um animal que pode ser considerado impuro (cf. Lv 11, 20-24) –, mas cometem pecados de grandes dimensões: o camelo, «*gamla*» em aramaico, é um animal enorme e expressamente declarado impuro (cf. Lv 11, 4).

O Senhor nos indica o caminho que devemos seguir (v. 23): imitar a Deus nas suas atitudes com relação ao seu povo, que são a justiça, a misericórdia e a fidelidade: «Esta superioridade da nossa virtude há de consistir no *triunfo da misericórdia sobre o julgamento*. Na verdade, o que é mais justo e mais adequado é que a criatura, feita à imagem e semelhança de Deus, imite o seu Criador. [...] A virtude cristã não ultrapassa a dos escribas e fariseus pelo fato de suprimir a Lei, mas por não a entender num sentido material [...]. Muitas vezes, exibe-se uma aparência de virtude e ambiciona-se uma fama enganosa, sem qualquer interesse pela retidão interior; assim, aquilo que não passa de maldade oculta compraz-se na falsa apreciação dos homens. Aquele que ama a Deus contenta-se com agradar-Lhe, porque o maior prêmio que podemos desejar é o próprio amor; com efeito, o amor vem de Deus, de tal maneira que o próprio Deus é o amor. A alma piedosa e íntegra procura nisso a sua plenitude e não deseja outro deleite» (São Leão Magno, *Sermones*, 92, 1-2).

O sermão chega ao fim com um lamento profético (vv. 33-36): assim como os profetas sofreram – e morreram – por causa da incredulidade dos seus contemporâneos, assim também os primeiros cristãos sofrerão por causa da intransigência dos fariseus e dos doutores da Lei.

Muitos manuscritos de Mateus, por influência de Mc 12, 40 e Lc 20, 47, acrescentam (v. 14): «Ai de vós, escribas e fariseus hipócritas, que devorais as casas das viúvas a pretexto de longas orações! Por isso sereis julgados mais severamente».

23, 37-39. A indignação expressa na passagem anterior transforma-se agora em tristeza. A comovedora exclamação de Jesus resume, de algum modo, toda a história da salvação e é um testemunho da divindade de Cristo, pois quem senão Deus foi o protagonista das ações de misericórdia que marcam a história de Israel? A imagem da proteção debaixo das asas, que Jesus aplica a si mesmo como sujeito, é frequente no Antigo Testamento para aludir ao amor e à proteção de Deus ao seu povo (cf. Dt 32, 11; Sl 17, 8; 36, 8; 57, 2; 61, 5; 63, 8). Com a recordação dos profetas que lhe enviou (v. 37), Jesus dá a entender qual vai ser o seu próprio destino: «A fé cristã mostrou-nos que verdade, justiça e amor não são simplesmente ideais, mas realidades de imensa densidade. Com efeito, mostrou-nos que Deus – a Verdade e o Amor em pessoa – quis sofrer por nós e conosco. Bernardo de Claraval cunhou esta frase maravilhosa: *Impassibilis est Deus, sed non incompassibilis* – Deus não pode padecer, mas pode compadecer-se. O homem tem para Deus um valor tão grande que Ele mesmo se fez homem para poder padecer com o homem, de modo muito real, na carne e no sangue, como nos é demonstrado na narração da Paixão de Jesus» (Bento XVI, *Spe salvi*, n. 39).

***24, 1-25, 46.** O Discurso Escatológico de Jesus – o quinto dos recolhidos por São Mateus – figura nos três Evangelhos sinóticos. O relato de Mateus é o mais extenso dos três e é completado com as parábolas do capítulo 25. O tema principal de todo o discurso é a exortação do Senhor à vigilância e à esperança, mas também a fazer frutificar os talentos recebidos.

Com o Discurso Escatológico conclui-se o ministério público de Jesus e é introduzida a narrativa da Paixão. Pelo lugar que ocupa nos Evangelhos – antes da Paixão –, este discurso tem um tom de despedida que recorda o discurso de despedida de São João (13, 1-17, 26). À semelhança de alguns escritos apócrifos da época – nomeadamente *A anunciação a Moisés* e *O testamento dos Doze Patriarcas* –, este discurso adota uma linguagem apocalíptica, isto é, recorre a símbolos e imagens para descrever o que acontecerá no final. São profetizados dois acontecimentos diferentes: a destruição de Jerusalém e o fim do mundo presente, com a vinda gloriosa de Cristo. Desta maneira, o fim de Jerusalém é figura ou tipo do segundo acontecimento: o fim do mundo.

Sobre este fundo comum, cada um dos Evangelhos sinóticos acentua determinados elementos em detrimento de outros (cf. notas a Mc 13, 1-37; Lc 21, 5-36). Mateus também apresenta matizes próprios: a atitude de vigilância necessária aos cristãos tem de se manifestar em obras de serviço; aqueles que têm alguma responsabilidade para com os seus irmãos (vv. 45-51) devem estar especialmente atentos, pois deverão ter em consideração que as tribulações a que serão expostos os discípulos serão muito duras (vv. 9-12). Por outro lado, todos temos de manter uma atitude de «espera atenta», porque o Senhor virá de maneira repentina, como um relâmpago (v. 27), à hora em que não é esperado (v. 50), sem que possamos prever a sua vinda (vv. 36-41).

24, 1-2. O Templo de Jerusalém era, em razão da sua magnificência, o orgulho dos judeus: suas enormes colunas produziam uma impressionante sensação de permanência, que suscitou a admiração dos discípulos (cf. nota a Lc 21, 5-6). A sentença profética de Cristo – «não ficará aqui pedra sobre pedra» (v. 2) – cumpriu-se no ano de 70, quando as legiões romanas de Tito arrasaram a cidade; mas essa destruição era também uma consequência e um sinal de que a sua função tinha prescrito. Estas palavras de Jesus vêm na continuidade das que proferiu pouco antes, quando já tinha anunciado os três temas presentes no seu discurso: as perseguições a esta geração (23, 36-37), a destruição do Templo (23, 38) e a manifestação triunfal do Cristo (23, 39).

24, 3-14. No v. 3, os discípulos, impressionados com o dramático anúncio, interrogam o Mestre sobre o momento da sua realização. A pergunta propriamente dita é dupla, dizendo respeito, por um lado, aos acontecimentos e, por outro, aos sinais da sua vinda – literalmente, à sua parúsia, o advento glorioso de Cristo no final dos tempos – e ao fim do mundo.

É muito provável que, de acordo com a mentalidade da época, os discípulos identificassem as duas coisas, já que o desaparecimento do Templo só podia significar o advento definitivo do Reino de Deus. O Senhor corrige esta perspectiva demasiadamente limitada e distingue dois momentos, o primeiro dos quais (vv. 4-8) se caracteriza pela presença de impostores e o aparecimento das desgraças que na literatura apocalíptica assinalavam a proximidade do fim do mundo. Mas Jesus adverte-os de que «não é ainda o fim» (v. 6), de que esses sinais são meramente indicativos do «princípio das dores» (v. 8). Do nosso ponto de vista, é manifesto que esses momentos são os que antecedem a destruição de Jerusalém, que é um sinal do que acontecerá aos cristãos ao longo dos tempos (vv. 9-14): terão dificuldades externas e internas (vv. 9-11), a ponto de correrem o risco de desfalecer (v. 12); mas terão de perseverar, pois a perseverança é uma garantia da salvação (v. 13). As diversas tribulações não são sinais do fim dos tempos, mas as circunstâncias normais em que ocorrerá a pregação cristã; o Evangelho será pregado em «todo» o mundo, para dar testemunho diante de «todos» os povos (v. 14). E então, sim, virá o fim. Com estas palavras, Jesus expõe um programa que enche de esperança os cristãos: o fim do mundo não é uma sucessão de catástrofes, e sim um acontecimento salvador – é o fato de o Evangelho chegar a todo o mundo. Com este ensinamento, o Senhor nos indica ainda que a nossa atitude deve ser a de perseverar no meio das dificuldades. «O desalento é inimigo da tua perseverança. – Se não lutas contra o desalento, chegarás ao pessimismo, primeiro, e à tibieza, depois. – Sê otimista» (São Josemaria Escrivá, *Caminho*, n. 988).

24, 15-31. Este discurso retoma o percurso das palavras anteriores do Senhor (24, 5-8). A princípio (vv. 15-22), o Senhor parece estar se referindo especificamente à desgraça da destruição de Jerusalém, com uma sucessão inimaginável de dores (cf. v. 21); e identifica esse acontecimento com a expressão «abominação da desolação» (v. 15), com a qual se refere a diversas passagens do livro de Daniel (cf. 9, 27; 11, 31; 12, 11), em que o profeta fala do rei idólatra – Antíoco IV Epifânio – que ocupou o santuário com as suas tropas e colocou sobre o altar dos holocaustos imagens de falsos deuses (cf. 1 Mac 1, 54). Nosso Senhor aplica este episódio à história de Israel e à futura destruição de Jerusalém, pedindo por isso – «quem lê compreenda» – maior atenção ao texto de Daniel. Haverá, diz Jesus, nova manifestação desoladora, que arrasará o Templo e introduzirá a idolatria. Com efeito, o Templo foi destruído e profanado pelas tropas romanas, e posteriormente, no século II d.C., o Imperador Adriano mandou colocar uma estátua de Júpiter sobre as ruínas do mesmo Templo.

A seguir (vv. 23-28), o Senhor se detém no anúncio de novas calamidades: além das dores, surgirão falsos profetas e falsos messias (v. 24), que farão falsos sinais; e mais: eles se apresentarão como o verdadeiro Cristo que há de vir (v. 26). O Senhor lhes faz uma única advertência para todos estes casos: «não deis crédito» (vv. 23.26). A vinda do Filho do Homem não será oculta nem particular, só para alguns; será manifesta, como um relâmpago que ilumina a terra inteira (v. 27).

24, 29-31. Com as últimas palavras (24, 27-28), o Senhor já anunciou como será a sua vinda gloriosa. O sinal do «Filho do Homem» (v. 30) será isso mesmo, a sua vinda: o fim do mundo não será uma sucessão de catástrofes, mas a sua vinda triunfante, que não constituirá, de modo algum, um acontecimento vulgar. Perante a sua luz, todo o cosmo parecerá uma sombra (v. 29): «Não é que a luz diminua, mas que, em comparação com a verdadeira luz, tudo parece trevas» (São Jerônimo, *Commentarii in Matthaeum*, 24, 29). Perante a sua verdade, as pessoas reconhecerão o muito que lhes falta para serem dignas dEle (v. 30); por isso, «que caia a arrogância daqueles que, julgando-se santos, não temem a presença do Juiz» (*Ibidem*). Para os seus eleitos, porém, a vinda do Filho do Homem não é uma coisa terrível, mas um acontecimento consolador; eles serão convocados à sua presença de todas as extremidades da terra (v. 31). Na opinião de muitos Padres e comentadores, o «sinal» do Filho do Homem (v. 30) é a Cruz: «Por este sinal entendemos aqui a Cruz, para que, segundo Zacarias e João, os judeus vejam Aquele que trespassaram, ou seja, o estandarte da vitória triunfante» (*Idem*, 24, 30).

24, 32-35. Neste ponto, tem início a resposta à outra pergunta: quando será isso? O Senhor indica que as coisas ocorrerão sem qualquer dúvida, que as suas palavras não são vãs (v. 35); que da mesma maneira que a figueira anuncia o verão, o que Ele disse deve ser uma exortação à vigilância, pois, como observará a seguir (24, 36), este dia não será revelado antecipadamente. Ao dizer «não passará esta geração sem que se cumpram todas estas coisas» (v. 34), Jesus pode estar se referindo à sua ressurreição como antecipação da sua vinda gloriosa, embora «geração» também possa ser entendida num sentido mais amplo, como o período inaugurado pela vinda do Senhor, que se prolonga até o final dos tempos.

24, 36-51. O que se segue é uma explicação da ignorância do momento. As palavras de Jesus aos discípulos são categóricas: nem o dia nem a hora da parúsia serão revelados; os discípulos terão de estar vigilantes.

«Quanto àquele dia e àquela hora, ninguém os sabe: nem os anjos do céu, nem o Filho, mas somente o Pai» (v. 36). Esta célebre frase suscitou, desde a Antiguidade cristã, muitas dúvidas entre os intérpretes e os teólogos, e foi um dos textos de que Ário (condenado no primeiro concílio ecumênico, celebrado em Niceia em 325) se serviu para negar a divindade de Jesus. Santo Agostinho deu dela uma explicação que foi comumente aceita: «Nosso Senhor Jesus Cristo, que nos foi enviado como Mestre, afirmou que nem sequer o Filho do Homem conhecia o dia do Juízo, porque não constava das atribuições do seu magistério revelar-no-lo» (*Enarrationes in Psalmos*, 36, 1). A explicação de São Tomás de Aquino é muito semelhante a esta: «Ignorar o dia e a hora significa que não os dará a conhecer, pois, interrogado pelos apóstolos, não os quis revelar» (*Summa theologiae*, 3, 10, 2, ad 1). Santo Atanásio (cf. nota a Mc 13, 28-37) dá outra explicação, que tem a ver com a dupla natureza de Cristo.

Jesus se abstém de revelar o dia do Juízo para que nos mantenhamos vigilantes. Este ensinamento é reforçado com a parábola do servo fiel, enunciada a seguir (vv. 45-51), e as parábolas do capítulo seguinte. Vigiar em preparação para o advento de Cristo não consiste em estar continuamente à procura de sinais da sua vinda, mas em agir e trabalhar cristãmente em todo momento. Um meio indispensável para isso é o exame de consciência: «Tens um tribunal à tua disposição. [...] Manda sentar a tua consciência como juiz, e que a tua razão lhe apresente todas as tuas culpas. Examina os pecados da tua alma e exige-lhe que preste contas com precisão: por que fizeste isto ou aquilo? E se a alma não quiser considerar as suas culpas mas, pelo contrário, procurar as alheias, diz-lhe: "Não te julgo pelos pecados dos outros". [...] Se fizeres isto diariamente com constância, comparecerás com confiança perante o tribunal que a todos fará tremer» (São João Crisóstomo, *In Matthaeum*, 42, 2-4).

25, 1-13. Este capítulo consiste, todo ele, numa aplicação prática da doutrina do capítulo anterior. Recorrendo a duas parábolas – a das virgens e a dos talentos – e aos seus ensinamentos conclusivos acerca do Juízo Final, Jesus insiste na vigilância.

A parábola das virgens néscias e prudentes é um exemplo da necessidade da vigilância. O Senhor afirma com clareza que se trata de uma parábola acerca do Reino dos Céus, e é a única ocasião em que fala sobre este tema no futuro (v. 1); está, portanto, se referindo aos cristãos que foram chamados à Igreja e responderam a esse chamado. Mas não basta ficar à espera; é preciso agir: «O cristianismo não é um caminho cômodo: não basta *estar* na Igreja e deixar que os anos passem. Na nossa vida, na vida dos cristãos, a primeira conversão – esse momento único, que cada um de nós recorda, e em que se percebe claramente tudo o que o Senhor nos pede – é importante; mas ainda mais importantes, e mais difíceis, são as sucessivas conversões. E para facilitar o trabalho da graça divina com estas conversões sucessivas, é preciso conservar a alma jovem, invocar o Senhor, saber escutar, descobrir o que vai mal, pedir perdão» (São Josemaria Escrivá, *É Cristo que passa*, n. 57).

Na imaginação do leitor, representa-se um daqueles casamentos orientais, longos e ruidosos (cf. Jo 2, 1-11), em que a noiva, acompanhada das suas parentes e amigas, aguarda a chegada do noivo, com a respectiva comitiva, para ser levada para a sua própria casa. Nesta alegoria, percebe-se imediatamente que o noivo representa Cristo e que as virgens são os convidados para o casamento, ou seja, para a aliança esponsal de Deus com a sua Igreja. A lição é clara: não basta estarmos na Igreja, aguardando passivamente o acontecimento definitivo; temos de manter viva a fé e praticar boas obras: «Vela com o coração, com a fé, com a esperança, com a caridade, com as boas obras [...]; prepara as lâmpadas, tem o cuidado de evitar que se apaguem, alimenta-as com o azeite interior de uma consciência reta; permanece unido ao Esposo pelo amor, para que Ele te introduza na sala do banquete, onde a tua lâmpada nunca se extinguirá» (Santo Agostinho, *Sermones*, 93, 17).

25, 14-30. O talento não era propriamente uma moeda, mas uma unidade contábil que equivalia a cerca de 34 kg de prata (cf. nota a 18, 21-35). Nesta parábola, o Senhor ensina a necessidade de corresponder à graça de forma esforçada durante toda a vida: temos obrigação de fazer render os dons naturais e as graças sobrenaturais que recebemos de Deus. O importante não é o número, mas a generosidade na correspondência: «Parece-me muito conveniente repararmos na conduta daquele que recebeu um talento: comporta-se de uma forma que se poderia qualificar como "esperteza de matuto". Pensa, raciocina com aquele cérebro pequenino, e decide: *cavou na terra e escondeu o dinheiro do seu senhor*. Que ocupação escolherá depois esse homem, se abandonou o seu instrumento de trabalho? Decide optar irresponsavelmente pelo comodismo de devolver apenas o que lhe entregaram. [...] Que tristeza não tirar proveito, autêntico rendimento, de todas as faculdades, poucas ou muitas, que Deus concede ao homem para que se dedique a servir as almas e a sociedade! Quando o cristão mata o seu tempo na terra, coloca-se em perigo de *matar o seu Céu*: quando por egoísmo se retrai, se esconde, se desinteressa. Quem ama a Deus não se limita a entregar o que tem, o que é, ao serviço de Cristo: dá-se ele mesmo. [...] A tua vida para ti? A tua vida para Deus, para o bem de todos os homens, por amor ao Senhor. Desenterra esse talento! Torna-o produtivo, e saborearás a alegria de saber que, neste negócio sobrenatural, não interessa que o resultado não seja, na terra, uma maravilha que os homens possam admirar. O essencial é entregar tudo o que somos e possuímos, procurar que o talento renda e empenhar-nos continuamente em produzir bom fruto» (São Josemaria Escrivá, *Amigos de Deus*, nn. 45-47).

25, 31-46. Às três parábolas anteriores (24, 42-51; 25, 1-13; 25, 14-30) segue-se o anúncio do juízo do Senhor. Jesus apresenta esse Juízo Final, que fará com que todas as coisas entrem na ordem da justiça divina, em toda a sua grandiosidade. A Tradição cristã dá-lhe o nome de Juízo Final para o distinguir do juízo particular a que cada pessoa terá de se submeter imediatamente após a morte: «Então será revelada a conduta de cada um e o segredo dos corações. Será também condenada a incredulidade culpada que fez pouco caso da graça oferecida por Deus. A atitude em relação ao próximo revelará o acolhimento ou a recusa da graça e do amor divino» (*Catecismo da Igreja Católica*, n. 678).

Todos os aspectos enumerados nos vv. 35-46 – dar de comer, dar de beber, vestir, visitar – são obras de amor cristão sempre que, ao serem feitas aos «pequeninos» (v. 40), se vir neles o próprio Cristo. A passagem torna-se significativa quando comparada com uma anterior, em que o Senhor declara que quem der de beber nem que seja um copo de água fresca «a um destes pequeninos [...] a título de ser meu discípulo» (10, 42) não ficará sem recompensa. Nesta passagem, contudo, não se refere o fato de ser discípulo; servindo qualquer homem, serve-se a Cristo. Daqui a importância de praticar as obras de misericórdia – corporais e espirituais – recomendadas pela Igreja, e também a relevância dos pecados de omissão: não fazer o que se deve implica deixar o próprio Cristo despojado desses serviços. A dimensão do amor a Deus mede-se pelas obras de serviço aos outros: «Quanto a nós, só estas duas pede o Senhor: amor de Deus e amor do próximo. Nisso devemos trabalhar. Guardando-as com perfeição, fazemos sua vontade. [...] O mais certo sinal, a meu ver, para verificar se guardamos esses dois pontos com perfeição é a observância generosa da caridade fraterna. Com efeito, não temos certeza do nosso amor a Deus, conquanto haja grandes indícios por onde se entende que O amamos. O amor ao próximo, por outro lado, logo se conhece. E convencei-vos: quanto mais adiantadas estiverdes no amor do próximo, tanto mais o estareis no amor de Deus. Quereis saber a razão? É tão grande o amor de Deus para com os homens que, em paga do amor que tivermos a eles, Sua Majestade fará crescer por mil maneiras o amor que temos a Ele. Não posso duvidar» (Santa Teresa de Jesus, *Castelo interior ou moradas*, 5, 3, 7-8).

«Suplício eterno» (v. 46). A existência de um castigo eterno para os condenados e de um prêmio eterno para os eleitos é um dogma de fé definido solenemente pelo Magistério da Igreja em 1215: «Jesus Cristo [...] há de vir no fim do mundo para julgar os vivos e os mortos e dar a cada um segundo as suas obras, tanto aos réprobos como aos eleitos; e todos eles ressuscitarão nos corpos que agora têm para receberem segundo as suas obras, boas ou más: aqueles, com o diabo, castigo eterno; estes, com Cristo, glória eterna» (Conc. de Latrão IV, *De fide catholica*, cap. 1).

***26, 1-28, 20.** Os acontecimentos da Paixão de Nosso Senhor ficaram muito gravados na memória dos seus discípulos, como se percebe pelos discursos dos apóstolos relatados nos *Atos* e pela intensidade narrativa dos quatro Evangelhos. São Mateus salienta, por um lado, a grandeza de Jesus perante a perfídia dos seus acusadores e, por outro, o motivo pelo qual sofreu todas estas afrontas: porque é o Servo sofredor anunciado pelos profetas, que carregou sobre si os nossos pecados. Os desígnios de Deus cumprem-se na morte de Jesus, mas também na sua ressurreição; com ela e com o mandato apostólico, inicia-se uma nova etapa: Jesus ressuscitado permanece na Igreja, abriram-se as portas do Céu, e nós temos a obrigação de anunciar esta mensagem de salvação a todos os homens.

A Paixão de Cristo é o momento da sua vida que é narrado com maior minúcia pelos quatro evangelistas. Não é de estranhar que assim seja, porque se trata do ponto culminante de sua existência humana e da obra da redenção, na medida em que constitui o sacrifício expiatório que Ele oferece a Deus Pai pelos nossos pecados. Por sua vez, o tremendo sofrimento de Nosso Senhor salienta da forma mais expressiva possível o seu amor por todos e cada um de nós: «Na Paixão de Cristo encontramos remédio para todos os males em que incorremos pelos nossos pecados. Mas não é menor a sua utilidade como exemplo, porque a Paixão de Cristo é suficiente para dar forma perfeita à vida cristã. A quem desejar alcançar a perfeição basta desprezar o que Cristo desprezou na Cruz e apetecer o que Ele apeteceu. Na Cruz, temos exemplos de todas as virtudes. Se procuras um exemplo de amor, ninguém tem maior amor que aquele que dá a vida pelos seus amigos; e foi isso o que Cristo fez na Cruz. Por isso, se Ele entregou a sua vida por nós, não devemos considerar gravoso nenhum mal que tenhamos de sofrer por Ele. [...] Se procuras um exemplo de humildade, olha o crucificado: Ele, que era Deus, quis ser julgado por Pôncio Pilatos e morrer. Se procuras um exemplo de obediência, imita Aquele que se fez obediente ao Pai até a morte; se, pela desobediência de um – isto é, de Adão –, todos se converteram em pecadores, assim também pela obediência de um todos se converterão em justos» (São Tomás de Aquino, *Expositio in Credum*, 4, 919).

26, 1-5. Os três primeiros Evangelhos relatam da mesma maneira o início do drama que vai ter lugar: as autoridades de Israel procuravam um modo de prender Jesus e encontram um aliado inesperado em Judas, «um dos doze» (26, 14). Mas cada evangelista sublinha um aspecto específico. Mateus destaca o domínio de Jesus sobre o que vai suceder-Lhe: os acontecimentos fazem parte do desígnio salvífico de Deus, e até as trinta moedas que Judas recebe pela sua traição (26, 15) são o cumprimento do plano traçado por Deus nas Escrituras (cf. 27, 9-10).

O fato de as autoridades terem querido evitar o «tumulto entre o povo» (v. 5) indica que Jesus era muito apreciado por todos; a circunstância de terem querido prendê-lO «por astúcia» (v. 4) é a primeira das afrontas que farão ao Senhor ao longo deste processo, à qual se seguem muitas outras: o suborno de um traidor (26, 14-16), os falsos testemunhos que levam à condenação (26, 59-61), o incitamento da multidão (27, 20), as injúrias depois de O crucificarem (27, 39) etc. – tudo isto «por inveja» (27, 18).

26, 6-16. Betânia (v. 16), a aldeia onde residiam Lázaro e as irmãs (cf. Jo 12, 1), ficava a leste do Monte das Oliveiras, no caminho de Jerusalém a Jericó. Esta aldeia não é a mesma Betânia perto da qual São João batizou (cf. Jo 1, 28). A generosidade desta mulher foi criticada pelos discípulos sob pretexto de uma falsa pobreza (vv. 8-10): pareceu-lhes um desperdício, pois, segundo se lê em Jo 12, 5, o perfume derramado teria custado mais de trezentos denários, que era quase o salário anual de um trabalhador. Mas o que os discípulos não tinham compreendido era o amor que estava por trás do gesto daquela mulher: «Aquela mulher que, em casa de Simão o leproso, em Betânia, unge com rico perfume a cabeça do Mestre recorda-nos o dever de sermos magnânimos no culto de Deus. – Todo o luxo, majestade e beleza me parecem pouco. – E contra os que atacam a riqueza dos vasos sagrados, paramentos e retábulos, ouve-se o louvor de Jesus: "*Opus enim bonum operata est in me*" – uma boa obra foi a que ela fez comigo» (São Josemaria Escrivá, *Caminho*, n. 527).

O gesto de amor desta mulher evoca um costume vigente entre a nobreza judaica, que consistia em embalsamar os corpos antes de sepultá-los, utilizando para isso unguentos e perfumes. Esta mulher se antecipa à morte do Senhor; e aquilo que era, em si mesmo, um gesto de generosidade e de reconhecimento da sua dignidade transforma-se num sinal profético da sua morte redentora (vv. 12-13).

26, 17-25. A Páscoa (v. 17) era a festa nacional israelita por excelência, celebrada em memória da libertação da escravidão do Egito (cf. Ex 12). Os ritos prescritos por Moisés consistiam na imolação de um cordeiro sem defeitos, ao qual não se podia quebrar nenhum osso e que tinha de ser comido integralmente, numa refeição de ação de graças. No tempo do Senhor, o sacrifício era feito no Templo de Jerusalém, tendo a refeição lugar na casa de cada um, com toda a família reunida. Os Ázimos eram os pães sem levedura que tinham de ser comidos durante sete dias, em memória do pão sem fermento que os israelitas tiveram de levar consigo quando saíram do Egito apressadamente (cf. Ex 12, 34). Naquele tempo, a ceia pascal era comida no primeiro dia dos Ázimos.

Marcos e Lucas fazem uma descrição mais pormenorizada do que Mateus das ações preparatórias da ceia pascal. Mateus recorda que Jesus sabia que Judas O tinha traído (v. 25), mas isso não O detém: «O meu tempo está próximo», manda dizer ao dono da casa (v. 18): «Este desejo de desposar o desígnio de amor redentor de seu Pai anima toda a vida de Jesus, pois sua Paixão redentora é a razão de ser de sua Encarnação» (*Catecismo da Igreja Católica*, n. 607).

26, 26-29. Os gestos e as palavras de Jesus na Última Ceia têm uma especial densidade de significado. Nos relatos da instituição da Eucaristia, os diferentes evangelistas também se centraram em aspectos diversos (cf. notas a Mc 14, 22-25 e a Lc 22, 7-20). São Mateus é o único que recorda as palavras de Jesus sobre o caráter de expiação pelos pecados que a sua morte terá (v. 28). As palavras do Senhor conferem plenitude ao desígnio salvador de Deus: «Este projeto divino de salvação mediante a morte do "Servo, o Justo", havia sido anunciado antecipadamente na Escritura como um mistério de redenção universal, isto é, de resgate que liberta os homens da escravidão do pecado [...]. A morte redentora de Jesus cumpre em particular a profecia do Servo sofredor» (*Catecismo da Igreja Católica*, n. 601).

Nesta breve cena estão contidas as verdades de fé fundamentais sobre o sublime mistério da Eucaristia: «O nosso Salvador instituiu na Última Ceia, na noite em que foi entregue, o Sacrifício eucarístico do seu Corpo e do seu Sangue para perpetuar pelo decorrer dos séculos, até Ele voltar, o Sacrifício da Cruz, confiando à Igreja, sua esposa amada, o memorial da sua morte e ressurreição: sacramento de piedade, sinal de unidade, vínculo de caridade, banquete pascal em que se recebe Cristo, a alma se enche de graça e nos é concedido o penhor da glória futura» (Conc. Vaticano II, *Sacrosanctum concilium*, n. 47).

Em primeiro lugar, estamos perante a instituição do sacramento e da presença real de Jesus Cristo. Ao proferir as palavras «isto é o meu corpo», «este é o meu sangue», aquilo que era apenas pão ázimo e vinho de videira passa a ser – pelas palavras e pela vontade de Jesus Cristo – o seu Corpo e o seu Sangue. As suas palavras não admitem interpretações de caráter simbólico nem explicações que obscureçam a misteriosa verdade da presença de Cristo na Eucaristia; perante elas, apenas se pode ter a humilde resposta de fé que a Igreja Católica sempre teve: «A instrução dada constantemente pela Igreja aos catecúmenos, o sentido do povo cristão, a doutrina definida pelo Concílio Tridentino e as mesmas palavras que usou Cristo, ao instituir a sagrada Eucaristia, vão mais longe: obrigam-nos a professar "que a Eucaristia é a Carne do nosso Salvador Jesus Cristo, a qual sofreu pelos nossos pecados e foi ressuscitada pelo Pai na sua benignidade". Às palavras do mártir Santo Inácio apraz-nos acrescentar as de Teodoro de Mopsuéstia, neste particular testemunha fiel da crença da Igreja: "O Senhor não disse: 'Isto é o símbolo do meu Corpo e isto é o símbolo do meu Sangue', mas: 'Isto é o meu Corpo e o meu Sangue'"» (São Paulo VI, *Mysterium fidei*, n. 46). A doutrina cristã confessa também que este sacramento não só tem a virtude de santificar, como contém o próprio Autor da Santidade; e foi instituído por Jesus para ser alimento espiritual da alma. Por ele nos são perdoados os pecados veniais e nos são dadas forças para não cairmos nos mortais; e ele nos une de tal maneira com Deus que é um penhor da glória futura.

Por outro lado, ao instituir a Eucaristia, o Senhor ordenou que se repetisse até o final dos tempos (cf. Lc 22, 19; 1 Cor 11, 24-25), dando aos apóstolos o poder de o fazer. Assim, pois, de acordo com esta passagem, completada pelos relatos de São Paulo e de São Lucas, Cristo também instituiu o sacerdócio, concedendo aos apóstolos o poder de consagrar, o qual estes transmitiram aos seus sucessores.

Finalmente, na Última Ceia, Cristo adiantou de modo incruento a sua Paixão e morte iminentes; de maneira que em todas as Missas celebradas desde então se renova o Sacrifício salvador da Cruz, pois a Santa Missa «não é uma pura e simples comemoração da Paixão e Morte de Jesus Cristo, mas é um verdadeiro e próprio sacrifício, no qual, imolando-se incruentamente, o Sumo Sacerdote faz aquilo que fez uma vez sobre a Cruz, oferecendo-se todo ao Pai como vítima agradabilíssima» (Pio XII, *Mediator Dei*, n. 61).

A expressão «derramado por muitos» (v. 28) equivale a «derramado por todos»; cumpre-se assim a profecia de Is 53, 11-12.

26, 30-35. Na celebração da Páscoa, recitavam-se os Salmos 113 a 118; é a isso que o evangelista se refere quando diz: «Depois de recitarem o hino» (v. 30). Em seguida, e antes da grande prova, Jesus adverte os seus discípulos, e Pedro em especial, de que ficarão perturbados (v. 31): eles confessaram que Jesus é o Messias (16, 13-20), embora sem perceber que o seu messianismo é o do Servo sofredor (16, 21-23); os acontecimentos seguintes vão forçá-los a perceber esse matiz. Ainda assim, os apóstolos resistem à ideia. Pedro, generoso, garante-Lhe que nunca O negará (vv. 33-35); mas, como era débil, acabará por fazê-lo. «Com isto aprendemos uma grande verdade: que não basta a vontade do homem se não formos assistidos pela ajuda do alto» (São João Crisóstomo, *In Matthaeum*, 82, 4).

26, 36-46. Os três sinóticos contrastam a dramática oração de Jesus com a incapacidade dos seus discípulos de O acompanharem. Marcos (cf. Mc 14, 32-42 e nota) fá-lo de forma mais acentuada; já Mateus prefere recordar que, por meio da oração, Jesus se identifica com o querer de Deus, abraçando essa vontade. Com efeito, o começo do relato (v. 39) salienta como foi difícil a aceitação daquela situação: «Se é possível, passe de mim...»; mais para a frente, a oração se transforma num abandono rendido à vontade do Pai: «Se este cálice não pode passar sem que eu o beba, faça-se a tua vontade» (vv. 42 e 44). «Todo empenho de quem começa a ter oração – e nunca o esqueçais, pois é de suma importância – há de ser trabalhar e determinar-se a conformar sua vontade com a do Senhor, dispondo-se com toda a diligência possível» (Santa Teresa de Jesus, *Castelo interior ou moradas* 2, 8).

O relato conserva a emoção da tradição com base na qual foi escrito e que devia ser uma memória viva na primitiva comunidade cristã; de fato, Hb 5, 7, por exemplo, também alude a este acontecimento impressionante: «A tradição teológica não deixou de interrogar-se como pôde Jesus viver simultaneamente a união profunda com o Pai, por sua natureza fonte de alegria e beatitude, e a agonia até o grito do abandono. Na realidade, a presença conjunta destas duas dimensões, aparentemente inconciliáveis, está radicada na profundidade insondável da união hipostática. Para penetrarmos neste mistério, a par da pesquisa teológica, pode-nos vir uma ajuda relevante também daquele grande patrimônio que é a "teologia vivida" dos santos. Estes dão-nos preciosas indicações que nos permitem acolher mais facilmente a intuição da fé; e fazem-no mercê das luzes particulares que alguns deles receberam do Espírito Santo, ou mesmo da experiência que eles próprios tiveram daqueles terríveis estados de provação que a tradição mística designa por "noite escura". Não é raro terem vivido os santos algo que se assemelha à experiência de Jesus [...]. Da mesma forma, Teresa de Lisieux vive a sua agonia em comunhão com a de Jesus, verificando em si própria precisamente o paradoxo de Jesus feliz e angustiado: "Nosso Senhor, no Horto das Oliveiras, gozava de todas as alegrias da Trindade, e todavia a sua agonia não era menos atroz. É um mistério; mas posso assegurar-lhe – escreve ela à Superiora – que compreendo alguma coisa desse mistério a partir do que sinto em mim mesma"» (São João Paulo II, *Novo millennio ineunte*, nn. 26-27).

26, 47-56. Esta cena, rica em contrastes, exprime a grandeza do Senhor: Judas O trai com um beijo (v. 49), que é um sinal de amizade e veneração; por outro lado, para Jesus, Judas é o amigo que nem sabe bem que função terá naquele drama (v. 50). Jesus é preso às escondidas (v. 55) por muita gente armada (v. 47), embora Lhe bastasse uma petição ao Pai para destruir todos aqueles planos (v. 53). Os discípulos estavam preparados para enfrentar a situação (cf. 26, 35), e um deles – Pedro, de acordo com Jo 18, 10 – desembainhou a espada (vv. 51); mas Jesus não oferece resistência: entrega-se porque quer, porque a sua decisão de cumprir as Escrituras (vv. 54.56) é irrevogável, mesmo que isso implique entregar a sua vida (cf. 26, 42). «Porque, sendo Deus, se fez homem e, com a sua vontade humana, se submeteu, tornando-se obediente a Ti, Deus, seu Pai» (São João Damasceno, *Declaratio et expositio fidei*, 1).

26, 57-75. Este episódio é relatado nos quatro Evangelhos, embora com variantes, sobretudo entre os sinóticos e João. Posteriormente, os príncipes dos sacerdotes acusarão Jesus de alvoroçar o povo, e o título da condenação será ter-se proclamado «rei dos judeus». Os Evangelhos sinóticos concordam na tese de que a acusação contra Jesus se referia às suas palavras sobre o Templo (v. 61): «As palavras: "Destruí este templo, e em três dias eu o levantarei!" (Jo 2, 19) parecem estar relacionadas com as palavras, citadas por Mateus e Marcos, que as testemunhas falsas proferem contra Nosso Senhor Jesus Cristo no final do Evangelho. Ele falava do Templo do seu corpo; estes, pelo contrário, aplicam as suas palavras ao Templo feito de pedras» (Orígenes, *Commentaria in Ioannem*, 10, 37, 251-252).

Neste episódio, verifica-se um contraste entre as atitudes de Jesus e de Pedro. São Mateus faz um relato ordenado das afrontas sofridas por Jesus: primeiro, é falsamente acusado (v. 59); depois, incriminado com uma frase retirada do contexto (v. 61). Perante estas acusações, o Senhor se cala (v. 63). A sua confissão messiânica Lhe vale a acusação de blasfêmia (v. 65) e a condenação à morte (v. 66), bem como as injúrias dos criados (vv. 67-68). Nessa progressão, o leitor recebe as negações de Pedro (vv. 72.74) como uma última ofensa; no final, porém, Pedro chora (v. 75). Tal como aconteceu outras vezes, o que sustenta Pedro não é a sua fortaleza, mas a sua contrição: «O santo Davi fez penitência pelos seus crimes mortíferos e manteve-se na sua hierarquia. O bem-aventurado Pedro, quando derramou lágrimas amargas, arrependeu-se de ter negado o Senhor e continuou a ser apóstolo» (Santo Agostinho, *Epistolae*, 185, 10, 45).

Contudo, como em tantas outras passagens, também aqui o Evangelho é paradoxal: a imagem que Jesus utiliza (v. 64) evoca o Juízo Final (cf. 24, 30; 25, 31), quando Aquele que agora é julgado será o Juiz.

27, 3-10. Não sabemos quais foram as intenções que levaram Judas a entregar Jesus. O que sabemos é que, ao vê-lO condenado, sente remorsos e reconhece o seu pecado; mas faltou-lhe a esperança do perdão e suicidou-se (cf. At 1, 16-20): «Pelo *desespero*, o homem deixa de esperar de Deus sua salvação pessoal, os auxílios para alcançá-la ou o perdão de seus pecados. O desespero opõe-se à bondade de Deus, à sua justiça – porque o Senhor é fiel a suas promessas – e à sua misericórdia» (*Catecismo da Igreja Católica*, n. 2091).

A reação dos príncipes dos sacerdotes não é menos deplorável: o que os preocupa é cumprir com precisão um mandamento da Lei que proíbe que se coloque no tesouro do Templo o dinheiro proveniente de uma ação inconfessável, que eles próprios incitaram. Em comentário a esta passagem, São Jerônimo (*Commentarii in Matthaeum*, 27, 6) faz notar que estes homens se tornaram dignos da observação do Senhor, quando os acusava de filtrar um mosquito e engolir um camelo (cf. 23, 24). O evangelista vê na compra do Campo do Oleiro mais uma prova de que Jesus é o Servo sofredor, em quem se cumprem as profecias das Escrituras.

27, 11-26. Mateus sublinha a rejeição do Messias por parte de Israel. A narrativa inclui várias cenas que salientam a dignidade de Jesus e a injustiça da condenação.

Jesus é levado «diante do governador» (v. 11). Nessa altura, a Judeia se encontrava sujeita à autoridade de um governador ou prefeito que, embora dependesse do legado romano da Síria, tinha *ius gladii*, ou seja, poder para condenar um réu à morte. Começam as acusações dos príncipes dos sacerdotes, e Pilatos convida Jesus a se defender. Mas Jesus se cala (vv. 12.14); tal como Isaías tinha anunciado (Is 53, 7) a propósito do Servo sofredor, «foi maltratado, mas humilhou-se e não abriu a boca, como um cordeiro que é levado ao matadouro, ou como uma ovelha emudecida nas mãos do tosquiador». Santo Efrém comenta assim esse silêncio eloquente: «Ele falava para ensinar, mas guardou silêncio diante do tribunal. [...] As palavras dos seus caluniadores eram como uma coroa redentora sobre a sua cabeça. O seu silêncio era tal que, calando-se, todos aqueles clamores tornavam a coroa ainda mais bela» (*Commentarii in Diatessaron*, 20, 16).

Segue-se uma dupla exculpação de Jesus: a tentativa de Pilatos libertá-lO (v. 18) e a intercessão da mulher de Pilatos, que considera que Jesus é um «justo» (v. 19). Como político, o governador tem a intuição de que aquele assunto está fora da sua competência. Embora Jesus seja inocente (v. 18), os judeus estão enfurecidos, de maneira que ele opta, covardemente, pela via da negociação e das concessões, com a prática do indulto de graça pascal. Não dá resultado: a multidão corresponde aos incitamentos dos príncipes dos sacerdotes (v. 20) e pede a crucifixão de Jesus: «É duro ler nos Santos Evangelhos a pergunta de Pilatos: "Quem quereis que vos solte? Barrabás ou Jesus, que se chama Cristo?" – É mais penoso ouvir a resposta: "Barrabás!" E mais terrível ainda verificar que – muitas vezes! –, ao afastar-me do caminho, tenho dito também:

"Barrabás!" E tenho acrescentado: "Cristo?... '*Crucifige eum!*' – Crucifica-o!"» (São Josemaria Escrivá, *Caminho*, n. 296).

E chegamos assim à cena central: Pilatos lava as mãos, num gesto de significado muito claro (v. 24; cf. Dt 21, 6-8), por meio do qual imputa ao povo a responsabilidade pela morte de Jesus. A resposta do povo (v. 25) deve ser entendida em sentido teológico, isto é, como rejeição do Messias, o que leva Deus a dar a sua vinha a outro povo que produza os seus frutos (cf. 21, 43): «Não se pode, todavia, imputar indistintamente a todos os judeus que então viviam, nem aos judeus do nosso tempo, o que na sua Paixão se perpetrou. E [...] os judeus [não] devem ser apresentados como reprovados por Deus e malditos, como se tal coisa se concluísse da Sagrada Escritura» (Conc. Vaticano II, *Nostra aetate*, n. 4).

Finalmente, Jesus é flagelado e entregue (v. 26). A flagelação que Jesus sofre é a romana, chamada *verberatio*, que só era aplicada aos escravos e aos soldados rebeldes; era feita com o *flagrum*, o flagelo, e era de tal maneira violenta que por vezes levava à morte.

27, 27-31. A corte romana, que era constituída de cerca de 625 soldados, alojados na Torre Antônia, junto do Templo, reunia mercenários de outras regiões; é isso que explica os insultos e a farsa da saudação: «Salve, Rei dos Judeus!», ao mesmo tempo que confere um sentido específico a esta passagem: à rejeição dos judeus, segue-se a dos gentios. Entendemos também aqui o valor redentor universal dos sofrimentos de Cristo: «Contempla os escarros na minha cara, que suportei para te devolver o teu primeiro alento de vida; contempla as bofetadas que me deram na face, que suportei para reformar a tua imagem deformada de acordo com a minha imagem» (*Homilia antiga*, Liturgia das Horas, *Ofício de leituras do Sábado Santo*).

27, 32-56. Os quatro Evangelhos narram com grande pormenor a crucifixão e morte do Senhor. Mateus começa pelo episódio de Simão de Cirene (v. 32), embora não mencione – como Marcos – que era pai de Alexandre e de Rufo. O Gólgota ou Calvário (v. 33) ficava no exterior da segunda muralha de Jerusalém; tinha sido uma pedreira e ficara com uma forma que fazia lembrar um crânio humano.

O espólio (v. 35) é mencionado pelos quatro evangelistas. O condenado à cruz perdia todos os seus direitos cívicos, ficando reduzido à condição de escravo; assim sendo, os verdugos podiam se apoderar de tudo o que ele levasse. A atitude dos guardas de Jesus não era, portanto, em si mesma, especialmente relevante; mas a primitiva Tradição cristã manteve este pormenor porque viu nele o cumprimento da profecia de Sl 22, 19, citada na passagem evangélica. O escrito colocado no alto da Cruz (v. 37), também indicado pelos quatro Evangelhos, não foi um capricho do prefeito; era um hábito romano na execução de sentenças capitais.

As injúrias dos presentes (vv. 39-44) e as palavras de Jesus pouco antes de morrer (v. 46) correspondem a Sl 22, 2. Com as suas palavras, o Senhor exprime o sofrimento físico e moral pelo qual passa nesses momentos; elas não são, pois, de modo algum, uma queixa contra os planos de Deus. «Porque o sofrimento não está em não sentir, o que só acontece aos que não têm sentido, nem em não mostrar o que dói e o que se sente, mas, embora doa e por mais que doa, em não se afastar da Lei nem da obediência a Deus. O sentir é natural à carne, que não é de bronze; e assim não se lhe tira a razão, a qual confere a cada coisa o que a sua natureza exige; e a parte sensível mostra que, em si mesma, é suave e brandíssima; sendo ferida, é necessário que sinta, e ao sentir segue-se o ai!» (Luis de León, *Exposição do Livro de Jó*, 3). Na agonia do horto (cf. nota a 26, 36-46), Jesus tinha experimentado uma antecipação da dor e do abandono deste momento. Dentro do mistério de Jesus Cristo Deus-homem, notemos como a sua humanidade – a alma e o corpo – sofre sem a atenuação que a sua divindade lhe poderia proporcionar.

As palavras do Senhor na Cruz – «Deus meu, Deus meu, por que me abandonaste?» (v. 46) – deverão ter levado os discípulos a perceber, posteriormente, que na sua crucifixão e morte se cumpriam plenamente as Escrituras (cf. nota a Mc 15, 21-41). Por isso, o texto está repleto de alusões a passagens do Antigo Testamento (Sl 22, 69 etc.) em que se anunciava que o sofrimento de um homem justo conduzia ao louvor do nome de Deus por parte de todas as gentes: «A morte do Salvador foi um rigoroso holocausto que Ele próprio ofereceu ao Pai para a nossa redenção; embora as dores e os padecimentos da sua Paixão fossem tão graves e tão fortes que qualquer outro mortal teria sucumbido a eles, não teriam matado Jesus se Ele não tivesse consentido e o fogo do seu amor infinito não Lhe tivesse consumido a vida. Ele foi, portanto, o santificador de si mesmo: ofereceu-se ao Pai e imolou-se no amor» (São Francisco de Sales, *Tratado do amor de Deus*, 10, 17).

O fato de o véu do Templo ter se rasgado (v. 51) significa que todos os homens têm aberto o caminho para Deus Pai (cf. Hb 9, 1-10; 10, 20) e que se iniciou a vigência da Nova Aliança, selada com o sangue de Cristo.

Os demais fatos portentosos de caráter cósmico que acompanham a morte de Jesus (vv. 45.51-53) são sinais que devem ser entendidos como uma resposta de Deus às ações dos homens: quem estava morrendo não era um simples homem, mas o Filho de Deus na sua humanidade. Estes acontecimentos evocam oráculos do Antigo Testamento (cf. Am 8, 9; Is 2, 10; Ez 32, 7; Dn 12, 2) nos quais era anunciado o dia do Senhor, com a ressurreição e a retribuição final. Os vv. 52-53 são difíceis de explicar; os grandes autores eclesiásticos propuseram três interpretações possíveis para eles: 1) mais do que de uma ressurreição em sentido estrito, tratou-se de aparições destes defuntos; 2) estes mortos ressuscitaram como Lázaro, para depois voltarem a morrer; 3) estes falecidos ressuscitaram com ressurreição gloriosa, em antecipação da ressurreição universal. São Jerônimo, Santo Agostinho e São Tomás de Aquino (cf. *Summa theologiae,* 3, 53, 3) preferem a segunda interpretação, isto é, a de que se trata de ressurreições de mortos que voltaram a morrer. Tendo em consideração esta dificuldade de interpretação, o que a passagem ensina é que, com a sua morte, Jesus vence a própria morte; e é isso o que a Igreja confessa quando professa a descida de Cristo aos infernos: «A Escritura denomina a Morada dos Mortos, para a qual Cristo morto desceu, de os Infernos, o *sheol* ou o Hades, visto que os que lá se encontram estão privados da visão de Deus. [...] Jesus não desceu aos Infernos para ali libertar os condenados nem para destruir o Inferno da condenação, mas para libertar os justos que O haviam precedido» (*Catecismo da Igreja Católica*, n. 633).

A presença das santas mulheres junto de Cristo na Cruz (vv. 55-56) é um exemplo de fortaleza para todos os cristãos: «Mais forte a mulher do que o homem, e mais fiel na hora da dor. – Maria de Magdala, e Maria Cléofas, e Salomé! Com um grupo de mulheres valentes, como essas, bem unidas à Virgem Dolorosa, que apostolado não se faria no mundo!» (São Josemaria Escrivá, *Caminho*, n. 982).

A meditação da Paixão do Senhor fez muitos santos ao longo da história da Igreja. Há poucas coisas mais proveitosas para um cristão do que contemplar devagar, com piedade e com assombro, os acontecimentos salvíficos da morte do Filho de Deus feito homem. Os santos perguntavam a si próprios como pôde Jesus viver esses momentos. Santa Catarina de Sena relata a seguinte locução de Deus Pai a propósito da coexistência da dor e da alegria, do sofrimento e da felicidade: «A alma está feliz e dolente: dolente pelos pecados do próximo, feliz pela união e pelo afeto da caridade que recebeu em si mesma. Eles imitam o Cordeiro imaculado, o meu Filho Unigênito, o qual, na Cruz, estava feliz e dolente» (*Diálogo da Divina Providência*, 78).

27, 57-66. A legislação judaica prescrevia que os corpos dos executados e crucificados fossem enterrados antes de terminar o dia, porque um crucificado é uma maldição de Deus e o seu cadáver mancha a terra (cf. Dt 21, 22-23). No caso de Jesus, acrescentava-se a coincidência de Ele ter sido executado na véspera do sábado, e é possível que se tratasse de um sábado de Páscoa, segundo o calendário dos saduceus. Isso explica a pressa das autoridades judaicas na petição a Pilatos. O dia da Preparação era o dia em que se preparavam as coisas necessárias para celebrar o sábado, que era um dia em que não se podia trabalhar, uma vez que era consagrado a Deus; o dia da Preparação também podia referir-se à véspera de uma festa importante de caráter sabático, como por exemplo a Páscoa (cf. Jo 19, 14).

«Em seu projeto de salvação, Deus dispôs que seu Filho não somente "morresse por nossos pecados" (1 Cor 15, 3), mas também que "provasse a morte", isto é, conhecesse o estado de morte, o estado de separação entre sua alma e seu corpo, durante o tempo compreendido entre o momento em que expirou na Cruz e o momento em que ressuscitou. Este estado do Cristo morto é o mistério do sepulcro e da descida aos Infernos» (*Catecismo da Igreja Católica*, n. 624). Por meio das indicações que dá – o túmulo novo e a grande pedra (v. 60), o selo e os guardas (v. 66) –, São Mateus acentua que Cristo morreu verdadeiramente e que a calúnia que se tinha divulgado naquele tempo (cf. 28, 15) era infundada.

28, 1-15. «A Ressurreição de Jesus é a verdade culminante de nossa fé em Cristo, crida e vivida como verdade central pela primeira comunidade cristã, transmitida como fundamental pela Tradição, estabelecida pelos documentos do Novo Testamento, pregada, juntamente com a Cruz, como parte essencial do Mistério Pascal» (*Catecismo da Igreja Católica*, n. 638). Esta verdade é configurada por meio de duas notas: em primeiro lugar, trata-se de um acontecimento «ao mesmo tempo historicamente atestado pelos discípulos, que encontraram verdadeiramente o Ressuscitado, e misteriosamente transcendente, enquanto entrada da humanidade de Cristo na glória de Deus» (*Idem*, n. 656); em segundo lugar, o fato tem singular importância para os homens, porque «Cristo, "primogênito dentre os mortos" (Cl 1, 18), é o princípio de nossa própria ressurreição, desde já pela justificação de nossa alma, mais tarde pela vivificação de nosso corpo» (*Idem*, n. 658).

Os Evangelhos são unânimes: as primeiras aparições de Jesus ressuscitado não foram aos discípulos, mas às santas mulheres, cujo amor, mais desinteressado e generoso, mais fiel e mais forte que o dos homens, parece ter sido premiado deste modo tão delicado. No ambiente judaico daquela época, os testemunhos das mulheres tinham pouca relevância jurídica; talvez seja por isso que Paulo não as refere no resumo catequético que faz em 1 Cor 15, 1-9. A circunstância de lhes ser atribuído todo este peso nos quatro Evangelhos releva a realidade histórica do fato, mas também mostra a predileção de Deus pelas almas simples, generosas e humildes.

Há pequenas diferenças entre os sinóticos: em comparação com o frescor e a espontaneidade de Marcos, por um lado, e com o gosto de Lucas pelos pormenores, por outro, Mateus é mais hierático, catequético e solene, prescindindo dos pormenores secundários. Os sinais com que descreve o anúncio da ressurreição (vv. 2-4) também indicam a magnitude do fato; tal como a morte de Jesus (27, 51-54), a sua ressurreição é um acontecimento extraordinário, pelo que é natural que seja proclamado pelo céu e pela terra: «Este é o dia em que o Senhor atuou, um dia que é totalmente diferente dos dias estabelecidos desde o começo dos séculos, que são medidos pela passagem do tempo. Este dia é o princípio de uma nova criação porque, como diz o profeta, neste dia Deus criou um novo céu e uma nova terra. [...] Neste dia, é criado o verdadeiro homem, aquele que foi feito à imagem e semelhança de Deus. [...] Mas ainda não falamos do maior dos privilégios deste dia de graça: o mais importante deste dia é que Ele destruiu a dor da morte e deu à luz o primogênito dentre os mortos. [...] Ó mensagem cheia de felicidade e de beleza! Aquele que por nós se fez homem semelhante a nós, sendo o Unigênito do Pai, quer converter-nos em seus irmãos e, ao levar a sua humanidade para o Pai, arrasta atrás de si todos os que passaram a ser da sua raça» (São Gregório de Nissa, *In Christi Ressurrectione oratio*, 1).

O evangelista chega mesmo a apresentar a verdade da ressurreição de Cristo com uma prova inversa: o testemunho daqueles que difundiram a calúnia do roubo do cadáver (vv. 11-15). Com esta nota, São Mateus nos dá a conhecer um fato de enorme importância: até os inimigos da ressurreição sabem que o túmulo está vazio e não conseguem explicar o motivo. Santo Agostinho comentava assim este episódio: «O que foi que disseste, ó astúcia sinistra? [...] Apresentais testemunhas adormecidas? Adormeceste verdadeiramente tu, que, inventando semelhantes patranhas, desfaleceste» (*Enarrationes in Psalmos*, 63, 15).

28, 16-20. Os quatro evangelistas recordam a dificuldade que os apóstolos tiveram em aceitar a ressurreição de Jesus; nesse aspecto, Marcos (cf. Mc 16, 9-20 e nota) é mais explícito do que Mateus, que apenas recolhe um breve apontamento (v. 17). «Não é coisa grande crer que Cristo morreu. Os pagãos e os judeus também creem nisso [...]. Todos creem que Cristo morreu. A fé dos cristãos consiste em crer na ressurreição de Cristo. O que temos por grande é crer que Cristo ressuscitou» (Santo Agostinho, *Enarrationes in Psalmos*, 120, 6).

«Foi-me dado todo o poder no céu e na terra» (v. 18). A onipotência, atributo exclusivo de Deus, também o é de Cristo ressuscitado. As palavras do Senhor evocam uma passagem do livro de Daniel em que se anuncia que, depois dos impérios passageiros, virá um filho de homem, ao qual foram dadas «as soberanias, a glória e a realeza; todos os povos, todas as nações e as gentes de todas as línguas O serviram. O seu império é um império eterno que não passará jamais, e o seu reino nunca será destruído» (Dn 7, 14). E Jesus é esse Filho do Homem, que pelos seus padecimentos mereceu ser glorificado (cf. Dn 7, 9-14).

«Ide, pois, e ensinai todas as gentes, batizando-as em nome do Pai, e do Filho e do Espírito Santo, ensinando-as a observar todas as coisas que vos mandei» (vv. 19-20). A primeira missão dos Doze (10, 1-42) tinha como destino a Casa de Israel (10, 5-6) e, como motivo da pregação, a proximidade do Reino dos Céus (10, 7). Agora os Onze são enviados a todo o universo, e a missão pressupõe o batismo em nome das três Pessoas divinas (v. 19) e a transmissão dos preceitos do Senhor (v. 20). A salvação se alcança pela pertença à Igreja, e essa pertença se exprime no cumprimento dos mandamentos. «É muito grande o prêmio que advém da observância dos mandamentos. E, para além daquele mandamento que é o primeiro e o maior [...], os outros também aperfeiçoam aquele que os cumpre, embelezam-no, instruem-no, ilustram-no, tornam-no, em última análise, bom e feliz. Por isso, se julgares retamente, compreenderás que foste criado para a glória de Deus e para a tua salvação eterna, compreenderás que este é o teu fim, que este é o objetivo da tua alma, o tesouro do teu coração. Se alcançares este fim, serás feliz; se não o alcançares, serás um infeliz» (São Roberto Belarmino, *De ascensione mentis in Deum*, 1).

«Eis que eu estou convosco todos os dias, até a consumação dos séculos» (v. 20). O Antigo Testamento narra que Deus estava no meio do seu povo (cf., por exemplo, Ex 33, 15-17) e que prometia aos seus eleitos que estaria com eles nos seus empreendimentos, razão pela qual seriam bem-sucedidos (cf. Gn 28, 15; Ex 3, 12; Js 1, 5; Jr 1, 8 etc.). A frase evangélica dá a conhecer que o destinatário da sua mensagem é toda a Igreja. Por isso, não estamos sozinhos na tarefa da evangelização: Ele é o Emanuel, Deus conosco (1, 23); e, enquanto Deus, com o seu poder e a sua eficácia (v. 18), permanece conosco até o final dos tempos (v. 20). «Embora não seja próprio desta vida, mas da vida eterna, que Deus seja tudo em todos, nem por isso deixa o Senhor de ser agora hóspede inseparável do seu templo, que é a Igreja, de acordo com o que Ele próprio prometeu ao dizer: "Sabei que eu estarei sempre convosco até o fim dos tempos". Por isso podemos conhecer, pela história dos acontecimentos passados, tudo quanto o Filho de Deus fez e ensinou para a reconciliação do mundo, mas também podemos senti-lo na eficácia das obras presentes» (São Leão Magno, *Sermo 12 in Passione Domini*, 3, 6).

EVANGELHO

SEGUNDO
SÃO MARCOS

INTRODUÇÃO

Em sua maioria, os códices antigos do Novo Testamento colocam o *Evangelho segundo São Marcos* em segundo lugar, depois do Evangelho de São Mateus. São muito poucos aqueles em que este lugar é ocupado pelo *Evangelho segundo São João*, e o mais provável é que o façam para colocar primeiro os Evangelhos escritos por apóstolos. A tradição patrística também costuma referir que Marcos foi o segundo a ser composto, embora haja pelo menos um autor antigo que afirma[1] que os Evangelhos que contêm as genealogias – o de Mateus e o de Lucas – foram os primeiros a serem redigidos.

Em contrapartida, a mesma tradição afirma unanimemente que seu autor é Marcos, «discípulo e intérprete» de Pedro[2]. Alguns documentos antigos apontam que Marcos não conheceu ou não foi seguidor de Cristo em sua vida terrena, mas todos insistem na ideia de que reproduz com fidelidade a pregação de Pedro. O testemunho mais velho que se conhece, o de Pápias de Hierápolis (século II), diz o seguinte: «Marcos, que foi intérprete de Pedro, passou cuidadosamente a escrito, embora sem

1 Clemente de Alexandria, em opinião registrada por Eusébio de Cesareia, *Historia ecclesiastica,* 6, 14, 5-7.

2 «Discípulo» de Pedro é como chama-lhe Eusébio de Cesareia, *Historia ecclesiastica,* 2, 15, 1; «intérprete», em *Idem*, 3, 39.14-15; e «discípulo e intérprete», em *Idem*, 5, 8, 3.

ordem, aquilo de que se recordava do que o Senhor tinha dito e feito. Porque ele não tinha ouvido o Senhor nem O tinha seguido, mas, como disse, [seguiu] Pedro, o qual transmitia os seus ensinamentos de acordo com as necessidades, e não como quem faz uma composição das sentenças do Senhor; mas Marcos em nada se enganou ao escrever algumas coisas tal como as recordava»[3]. A falta de ordem a que Pápias alude será uma justificativa da ausência, em Marcos, de muitos ensinamentos do Senhor que estão presentes no *Evangelho de São Mateus*; no entanto, o autor não deixa de assinalar que por trás do texto de São Marcos está a pregação de Pedro. A afirmação é comum a todos os testemunhos da Igreja antiga, desde a Gália, com Irineu[4], até o Egito, com Clemente de Alexandria[5]. Escritos posteriores confirmam unanimemente essa atribuição e essas características do segundo Evangelho[6]. Por outro lado, a relação entre Pedro e Marcos tem fundamento nos textos sagrados, uma vez que

---

3 Eusébio de Cesareia, *Historia ecclesiastica,* 3, 39.14-15.

4 «Marcos, o discípulo e intérprete de Pedro, transmitiu-nos também por escrito o que tinha sido pregado por Pedro» (Santo Irineu, *Adversus haereses,* 3, 1, 1).

5 «O Evangelho segundo Marcos começou a ser escrito da seguinte maneira: nos tempos em que Pedro pregava a Palavra em Roma e expunha o Evangelho sob a ação do Espírito, os presentes nessa ocasião, que eram em grande número, pediram a Marcos que, uma vez que acompanhava Pedro havia muito tempo e se lembrava das coisas que tinha dito, pusesse por escrito as suas palavras; Marcos assim fez e deu o Evangelho aos que lho tinham pedido; quando Pedro soube disso, não disse nada, nem para o impedir, nem para o promover» (Eusébio de Cesareia, *Historia ecclesiastica*, 6, 14, 5-7).

6 Cf., por exemplo, São Jerônimo, *De viris illustribus,* 8; Santo Agostinho, *De consensu evangelistarum*, 1, 1-2.

Pedro chama Marcos de filho[7]. Este evangelista também manteve relação estreita com Paulo; com efeito, embora a primeira colaboração entre ambos tenha acabado em desacordo[8], posteriormente o Apóstolo das gentes apresenta-o como fiel colaborador, que lhe serve de consolo e lhe é muito útil para o Evangelho[9].

Os últimos doze versículos deste Evangelho[10], embora apresentem elementos típicos do segundo evangelista, têm estilo diferente e estão ausentes de códices muito importantes, como o vaticano e o sinaítico, fato que foi salientado por alguns autores antigos[11]; no entanto, tanto São Justino quanto Santo Irineu conhecem-nos ou fazem alusão a eles[12]. Quer sejam de Marcos, quer sejam acréscimo posterior, contudo, os versículos são inspirados e canônicos, com base no decreto do Concílio de Trento sobre os livros sagrados[13].

Em comparação com os sugestivos ensinamentos dos outros evangelistas, Marcos prestava-se menos a ser comentado. Já Santo Agostinho fazia notar que o segundo Evangelho parece seguir e compendiar o Evangelho de

---

7 Cf. 1 Pd 5, 13.

8 Cf. At 13, 1-13.

9 Cf. Flm 1, 24; Cl 4, 10; 2 Tm 4, 11.

10 Mc 16, 9-20.

11 Cf. Eusébio de Cesareia, *Historia ecclesiastica*, 3, 10, 6; São Jerônimo, *Epistulae*, 120, 3.

12 São Justino, *Apologia*, 1, 45; Santo Irineu, *Adversus haereses*, 3, 10, 5.

13 Concílio de Trento, *Decreta de Sacris Scripturis* (8.IV.1546).

Mateus[14]. Talvez por essa razão, não abundam os comentários dos Padres da Igreja a este texto: há um de São Jerônimo, que privilegia o sentido espiritual, e, mais tarde, um de São Beda. Em contrapartida, São Marcos foi muito valorizado na época moderna: a proximidade das fontes, a espontaneidade de seu relato etc. permitem descobrir nele o encanto da figura de Jesus que tanto atraiu os apóstolos e a primeira geração de cristãos.

I. ESTRUTURA E CONTEÚDO

O primeiro versículo deste Evangelho afirma que Jesus é o Cristo e o Filho de Deus. Depois, ao longo do relato, vão se combinando duas dimensões desta realidade: a manifestação de Jesus como tal e a descoberta desse fato por parte de seus discípulos. Neste sentido, o *Evangelho de São Marcos* tem duas partes, claramente diferenciadas pela confissão de Pedro em Cesareia de Filipe[15]. Até então, Jesus manifestou sua condição messiânica com palavras e obras, mas nem os discípulos nem as multidões percebem claramente sua identidade[16]. Em Cesareia de Filipe, Pedro confessa-O como Messias e, logo a seguir, Jesus começa a dar aos discípulos instruções sobre a maneira como devem entender o seu messianismo: não como o de um libertador político, mas como o do Filho do

14 Santo Agostinho, *De consensus evangelistarum,* 1, 2, 3-4.

15 Cf. Mc 8, 29.

16 Cf. Mc 1, 27; 2, 7.12; 4, 41; 6, 2.14-16 etc.

Homem, que terá de sofrer as afrontas profetizadas sobre o Servo do Senhor, morrer e depois ressuscitar. Quase no final do Evangelho, já ao pé da Cruz, há um gentio, um centurião romano, que proclama que Jesus é o Filho de Deus; deste modo, cumpre-se o reconhecimento por parte dos homens dos dois títulos que o evangelista tinha anunciado no começo de seu escrito: Jesus é o Cristo e é Filho de Deus. Há outros aspectos do relato que sublinham a relação entre a verdade sobre Jesus e aquilo que os homens compreendem. Por exemplo, no decurso da narrativa percebe-se que, após cada confissão humana, há uma manifestação do Céu que a confirma e aperfeiçoa; assim, no batismo de Jesus, à declaração de João Batista segue-se a voz proveniente do Céu, à confissão de Pedro segue-se a voz ouvida na Transfiguração e às palavras do centurião seguem-se as do jovem que anuncia a ressurreição[17].

Tal como acontece nos outros dois sinóticos, podemos distinguir duas partes nos capítulos que se seguem à confissão de Pedro: o caminho para Jerusalém e os acontecimentos ali ocorridos. A estrutura deste Evangelho poderá ser a seguinte:

APRESENTAÇÃO (1, 1-13). Traz João Batista como o precursor anunciado no Antigo Testamento e Jesus como Messias e Filho de Deus.

---

17 Cf. Mc 1, 7 e 1, 11; Mc 8, 29 e 9, 7; Mc 15, 39 e 16, 5-6.

Primeira parte: ministério de Jesus na Galileia (1, 14-8, 30). Jesus prega a urgência da conversão para entrar no Reino de Deus. Seus ensinamentos e seus milagres despertam a admiração das multidões (1, 27-28.31.45; 2, 2.12 etc.), mas também a oposição dos doutores da Lei e dos fariseus (2, 6.16.24; 3, 6 etc.). Por meio de parábolas (4, 1-34), Ele ensina as multidões que O escutam e O seguem, mas não O entendem. Por outro lado, os discípulos que escolheu são objeto de uma doutrinação privilegiada. As obras de Jesus fazem com que as pessoas perguntem quem é Ele (cf. 1, 27; 2, 7.12; 4, 41; 6, 2.14-16; 8, 27-28). Os demônios parecem saber (cf. 1, 24-25.34; 3, 11-12; 5, 7), mas Jesus não aceita o seu testemunho: quer que sejam os homens a confessá-lo, como faz Pedro no final desta parte (8, 29).

Segunda parte: ministério de Jesus a caminho de Jerusalém (8, 31-10, 52). Depois da confissão de Pedro, Jesus se dedica com maior intensidade à formação dos seus discípulos, mostrando-lhes a necessidade da Paixão para entrar na glória (8, 31-9, 13). Os três anúncios da Paixão (8, 31; 9, 31; 10, 33-34) são uma espécie de estribilho desta parte do Evangelho. Tal ensinamento se completa com instruções sobre as virtudes e as atitudes que devem presidir à vida dos discípulos: a oração (9, 14-29), a humildade (9, 33-50), a pobreza (10, 17-31) etc.

TERCEIRA PARTE: MINISTÉRIO DE JESUS EM JERUSALÉM (11, 1-16, 20). A narrativa da atividade de Jesus nos últimos seis dias da sua vida está enriquecida com muitos pormenores cronológicos e topográficos. Esta narrativa começa com a entrada triunfal de Jesus em Jerusalém e a purificação do Templo (11, 1-19). Nesta altura, as autoridades judaicas, que O espreitavam quase desde o princípio, entram em controvérsia com Ele (11, 27-12, 40) e decidem matá-lO (11, 18; 12, 12; 14, 1-2.10-11). Jesus enfrenta esse destino, vendo nele o cumprimento do desígnio do Pai tal qual expresso nas Escrituras (14, 21). No entanto, a morte não é senão o caminho para a ressurreição, e o Evangelho termina com a entrada de Jesus na glória.

II. COMPOSIÇÃO E ENQUADRAMENTO HISTÓRICO

O autor e as circunstâncias da composição

Já se mencionou antes a unanimidade da tradição acerca de Marcos como autor do segundo Evangelho e acerca da origem da obra: o pedido que os cristãos de Roma fizeram ao evangelista para que redigisse os conteúdos da pregação de Pedro. Há duas tradições sobre o momento em que este Evangelho foi composto: Clemente de Alexandria afirma que foi antes do martírio de Pedro, enquanto Santo Irineu sustenta que foi pouco depois: «Depois da sua partida [morte], Marcos, discípulo e intérprete de Pedro, transmitiu-nos por escrito o que Pedro tinha pregado»[18]. Pedro morreu na perseguição movida aos cristãos no ano de 65, de maneira que, em qualquer dos dois casos, a data provável de redação do texto é a década de 60.

O Novo Testamento nos dá várias informações sobre Marcos: além de ser colaborador de Pedro e de Paulo, era primo de Barnabé[19] e filho de Maria, cristã dos primeiros tempos em cuja casa se reuniam os cristãos de Jerusalém[20]. De acordo com algumas tradições antigas, após o martírio de Pedro, Marcos fundou a Igreja de Alexandria, no Egito, onde gozou de grande prestígio e onde morreu mártir; no ano de 825, as suas relíquias foram levadas para Veneza, que o adotou como patrono e posteriormente erigiu a monumental basílica a ele dedicada na cidade.

A análise interna do Evangelho vem a confirmar as diversas notícias da tradição sobre o autor e sobre o local de sua composição. Com relação ao autor, e tal como acontece nos outros Evangelhos, seu nome próprio não

---

18 *Adversus haereses,* 3, 1, 1. Para o texto de Clemente de Alexandria, cf. nota 5.

19 Cf. Cl 4, 10. O evangelista é chamado Marcos em At 15, 39, João Marcos em At 12, 12 e 15, 37, e João em At 13, 5-13. Esta duplicidade de nomes era vulgar entre os judeus da época, que usavam um nome judeu, João (*Yohannan*), e outro latino helenizado: *Marcus, Markos.*

20 Cf. At 12, 12. Um antigo escrito cristão afirma que se trata do Cenáculo, onde o Senhor celebrou a Última Ceia e instituiu a Sagrada Eucaristia (cf. *Acta sanctorum* 2 [1867] 434). Em consonância com esse dado, muitos escritores eclesiásticos sugerem que o Horto das Oliveiras também era propriedade de Marcos, considerando por isso que o jovem que deixou o lençol e fugiu no momento da prisão de Jesus (cf. Mc 14, 51-52) é o próprio evangelista, que deixa aqui uma espécie de assinatura velada de seu Evangelho.

aparece em passagem nenhuma; no entanto, o evangelista parece gozar de informação em primeira mão oferecida por alguma testemunha dos acontecimentos que relata: nas passagens em que São Marcos narra mais pormenores que os outros sinóticos, Pedro está sempre presente[21]. A respeito do local de composição e dos destinatários imediatos do escrito, há muitos indícios de que terá sido Roma. Assim, por exemplo, o narrador explica os costumes judaicos[22] e traduz as expressões aramaicas usadas por Jesus[23], o que faz supor que seus destinatários não conheciam a língua nem os costumes da Palestina; em contrapartida, o evangelista utiliza muitos latinismos e diversas locuções que se tornam mais compreensíveis supondo que seus destinatários são romanos[24].

---

21 Pedro é nomeado nada menos do que 25 vezes neste Evangelho e ocupa o lugar de porta-voz dos discípulos: Mc 1, 36; 9, 25; 11, 21; 13, 3; 14, 37 etc. Por outro lado, este Evangelho parece acentuar os momentos menos felizes das intervenções do apóstolo.

22 A explicação mais extensa é a que ocorre em Mc 7, 3-4 («porque os fariseus e todos os judeus, em observância da tradição dos antigos, não comem sem lavar as mãos cuidadosamente e, quando vêm da praça pública, não comem sem se purificar, e praticam muitas outras observâncias tradicionais, como lavar os copos, os jarros, os vasos de metal e os leitos»), mas o mesmo se pode dizer de pequenas explicações como as que ocorrem em Mc 14, 12 («no primeiro dia dos ázimos, quando imolavam a Páscoa») e Mc 15, 42 («pois era a Preparação, isto é, a vigília do sábado»). Em contrapartida, dá por adquiridos termos técnicos romanos: «conduziram-no ao interior do átrio, isto é, ao pretório» (Mc 15, 16).

23 Por exemplo: «Boanerges, que quer dizer "filhos do trovão"» (Mc 3, 17) e «*Talitha qum,* que quer dizer: "Menina, eu te digo, levanta-te"» (Mc 5, 41); vejam-se outros exemplos em Mc 7, 11; 14, 36; 15, 22; 15, 34.

24 É possível que as palavras latinas usadas por Marcos – *speculator*, denário, centurião etc. – fossem de uso comum em todo o império, mas há neste Evangelho diversas notas que apontam para modos romanos. Assim, por exemplo,

Características literárias e teológicas

A crítica costuma resumir o estilo de São Marcos afirmando que se trata de um escritor de estilo imperfeito, mas que é um narrador hábil. Uma simples leitura da sua obra revela imediatamente que o grego não é a sua língua materna; também não se trata de um escritor consumado, e nem sempre é claro. Contudo, na sua simplicidade, realiza uma escrita cheia de vivacidade. Marcos tem o dom de dar vida àquilo que narra. Seu vocabulário não é especialmente amplo e a sintaxe é simples, com predomínio da coordenação direta das frases – parataxe –, unidas pela conjunção «e», pela preposição «pois», ou pelo advérbio «depois». O evangelista recorre com grande frequência ao discurso direto no meio dos seus relatos, e salta à vista do leitor o uso constante do presente histórico, utilizado mais de 150 vezes, bem como os saltos, inesperados para o nosso gosto, de uns tempos para outros no interior do mesmo relato. Uma característica muito específica de seu estilo é a descrição pormenorizada das circunstâncias, que Mateus e Lucas narram de maneira mais sóbria[25].

Marcos segue a maneira romana de dividir as horas da noite (cf. Mc 6, 48; 13, 35); informa que Simão Cireneu (cf. Mc 15, 21) era pai de Alexandre e de Rufo, personagens conhecidos dos cristãos de Roma (cf. Rm 16, 13) etc.

25 Cf. a cura do paralítico em Mc 2, 1-12, em comparação com Mt 9, 1-8 e Lc 5, 17-26; ou a cura do possesso de Gerasa em Mc 5, 1-20, em comparação com Mt 8, 28-34 e Lc 8, 26-39 etc. Por outro lado, há determinados dados que só Marcos menciona; por exemplo que, durante a tempestade no lago, Jesus dormia à popa, com a cabeça apoiada num travesseiro (Mc 4, 38), que o Senhor chamou «filhos do trovão» aos filhos de Zebedeu (Mc 3, 17), que o cego de Jericó se chamava Bartimeu (Mc 10, 46) etc.

Por outro lado, Marcos utiliza muitas vezes a terceira pessoa do plural quando se refere ao Senhor e aos discípulos em passagens em que os outros Evangelhos utilizam o singular[26]. A narração torna-se de tal maneira viva que parece ouvir-se a voz de uma testemunha ocular, que narra uma e outra vez: «Depois chegamos, viemos, fomos...». Todos esses pormenores refletirão certamente a vivacidade dos relatos de São Pedro. Em contrapartida, e ao contrário do que acontece nos outros Evangelhos, em Marcos não encontramos grandes discursos; com efeito, São Marcos repete muitas vezes – mais que os outros evangelistas – que Jesus «ensinava»; mas deixou-nos poucos testemunhos desses ensinamentos, pelo menos em discursos prolongados[27].

Essas características literárias têm uma dimensão mais profunda, dado que se relacionam com a mensagem que Marcos transmite; de fato, com as suas descrições pormenorizadas dos episódios da vida de Jesus e seus discípulos, o Evangelho nos ajuda a ir até as pequenas cidades às margens do lago de Genesaré, a sentir o bulício das multidões que seguem Jesus, a contemplar os seus gestos; numa palavra, assistimos à história evangélica como se participássemos dos episódios relatados. Para tanto, contribuem os elementos referidos anteriormente. Com efeito, o recurso ao estilo direto e ao presente histórico aproxima

---

26 Cf. Mc 1, 21.29; 3, 20; 5, 1.38; 6, 53-54; 8, 22; 9, 14.30.33; 10, 32.46; 11, 1.12.15.20.27; 14, 18.22.26.32.

27 Propriamente falando, apenas recolhe dois grandes discursos de Jesus: o das parábolas (cf. Mc 4, 1-34) e o escatológico (cf. Mc 13, 1-37).

o Evangelho do leitor, que é convidado a se comprometer como os discípulos; por outro lado, a constante repetição do advérbio «depois», unida à rápida difusão da fama de Jesus, transmite uma sensação de premência na proclamação do Evangelho, ao mesmo tempo que exprime de forma plástica o êxito que essa proclamação teve, e que portanto continuará a ter, se os discípulos de Jesus seguirem o exemplo do Mestre.

Dentre as notas peculiares do Evangelho de São Marcos, as duas mais significativas são, muito provavelmente, a noção de «Evangelho» e aquilo a que se chamaria o «mistério de Jesus» ou o «segredo messiânico».

O Evangelho e a sua universalidade. Marcos é o evangelista que mais vezes – oito – utiliza a palavra «Evangelho» em sentido absoluto; onde os outros evangelistas preferem expressões como «o Evangelho do Reino», São Marcos diz simplesmente «Evangelho», palavra com que abre o seu relato e com que praticamente o encerra[28]. Por outro lado, há um estreito paralelismo entre o Evangelho e Jesus; com efeito, Jesus declara aos seus discípulos que dar a vida pelo Evangelho é praticamente o mesmo que dar a vida por Ele[29]. Deste modo, torna-se evidente que o Evangelho, a boa-nova que foi comunicada aos homens, é Jesus, cuja obra nos conseguiu a salvação.

---

28 «Princípio do Evangelho de Jesus Cristo, Filho de Deus» (Mc 1, 1); «Ide por todo o mundo e pregai o Evangelho a toda criatura» (Mc 16, 15).

29 «Porque quem quiser salvar a sua vida perdê-la-á, mas quem perder a sua vida por amor de mim e do Evangelho salvá-la-á» (Mc 8, 35); «Ninguém há que tenha deixado casa, irmãos, irmãs, pai, mãe, filhos ou terras por causa de mim e do Evangelho que não receba o cêntuplo...» (Mc 10, 29-30).

Mas a noção de Evangelho está também unida à noção do seu destino universal; Jesus o diz expressamente várias vezes[30]. Ora, essa universalidade é ainda sugerida de outras maneiras, das quais a mais significativa é o recurso ao termo «Galileia» durante a narrativa. Com efeito, a Galileia é o local onde Jesus começou e realizou a maior parte do seu ministério e o local para onde se anuncia um novo começo após a ressurreição[31]; porém, do ponto de vista social, a Galileia é também uma encruzilhada de culturas e de gentes, uma espécie de Roma da Palestina. Com a sua missão nessa região, Jesus mostra – e São Marcos sublinha esse fato – que, embora tenha realizado o seu ministério terreno apenas em Israel, tem como destinatários todos os homens.

O mistério de Jesus. Na leitura do segundo Evangelho, chama a atenção a repetição quase constante de certos temas. O primeiro é o mandato de silêncio por parte de Jesus a respeito do seu messianismo; trata-se daquilo que por vezes se designa por «segredo messiânico»: Jesus manda calar os demônios, que Lhe chamam «santo» ou «Filho» de Deus, porque não aceita o seu testemunho[32]; impõe silêncio a muitos daqueles que cura[33], recomendando-lhes que não digam nada a ninguém; finalmente,

---

30 «Mas antes deve o Evangelho ser pregado a todas as nações» (Mc 13, 10); «Onde quer que for pregado este Evangelho por todo o mundo, será também contado, para sua memória, o que ela fez» (Mc 14, 9); «Ide por todo o mundo e pregai o Evangelho a toda criatura» (Mc 16, 15).

31 Cf. Mc 14, 28; 16, 7.

32 Cf. Mc 1, 25.34; 3, 11-12; 5, 7-8.

33 Cf. Mc 1, 44; 5, 43; 7, 36; 8, 26.

proíbe que Pedro e os discípulos revelem o que quer que seja – naquele momento – sobre a sua natureza de Messias e sobre a sua glória[34]. Para além dessas imposições, a narrativa mostra frequentemente que as multidões – e os discípulos – não entendiam Jesus[35]: é aquilo a que se chama o «mistério de Jesus». No entanto, o Evangelho expõe claramente que Ele é o Messias e o Filho de Deus, recordando que, quando se encontrava a sós com os discípulos, lhes explicava tudo, porque o seu ser e a sua doutrina estavam destinados a ser entendidos e pregados. Podemos, pois, detectar em todas essas passagens a pedagogia do Senhor, que vai se revelando de forma progressiva porque não quer confissões precipitadas. Ele é o Messias e o Filho de Deus, mas esses predicados devem ser entendidos à luz da Cruz e da ressurreição. Ouvindo as suas palavras e vendo as suas obras, as multidões perguntam: «Quem é este?»[36], mas não conseguem entender quem Ele é. Só com uma purificação progressiva e com os ensinamentos do Senhor os discípulos poderão confessá-lO corretamente.

III. ENSINAMENTO

Tal como acontece nos outros Evangelhos, os ensinamentos de Marcos abarcam muitos campos. As características mencionadas são alguns desses ensinamentos;

34 Cf. Mc 8, 30; 9, 9.

35 Cf. Mc 4, 1-34; 6, 52; 7, 14-23; 8, 14-21; 9, 9-32 etc.

36 Cf. Mc 1, 27; 2, 7.12; 4, 41; 6, 2; 6, 14-16 etc.

outros aspectos muito presentes no segundo Evangelho são o discipulado, o seguimento de Jesus, a salvação, a fé, a oração etc. Contudo, os Evangelhos falam sobretudo de Jesus.

Jesus, o Messias

Em perfeita harmonia com os outros três Evangelhos, São Marcos mostra que Jesus é o Messias. A primeira frase do seu Evangelho afirma-O como tal, e a confissão dessa verdade valeu a Jesus a sua condenação à morte[37]. Na manifestação da sua natureza messiânica, Jesus seguiu, no entanto, uma pedagogia divina, com o objetivo de evitar falsas interpretações, de modo especial para impedir que O confundissem com um libertador político e nacionalista capaz de se opor ao domínio do Império Romano. Prova dessa pedagogia é o fato de Jesus ter preferido se apresentar às multidões como «Filho do Homem», expressão que é sinônima de homem, mas cuja relação com a profecia de Dn 7, 13-14 não permitia qualquer interpretação nacionalista, mas antes apontava para um valor religioso mais transcendente. Pelo contrário, outros títulos messiânicos, como «Filho de Davi» e «Messias», poderiam levar a que, naquelas circunstâncias, a sua missão fosse entendida como um messianismo predominantemente terreno.

---

37 Cf. Mc 14, 61-64.

Com esse modo de proceder, Jesus ia se revelando com cada vez maior clareza e preparava os seus discípulos para O reconhecerem como o Senhor que redimiria os homens e os reconciliaria com Deus não por meio do poder dos exércitos ou da força política, mas por seu sacrifício no Calvário, uma vez que «o Filho do Homem não veio para ser servido, mas para servir e para dar a sua vida para redenção de muitos»[38].

Jesus, o Filho de Deus

Pode-se dizer com toda a segurança que a afirmação de que Jesus é o Filho de Deus, feita por São Marcos logo no começo, é um resumo de todo o Evangelho – resumo que o evangelista apresenta, aliás, como chave para o leitor compreender o que encontrará a seguir, de tal maneira que quem não acreditar que Jesus é o Messias e o Filho de Deus não irá compreender o restante do Evangelho.

Porém, ao mesmo tempo que confessa a sua divindade, São Marcos salienta a verdadeira humanidade de Jesus, evocando com gosto os seus sentimentos enquanto homem: o fato de se indignar com os hipócritas, de se aborrecer com os apóstolos, de se entristecer em Nazaré, de abraçar e abençoar as crianças, de se angustiar no Getsêmani etc.[39]. Contudo, esse mesmo Jesus que é verdadeiro

38 Mc 10, 45.

39 Cf. Mc 3, 5; 9, 36; 10, 13-16; 14, 33 etc.

homem tem o poder divino[40], e em duas ocasiões, no seu Batismo e na sua Transfiguração, ouve-se uma voz vinda do Céu declarando que Ele é o Filho de Deus[41]. Os leitores deste Evangelho terão forçosamente de perceber as duas coisas: a verdadeira humanidade do Senhor e a força dos seus gestos, que os convidam a repetir a confissão do centurião ao pé da Cruz: «Verdadeiramente este homem era Filho de Deus»[42].

---

40 Cf. Mc 2, 11; 4, 41 etc.

41 Cf. Mc 1, 11; 9, 7.

42 Mc 15, 39.

EVANGELHO
SEGUNDO SÃO MARCOS

I. PREPARAÇÃO DO MINISTÉRIO DE JESUS

Ministério de São João Batista

(Mt 3, 1-12; Lc 3, 1-18; Jo 1, 19-34)

1 1 Princípio do Evangelho de Jesus Cristo, Filho de 23 JAN 24 JUL
Deus. 2 Conforme está escrito no profeta Isaías:

Eis que envio o meu mensageiro diante de ti,
o qual preparará o teu *caminho.*
3 *Voz do que clama no deserto:*
«Preparai o caminho do Senhor,
endireitai as suas veredas.»

4 Apareceu João Batista no deserto, pregando o batis-
mo de penitência para remissão dos pecados. 5 E ia ter
com ele toda a região da Judeia e todos os de Jerusalém, e
eram batizados por ele no rio Jordão, confessando os seus
pecados. 6 João andava vestido de pelos de camelo, trazia
uma cinta de couro em volta dos rins e alimentava-se de
gafanhotos e de mel silvestre. E pregava, dizendo:
7 «Vem depois de mim quem é mais forte do que eu,
ao qual eu não sou digno de desatar, inclinado, a cor-
reia das sandálias. 8 Eu tenho-vos batizado em água; ele,
porém, batizar-vos-á no Espírito Santo.»

Batismo de Jesus
(Mt 3, 13-17; Lc 3, 21-22)

9 Aconteceu naqueles dias que Jesus veio de Nazaré
da Galileia e foi batizado por João no Jordão. 10 E, no
momento em que saiu da água, viu os céus abertos e o
Espírito, que descia sobre ele como pomba; 11 e ouviu-se
uma voz desde os céus: *«Tu és o meu Filho amado; em ti
pus as minhas complacências.»*

Tentações de Jesus
(Mt 4, 1-11; Lc 4, 1-13)

12 Imediatamente o Espírito o conduziu ao deserto. 13
E esteve no deserto quarenta dias, sendo tentado por Satanás. Vivia entre os animais selvagens, e os anjos o serviam.

PRIMEIRA PARTE
MINISTÉRIO DE JESUS NA GALILEIA

II. COMEÇO DO MINISTÉRIO DE JESUS

Pregação de Jesus
(Mt 4, 12-17; Lc 4, 14-15)

14 Depois que João foi preso, veio Jesus para a Galileia,
pregando o Evangelho de Deus 15 e dizendo:

«Está completo o tempo e aproxima-se o Reino de Deus;
fazei penitência e crede no Evangelho.»

Vocação dos primeiros discípulos

(Mt 4, 18-25; Lc 5, 1-11; Jo 1, 35-51)

16 Passando ao longo do mar da Galileia, viu Simão
e André, seu irmão, que lançavam as redes ao mar, pois
eram pescadores. 17 Jesus disse-lhes:
«Segui-me, e eu vos farei pescadores de homens.»
18 E imediatamente, deixadas as redes, o seguiram.
19 Tendo passado um pouco adiante dali, viu Tiago,
filho de Zebedeu, e João, seu irmão, que estavam tam-
bém numa barca consertando as redes. 20 Chamou-os
então; eles, tendo deixado na barca seu pai Zebedeu com
os mercenários, seguiram-no.

Jesus na sinagoga de Cafarnaum

(Lc 4, 31-37)

21 Depois foram a Cafarnaum e, tendo Jesus entrado **24 JAN** ***25 JUL***
no sábado na sinagoga, ensinava. 22 Os ouvintes ficavam
admirados com sua doutrina, porque os ensinava como
quem tem autoridade, e não como os escribas. 23 Encon-
trava-se então na sinagoga um homem possesso de um
espírito impuro, o qual começou a vociferar:
24 «Que tens tu que ver conosco, Jesus Nazareno?
Vieste para nos perder? Sei quem és: o Santo de Deus!»
25 Mas Jesus o ameaçou, dizendo:
«Cala-te e sai desse homem!»
26 Então o espírito impuro, agitando-o violentamente
e dando um grande grito, saiu dele. 27 Ficaram todos tão
admirados que se interrogavam uns aos outros:

«Que é isto? Que nova doutrina é esta? Ele manda com
autoridade até aos espíritos impuros, e obedecem-lhe.»
28 E divulgou-se logo a sua fama por toda a terra da
Galileia.

Cura da sogra de Pedro
(Mt 8, 14-15; Lc 4, 38-39)

29 Logo que saíram da sinagoga, foram à casa de
Simão e de André com Tiago e João. 30 A sogra de Simão
estava de cama com febre; falaram-lhe logo dela. 31 Je-
sus, aproximando-se e tomando-a pela mão, levantou-a.
Imediatamente a deixou a febre, e ela pôs-se a servi-los.

Outras curas
(Mt 8, 16-17; Lc 4, 40-41)

32 De tarde, tendo-se posto já o sol, começaram a tra-
zer-lhe todos os enfermos e possessos, 33 e toda a cidade
se tinha juntado diante da porta. 34 Curou muitos que se
achavam oprimidos de várias doenças, expulsou muitos
demônios e não lhes permitia falar, porque o conheciam.

Oração em lugar solitário
(Lc 4, 42-44)

35 Levantando-se muito antes de amanhecer, saiu e foi
a um lugar solitário, e lá fazia oração. 36 Simão e os seus

companheiros foram procurá-lo. 37 Tendo-o encontrado,
disseram-lhe:
«Todos te procuram.»
38 Ele respondeu:
«Vamos para outra parte, para as aldeias vizinhas, a fim
de que eu também lá pregue, pois foi para isso que vim.»
39 E andava pregando nas sinagogas por toda a Gali-
leia, e expulsava os demônios.

Cura de um leproso
(Mt 8, 1-4; Lc 5, 12-16)

40 Foi ter com ele um leproso fazendo-lhe súplicas e,
pondo-se de joelhos, disse-lhe:
«Se queres, podes limpar-me.»
41 Jesus, compadecido dele, estendeu a mão e, tocan-
do-o, disse-lhe:
«Quero; sê limpo.»
42 Imediatamente desapareceu dele a lepra, e ficou
limpo. 43 E logo o despediu, tendo-o admoestado em
tom severo 44 e dizendo-lhe:
«Guarda-te de o dizer a alguém, mas vai, mostra-te ao
sacerdote e oferece pela purificação o que Moisés orde-
nou, para lhes servir de testemunho.»
45 Ele, porém, tendo-se retirado, começou a contar e
a tornar público o sucedido, de sorte que Jesus já não po-
dia entrar descobertamente numa cidade, mas ficava fora
nos lugares desertos, e de todas as partes iam ter com ele.

Cura de um paralítico
(Mt 9, 1-8; Lc 5, 17-26)

2 1 Passados alguns dias, entrou Jesus outra vez em Ca- 25 JAN
farnaum, 2 e soube-se que ele estava em casa. Juntou- 26 JUL
se muita gente, de modo que já não cabiam nem mesmo
diante da porta. E ele pregava-lhes a palavra. 3 E foram
ter com ele trazendo um paralítico, que era transportado
por quatro. 4 Como não pudessem apresentar-lho por
causa da multidão, descobriram o teto pela parte debaixo
da qual estava Jesus e, tendo feito uma abertura, desce-
ram o leito em que jazia o paralítico. 5 Vendo Jesus a fé
daqueles homens, disse ao paralítico:

«Filho, são-te perdoados os teus pecados.»

6 Estavam ali sentados alguns escribas, os quais iam
discorrendo nos seus corações: 7 «Como fala assim este
homem? Ele blasfema. Quem pode perdoar os pecados,
senão só Deus?» 8 Jesus, conhecendo logo no seu espírito
que eles discorriam dessa maneira dentro de si, disse-lhes:

«Por que pensais isso nos vossos corações? 9 O que é
mais fácil dizer ao paralítico: "Os teus pecados te são per-
doados", ou dizer: "Levanta-te, toma o teu leito e anda?"
10 Ora, para que saibais que o Filho do Homem tem na
terra poder de perdoar pecados» – dirigiu-se ao paralítico –,
11 «eu te ordeno: Levanta-te, toma o teu leito e vai para
tua casa.»

12 Imediatamente ele se levantou e, tomando o seu
leito, retirou-se à vista de todos, de maneira que todos se
admiraram e louvavam a Deus, dizendo:

«Nunca vimos coisa assim!»

Vocação de Mateus

(Mt 9, 9-13; Lc 5, 27-32)

13 Foi outra vez para perto do mar. Ia ter com ele
todo o povo, e o ensinava. 14 Ao passar, viu Levi, filho de
Alfeu, sentado no telônio e disse-lhe:

«Segue-me.»

Ele levantou-se e o seguiu.

15 E aconteceu que, estando Jesus sentado à mesa em
casa dele, estavam também à mesa com Jesus e com os
seus discípulos muitos publicanos e pecadores, porque
havia muitos deles que também o seguiam. 16 Os escribas
e fariseus, vendo que Jesus comia com os pecadores e
publicanos, diziam a seus discípulos:

«Por que come com publicanos e pecadores?»

17 Ouvindo isso, Jesus disse-lhes:

«Os sãos não têm necessidade de médico, mas os enfermos; eu não vim chamar os justos, mas os pecadores.»

Questão sobre o jejum

(Mt 9, 14-17; Lc 5, 33-39)

18 Os discípulos de João e os fariseus jejuavam, e vieram dizer-lhe:

«Por que jejuam os discípulos de João e os fariseus, mas não jejuam os teus discípulos?»

19 Jesus respondeu-lhes:

«Podem porventura jejuar os companheiros do
esposo, enquanto o esposo está com eles? Todo o tempo
que têm consigo o esposo, não podem jejuar. 20 Mas

virão dias em que lhes será tirado o esposo, e então nesses
dias jejuarão. 21 Ninguém cose um remendo de pano cru
numa roupa velha; doutra sorte, o remendo novo leva
parte do velho, e torna-se maior o rasgão. 22 Tampouco
se lança vinho novo em odres velhos; doutra sorte, o vi-
nho fará arrebentar os odres, e perder-se-ão os odres e o
vinho; mas, para vinho novo, odres novos.»

Questão sobre o sábado

(Mt 12, 1-8; Lc 6, 1-5)

23 Sucedeu que, caminhando o Senhor em dia de sá- 26 JAN
bado por entre campos de trigo, os seus discípulos, en- *27 JUL*
quanto caminhavam, começaram a colher espigas. 24 Os
fariseus diziam-lhe:

«Olha! Por que é que fazem ao sábado o que não é lícito?»

25 Ele respondeu-lhes:

«Nunca lestes o que fez Davi quando se encontrou em
necessidade e teve fome, ele e os que com ele estavam? 26
Como entrou na casa de Deus, sendo sumo sacerdote
Abiatar, e comeu os pães da proposição, dos quais não é
lícito comer senão aos sacerdotes, e deu aos que com ele
estavam?»

27 E acrescentou:

«O sábado foi feito para o homem, e não o homem
para o sábado. 28 Por isso o Filho do Homem é senhor
também do sábado.»

Cura do homem com a mão seca

(Mt 12, 9-14; Lc 6, 6-11)

3 [1] Outra vez Jesus entrou na sinagoga, e encontrava-se
lá um homem que tinha uma das mãos seca. [2] Obser-
vavam-no a ver se curaria em dia de sábado, para o acu-
sarem. [3] E Jesus disse ao homem que tinha a mão seca:

«Vem aqui para o meio.»

[4] Depois disse-lhes:

«É lícito em dia de sábado fazer o bem ou o mal? Salvar a vida a uma pessoa ou tirá-la?»

Eles, porém, permaneciam calados. [5] Então, olhando
-os ao redor com indignação e contristado da cegueira de
seus corações, disse ao homem:

«Estende a tua mão.»

Ele a estendeu, e foi-lhe restabelecida a mão.

[6] Mas os fariseus, retirando-se, entraram logo em conselho contra ele com os herodianos, para ver como o haviam de perder.

Cura de muitos às margens do mar da Galileia

[7] Jesus retirou-se com os seus discípulos para perto
do mar, e seguiu-o uma grande multidão da Galileia e
da Judeia. [8] Também de Jerusalém, da Idumeia, de além
do Jordão e das vizinhanças de Tiro e de Sidônia, tendo
ouvido as coisas que fazia, veio uma grande multidão ter
com ele. [9] Mandou aos seus discípulos que lhe aprontas-
sem uma barca, para que a multidão o não atropelasse;

10 porque, como curava muitos, todos os que padeciam
de algum mal arrojavam-se sobre ele para o tocarem.
11 E os espíritos impuros, quando o viam, prostravam-se
diante dele e gritavam:

«Tu és o Filho de Deus.»

12 Mas ele ordenava-lhes com severidade que o não
manifestassem.

Eleição dos Doze Apóstolos

(Mt 10, 1-4; Lc 6, 12-16)

13 E, tendo subido a um monte, chamou a si os que quis. 27 JAN
Aproximaram-se dele 14 e constituiu doze para que an- 28 JUL
dassem com ele e para os enviar a pregar 15 com poder
de expulsar demônios: 16 Simão, a quem pôs o nome de
Pedro; 17 Tiago, filho de Zebedeu, e João, irmão de Tia-
go, aos quais pôs o nome de Boanerges, que quer dizer
«filhos do trovão»; 18 André, Filipe, Bartolomeu, Mateus,
Tomé; Tiago, filho de Alfeu; Tadeu; Simão, o Cananeu;
19 e Judas Iscariotes, que o entregou.

Inquietação dos parentes de Jesus

20 Depois foi para casa, e concorreu de novo tanta
gente, que nem mesmo podiam comer. 21 Quando os
seus parentes ouviram isso, foram para o levar, porque
diziam: «Está louco.»

Calúnia dos escribas.
Pecado contra o Espírito Santo

(Mt 12, 22-32; Lc 11, 14-26)

22 Os escribas, que tinham descido de Jerusalém, diziam:
«Está possesso de Belzebu, e em virtude do príncipe
dos demônios é que expulsa os demônios.»
23 Jesus, tendo-os convocado, dizia-lhes em parábolas:
«Como pode Satanás expulsar Satanás? 24 Se um reino
está dividido contra si mesmo, esse reino não pode sub-
sistir. 25 E se uma casa está dividida contra si mesma, essa
casa não poderá ficar de pé. 26 Se, pois, Satanás se levantar
contra si mesmo, o seu reino está dividido e não poderá
subsistir; antes, está para acabar. 27 Ninguém pode entrar
na casa do forte para roubar os seus bens se primeiro não
prende o forte; só então poderá saquear a sua casa.
28 «Em verdade vos digo que serão perdoados aos fi-
lhos dos homens todos os pecados e as blasfêmias que
proferirem; 29 porém, quem blasfemar contra o Espírito
Santo jamais terá perdão, mas será réu de delito eterno.»
30 Jesus falou assim por terem dito:
«Está possesso de espírito imundo.»

O verdadeiro parentesco com Jesus

(Mt 12, 46-50; Lc 8, 19-21)

31 Chegaram sua mãe e seus irmãos, os quais, estando
fora, o mandaram chamar. 32 E estava sentada ao redor
dele muita gente, e disseram-lhe:

«Eis que tua mãe e teus irmãos estão lá fora e
procuram-te.»
33 E disse-lhes em resposta:
«Quem é minha mãe e quem são meus irmãos?»
34 E, olhando para os que estavam sentados ao seu
redor, disse:
«Eis minha mãe e meus irmãos; 35 porque quem fi-
zer a vontade de Deus, esse é meu irmão, minha irmã e
minha mãe.»

III. PARÁBOLAS DO REINO DE DEUS

Parábola do semeador. Sentido das parábolas

(Mt 13, 1-23; Lc 8, 4-18)

4 1 Começou de novo a ensinar à beira do mar; e jun- 28 JAN
tou-se ao redor dele tão grande multidão, que teve 29 JUL
de subir numa barca e sentar-se dentro dela no mar, en-
quanto toda a multidão estava em terra na praia. 2 E ensi-
nava-lhes muitas coisas por meio de parábolas. Dizia-lhes
segundo o seu ensinamento:
3 «Ouvi: Eis que saiu o semeador a semear. 4 Enquan-
to semeava, uma parte da semente caiu ao longo do ca-
minho, e vieram as aves do céu e comeram-na. 5 Outra
parte caiu em solo pedregoso, onde havia pouca terra,
e nasceu logo, porque não havia profundidade de terra;
6 mas, quando saiu o sol, foi crestada pelo calor e, como
não tinha raiz, secou. 7 Outra parte caiu entre espinhos;
cresceram os espinhos e a sufocaram, e não deu fruto.

8 Outra caiu em boa terra, e deu fruto que vingou e cresceu, e um grão deu trinta, outro sessenta e outro cem.»

9 E acrescentava:

«Quem tem ouvidos para ouvir, ouça.»

10 Quando se encontrou só, os que o acompanhavam junto com os doze interrogaram-no sobre as parábolas.

11 E dizia-lhes:

«A vós é concedido conhecer o mistério do Reino de Deus; porém, aos que são de fora, tudo se lhes propõe em parábolas,

12 *para que olhando não vejam,*
e ouvindo não entendam,
de sorte que não se convertam
e lhes sejam perdoados os pecados.»

13 E acrescentou:

«Não entendeis esta parábola? Então como entendereis
todas as outras? 14 O que semeia, semeia a palavra. 15 Uns
encontram-se ao longo do caminho onde ela é semeada:
logo que a ouvem, vem Satanás tirar a palavra semeada
neles. 16 Outros recebem a semente em terreno pedrego-
so: ouvem a palavra e logo a recebem com gosto, 17 po-
rém não têm raízes em si, mas são inconstantes; depois,
levantando-se a tribulação ou a perseguição por causa da
palavra, sucumbem imediatamente. 18 Outros recebem a
semente entre espinhos: ouvem a palavra, 19 mas as so-
licitudes do mundo, a sedução das riquezas e os outros
afetos desordenados, ao entrarem, afogam a palavra, e ela
fica estéril. 20 Outros recebem a semente em boa terra:

ouvem a palavra, recebem-na e dão fruto, um a trinta, outro a sessenta, e outro a cem por um.»

Parábolas da lucerna e da medida
(Mt 7, 1-2; Lc 8, 16-18)

21 Dizia-lhes mais:

«Porventura se traz a lucerna para a meter debaixo do 29 JAN *30 JUL*
alqueire ou debaixo do leito? Não é para ser posta sobre o candelabro? 22 Porque não há coisa alguma escondida que não venha a ser manifesta, nem que seja feita para estar oculta, mas para vir a descoberto. 23 Se alguém tem ouvidos para ouvir, ouça.»

24 Dizia-lhes mais:

«Atendei ao que ouvis. Com a medida com que medirdes vos medirão a vós, e ainda se vos acrescentará. 25 Porque ao que tem, dar-se-lhe-á ainda mais; e ao que não tem, ainda o que tem ser-lhe-á tirado.»

Parábolas da semente e do grão de mostarda
(Mt 13, 31-33; Lc 13, 18-19)

26 Dizia também:

«O Reino de Deus é como um homem que lança a semente em terra: 27 dorme e se levanta, noite e dia, e a semente brota e cresce sem ele saber como; 28 porque a terra por si mesma produz primeiramente a erva, depois a espiga e, por último, o trigo grado na espiga.

29 E, quando o fruto está maduro, mete logo a foice, por-
que está chegado o tempo da ceifa.»

30 Dizia mais:

«A que compararemos nós o Reino de Deus? Com que
parábola o figuraremos? 31 É como um grão de mostarda que,
quando se semeia na terra, é a menor de todas as sementes
que há na terra; 32 mas, depois que é semeado, cresce e tor-
na-se maior que todas as hortaliças, e cria grandes ramos, de
modo que as aves do céu podem vir pousar à sua sombra.»

Conclusão do discurso das parábolas

(Mt 13, 34)

33 Assim lhes propunha a palavra com muitas pará-
bolas como essas, conforme o permitia a capacidade dos
ouvintes. 34 Não lhes falava sem parábolas; porém, tudo
explicava em particular a seus discípulos.

IV. MILAGRES E ATIVIDADE DE JESUS NA GALILEIA

A tempestade aplacada

(Mt 8, 23-27; Lc 8, 22-25)

35 Naquele mesmo dia, tendo já escurecido, disse-
lhes:

«Passemos ao outro lado.»

36 E, despedindo a multidão, levaram-no, assim

como estava, na barca; e outras embarcações o seguiram.
37 Então levantou-se uma grande tormenta de vento, e as ondas lançavam-se sobre a barca, de sorte que a barca se enchia de água. 38 Jesus estava dormindo na popa sobre um travesseiro. Acordaram-no e disseram-lhe:

«Mestre, não se te dá que pereçamos?»

39 Ele levantou-se, ameaçou o vento e disse para o mar:

«Cala-te, emudece!»

E o vento amainou, e seguiu-se uma grande bonança.
40 Então disse-lhes:

«Por que vos assustais? Ainda não tendes fé?»

41 Ficaram cheios de grande temor e diziam uns aos outros:

«Quem será este, que até o vento e o mar lhe obedecem?»

Cura do endemoninhado de Gerasa

(Mt 8, 28-34; Lc 8, 26-39)

5 1 Chegaram ao outro lado do mar, ao território dos 30 JAN
gerasenos. 2 Ao sair Jesus da barca, foi logo ter com *31 JUL*
ele, saindo dos sepulcros, um homem possesso de espí-
rito impuro, 3 que tinha o seu domicílio nos sepulcros
e ninguém com cadeias o podia prender. 4 Tendo sido
atado por muitas vezes com grilhões e com cadeias, ti-
nha quebrado as cadeias e despedaçado os grilhões, e
ninguém o podia domar. 5 E sempre, dia e noite, anda-
va pelos sepulcros e pelos montes, gritando e ferindo-se
com pedras. 6 Vendo, porém, a Jesus de longe, correu e
prostrou-se diante dele, 7 e clamou em alta voz:

«Que tens tu que ver comigo, Jesus, Filho do
Deus Altíssimo? Eu te conjuro por Deus que me não
atormentes!» 8 Porque Jesus dizia-lhe: «Espírito impuro,
sai desse homem!»

9 Depois perguntou-lhe:

«Qual é o teu nome?»

Ele respondeu:

«O meu nome é Legião, porque somos muitos.»

10 E suplicava-lhe instantemente que o não expulsasse
daquela região. 11 Andava ali pastando ao redor do mon-
te uma grande vara de porcos. 12 Os espíritos impuros
suplicaram-lhe:

«Manda-nos para os porcos, para que entremos neles.»

13 Jesus deu-lhes essa permissão. Então os espíritos
impuros saíram e entraram nos porcos, e a vara, que era
de cerca de dois mil, precipitou-se por um despenhadeiro
no mar, onde se afogaram. 14 Os que os apascentavam fu-
giram e foram espalhar a notícia pela cidade e pelos cam-
pos. E o povo foi ver o que tinha sucedido. 15 Foram ter
com Jesus e viram aquele que fora agitado pelo demônio
sentado, vestido e em são juízo (ele, que estivera possesso
de uma legião), e tiveram medo. 16 Os que tinham visto
contaram-lhes o que acontecera ao endemoninhado e aos
porcos. 17 Então começaram a rogar a Jesus que se reti-
rasse do território deles. 18 Quando Jesus subia na barca,
começou o que fora agitado pelo demônio a pedir-lhe
que lhe permitisse acompanhá-lo. 19 Jesus, porém, não o
admitiu, mas lhe disse:

«Vai para tua casa, para os teus, e anuncia-lhes quão grandes coisas o Senhor te fez, e como teve piedade de ti.»

20 Ele retirou-se e começou a proclamar pela
Decápole quão grandes coisas lhe tinha feito Jesus; e to-
dos se admiravam.

Ressurreição da filha de Jairo e cura da hemorroíssa
(Mt 9, 18-26; Lc 8, 40-56)

21 Tendo passado Jesus novamente para o outro lado 31 JAN
na barca, concorreu a ele muita gente, e ele estava junto *1 AGO*
ao mar. 22 Chegou um dos chefes da sinagoga, chamado
Jairo. Ao vê-lo, lançou-se a seus pés 23 e suplicava-lhe
com instância:

«Minha filha está nas últimas; vem e impõe sobre ela
a mão, para que seja salva e viva.»

24 Jesus foi com ele, e uma grande multidão o seguia
e o comprimia.

25 Então uma mulher, que havia doze anos padecia
de um fluxo de sangue 26 e que tinha sofrido muito nas
mãos de muitos médicos e gastado tudo quanto possuía
sem sentir melhora alguma (pelo contrário, cada vez se
achava pior), 27 tendo ouvido falar de Jesus, foi por de-
trás entre a turba e tocou as suas vestes. 28 Porque dizia:
«Se eu tocar ainda que só as suas vestes, ficarei curada.»
29 Imediatamente parou o fluxo de sangue, e sentiu no
seu corpo que estava curada do mal. 30 Jesus, conhecendo
logo em si mesmo a virtude que dele saíra, voltado para
a multidão dizia:

«Quem tocou as minhas vestes?»

31 E os seus discípulos diziam-lhe:

«Tu vês que a multidão te comprime, e perguntas: "Quem me tocou?"»

32 E Jesus olhava ao redor para ver aquela que tinha fei-
to isso. 33 Então a mulher, que sabia o que se tinha passa-
do nela, cheia de medo e tremendo, foi prostrar-se diante
dele, e disse-lhe toda a verdade. 34 Então Jesus disse-lhe:

«Filha, a tua fé te salvou. Vai em paz e fica curada do teu mal.»

35 Ainda ele falava, quando chegaram de casa do chefe da sinagoga, dizendo:

«Tua filha morreu. Para que ainda incomodas o Mestre?»

36 Porém Jesus, tendo ouvido o que eles diziam, disse ao chefe da sinagoga:

«Não temas; crê somente.»

37 E não permitiu que ninguém o acompanhasse, senão Pedro, Tiago e João, irmão de Tiago.

38 Chegando à casa do chefe da sinagoga, viu Jesus o
alvoroço e os que estavam chorando e fazendo grandes
prantos. 39 Ao entrar, disse-lhes:

«Por que vos perturbais e chorais? A menina não está morta, mas dorme.»

40 E zombavam dele. Mas ele, tendo feito sair todos,
tomou o pai e a mãe da menina e os que o acompanha-
vam, e entrou onde a menina estava deitada. 41 Tomando
a mão da menina, disse-lhe:

«*Talitha qum*», que quer dizer: «Menina, eu te digo, levanta-te.»

42 Imediatamente levantou-se a menina e pôs-se a andar,

pois tinha já doze anos; e ficaram cheios de grande espanto.
43 Jesus ordenou-lhes rigorosamente que ninguém o sou-
besse, e depois disse que dessem de comer à menina.

Ninguém é profeta em sua terra
(Mt 13, 53-58; Lc 4, 16-30)

6 1 Tendo Jesus partido dali, foi para a sua pátria, e se- 1 FEV
guiam-no os seus discípulos. 2 Chegando o sábado, 2 AGO
começou a ensinar na sinagoga. Os seus numerosos ou-
vintes admiravam-se e diziam:
«Donde vem a este todas estas coisas que diz? Que
sabedoria é esta que lhe foi dada? E como se operam tais
maravilhas pelas suas mãos? 3 Não é este o carpinteiro,
filho de Maria, irmão de Tiago, de José, de Judas e de
Simão? Não vivem aqui entre nós também suas irmãs?»
E escandalizavam-se a seu respeito. 4 Mas Jesus dizia-lhes:
«Um profeta só deixa de ser honrado na sua pátria,
entre os seus parentes e na sua própria casa.»
5 E não podia fazer ali milagre algum; apenas curou
alguns poucos enfermos impondo-lhes as mãos; 6 e
admirava-se da incredulidade deles.

V. VIAGEM DE JESUS COM SEUS APÓSTOLOS

Missão dos Apóstolos
(Mt 10, 5-15; Lc 9, 1-6)

E perambulava ensinando pelas aldeias circunvizinhas.

7 Chamou, então, os doze e começou a enviá-los de
dois em dois, dando-lhes poder sobre os espíritos imun-
dos. 8 Ordenou-lhes que não levassem nada para o cami-
nho, senão somente um bastão: nem alforje, nem pão,
nem dinheiro no cinto; 9 mas que fossem calçados de
sandálias e não levassem duas túnicas. 10 E dizia-lhes:
«Em qualquer casa onde entrardes, ficai nela até
sairdes daquele lugar. 11 Onde vos não receberem nem
vos ouvirem, retirando-vos de lá, sacudi o pó dos vossos
pés em testemunho contra eles.»

12 Tendo partido, pregavam aos povos que fizessem
penitência. 13 Expeliam muitos demônios, ungiam com
óleo muitos enfermos e curavam-nos.

Opiniões sobre Jesus

(Mt 14, 1-2; Lc 9, 7-9)

14 Ouviu, então, o rei Herodes falar de Jesus, cujo **2 FEV** ***3 AGO***
nome se tinha tornado célebre. Dizia-se:

«João Batista ressuscitou dentre os mortos; é por isso
que o poder de fazer milagres opera nele.»

15 Outros, porém, diziam:

«É Elias.»

Outros, enfim, diziam:

«É um profeta, como um dos antigos profetas.»

16 Herodes, tendo ouvido isso, disse:

«Este é aquele João a quem eu mandei degolar e que
ressuscitou dos mortos.»

Martírio de São João Batista
(Mt 14, 3-12; Lc 3, 19-20)

17 Porque Herodes tinha mandado prender João,
e teve-o em ferros no cárcere por causa de Herodíades,
mulher de Filipe seu irmão, com a qual se casara; 18 pois
João dizia a Herodes: «Não te é lícito ter a mulher de teu
irmão.» 19 Herodíades odiava-o e queria fazê-lo morrer,
mas não podia; 20 porque Herodes, sabendo que João era
varão justo e santo, olhava-o com respeito, protegia-o e,
quando o ouvia, ficava muito perplexo; porém o ouvia
de boa vontade.

21 Chegando um dia oportuno, Herodes, no aniver-
sário do seu nascimento, deu um banquete aos grandes
da corte, aos tribunos e aos principais da Galileia. 22 Tendo
entrado na sala a filha da mesma Herodíades, dançou e
agradou a Herodes e aos seus convivas. O rei disse à moça:

«Pede-me o que quiseres e eu to darei.»

23 E jurou-lhe por várias vezes:

«Tudo o que me pedires te darei, ainda que seja metade do meu reino.»

24 Ela, tendo saído, disse à sua mãe:

«Que hei de pedir?»

«A cabeça de João Batista», respondeu-lhe ela.

25 Tornando logo a entrar apressadamente junto do rei, fez este pedido:

«Quero que imediatamente me dês num prato a cabeça de João Batista.»

26 O rei entristeceu-se, mas, por causa do juramento e
dos convivas, não quis desgostá-la. 27 Imediatamente man-

dou um guarda com ordem de trazer a cabeça de João. Ele foi degolá-lo no cárcere, 28 levou a sua cabeça num prato, deu-o à moça, e a moça a deu à sua mãe. 29 Tendo ouvido isso os seus discípulos, foram, tomaram o seu corpo e o puseram num sepulcro.

Regresso dos Apóstolos.
Primeira multiplicação dos pães
(Mt 14, 13-21; Lc 9, 10-17; Jo 6, 1-15)

30 Tendo os apóstolos retornado a Jesus, contaram-lhe **3 FEV** ***4 AGO***
tudo o que tinham feito e ensinado. 31 Ele disse-lhes:

«Vinde à parte, a um lugar solitário, e descansai um pouco.»

Porque eram muitos os que iam e vinham, e sequer tinham tempo para comer.

32 Retiraram-se, pois, numa barca para um lugar solitário.

33 Porém, viram-nos partir, e muitos souberam para onde iam, e concorreram até lá a pé de todas as cidades, e chegaram antes deles. 34 Ao desembarcar, viu Jesus uma grande multidão e teve compaixão deles, porque *eram como ovelhas que não têm pastor*; e começou a ensinar-lhes muitas coisas. 35 Fazendo-se já muito tarde, chegaram-se a ele seus discípulos, dizendo:

«Este lugar é solitário e a hora é já adiantada; 36 despede-os, a fim de que vão às terras e povoados próximos e comprem alguma coisa para comer.»

37 Ele respondeu-lhes:

«Dai-lhes vós de comer.»

Eles disseram:

«Iremos, pois, com duzentos denários comprar pão
para lhes darmos de comer?»
38 Jesus perguntou-lhes:
«Quantos pães tendes vós? Ide ver.»
Depois de o terem averiguado, disseram-lhe:
«Temos cinco, e dois peixes.»
39 Então mandou-lhes que os fizessem recostar a to-
dos em grupos sobre a relva verde; 40 e recostaram-se
em grupos de cem e de cinquenta. 41 Jesus, tomando os
cinco pães e os dois peixes e elevando os olhos ao céu,
abençoou e partiu os pães, e os deu a seus discípulos
para que lhos servissem; igualmente repartiu por todos
os dois peixes. 42 Todos comeram e ficaram satisfeitos.
43 E recolheram doze cestos cheios das sobras dos pães
e dos peixes. 44 Os que tinham comido dos pães eram
cinco mil homens.

Jesus caminha sobre as águas
(Mt 14, 22-33; Jo 6, 16-21)

45 Imediatamente Jesus obrigou seus discípulos a em-
barcar, para chegarem antes dele à outra banda, a Betsai-
da, enquanto despedia o povo. 46 Depois que os despe-
diu, retirou-se para um monte a fazer oração. 47 Chegada
a noite, encontrava-se a barca no meio do mar, e ele so-
zinho em terra. 48 Vendo-os cansados de remar (porque
o vento lhes era contrário), por volta da quarta vigília da
noite foi ter com eles andando sobre o mar; e fez men-
ção de passar adiante. 49 Quando eles o viram caminhar
sobre o mar, julgaram que era um fantasma e gritaram;

50 porque todos o viram e se assustaram. Mas logo ele
falou-lhes e disse:
«Tende confiança, sou eu, não temais.»
51 Subiu, em seguida, na barca para ir ter com eles,
e o vento cessou. Ficaram extremamente assombrados, 52
pois não se tinham dado conta do que se passara com os
pães; o seu coração estava endurecido.

Curas em Genesaré
(Mt 14, 34-36)

53 Tendo passado para o outro lado, chegaram a
Genesaré e lá aportaram. 54 Tendo desembarcado, logo
o conheceram, 55 e, correndo por toda aquela região,
começaram a trazer-lhe todos os doentes em leitos até
onde sabiam que ele estava. 56 Em qualquer lugar a que
chegava, nas aldeias, nas cidades, punham os enfermos
no meio das praças e pediam-lhe que os deixasse tocar ao
menos a orla das suas vestes. E todos os que o tocavam
ficavam sãos.

As tradições dos antigos. A verdadeira pureza
(Mt 15, 1-20)

7 1 Reuniram-se em volta dele os fariseus e alguns dos **4 FEV**
escribas vindos de Jerusalém. 2 Tendo visto alguns dos ***5 AGO***
seus discípulos comer o pão com as mãos impuras, isto
é, por lavar 3 (porque os fariseus e todos os judeus, em
observância da tradição dos antigos, não comem sem la-
var as mãos cuidadosamente 4 e, quando vêm da praça

pública, não comem sem se purificar, e praticam muitas
outras observâncias tradicionais, como lavar os copos,
os jarros, os vasos de metal e os leitos), 5 os fariseus e os
escribas interrogaram-no:

«Por que não andam os teus discípulos segundo a tradição dos antigos, mas comem o pão sem lavar as mãos?»

6 Ele respondeu-lhes:

«Com razão Isaías profetizou de vós, hipócritas, como está escrito:

Este povo honra-me com os lábios,
mas o seu coração está longe de mim.
7 *Em vão prestam-me culto,*
ensinando doutrinas
que são preceitos humanos.

8 «Pondo de lado o mandamento de Deus, observais cuidadosamente a tradição dos homens.»

9 Disse-lhes mais:

«Vós bem andais a destruir o mandamento de Deus
para manter a vossa tradição! 10 Porque Moisés disse:
Honra teu pai e tua mãe, e: *Todo o que amaldiçoar seu pai*
ou sua mãe seja punido de morte. 11 Vós, porém, dizeis
que, se alguém disser a seu pai ou a sua mãe: "É corbã
(o que quer dizer 'oferta') qualquer coisa minha que te
possa ser útil", 12 não lhe permitis mais fazer nada em
favor de seu pai ou de sua mãe, 13 anulando assim a pa-
lavra de Deus por uma tradição que tendes transmitido
uns aos outros. E fazeis muitas coisas semelhantes a esta.»

14 Convocando novamente o povo, dizia-lhe:

«Ouvi-me todos e entendei. 15 Não há coisa fora do
homem que, entrando nele, o possa manchar, mas as
que saem do homem, essas são as que tornam o homem
impuro.» (16)

17 Tendo entrado em casa e deixado a multidão, os
seus discípulos interrogaram-no sobre essa parábola.
18 Ele respondeu-lhes:

«Também vós sois ignorantes? Não compreendeis
que tudo o que de fora entra no homem não o pode
contaminar, 19 porque não entra no seu coração, mas vai
ter ao ventre, e lança-se num lugar escuso?»

Com isso declarava puros todos os alimentos.
20 E acrescentava:

«O que sai do homem é que contamina o homem.
21 Porque do interior do coração do homem é que proce-
dem os maus pensamentos, os furtos, as fornicações, os
homicídios, 22 os adultérios, as avarezas, as perversidades,
as fraudes, as libertinagens, a inveja, a maledicência, a
soberba, a insensatez. 23 Todos esses males procedem de
dentro e contaminam o homem».

A mulher siro-fenícia
(Mt 15, 21-28)

24 Partindo dali, foi Jesus para o território de Tiro e **5 FEV** ***6 AGO***
de Sidônia. Tendo entrado numa casa, não queria que
ninguém o soubesse, mas não pôde ocultar-se. 25 Porém,
uma mulher cuja filha estava possessa de espírito imun-
do, logo que ouviu falar dele, foi lançar-se a seus pés.
26 Era uma mulher grega, de origem siro-fenícia.

Suplicava-lhe que expulsasse o demônio de sua filha.
27 Jesus disse-lhe:

«Deixa que primeiro se satisfaçam os filhos, porque não é bom tomar o pão dos filhos e lançá-lo aos cães.»

28 Mas ela respondeu-lhe:

«É verdade, Senhor; mas também os cachorrinhos comem, debaixo da mesa, das migalhas que caem dos meninos.»

29 Ele disse-lhe:

«Por essa palavra que disseste, vai, o demônio saiu de tua filha.»

30 E, tendo voltado para sua casa, encontrou a menina deitada sobre o leito e descobriu que o demônio tinha saído dela.

Cura de um surdo-mudo

31 Jesus, deixando o território de Tiro, foi novamente
por Sidônia ao mar da Galileia, atravessando o território
da Decápole. 32 Trouxeram-lhe um surdo-mudo e supli-
cavam-lhe que lhe impusesse a mão. 33 Então Jesus, to-
mando-o à parte dentre a multidão, meteu-lhe os dedos
nos ouvidos e tocou com saliva a sua língua. 34 Depois,
levantando os olhos ao céu, deu um suspiro e disse-lhe:

«*Effetha*», que quer dizer: «Abre-te».

35 Imediatamente abriram-se-lhe os ouvidos, soltou-se-
lhe a prisão da língua e falava claramente. 36 E ordenou-
lhes que a ninguém o dissessem. Porém, quanto mais lho
proibia, mais o proclamavam. 37 E admiravam-se sobre-
maneira, dizendo:

«Tudo tem feito bem! Faz ouvir os surdos, e falar os mudos!»

Segunda multiplicação dos pães
(Mt 15, 32-39)

8 1 Naqueles dias, havendo novamente grande multidão
que não tinha que comer, chamou os discípulos e disse-
-lhes:

2 «Tenho compaixão deste povo, porque há já três
dias que não se afastam de mim e não têm que comer.
3 Se os despedir em jejum para suas casas, desfalecerão no
caminho; e alguns deles vieram de longe.»

4 Os discípulos responderam-lhe:

«Como poderá alguém saciá-los de pão aqui num deserto?»

5 Jesus perguntou-lhes:

«Quantos pães tendes?»

«Sete», responderam.

6 Então ordenou ao povo que se recostasse sobre a
terra. Depois, tomando os sete pães, deu graças, partiu
-os e deu a seus discípulos, para que os distribuíssem;
e eles os distribuíram pelo povo. 7 Tinham também uns
poucos peixinhos. Ele os abençoou e mandou que fossem
distribuídos. 8 Comeram, ficaram saciados e, dos pedaços
que sobraram, levantaram sete cestos. 9 Os que comeram
eram cerca de quatro mil. Em seguida, Jesus despediu-os.

10 E, entrando logo na barca com seus discípulos, 6 FEV 7 AGO
passou ao território de Dalmanuta.

A levedura dos fariseus e de Herodes
(Mt 16, 1-12)

11 Apareceram os fariseus e começaram a disputar

com ele, pedindo-lhe, para o tentarem, um sinal do
céu. 12 Porém Jesus, arrancando do coração um suspiro,
disse:

«Por que pede esta geração um sinal? Em verdade vos
digo que a esta geração não será dado sinal algum.»

13 Depois, deixando-os, entrou novamente na barca e
passou para a outra banda. 14 Os discípulos esqueceram-
se de tomar pães e não tinham consigo na barca senão
um único pão. 15 E Jesus advertia-os, dizendo:

«Evitai com cuidado o fermento dos fariseus e o
fermento de Herodes.»

16 E discorriam entre si que não tinham pão.
17 Conhecendo isso, Jesus disse-lhes:

«Por que estais vós a discutir que não tendes pão?
Ainda não refletistes nem entendestes? Ainda tendes o
vosso coração endurecido? 18 Tendo olhos não vedes, e
tendo ouvidos não ouvis? Já não vos recordais 19 de quan-
tos cestos levantastes cheios de pedaços quando dividi
cinco pães por cinco mil homens?»

«Doze», responderam-lhe.

20 «E, quando dividi sete pães entre quatro mil, quan-
tos cestos levantastes de pedaços?»

«Sete», responderam.

21 E dizia-lhes:

«Como é que não entendeis ainda?»

Cura do cego de Betsaida

22 Chegaram a Betsaida e trouxeram-lhe um cego, su-
plicando-lhe que o tocasse. 23 Tomando o cego pela mão,

conduziu-o fora da aldeia, pôs-lhe saliva sobre os olhos e, impondo-lhe as mãos, perguntou-lhe:

«Vês alguma coisa?»

24 Ele, levantando os olhos, disse:

«Vejo os homens como árvores que andam.»

25 Depois Jesus impôs-lhe novamente as mãos sobre os olhos, e começou a ver claramente; ficou curado e distinguia tudo nitidamente.

26 Então Jesus mandou-o para casa, dizendo:

«Sequer entres na aldeia.»

Confissão de São Pedro

(Mt 16, 13-20; Lc 9, 18-21)

27 Saiu Jesus com os seus discípulos pelas aldeias da Cesareia de Filipe. Pelo caminho, interrogou os seus discípulos: **7 FEV** ***8 AGO***

«Quem dizem os homens que eu sou?»

28 Eles responderam-lhe:

«João Batista. Outros há que dizem Elias; outros, ainda, que és algum dos profetas.»

29 Então perguntou-lhes:

«E vós, quem dizeis que eu sou?»

Pedro respondeu:

«Tu és o Cristo.»

30 Então Jesus ordenou-lhes severamente que a ninguém dissessem isso dele.

SEGUNDA PARTE
MINISTÉRIO A CAMINHO DE JERUSALÉM

VI. ENSINAMENTOS SOBRE A VIDA CRISTÃ

Jesus prediz sua Paixão e glória. A lei da renúncia cristã

(Mt 16, 21-28; Lc 9, 22-27)

31 E começou a declarar-lhes que era necessário que o
Filho do Homem padecesse muito, que fosse rejeitado pe-
los anciãos, pelos príncipes dos sacerdotes e pelos escribas,
que fosse morto e que ressuscitasse depois de três dias.
32 Falava dessas coisas claramente. Pedro, tomando-o
de parte, começou a repreendê-lo. 33 Mas Jesus, voltan-
do-se e olhando para seus discípulos, repreendeu Pedro,
dizendo:

«Aparta-te de mim, Satanás, que não tens gosto pelas
coisas de Deus, mas pelas dos homens!»

34 Depois, chamando a si o povo com seus discípulos,
disse-lhes:

«Se alguém me quer seguir, negue-se a si mesmo,
tome a sua cruz e siga-me. 35 Porque quem quiser salvar
a sua vida perdê-la-á, mas quem perder a sua vida por
amor de mim e do Evangelho salvá-la-á.

36 «Pois de que aproveitará ao homem ganhar o mun-
do inteiro e perder a sua alma? 37 Ou que dará o homem
em troco da sua alma? 38 No meio desta geração adúltera

e pecadora, quem se envergonhar de mim e das minhas
palavras, também o Filho do Homem se envergonhará
dele quando vier na glória de seu Pai com os santos anjos.»

9 1 E dizia-lhes:
«Em verdade vos digo que, dos que aqui se encon-
tram, alguns não morrerão sem terem visto antes o reino
de Deus vir com poder.»

A Transfiguração

(Mt 17, 1-13; Lc 9, 28-36)

2 Seis dias depois, tomou Jesus consigo Pedro, Tiago
e João e conduziu-os sós, à parte, a um alto monte, e
transfigurou-se diante deles. 3 As suas vestes tornaram-se
resplandecentes, tão brancas como nenhum lavandeiro
sobre a terra poderia torná-las. 4 Depois apareceu-lhes
Elias com Moisés, e conversavam com Jesus. 5 Pedro, to-
mando a palavra, disse a Jesus:
«Mestre, é bom que estejamos aqui. Façamos três
tendas: uma para ti, outra para Moisés e outra para Elias.»
6 Porque não sabia o que dizia, pois estavam atônitos
de medo. 7 Então formou-se uma nuvem que os cobriu
com a sua sombra, e da nuvem saiu uma voz, que dizia:
«Este é o meu Filho caríssimo: ouvi-o.»
8 Em seguida, olhando ao redor, não viram mais nin-
guém com eles senão Jesus.
9 Ao descerem do monte, ordenou-lhes que a nin- 8 FEV
guém contassem o que tinham visto, senão quando 9 AGO
o Filho do Homem tivesse ressuscitado dos mortos.

10 Observaram essa ordem, investigando entre si o que
queria dizer: «Quando tiver ressuscitado dos mortos.»
11 Interrogaram-no, dizendo:

«Por que dizem os escribas que Elias deve vir primeiro?»

12 Jesus respondeu-lhes:

«Elias efetivamente há de vir primeiro e pôr tudo em
ordem. Como está escrito acerca do Filho do Homem
que terá de sofrer muito e ser desprezado? 13 Mas digo-
vos que Elias já veio, e fizeram dele quanto quiseram,
como está escrito dele.»

Cura do jovem lunático

(Mt 17, 14-20; Lc 9, 37-43)

14 Chegando junto dos seus discípulos, viu uma gran-
de multidão em volta deles, e os escribas disputando com
eles. 15 E logo toda aquela multidão, surpreendida ao ver
Jesus, correu para o saudar. 16 Perguntou-lhes:

«Que estais disputando entre vós?»

17 Um dentre a multidão respondeu-lhe:

«Mestre, eu trouxe-te meu filho que está possesso de
um espírito mudo, 18 o qual, onde quer que se apodere
dele, o lança por terra, e o menino espuma, range com os
dentes e fica entorpecido. Roguei a teus discípulos que o
expulsassem, e não puderam.»

19 Jesus respondeu-lhes:

«Ó geração incrédula! Até quando hei de estar convosco? Até quando vos hei de suportar? Trazei-o.»

20 Levaram-lho. Tendo visto Jesus, imediatamente
o espírito o agitou com violência e, caído por ter-
ra, revolvia-se espumando. 21 Jesus perguntou ao pai
dele:

«Há quanto tempo lhe sucede isto?»

Ele respondeu:

«Desde a infância. 22 O demônio tem-no lançado
muitas vezes no fogo e na água para o matar. Porém
tu, se podes alguma coisa, vale-nos; tem compaixão de
nós!»

23 Jesus disse-lhe:

«"Se podes!" Tudo é possível para quem crê!»

24 Imediatamente o pai do menino exclamou:

«Eu creio, mas auxilia a minha falta de fé!»

25 Jesus, vendo aumentar a multidão, ameaçou o espírito impuro, dizendo-lhe:

«Espírito mudo e surdo, eu te mando: sai desse menino, e não tornes a entrar nele!»

26 Então, dando gritos e agitando-o com violência, saiu dele, e o menino ficou como morto, de sorte que muitos diziam: «Está morto.»

27 Porém Jesus, tomando-o pela mão, levantou-o, e ele ergueu-se.

28 Depois que entrou em casa, seus discípulos perguntaram-lhe em particular:

«Por que o não pudemos nós expulsar?»

29 «Essa casta», respondeu-lhes, «não se pode expulsar, senão mediante a oração».

Segundo anúncio da Paixão

(Mt 17, 22-27; Lc 9, 43-45)

30 Tendo partido dali, atravessaram a Galileia, e Jesus 9 FE
não queria que ninguém o soubesse, 31 porque ia ins- *10 AG*
truindo os seus discípulos. E dizia-lhes:

«O Filho do Homem vai ser entregue às mãos dos homens, e lhe darão a morte, e, depois de morto, ressuscitará ao terceiro dia.»

32 Mas eles não compreendiam essas palavras e temiam interrogá-lo.

Humildade e caridade dos discípulos. O escândalo

(Mt 18, 1-4; Lc 9, 46-50; 17, 1-2)

33 Nisso, chegaram a Cafarnaum. Quando estavam já em casa, Jesus perguntou-lhes:

«De que vínheis discutindo pelo caminho?»

34 Eles, porém, calaram-se, porque no caminho ti-
nham discutido entre si qual deles era o maior. 35 Então,
sentando-se, chamou os doze e disse-lhes:

«Se alguém quer ser o primeiro, que seja o último de todos e o servo de todos.»

36 Em seguida, tomando um menino, colocou-o no meio deles e, depois de o abraçar, disse-lhes:

37 «Todo aquele que receber uma destas crianças em meu nome, a mim recebe; e todo aquele que receber a mim, não recebe a mim, mas aquele que me enviou.»

38 João disse-lhe:
«Mestre, vimos alguém que não anda conosco expul-
sar os demônios em teu nome e nós lho proibimos, por-
que não nos segue.»
39 Jesus, porém, respondeu:
«Não lho proibais; porque ninguém há que faça um
milagre em meu nome e possa, em seguida, dizer mal
de mim. 40 Porque quem não é contra nós está conosco.
41 Quem vos der um copo de água porque sois de Cris-
to, em verdade vos digo que não perderá a sua recom-
pensa.
42 «Quem escandalizar um destes pequeninos que
creem em mim, melhor lhe fora que lhe atassem à roda
do pescoço a mó que um asno faz girar e que o lançassem
ao mar. 43 Se a tua mão é para ti ocasião de queda, corta-
-a; melhor te é entrar na Vida sem uma das mãos do
que, tendo duas, ir para a geena, para o fogo inextin-
guível. (44) 45 Se o teu pé é para ti ocasião de queda,
corta-o; melhor te é entrar na Vida coxo do que, tendo
dois pés, ser lançado na geena. (46) 47 Se o teu olho
é para ti ocasião de queda, lança-o fora; melhor te é
entrar no Reino de Deus sem um olho do que, tendo
dois, ser lançado na geena, 48 onde *o seu verme não mor-
re, e o fogo não se apaga*. 49 Todo o homem será salgado
pelo fogo. 50 O sal é uma coisa boa; porém, se se tornar
insípido, com que haveis de lhe dar o sabor? Tende sal
em vós, e tende paz uns com os outros.»

VII. RUMO À JUDEIA E JERUSALÉM

Indissolubilidade do matrimônio

(Mt 19, 1-12)

10 1 Saindo dali, foi Jesus para o território da Judeia, 10 FEV
do outro lado do Jordão. Novamente as multidões 11 AGO
se juntaram em volta dele, e de novo as ensinava segundo
o seu costume. 2 Aproximando-se os fariseus, pergunta-
vam-lhe, para o tentarem, se é lícito ao marido repudiar
sua mulher. 3 Ele respondeu-lhes:
«Que vos mandou Moisés?»
4 «Moisés permitiu *escrever libelo de repúdio e despedi*
-la», responderam eles.
5 Jesus disse-lhes:
«Por causa da dureza de vosso coração é que ele vos
deu essa lei. 6 Porém, no princípio da criação Deus os
fez homem e mulher. 7 *Por isso deixará o homem seu pai*
e sua mãe, e se juntará à sua mulher, 8 *e os dois serão uma*
só carne. Assim, não mais são dois, mas uma só carne.
9 Portanto, não separe o homem o que Deus juntou.»
10 Em casa os seus discípulos interrogaram-no nova-
mente sobre o mesmo assunto.
11 Ele disse-lhes:
«Qualquer que repudiar sua mulher e se casar com
outra comete adultério contra a primeira; 12 e, se a mu-
lher repudiar seu marido e se casar com outro, comete
adultério.»

Jesus bendiz as crianças

(Mt 19, 13-15; Lc 18, 15-17)

13 Apresentavam-lhe umas crianças para que as to-
casse, mas os discípulos repreendiam os que lhas apre-
sentavam. 14 Vendo isso, Jesus ficou muito desgostoso e
disse-lhes:
«Deixai vir a mim as criancinhas e não as impeçais,
porque destas tais é o Reino de Deus. 15 Em verdade
vos digo: Todo aquele que não receber o Reino de Deus
como uma criança não entrará nele.»
16 E, abraçando-as, abençoava-as impondo-lhes as
mãos.

O jovem rico. Pobreza e entrega cristãs

(Mt 19, 16-30; Lc 18, 18-30)

17 Tendo saído para se pôr a caminho, veio um homem **11 FEV**
correndo e, ajoelhando-se diante dele, perguntou-lhe: ***12 AGO***
«Bom Mestre, que devo fazer para obter a vida eterna?»
18 Jesus disse-lhe:
«Por que me chamas bom? Ninguém é bom senão um
só: Deus. 19 Tu conheces os mandamentos: *Não mates, não
cometas adultério, não furtes, não digas falso testemunho,
não cometas fraudes, honra teu pai e tua mãe.*»
20 «Mestre, todas essas coisas tenho observado desde a
minha mocidade», respondeu ele.
21 Jesus, pondo nele os olhos, mostrou-lhe afeto e
disse-lhe:

«Uma coisa te falta: vai, vende quanto tens e dá-o aos pobres, e terás um tesouro no céu; depois vem e segue-me.»

22 Mas ele, entristecido por essa palavra, retirou-se desgostoso, porque tinha muitos bens.

23 Jesus, olhando ao redor, disse a seus discípulos:

«Como é difícil aos que têm riquezas entrar no Reino de Deus!»

24 Os discípulos assombravam-se com as suas palavras. Mas Jesus de novo lhes disse:

«Meus filhos, como é difícil entrarem no Reino de
Deus os que confiam nas riquezas! 25 Mais fácil é passar
um camelo pelo fundo de uma agulha do que um rico
entrar no Reino de Deus.»

26 Eles, cada vez mais admirados, diziam uns para os outros:

«Quem, então, pode salvar-se?»

27 Jesus, olhando para eles, disse:

«Para os homens isso é impossível, mas não para Deus; porque para Deus tudo é possível.»

28 Pedro começou a dizer-lhe:

«Eis que deixamos tudo e te seguimos.»

29 Jesus respondeu:

«Em verdade vos digo: Ninguém há que tenha deixado
casa, irmãos, irmãs, pai, mãe, filhos ou terras por causa de
mim e do Evangelho 30 que não receba o cêntuplo, mesmo
nesta vida, em casas, irmãos, irmãs, mães, filhos e terras,
mesmo no meio das perseguições; e no século futuro, a
vida eterna. 31 Porque muitos primeiros serão últimos, e
muitos últimos serão primeiros.»

Terceiro anúncio da Paixão

(Mt 20, 17-19; Lc 18, 31-34)

32 Iam subindo a caminho de Jerusalém, e Jesus ia 12 FEV *13 AGO*
adiante deles. Iam perturbados e seguiam-no com temor.
Tomando novamente de parte os doze, começou a dizer-
lhes o que lhe havia de acontecer:
33 «Eis que subimos a Jerusalém, e o Filho do Homem
será entregue aos príncipes dos sacerdotes e aos escribas;
eles o condenarão à morte e o entregarão aos gentios;
34 o escarnecerão, lhe cuspirão, o açoitarão e lhe tirarão a
vida; mas ao terceiro dia ressuscitará.»

Pedido dos filhos de Zebedeu

(Mt 20, 20-28)

35 Então aproximaram-se dele Tiago e João, filhos de
Zebedeu, dizendo:
«Mestre, queremos que nos concedas o que te vamos
pedir.»
36 Ele disse-lhes:
«Que quereis que eu vos conceda?»
37 E eles responderam:
«Concede-nos que, na tua glória, um de nós se sente à
tua direita e outro à tua esquerda.»
38 Mas Jesus disse-lhes:
«Não sabeis o que pedis. Podeis vós beber o cálice que
eu vou beber, ou ser batizados no batismo em que serei
batizado?»

39 «Podemos», disseram-lhe eles.

Jesus disse-lhes:

«Com efeito, haveis de beber o cálice que eu vou beber
e haveis de ser batizados no batismo em que serei batizado;
40 mas, quanto a estardes sentados à minha direita ou à
minha esquerda, não pertence a mim o conceder-vo-lo,
mas é para aqueles a quem foi preparado.»

41 Ouvindo isso os dez, começaram a indignar-se con-
tra Tiago e João. 42 Mas Jesus, chamando-os, disse-lhes:

«Vós sabeis que aqueles que são reconhecidos como
chefes das nações as dominam e que os seus príncipes têm
poder sobre elas. 43 Porém, entre vós não deve ser assim;
pelo contrário, quem quiser ser o maior, que seja o vosso
servo; 44 e quem entre vós quiser ser o primeiro, que seja
servo de todos. 45 Porque também o Filho do Homem não
veio para ser servido, mas para servir e para dar a sua vida
para redenção de muitos.»

Cura do cego Bartimeu

(Mt 20, 29-34; Lc 18, 35-43)

46 Chegaram a Jericó. Ao sair de Jericó com seus dis-
cípulos e uma grande multidão, um cego chamado Bar-
timeu, filho de Timeu, estava sentado junto ao caminho.
47 Quando ouviu dizer que era Jesus Nazareno, começou
a gritar e a dizer:

«Jesus, Filho de Davi, tem piedade de mim!»

48 Muitos repreendiam-no para que se calasse. Ele,
porém, gritava cada vez mais alto:

«Filho de Davi, tem piedade de mim!»

49 Jesus parou e disse:

«Chamai-o.»

Chamaram o cego, dizendo-lhe:

«Tem confiança, levanta-te; ele te chama.»

50 Ele, lançando fora o seu manto, levantou-se de
um salto e foi ter com Jesus. 51 Tomando Jesus a palavra,
disse-lhe:

«Que queres que eu te faça?»

«Raboni, que eu veja», respondeu-lhe o cego.

52 Então Jesus disse-lhe:

«Vai, a tua fé te salvou.»

No mesmo instante recuperou a vista, e o seguia pelo caminho.

TERCEIRA PARTE
MINISTÉRIO EM JERUSALÉM

VIII. PURIFICAÇÃO DO TEMPLO E CONTROVÉRSIAS

Entrada do Messias na Cidade Santa

(Mt 21, 1-11; Lc 19, 28-40; Jo 12, 12-19)

11 1 Quando se iam aproximando de Jerusalém, **13 FEV** ***14 AGO***
Betfagé e Betânia, perto do Monte das Oliveiras,
enviou dois dos seus discípulos 2 e disse-lhes:

«Ide à aldeia que está à frente de vós. Logo que entrardes nela, encontrareis preso um jumentinho em que ainda não montou homem algum; soltai-o e trazei-o.

3 E se alguém vos perguntar: "Por que fazeis isso?", dizei-lhe:
"O Senhor tem necessidade dele e logo o devolverá aqui."»
4 Indo eles, encontraram o jumentinho preso do lado
de fora da porta numa encruzilhada e desprenderam-no.
5 Alguns dos que estavam ali disseram-lhes:
«Que fazeis desprendendo o jumentinho?»
6 Eles responderam-lhes como Jesus lhes tinha man-
dado, e deixaram-lho levar. 7 Levaram o jumentinho a
Jesus, puseram sobre ele os seus mantos e Jesus montou
em cima. 8 Muitos estenderam os seus mantos pelo ca-
minho, outros cortavam ramos das árvores nos campos e
juncavam com eles a estrada. 9 Os que iam adiante e os
que seguiam atrás clamavam, dizendo:

«Hosana!
Bendito o que vem em nome do Senhor!
10 *Bendito o Reino que vem*
do nosso pai Davi!
Hosana no mais alto dos céus!»

11 E entrou em Jerusalém, no Templo, e, tendo observa-
do tudo, como fosse já tarde, foi para Betânia com os doze.

Maldição da figueira e expulsão dos vendilhões do Templo

(Mt 21, 12-22; Lc 19, 45-48; Jo 2, 13-25)

12 No dia seguinte, depois que saíram de Betânia, teve
fome. 13 Vendo ao longe uma figueira que tinha folhas, foi
lá ver se encontrava nela algum fruto. Aproximando-se,

nada encontrou senão folhas, porque não era tempo de
figos. 14 Então disse à figueira:

«Nunca mais coma alguém fruto de ti.»

E escutavam-no os seus discípulos.

15 Chegaram a Jerusalém. Tendo entrado no Templo, começou a lançar fora os que vendiam e compravam no Templo, e derrubou as mesas dos cambistas e as cadeiras dos que
vendiam pombas. 16 E não consentia que alguém transpor-
tasse qualquer objeto pelo Templo, 17 e os ensinava, dizendo:

«Porventura não está escrito: *A minha casa será chamada casa de oração para todas as nações*? Mas vós fizestes dela um *covil de ladrões*.»

18 Ouvindo isso, os príncipes dos sacerdotes e os escribas procuravam o modo de o perder; temiam-no, afinal, visto que todo o povo admirava a sua doutrina.

19 Quando se fez tarde, saíram da cidade. 20 No outro
dia pela manhã, ao passarem, viram a figueira seca até as
raízes. 21 Então Pedro, recordando-se, disse-lhe:

«Olha, Mestre, como se secou a figueira que amaldiçoaste.»

22 Jesus, respondendo, disse-lhes:

«Tende fé em Deus. 23 Em verdade vos digo que todo
aquele que disser a este monte: "Tira-te daí e lança-te no
mar", e não hesitar no seu coração, mas tiver fé de que
tudo o que disser será feito, ser-lhe-á feito. 24 Por isso
vos digo: Tudo quanto pedirdes na oração, crede que já
o tendes recebido, e conceder-se-vos-á. 25 E quando es-
tiverdes orando, se tiverdes alguma coisa contra alguém,
perdoai-lhe, para que também vosso Pai que está nos
céus vos perdoe os vossos pecados.» (26)

Autoridade de Jesus
(Mt 21, 23-27; Lc 20, 1-8)

27 Voltaram a Jerusalém. E, andando Jesus pelo 14 FE
Templo, aproximaram-se dele os príncipes dos sacerdo- 15 AG
tes, os escribas e os anciãos, 28 e disseram-lhe:
«Com que autoridade fazes tu essas coisas? Ou quem
te deu o poder de as fazer?»
29 Jesus disse-lhes:
«Eu também vos farei uma pergunta; respondei-me
a ela primeiro, e eu vos direi então com que autoridade
faço estas coisas: 30 O batismo de João era do céu ou dos
homens? Respondei-me.»
31 Mas eles discorriam entre si: «Se respondermos
que era do céu, ele dirá: "Por que razão, logo, não cres-
tes nele?" 32 Mas responderemos que era dos homens?»
Temiam o povo, porque todos tinham João por um ver-
dadeiro profeta. 33 E responderam a Jesus:
«Não sabemos.»
Então Jesus disse-lhes:
«Pois nem eu tampouco vos direi com que autoridade
faço estas coisas.»

Parábola dos vinhateiros homicidas
(Mt 21, 33-46; Lc 20, 9-19)

12 1 E começou a falar-lhes por parábolas:
«Um homem *plantou uma vinha, cercou-a
com uma sebe, cavou nela um lagar, edificou uma torre,*
arrendou-a a uns vinhateiros e ausentou-se daquele país.
2 Chegado o tempo, enviou aos vinhateiros um servo

para receber deles a sua parte dos frutos da vinha. 3 Mas
eles, apanhando-o, bateram-lhe e remeteram-no de volta
com as mãos vazias. 4 Enviou-lhes de novo outro servo,
e também a este o feriram na cabeça e o carregaram de
afrontas. 5 Enviou de novo outro, e mataram-no. Assim
fizeram a muitos outros, dos quais bateram nuns e ma-
taram outros. 6 Tendo ainda um filho querido, também o
enviou por último, dizendo: "Terão respeito a meu filho."
7 Porém, aqueles vinhateiros disseram uns aos outros:
"Este é o herdeiro; vinde, matemo-lo, e será nossa a he-
rança." 8 Pegaram-no, mataram-no e lançaram-no fora
da vinha. 9 Que fará, pois, o senhor da vinha? Virá, exter-
minará os vinhateiros e dará a vinha a outros. 10 Nunca
lestes esta passagem da Escritura:

A pedra que fora rejeitada pelos que edificavam
tornou-se pedra angular.
11 *Pelo Senhor foi feito isto,*
e é *coisa admirável aos nossos olhos*?»

12 Procuravam apoderar-se dele, mas temeram o
povo: tinham compreendido bem que dissera essa pará-
bola contra eles. E, deixando-o, retiraram-se.

O tributo a César

(Mt 22, 15-22; Lc 20, 20-26)

13 Enviaram-lhe alguns dos fariseus e dos herodianos **15 FEV** ***16 AGO***
para que o apanhassem em alguma palavra. 14 Chegando
eles, disseram-lhe:

«Mestre, sabemos que és verdadeiro e que não fazes acepção de pessoas, porque não consideras o exterior dos homens, mas ensinas o caminho de Deus segundo a verdade. É lícito pagar o tributo a César ou não? Devemos pagar ou não?»

15 Jesus, conhecendo a sua perfídia, disse-lhes:

«Por que me tentais? Trazei-me um denário para que o veja.»

16 Eles lho trouxeram. Então disse-lhes:

«De quem é esta imagem e inscrição?»

«De César», responderam-lhe.

17 Então Jesus disse-lhes:

«Dai, pois, a César o que é de Cesar, e a Deus o que é de Deus.»

E admiravam-se dele.

A ressurreição dos mortos
(Mt 22, 23-33; Lc 20, 27-40)

18 Depois, foram ter com ele os saduceus, que negam a ressurreição, e interrogaram-no, dizendo:

19 «Mestre, Moisés deixou-nos escrito que, *se morrer*
o irmão de alguém e deixar a mulher *sem filhos, tome seu*
irmão a mulher dele e dê descendência a seu irmão. 20 Ora,
havia sete irmãos. O primeiro tomou mulher e mor-
reu sem deixar filhos. 21 O segundo tomou-a e morreu
também sem deixar filhos. Da mesma sorte o terceiro.
22 Nenhum dos sete deixou filhos. Depois deles to-
dos, morreu também a mulher. 23 Na ressurreição, pois,

quando tornarem a viver, de qual deles será a mulher?
Porque os sete a tiveram por mulher.»

24 Jesus respondeu-lhes:

«Não estais vós errados justamente porque não
compreendeis as Escrituras nem o poder de Deus?
25 Quando ressuscitarem dentre os mortos, nem os ho-
mens tomarão mulheres, nem as mulheres homens, mas
todos serão como os anjos no céu. 26 E quanto à ressur-
reição dos mortos, não tendes lido no livro de Moisés
como Deus lhe falou da sarça, dizendo: *Eu sou o Deus
de Abraão, o Deus de Isaac e o Deus de Jacó?* 27 Ele não é
Deus dos mortos, mas dos vivos. Logo, vós estais muito
errados.»

O primeiro mandamento
(Mt 22, 34-40; Lc 10, 25-28)

28 Então aproximou-se um dos escribas, que os tinha
ouvido discutir, e, vendo que Jesus lhes tinha respondido
bem, perguntou-lhe:

«Qual é o primeiro de todos os mandamentos?»

29 Jesus respondeu-lhe:

«O primeiro de todos os mandamentos é este: *Ouve,
Israel! O Senhor nosso Deus é o único Senhor;* 30 *amarás o
Senhor teu Deus com todo o teu coração, com toda a tua
alma, com todo o teu entendimento e com todas as tuas for-
ças.* 31 O segundo é este: *Amarás o teu próximo como a ti
mesmo*. Não há outro mandamento maior do que esses.»

32 Então o escriba disse-lhe:

«Mestre, disseste bem e com verdade que *Deus é um*
só, e que não há outro fora dele; 33 *e que o amá-lo com todo*
o coração, com todo o entendimento, com toda a alma e com
todas as forças, e amar o próximo como a si mesmo, vale
mais que todos os holocaustos e sacrifícios.»
34 Vendo Jesus que tinha respondido sabiamente,
disse-lhe:
«Não estás longe do Reino de Deus.»
Doravante, ninguém mais ousava interrogá-lo.

Divindade do Messias

(Mt 22, 41-46; Lc 20, 41-44)

35 Continuando a ensinar no Templo, Jesus tomou a 16 FE
palavra e disse: *17 AG*
«Como dizem os escribas que o Cristo é filho de Davi? 36
O mesmo Davi, inspirado pelo Espírito Santo, diz:

Disse o Senhor ao meu Senhor:
Senta-te à minha direita,
até que eu ponha os teus inimigos
por escabelo de teus pés.

37 «O mesmo Davi, portanto, lhe chama Senhor.
Como, então, pode ele ser seu filho?»
E uma grande multidão o ouvia com gosto.

Censuras aos escribas
(Mt 23, 1-12; Lc 20, 45-47)

38 Dizia-lhes ainda nos seus ensinamentos:
«Guardai-vos dos escribas, que gostam de andar com
roupas largas, de serem saudados nas praças 39 e de ocu-
parem as primeiras cadeiras nas sinagogas e os primeiros
lugares nos banquetes. 40 Devoram as casas das viúvas,
sob o pretexto de longas orações. Estes serão julgados
com maior rigor.»

A oferta da viúva
(Lc 21, 1-4)

41 Estando Jesus sentado em frente ao gazofilácio,
observava como o povo punham ali dinheiro. Muitos
ricos faziam-no em abundância. 42 Tendo chegado uma
pobre viúva, lançou duas pequenas moedas, que valiam
um quarto de um asse. 43 Chamando os seus discípulos,
disse-lhes:
«Em verdade vos digo que esta pobre viúva deu mais
que todos os outros que lançaram no gazofilácio, 44 por-
que todos os outros deram do que lhes sobrava; ela, po-
rém, deu do seu necessário tudo o que possuía, tudo o
que tinha para viver.»

IX. DISCURSO ESCATOLÓGICO

Anúncio da destruição do Templo

(Mt 24, 1-2; Lc 21, 5-6)

13 [1] Quando saía do Templo, disse-lhe um dos seus
discípulos:

«Olha, Mestre, que pedras e que construções!»

[2] Jesus disse-lhe:

«Vês estes grandes edifícios? Não ficará pedra sobre pedra que não seja derrubada.»

Começo das tribulações. Perseguições por causa do Evangelho

(Mt 10, 16-22; 24, 3-14; Lc 21, 7-19)

[3] Estando sentado sobre o Monte das Oliveiras, em frente ao Templo, interrogaram-no à parte Pedro, Tiago, João e André:

[4] «Diz-nos quando sucederão essas coisas e que sinal haverá quando tudo isso estiver para se cumprir.»

[5] Então Jesus começou a dizer-lhes:

«Vede que ninguém vos engane. [6] Muitos virão em
meu nome, dizendo: "Sou eu", e enganarão muitos.
[7] Quando ouvirdes falar de guerras e de rumores de guer-
ras, não temais; porque importa que essas coisas acon-
teçam; mas não será ainda o fim. [8] Levantar-se-á nação
contra nação e reino contra reino; haverá terremotos
em diversas partes e haverá fome. Essas coisas serão o
princípio das dores.

9 «Tomai, porém, cuidado convosco. Hão de vos en-
tregar nos tribunais, sereis açoitados nas sinagogas e se-
reis, por minha causa, levados diante dos governadores
e dos reis, para dar testemunho de mim perante eles. 10
Mas antes deve o Evangelho ser pregado a todas as nações.
11 E quando vos levarem para vos entregar, não premediteis
no que haveis de dizer, mas dizei o que vos for inspirado
nessa hora; porque não sois vós que falais, mas o Espírito
Santo. 12 Então o irmão entregará à morte o seu irmão, e
o pai ao filho; os filhos levantar-se-ão contra os pais e lhes
darão a morte. 13 Sereis odiados de todos por causa do meu
nome. Mas o que perseverar até o fim, esse será salvo.

A grande tribulação
(Mt 24, 15-28; Lc 21, 20-24)

14 «Quando, pois, virdes a abominação da desolação posta **17 FEV**
onde não deveria estar – quem ler, entenda –, então os que ***18 AGO***
estiverem na Judeia fujam para os montes; 15 quem estiver
sobre o telhado, não desça nem entre para levar coisa alguma
de sua casa; 16 e quem se encontrar no campo, não volte atrás
para buscar o seu manto. 17 Ai das mulheres grávidas e das
que tiverem crianças de peito naqueles dias! 18 Rogai, pois,
que não suceda isso no inverno; 19 porque naqueles dias ha-
verá *tribulação tal qual jamais houve desde o princípio do mun-
do*, que Deus criou, *até agora, nem haverá de novo*. 20 E, se o
Senhor não abreviasse aqueles dias, nenhuma carne se salva-
ria; mas ele os abreviou em atenção aos eleitos que escolheu.

21 «Então, se alguém vos disser: "Eis aqui o Cristo", ou
"Ei-lo ali", não deis crédito. 22 Porque se levantarão falsos

cristos e falsos profetas, e farão milagres e prodígios para
enganarem, se fosse possível, até mesmo os escolhidos.
23 Estai, pois, de sobreaviso; eis que eu vos predisse tudo.

A vinda do Filho do Homem

(Mt 24, 29-31; Lc 21, 25-28)

24 «Naqueles dias, depois daquela tribulação, *o sol es-
curecer-se-á, a lua não dará o seu resplendor,* 25 *as estre-
las cairão do céu, e* serão abaladas *as potestades dos céus.*
26 Então verão *o Filho do Homem vir sobre as nuvens* com
grande poder e glória. 27 E enviará logo os seus anjos,
e juntará os seus escolhidos dos quatro ventos, desde a
extremidade da terra até a extremidade do céu.

Certeza do fim: a lição da figueira

(Mt 24, 32-35; Lc 21, 29-33)

28 «Aprendei da figueira esta parábola: Quando os
seus ramos estão já tenros e as folhas brotam, sabeis que
está perto o estio; 29 assim também quando virdes acon-
tecer essas coisas, sabei que é iminente, que está às portas.
30 Em verdade vos digo que não passará esta geração sem
que se cumpram todas essas coisas. 31 O céu e a terra
passarão, mas as minhas palavras não passarão.

Tempo da segunda vinda de Cristo
(Mt 24, 36-41)

32 «A respeito, porém, desse dia ou dessa hora, ninguém
sabe, nem os anjos do céu, nem o Filho, mas só o Pai.
33 Estai de sobreaviso, vigiai: porque não sabeis quan-
do será o momento. 34 Será como um homem que,
empreendendo uma viagem, deixou a sua casa, deu auto-
ridade aos seus servos, indicando a cada um a sua tarefa, e
ordenou ao porteiro que estivesse vigilante. 35 Vigiai, pois,
visto que não sabeis quando virá o senhor da casa, se de
tarde, se à meia-noite, se ao cantar do galo, se pela manhã;
36 para que, vindo de repente, vos não encontre dormindo.
37 O que eu digo a vós, digo-o a todos: Vigiai!»

X. PAIXÃO, MORTE E RESSURREIÇÃO DE JESUS

Conspiração dos sacerdotes e escribas
(Mt 26, 3-5; Lc 22, 1-2; Jo 1, 45-57)

14 1 Dali a dois dias era a Páscoa e os ázimos. **18 FEV** ***19 AGO***
Os príncipes dos sacerdotes e os escribas andavam
buscando modo de o prender por traição para o matar.
2 Pois diziam:

«Não convém que isto se faça no dia da festa, para que se não levante nenhum motim entre o povo.»

Unção em Betânia e traição de Judas

(Mt 26, 6-16; Lc 22, 3-6; Jo 12, 1-11)

3 Estando Jesus em Betânia, em casa de Simão o lepro-
so, e enquanto estava à mesa, veio uma mulher trazendo
um vaso de alabastro cheio de um bálsamo feito de nardo
puro de grande valor e, quebrado o vaso, derramou-lho
sobre a cabeça. 4 Alguns dos que estavam presentes indig-
naram-se e diziam entre si:
«Para que este desperdício de bálsamo? 5 Pois podia
ter-se vendido por mais de trezentos denários e dado aos
pobres».
E a repreendiam. 6 Mas Jesus disse:
«Deixai-a. Por que a molestais? Ela fez-me uma boa
obra; 7 porque tereis sempre convosco os pobres e, quan-
do quiserdes, podeis fazer-lhes bem; a mim, porém, não
me tendes sempre. 8 Ela fez o que podia: embalsamou
por antecipação o meu corpo para a sepultura. 9 Em ver-
dade vos digo: Onde quer que for pregado este Evange-
lho por todo o mundo, será também contado, para sua
memória, o que ela fez.»
10 Então Judas Iscariotes, um dos doze, foi ter com
os príncipes dos sacerdotes para lhes entregar Jesus.
11 Eles, ao ouvi-lo, alegraram-se e prometeram dar-
lhe dinheiro. E ele procurava ocasião oportuna para
o entregar.

Preparação da Última Ceia e anúncio da traição de Judas

(Mt 26, 17-25; Lc 22, 7-13; Jo 13, 21-32)

12 No primeiro dia dos ázimos, quando imolavam a
Páscoa, os discípulos lhe disseram:

«Onde queres que vamos preparar-te a refeição da
Páscoa?»

13 Então ele enviou dois dos seus discípulos e disse-lhes:

«Ide à cidade e encontrareis um homem levando um
cântaro de água; ide atrás dele 14 e, onde entrar, dizei ao
dono da casa: "O Mestre diz: Onde está a minha sala,
em que hei de comer a Páscoa com os meus discípulos?"
15 E ele vos mostrará uma sala superior grande, mobiliada
e posta em ordem. Preparai-nos lá o que é preciso.»

16 Os discípulos partiram, chegaram à cidade, encontra-
ram tudo como ele lhes tinha dito e prepararam a Páscoa.

17 Chegada a tarde, veio Jesus com os doze. 18 E quan- **19 FEV** ***20 AGO***
do estavam à mesa e comiam, disse Jesus:

«Em verdade vos digo que um de vós, *aquele que come
comigo*, me há de entregar.»

19 Então começaram a entristecer-se e a dizer-lhe
cada um:

«Porventura sou eu?»

20 Mas ele disse-lhes:

«É um dos doze, o que se serve comigo do mesmo
prato. 21 Certamente o Filho do Homem vai, segundo está
escrito dele, mas ai daquele homem por quem for entregue
o Filho do Homem! Melhor lhe fora não ter nascido.»

Instituição da Sagrada Eucaristia
(Mt 26, 26-29; Lc 22, 14-20)

22 Enquanto comiam, Jesus tomou pão e, depois de o
abençoar, partiu-o, deu-lho e disse:
«Tomai, isto é o meu corpo.»
23 Em seguida, tendo tomado o cálice e dado graças,
deu-lho, e todos beberam dele. 24 E disse-lhes:
«Isto é o meu sangue, o sangue da nova aliança,
que será derramado por muitos. 25 Em verdade vos digo que
não beberei mais deste fruto da vide, até aquele dia em
que o beberei de novo no Reino de Deus.»

Predição do abandono dos discípulos
(Mt 26, 30-35; Lc 22, 31-34; Jo 13, 36-38)

26 Cantado o hino, foram para o monte das Oliveiras.
27 Então Jesus disse-lhes:
«Todos vos escandalizareis, pois está escrito:

Ferirei o pastor
e as ovelhas se dispersarão.

28 «Mas, depois que eu ressuscitar, preceder-vos-ei à
Galileia.»
29 Pedro, porém, disse-lhe:
«Ainda que todos se escandalizem de ti, eu não.»
30 Jesus disse-lhe:
«Em verdade te digo que hoje, nesta mesma noite, antes
que o galo cante pela segunda vez, me negarás três vezes.»

31 Porém, ele insistia ainda mais:

«Ainda que me seja preciso morrer contigo, não te negarei.»

E todos diziam o mesmo.

Oração e agonia de Jesus no horto de Getsêmani

(Mt 26, 36-46; Lc 22, 39-46)

32 Chegando a um campo chamado Getsêmani, Jesus 20 FEV
disse a seus discípulos: *21 AGO*

«Sentai-vos aqui enquanto vou orar.»

33 Levou consigo Pedro, Tiago e João; e começou a
sentir pavor e angústia. 34 E disse-lhes:

«A minha alma está triste até a morte; ficai aqui e vigiai.»

35 Tendo-se adiantado um pouco, prostrou-se por ter-
ra e pedia, se fosse possível, que se afastasse dele aquela
hora. 36 Dizia:

«*Abba,* Pai! Todas as coisas te são possíveis: afasta de mim este cálice. Porém, não se faça o que eu quero, mas o que tu queres.»

37 Depois voltou e encontrou-os dormindo, e disse a Pedro:

«Simão, dormes? Não pudeste vigiar uma hora?
38 Vigiai e orai para que não entreis em tentação. O espí-
rito na verdade está pronto, mas a carne é fraca.»

39 Tendo-se retirado novamente, pôs-se a orar, repetindo as mesmas palavras.

40 Ao voltar, encontrou-os outra vez a dormir, porque
tinham os olhos pesados. Não sabiam que responder-lhe.
41 Voltou pela terceira vez e disse-lhes:

«Dormi agora e descansai. Basta; é chegada a hora.
Eis que o Filho do Homem vai ser entregue nas mãos dos
pecadores.
42 Levantai-vos, vamos; eis que se aproxima o
que me há de entregar.»

Prisão de Jesus

(Mt 26, 47-56; Lc 22, 47-53; Jo 18, 1-12)

43 Ainda falava quando chegou Judas Iscariotes, um
dos doze, e com ele muita gente armada de espadas e
varapaus, enviada pelos príncipes dos sacerdotes, pelos
escribas e pelos anciãos.
44 O traidor tinha-lhes dado uma
senha, dizendo: «Aquele a quem eu beijar, é esse; prendei
-o e levai-o com cuidado.»

45 Logo que chegou, aproximando-se imediatamente
de Jesus, disse-lhe: «*Rabbi*!» E beijou-o.

46 Então eles lançaram-lhe mãos e prenderam-no.

47 Um dos circunstantes, desembainhando a espada,
feriu um servo do sumo sacerdote e cortou-lhe uma ore-
lha.
48 Jesus, tomando a palavra, disse-lhes:

«Como se eu fosse um ladrão, viestes com espadas
e varapaus a prender-me?
49 Todos os dias estava entre
vós ensinando no Templo, e não me prendestes. Mas isto
acontece para que se cumpram as Escrituras.»

50 Então os seus discípulos, abandonando-o, fugi-
ram todos.
51 Um jovem seguia Jesus coberto somente
com um lençol, e prenderam-no.
52 Mas ele, largando o
lençol, escapou deles nu.

Interrogatório diante dos príncipes dos sacerdotes

(Mt 26, 57-68; Lc 22, 66-71; Jo 18, 13-24)

53 Levaram Jesus ao sumo sacerdote e juntaram-se todos os príncipes dos sacerdotes, os anciãos e os escribas. 54 Pedro foi seguindo-o de longe, até o interior do pátio do sumo sacerdote. Estava sentado ao fogo com os criados e aquecia-se. **21 FEV** *22 AGO*

55 Os príncipes dos sacerdotes e todo o conselho buscavam algum testemunho contra Jesus para o fazerem morrer, mas não o encontravam. 56 Porque muitos depunham falsamente contra ele, mas não concordavam os seus depoimentos. 57 Levantando-se uns certos, depunham falsamente contra ele, dizendo:

58 «Nós o ouvimos dizer: "Destruirei este Templo, feito por mão de homens, e em três dias edificarei outro, que não será feito por mão de homens."»

59 Porém, nem esse seu testemunho era concorde. 60 Então, levantando-se no meio da assembleia o sumo sacerdote, interrogou Jesus, dizendo:

«Não respondes nada? O que é que estes depõem contra ti?»

61 Ele, porém, estava em silêncio e nada respondeu. Interrogou-o de novo o sumo sacerdote, e disse-lhe:

«És tu o Cristo, o Filho do Bendito?»

62 «Eu sou», respondeu Jesus, *«e vereis o Filho do Homem sentado à direita do Poder e vir sobre as nuvens do céu.»*

63 Então o sumo sacerdote, rasgando as suas vestes, disse:

«Que necessidade temos de mais testemunhas? 64 Ouvistes a blasfêmia. Que vos parece?»

E todos o condenaram como réu de morte.
65 Então começaram alguns a cuspir-lhe, a cobrir-lhe o
rosto e a dar-lhe socos, dizendo-lhe:
«Profetiza!»
E os criados receberam-no a bofetadas.

As negações de São Pedro

(Mt 26, 69-75; Lc 22, 54-62; Jo 18, 15-18.25-27)

66 Enquanto isso, estando Pedro embaixo no átrio,
chegou uma das criadas do sumo sacerdote. 67 Ao ver
Pedro, que se aquecia, encarando-o disse:
«Tu também estavas com Jesus, aquele nazareno.»
68 Mas ele negou:
«Não o conheço, nem sei de que falas.»
E saiu para a entrada do pátio, e o galo cantou.
69 Tendo-o visto a criada, começou novamente a dizer aos
que estavam presentes:
«Este é daqueles.»
70 Mas ele o negou de novo. Pouco depois, os que ali
estavam diziam de novo a Pedro:
«Verdadeiramente tu és um deles, porque também és
galileu.»
71 E ele começou a fazer imprecações e a jurar:
«Não conheço esse homem de quem falais!»
72 Imediatamente cantou o galo pela segunda vez. En-
tão Pedro recordou-se da palavra que Jesus tinha dito:
«Antes que o galo cante duas vezes, me negarás três ve-
zes.» E começou a chorar.

Jesus diante de Pilatos

(Mt 27, 11-26; Lc 23, 1-25; Jo 18, 28-19, 16)

15 1 Logo pela manhã, reuniram-se em conselho os 22 FEV
príncipes dos sacerdotes com os anciãos, os escri- *23 AGO*
bas e todo o Sinédrio. Manietando Jesus, levaram-no e
entregaram-no a Pilatos. 2 Pilatos perguntou-lhe:
«Tu és o Rei dos Judeus?»
«Tu o dizes», respondeu-lhe ele.
3 Os príncipes dos sacerdotes acusavam-no de muitas
coisas. 4 Pilatos interrogou-o novamente:
«Não respondes coisa alguma? Vê de quantas coisas
te acusam.»
5 Mas Jesus não respondeu mais nada, de sorte que
Pilatos estava admirado.
6 No dia da festa ele costumava soltar-lhes um dos
presos, qualquer que eles pedissem. 7 Havia um chamado
Barrabás, que estava preso com outros sediciosos, o qual,
num motim, tinha cometido um homicídio. 8 Juntando-
se o povo, começou a pedir o que sempre lhes concedia.
9 Pilatos respondeu-lhes:
«Quereis que vos solte o Rei dos Judeus?»
10 Porque sabia que os príncipes dos sacerdotes o ti-
nham entregado por inveja.
11 Porém, os príncipes dos sacerdotes incitaram
o povo a que pedisse antes a liberdade de Barrabás.
12 Pilatos, falando outra vez, disse-lhes:
«Que quereis, pois, que eu faça ao Rei dos Judeus?»
13 Eles tornaram a gritar:
«Crucifica-o!»

14 Pilatos, porém, dizia-lhes:
«Que mal fez ele?»
Mas eles cada vez gritavam mais:
«Crucifica-o!»
15 Então Pilatos, querendo satisfazer o povo, soltou-
lhes Barrabás. Depois de fazer açoitar Jesus, entregou-o
para ser crucificado.

Coroação de espinhos

(Mt 27, 27-31; Jo 19, 1-3)

16 Os soldados conduziram-no ao interior do átrio,
isto é, ao pretório, e ali juntaram toda a corte. 17 Revesti-
ram-no de púrpura e cingiram-lhe a cabeça com uma co-
roa entretecida de espinhos. 18 E começaram a saudá-lo:
«Salve, Rei dos Judeus!»
19 E davam-lhe na cabeça com uma cana, cuspiam-
lhe no rosto e, pondo-se de joelhos, faziam-lhe reverên-
cias. 20 Depois de o terem escarnecido, despojaram-no
da púrpura, vestiram-lhe as suas vestes e levaram-no para
o crucificar.
21 Obrigaram certo homem que ia passando por ali
vindo do campo, Simão de Cirene, pai de Alexandre e de
Rufo, a levar a cruz. 22 Conduziram-no ao lugar do Gól-
gota, que quer dizer «lugar do Crânio». 23 Davam-lhe a
beber vinho misturado com mirra, mas ele não o tomou.

Crucificação e morte de Jesus

(Mt 27, 32-56; Lc 23, 26-49; Jo 19, 17-30)

24 Tendo-o crucificado, dividiram as suas vestes, lan- 23 FEV *24 AGO*
çando sortes sobre elas para ver a parte que cada um
levaria. 25 Era a hora terceira quando o crucificaram.
26 A causa da sua condenação fora expressa nesta inscri-
ção: «O Rei dos Judeus». 27 Com ele crucificaram dois
ladrões, um à sua direita e outro à esquerda. (28)

29 Os que iam passando blasfemavam, abanando as
suas cabeças e dizendo:

«Ah! Tu que destróis o Templo de Deus e o reedificas
em três dias, 30 salva-te a ti mesmo descendo da cruz.»

31 Do mesmo modo, escarnecendo-o também os
príncipes dos sacerdotes e os escribas, diziam entre si:

«Salvou os outros e não se pode salvar a si mesmo.
32 Desça agora o Cristo, o Rei de Israel, da cruz para que
vejamos e creiamos.»

Também os que tinham sido crucificados com ele o
insultavam.

33 Chegada a hora sexta, cobriu-se toda a terra de tre-
vas até a hora nona. 34 E à hora nona exclamou Jesus em
alta voz:

«*Eloí, Eloí, lemá sabacthâni*?», que quer dizer: «Deus
meu, Deus meu, por que me desamparaste?»

35 Ouvindo isso, alguns dos circunstantes diziam:

«Eis que chama por Elias.»

36 Um deles correu a ensopar uma esponja em vinagre
e, atando-a numa cana, dava-lhe de beber, dizendo:

«Deixai, vejamos se Elias vem tirá-lo.»
37 Mas Jesus, dando um grande brado, expirou.
38 E o véu do Templo rasgou-se em duas partes de alto
a baixo. 39 O centurião que estava em frente dele, ao ver
como Jesus havia expirado, disse:
«Verdadeiramente este homem era Filho de Deus.»
40 Encontravam-se também ali algumas mulheres que
olhavam de longe, entre as quais estava Maria Madale-
na, Maria, mãe de Tiago, o Menor, e de José, e Salomé,
41 as quais já o seguiam e serviam quando ele estava na
Galileia, e muitas outras que juntamente com ele tinham
subido a Jerusalém.

Jesus é sepultado

(Mt 27, 57-66; Lc 23, 50-56; Jo 19, 31-42)

42 Quando era já tarde – pois era a Preparação, isto
é, a vigília do sábado –, 43 foi José de Arimateia, mem-
bro ilustre do Conselho que também esperava o reino de
Deus, apresentou-se corajosamente a Pilatos e pediu-lhe
o corpo de Jesus. 44 Pilatos admirou-se de que estivesse já
morto e, mandando chamar o centurião, perguntou-lhe
se estava já morto. 45 Informado pelo centurião, deu o
corpo a José. 46 José, tendo comprado um lençol e ti-
rando-o da cruz, envolveu-o no lençol, depositou-o num
sepulcro que estava aberto na rocha e rolou uma pedra
para diante da boca do sepulcro. 47 E Maria Madalena
e Maria, mãe de José, observavam onde era depositado.

Ressurreição de Jesus. O sepulcro vazio
(Mt 28, 1-10; Lc 24, 1-12; Jo 20, 1-10)

16 1 Passado o dia de sábado, Maria Madalena, Ma- **24 FEV** ***25 AGO***
ria, mãe de Tiago, e Salomé compraram aromas
para irem embalsamar Jesus. 2 Partindo no primeiro dia
da semana, de manhã cedo, chegaram ao sepulcro quan-
do o sol já era nascido. 3 Diziam entre si:
«Quem nos há de revolver a pedra da boca do
sepulcro?»
4 Mas, olhando, viram revolvida a pedra, que era mui-
to grande. 5 Entrando no sepulcro, viram um jovem sen-
tado à direita, vestido de uma túnica branca, e ficaram
assustadas. 6 Ele disse-lhes:
«Não temais; buscais a Jesus Nazareno, o crucificado.
Ressuscitou, não está aqui. Eis o lugar onde o depositaram.
7 Mas ide, dizei a seus discípulos e a Pedro que ele vai adian-
te de vós para a Galileia; lá o vereis, como ele vos disse.»
8 Elas, saindo do sepulcro, fugiram, porque as tinha
assaltado o temor e estavam fora de si. E não disseram
nada a ninguém, tal era o medo que tinham.

Aparição a Maria Madalena

(Jo 20, 11-18)

9 Jesus, tendo ressuscitado de manhã no primeiro dia
da semana, apareceu primeiramente a Maria Madalena,
da qual tinha expulsado sete demônios. 10 Ela foi noti-
ciá-lo aos que tinham andado com ele, os quais estavam
aflitos e chorosos. 11 Tendo eles ouvido dizer que Jesus
estava vivo e que fora visto por ela, não acreditaram.

Aparição aos discípulos

(Lc 24, 13-35)

12 Depois disso, mostrou-se sob outra forma a dois
deles enquanto iam para uma aldeia, 13 os quais foram
anunciar aos outros, que nem a estes deram crédito.

Aparição aos Onze. Missão dos Apóstolos

(Mt 28, 16-20; Lc 24, 36-49; Jo 20, 19-31)

14 Finalmente apareceu aos onze quando estavam à
mesa, e censurou-lhes a sua incredulidade e dureza de
coração por não terem dado crédito aos que o viram res-
suscitado. 15 Disse-lhes:

«Ide por todo o mundo e pregai o Evangelho a toda
criatura. 16 Aquele que crer e for batizado será salvo;
aquele, porém, que não crer será condenado. 17 Eis os

milagres que acompanharão os que crerem: expulsarão
os demônios em meu nome, falarão novas línguas, 18 ma-
nusearão serpentes e, se beberem alguma coisa mortífera,
não lhes fará mal; imporão as mãos sobre os enfermos e
serão curados.»

Ascensão do Senhor

(Lc 24, 50-53)

19 O Senhor Jesus, depois que assim lhes falou,
elevou-se ao céu e foi sentar-se à direita de Deus.

Pregação dos Apóstolos

20 E eles, tendo partido, pregaram por toda parte,
cooperando com eles o Senhor e confirmando a palavra
com os milagres que a acompanhavam.

NOTAS AO EVANGELHO SEGUNDO SÃO MARCOS

***1, 1-13.** Esses versículos, que constituem uma espécie de prólogo, apresentam Jesus em sua dupla natureza: como Deus, cuja vinda ao seu povo devia ser precedida pelo seu mensageiro (vv. 2-3; cf. Ml 3, 1; Is 40, 3), e como homem, submetido às tentações e igual aos homens em tudo, exceto no pecado (vv. 12-13; cf. Hb 4, 15). O batismo de Jesus, centro da narrativa, exprime a sua condição de Filho de Deus.

O versículo inicial é como um pórtico de todo o *Evangelho segundo São Marcos*: Jesus de Nazaré é o Messias («Jesus Cristo») e é também «Filho de Deus»; com Ele, chegou o momento da salvação («princípio»), já que Ele próprio é a boa-nova salvífica («Evangelho»).

A palavra «Evangelho» indica o feliz anúncio, a boa notícia que Deus comunica aos homens por meio do seu Filho; nesse sentido, a expressão «Evangelho de Jesus Cristo» (v. 1) refere-se à mensagem que Ele anunciou aos homens da parte do Pai. No entanto, o conteúdo da mensagem é, antes de mais nada, o próprio Jesus Cristo, as suas palavras e as suas obras: «O próprio Jesus, Evangelho de Deus (cf. Mc 1, 1; Rm 1, 1-3), foi o primeiro e o maior dos evangelizadores. E o foi mesmo até o fim, até a perfeição, até o sacrifício da sua vida terrena» (São Paulo VI, *Evangelii nuntiandi*, n. 7). Os apóstolos, enviados por Cristo, deram testemunho a judeus e a gentios, por meio da pregação oral, da morte e ressurreição de Jesus em cumprimento das profecias do Antigo Testamento, e esse era o seu Evangelho (cf. 1 Cor 15, 4). Os apóstolos e outros varões apostólicos, movidos pelo Espírito Santo, passaram a escrito uma parte dessa pregação nos Evangelhos. Desse modo, mediante a Sagrada Escritura e a Tradição apostólica, a voz de Cristo se perpetua por todos os séculos e faz-se ouvir em todas as gerações e em todos os povos.

1, 1-8. São João Batista é apresentado – por meio da citação dos profetas e de seus atos de cunho profético – como o nexo de continuidade entre o Antigo e o Novo Testamento: ele é o último dos profetas e a primeira das testemunhas de Cristo. É possível que o evangelista se refira a Isaías por se tratar do profeta mais importante em termos do anúncio dos tempos messiânicos; todavia, a citação (vv. 2-3) começa por recolher palavras de Ml 3, 1, seguidas de Is 40, 3. Seja como for, este texto torna claro que, entendido à luz de Cristo, o Antigo Testamento também é Evangelho: «O Evangelho refere-se, antes de mais, Àquele que é a cabeça de todo o corpo dos que foram salvos, isto é, a Cristo Jesus. [...] O *começo do Evangelho* [...] refere-se a todo o Antigo Testamento, do qual João é figura, ou à relação entre o Novo e o Antigo Testamento, cuja parte final é representada precisamente por João. [...] É por isso que não posso deixar de perguntar por que será que os hereges atribuem os dois Testamentos a dois deuses diferentes» (Orígenes, *Commentaria in Ioannem*, 1, 13, 79-82).

A descrição da vida sóbria do Batista (vv. 4-6) está de acordo com o conteúdo de sua pregação: faz-se necessária uma purificação para receber o Messias. João salienta a grandeza de Jesus enquanto Messias pelo fato de não se considerar digno de Lhe desatar as correias das sandálias (v. 7); considerando que essa ação era considerada tão humilhante que era proibido solicitá-la a um escravo se este fosse judeu, compreende-se melhor a expressividade das palavras do Batista.

De João, o evangelista registra essencialmente a pregação. O Batista pregava (cf. v. 4) um batismo de penitência, mas também o advento de Jesus como alguém «mais forte do que eu» (v. 7), cujo batismo se dará no Espírito Santo. Com efeito, o batismo de João pressupunha o reconhecimento da própria condição de pecador – «confessando os seus pecados» (v. 5) –, uma vez que era precisamente esse o significado do referido rito. Essa confissão dos pecados é diferente do sacramento da penitência, mas não deixava de ser agradável a Deus, uma vez que constituía sinal de arrependimento interior e vinha acompanhada de frutos dignos de penitência (cf. Mt 3, 7-10; Lc 3, 7-9): «O batismo de João não consistia tanto no perdão dos pecados quanto no fato de ser um batismo de penitência com vista à remissão dos pecados, isto é, aquela remissão que viria depois, por meio da santificação de Cristo. [...] Não pode, pois, chamar-se batismo perfeito, a não ser em virtude da Cruz e da ressurreição de Cristo» (São Jerônimo, *Contra luciferianos*, 7).

1, 9-11. O relato do batismo de Jesus recorda que Ele quis ser batizado por João embora não tivesse necessidade alguma de um batismo de penitência.

O evangelista centra-se essencialmente na manifestação, por parte da Trindade, de Jesus como Filho e Messias – de acordo com a voz do Pai, proveniente do Céu, e com a descida do Espírito sobre Jesus (cf. notas a Mt 3, 13-17 e a Lc 3, 21-22). A Tradição entendeu a descida do Espírito Santo qual pomba como sinal de paz e reconciliação (cf. Gn 8, 10-11) oferecido por Deus em Cristo: «Hoje, o Espírito Santo baixa sobre as águas como pomba para que, assim como a pomba de Noé anunciou o fim do dilúvio, assim também esta pomba seja sinal de que terminou o perpétuo naufrágio do mundo. Porém, ao contrário daquela, que apenas levava no bico um ramo de oliveira caduco, esta derramará todo o óleo do novo crisma sobre a cabeça do Autor da nova progênie» (São Pedro Crisólogo, *Sermones*, 160).

Em consonância com esse significado, a abertura dos céus (cf. v. 10) evoca o cumprimento do desejo de restauração definitiva do povo, que pedia a Deus: «Quem dera que rasgasses os céus e descesses» (Is 63, 19). Não é de estranhar que os primeiros autores cristãos entendessem o episódio nesse sentido, como uma porta de acesso dos homens a Deus: «Anteriormente, as portas do Céu permaneciam fechadas, e a região do alto era inacessível. Podemos descer ao mais baixo, mas não voltar a subir ao mais alto. Acaso teve lugar apenas o batismo do Senhor? Também teve lugar a renovação do homem velho. [...] Fez-se a reconciliação do visível com o invisível. Os poderes do Céu encheram-se de alegria, e as doenças da terra foram curadas; as coisas que permaneciam ocultas vieram à luz; os que pertenciam ao número dos inimigos tornaram-se amigos» (Santo Hipólito, *De theophania*, 6).

1, 12-13. São Mateus e São Lucas descrevem com detalhes três tentações de Jesus antes de iniciar a sua vida pública, e o *Evangelho de São João* recolhe tentações análogas (Jo 6, 15-7, 9). Marcos refere-as com brevidade e passa imediatamente a narrar a vida pública para a qual Jesús tinha se preparado no deserto.

Na Sagrada Escritura, «tentação» tem mais o sentido de prova que de sugestão ou incitação. As tentações pretendem também mostrar-nos a verdadeira humanidade de Jesus: «Não temos um sumo sacerdote que não possa compadecer-se das nossas fraquezas, pois Ele foi provado em tudo como nós, exceto no pecado» (Hb 4, 15). Também nisso é a conduta de Cristo modelo para a nossa: «Depois de ser batizado, Jesus jejuou na solidão durante quarenta dias, ensinando-nos assim com o seu exemplo que, uma vez recebido o perdão dos pecados mediante o batismo, devemos preparar-nos com vigílias, jejuns e orações para evitar que, enquanto somos torpes ou nos encontramos menos prontos, o espírito impuro que foi expulso do nosso coração volte a se instalar nele» (São Beda, *Homiliae*, 11).

«E os anjos o serviam» (v. 13). Ao longo do Antigo Testamento, os anjos fazem parte da corte celestial de Deus e louvam-nO continuamente (cf., por exemplo, Is 6, 1-3; 1 Rs 22, 19). A indicação de que «serviam» Jesus exprime a superioridade, o domínio de Cristo sobre eles.

***1, 14-8, 30.** O Evangelho de Marcos é semelhante, em termos de estrutura, à primeira pregação dos apóstolos: «Sabeis o que ocorreu em toda a Judeia, a começar pela Galileia, depois do batismo que João pregou: como Deus ungiu com o Espírito Santo e com o poder a Jesus de Nazaré, o qual andou de lugar em lugar fazendo o bem e curando todos os que eram oprimidos pelo diabo, porque Deus estava com Ele» (At 10, 37-38). Nesta primeira parte (1, 14-8, 30), o evangelista vai descrevendo a atividade docente e curativa de Jesus pela Galileia e pelas regiões vizinhas; com as suas palavras e as suas obras, Jesus se apresenta como o anunciador do Reino de Deus. Mas os seus ouvintes não se interrogam tanto acerca do Reino como acerca do próprio Jesus; com efeito, perante os seus milagres e as suas palavras, as multidões perguntam: «Quem é este?» (cf. 1, 27; 2, 7.12; 4, 41; 6, 2.14-16 etc.), e não conseguem encontrar resposta para essa pergunta. São Pedro será o único a perceber (cf. 8, 29) e a confessar que Jesus é o Messias. Contudo, mesmo nessa altura, Jesus pede aos discípulos que não divulguem essa informação, uma vez que seu messianismo tem de passar pela Cruz.

***1, 14-3, 35.** A narração do ministério público de Jesus começa com a apresentação de um resumo da sua pregação (1, 14-15): a premência da conversão para entrar no Reino de Deus. A seguir, são apresentados alguns episódios da atividade inicial de Cristo em Cafarnaum e locais circundantes, atuação que suscita assombro e admiração entre a multidão (1, 27-28.37.45; 2, 2.12 etc.) e oposição por parte dos doutores da Lei e dos fariseus (2, 6.16.23-24; 3, 6 etc.). Igualmente relatado nesta parte é o chamamento de Jesus aos seus discípulos e a posterior constituição do grupo dos doze apóstolos (3, 13-19), sendo apresentados aqueles que acompanharão Jesus ao longo do relato.

Os leitores têm a possibilidade de ver como Jesus agia e ensinava na primeira etapa do seu ministério público; assim, por exemplo, o evangelista narra um dia na vida do Mestre (1, 21-38), o seu trabalho esgotante, os seus sentimentos de misericórdia (1, 41) ou de indignação (3, 5) etc., preparando o leitor para compreender as seções seguintes: a descrição do Reino de Deus por meio de parábolas (4, 1-34) e a manifestação do poder de Jesus em milagres portentosos (4, 35-6, 6).

1, 14-15. Que Jesus dê início à sua pregação quando a do Batista acaba é sinal de que terminou a etapa das promessas e de que, com Ele e suas palavras, começa o Reino de Deus e, portanto, a salvação. Também sugere, como se tornará explícito quando do martírio do Batista, que a proclamação do Evangelho não se fará sem dificuldades.

«Evangelho de Deus» (v. 14): encontramos essa expressão em São Paulo (cf. Rm 1, 1; 2 Cor 11, 7 etc.) como equivalente a «Evangelho de Cristo» (cf. Fl 1, 27; 2 Cor 2, 12; 2 Ts 1, 8 etc.). A expressão indica principalmente a gozosa novidade que advém com Jesus, a saber, o Reino de Deus: «Tanto quanto me recordo, nunca ouvi falar do Reino dos Céus lendo a Lei, os profetas ou o saltério, mas apenas lendo o Evangelho. O Reino de Deus só foi aberto depois de ter vindo Aquele que disse: "O Reino de Deus está dentro de vós"» (São Jerônimo, *Commentarium in Marcum*, 2).

A participação neste Reino exige de todos os homens a conversão interior, a disposição para receber um novo dom de Deus: «Jesus anuncia o advento do Reino de Deus e convida à conversão (cf. Mc 1, 15), perdoando os pecados de quem se aproxima dEle com humilde confiança (cf. Mc 2, 3-13; Lc 7, 47-48) e dando, assim, início ao ministério de misericórdia que continuará a exercer até o fim do mundo, especialmente através do sacramento da Reconciliação confiado à sua Igreja» (São João Paulo II, *Rosarium Virginis Mariae*, n. 21).

1, 16-20. Naquele tempo, os jovens judeus piedosos que desejavam se aprofundar no conhecimento e na prática da Lei de Moisés procuravam ser admitidos no grupo de um mestre ou rabino: «Procura um rabino e desaparecer-te-ão as dúvidas», dizia certo adágio rabínico (*Pirqué Abot*, 1, 16).

Por outro lado, aqui é Jesus que chama alguns, os que Ele quer (cf. 3, 13), para serem seus discípulos. Faz esse chamamento com autoridade, e os que Ele chama correspondem. São Jerônimo, que faz comentários vibrantes a esses primeiros capítulos do Evangelho, chamava a atenção, nesta passagem, para a força do olhar de Jesus: «Se não houvesse algo divino no rosto do Salvador, teria sido irracional seguirem uma pessoa que não conheciam. Alguém deixa o pai e vai atrás de uma pessoa em quem não vê nada que seja diferente daquilo que pode ver no pai?» (São Jerônimo, *Commentarium in Marcum*, 9).

Aqueles discípulos respondem ao chamamento «imediatamente» (v. 18), abandonando não só o que estavam fazendo, mas todas as coisas (cf. 10, 28). O Evangelho continua atual: Deus passa junto de nós e nos chama; se não Lhe respondermos, corremos o risco de que continue o seu caminho e nós O percamos de vista e da nossa vida.

Certamente Jesus conhecia estes discípulos havia algum tempo (cf. Jo 1, 40-46). São Marcos coloca o chamamento a segui-lO como o primeiro ato do ministério de Jesus, com o que salienta a colaboração dos discípulos na proclamação do Reino e sublinha que a obra dos apóstolos de Jesus após a ressurreição será uma continuação da obra de Cristo.

1, 21-28. O relato da atividade do Senhor tem início com um dia típico do Mestre em Cafarnaum: começa de manhã, na sinagoga (v. 21); prossegue na casa de Pedro (1, 29); continua com as curas no cair da tarde (1, 32), concluído o descanso sabático; e termina com a oração da madrugada (1, 35). Nestes versículos, aparecem condensadas as atitudes diante de Jesus que serão apresentadas a seguir: o assombro das pessoas (2, 12), a multidão que se reúne em volta dEle (3, 7-12), a adesão sincera dos seus discípulos (3, 13-19) etc.

O primeiro episódio narrado nesta passagem é a libertação de um endemoninhado. Ecoando o comentário da multidão (v. 27), o evangelista proclama com admiração que Jesus ensinava e agia «como quem tem autoridade» (v. 22). Ao longo destes primeiros capítulos do Evangelho, Jesus irá mostrando que o seu poder abarca muitas coisas: as doenças e os demônios (1, 29-34), as leis rituais (2, 18-28) etc. Para já, contudo, esse poder diz respeito a dois aspectos: aos seus ensinamentos e à sua autoridade sobre o demônio. Jesus não remete para os ensinamentos dos mestres de

Israel, nem sequer introduz a sua doutrina, como faziam os profetas, afirmando que proclama a palavra de Deus: a sua palavra *é* a de Deus. E, como que para referendar o poder dessa palavra, é também com ela que liberta o endemoninhado. Ao contrário dos exorcistas, que, por meio de complicadas operações, tinham de começar por averiguar o nome do demônio a fim de poderem ter autoridade sobre ele, Jesus expulsa o demônio com uma simples ordem: «A expulsão do demônio não era novidade, dado que os exorcistas hebraicos também o faziam. Mas o que é que dizem? "Que é isto? Eis um novo ensinamento". E por que será novo? Porque "manda nos espíritos malignos e eles obedecem-Lhe". Ele não invoca mais ninguém, antes ordena; não fala em nome de outro, mas com a sua própria autoridade» (São Jerônimo, *Commentarium in Marcum*, 2).

Os demônios têm um conhecimento e um poder superiores aos dos homens, mas perante Jesus tal conhecimento e tal poder são inúteis. Assim, por exemplo, sabem que Jesus é «o Santo de Deus» (v. 24), mas desconhecem que é também o Servo do Senhor, que libertará o mundo por meio da Cruz. Por isso, recordando a epístola de São Tiago (cf. Tg 2, 19), observa Santo Agostinho: «Estas palavras demonstram que os demônios possuíam uma grande ciência, mas lhes faltava caridade. Temiam a pena que Jesus pudesse impor-lhes e não amavam a sua justiça. Ele se deu a conhecer a eles quando quis, e quis quando conveio [...], para lhes infundir terror» (*De civitate Dei*, 9, 21).

1, 29-31. Nesta passagem, torna-se manifesto o poder de Jesus sobre a doença. Tal como em outras ocasiões (cf. 5, 41; 9, 27) Marcos recorda que, para curar esta mulher, o Senhor tomou-a pela mão e levantou-a: «Ele é o médico egrégio, o médico por excelência. Médico foi Moisés, foi Isaías, foram todos os santos; mas só Ele é o médico por excelência, Ele que é médico e, simultaneamente, remédio. Jesus tocou-a e a febre a deixou. Que Ele toque também na nossa mão, para que as nossas obras sejam purificadas, que Ele entre em nossa casa; levantemo-nos da cama, não permaneçamos caídos» (São Jerônimo, *Commentarium in Marcum*, 2).

1, 32-34. Este breve resumo da atividade de Jesus recorda que os seus atos de poder não eram ações pontuais: «Não se lê acerca de nenhum dos antigos que tenha curado tantas deformidades, tantas doenças e tantas torturas humanas, com um poder que não se assemelha ao de nenhum outro» (Santo Agostinho, *In Ioannis Evangelium*, 91, 3). No final desta passagem (v. 34), fica registrada a proibição aos demônios de divulgarem a sua identidade, proibição que se repete como um refrão nos primeiros passos da atividade de Cristo, que ordena silêncio aos discípulos (8, 30; 9, 9), aos doentes que cura (1, 44; 5, 43; 7, 36; 8, 26) e aos demônios que O reconhecem (1, 24-25.34; 3, 12), mas cujo testemunho não aceita. É concebível, como observaram alguns Santos Padres, que Jesus não quisesse aceitar, em favor da verdade, o testemunho daquele que é o pai da mentira (cf. Jo 8, 44). O mandato de silêncio imposto aos discípulos pode ser explicado como pedagogia divina: haveria de purificar a ideia do Messias que a maioria dos seus contemporâneos tinha. Com efeito, Jesus quer que esta ideia seja entendida à luz da Cruz.

1, 35-39. Após um dia esgotante, o Senhor se levanta muito cedo (v. 35) para rezar. São muitas as passagens em que o Novo Testamento refere a oração de Jesus, proporcionando ao cristão um modelo de comportamento. São Marcos explicitamente apresenta a oração «solitária» de Jesus em três momentos solenes: aqui, no começo do seu ministério público (v. 35), no centro da sua atividade (6, 46) e, ao final, no Getsêmani (14, 32). «Ao empreenderes cada jornada para trabalhar junto de Cristo e atender tantas almas que O procuram, convence-te de que não há senão um caminho: recorrer ao Senhor. – Somente na oração, e com a oração, aprendemos a servir os outros!» (São Josemaria Escrivá, *Forja*, n. 72).

A relação com Jesus cativou toda a gente. Pedro e os outros apóstolos parecem querer retê-lO naquele local (vv. 36-37), mas Jesus vive para a sua missão (v. 38), que consiste em pregar e evangelizar, pois para isso foi enviado (cf. Lc 4, 43). Os discípulos são convidados a acompanhar Jesus, tal como depois serão enviados a pregar (3, 14; 16, 15). A pregação é o meio escolhido por Deus para levar a cabo a salvação (cf. 1 Cor 1, 21; 2 Tm 4, 1-2), uma vez que a fé chega pelo ouvido (cf. Rm 10, 17; cf. Is 53, 1). Jesus faz e ensina (cf. At 1, 1): a sua pregação não consiste apenas em palavras, mas é uma doutrina acompanhada da autoridade e da eficácia dos seus atos. A Igreja também foi enviada a pregar a salvação e a executar a obra salvífica que proclama; e realiza esta obra mediante os sacramentos, em especial através da renovação do sacrifício do Calvário na Santa Missa (cf. *Sacrosanctum concilium*, n. 6).

1, 40-45. A lepra, que é uma

doença repugnante, era vista como castigo divino (cf. Lv 13, 1ss; Nm 12, 1-15). O doente era declarado impuro pela Lei, razão pela qual via-se obrigado a viver isolado, a fim de não transmitir essa impureza às pessoas e às coisas em que tocava (cf. Nm 5, 2; 12,14ss). O desaparecimento desta doença era considerado uma das bênçãos que acompanhariam o advento do Messias (cf. Is 35, 8; Mt 11, 5; Lc 7, 22).

Nos gestos e nas palavras do leproso que pede a Jesus para ser curado percebe-se a sua oração cheia de fé, bem como o seu entusiasmo depois de ter sido atendido; nos gestos e nas palavras de Jesus quando o cura, notam-se a sua misericórdia e a sua majestade: «Aquele homem se ajoelha, prostrando-se em terra – num sinal de humildade e de vergonha – para que cada um se envergonhe das manchas da sua vida. Mas a vergonha não impede a confissão: o leproso mostrou a chaga e solicitou remédio para ela. A sua confissão é cheia de piedade e de fé: "Se quiseres", diz ele, "podes"; isto é, reconheceu que o poder de se curar estava nas mãos do Senhor» (São Beda, *In Marci Evangelium*, *ad. loc.*).

2, 1-12. Esta descrição de São Marcos pode ser ilustrada com as descobertas arqueológicas feitas em Cafarnaum: casas pequenas, quadradas, de cerca de seis metros de lado, feitas de pedra basáltica, com tetos de junco, palha e terra, que davam para um pátio dotado de quase as mesmas dimensões. Tendo presentes estes fatos, a narração do evangelista nos permite reviver a cena: o eco que a chegada de Jesus desperta (v. 1), a aglomeração de pessoas, tão fascinadas com as palavras de Jesus que se torna impossível chegar perto dEle (v. 2), o engenho dos quatro homens que transportam o paralítico e fazem uma abertura no teto (v. 4)... Com as palavras de Jesus, o Evangelho nos revela de uma maneira nova o sentido salvador da sua atuação: Ele cura o corpo das doenças e o espírito dos pecados. Por outro lado, tornam-se especialmente notórios alguns dados: o poder de Jesus, que perdoa os pecados, conhece os pensamentos dos doutores da Lei e cura o paralítico (vv. 8.11); a fé operativa dos amigos do paralítico o conduzem a Jesus vencendo todos os obstáculos (vv. 3-5). «O Senhor Jesus Cristo, médico de nossas almas e de nossos corpos, que remiu os pecados do paralítico e restituiu-lhe a saúde do corpo, quis que sua Igreja continuasse, na força do Espírito Santo, sua obra de cura e de salvação, também junto de seus próprios membros. É esta a finalidade dos dois sacramentos de cura: o sacramento da Penitência e o sacramento da Unção dos Enfermos» (*Catecismo da Igreja Católica*, n. 1421).

Na expressão «Filho, são-te perdoados os teus pecados», torna-se manifesta a pedagogia de Jesus, que não diz «Perdoo-te os teus pecados», mas recorre a um circunlóquio comum na época, utilizando a voz passiva para não usar o nome próprio de Deus; desta maneira, torna-se manifesto o seu poder, expresso naquilo que é visível: a cura. «Quando é preciso castigar, premiar, perdoar os pecados, estabelecer uma lei ou fazer outras coisas importantes, nunca verás o Senhor recorrendo ao Pai ou suplicando-Lhe: faz estas coisas de forma autônoma» (São João Crisóstomo, *De Christi precibus*, 10, 165-171).

2, 13-17. Fica aqui narrada, de forma concisa, a vocação de «Levi, filho de Alfeu» (v. 14); na passagem paralela (Mt 9, 9-13), o primeiro Evangelho especifica que se trata de «Mateus», um dos doze apóstolos (cf. Mc 3, 18). Tomar refeições em conjunto tem um significado claro: é uma prova de amizade e de comunhão entre as pessoas. Os Evangelhos nos apresentam Jesus à mesa com os fariseus (cf. Lc 7, 36-50), com os seus amigos – como Lázaro, em Betânia (cf. Jo 12, 2) –, com os seus discípulos (Mc 3, 20) e, neste caso, com cobradores de impostos e pecadores. Por outro lado, Jesus recorre com frequência à imagem do banquete do Reino (cf. Mt 22, 1-14; Lc 14, 16-24). O sentido desta passagem é diáfano: o Senhor não exclui ninguém do seu apelo à salvação: «Ele não veio para que continuem a ser pecadores, mas para que se convertam e se tornem melhores» (São João Crisóstomo, *In Matthaeum*, 30, 3).

O Senhor chama a todos, a sua missão redentora é universal. Nesse caso, como se explica a aparente restrição que introduz, ao afirmar que não veio chamar os justos? (v. 17). Na realidade, não se trata de uma restrição. Jesus censura naqueles doutores da Lei a sua atitude orgulhosa: eles consideravam-se justos, e a sua complacência nessa suposta santidade afastava-os do apelo à conversão, uma vez que estavam convencidos de que se salvariam sozinhos (cf. Jo 9, 41). É assim que se explica este provérbio dito por Jesus, que, por outro lado, deixou claro na sua pregação que «ninguém é bom senão um só: Deus» (10, 18), e que todos os homens têm de recorrer à misericórdia e ao perdão divinos para se salvarem, uma vez que todos são pecadores. Estas palavras do Senhor devem levar-nos a rezar por aquelas pessoas que parecem querer continuar a viver em pecado, como suplicava Santa Teresa: «Oh, que grande coisa Vos peço, verdadeiro Deus meu: que ameis quem não Vos ama, que abrais a quem não Vos bate à porta, que deis saúde a quem gosta de estar doente e procura a doença! Vós dizeis, Senhor meu, que vindes buscar os pecadores. Estes, Senhor, são os verdadeiros pecadores. Não olheis à nossa cegueira, meu Deus, mas ao muito sangue que o vosso Filho derramou por nós» (*Exclamações da alma a Deus*, 8).

2, 18-22. Acusando os discípulos de relaxamento nas práticas penitenciais, estão acusando o Mestre do mesmo. A resposta do Senhor, sob a imagem do Esposo, insinua que Ele é mais do que um Mestre: é o Messias (cf. Jo 3, 29), pois uma das figuras com que o Antigo Testamento caracterizava o Messias era precisamente a do esposo (cf. Os 2, 18-22; Is 54, 5ss). Com esta imagem, Jesus salienta principalmente a alegria que a sua vinda pressupõe; isto não significa que as práticas penitenciais tenham de cessar, mas que, em presença do Messias, passam para segundo plano. A resposta de Cristo também esclarece as relações entre a Antiga e a Nova Aliança: Jesus expõe a diferença existente entre o espírito que Ele traz e o espírito do judaísmo da sua época; o espírito novo não será uma peça acrescentada ao espírito velho, mas um princípio vivificante dos ensinamentos perenes da revelação antiga: «O que tinha permanecido tinha de ser alterado – era o caso da circuncisão –, completado – era o caso do restante da Lei –, cumprido – era o caso da profecia –, ou aperfeiçoado – como era o caso da própria fé. Com o advento do Evangelho, a nova graça de Deus renovou tudo o que era carnal, transformando-o em espiritual e limpando por completo tudo o que era antigo» (Tertuliano, *De oratione*, 1, 1).

No v. 20, Jesus anuncia que o Esposo lhes será tirado: é a primeira alusão que faz à sua Paixão e morte. Este contraste entre alegria e dor também ajuda a compreender a situação dos homens neste mundo.

2, 23-28. No tempo de Jesus, os fariseus tinham estabelecido prescrições pormenorizadas para o cumprimento da Lei – prescrições essas que, separadas do espírito da Lei, haviam se convertido numa carga pesada (cf. 7, 1-13; At 15, 10 etc.). Recorrendo a um exemplo (vv. 25-26) e a uma frase proverbial (v. 27), Jesus explica que esses preceitos não podem sobrepor-se à lei natural: o preceito do sábado não é mais importante que as necessidades da subsistência. O Concílio Vaticano II se inspira nesta passagem para sublinhar o valor da pessoa humana: «A ordem das coisas deve estar subordinada à ordem das pessoas, e não ao contrário» (*Gaudium et spes*, n. 26). Mas o ponto principal é que Jesus se apresenta como Senhor do sábado (v. 28); deste modo, se tivermos em consideração que o preceito do sábado é de instituição divina, Jesus está se apresentando implicitamente como Deus.

Os pães da oferenda (vv. 25-26) consistiam em doze pães acabados de cozer que eram todas as semanas colocados na mesa do santuário, numa homenagem das doze tribos de Israel ao Senhor (cf. Lv 24, 5-9); os pães substituídos eram reservados aos sacerdotes que atendiam o culto. O comportamento de Abiatar (cf. 1 Sm 21, 7) se fundamentava na prática do Antigo Testamento, onde os preceitos menos importantes da Lei estavam subordinados aos preceitos principais.

Cristo devolve ao descanso semanal toda a sua força religiosa (v. 27): não se trata do mero cumprimento de determinados preceitos legais, nem da simples preocupação com o bem-estar material; o sábado pertence a Deus e é um modo, adaptado à natureza humana, de descansar e de dar glória e honra ao Todo-poderoso. No tempo dos apóstolos, a Igreja transferiu a observância deste preceito para o dia seguinte, o domingo – Dia do Senhor –, a fim de celebrar a ressurreição de Cristo (cf. At 20, 7).

«Filho do Homem» (v. 28): esta expressão aparece no Antigo Testamento (cf. Dn 7, 13ss), denominando o Messias salvador que recebe a soberania, a glória e a realeza sobre todos os povos e todas as nações; esta expressão é também um simples sinônimo da palavra «homem» (cf. Ez 2, 1ss). Jesus recorre a ela muitas vezes – 69 nos Evangelhos sinóticos – para designar a si mesmo, provavelmente para evitar a carga nacionalista dos outros títulos messiânicos: Filho de Davi, Messias etc.

3, 1-6. Culmina nesta passagem uma série de controvérsias com os doutores da Lei e os fariseus que tinha se iniciado em 2, 1. Estas disputas mostram que Jesus e a sua obra não encontram apenas a resistência dos demônios, mas também a oposição dos homens. A contradição tinha se iniciado em 2, 6, quando alguns doutores da Lei começaram a discorrer nos seus corações que Jesus blasfemava; a seguir, fizeram-Lhe perguntas insidiosas (2, 16) e censuraram-nO pelo comportamento dos seus discípulos (2, 18.24); agora, espiamnO (v. 2); e, por fim, decidem matá-lO (v. 6). Por outro lado, este episódio vem ratificar o que ficou dito anteriormente: que Jesus é Senhor do sábado; Ele é o Messias, tem poder divino e revela esse poder nas curas que realiza. Os que fazem acusações contra Ele não são capazes de ler a realidade. A atitude hipócrita dos fariseus e dos herodianos – opostos socialmente, mas unidos contra Jesus (v. 6; cf. 12, 13) – justifica a indignação e a tristeza do Senhor.

Os evangelistas nos falam várias vezes do olhar afetuoso de Jesus: ao jovem rico (10, 21), a São Pedro (cf. Lc 22, 61) etc. Esta é a única vez (v. 5) em que um deles alude à indignação no seu olhar, em razão da hipocrisia dos seus interlocutores (v. 2). A propósito dos sentimentos do Senhor, Santo Agostinho observa: «Quem se atreverá a designar estes afetos, dirigidos e orientados pela reta razão para o seu fim próprio, como doenças da alma ou paixões viciosas? O Senhor, que se dignou levar uma vida humana com a forma de servo, mas que carecia totalmente de pecado, fez uso deles quando Lhe pareceu adequado. Porque a verdade é que nEle, que tinha verdadeiro corpo e verdadeira alma de homem, esse afeto não era falso. Por isso, é com verdade que se narra que Ele se entristeceu com ira pela dureza do coração dos judeus» (*De civitate Dei*, 14, 9, 4).

3, 7-12. Em contraste com a atitude daqueles que espreitam o Senhor, surgem os outros: as multidões que a Ele recorrem e os espíritos malignos que não têm alternativa senão submeter-se a Ele (v. 11). Nesta passagem, fica explícito que o anúncio do Evangelho, com obras e com palavras, passou além das estreitas fronteiras da Galileia, congregando em torno de Jesus multidões oriundas de toda a Palestina (vv. 7-8); trata-se de um prelúdio da universalidade do Evangelho. As pessoas se acotovelam em volta do Senhor (vv. 9-10), numa imagem do que acontecerá com os cristãos de todas as épocas, porque só pela Humanidade Santíssima de Jesus podemos nos salvar e nos unir a Deus: «Esse é, amados irmãos, o caminho pelo qual chegamos à salvação: Jesus Cristo, o sumo sacerdote das nossas oblações, sustenta e ajuda a nossa debilidade. Por Ele, podemos elevar o nosso olhar para o alto dos Céus; por Ele, vemos como num espelho o rosto imaculado e excelso de Deus; por Ele, abriram-se os olhos do nosso coração; por Ele, a nossa mente insensata e mergulhada em trevas se abre ao esplendor da luz; por Ele, quis o Senhor que experimentássemos o conhecimento imortal» (São Clemente Romano, *Ad corinthios*, 35-36).

3, 13-19. Junto aos grupos e pessoas anteriormente mencionados – as multidões, os discípulos e os espíritos malignos –, o Evangelho vai agora apresentar mais alguns: os doze, os doutores da Lei e os fariseus, os parentes de Jesus, a sua Mãe etc. (3, 12-35), cada qual com uma reação específica diante do Senhor. O evangelista sublinha especialmente o grupo dos doze (v. 14). Com efeito, que Jesus escolha precisamente doze apóstolos tem um significado profundo, pois esse número corresponde ao dos patriarcas que estão na origem das doze tribos de Israel; desse modo, os apóstolos representam o novo povo de Deus, a Igreja fundada por Cristo (cf. nota a Mt 10, 1-4).

Este Evangelho salienta algumas características desses doze que convêm aos discípulos de Cristo. Em primeiro lugar, a origem do discipulado é um chamamento voluntário e gratuito da parte do Senhor, ao qual o escolhido responde com prontidão (v. 13; cf. 1, 17-20; 2, 13-14): «Não tenhas medo, nem te assustes, nem te espantes, nem te deixes levar por uma falsa prudência. A chamada para cumprir a Vontade de Deus – e bem assim a vocação – é repentina, como a dos apóstolos: encontrar Cristo e seguir o seu chamamento... – Nenhum deles hesitou: conhecer Cristo e segui-Lo foi tudo uma só coisa» (São Josemaria Escrivá, *Forja*, n. 6). Em segundo lugar, o chamamento pressupõe uma posição na vida: o apóstolo é «constituído» (v. 14), tal como o eram, por exemplo, os sacerdotes escolhidos por Deus no Antigo Testamento (cf. Nm 3, 3). Em terceiro lugar, é uma característica primordial do discípulo estar com Jesus (v. 14), porque, «sendo o Cristo enviado pelo Pai a fonte e a origem de todo apostolado da Igreja, é evidente que a fecundidade do apostolado, tanto o dos ministros ordenados como o dos leigos, depende de sua união vital com Cristo» (*Catecismo da Igreja Católica*, n. 864). Em quarto lugar, o discípulo é chamado para ser enviado (v. 14; cf. 1, 16-18; 16-20) e reiterar as ações do seu Mestre, isto é, a «pregar» (v. 14; cf. 1, 14.38.39; 2, 2) «com poder» (v. 15; 1, 22.27; 2, 10): «Aqueles bem-aventurados discípulos foram colunas e fundamentos da verdade; sobre eles dirá o Senhor que os envia como o Pai O enviou a Ele. Com essas palavras, ao mesmo tempo que exprime a dignidade do apostolado e a glória incomparável do poder que lhes foi conferido, insinua também, segundo parece, qual há de ser o seu estilo de ação. [...] A sua missão consiste em convidar os pecadores ao arrependimento e em curar os enfermos de corpo e alma; no exercício do seu ministério, não hão de procurar a sua vontade, mas a vontade daquele que os enviou, e hão de salvar o mundo com a doutrina que dEle receberam» (São Cirilo de Alexandria, *Commentarium in Ioannem*, 12, 1).

3, 20-21. A exigente dedicação do Redentor ao apostolado é vista por alguns parentes seus como um exagero e uma loucura; o mesmo se afirma em outras passagens (cf. 6, 3), comparando esta atitude com a forma como a atuação dos profetas era por vezes encarada (cf., por exemplo, Jr 12, 6). Ao ler estas palavras do Evangelho, não podemos deixar de nos sentir impressionados com aquilo a que Jesus se submeteu por nosso amor. Houve muitos santos que, a exemplo de Cristo, também passaram por loucos, mas eram loucos de amor a Jesus.

3, 22-30. Pior do que aquilo que pensam os parentes de Jesus é a acusação dos doutores da Lei vindos de Jerusalém, que reconhecem o poder de Jesus sobre os demônios, mas chegam a imputar ao demônio aquilo que são obras de Deus (v. 22); Jesus demonstra-lhes, recorrendo a uma série de comparações (vv. 23-27), o contrassenso da acusação. O raciocínio do Senhor contém uma série de indicações sutis: com a sua vinda ao mundo, estabeleceu-se um conflito entre dois reinos, o reino de Satanás e o Reino de Deus; portanto, se Satanás foi vencido por Jesus (cf. 1, 24-27.34.39; 3, 11-12), é impossível que Jesus tenha alguma coisa a ver com Satanás (vv. 24-26). Não há dúvida de que Satanás é forte, mas Jesus é mais forte (v. 27).

No final (vv. 28-30), perante a cegueira dos seus corações, Jesus, que tinha dado provas da sua misericórdia perdoando os pecadores e comendo com eles, avisa que será muito difícil que aqueles que voluntariamente se fecham ao conhecimento da verdade sejam perdoados. É precisamente nessa atitude que consiste a especial gravidade da blasfêmia contra o Espírito Santo: em atribuir a Satanás as obras de bondade realizadas por Deus. Quem assim se comportasse seria como um doente que, no cúmulo da desconfiança, repelisse o médico, considerando-o seu inimigo, e rejeitasse, por tê-lo como veneno, o único medicamento capaz de o salvar. É por isso que Nosso Senhor declara que quem blasfema contra o Espírito Santo não terá perdão: não porque Deus não possa perdoar todos os pecados, mas porque esse homem, na sua obsessão de confronto com Deus, recusa e despreza as graças do Espírito Santo (cf. nota a Mt 12, 22-37).

3, 31-35. Esta passagem distingue explicitamente a Mãe e os «irmãos» de Jesus (v. 31) dos outros parentes (3, 21), que consideravam que Ele tinha enlouquecido. A cena relatada nesta passagem aponta uma característica primordial do cristão: o cumprimento da vontade de Deus cria com Cristo um parentesco mais estreito que os parentescos naturais. Por isso, a inclusão da Mãe de Jesus nesta passagem é especialmente significativa, uma vez que, com a sua correspondência ao querer de Deus, ela prefigurou o que seria a vida dos discípulos: «Porventura a Virgem Maria não cumpriu a vontade do Pai, ela, que deu fé à mensagem divina, que concebeu pela sua fé, que foi escolhida para que dela nascesse entre os homens Aquele que havia de ser a nossa salvação, que foi criada por Cristo antes de Cristo ter sido criado nela? Certamente que Santa Maria cumpriu com toda a perfeição a vontade do Pai; por essa razão, a sua condição de discípula de Cristo é mais relevante que a sua condição de Mãe de Cristo, e ela é mais feliz por ser discípula de Cristo que por ser Mãe de Cristo. Maria foi, pois, bem-aventurada porque, antes de dar à luz o seu Mestre, O teve no seu seio» (Santo Agostinho, *Sermones*, 25, 7).

Tal como em outras passagens, também aqui figura a expressão «irmãos» de Jesus (v. 31). A Igreja confessa a virgindade perpétua de Maria, e portanto é razoável tentar esclarecer o significado desse termo: «A Escritura menciona irmãos e irmãs de Jesus (cf. Mc 3, 31; 6, 3; 1 Cor 9, 5; Gl 1, 19). A Igreja sempre entendeu que essas passagens não designam outros filhos da Virgem Maria: com efeito, Tiago e José, "irmãos de Jesus" (Mt 13, 55), são os filhos de uma Maria discípula de Cristo (cf. Mt 27, 56), que significativamente é designada como "a outra Maria" (Mt 28, 1). Trata-se de parentes próximos de Jesus, consoante uma expressão conhecida do Antigo Testamento» (*Catecismo da Igreja Católica*, n. 500).

***4, 1-34.** Ao longo de seu Evangelho, São Marcos repete muitas vezes que Jesus ensinava (1, 14-15.21.39; 2, 2.13; 6, 2.6 etc.). Não obstante, apenas recolhe dois grandes sermões: este e o que Jesus profere junto ao Templo (13, 1-37); no último dos versículos aqui referidos (v. 34), o evangelista também menciona que Jesus ensinava sempre em parábolas, e contudo o seu Evangelho recolhe muito poucas. Neste sermão, é possível identificar três tipos de parábolas: a do semeador (vv. 3-20); as da candeia e da medida (vv. 21-25); as da semente e do grão de mostarda (vv. 26-32). Todas elas aludem ao Reino de Deus, embora de perspectivas diferentes (cf. nota a Mt 13, 1-52).

As parábolas do Reino transmitem uma esperança fundada: é possível que Jesus Cristo e a sua mensagem sejam recebidos com hostilidade, que o Reino de Deus pareça pouca coisa e que os frutos demorem em aparecer. No entanto, duas coisas são certas: a força intrínseca do Reino e a certeza do triunfo final. Na sequência destas parábolas, é possível vislumbrar o percurso do Reino de Deus. Com efeito, no início da sua pregação, Cristo anuncia a chegada do Reino (1, 15); todavia, como mostra a parábola do semeador, este Reino não se apresenta de forma grandiosa e avassaladora, como pensavam muitos contemporâneos de Jesus: nasce com a sua Pessoa e a sua pregação, mas os frutos também dependem das disposições e do acolhimento dos homens (vv. 14-20). Como ensina a parábola da medida, os discípulos precisam ter uma atitude vigilante (vv. 23-25) e não podem julgar o Reino pela pequenez dos começos, pois, à semelhança da pequena semente, dará fruto sem que eles percebam como (vv. 26-29) – e um fruto que ultrapassa todas as previsões humanas (vv. 30-32).

4, 1-20. A parábola tem fundada analogia na tradição bíblica. O profeta Isaías (cf. Is 55, 10-11) já tinha anunciado que a Palavra de Deus era como a chuva, que desce do céu e não volta para lá sem dar fruto. Da mesma maneira, o Senhor espalha a sua palavra pelo mundo a fim de que frutifique; em alguns casos isso não acontecerá por falta de acolhimento, mas em outros dará fruto: em proporções diversas, mas sendo sempre fecunda (cf. nota a Mt 13, 1-23).

Dentro desse significado, comum aos três Evangelhos sinóticos, a narração de São Marcos sublinha a dificuldade de compreensão dos ouvintes. As palavras de Jesus, tal como o Reino que Ele prega, são um mistério: num primeiro momento, nem os discípulos nem as multidões as entendem, embora Ele as explique aos discípulos em particular (vv. 10-11.34). Todavia, do fato de serem misteriosas não se segue que constituam uma doutrina oculta ou esotérica; como se explica na parábola da candeia (4, 21-22), os ensinamentos do Senhor não estão destinados a ser secretos, mas públicos. Por trás dessas expressões está presente o mesmo motivo de fundo que percorre o resto deste Evangelho: Jesus só poderá ser compreendido no seu todo, isto é, incluindo o seu ser e a sua missão; de fato, o mistério do Reino de Deus que Ele prega está intimamente ligado à sua missão de Servo do Senhor, que triunfa e instala esse Reino por um caminho escandaloso, o caminho da Cruz. Por isso, o Evangelho salienta que as parábolas eram, no fundo, um método adequado, uma vez que desse modo todos os seus ouvintes recebiam a palavra conforme eram capazes de compreender (4, 34); em contrapartida, os discípulos recebiam um conjunto privilegiado de ensinamentos, porque sua proximidade com Jesus lhes permitirá compreender coisas em si obscuras e porque foram escolhidos para irem pregar: «Aquilo mesmo que parecia dizer de forma oculta, de certo modo não o dizia dessa forma, uma vez que não o dizia com o fim de que aqueles que o tinham ouvido se calassem, mas antes para que o pregassem em toda parte» (Santo Agostinho, *In Ioannis Evangelium*, 113, 6).

Neste contexto, percebe-se melhor aquilo que é dito nos vv. 10-12: se os doze e os outros discípulos conheceram e entenderam o mistério do Reino de Deus (cf. Mt 13, 51), foi em razão de um dom do próprio Deus (v. 11; cf. Mt 13, 11). Por esse motivo, os discípulos distinguem-se dos que «são de fora», expressão com a qual se designava os gentios, mas que neste contexto se aplica aos próprios judeus que não querem compreender os sinais que Jesus realiza (cf. Lc 12, 54-57); nesses, como tantas vezes se recorda no Novo Testamento (cf. Jo 12, 37-40; At 28, 26-27; Rm 11, 7-8), cumprem-se as palavras de Isaías (cf. Is 6, 9-10). As palavras do profeta são introduzidas no discurso de Jesus com a expressão «para que» (v. 12); essa expressão poderá ser desconcertante e até escandalosa se não tivermos em conta que se trata de uma expressão frequente nos textos bíblicos (cf. Ex 4, 21; 7, 3.13.22 etc.), segundo a qual se atribuem ações humanas a Deus; constitui uma maneira de indicar a presciência divina no mistério da graça de Deus e da cooperação humana nas ações salvíficas. Porém, àqueles que O procuram com sinceridade, Deus abre-lhes o coração para aderirem às suas palavras (cf. At 16, 14).

4, 21-25. A parábola da candeia contém um duplo ensinamento: por um lado, esclarece que a doutrina de Cristo é luz para todo o mundo, devendo por isso ser pregada (cf. 16, 15; Mt 10, 27); por outro, mostra que o Reino que Cristo anuncia tem tal capacidade de penetração em todos os corações que, no final da história, quando Jesus voltar, não haverá uma única ação dos homens, seja a favor, seja contra Cristo, que não se torne pública e manifesta (cf. Mt 25, 31-46).

A seguir, o Senhor pede aos apóstolos, gérmen da Igreja, que prestem atenção à doutrina que ouvem, pois estão recebendo um tesouro do qual terão de dar contas. «Ao que tem, dar-se-lhe-á ainda mais» (v. 25): a quem corresponde à graça ser-lhe-á dada ainda mais graça e tê-la-á em cada vez maior abundância; mas aquele que não faz frutificar a graça divina recebida ficará cada vez mais empobrecido (cf. Mt 25, 14-30). Por isso, a medida das virtudes teologais é não ter medida: «Se disseres "basta", já estás morto» (Santo Agostinho, *Sermones*, 51).

4, 26-34. A simplicidade das parábolas da semente e do grão de mostarda poderia nos impedir de compreender o pano de fundo sobre o qual são narradas. Estas parábolas abarcam uma ideia de crescimento que tem diversas possibilidades de aplicação: a da semente fala da eficácia intrínseca do Reino e do seu desenvolvimento progressivo (v. 27); e a do grão de mostarda refere a desproporção entre a origem, altura em que uma semente é diminuta (v. 31), e o final, altura em que é já uma árvore grandiosa (v. 32). A semente é fecunda, mas temos de ser a terra boa que a acolhe; a seguir virá o fruto da virtude: «Quando concebemos bons desejos, lançamos a semente à terra; quando começamos a agir bem, somos o caule; quando, progredindo nas boas obras, crescemos, chegamos a espigas; e quando já estamos firmes em fazer o bem com perfeição, já temos o grão maduro na espiga» (São Gregório Magno, *Homiliae in Ezechielem*, 2, 3, 5).

***4, 35-6, 6.** Depois de narrar as parábolas, Marcos relata quatro milagres. Esta seção se inicia e conclui com duas passagens em que figura a pergunta central do Evangelho: «Quem será este?» (4, 41; 6, 2-3). Os discípulos vão amadurecendo uma resposta, a qual São Pedro acabará por exprimir (cf. 8, 29). Entretanto, com a crescente admiração dos discípulos e das multidões (cf. 4, 41; 5, 20.42; 6, 2), a confissão dos demônios, que Jesus não aceitou (cf. 5, 7), e o escândalo dos seus conterrâneos (6, 3), os leitores são permanentemente convidados a reforçar a sua fé em Cristo.

4, 35-41. O mar é, em muitas passagens da Bíblia, a sede das forças maléficas que só Deus consegue dominar (cf. Sl 65, 8; 93, 4; 107, 23-30). Submetendo-o por meio da voz como quem domina os demônios (v. 39; cf. 1, 25), Jesus mostra que tem poder divino; daí a pergunta dos seus discípulos (v. 41). As palavras que Jesus lhes dirige (v. 40; cf. 5, 36) apontam para uma verdade perene: a fé vence o medo; se tivermos fé em Jesus, não há coisa alguma que possa produzir em nós tribulação. «Cristão, Cristo dorme na tua barca: acorda-O, e Ele dará ordem à tempestade para que tudo recupere a calma. [...] É por isso – porque Cristo está adormecido – que tu oscilas, que não consegues vencer aqueles desejos que se levantam com o sopro dos que persuadem ao mal: porque a tua fé está adormecida. E o que significa isso? Significa que te esqueceste dela. Em que consiste despertar Cristo? Em despertar a fé, em recordar aquilo em que acreditaste. Faz, pois, memória da tua fé, desperta Cristo; e essa mesma fé dará ordens às ondas que te perturbam e aos ventos daqueles que te persuadem a fazer o mal, que rapidamente desaparecerão» (Santo Agostinho, *Sermones*, 361, 7).

5, 1-20. Gerasa ficava na Decápole, que era uma região de pagãos de origem grega e síria (cf. nota a Mt 8, 28-34). Prova disso é a presença de uma vara de porcos, animais que os judeus estavam proibidos de criar e de comer (cf. Lv 11, 7; Dt 14, 8). Porém, a missão de Jesus não está limitada aos filhos de Israel: estende-se por toda a terra e rompe todas as barreiras, porque todas as almas Lhe interessam.

Por isso, nas palavras finais de Cristo torna-se patente o sentido mais importante do acontecimento: aquele homem que foi curado está obrigado a anunciar, nessa região de pagãos, que a misericórdia do Senhor também é para aqueles que ali habitam (vv. 19-20): «Os que encontraram Cristo não podem fechar-se no seu ambiente: triste coisa seria esse empequenecimento! Têm de abrir-se em leque para chegar a todas as almas. Cada um tem de criar – e ampliar – um círculo de amigos, no qual influa com o seu prestígio profissional, com a sua conduta, com a sua amizade, procurando que Cristo influa por meio desse prestígio profissional, dessa conduta, dessa amizade» (São Josemaria Escrivá, *Sulco*, n. 193).

A narrativa tem enorme vivacidade. O endemoninhado é descrito com traços muito negativos: vive como os animais, fora dos lugares civilizados, nos túmulos, razão pela qual é impuro (vv. 2-4): o demônio tinha retirado daquele homem qualquer vestígio de humanidade; agora, porém, tem de se confrontar com Jesus, que é mais forte do que ele (3, 27) e que o venceu logo no início de seu ministério (1, 21-28). O episódio aparece, pois, como um exorcismo no qual o diálogo de Jesus com o endemoninhado exibe a grandeza do Senhor: um demônio capaz de dominar mais de dois mil porcos é obrigado a confessar o seu nome a Jesus (v. 9) e a suplicar-Lhe, por duas vezes e com insistência (vv. 10-11), que lhe permita ficar ali com os porcos. Jesus permite-lho, porque quem Lhe interessa é o homem; e, de fato, este recupera a sua dignidade e fica «vestido e em são juízo» (v. 15), em sua casa e com os seus (v. 19). São Jerônimo dava a seguinte explicação deste exorcismo: «É como se Ele dissesse: Sai de minha casa, que estás tu a fazer na minha morada? Eu quero entrar. "Sai desse homem", isto é, desse animal racional; sai desse homem, dessa morada que foi preparada para Mim. O Senhor deseja entrar em sua casa» (*Commentarium in Marcum*, 2).

No final, o evangelista narra a diferente reação ante aquele prodígio do homem que tinha sido curado e dos habitantes da povoação: os demônios tinham suplicado a Jesus que não os expulsasse daquela região (v. 10); já aqueles homens pediram-Lhe «que Jesus se retirasse do território deles» (v. 17). Viram o Senhor de perto, tiveram oportunidade de verificar que tinha poderes divinos, mas preferiram permanecer fechados em si próprios; Cristo passou junto deles oferecendo-lhes a sua graça, mas eles não corresponderam e rejeitaram-na. Em contrapartida, o homem que foi curado quer permanecer junto dEle e segui-lO. Jesus recusa esse pedido, mas encarrega-o de, ficando na sua terra, anunciar «quão grandes coisas o Senhor» fez por ele (v. 19); e ele «começou a proclamar pela Decápole quão grandes coisas lhe tinha feito Jesus» (v. 20). Foi uma maneira de dar a entender a divindade de Jesus e de ver nEle a misericórdia de Deus.

5, 21-43. Na descrição destes dois milagres, Marcos dá a conhecer o seu apreço pelos detalhes, que evocam memórias muito precisas; ao mesmo tempo, porém, cada uma das coisas que relata visa a chamar a atenção dos seus leitores para determinados ensinamentos, como o alcance e o valor da fé em Jesus e do encontro pessoal de cada um com Ele.

A hemorroíssa tinha uma doença pela qual incorria em

impureza legal (cf. Lv 15, 25ss). O evangelista retrata com grande vivacidade a situação desesperada em que essa mulher se encontrava, bem como a audácia que lhe foi necessária para tocar nas vestes de Jesus. Feita a cura, Jesus suscita o diálogo pelo qual torna patente a todos os presentes que a causa daquela cura não foi uma espécie de sortilégio, mas a fé da hemorroíssa e o poder que dEle emana: «Ela toca, a multidão oprime. O que significa "tocou", senão "creu"?» (Santo Agostinho, *In Ioannis Evangelium*, 26, 3).

A história de Jairo também é uma prova da fé do chefe da sinagoga, que, alentado por Jesus, vence as dificuldades que vão surgindo no seu caminho: tem uma filha à morte, e por isso ignora a sua posição social e suplica a Jesus que vá curá-la (vv. 22--23); depois disto, e por duas vezes (vv. 36.40), confrontado com a notícia da morte e com a troça, Jesus reconforta-lhe a fé com palavras e com gestos; finalmente, a fé de Jairo é recompensada com a ressurreição da menina: «Aquele que sabe dar bens valiosos aos seus filhos obriga-nos a pedir, a procurar, a bater. [...] Isto pode causar estranheza a quem não compreenda que Deus Nosso Senhor [...] pretende exercitar, juntamente com a oração, os nossos desejos, preparando assim a nossa capacidade de receber aquilo que quer nos dar» (Santo Agostinho, *Epistolae*, 130, 16-17).

Embora seja um ato público, a ressurreição da criança tem lugar apenas na presença dos pais e dos três discípulos mais próximos de Cristo. Mesmo assim, Ele «ordenou-lhes rigorosamente» (v. 43) que não divulgassem aquele milagre; trata-se de uma atitude que observamos em outras passagens e com a qual Jesus parecia querer evitar interpretações errôneas da sua condição de Messias-Salvador; com efeito, a obra total de Cristo não inclui apenas os milagres, mas também a sua morte na Cruz e a sua ressurreição (cf. nota a 7, 31-37).

6, 1-6. Este episódio é o ponto culminante de uma série de passagens relacionadas com o poder da fé. Permite contrastar a fé de Jairo e da hemorroíssa (5, 21-43) com a fé ainda limitada dos discípulos (4, 35-41), mas também com a falta de fé dos seus conterrâneos de Nazaré (v. 6). O evangelista chama novamente a atenção para a dificuldade em entender quem verdadeiramente é Jesus: os discípulos não perceberam (4, 41), os gerasenos não descobriram (5, 17) e, nesta passagem, os seus conterrâneos estão enganados (vv. 2-3).

Contudo, a narrativa deixa entrever aquilo que foi a maior parte da existência terrena de Jesus: o dia a dia de um artesão e da sua família, que partilha a vida normal dos seus conterrâneos (v. 3). Nesta vida oculta de Cristo, descobrimos o valor da vida de todos os dias como caminho de santidade: «A vossa vocação humana é parte, e parte importante, da vossa vocação divina. Esta é a razão pela qual tendes que santificar-vos – contribuindo ao mesmo tempo para a santificação dos outros, dos vossos iguais – precisamente santificando o vosso trabalho e o vosso ambiente: essa profissão ou ofício que preenche os vossos dias, que dá uma fisionomia peculiar à vossa personalidade humana, que é a vossa maneira de estar no mundo» (São Josemaria Escrivá, *É Cristo que passa*, n. 46).

Jesus é chamado «filho de Maria» (v. 3). Não sabemos se esta expressão pretende dar a entender que São José já tinha morrido ou se o evangelista a utiliza para aludir à concepção virginal de Jesus. Sobre os «irmãos» de Jesus, cf. notas a 3, 31-35 e a Mt 12, 46-50.

***6, 6-8, 30.** A atividade de Jesus na Galileia prolonga-se agora com a dos seus discípulos (6, 6-13). A Galileia era, no tempo de Jesus, uma região de peculiares características étnicas e geográficas, em cujas cidades conviviam judeus e pagãos, e cujas condições de vida – o trabalho, o comércio etc. – promoviam um estreito contato com regiões vizinhas, povoadas por não judeus. Com a sua presença nestas terras limítrofes (7, 24-8, 9), iniciada anteriormente (cf. 5, 1-20), Jesus dá a entender que, embora a sua missão se dirija primeiro aos filhos de Israel (cf. 7, 27), seu alcance é universal.

Por outro lado, as multidões continuam perguntando quem é Jesus (cf. 6, 14-16; 8, 27-28). Nas passagens anteriores, o evangelista mostrou que os demônios sabem quem Ele é (cf. 1, 24.34; 3, 11-12; 5, 7), mas Cristo não reconhece o seu testemunho, porque quer que sejam os homens a confessá-lO como Messias. Quando isso acontece com a confissão de Pedro (8, 29), tem início uma nova fase do Evangelho, em que o Mestre instrui os seus discípulos sobre o sentido redentor do seu messianismo.

6, 6-13. Depois de passarem algum tempo na companhia de Jesus, os doze são enviados a evangelizar. Esta missão deve ser entendida à luz do envio a todas as gentes (16, 15-18), da qual constitui uma espécie de antecipação, e tendo em consideração a pregação de Cristo (1, 14-15), da qual é um eco. Há várias notas comuns às três passagens: tal como Jesus, que percorre caminhos e aldeias ensinando (v. 6), os apóstolos também não devem ficar sempre no mesmo lugar, mas circular de um local para outro (vv. 10-13; cf. 16, 15); tal como no caso de Cristo, o acolhimento que receberão não será sempre o mesmo: serão aceitos por uns e rejeitados por outros (vv. 10-11; cf. 16, 16); finalmente, os apóstolos recebem o mesmo poder que Jesus tem sobre os demônios (v. 7; cf. 16, 17) etc. A despeito de tudo isto, o aspecto que mais se destaca nesta passagem é o desprendimento de todas as coisas: «A confiança em Deus daquele que prega há de ser tal», observa São Beda, «que tem de estar seguro de que não há de faltar-lhe o necessário para viver, mesmo que não seja pessoalmente capaz de o adquirir; pois não deve dedicar-se menos às coisas eternas para se dedicar às coisas temporais» (*In Marci Evangelium, ad loc.*). No entanto, e como já Santo Agostinho fizera notar, «o Senhor não estabelece, com este preceito, que os anunciadores do Evangelho não podem viver senão daquilo que se dá a quem o anuncia; o que faz é dar-lhes o poder de se comportarem desse modo, fazendo-lhes ver que têm direito a isso. De outra maneira, o apóstolo [São Paulo] teria agido contra este preceito ao querer viver do trabalho das suas mãos» (Santo Agostinho, *De consensu evangelistarum*, 2, 30, 73).

No resumo final, São Marcos menciona a unção dos enfermos com óleo (v. 13), gesto no qual a Igreja vê uma «insinuação» do sacramento da unção dos enfermos, instituído pelo Senhor e posteriormente «recomendado e promulgado aos fiéis por São Tiago Apóstolo (cf. Tg 5, 14ss)» (Concílio de Trento, *De extrema unctione*, cap. 1).

6, 14-16. Marcos proclama no começo do Evangelho quem é Jesus: o Cristo, o Filho de Deus. O Pai também o declara no episódio do batismo. No entanto – excluindo os demônios, cujo testemunho Jesus não aceita –, as personagens que se encontram com Ele se maravilham com os seus atos, mas não acertam sua verdadeira identidade (cf. 1, 27; 2, 7.12; 4, 41 etc.). Estes versículos constituem mais um passo do processo que culminará na confissão de Pedro (cf. 8, 29). Mas, mesmo então, Jesus terá de continuar formando os seus discípulos na verdadeira natureza de sua missão como Messias.

6, 17-29. Este relato, situado no contexto da missão apostólica, indica aos leitores do Evangelho que o destino do cristão será muitas vezes semelhante ao do Batista e ao do próprio Cristo: a pregação e o testemunho do Evangelho serão eficazes em muitas almas, mas nem por isso o cristão deixará de estar submetido às veleidades dos poderosos: «Os mártires, e mais em geral todos os santos da Igreja, por meio do exemplo eloquente e fascinante de uma vida totalmente transfigurada pelo esplendor da verdade moral, iluminam cada época da história despertando o seu sentido moral» (São João Paulo II, *Veritatis splendor*, n. 93).

São João Batista tem especial relevância na história da salvação porque é o precursor, o encarregado de preparar os caminhos do Messias. Apesar da brevidade do seu Evangelho, São Marcos nos deixa um relato bastante completo do prestígio do Batista: era considerado um profeta (11, 32), era tido por Elias, que havia de vir antes do Messias (9, 12-13; cf. Mt 17, 13), e iam ter com ele de muitos lugares (1, 5). É natural que a tradição lhe dedicasse grande veneração e conservasse muitas informações sobre ele: «Conta Josefo que, depois de ser preso, João foi levado para a fortaleza de Maqueronte, onde foi degolado. A história eclesiástica conta que foi sepultado em Sebaste, cidade da Palestina que em outro tempo se chamou Samaria. No tempo do governador Juliano, com receio dos cristãos que visitavam este sepulcro com piedosa solicitude, os pagãos saquearam-no e dispersaram os ossos pelos campos; e, uma vez reunidos novamente, queimaram-nos e dispersaram-nos pelos campos» (São Beda, *In Marci Evangelium*, 2, 6, 69).

Nos seus comentários à morte do Batista, os Padres da Igreja salientaram os ensinamentos ascéticos contidos neste episódio: Herodes admira João e ouve-o com agrado (v. 20), mas acaba por mandar decapitá-lo (v. 27): «Ouvimos contar três ações criminosas, igualmente ímpias: a infame celebração do aniversário, a dança lasciva da jovem e o juramento temerário do rei; devemos aprender com cada uma delas a não nos comportarmos desse modo. Herodes tomou estas decisões porque, não querendo perjurar, cometeu outro delito pior. [...] Foi vencido pelo amor a uma mulher, que o obrigou a eliminar aquele que sabia ser santo e justo. Por não ter sabido controlar a sua luxúria, incorreu num delito, e um pecado menor foi causa de um maior» (São Beda, *Homiliae*, 2, 23).

6, 30-44. Percebe-se facilmente, nesta passagem, a intensidade do ministério público de Jesus. Era tal a sua dedicação que, pela segunda vez (cf. 3, 20), o Evangelho faz notar que nem tinham tempo para comer. Os apóstolos também participam nesta entrega aos outros: após as esgotadoras viagens que fizeram em missão apostólica, Jesus quer levá-los a descansar, mas as multidões não lho permitem. O propósito do Senhor não deixa de ser uma lição prática: «O Senhor quer que os seus discípulos descansem para ensinar aos governantes que aqueles que trabalham, por obra ou por palavra, não podem trabalhar sem interrupção» (São Beda, *In Marci Evangelium*, 2, 5, 31).

A atitude de Cristo na passagem da multiplicação dos pães é um exemplo para o cristão: enche-se de compaixão pela multidão dispersa, a quem dá um duplo alimento: o alimento espiritual da sua doutrina e o alimento para o corpo. Estes atos de Jesus são muito significativos, uma vez que assinalam o cumprimento das profecias (cf. Ez 34, 1-31) segundo as quais o próprio Deus seria o pastor do seu povo, conduzindo-o e alimentando-o. Ao mesmo tempo, esta cena é uma figura do novo povo de Deus, a Igreja, que se alimenta da palavra de Cristo e do pão da Eucaristia: «A Igreja venerou sempre as divinas Escrituras como venera o próprio Corpo do Senhor, não deixando jamais, sobretudo na sagrada liturgia, de tomar e distribuir aos fiéis o pão da vida, quer da mesa da Palavra de Deus, quer da do Corpo de Cristo» (Concílio Vaticano II, *Dei Verbum*, n. 21).

O esplendor do milagre é um sinal da plenitude messiânica. Com efeito, Elias deu à viúva o que lhe era indispensável para o seu sustento (cf. 1 Rs 17, 13-16); Jesus, por sua vez, dá com generosidade, com abundância. No entanto, quis que os discípulos recolhessem as sobras da refeição (vv. 42-44; cf. Jo 6, 12), para nos ensinar a não esbanjar os bens que Deus nos dá. Ao comentar este gesto, os Santos Padres evocam Moisés, que distribuía o maná de acordo com as necessidades de cada um, de tal maneira que aquilo que sobrava se enchia de vermes (cf. Ex 16, 16-20). A Eucaristia, alimento da alma, é e significa um dom que Deus nos dá a «cada dia».

6, 45-52. As ações de Jesus são uma expressão do Seu ser e do Seu poder. Esta é a explicação verdadeira dos milagres que Ele realiza e do que os apóstolos vão descobrindo: «Jesus preferia proclamar-se e manifestar-se como Cristo mais com obras que com palavras» (Orígenes, *Contra Celsum*, 1, 48).

De acordo com os costumes romanos, a noite se iniciava ao pôr do sol e era dividida em quatro partes ou vigílias, de três horas cada: entardecer, meia-noite, cantar do galo e madrugada. Com este acontecimento o Senhor mostra que, nas situações mais difíceis e inexplicáveis da vida, Ele está perto de nós para nos ajudar, não sem primeiro nos ter deixado lutar, para nos fortalecer a esperança e nos forjar o caráter (cf. nota a Mt 14, 22-33). «O Senhor permitiu que os seus discípulos corressem perigo para que sofressem um pouco; e demorou a ajudá-los, deixando-os em perigo durante toda a noite, a fim de os ensinar a esperar com paciência, e para que não se habituassem a receber imediatamente socorro nas tribulações» (Teofilato, *Enarratio in Evangelium Marci, ad loc.*).

O Evangelho faz novamente notar que, por vezes, os discípulos – tal como nós – não entendiam as maravilhas sobrenaturais por terem o coração e a inteligência endurecidos (v. 52). O Senhor multiplicará os seus ensinamentos e os seus milagres para nos iluminar a inteligência; e enviará o Espírito Santo, para que Ele complete esses ensinamentos e nos recorde a doutrina de Jesus (cf. Jo 14, 26). «Ó alma fiel, quando a tua fé se vir cercada de incertezas e a tua débil razão não compreender os mistérios por demais elevados, diz sem medo, não pelo desejo de te opores, mas pela ânsia de aprofundares: como será isso? [...] Pouco a pouco, ir-se-ão esclarecendo diante dos teus olhos todos aqueles mistérios que a Sabedoria revelou aos seus discípulos quando convivia com eles no mundo, mas que eles não puderam compreender antes da vinda do Espírito de verdade, que haveria de os conduzir à verdade plena» (São Guilherme, Abade, *Speculum fidei*).

6, 53-56. Quase todos os acontecimentos relatados desde 4, 35 até aqui se situam no decurso de diferentes viagens em torno do mar da Galileia. Este sumário final resume duas das notas que presidiram a esta parte: os milagres de Jesus e o interesse que Ele desperta nas multidões.

7, 1-23. Esta cena recolhe os ensinamentos de Jesus sobre a autêntica conduta moral em três contextos distintos: uma controvérsia com os fariseus oriundos de Jerusalém (vv. 1-13), o posterior ensinamento à multidão (vv. 14-15) e, tal como acontece em muitas outras passagens (4, 10-20.34; 9, 28-29 etc.), uma explicação aos discípulos em privado (vv. 17-23).

Os doutores da Lei oriundos de Jerusalém responsabilizam Jesus por uma atitude dos seus discípulos: a omissão dos ritos da purificação (v. 5). Em atenção aos leitores não judaicos do seu Evangelho, São Marcos detém-se a explicar a razão de ser da insidiosa pergunta dos fariseus (vv. 3-5). Com efeito, a antiga Lei (cf. Ex 30, 17ss) prescrevia determinados ritos que eram sinônimo da pureza moral com que a pessoa tinha de se aproximar de Deus; a tradição judaica tinha ampliado estes ritos a outros âmbitos – como o das refeições –, com o objetivo de conferir um sentido religioso a todos os atos. Desta forma, a pureza exterior era um sinal da pureza interior. Contudo, no tempo de Cristo, em algumas zonas – provavelmente entre os doutores da Lei de Jerusalém, mencionados nesta passagem –, o legalismo das normas rituais estabelecidas por tradição humana por meio das sentenças dos rabinos tinha afogado o verdadeiro sentido do culto a Deus. Jesus denuncia essa atitude recorrendo a um texto de Isaías (cf. Is 29, 13) e propondo um exemplo em que a tradição humana tinha acabado por se transformar numa desculpa para não cumprir um mandato divino (vv. 8-13).

Num segundo momento, o Senhor expõe à multidão a doutrina sobre a verdadeira pureza, e fá-lo por meio de uma comparação entre os alimentos e as decisões livres dos homens: «Há quem julgue que os maus pensamentos se devem ao diabo e não têm origem na própria vontade. É verdade que o diabo pode ser colaborador e instigador dos maus pensamentos, mas não é seu autor» (São Beda, *In Marci Evangelium*, 2, 7, 20-21). Cf. nota a Mt 15, 1-20.

Em seguida, os discípulos interrogam Jesus sobre o sentido daquela parábola (v. 17), e o conteúdo essencial desta lição é dado num terceiro momento (v. 19): Cristo, intérprete autêntico e Senhor da Lei, declarou «puros todos os alimentos» (v. 19). A doutrina é profunda: a origem do pecado e da mancha moral não está nas coisas da Criação, uma vez que, após criá-las, Deus viu que eram boas (cf. Gn 1, 31); está, antes, no coração do homem, que, depois do pecado original, tornou-se inclinado ao mal, estando submetido aos assaltos da concupiscência. Esta passagem não pretende indicar que o homem não é capaz de vencer (cf. Gn 4, 7), e sim que tem de lutar (cf. *Catecismo da Igreja Católica*, n. 1707).

7, 24-30. Jesus parte novamente para terra de pagãos. Uma mulher gentia – o evangelista diz expressamente que era «grega, de origem siro-fenícia» (v. 26) – pede-Lhe a cura da filha. Com a descrição pormenorizada dos atos e das palavras de ambos, de Jesus e da mulher, torna-se manifesto que, embora Jesus pregasse apenas aos judeus, a salvação se dirige a todas as pessoas, sejam judeus ou gentios. O diálogo, vivo e audaz, ensina-nos que a fé em Cristo deve vencer todos os obstáculos, incluindo a indignidade pessoal: «Não desfaleças: por mais indigna que seja a pessoa, por mais imperfeita que venha a ser a sua oração, se esta se eleva com humildade e perseverança, Deus a escuta sempre» (São Josemaria Escrivá, *Sulco*, n. 468).

O Senhor utiliza o diminutivo «cachorrinho» (v. 27) para suavizar uma expressão depreciativa com que os judeus se referiam aos gentios.

7, 31-37. Nesta passagem, o Senhor realiza uma cura fazendo uma série de gestos simbólicos que indicam o poder salvador de sua natureza humana. A liturgia da Igreja manteve estes sinais na cerimônia do batismo durante algum tempo, significando com eles que Cristo abre os ouvidos do homem para ouvir e aceitar a palavra de Deus: «Assim, pois, o sacerdote toca-te nos ouvidos para que eles se te abram para a explicação e o sermão do sacerdote. [...] Abri, pois, os ouvidos e recebei o bom odor da vida eterna inalado em vós por meio dos sacramentos. Foi isto o que vos explicamos na celebração da cerimônia de "abertura", quando dissemos: "*Effeta*", isto é, a "abre-te"» (Santo Ambrósio, *De mysteriis*, 1, 2-3).

Este é o terceiro milagre registrado por Marcos em que Jesus proíbe que divulguem o fato; os anteriores foram a cura de um leproso (1, 44) e a ressurreição de um morto (5, 43). Este consiste na cura de um surdo-mudo (v. 36), e mais adiante haverá a cura de um cego (cf. 8, 26). Trata-se praticamente dos mesmos sinais com que, em outra ocasião, indicou aos discípulos do Batista que Ele era o Messias (cf. Mt 11, 2-5; Lc 7, 18-23 e notas). São Marcos registra o mandato de silêncio em todas estas passagens a fim de recordar que Jesus queria que a sua missão de Messias fosse entendida à luz da Cruz.

Este mandato, entretanto, não foi acatado (v. 36). Analisando a aparente contradição entre a ordem de silêncio de Jesus e a desobediência do surdo-mudo, Santo Agostinho observa que, desta forma, o Senhor «queria mostrar aos preguiçosos com quanto maior afã e fervor devem anunciá-lO aqueles a quem ordena que O anunciem, tendo em consideração que aqueles a quem se proibia fazer publicidade eram incapazes de se calar» (*De consensu evangelistarum*, 4, 4, 15).

8, 1-10. Marcos e Mateus narram uma nova multiplicação dos pães, que é muito semelhante à anterior em alguns pormenores (cf. 6, 32-44), embora tenha características muito próprias: a indicação de que a multidão vinha «de longe» (v. 3), expressão corrente no Novo Testamento para designar os gentios (cf. At 2, 39; 22, 21; Ef 2, 13.17); os sete pães e os sete cestos que sobraram (vv. 5.8), em comparação com os doze cestos da multiplicação anterior (cf. 6, 43) etc. Jesus, que anteriormente tinha se apresentado como o Messias Pastor do novo povo de Israel, sugere agora que os gentios também têm lugar nesse povo. O sentido das multiplicações dos pães torna-se assim mais claro: tal como Jesus tinha explicado à siro-fenícia com a imagem do pão (cf. 7, 24-30), a salvação, dirigida primeiramente a Israel, tem como destinatários todos os povos (cf. At 2, 39; 3, 26; 11, 18 etc.): «Todos os homens são chamados a esta unidade católica do povo de Deus [...]; a ela pertencem, de vários modos, ou a ela se ordenam, quer os católicos, quer os outros que acreditam em Cristo, quer, finalmente, todos os homens em geral, pela graça de Deus chamados à salvação» (Concílio Vaticano II, *Lumen gentium*, n. 13).

O milagre mostra igualmente a forma como Cristo premia a perseverança daqueles que O seguem, uma vez que a multidão queria ouvir a sua palavra, esquecendo-se de todo o resto. Compreende-se que a piedade cristã tenha referido este desejo de estar com Jesus à comunhão sacramental, pela qual O recebemos como alimento: «Entrega-Te a mim e isso basta, porque Tu és a minha única consolação. Não posso estar sem Ti, não consigo viver sem a tua visita. Por isso, é necessário que me aproxime de Ti muitas vezes e Te receba como remédio de minha salvação, a fim de que não vá desfalecer pelo caminho se for privado do alimento do Céu. [...] Tu és a suave refeição da alma, e aquele que Te receber dignamente será participante e herdeiro da eterna glória» (*De imitatione Christi*, 4, 3, 2).

«Dalmanuta» (v. 10). É a única vez que é mencionada na Sagrada Escritura. É difícil localizar essa povoação, que ficaria nas proximidades do lago de Genesaré; essa dificuldade já foi assinalada por Santo Agostinho: «Mateus [...] não põe Dalmanuta, mas Magadã. Não há dúvida de que se trata do mesmo local, que teria dois nomes, pois a maioria dos códices só traz Magadã, mesmo no Evangelho de São Marcos» (*De consensu evangelistarum*, 2, 51, 106).

8, 11-21. Em outras passagens dos Evangelhos (cf. Mt 13, 33; Lc 13, 20-21), a imagem da levedura é utilizada por Cristo para indicar a força da sua doutrina; aqui, simboliza as más disposições dos fariseus, que não acreditam nEle e Lhe pedem um sinal para O tentarem (vv. 11-12), e a duplicidade de Herodes, outro que não entende os sinais de Jesus (v. 15; cf. 6, 14-16; Lc 13, 31-32). O Senhor previne os seus discípulos para que não caiam nessa visão humana das obras de Cristo, desprovida do verdadeiro sentido da sua missão salvadora e do seu poder. A confusão dos discípulos a propósito dos pães – são cinco as frases de Jesus que referem essa confusão (vv. 17-18.21) – mostram quão longe se encontravam da visão sobrenatural necessária para compreender aquilo que presenciavam. Talvez seja essa a verdadeira explicação do tom severo com que Jesus se dirige a eles: «Esses eram os Discípulos escolhidos pelo Senhor; assim os escolhe Cristo; assim se comportam antes de que, cheios do Espírito Santo, se convertam em colunas da Igreja. São homens comuns, com defeitos, com fraquezas, com a palavra mais fácil que as obras. E, no entanto, Jesus chama-os para fazer deles pescadores de homens, corredentores, administradores da graça de Deus» (São Josemaria Escrivá, *É Cristo que passa*, n. 2).

A «geração» a que Jesus alude (v. 12) não se refere a todos os homens do seu tempo, mas aos fariseus e aos seus sequazes (cf. 8, 38; 9, 19; Mt 11, 16), que se recusam a ver nos milagres um sinal da missão messiânica de Jesus; visto que não querem aceitar os sinais que lhes são dados, também não lhes será dado o sinal espetacular de que andavam à procura, porque «o Reino de Deus não virá com aparato» (Lc 17, 20-21) e porque podiam muito bem voltar a interpretá-lo de forma distorcida (cf. Lc 16, 31). Segundo Mt 12, 38-42 e Lc 11, 29-32, ainda lhes será dado outro sinal: a morte e ressurreição de Cristo, significada pelo sinal de Jonas. Todavia, nem perante essa prova excepcional os fariseus cederão na sua incredulidade.

8, 22-26. Tal como no caso do surdo-mudo (cf. 7, 31-37), também neste caso Jesus recorre a gestos simbólicos para fazer o milagre. A cura do cego de Betsaida representa, no curso deste Evangelho, o culminar dos sinais messiânicos de Cristo (cf. nota a 7, 31-37), pelo que não é de estranhar que apareça imediatamente antes da confissão de Pedro (8, 29). Por outro lado, a cura progressiva do cego poderá simbolizar o caminho percorrido por Pedro e pelos discípulos, mas também por todo homem; de fato, com os seus sinais, Jesus vai curando a nossa cegueira, até chegarmos a distinguir tudo com nitidez (v. 25) e nos atrevermos a confessar que Cristo é o Filho de Deus e o nosso Salvador: «Dai-nos, Senhor, luz; vede que temos mais necessidade dela que o cego [...], pois este desejava ver a luz e não era capaz; agora, Senhor, as gentes não querem ver. Oh, que mal tão incurável! Aqui, Deus meu, há de tornar-se manifesto o vosso poder, aqui a vossa misericórdia» (Santa Teresa de Jesus, *Exclamações da alma a Deus*, 8).

8, 27-30. Recolhe-se aqui um dos momentos centrais da relação dos discípulos com Jesus: a confissão do seu messianismo. Este diálogo mostra a importância da resposta de Pedro. Com efeito, aquilo que os homens pensam de Jesus é, humanamente falando, o máximo que um judeu piedoso podia conceber: que é um profeta, o próprio Elias (cf. 9, 11). Porém, com a resposta que dá, São Pedro não está expressando uma opinião, mas fazendo uma autêntica profissão de fé, cujo sentido explícito encontramos em Mt 16, 16-17. A firmeza da fé de Pedro e dos seus sucessores é o ponto de apoio para a confissão de fé dos que creem: «Tudo aquilo é fruto, queridos irmãos, daquela confissão que, inspirada pelo Pai no coração de Pedro, supera todas as incertezas das opiniões humanas e alcança a firmeza da rocha que não será abalada por nenhuma violência. Em toda a Igreja, Pedro confessa diariamente: "Tu és o Cristo, o Filho de Deus vivo", e toda língua que confessa o Senhor é orientada pelo magistério desta confissão» (São Leão Magno, *Sermo 3 in anniversario ordinationi suae*).

Significativamente, o Senhor não rejeita o título de Cristo que Pedro Lhe atribui (v. 29), mas substitui-o imediatamente pelo de Filho do Homem (8, 31), dando assim a entender que a confissão de Pedro é correta, mas incompleta. Jesus não entende a sua missão como Messias segundo a perspectiva dos homens, mas segundo a perspectiva de Deus: «Convém ter em conta que, enquanto o Senhor diz de si mesmo que é o Filho do Homem, Natanael Lhe chama Filho de Deus (Jo 1, 49). [...] Isto aconteceu mediante um providencial equilíbrio, uma vez que era necessário apresentar a dupla existência do mediador, Deus e Senhor nosso, enquanto Deus Senhor e enquanto simples homem: o Deus homem conferiu solidez à fragilidade humana, e o simples homem acrescentou o poder da divindade que possuía; um professou a sua humildade, o outro a sua grandeza» (São Beda, *Homiliae*, 1, 17).

***8, 31-10, 52.** Após a confissão de Pedro, o horizonte do Evangelho se altera. A partir desta altura, Jesus se dedica com maior intensidade à formação dos seus discípulos, mostrando-lhes a necessidade da Paixão para entrar na sua glória (8, 31-9, 13). Os três anúncios da Paixão (8, 31; 9, 31; 10, 33-34) são uma espécie de refrão dessa parte do Evangelho. Junto a essa nota, o relato é cheio de ensinamentos acerca das virtudes e das atitudes que devem presidir à vida dos seus discípulos: a oração (9, 14--29), a humildade (9, 33-50), a pobreza (10, 17-31) etc.

***8, 31-9, 50.** Tem início a revelação de Jesus como Servo sofredor: é o caminho da Cruz, que Cristo aceitou para si (cf. 8 ,31) e que todos os cristãos têm de percorrer (8, 34). Jesus prepara os seus discípulos para esse acontecimento com as suas palavras e os seus gestos; os três discípulos que mais tarde serão testemunhas da agonia do Senhor no Horto das Oliveiras (14, 33) são previamente reconfortados com uma visão antecipada de sua glória (9, 2-13).

8, 31-9, 1. Jesus Cristo inicia aqui um ensinamento particular para os seus discípulos acerca do verdadeiro sentido da sua missão: a salvação será realizada por meio do sofrimento e da Cruz, de maneira que quem quiser segui-lO terá de estar disposto a renunciar a si mesmo (8, 34-38). O diálogo com Pedro (8, 31-33) ilustra com grande clareza o paradoxo cristão: Pedro tem dificuldade em compreender que o triunfo de Cristo seja efetivamente a Cruz, e Cristo repreende-o abertamente porque esse modo humano de ver as coisas é incompatível com o plano de Deus. Também nós podemos ficar muitas vezes com uma visão reduzida: «Há no ambiente uma espécie de medo à Cruz, à Cruz do Senhor. É porque começaram a chamar cruzes a todas as coisas desagradáveis que acontecem na vida, e não sabem levá-las com espírito de filhos de Deus, com sentido sobrenatural. Até arrancam as cruzes que os nossos avós plantaram pelos caminhos... Na Paixão, a Cruz deixou de ser símbolo de castigo para converter-se em sinal de vitória. A Cruz é o emblema do Redentor: *in quo est salus, vita et resurrectio nostra*: ali está a nossa saúde, a nossa vida e a nossa ressurreição» (São Josemaria Escrivá, *Via sacra*, 2, 5).

As palavras de Jesus (8, 34-35) devem ter parecido um pouco assustadoras àqueles que as ouviam, mas permitem perceber claramente o que Cristo exige a quem quer segui-lO: não basta um entusiasmo passageiro nem uma dedicação momentânea; é necessária a renúncia a si mesmo, carregar a própria cruz. Porque a meta que o Senhor quer para todos é a bem-aventurança; por isso, é à luz da vida eterna que temos de valorar a vida presente, que é transitória, a fim de alcançarmos a vida definitiva no Céu: «Temos de amar o mundo, mas temos de antepor ao mundo o seu Criador. O mundo é belo, mas mais belo ainda é quem o fez. O mundo é suave e deleitável, mas muito mais deleitável é quem fez o mundo. Por isso, irmãos amadíssimos, trabalhemos o mais que pudermos para que esse amor ao mundo não nos aflija, para que não pretendamos amar mais a criatura que o seu Criador. Deus nos deu as coisas terrenas para que amemos a Ele com todo o coração, com toda a alma. [...] Tal como amamos mais aqueles que parecem amar mais a nós do que as nossas coisas, assim também temos de reconhecer que Deus ama mais aqueles que estimam mais a vida eterna que os dons terrenos» (São Cesário de Arles, *Sermones*, 159, 5-6).

«Sem terem visto antes o reino de Deus vir com poder» (9, 1). Para nós, a frase é de certa maneira enigmática ou imprecisa, pois, se parece evocar o momento final da parúsia, em que Jesus virá «na glória de seu Pai com os santos anjos» (8, 38), «sentado à direita do Poder» (14, 62), também refere que alguns dos que ouviam estas palavras estariam presentes nesse momento. Se, porém, entendermos o Reino como uma semente que vai se desenvolvendo (4, 30-32) e que chegará à sua plenitude na manifestação final, compreenderemos melhor esta frase, que poderá se referir à admirável expansão da Igreja na época apostólica, da qual serão testemunhos alguns dos que se encontravam presentes quando estas palavras foram proferidas. A expressão também pode designar a gloriosa manifestação final do Senhor, que seria antecipada na transfiguração, episódio narrado já a seguir.

9, 2-13. Transfigurando-se na presença dos seus discípulos – na presença dos prediletos, os que seriam testemunhas da sua agonia (14, 33) –, o Senhor proporciona-lhes um contraponto ou, melhor ainda, uma antecipação do resultado da sua Paixão: a ressurreição e a glorificação. Este é também o sentido da vida do cristão, que tem de aprender que «os sofrimentos do tempo presente não têm comparação com a glória que há de revelar-se em nós» (Rm 8, 18).

Marcos sublinha de várias maneiras a dificuldade que os discípulos tinham em compreender o caminho do Senhor (vv. 9-10). E o evangelista refere também, a propósito de Pedro – que deseja antecipar a glória sem passar pela Cruz –, que «não sabia o que dizia» (v. 6): «Pedro ainda não tinha compreendido isso ao desejar viver com Cristo sobre a montanha. Ele reservou-te isto, Pedro, para depois da morte. Mas agora Ele mesmo diz: Desce para sofrer na terra, para servir na terra, para ser desprezado, crucificado na terra. A Vida desce para fazer-se matar; o Pão desce para ter fome; o Caminho desce para cansar-se da caminhada; a Fonte desce para ter sede; e tu recusas sofrer? (Santo Agostinho, *Sermones*, 78, 6)» (*Catecismo da Igreja Católica*, n. 556).

Na transfiguração, revela-se toda a verdade sobre Jesus: Ele é o Filho Único de Deus, o «Filho muito amado» que, para nos salvar, «esvaziou-se a si mesmo, tomando a condição de servo» (Fl 2, 7), renunciando voluntariamente à glória divina para encarnar-se com carne capaz de sofrer, fazendo-se semelhante a nós em tudo, exceto no pecado. As palavras que provêm da nuvem, semelhantes às do começo do primeiro canto do Servo do Senhor do profeta Isaías (cf. Is 42, 1) e às do batismo de Jesus (1, 11; cf. Mt 3, 17; Lc 3, 22), assinalam precisamente isso: que Jesus é o Filho de Deus, que cumpre a missão salvífica do Servo do Senhor. A indicação de escutá-lO proclama a autoridade de Jesus, dando a conhecer que os seus ensinamentos e os seus preceitos são avalizados pelo próprio Deus: «"Este é o meu Filho"; não é Moisés nem Elias, que são servos: este é Filho. "Este é o meu Filho", isto é, da minha natureza, da minha substância. Filho que permanece em Mim e que é totalmente o que Eu sou. "Este é o meu Filho muito amado". Aqueles também são amados, mas este é muito amado; portanto, escutai-O. Aqueles anunciaram-nO, mas vós tendes de escutar este. Ele é o Senhor, aqueles são servos como vós. Moisés e Elias falam de Cristo, são servos como vós. Ele é o Senhor, escutai-O» (São Jerônimo, *Commentarium in Marcum*, 6).

Ao descerem do monte (vv. 9-13), volta a ocorrer uma das cenas habituais no segundo Evangelho: os discípulos não compreendem. Neste caso, viram a glória de Jesus, mas têm perguntas a fazer; e a primeira é sobre o advento de Elias (v.

11). Os fariseus e os doutores da Lei interpretavam a profecia messiânica de Malaquias (cf. Ml 3, 1-2) no sentido de uma aparição ostentosa de Elias em pessoa, ao qual se seguiria o Messias triunfante, sem sombra de dor nem de humilhação. Jesus lhes mostra que Elias já veio na pessoa de João Batista (cf. Mt 17, 13) e preparou os caminhos do Messias, que são caminhos de dor e de sofrimento (vv. 12-13). A outra pergunta fica por fazer, uma vez que os discípulos, retendo as palavras e os gestos do Senhor, não se atrevem a interrogá-lO sobre o que significa «ressuscitar dos mortos» (v. 10); depois da Páscoa, compreenderão que a ressurreição de Jesus é a entrada na glória que haviam contemplado momentos antes.

9, 14-29. Com o milagre e a sua posterior explicação (vv. 28-29), Jesus ensina-nos a necessidade da oração feita com fé inamovível. O diálogo com o pai do jovem exprime a pedagogia divina de Cristo, que o conduz a uma oração cheia de confiança. O Senhor responde à fé imperfeita do homem (v. 22) com um lamento – literalmente, no original grego: «O "Se podes..."!» (v. 23), como se Jesus comentasse: «Lá vem outro que diz: "Se podes..."!». Mas este lamento é já um diálogo, um convite que conduz o pai do jovem a uma oração que é uma expressão de fé verdadeira: «Eu creio, mas auxilia a minha falta de fé!» (v. 24). «Quando falta a fé, perece a oração, pois ninguém pede aquilo em que não crê. Creiamos, pois, para podermos orar, e oremos, para que a fé com que oramos não desfaleça. A fé faz manar a oração, e esta, tendo brotado, alcança a firmeza da fé» (Santo Agostinho, *Sermones*, 115, 1).

A seguir (vv. 28-29), numa cena habitual em São Marcos, Jesus instrui os seus discípulos em particular. A resposta de Jesus (v. 29) também serve de lição para o futuro: naquela altura, as pessoas podiam recorrer a Ele para solucionarem os seus problemas; mas, quando Ele deixar de estar entre eles, teriam de recorrer à oração: «Ao ensinar aos seus apóstolos como deve ser expulso demônio tão maligno, Jesus nos ensina a todos como devemos viver e que a oração é o meio a que temos de recorrer para ultrapassar as maiores tentações dos espíritos impuros e dos homens» (São Beda, *In Marci Evangelium, ad loc.*).

9, 30-32. Desde a confissão de Pedro (8, 31) até a chegada a Jerusalém (10, 52), Jesus procura a solidão (v. 30), a fim de preparar os seus discípulos e os instruir acerca do que ia acontecer na Cidade Santa. O Evangelho mostra que os discípulos têm uma grande dificuldade em entendê-lO (v. 32), como mostrará depois que, à hora da verdade, O abandonaram (14, 50.71). É que estas verdades só são compreensíveis por efeito da graça: «Aquilo que dizia estava de acordo com as previsões dos profetas, que tinham anunciado de antemão o final que Ele havia de ter em Jerusalém. [...] Tinham previsto igualmente o motivo pelo qual o Verbo de Deus, que era impassível, quis sofrer a Paixão: porque era a única maneira de salvar o homem. Tudo coisas que só Ele conhece, bem como aqueles a quem Ele as revela» (Santo Anastácio de Antioquia, *Sermones*, 4, 1).

9, 33-50. Nesta passagem, o evangelista recolhe um conjunto de ensinamentos de Jesus que se referem principalmente ao que deve ser a vida da Igreja. O primeiro grupo de exortações (vv. 34-41) relata dois episódios em que o Senhor indica as atitudes que os cristãos devem ter. O primeiro nasce de uma discussão ocorrida pelas costas de Jesus e leva o Senhor a ensinar os discípulos como se deverá exercer a autoridade na Igreja (vv. 33-35): não como quem domina, mas como quem serve. Ele, que é Chefe e Legislador supremo, veio servir e não ser servido (10, 45); quem não visa a esta atitude de serviço abnegado, além de carecer de uma das melhores disposições para o reto exercício da autoridade, expõe-se a ser arrastado pela ambição de poder, pela soberba e pela tirania: «Estar à frente de uma obra de apostolado é o mesmo que estar disposto a sofrer tudo de todos, com infinita caridade» (São Josemaria Escrivá, *Caminho*, n. 951). Em seguida, a propósito da pessoa que expulsava demônios em nome de Cristo, o Senhor os ensina a terem vistas amplas com relação ao crescimento do Reino de Deus (vv. 38-40) e previne-os – eles e os cristãos do futuro – contra o exclusivismo e o espírito de «partido único».

Ambos os episódios chegam ao fim (vv. 36-37.41) com uma doutrina inovadora, que Jesus pregou em muitas outras ocasiões (cf. Mt 25, 40.45): a de que os cristãos devem reconhecê-lO no necessitado, ou seja, tanto numa criança, que nada pode fazer sozinha (vv. 36-37), como no discípulo que se desprendeu de tudo para seguir o exemplo do seu Mestre (v. 41). O importante não é aquilo que se oferece, mas o amor com que se oferece. «Vês esse copo de água ou esse pedaço de pão que uma mão caritativa dá a um pobre por amor de Deus? Em si mesmo, é pouca coisa, e em termos humanos não vale quase nada; mas Deus recompensa-o e concede imediatamente, por ele, um aumento da caridade» (São Francisco de Sales, *Tratado do amor de Deus*, 3, 2).

A parte seguinte desta passagem (vv. 42-50) inclui uma série de exortações a respeito do perigo do escândalo – as ações, as atitudes e os comportamentos que podem levar os outros a agir mal (cf. nota a Mt 18, 11-14). Estas observações são expressas com gravidade, mostrando aspectos da radicalidade da ética cristã e colocando as bases da doutrina moral sobre a ocasião de pecado: o cristão está tão obrigado a evitar a ocasião próxima de pecado como a evitar o pecado propriamente dito. O bem eterno da nossa alma é superior a qualquer consideração dos bens temporais. Portanto, tudo quanto possa colocar-nos em perigo próximo de pecado deve ser cortado e afastado para longe.

***10, 1-52.** O deslocamento de Jesus para a Judeia e para Jerusalém (10, 1) confere um enquadramento diferente à narração evangélica; este percurso se inicia com uma controvérsia com os fariseus (10, 2-12), que prepara o confronto aberto que terá lugar na Cidade Santa (11, 1-12, 44). Jesus continua os ensinamentos aos seus discípulos acerca da Paixão (10, 32-45), embora a maior parte desta seção seja dedicada a diferentes aspectos da vida do cristão: o matrimônio, o seguimento de Cristo, a pobreza etc.

10, 1-12. O contexto da cena é frequente no Evangelho: a atitude mal-intencionada dos fariseus contrasta com a simplicidade da multidão, que ouve os ensinamentos atentamente. Cristo conhece a duplicidade dos seus tentadores, pelo que lhes pergunta o que foi que Moisés lhes «mandou» (v. 3); os fariseus sabem que essa ordem não existe, e por isso respondem que Moisés mandou escrever um libelo de repúdio (v. 4). Estabelecidos os princípios do diálogo, Jesus lhes explica que o verdadeiro preceito é o que Deus instituiu no momento da criação (cf. Gn 2, 24): «O amor dos esposos exige, por sua própria natureza, a unidade e a indissolubilidade da comunidade de pessoas que engloba toda a sua vida: "De modo que já não são dois, mas uma só carne" (Mt 19, 6). "Eles são chamados a crescer continuamente nesta comunhão por meio da fidelidade cotidiana à promessa matrimonial do dom total recíproco" (São João Paulo II, *Familiaris consortio*, n. 19). Esta comunhão humana é confirmada, purificada e aperfeiçoada pela comunhão em Jesus Cristo, concedida pelo sacramento do Matrimônio. É aprofundada pela vida da fé comum e pela Eucaristia recebida pelos dois» (*Catecismo da Igreja Católica*, n. 1644).

Nas palavras finais do Senhor, é introduzida uma cláusula (v. 12) que tem mais em conta a legislação romana que a legislação judaica, uma vez que esta não contemplava a possibilidade de a mulher repudiar o marido. Estas palavras parecem ser uma atualização dos ensinamentos de Jesus para os destinatários do *Evangelho de Marcos*, mostrando assim que o sentido da doutrina de Cristo deve ser atualizado na vida e nas circunstâncias de cada um de nós. «Testemunhar o valor inestimável da indissolubilidade e da fidelidade matrimonial é uma das tarefas mais preciosas e mais urgentes dos casais cristãos do nosso tempo. Por isso, [...] louvo e encorajo os numerosos casais que, embora encontrando não pequenas dificuldades, conservam e desenvolvem o dom da indissolubilidade: cumprem desta maneira, de um modo humilde e corajoso, o dever que lhes foi confiado de ser no mundo um "sinal" – pequeno e precioso sinal, submetido também às vezes à tentação, mas sempre renovado – da fidelidade infatigável com que Deus e Jesus Cristo amam todos os homens e cada homem. Mas é também imperioso reconhecer o valor do testemunho daqueles cônjuges que, embora tendo sido abandonados pelo consorte, com a força da fé e da esperança cristãs, não contraíram uma nova união. Estes cônjuges dão também um autêntico testemunho de fidelidade, de que tanto necessita o mundo de hoje» (São João Paulo II, *Familiaris consortio*, n. 20).

10, 13-16. O Evangelho expõe em várias passagens a verdadeira humanidade de Jesus: o seu olhar indignado quando percebe a dureza dos corações (3, 5), a sua tristeza pela falta de fé dos seus conterrâneos de Nazaré (6, 6), o seu desalento com a duplicidade dos fariseus (cf. 8, 12), a sua indignação com os discípulos (v. 14) etc. Neste episódio cheio de espontaneidade e vivacidade, Marcos evoca a atitude do Senhor para com as crianças e dá a impressão de que não encontra palavras (cf. v. 16) para descrever o carinho que Jesus tem por elas.

Mas esta ocorrência também encerra uma lição: o Reino dos Céus é daqueles que o recebem como crianças, ou seja, não como uma coisa merecida, mas como um dom de Deus Pai. Daqui nasce a vida de infância espiritual, recomendada pelos santos: «Para ser pequeno, é preciso crer como creem as crianças, amar como amam as crianças, abandonar-se como se abandonam as crianças..., rezar como rezam as crianças» (São Josemaria Escrivá, *Santo Rosário*, prólogo).

10, 17-31. Esta passagem expõe três ideias muito relacionadas entre si: o chamamento frustrado a um jovem (cf. Mt 19, 22) que preferiu as riquezas (vv. 17-22); a doutrina do Senhor sobre as riquezas e o Reino (vv. 23-27); e a recompensa prometida àqueles que deixam tudo para seguir Jesus (vv. 28-31).

O encontro do Senhor com este jovem recorda a vocação dos primeiros discípulos (1, 16-20; 2, 14). É certo que começa de outra maneira, com uma pergunta do jovem, mas tem a mesma sequência: o olhar de Jesus e um chamamento imperioso a segui-lO (v. 21). O evangelista sublinha com especial vivacidade o apreço de Jesus pela atitude do jovem (vv. 20-21) e a tristeza deste (v. 22) por não ter respondido com generosidade ao que Deus lhe pedia; chama assim a atenção para a necessidade de corresponder ao chamamento do Senhor a fim de poder conhecê-lO bem. Não era sem razão que Santa Teresa recorria a este episódio para apontar o caminho para a intimidade com Deus: «Se Lhe viramos as costas e nos afastamos entristecidos, como o jovem do Evangelho, quando Ele nos diz o que temos de fazer para ser perfeitos, que quereis que faça Sua Majestade, que tem de dar o prêmio de acordo com o amor que Lhe temos? E este amor, filhas, não há de ser fabricado na nossa imaginação, mas comprovado com obras; e não penseis que Ele tem necessidade das nossas obras, mas apenas da determinação da nossa vontade» (Santa Teresa de Jesus, *As moradas*, 3, 1, 7).

O Senhor aproveita esta atitude do jovem rico para voltar a expor a doutrina sobre o uso dos bens materiais (vv. 23-27): o apego a estes bens pode tornar-se uma verdadeira idolatria (Mt 6, 24; cf. Cl 3, 5) que impede o acesso ao Reino de Deus (cf. Lc 6, 20.24). O Senhor utiliza aqui uma imagem que talvez seja um provérbio (v. 25) e que deverá ter feito sorrir os seus ouvintes: as tribulações de um camelo tentando passar por um lugar excessivamente estreito para o seu tamanho. Em contrapartida, a pobreza cristã é um bem tão alto que levou São Francisco de Assis a chamar-lhe «dama do meu coração»: «É aquela virtude que faz com que a alma, vivendo na terra, converse no Céu com os anjos; ela acompanhou Cristo na Cruz, com Cristo foi sepultada, com Cristo ressuscitou, com Cristo subiu ao Céu; as almas que dela se enamoram recebem, já nesta vida, uma leveza que lhes permite voar para o Céu, porque ela tempera as armas da amizade, da humildade e da caridade» (São Francisco de Assis, *Florzinhas*, 13).

Respondendo à pergunta de Pedro, Jesus exprime a parte positiva da entrega por Ele e pelo Evangelho: além da vida eterna, pelo fato de ser e de se saber filho de Deus e irmão dos seus irmãos, o discípulo multiplica por cem aquilo que entregou. Nessa promessa, o Senhor inclui as perseguições (v. 30), mas estas, como mostram Pedro e os apóstolos (At 5, 40-41), produzem alegria quando se sofrem por Cristo. Pelo contrário, recusar a voz de Deus é condenar-se à tristeza: «Queres fazer o favor de pensar – eu também faço o meu exame – se manténs imutável e firme a tua opção pela Vida? Se, ao ouvires essa voz de Deus, amabilíssima, que te estimula à santidade, respondes livremente que sim? Volvamos o olhar para o nosso Jesus, quando falava às multidões pelas cidades e campos da Palestina. Não pretende impor-se. *Se queres ser perfeito...*, diz Ele ao jovem rico. Aquele rapaz rejeitou a insinuação, e conta-nos o Evangelho que *abiit tristis*, que se retirou entristecido. [...] Perdeu a alegria porque se negou a entregar a sua liberdade a Deus» (São Josemaria Escrivá, *Amigos de Deus*, n. 24).

10, 32-45. Já a caminho de Jerusalém, sucedem-se estes dois episódios, relacionados também pelos respectivos conteúdos. Jesus avança decididamente para Jerusalém (v. 32), ciente do que ali vai acontecer (vv. 33-34) e do sentido redentor da sua morte (v. 45). Com a imagem do cálice e do batismo (v. 38), evoca igualmente a dor que acompanhará esses acontecimentos (cf. 14, 36; Rm 6, 4-5), associando os discípulos ao seu destino: «Notemos como a maneira de o Senhor interrogar equivale a uma exortação e a um estímulo. Ele não diz: "Sois capazes de suportar a morte? Podeis derramar o vosso sangue?" Pelo contrário, as suas palavras são: «Podeis beber o cálice?" E, para os animar a fazê-lo, acrescenta: "Que eu hei de beber". Assim, a consideração de que se trata do mesmo cálice que o Senhor vai beber havia de estimulá-los a uma resposta mais generosa. E à sua Paixão dá o nome de "batismo", para significar que os seus sofrimentos seriam a causa de uma grande purificação para todo o mundo. Eles respondem: "Podemos". O fervor do seu espírito os leva a dar esta resposta espontânea, sem saberem bem o que estão prometendo, mas com a esperança de, dessa maneira, alcançarem o que desejam» (São João Crisóstomo, *In Matthaeum*, 65, 2).

Nas suas últimas palavras, o Senhor recorda que, se Ele veio servir (v. 45), será o serviço que caracterizará aquele que fizer as suas vezes (v. 43; cf. Jo 13, 14-17): «Nenhuma ambição terrena move a Igreja, mas unicamente este objetivo: continuar, sob a direção do Espírito Consolador, a obra de Cristo, que veio ao mundo para dar testemunho da verdade, para salvar e não para julgar, para servir e não para ser servido» (Concílio Vaticano II, *Gaudium et spes*, n. 3).

Os três anúncios que Jesus fez da sua Paixão em Jerusalém (v. 33; cf. 8, 31; 9, 31) obedecem ao mesmo esquema: ao ensinamento do Senhor segue-se a resistência à sua aceitação por parte dos discípulos e, por fim, a correção do Salvador. Também nós, tal como os discípulos, somos convidados a corrigir continuamente a visão que temos do Senhor.

10, 46-52. Marcos relata, neste milagre, uma série de pormenores que nos permitem conhecer a situação de Bartimeu (v. 46) e a sua atitude perante Jesus: a força e a insistência da sua petição (vv. 47-48), a despreocupação com as suas coisas perante o chamamento (v. 50) e a fé e a simplicidade do seu diálogo com o Senhor (v. 51). Em consequência da sua fé, a situação de Bartimeu se altera radicalmente: deixa de estar cego e sentado à beira do caminho (v. 46) e, recuperando a vista, segue Jesus pelo caminho (v. 52).

O percurso de Bartimeu até chegar à fé poderá ser o nosso se formos capazes de repetir as suas ações na nossa vida. Em primeiro lugar, a sua oração, o seu clamor a Jesus, que se reveste de todos os matizes que pode ter a nossa invocação ao Senhor: chama-Lhe «Mestre» (v. 51), «Filho de Davi», ou seja, Rei, Messias, misericordioso como Deus (v. 47), e sobretudo «Jesus»: «O Nome que contém tudo é o que o Filho de Deus recebe em sua Encarnação: Jesus. [...] O Nome de Jesus contém tudo: Deus e homem e toda a economia da criação e da salvação. Orar a "Jesus" é invocá-lO, chamá-lO em nós» (*Catecismo da Igreja Católica*, n. 2666).

Mas a fé de Bartimeu não se exprime apenas na petição; abarca também as obras: ele atira fora a capa, dá um salto, vai até Jesus (v. 50) e segue-O a caminho de Jerusalém: «Tu tiveste notícia daquilo que o Senhor te propunha e decidiste acompanhá-lo pelo caminho. Tu procuras pisar onde Ele pisou, vestir-te com as vestes de Cristo, ser o próprio Cristo. Pois então a tua fé – fé nessa luz que o Senhor te vai dando – deverá ser operativa e sacrificada. Não te iludas, não penses em descobrir formas novas. É assim a fé que Ele nos reclama: temos de andar ao seu ritmo, com obras cheias de generosidade, arrancando e soltando tudo o que é estorvo» (São Josemaria Escrivá, *Amigos de Deus*, n. 198).

***11, 1-16, 20.** Os seis capítulos finais do *Evangelho de Marcos* relatam a atividade de Jesus em Jerusalém durante os últimos dias da sua vida terrena. A estrutura destes capítulos é a mesma que a da Semana Santa, razão pela qual a liturgia da Igreja revive cuidadosamente estes acontecimentos desde o Domingo de Ramos até o grande dia da Páscoa da Ressurreição: «Por isso, a *Páscoa* não é simplesmente uma festa entre outras: é a "festa das festas", "solenidade das solenidades", como a Eucaristia é o sacramento dos sacramentos (o grande sacramento). Santo Atanásio a denomina "o grande domingo" (*Epistula festivalis*, 329), como a Semana Santa é chamada no Oriente "a grande semana". O mistério da ressurreição, no qual Cristo esmagou a morte, penetra nosso velho tempo com sua poderosa energia, até que tudo lhe seja submetido» (*Catecismo da Igreja Católica*, n. 1169).

A importância que o Evangelho confere aos acontecimentos ocorridos é também salientada pela multiplicidade de pormenores cronológicos e topográficos que recolhe. No primeiro dia (11, 1-19), Jesus entra triunfalmente em Jerusalém e procede à purificação do Templo. A pergunta dos fariseus sobre a autoridade com que o fez (11, 28) dá início às controvérsias com os sumos sacerdotes, os escribas, os anciãos, os partidários de Herodes e os saduceus (11, 27-12, 40) – controvérsias que são interrompidas para dar lugar ao Discurso Escatológico.

Junto às controvérsias o evangelista refere, em duas ocasiões (11, 18; 12, 12), que os chefes religiosos procuravam prender Jesus. Judas lhes proporciona a oportunidade de fazê-lo (14, 1-2.10-11) e, a partir dessa altura, o Evangelho vai anotando as afrontas a que Jesus é sujeito até morrer. Não morre, porém, por decisão dos seus perseguidores, mas porque assim estava escrito (14, 21); por essa razão, o último episódio não é a morte, mas a ressurreição (14, 28).

Se a primeira parte deste Evangelho terminava com a confissão de Pedro e a sua proclamação de que Jesus era «o Cristo»

(8, 29), esta segunda culminará na frase com que o centurião confessa que Jesus é «Filho de Deus» (15, 39). Estes eram precisamente os dois títulos de Jesus com que Marcos iniciava o Evangelho (cf. 1, 1).

***11, 1-12, 44.** O relato tem início com a entrada em Jerusalém e prossegue com a purificação do Templo e as controvérsias com os judeus. Com os dois primeiros atos (11, 1-33), Jesus realiza as obras do Messias anunciado. A parábola dos vinhateiros homicidas (12, 1-12) é uma chave de interpretação de todos os acontecimentos que o evangelista situa nesses dias: Israel rejeitou o dom de Deus e, por isso, Deus criará um novo povo mediante uma nova aliança em seu Filho.

11, 1-11. Com a entrada em Jerusalém, Jesus se manifesta como o Messias prometido (cf. Zc 9, 9); mas, além disso, deixa intuir a sua grandeza com uma série de gestos significativos. Com efeito, tal como acontecera com Bartimeu (10, 47-48), as multidões consideram-nO o Messias descendente de Davi; Jesus antecipa agora uma correção a esse título que depois tornará explícita (12, 35-37), dando a si mesmo o título de «Senhor» (v. 3) e mostrando o seu efetivo domínio sobre as criaturas. Trata-se, no entanto, de um domínio que não se impõe por meio da força, mas que respeita a liberdade do homem: «Desde o princípio da história cristã a afirmação do senhorio de Jesus sobre o mundo e sobre a história significa também o reconhecimento de que o homem não deve submeter sua liberdade pessoal, de maneira absoluta, a nenhum poder terrestre, mas somente a Deus Pai e ao Senhor Jesus Cristo» (*Catecismo da Igreja Católica*, n. 450).

11, 12-25. No segundo dia desta semana, Jesus dá outros sinais reveladores do seu caráter de Messias Salvador: no Templo, com os seus atos aparentemente violentos, cumpre as profecias segundo as quais este tinha de ser purificado (cf. Ml 3, 1-5; Zc 14, 21), a fim de ser um local de oração para todos os povos (cf. Is 56, 7).

O episódio aparece enquadrado em outro que lhe é afim: a maldição da figueira. Com um gesto simbólico, semelhante àquele realizado pelos profetas (cf. Jr 19, 1-13; Ez 4, 1-3; 5, 1-6 etc.), Jesus indica que Israel, tal como aquela figueira, não deu os frutos que Deus esperava (cf. 12, 1-12): Ele tinha vindo aos seus, ao povo judaico, com fome de encontrar frutos de santidade e de boas obras, mas não encontrou senão práticas exteriores que, não tendo os frutos correspondentes, eram apenas folhagem. A destruição do Templo (cf. 13, 2) aparece assim como um significativo episódio da purificação necessária. O culto exterior, sem as adequadas disposições interiores, é uma tentação para todos: «Também tu, se não queres ser condenado por Cristo, [...] deves guardar-te de seres uma árvore estéril, para poderes oferecer a Jesus, que se fez pobre, os frutos de piedade que necessita» (São Beda, *In Marci Evangelium, ad loc.*)

Como acontece tantas vezes neste Evangelho, o episódio é completado com uma lição de Jesus aos seus discípulos, desta vez sobre o poder da oração (vv. 20-25). Uma das condições da oração é a caridade (v. 25): quem quiser se apresentar diante de Deus tem de excluir por completo qualquer rancor e qualquer outra atitude indigna de Deus. Porém, realizada esta condição, Jesus nos ensina que o Senhor assumiu o compromisso expresso de atender a oração dos seus filhos que for feita com fé, de tal maneira que nem a nossa indignidade pessoal, nem o fato de Deus conhecer as nossas necessidades devem ser uma desculpa para deixarmos de recorrer a Ele com confiança. «Ó Senhor meu! Porventura será melhor calar as minhas necessidades, esperando que Vós as remedieis? Por certo que não. Que Vós, Senhor meu e meu deleite, sabendo as muitas que haviam de ser e o alívio que é para nós contar-Vo-las, dizeis que Vos peçamos e que não deixareis de dar» (Santa Teresa de Jesus, *Exclamações da alma a Deus*, 5). Cf. notas a Mt 6, 1-8 e 7, 1-12.

11, 27-33. Tem início o terceiro dia em Jerusalém, constituído por diversos ensinamentos de Jesus, muitos dos quais enquadrados na polêmica com os membros do judaísmo oficial. A razão do ataque das autoridades é provavelmente a purificação do Templo (11, 15-17): a partir desse momento, procuravam maneira de O perder (11, 18). Nesta altura (v. 28), pedem-Lhe contas desse ato, e posteriormente (14, 58) interpretá-lo-ão de maneira retorcida, a fim de terem motivo para condená-lO à morte.

A atitude destes homens é falaz: Jesus já tinha dado provas de seu caráter messiânico, e João Batista também tinha dado o seu testemunho. Jesus admite o diálogo, mas, antes de responder, situa-os perante a verdadeira questão: aceitarem ou não o ministério de João Batista enquanto precursor; com efeito, aceitando João, teriam também de reconhecer o ministério do próprio Cristo.

Ora, como faz notar o evangelista, eles não estavam dispostos a esse reconhecimento, e foi tal cegueira que os induziu a preparar a morte de Jesus: «Por um lado, temiam o povo; por outro, temiam a verdade. Por um lado, eram tímidos; por outro, eram invejosos. Em qualquer dos casos, eram cegos. A prova da fuga é o temor do coração: temiam que o povo os apedrejasse se dissessem que o batismo de João procedia dos homens; e temiam ser apanhados por Cristo se dissessem que procedia do Céu» (Santo Agostinho, *Sermones*, 308A, 7). Este episódio contém uma lição sempre atual: quem se atrever a pedir contas a Deus será confundido.

12, 1-12. Nesta parábola, Jesus compendia a história da salvação e a sua própria história. Recorrendo à alegoria da vinha (cf. Is 5, 1-7), narra os esforços de Deus para fazer com que o povo eleito desse frutos e a resistência dos homens, em especial dos chefes de Israel. É manifesto, pelo tom da parábola, que o «filho querido» (v. 6) é o próprio Jesus (cf. 1, 11; 9, 7) e que os servos enviados anteriormente são os profetas; por outro lado, o fato de o filho ser lançado para fora da vinha (v. 8) e morto anuncia a morte de Jesus fora dos muros de Jerusalém. No entanto, com as palavras do Salmo 118, o Senhor ensina que estas ações dos homens não fazem mais do que corroborar o plano de Deus, que dessa maneira funda um novo povo cimentado em Cristo, nova pedra angular: «O Senhor Deus entregou-a – já não cercada, mas dilatada a todo o mundo – a outros colonos que deem fruto a seu tempo, com a torre de eleição erguida no alto por toda parte, e formosa. Porque a Igreja resplandece em toda parte e em toda parte tem um lagar cavado em volta, porque em toda parte há homens que recebem o Espírito» (Santo Irineu, *Adversus haereses*, 4, 36, 2).

12, 13-17. Na sua simplicidade, a cena revela a grandeza de Jesus. Os fariseus e os partidários de Herodes, que eram inimigos uns dos outros, unem-se para O tentar; e a maquinação é tanto mais acentuada pelo elogio (v. 14) que precede a insidiosa pergunta. Com efeito, se os judeus são o povo de Deus para O servirem, o pagamento do imposto ao opressor poderia ser interpretado como traição ao povo de Deus; mas, se Cristo negasse a licitude do imposto, os herodianos não hesitariam em denunciá-lO ao poder romano. A resposta de Cristo deixa os interlocutores admirados (v. 17) e é reveladora do que deve ser a atitude dos cristãos perante as autoridades e as leis justas (cf. Rm 13, 1-7): «Por isso», comenta São Justino, «a Deus só oramos, e a vós, príncipes e reis, servimos-vos com alegria nas restantes coisas, confessamos-vos e oramos por vós» (*Apologia* 1, 17, 3). Sobre o episódio como fonte de ensinamentos acerca do poder temporal e do poder espiritual, cf. nota a Mt 22, 15-22.

12, 18-27. Agora é a vez de os saduceus tentarem a Jesus: recorrendo a uma historieta «escolar», pretendem colocá-lO em apuros a respeito da ressurreição dos mortos (cf. notas a Mt 22, 23-33 e Lc 20, 27-40). Antes de responder à dificuldade, Jesus prefere assinalar a causa do erro que eles cometem: a tendência do homem para reduzir a grandeza divina a limites e horizontes meramente humanos, menosprezando a doutrina revelada e o poder de Deus. Uma pessoa pode ter dificuldades perante as verdades da fé: não é de estranhar que isso aconteça, uma vez que essas verdades ultrapassam a razão; todavia, em vão procurará encontrar contradições na verdade revelada. Com efeito, devemos aproximar-nos da Sagrada Escritura e das coisas de Deus em geral com a humildade que a fé exige: «Há um só Deus, irmãos, que só pode ser conhecido por meio das Escrituras Santas. Por isso, devemos nos esforçar por penetrar em todas as coisas que as divinas Escrituras nos anunciam e procurar nos aprofundar em tudo aquilo que nos ensinam. Devemos conhecer o Pai como Ele deseja ser conhecido, glorificar o Filho como o Pai deseja que O glorifiquemos, receber o Espírito Santo como o Pai no-lO deseja dar. Em tudo devemos proceder não segundo o nosso arbítrio e segundo os nossos próprios sentimentos, nem fazendo violência aos desejos de Deus, mas segundo os caminhos que o próprio Senhor nos deu a conhecer nas Santas Escrituras» (Santo Hipólito, *Contra haeresin Noeti*, 9).

12, 28-34. Ao longo destes capítulos, Marcos foi recolhendo os ataques dos sumos sacerdotes, dos doutores da Lei e dos anciãos (11, 27), dos fariseus e dos partidários de Herodes (12, 13), bem como dos saduceus (12, 18); agora, depois da resposta de Jesus ao escriba, o evangelista anota que «ninguém mais ousava interrogá-lo» (v. 34). No entanto, a atitude leal e bem-intencionada deste escriba (v. 28) é muito diferente da atitude de seus predecessores. Por isso, Jesus se detém a instruí-lo, e ele é capaz de reconhecer a profundidade da resposta de Cristo. «O amor a Deus é o primeiro que se ordena, e o amor ao próximo o primeiro que deve ser praticado. [...] Tu, que ainda não vês a Deus, amando o próximo tornar-te-ás merecedor de vê-lO. O amor ao próximo limpa os olhos para ver a Deus, como afirma claramente João: se não amas o teu próximo, a quem vês, como podes amar a Deus, a quem não vês?» (Santo Agostinho, *In Ioannis Evangelium*, 17, 8).

12, 35-37. Ao longo deste Evangelho, o Senhor vai se revelando progressivamente e os homens vão compreendendo, também pouco a pouco, o mistério da sua identidade. São Pedro confessou-O como Messias (8, 29), Bartimeu chamou-Lhe Filho de Davi (10, 47-48) e as multidões aclamaram-nO como enviado pelo Senhor (11, 9). Nesta passagem, Jesus ensina, de maneira velada, que estes títulos são corretos mas incompletos; com efeito, Ele é o Messias, o Filho de Davi que era esperado e o enviado de Deus, mas é tudo isso porque é, antes de mais, Filho de Deus. Foi essa a interpretação de Santo Hilário de Poitiers no seu comentário a esta passagem, relacionando-a com a pergunta anterior do escriba, que «ignora o mistério da Lei e não sabe que Cristo, o Senhor, há de ser confessado na fé como um só Senhor, pela natureza que tem por nascimento. [...] E disse isto para que o escriba, que estava convencido de que Ele existia apenas segundo a carne e que pelo nascimento de Maria era descendente de Davi, percebesse que, segundo o Espírito Santo, Ele era Senhor de Davi» (*De Trinitate*, 9, 26).

12, 38-40. Os outros dois Evangelhos sinóticos recolhem duras censuras de Jesus a alguns fariseus e doutores da Lei (cf. Mt 23, 1-36; Lc 11, 37-54 e notas). São Marcos retém apenas estas palavras, com as quais Ele repreende o interesse desordenado pelas honras humanas: «Note-se que Ele não proíbe os cumprimentos nas praças, nem que aqueles que, pelo seu ofício, devem ocupar o primeiro lugar o façam; antes previne os fiéis de que se guardem, como de homens maus, daqueles que amam indevidamente essas honras» (São Beda, *In Marci Evangelium, ad loc.*).

12, 41-44. Se o comportamento dos doutores da Lei deve ser rejeitado, o da viúva pobre há de ser imitado. À ostentação dos doutores da Lei (12, 38-40) e ao cuidado pelas aparências dos ricos (v. 41) Jesus contrapõe a retidão de intenção e a generosidade de espírito da viúva paupérrima: «Não viste os fulgores do olhar de Jesus quando a pobre viúva deixou no templo a sua pequena esmola? – Dá-Lhe tu o que puderes dar; não está o mérito no pouco nem no muito, mas na vontade com que o deres» (São Josemaria Escrivá, *Caminho*, n. 829).

***13, 1-37.** Este discurso do Senhor é recolhido nos três Evangelhos sinóticos (Mt 24, 1-25, 46; Lc 21, 5-36). É o chamado Discurso Escatológico, ou sobre a parúsia, porque versa sobre os acontecimentos do final dos tempos; também é chamado Discurso Apocalíptico, em referência ao tipo de linguagem – à revelação de coisas ocultas – com que foi proferido e escrito. Este gênero literário era geralmente utilizado como linguagem de consolo, pois afirmava a realeza de Deus sobre o mundo e a certeza da vitória final dos seus filhos, a despeito das dificuldades que pudessem sentir. Mas este discurso tem uma componente enigmática, que reforça o ensinamento central das palavras de Jesus: «Tomai cuidado, ficai atentos, vigiai!» (cf. 13, 9.23.33.35.37).

13, 1-2. O enquadramento do Discurso ajuda a compreender o que Jesus diz a seguir. Com efeito, os judeus dos tempos de Cristo – e os apóstolos com eles – esperavam que o Dia do Senhor (cf. Is 13, 6.9; Sf 1, 14-17 etc.) fosse terrível para os ímpios, mas fosse um dia de glória para o povo eleito; a grandeza do Templo era um sinal dessa glória futura. O Senhor corrige esta interpretação, explicando-lhes que o Templo será violentamente destruído. Por outro lado, os discípulos têm de aprender a ver nessa destruição um sinal da oposição que encontrarão na sua missão de pregar o Evangelho até a vinda gloriosa do Filho do Homem. Por isso, estes dois acontecimentos – a destruição do Templo e a vida da Igreja – estão entrelaçados ao longo de todo o Discurso.

13, 3-13. No início do discurso, os discípulos perguntam duas coisas a Jesus: «quando» acontecerá tudo aquilo e qual o sinal de que está para acontecer (v. 4). O Senhor não lhes responde ao «quando», mas elucida-os acerca do «quem»: será Ele, o Filho do Homem, já glorioso, que virá consolar os seus (vv. 24-27); e o sinal que lhes dá é uma recomendação: a vigilância.

As primeiras palavras de Jesus versam sobre «o princípio das dores» (v. 8): a tribulação que haverá antes da destruição de Jerusalém (vv. 6-8) é semelhante às tribulações que os cristãos terão de sofrer (vv. 9-13). Em ambos os casos, a indicação do Senhor é um convite à esperança (vv. 7.11.13).

Jesus adverte-os dos perigos que correrão (vv. 6-9.12-13),

dizendo-lhes que precisarão estar alertas para não caírem na tentação nem se deixarem enganar por falsos profetas; serão perseguidos e odiados pelo nome de Jesus e terão de dar testemunho da sua fé. A história da Igreja primitiva confirma a veracidade das palavras do Senhor: por sua simples condição de cristã, a pessoa corria o risco de ser acusada diante de um tribunal; São Justino (século II) chega a dizer que, «contra nós, o simples nome de cristão serve como prova» (*Apologia*, 1, 4, 4). Ao longo da história, também foram e são incontáveis os cristãos sobre os quais recaíram, de forma direta ou mais disfarçada, os efeitos do ódio ao Evangelho, em atentados contra a sua vida, a sua fama e os seus bens. Mas tudo isto é nada em comparação com a glória com que serão premiados os que perseverarem (cf. Rm 8, 18); por isso, as últimas palavras do Senhor (v. 13) exortam os seus discípulos à perseverança pessoal: «O que perseverar até o fim, esse será salvo».

Há uma nota de providência nas palavras de Jesus: as perseguições e as dificuldades serão uma oportunidade para dar testemunho do Evangelho diante dos perseguidores (v. 9), para que ele seja pregado a todas as nações (v. 10), uma vez que Deus estará com eles e o Espírito lhes inspirará o que têm de dizer (vv. 11-12). Foi assim que estas palavras foram entendidas na Tradição cristã: «[Senhor,] Tu concedeste-me que exultasse de alegria entre os gentios e proclamasse em toda parte o teu nome, tanto na prosperidade como na adversidade. Tu fizeste-me compreender que devo receber tudo o que me sucede, tanto o bom como o mau, com idêntica disposição, dando graças a Deus, que me outorgou esta fé inamovível e que constantemente me escuta. Tu concedeste a este ignorante a capacidade de realizar, neste tempo, uma obra tão piedosa e maravilhosa, imitando aqueles acerca dos quais o Senhor predisse que anunciariam o seu Evangelho para que chegasse "a todas as nações". De onde me veio depois este dom tão grande e tão salutar: conhecer e amar a Deus, deixar a minha pátria e os meus pais e vir a esta gente da Irlanda pregar o Evangelho, sofrer ultrajes por parte dos incrédulos, ser desprezado como estrangeiro, sofrer inúmeras perseguições, até ser encarcerado e me ver privado da minha condição de homem livre, pelo bem dos outros? [...] É muito o que devo a Deus, que me concedeu a grande graça de que muitos povos renascessem para Deus por mim» (São Patrício, *Confessio*, 14).

13, 14-23. Nestes versículos, o Senhor dá a impressão de se deter na queda de Jerusalém como imagem do fim dos tempos. A «abominação da desolação» (v. 14) é uma expressão retirada do profeta Daniel (cf. Dn 9, 27), que a utiliza para designar a profanação do Templo (cf. 1 Mc 1, 24); com esta frase, o Senhor resume o caráter terrível que a situação terá para os habitantes de Jerusalém (vv. 14-20) nesses dias, em que a angústia lhes parecerá insuportável. E anuncia ainda o aparecimento de falsos messias e falsos profetas, que farão «milagres e prodígios» para enganar os eleitos (vv. 21-22). Esta grande tribulação deve ser um exemplo para os cristãos, que ao longo da história serão muitas vezes levados a achar que não aguentam mais. Perante estas dificuldades, o Senhor propõe aos seus discípulos dois caminhos para vencerem e perseverarem: em primeiro lugar, diz-lhes que sabe muito bem que os perigos serão tão grandes que poderão abalar qualquer um, mas que Deus não permitirá que sejam superiores às forças dos seus eleitos (v. 22); em segundo lugar, acrescenta que contam com as suas advertências, pelo que lhes bastará estarem atentos (v. 23). «O Verbo ocultou-nos o final de todas as coisas e de cada uma em particular. [...] Tendo em consideração que desconhecemos esse fim, todos os dias tenderemos e caminharemos, como convocados, para as coisas mais importantes, esquecendo as secundárias. Quem não descuidaria o tempo intermédio, se conhecesse o último dia? E, inversamente, quem não se prepara todos os dias, uma vez que desconhece o último?» (Santo Atanásio, *Contra arianos*, 3, 49).

13, 24-27. Após o tempo da Igreja militante, virá o tempo do Filho do Homem triunfante. O destino de tudo se resume ao momento glorioso em que Jesus virá julgar o mundo e salvar os seus eleitos (vv. 26-27). Os sofrimentos dos cristãos são o caminho que conduz à vinda gloriosa do Filho do Homem.

O Senhor falou da sua vinda triunfal como Filho do Homem em duas ocasiões, referidas em dois momentos distintos. Com efeito, na casa de Caifás disse aos presentes: «Vereis o Filho do Homem sentado à direita do Poder, e vir sobre as nuvens do céu» (14, 62); aqui, contudo, refere um momento mais remoto e afirma que, no final da história, os que então viverem «verão» o Filho do Homem (v. 26). Dá, pois, a impressão de que as suas palavras referem dois momentos distintos: na casa de Caifás anuncia a sua ressurreição gloriosa, que é como que um sinal da sua posterior vinda triunfante. Em ambos os casos, a profecia do Senhor evoca o Filho do Homem glorioso anunciado pelo profeta Daniel (cf. Dn 7, 1-28): os reinados opostos ao povo dos santos podem se suceder, mas no final render-se-ão perante Ele e acatá-lO-ão. Por outro lado, os sinais referidos nos capítulos anteriores (vv. 24-25) recordam o juízo de Deus sobre a Babilônia e o Edom (cf. Is 13, 10; 34, 4): Deus está preparado para julgar, para premiar e para castigar. Santo Agostinho resumia o significado desta passagem no seu comentário à vinda do Filho do Homem em majestade: «Vejo que isto pode ser entendido de duas maneiras. Ele pode vir sobre a Igreja numa nuvem, como agora não cessa de vir, conforme o que disse: "Vereis o Filho do Homem sentado à direita do Poder, e vir sobre as nuvens do céu"; mas nessa altura virá com grande poder e majestade, porque nos santos aparecerão mais o seu poder e a sua majestade divinas, dado que lhes aumentou a fortaleza para que não sucumbissem às perseguições. E também pode entender-se como vindo no seu Corpo, no qual está "sentado à direita do Pai", no qual morreu e ressuscitou» (*Epistolae*, 199, 11, 41).

13, 28-37. Os versículos finais do discurso resumem a atitude que os discípulos do Senhor devem ter (v. 37): vigiar (vv. 33.35.37). É certo que o Senhor virá. As duas imagens que Jesus utiliza são muito significativas. Assim, com a imagem da figueira (v. 28), última árvore a dar folhas no ciclo anual, ensina que é possível que Ele demore mais a chegar do que eles pensam, mas que a sua vinda é certa, tão certa como o ciclo da árvore; é isto que permite distinguir uma frágil espera de uma esperança segura.

Com a imagem do dono da casa (v. 34), anuncia que o seu regresso é indeterminado, podendo acontecer a qualquer momento, pelo que os discípulos devem velar: «Quis ocultar isto para que permaneçamos vigilantes e para que cada um de nós possa pensar que esse acontecimento terá lugar durante a sua vida. [...] Disse muito claramente que virá, mas sem especificar em que momento; deste modo, todas as gerações e todos os séculos O esperam ardentemente» (Santo Efrém, *Commentarii in Diatessaron*, 18, 15-17). A Igreja nos estimula a avivar esta atitude de vigilância no Advento.

«A respeito, porém, desse dia ou dessa hora, ninguém sabe, nem os anjos do céu, nem o Filho, mas só o Pai» (v.

32). Esta frase, que foi uma das *crux interpretum* dos estudiosos dos Evangelhos, tem mais lógica no contexto das palavras de Jesus (vv. 30-33) do que isolada. Os escritos apocalípticos apresentavam novas revelações sobre os acontecimentos da geração presente e o éon, ou mundo futuro (v. 30); nessa linha argumentativa, Jesus lhes recomenda que não acreditem em novas revelações (v. 32), recordando-lhes que só as suas palavras têm valor perene (v. 31) e que estas palavras se resumem a uma só: vigiar (v. 33). Nestas condições, as palavras de Jesus podem ser interpretadas, como fizeram alguns Padres, não como um desconhecimento efetivo de Cristo desse momento, mas como a conveniência de não o revelar (cf. nota a Mt 24, 36-51); ou podem interpretar-se como um desconhecimento de Jesus enquanto homem: «Quando os discípulos Lhe perguntaram sobre o fim, naturalmente que, conforme o corpo carnal, lhes respondeu: "nem o Filho", para dar a entender que, como homem, também não sabia, pois é próprio do ser humano ignorá-lo. Enquanto, porém, Ele era o Verbo, e era Ele próprio o que havia de vir, como juiz e como esposo, por tudo isso sabia quando e a que hora haveria de vir. [...] Mas, assim como se fez homem, teve fome e sede e padeceu como os homens e do mesmo modo que os homens, enquanto homem não conhecia; porém, enquanto Deus, enquanto era o Verbo e a Sabedoria do Pai, não desconhecia coisa alguma» (Santo Atanásio, *Contra arianos*, 3, 46).

***14, 1-16, 20.** Os últimos capítulos de São Marcos são de grande intensidade. Destaca-se o comportamento dos intervenientes no drama: as autoridades de Israel, que, com a sua tenacidade, conduziram Jesus à morte; e os discípulos, testemunhas impotentes que não só não entendiam o sentido dos gestos de Cristo, como O abandonaram naquela situação tão dolorosa. Nesse contexto, porém, ergue-se a majestade de Jesus, que sabe o que Lhe vai acontecer e sabe que convém que aconteça; por isso, é Ele que toma a iniciativa dos acontecimentos e, com alusões a diversos textos do Antigo Testamento, revela aos apóstolos o sentido do que está acontecendo: a morte na Cruz tem de se consumar, mas é apenas o caminho para a ressurreição.

Estes episódios da Paixão foram objeto frequente de meditação por parte dos santos; é muito recomendável que os cristãos os leiam e meditem, para deles extraírem propósitos para a vida diária: «Imitemos a sua Paixão com os nossos padecimentos, honremos o seu Sangue com o nosso sangue, subamos decididamente à sua Cruz. Se és Simão de Cirene, pega na tua cruz e segue Cristo; se estás crucificado com Ele como um ladrão, como o bom ladrão, confia no teu Deus. Pois se Cristo foi tratado como malfeitor por ti e pelos teus pecados, foi-o para que tu pudesses ser justo. Adora Aquele que por ti foi crucificado e, mesmo que estejas crucificado por tua culpa, aproveita esse teu pecado e adquire a salvação com a tua morte. Entra no Paraíso com Jesus e descobre de que bens te tinhas privado; contempla a beleza daquele lugar e deixa que, fora dele, morra o blasfemador com as suas blasfêmias. Se és José de Arimateia, reclama o corpo do Senhor a quem o crucificou e faz tua a expiação do mundo; se és Nicodemos, o que foi à noite adorar a Deus, vem enterrar o corpo e unge-o com unguentos; se és uma das duas Marias, ou Salomé, ou Joana, chora desde o amanhecer; procura ser o primeiro a ver a pedra retirada, e talvez também vejas os anjos e mesmo o próprio Jesus» (São Gregório Nazianzeno, *In sanctum Pascha*, 45, 23-24).

14, 1-11. Quase desde o início do ministério público do Senhor, alguns doutores da lei, sumos sacerdotes etc. procuravam como haviam de matar Jesus (3, 6), objetivo que se tornou mais premente nos últimos dias (11, 18; 12, 12); nesta altura, decidem prendê-lO «por traição» (v. 1) e encontram um aliado em Judas, que começa a espreitar o momento oportuno para isso (v. 11). Este episódio não pode deixar de chamar a nossa atenção: «Há hoje muitos que olham com horror o crime de Judas, considerando cruel e sacrílego vender por dinheiro o seu Mestre e seu Deus; mas não se apercebem de que, quando menosprezam por interesses humanos os direitos da caridade e da verdade, atraiçoam a Deus, que é a própria caridade e a própria verdade» (São Beda, *Homiliae*, 2, 43).

É entre estes dois momentos que se situa a unção de Jesus por parte de uma mulher em Betânia (vv. 3-9). O evangelista sublinha duas coisas: a generosidade da mulher (v. 3) e as reações dos comensais. O gesto da mulher compreende-se no quadro da hospitalidade oriental, que honrava os hóspedes ilustres com água perfumada; em contrapartida, a sua delicadeza e a sua generosidade são interpretadas por alguns dos presentes como desperdício (v. 4). Jesus também dá àquele gesto uma interpretação diferente (v. 8) e afirma logo a seguir que não foi ela que se enganou, mas os homens que a julgam. Nas relações com Deus, a generosidade nunca se engana; pelo contrário, o cálculo e a tacanharia enganam-se sempre: «Como Ele não força a nossa vontade, toma o que Lhe dão; mas não se dá a si de todo enquanto não vê que nos damos de todo a Ele» (Santa Teresa de Jesus, *Caminho de perfeição*, 48, 8).

«Onde quer que for pregado este Evangelho por todo o mundo, será também contado, para sua memória, o que ela fez» (v. 9). O Evangelho é a boa-nova da maravilhosa atuação de Deus por meio das ações e das palavras de Cristo; mas essa atuação também abarca o anúncio de ações menores, como esta: «Ouvimos o elogio desta mulher em todas as igrejas [...]. O fato não era extraordinário, nem a pessoa importante, nem havia muitas testemunhas, nem o local era atraente, porque não foi num teatro, mas numa casa particular [...]. Apesar de tudo isso, esta mulher é hoje mais célebre que todas as rainhas e todos os reis, e o tempo nunca apagará a memória do que ela fez» (São João Crisóstomo, *Adversus iudaeos*, 5, 2).

14, 12-21. As indicações de Jesus a respeito da preparação da Páscoa (vv. 13-16) e, sobretudo, o anúncio da traição de Judas como cumprimento das Escrituras (vv. 18.21) mostram a íntima relação entre os planos de Deus e as ações humanas. «A morte violenta de Jesus não foi o resultado do acaso num conjunto infeliz de circunstâncias. Ela faz parte do mistério do projeto de Deus, como explica São Pedro aos judeus de Jerusalém já em seu primeiro discurso de Pentecostes: "Ele foi entregue segundo o desígnio determinado e a presciência de Deus" (cf. At 2, 23). Esta linguagem bíblica não significa que os que "entregaram Jesus" (cf. At 3, 13) tenham sido apenas executores passivos de um roteiro escrito de antemão por Deus» (*Catecismo da Igreja Católica*, n. 599). Estamos perante o mistério dos planos de Deus, que, contudo, não violenta a liberdade humana, em virtude da qual somos responsáveis pelos nossos atos: «Deus criou bons todos os seres que fez, mas cada um se torna bom ou mau por opção pessoal. Pois bem, quando o Senhor disse: "Melhor fora a esse homem não ter nascido!", não estava amaldiçoando a sua própria criação, mas a maldade de que ela foi alvo em virtude da opção e da negligência próprias da criatura» (São João Damasceno, *De fide orthodoxa*, 4, 21).

14, 22-25. Marcos é o mais sóbrio dos Evangelhos sinóticos no que diz respeito à narração da instituição da Eucaristia (cf. Mt 26, 26-29; Lc 22, 14-20 e notas). Seja como for, à luz da morte e da ressurreição, o sentido sacrificial dos gestos e das palavras de Jesus deve ter sido claro para os apóstolos: «A morte de Cristo é ao mesmo tempo o *sacrifício pascal*, que realiza a redenção definitiva dos homens pelo "cordeiro que tira o pecado do mundo" (Jo 1, 29), e o *sacrifício da Nova Aliança*, que reconduz o homem à comunhão com Deus, reconciliando-o com Ele pelo "sangue derramado por muitos para remissão dos pecados" (Mt 26, 28)» (*Catecismo da Igreja Católica*, n. 613). Este sacrifício é, propriamente falando, o sacrifício da Cruz, em que Cristo é simultaneamente sacerdote e vítima. Na Última Ceia, Jesus antecipa-o de modo incruento, e ele se renova na Santa Missa, com oferecimento, também de modo incruento, da vítima já imolada na Cruz. O Concílio de Trento declara o seguinte: «Se alguém disser que no sacrifício da Missa não se oferece a Deus um verdadeiro e próprio sacrifício, ou que oferecê-lo não é senão Cristo dar-se-nos em alimento, seja anátema» (*De SS. Missae Sacrificio*, cân. 1).

As palavras do Senhor excluem por completo uma interpretação de natureza simbólica ou metafórica. Assim o entendeu a Igreja desde sempre: «"Isto é o meu corpo", a saber, o que agora vos dou e que agora tomais. Porque o pão não é apenas figura do Corpo de Cristo, mas converte-se nesse mesmo Corpo, conforme disse o Senhor: "O pão que Eu hei de dar é a minha carne" (Jo 6, 51). Por isso, o Senhor mantém as espécies de pão e de vinho, mas converte o pão e o vinho na realidade da sua carne e do seu sangue» (Teofilacto, *Enarratio in Evangelium Marci, ad loc.*).

14, 26-31. Na ceia pascal judaica, entoa-se uma série de cânticos denominados *Hallel*, entre os quais se incluem os Salmos 113-118; a última parte é recitada no final da ceia. Depois de o fazer, Jesus anuncia o abandono dos seus discípulos, embora os reconforte com o anúncio da ressurreição e do novo começo da missão na Galileia. O evangelista registra o protesto dos apóstolos (v. 31), em especial o de Pedro (vv. 29-31), e ao longo do seu relato anotará o pontual cumprimento deste vaticínio: o abandono dos discípulos (14, 50), a negação de Pedro (14, 66-72) e a nova missão a partir da Galileia (16, 7).

Marcos é o único que inclui o pormenor dos dois cantos do

galo (v. 30) e da dupla insistência de Pedro (vv. 29-30) de que não O atraiçoaria – o que constitui mais um indício da relação do Evangelho de Marcos com a pregação de São Pedro, bem como uma prova da humildade do apóstolo: «Marcos narra com maior precisão a fraqueza de Pedro e o fato de este estar morto de medo, tudo o qual tinha ouvido do próprio Pedro, pois Marcos foi seu discípulo. É fato muito digno de admiração que não só não ocultasse a debilidade do seu mestre como, por ter sido seu discípulo, a narrasse com mais clareza que os outros evangelistas» (São João Crisóstomo, *In Matthaeum*, 85, 1).

14, 32-42. Na solidão do horto de Getsêmani, Jesus é invadido pela intensidade dos sentimentos suscitados pelo que está iminente. O evangelista relata que Jesus «começou a sentir pavor e angústia» (v. 33), e que os três discípulos, desconcertados, não conseguiram vencer o sono (vv. 37.40-41). Mas Jesus se domina e recorre à oração. Marcos recolhe uma invocação filial (v. 36): «*Abba,* Pai! Todas as coisas te são possíveis», em que Jesus se dirige a Deus utilizando a palavra com que os filhos se dirigiam intimamente aos pais; a sua oração é, pois, um ato de abandono e de confiança: «A confiança filial é experimentada – e se prova – na tribulação. A dificuldade principal se refere *à oração de súplica* por si ou pelos outros, na intercessão» (*Catecismo da Igreja Católica*, n. 2734). Jesus reza e pede aos seus discípulos que rezem: a oração é um meio imprescindível para ultrapassar as tentações e nos mantermos fiéis a Deus: «Se o Senhor nos dissesse apenas "vigiai", pensaríamos que podíamos fazer tudo sozinhos; mas, quando acrescenta "orai", mostra-nos que, se Ele não cuidasse da nossa alma no tempo da tentação, em vão vigiariam os que cuidam dela (cf. Sl 127, 1)» (São Francisco de Sales, *Tratado do amor de Deus*, 11, 1).

Tal como os santos, nós também podemos imaginar, atrás do texto, os sentimentos do Senhor: «Uma onda avassaladora de aflição começou a invadir o corpo bendito e jovem do Salvador. Sentia que a provação estava agora iminente, prestes a cair sobre Ele: o pérfido traidor, os inimigos empedernidos, as cordas e as correntes, as calúnias, as blasfêmias, as acusações falsas, os golpes e os espinhos, os cravos e a Cruz, as torturas terríveis durante muitas horas. Sobretudo atormentava-O o pensamento do terror que os seus discípulos sentiriam, [...] e também do triste fim do homem que desleal e perfidamente O traíra. A tudo acrescia a dor inenarrável de sua Mãe santíssima» (São Tomás More, *A agonia de Cristo*).

Mas não devemos nos limitar a olhar para o Senhor; temos de olhar em volta de nós. Hoje, como ontem, corremos o risco de deixá-lO só enquanto outros se apressam a combatê-lO: «Quando vai pela terceira vez para junto dos seus discípulos, Cristo os encontra mergulhados no sono, apesar de lhes haver mandado que O acompanhassem, vigiando e rezando em face do perigo que estava iminente. Entretanto, o traidor, Judas, mantinha-se [...] desperto [...]. São muitos os que se mostram sonolentos e apáticos na tarefa de semear virtudes entre o povo e de defender a verdadeira doutrina, enquanto os inimigos de Cristo se mantêm bem despertos, semeando vícios e desarraigando a fé» (*Ibidem*).

14, 43-52. O sóbrio relato da prisão parece indicar que Jesus estava à espera dela e não ofereceu resistência. Assim, acima da traição de Judas e da duplicidade daqueles que vão prendê-lO de noite, Jesus vê nestes gestos o cumprimento das Escrituras (cf. Is 52, 13-53, 12; Sl 41, 10). Marcos é o único que registra o pormenor do jovem que fugiu nu (vv. 51-52), no qual muitos autores viram uma alusão ao próprio evangelista; seja como for, trata-se de uma tentativa fracassada – à qual se seguirá a de Pedro – de seguir a Cristo. Na hora da sua entrega, Jesus está sozinho. E não podemos esquecer que o seu caminho é também o caminho do cristão: «Mas não esqueçamos que estar com Jesus é, certamente, topar com a sua Cruz. Quando nos abandonamos nas mãos de Deus, é frequente que Ele nos permita saborear a dor, a solidão, as contradições, as calúnias, as difamações, os escárnios, por dentro e por fora: porque quer moldar-nos à sua imagem e semelhança» (São Josemaria Escrivá, *Amigos de Deus*, n. 301).

14, 53-72. Esta passagem é um momento crucial do segundo Evangelho. Os chefes do povo acusam Jesus de profetizar a destruição do Templo e a sua substituição por outro (v. 58). Embora a acusação seja falsa (v. 57), o certo é que a condenação de Jesus à morte conduz ao sacrifício da Cruz e, portanto, ao verdadeiro culto no novo Templo: «Longe de ter sido hostil ao Templo, local em que, aliás, ministrou o essencial de seu ensinamento, Jesus fez questão de pagar o imposto do Templo, associando a este ato Pedro, que acabara de estabelecer como fundamento para sua Igreja futura. Mais ainda: identificou-se com o Templo ao apresentar-se como a morada definitiva de Deus entre os homens. Eis por que sua morte corporal decretada anuncia a destruição do Templo, [destruição] que manifestará a entrada em uma nova era da História da Salvação: "Vem a hora em que nem sobre esta montanha nem em Jerusalém adorareis o Pai" (Jo 4, 21)» (*Catecismo da Igreja Católica*, n. 586).

Este episódio tem o seu ponto culminante nos vv. 61-62. Jesus se calou perante as acusações absurdas que Lhe fizeram; mas, perante a pergunta inequívoca do sumo sacerdote, confessa que é o Messias, e não apenas isso, mas que é o Messias transcendente entrevisto por Daniel (cf. Dn 7, 13-14). Por outro lado, a expressão «Eu sou» com que responde a Caifás pode ter um significado mais profundo, uma vez que se trata da tradução de YHWH, o nome próprio de Deus (cf. Ex 3, 14).

Em seguida, o texto relata com pormenor as negações de Pedro (vv. 66-72); a tradição que coloca na origem do *Evangelho de Marcos* as memórias deste apóstolo tem nesta passagem um bom argumento a seu favor. Os versículos iniciais (vv. 53-54) apresentam as duas personagens: Jesus e Pedro. Em seguida, o evangelista os contrasta: Jesus é acusado com falsidades, mas confessa a verdade, e por essa razão é condenado à morte pelo sumo sacerdote e escarnecido pelos criados (vv. 55-65); Pedro é acusado de um fato verdadeiro, mas nega Jesus mentindo e sai incólume do juízo da criada (vv. 66-72). Torna-se depois manifesto que a grandeza de Pedro não provém da sua fortaleza, mas da sua contrição (v. 72; cf. Jo 21, 15-19): «Chorou amargamente porque sabia amar, e depressa as doçuras do amor substituíram nele as amarguras da dor» (Santo Agostinho, *Sermones*, 295, 3). Mas o vínculo de Pedro com Cristo recolhido no segundo Evangelho é mais profundo: com o relato das suas debilidades, São Marcos nos recorda que, enquanto pecador, Pedro é também o primeiro a experimentar a salvação operada por Jesus Cristo: «Deus permitiu que aquele que tinha escolhido para presidir à Igreja tivesse medo diante da pergunta de uma criada e O negasse. Sabemos com certeza que estes fatos foram traçados por uma Providência cheia de piedade, para que quem havia de ser pastor de toda a Igreja aprendesse, na sua culpa, a compadecer-se dos outros. Por isso, começou por fazê-lo conhecer-se a si mesmo, e a seguir pô-lo à frente dos outros para que, com a sua fraqueza, aprendesse quão misericordiosamente teria de suportar as debilidades alheias» (São Gregório Magno, *Homiliae in Evangelia*, 2, 21, 4).

15, 1-15. Historicamente, o processo e a morte de Jesus devem ter sido desconcertantes para todos: para os discípulos, para a multidão etc. Como foi possível que isso acontecesse? Marcos faz um relato sóbrio dos acontecimentos, seguindo as ações das personagens que participaram no drama: as autoridades de Israel entregaram-nO (v. 1) por inveja (v. 10), mesmo que para tal tivessem de salvar um homicida (vv. 6-7); a multidão não é senão um porta-voz da irracionalidade que condenou um homem a uma morte violenta sem causa alguma (vv. 12-13); finalmente, Pilatos, um indolente que se mostra admirado com Jesus (v. 5) e que parece querer salvá-lO (v. 9), acaba por condená-lO por uma razão que não é razão nenhuma: agradar à multidão (v. 15). Ao narrar estas ações e a atitude de Jesus perante elas, o evangelista aponta a verdadeira explicação dos acontecimentos: a morte de Jesus é consequência do pecado do homem, e Jesus a aceita por amor, como expiação desse pecado: «Jesus se entrega espontaneamente à Paixão que sobre Ele estava escrita e que mais de uma vez tinha anunciado aos seus discípulos. [...] Quando O acusaram, não respondeu; e, tendo podido se esconder, não quis fazê-lo, por mais que, em outras ocasiões em que O haviam procurado para O prenderem, tivesse escapado. [...] Também sofreu com paciência que um grupo de homens duplamente servis Lhe tivesse batido na cabeça. Foi esbofeteado, cuspido, injuriado, atormentado, flagelado e, finalmente, conduzido à crucifixão [...]. Com todos estes sofrimentos, conseguia a nossa salvação. Porque todos os que tinham se tornado escravos do pecado tinham de sofrer o castigo das suas obras; mas Ele, imune a todo pecado, Ele, que caminhou até o fim pela via da justiça perfeita, sofreu o suplício dos pecadores, apagando na Cruz o decreto da maldição antiga» (Teodoreto de Ciro, *De incarnatione Domini*, 26).

«Soltou-lhes Barrabás. Depois de fazer açoitar Jesus, entregou-o para ser crucificado» (v. 15), expressão tão concisa como significativa. Também aqui podemos compreender, com Santo Agostinho, o paradoxo inscrito na condenação de Jesus: «Libertaram o ladrão e condenaram a Cristo. O criminoso foi perdoado, e Aquele que perdoou os crimes de todos os que os confessaram foi condenado» (*In Ioannis Evangelium*, 31, 11). O verbo «entregar» aparece nos quatro Evangelhos (cf. Mt 27, 26; Lc 23, 24-25; Jo 19, 16) e percorre o de Marcos (9, 31; 10, 33; 14, 21.41), bem como todo o Novo Testamento e, depois, os ensinamentos cristãos (cf. nota a 14, 12-21). Dá, pois, a impressão de que são os homens – Pilatos – que entregam Jesus à morte; na realidade, porém, é Deus que se entrega pela nossa salvação: «Tu, Senhor, amaste-nos e entregaste o teu único e amado Filho pela nossa redenção, que Ele aceitou voluntariamente, sem repugnância; mais ainda, uma vez que Ele mesmo se ofereceu, foi destinado ao sacrifício como cordeiro inocente porque, sendo Deus, se fez homem e com a sua vontade humana se submeteu, fazendo-se obediente a Ti, Deus, seu Pai, "até a morte e morte de Cruz"» (São João Damasceno, *De fide orthodoxa*, 50).

15, 16-20. Após a rejeição dos judeus – os sumos sacerdotes (cf. 14, 64) e a multidão (cf. 15, 11-15) –, o evangelista refere agora a dos soldados gentios (cf. nota a Mt 27, 27-31). Dentro da sobriedade do relato, o evangelista anota os insultos no palácio do sumo sacerdote (14, 65), os açoites de Pilatos (15, 15) e, agora, as grosserias dos soldados; estes troçam da realeza de Cristo, mas «os seus opróbrios apagaram os nossos, as suas correntes tornaram-nos livres, a sua coroa de espinhos alcançou-nos o diadema do reino e as suas feridas curaram-nos» (São Jerônimo, *Catena aurea, ad loc.*).

Os soldados escarnecem da realeza de Jesus, mas, sem o saberem, confessam o que Ele é: Rei. «Quando O vestiram de púrpura para zombarem dEle, cumpriram o que estava profetizado: que Ele era Rei. E, embora o tenham feito para zombar dEle, conseguiram que se adaptasse a Ele o símbolo da dignidade régia. E, embora O tenham perfurado com uma coroa de espinhos, não deixou, contudo, de ser uma coroa, e Ele foi coroado por soldados como os reis são proclamados pelos soldados» (São Cirilo de Jerusalém, *Homilia in paralyticum*, 12).

15, 21-41. A crucifixão era um suplício singularmente atroz; Cícero (cf. *Pro Rabirio*, 5, 16) observa que se trata da «morte mais cruel e terrível». Os evangelistas, porém, não se detêm em qualificativos, mostrando-se mais interessados em narrar o fato e as suas consequências para a salvação do que em recordar o horror dos acontecimentos. A narrativa de Marcos recorda pontualmente em que momento ocorreu cada coisa: por volta das nove da manhã, crucificaram-nO (v. 25); ao meio-dia, a terra cobriu-se de trevas (v. 33); e, às três da tarde, Jesus morreu (v. 34). Também inclui outros pormenores, como o nome dos filhos de Simão de Cirene, que eram conhecidos dos leitores do Evangelho (cf. Rm 16, 13). Mas o elemento crucial que permite compreender o que ali se passou é a frase que o Senhor profere na Cruz (v. 34): «*Eloí, Eloí, lemá sabacthání*?». Trata-se do primeiro versículo do Salmo 22, que narra a história de um justo perseguido que acabará por triunfar, conseguindo, com os seus sofrimentos, que o Senhor seja louvado em toda a terra (cf. Sl 22, 31) e que se anuncie a justiça a um povo que está por nascer (cf. Sl 22, 28-32). Entre os opróbrios sofridos tanto por este justo perseguido como por Jesus, contam-se: o escárnio da multidão (cf. Sl 22, 8; v. 29), as troças por invocar a Deus (cf. Sl 22, 9; vv. 31-32.36), a repartição das vestes (cf. Sl 22, 19; v. 24) etc. Marcos identifica o triunfo da missão de Cristo nos dois acontecimentos que se seguem à morte do Senhor: a ruptura do véu do Templo (v. 38), que significa o desaparecimento das barreiras entre o povo de Deus e os gentios (cf. Sl 22, 31), e a confissão da divindade de Jesus por parte de um gentio (v. 39), que salienta que todas as gentes podem confessar a Deus (cf. Sl 22, 28-30). Compreende-se assim o paradoxo que Jesus tinha tentado transmitir aos seus discípulos: Ele é o Messias e o Filho de Deus (cf. 1, 1), mas a sua vitória está estreitamente ligada à Cruz. «Ó admirável poder da Cruz! Ó inefável glória da Paixão! Nela podemos admirar o tribunal do Senhor, o juízo do mundo e o poder do Crucificado. [...] Porque a tua Cruz é agora fonte de todas as bênçãos e origem de todas as graças: por ela, os crentes encontram força na debilidade, glória no opróbrio, vida na própria morte» (São Leão Magno, *Sermo 8 de Passione Domini*, 7).

Como em quase todas as passagens do relato da Paixão, o evangelista contrasta a atitude das diversas pessoas diante de Jesus: os que passam injuriam-nO (v. 29), os sumos sacerdotes e os doutores da Lei zombam dEle (v. 31), os malfeitores crucificados com Ele insultam-nO (v. 32); e até um gesto que poderia ser de compaixão, na pequenez daquelas pessoas, transforma-se em um néscio gracejo (v. 36). Em contraste com tudo isto, um soldado gentio confessa que Jesus era Filho de Deus (v. 39). Mas são sobretudo as mulheres as elogiadas nesta cena: tinham-nO seguido e tinham-nO servido (v. 41), e agora contemplam, impotentes e angustiadas (cf. v. 40), a morte do ser querido. Não é de estranhar que, ao meditar e reviver estes acontecimentos, os autores cristãos tenham reparado nelas. Santo Agostinho, por exemplo, dirigindo-se a elas em sentido figurado, observa: «Olhai a beleza do vosso amado, contemplai-O igual ao Pai e submetido à vontade da Mãe; imperando sobre os Céus e vindo servir a terra; criando todas as coisas e sendo criado entre elas. Aquele de quem os soberbos riram, vede que belo é: com a luz interior da vossa alma, olhai as feridas do crucificado, o sangue daquele que morre, o preço da fé e o custo do vosso resgate. Pensai em qual será o valor de todas estas coisas, ponderai-o na balança da caridade. E todo o amor que teríeis para oferecer a um esposo, prodigai-Lho a Ele» (*De sancta virginitate*, 54-55, 55).

15, 42-47. O Evangelho sublinha três notas a propósito da sepultura de Jesus. Em primeiro lugar, a atitude de José de Arimateia, membro do Sinédrio. Os outros Evangelhos informam-nos de que era rico (cf. Mt 27, 57), discípulo do Senhor embora às escondidas (cf. Jo 19, 38), bom e justo, e que não tinha concordado com a condenação de Jesus (cf. Lc 23, 50-51). São Marcos prefere sublinhar a coragem (v. 43) com que foi pedir a Pilatos o corpo do Senhor: «José de Arimateia e Nicodemos visitam Jesus ocultamente, à hora normal e à hora do triunfo. Mas são valentes, declarando perante a autoridade o seu amor a Cristo – "*audacter*" – com audácia, na hora da covardia. – Aprende» (São Josemaria Escrivá, *Caminho*, n. 841).

Em segundo lugar, o evangelista salienta que Jesus morreu efetivamente, fato confirmado pelo próprio Pilatos (vv. 44-45). Em contraposição a qualquer tipo de docetismo – que negava a verdadeira humanidade de Cristo –, os primeiros cristãos afirmavam a verdadeira morte e a verdadeira ressurreição do Senhor: «Tapai, pois, os ouvidos quando ouvirdes falar de alguma coisa que não tenha como fundamento Cristo Jesus, descendente da linhagem de Davi, filho de Maria, que nasceu verdadeiramente, que comeu e bebeu como homem, que foi verdadeiramente perseguido sob Pôncio Pilatos e também verdadeiramente crucificado, que morreu na presença dos moradores do céu, da terra e do abismo e que ressuscitou verdadeiramente dentre os mortos pelo poder do Pai. Esse mesmo Deus Pai ressuscitará também a nós, que amamos a Cristo, à semelhança do próprio Jesus, sem o qual não temos a vida verdadeira» (Santo Inácio de Antioquia, *Ad tralianos*, 8-9).

Finalmente, o texto menciona o sepulcro (vv. 46-47). Os judeus ricos costumavam construir sepulcros cavados na rocha em terrenos dos quais eram proprietários. Os sepulcros eram constituídos por uma espécie de vestíbulo, que precedia o local onde ficavam os túmulos; tratava-se de um pequeno aposento com bancos de pedra junto às paredes, sobre os quais eram depositados os cadáveres. Além da delicadeza de José (v. 46), o evangelista pretende sublinhar que as mulheres (v. 47) observavam tudo, que é uma maneira de preparar o episódio seguinte e de salientar a identidade entre o crucificado e o ressuscitado: «Sendo Deus, o Senhor revestiu-se da natureza humana: sofreu por aquele que sofria, foi preso para o bem daquele que se encontrava cativo, foi julgado no lugar do culpado, foi sepultado por aquele que jazia no sepulcro. E, ressuscitando de entre os mortos, exclamou com voz poderosa: "Quem tem alguma coisa contra Mim? Que se aproxime! Eu sou Aquele que libertou o condenado, Eu sou Aquele que deu vida ao morto, Eu sou Aquele que fez sair do túmulo o que já estava sepultado. Quem se oporá a Mim? Eu sou", diz Cristo, "Aquele que venceu a morte, que prendeu o inimigo, que pisou o inferno, que amarrou o forte, que levou o homem até o mais alto dos Céus, Eu que sou o Cristo. Vinde, pois, vós todos, homens, que vos encontrais atolados na lama do mal, recebei o perdão dos vossos pecados"» (Melitão de Sardes, *De Pascha,* 100-103).

16, 1-8. A primeira pregação dos apóstolos (cf. At 2, 22-32; 3, 13-15 etc.) recordava que «Cristo morreu pelos nossos pecados, segundo as Escrituras» (cf. 1 Cor 15, 3). Marcos sublinhou (cf. 15, 44-45) a morte real do Senhor e registra agora a verdade da ressurreição: «Buscais a Jesus Nazareno, o crucificado. Ressuscitou» (v. 6), diz o jovem; o mesmo nome que tinha sido escrito no título da Cruz é agora proclamado para anunciar o triunfo glorioso da sua ressurreição. Desta forma, São Marcos dá um testemunho explícito da identidade entre o crucificado e o ressuscitado.

A ressurreição gloriosa de Jesus é o mistério central da nossa fé – «se Cristo não ressuscitou, é vã a nossa pregação, e vã é também a vossa fé» (cf. 1 Cor 15, 14) – e o fundamento da nossa esperança (cf. 1 Cor 15, 20-22). A ressurreição pressupõe o triunfo de Jesus sobre a morte, o pecado, a dor e o poder do demônio. É certo que, como afirma Santo Agostinho, «em nenhum outro ponto a fé cristã encontra tanta contradição como na ressurreição da carne» (*Enarrationes in Psalmos*, 88, 2, 5); no entanto, esta mesma fé confessa que «Cristo ressuscitou com seu próprio corpo: "Vede as minhas mãos e os meus pés: sou eu!" (Lc 24, 39). Mas Ele não voltou a uma vida terrestre. Da mesma forma, nEle "todos ressuscitarão com seu próprio corpo, que têm agora" (Concílio de Latrão IV, cap. 1); porém, este corpo será "transfigurado em corpo de glória" (Fl 3, 21), em "corpo espiritual" (1 Cor 15, 44)» (*Catecismo da Igreja Católica*, n. 999).

O anúncio feito pelo jovem que se encontrava no sepulcro contém ainda algumas indicações (cf. v. 7) que condensam o que será a vida da Igreja nascente: os discípulos, e em especial Pedro, devem ser testemunhas da ressurreição e do seu significado. Esta missão se inicia na Galileia: a região que, durante a vida terrena de Cristo, foi encruzilhada de judeus e pagãos converte-se agora em sinal da missão universal da Igreja. E a Igreja, «disseminada pelo mundo inteiro, guarda diligentemente a pregação e a fé recebidas, habitando como que numa só casa; e a sua fé é igual em toda parte, como se tivesse uma só alma e um só coração, e tudo aquilo que prega, ensina e transmite é feito em uníssono, como se tivesse uma só boca» (Santo Irineu, *Adversus haereses*, 1, 10, 2).

Desde os primeiros tempos da Igreja que este primeiro dia depois do sábado é chamado Dia do Senhor, porque «depois da tristeza do sábado, resplandece um dia feliz, o primeiro entre todos, [...] já que nele se realiza o triunfo de Cristo ressuscitado» (São Jerônimo, *Commentarium in Marcum, ad loc.*). Por isso, «os cristãos, apercebendo-se da originalidade do tempo novo e definitivo inaugurado por Cristo, assumiram como festivo o primeiro dia depois do sábado, porque nele se deu a ressurreição do Senhor. De fato, o mistério pascal de Cristo constitui a revelação plena do mistério das origens, o cume da história da salvação e a antecipação do cumprimento escatológico do mundo. Aquilo que Deus realizou na Criação e o que fez pelo seu povo no êxodo encontrou na morte e ressurreição de Cristo o seu cumprimento» (São João Paulo II, *Dies Domini*, n. 18). E, se ao domingo se comemora a nossa salvação, compreende-se este ensinamento da Igreja: «O dever de santificar o domingo, sobretudo com a participação na Eucaristia e com um repouso permeado de alegria cristã e de fraternidade, é fácil de compreender se se consideram as múltiplas dimensões deste dia» (*Idem*, n. 7).

16, 9-20. O segundo Evangelho chega ao fim com um conciso resumo das aparições do ressuscitado. Estes versículos têm um estilo diferente do estilo do restante do texto e estão ausentes em alguns manuscritos. Contudo, tanto se Marcos tiver seguido de perto algum documento como se esta passagem for um acréscimo posterior, o certo é que é considerada canônica e, portanto, inspirada.

O relato se centra na incredulidade inicial dos apóstolos. A princípio, são narradas as aparições a Maria Madalena e aos discípulos de Emaús (cf. Lc 24, 15-35); em ambos os casos, o narrador ressalta (vv. 11.13) que os discípulos não acreditaram nestes testemunhos. A aparição aos onze (vv. 14-18) condensa a missão dos apóstolos, que é agora a missão da Igreja: o destino universal da salvação e a necessidade do batismo para alcançá-la; a Igreja exprime da seguinte maneira este ensinamento: «Fundado na Escritura e Tradição, ensina [o Concílio] que esta Igreja, peregrina sobre a terra, é necessária para a salvação. Com efeito, só Cristo é mediador e caminho de salvação, e Ele torna-se-nos presente no seu corpo, que é a Igreja; ao inculcar expressamente a necessidade da fé e do Batismo (cf. Mc 16, 16; Jo 3, 15), confirmou simultaneamente a necessidade da Igreja, para a qual os homens entram pela porta do Batismo» (Concílio Vaticano II, *Lumen gentium*, n. 14). Esta doutrina não se contrapõe à universal vontade salvífica de Deus (cf. 1 Tm 2,4); portanto, «"é necessário manter unidas estas duas verdades: a real possibilidade de salvação em Cristo para todos os homens e a necessidade da Igreja para essa salvação" (São João Paulo II, *Redemptoris missio*, n. 9). [...] A Igreja, com efeito, movida pela caridade e pelo respeito da liberdade, deve empenhar-se, antes de mais, em anunciar a todos os homens a verdade, definitivamente revelada pelo Senhor, e em proclamar a necessidade da conversão a Jesus Cristo e da adesão à Igreja por meio do Batismo e dos outros sacramentos, para participar de modo pleno na comunhão com Deus Pai, Filho e Espírito Santo. Aliás, a certeza da vontade salvífica universal de Deus não diminui, antes aumenta, o dever e a urgência do anúncio da salvação e da conversão ao Senhor Jesus Cristo» (Congregação para a Doutrina da Fé, *Dominus Iesus*, n. 20.22).

Finalmente, os dois últimos versículos (vv. 19-20) exprimem quem é Jesus no presente da história: é Aquele que foi exaltado à direita do Pai e que age nos seus discípulos, confirmando a sua palavra. A Ascensão do Senhor aos Céus e o fato de estar sentado à direita do Pai constituem o sexto artigo da fé que recitamos no Credo. Jesus Cristo subiu ao Céu em corpo e alma: na sua humanidade, tomou posse para sempre da glória e ocupa junto de Deus o lugar de honra sobre todas as criaturas enquanto homem (cf. *Catechismus romanus*, 1, 7, 2-3). Com a sua entrada nos Céus, no seu novo modo de existência gloriosa, também nós estamos já, de certa maneira, participando dessa glória (cf. Ef 2, 6). O *Catecismo da Igreja Católica* resume assim a repercussão salvífica da ascensão: «Jesus Cristo, Cabeça da Igreja, nos precede no Reino glorioso do Pai para que nós, membros de seu Corpo, vivamos na esperança de estarmos um dia eternamente com Ele» (n. 666).

EVANGELHO

SEGUNDO SÃO LUCAS

INTRODUÇÃO

São Lucas ocupa o terceiro lugar na lista dos escritos do Novo Testamento. Em alguns códices ocidentais, figura depois de Mateus e de João, uma vez que estes códices colocam em primeiro lugar os Evangelhos escritos pelos apóstolos e só depois aqueles escritos pelos discípulos. Na grande maioria dos códices, contudo, a ordem é: Mateus, Marcos, Lucas e João – ordem que, na Antiguidade, era considerada a cronológica. Por outro lado, sua colocação depois de Marcos parece lógica, pois, se Marcos reproduz a pregação de Pedro, Lucas recolhe a de Paulo. Este tema – o fato de Lucas deixar por escrito a pregação paulina – aparece repetido de forma regular em vários documentos dos quatro primeiros séculos; assim, por exemplo, Santo Irineu escreve: «Lucas, o companheiro de Paulo, escreveu num livro o Evangelho que ele [Paulo] pregava»[1]; e encontramos afirmações idênticas nos escritos de Orígenes, São Clemente de Alexandria, Tertuliano, Eusébio, São Jerônimo etc.

Desde os primeiros tempos, a Igreja considerou o *Evangelho segundo São Lucas* um livro sagrado: estava incluído nos lecionários litúrgicos e consta nos elencos mais antigos dos livros canônicos que a Igreja recebeu como inspirados por Deus; já nos concílios do

1 *Adversus haereses*, 3, 1, 1.

século IV – Laodics,ia, Hipona, Cartago e Roma – se enuncia uma e outra vez como livros sagrados os Evangelhos «segundo Mateus, segundo Marcos, segundo Lucas, segundo João»[2]. Os Concílios de Florença e de Trento farão as mesmas referências.

Na época dos Padres, encontram-se homilias e comentários a Lucas em Orígenes, São Cirilo de Alexandria, São João Crisóstomo, Santo Ambrósio, São Beda etc. Os comentários são mais numerosos que os de Marcos, embora o sejam menos que os de Mateus.

I. ESTRUTURA E CONTEÚDO

Neste texto, podem-se distinguir claramente três partes dotadas de extensão semelhante: o ministério de Jesus na Galileia, o ministério de Jesus a caminho de Jerusalém e o ministério de Jesus em Jerusalém. Estas três partes são precedidas pelo prólogo da obra e pelo Evangelho da infância. Dentro deste esquema, o mais significativo do relato de São Lucas é a segunda parte: o ministério no caminho para Jerusalém. Com efeito, nos outros Evangelhos sinóticos, esta viagem ocupa dois ou três capítulos, enquanto neste ocupa dez. É neles que São Lucas sublinha especialmente que Jesus dirige o seu chamamento salvífico a todos os homens.

O esquema poderia ser o seguinte:

---

2 Cf. *Enchiridion biblicum*, nn. 12-22.

Apresentação (1, 1-4, 13). O livro inicia-se com um prólogo (1, 1-4) que, em linguagem literária de grande qualidade, expõe a intenção da obra. Segue-se a narrativa do nascimento e da infância de João Batista e de Jesus (1, 5-2, 52), onde se descreve quem Jesus é: o Salvador prometido, o Messias, o Senhor. Ao lado de Jesus Menino está sempre sua Mãe, que, por sua fé inquebrantável, também é instrumento do plano salvífico. Finalmente, é narrada a preparação do ministério de Jesus (3, 1-4, 13), tecida ao redor de três temas: a figura do Batista, as tentações de Jesus e a sua genealogia; em todos eles fica assinalado o alcance da salvação operada por Cristo.

Primeira parte: ministério de Jesus na Galileia (4, 14-9, 50). Relata os começos do ministério público de Jesus na Galileia. Na cena de abertura – Jesus na sinagoga de Nazaré (4, 16-30) –, fica condensado o programa de sua missão: a salvação prometida por Deus, que se cumpre nesta altura com os milagres de Jesus e a sua ação misericordiosa em prol dos homens (4, 38-41; 5, 12-26; 7, 1-24; 8, 26-56; 9, 11), com o perdão dos pecados (5, 17-26; 7, 36-50) etc. O ministério compreende igualmente a pregação, em cujo centro estão o Sermão da Planície (6, 17-49) e as parábolas do Reino (8, 4-18). O evangelista tem gosto em apontar a eficácia e a singularidade das palavras de Jesus (4, 31-37; 5, 17-26 etc.), que suscitam a aglomeração das multidões ao seu redor (4, 37.40.42; 5, 1.15.19.29 etc.). Para o cumprimento desse programa salvífico, o Senhor escolhe alguns discípulos (5, 1-11.27; 6, 12-16), dentre os quais constitui o grupo apostólico. Jesus forma estes homens com especial dedicação (8, 10; 9, 21 etc.), mostra-lhes a sua glória (9, 28-36) e envia-os a pregar (9, 1-6), antecipando aquilo que será a missão universal da Igreja.

SEGUNDA PARTE: MINISTÉRIO DE JESUS A CAMINHO DE JERUSALÉM (9, 51-19, 27). Nesta narrativa de uma longa subida a Jerusalém, São Lucas recompila muitos ensinamentos do Senhor que não estão presentes nos outros Evangelhos: a parábola do bom samaritano (10, 25-37), as parábolas da misericórdia (15, 1-32), a parábola do fariseu e do publicano (18, 9-14) etc. Não é fácil captar a estrutura interna desta parte, embora haja homogeneidade de conteúdos que reflete os elementos característicos do terceiro Evangelho: a oração, a misericórdia, a universalidade da salvação, a alegria da conversão, o valor contrastante da riqueza e da pobreza etc.

TERCEIRA PARTE: MINISTÉRIO DE JESUS EM JERUSALÉM (19, 28-24, 53). O relato, muito semelhante ao dos outros Evangelhos sinóticos, inclui: a entrada em Jerusalém e a purificação do Templo (19, 28-48), as controvérsias de Jesus com as autoridades judaicas (20, 1-47), o Discurso Escatológico (21, 5-36) e as extensas narrativas da Paixão (22, 1-23, 56) e da ressurreição (24, 1-53). São Lucas destaca os sentimentos de piedade (19, 41--44) e misericórdia (22, 51.61; 23, 28-29.34.43) de Jesus, a sua grandeza de alma (22, 21-30.47-53; 23, 26-49 etc.)

e o seu constante recurso à oração (22, 32.39-46; 23, 34.46). Jesus é apresentado, em todos estes domínios, como modelo de comportamento para o cristão. A narrativa termina com o mandato do Senhor aos seus apóstolos de permanecer em Jerusalém até a vinda do Espírito Santo (24, 48-49) e com a Ascensão: os mesmos acontecimentos com que se inicia o livro dos *Atos dos Apóstolos*.

II. COMPOSIÇÃO E ENQUADRAMENTO HISTÓRICO

O autor e as circunstâncias da composição

São Lucas, discípulo e companheiro de Paulo, é o autor do terceiro Evangelho[3]. Esta afirmação é comum aos primeiros escritores eclesiásticos, junto a outras notícias sobre Lucas: que era médico, originário de Antioquia, bom conhecedor da língua grega, e que escreveu seu Evangelho na Acaia e na Beócia[4].

---

3 As primeiras linhas do *Fragmento muratoriano* recolhem as ideias mais comuns a todos os escritos da Antiguidade acerca deste Evangelho: «O terceiro livro do Evangelho é segundo Lucas. Este Lucas, médico, depois da Ascensão de Cristo, foi tomado por Paulo [...]. Escreveu segundo aquilo que tinha ouvido, uma vez que ele também não conheceu o Senhor em carne mortal; e assim, tendo indagado o que estava ao seu alcance, começou a tratar desde o nascimento de João» (*Enchiridion biblicum,* n. 1).

4 Escreve São Jerônimo: «Lucas, médico de Antioquia, conhecedor da língua grega, como bem demonstram os seus escritos, seguidor do apóstolo Paulo e companheiro das suas viagens, escreveu um Evangelho» (*De viris illustribus,* 1); e, em outra passagem, acrescenta: «O terceiro, Lucas, médico de Antioquia, na Síria, discípulo do apóstolo Paulo, compôs o seu volume na Acaia e na

A maior parte destas afirmações tem por base o confronto dos dois textos de São Lucas – o Evangelho e os *Atos dos Apóstolos* – com outros escritos do Novo Testamento. Com efeito, nos *Atos dos Apóstolos* há muitas passagens narradas na primeira pessoa do plural[5], que permitem supor que o narrador é um companheiro de Paulo nas suas missões apostólicas. Dentre os companheiros que o Apóstolo das Gentes menciona nas suas cartas, as características do terceiro Evangelho adaptamse a Lucas, a quem Paulo chama «médico caríssimo», que não vem da circuncisão, mas dos gentios[6]. De fato, o Evangelho prova que o seu autor tem conhecimentos de medicina, que é pouco preciso no que diz respeito à geografia e aos costumes da Palestina, mas que, em contrapartida, tem muito presente a universalidade da salvação.

Ambos os volumes de Lucas são dirigidos ao «excelentíssimo Teófilo»[7]. Dado o seu significado, o nome poderá ser uma designação genérica dos cristãos, os «amados de Deus», embora a presença do epíteto leve o leitor a pensar que talvez se refira a uma pessoa conhecida. Seja como for, parece óbvio que o destinatário é um cristão, pois o autor afirma que, com o seu escrito, pretende dar razão da «solidez dos ensinamentos que recebeste»[8].

Beócia; nele, com visão mais ampla, repetia algumas coisas de outros e, como confessa no prólogo, descrevia coisas que não tinha visto, mas ouvido» (*Commentaria in Matthaeum*, prólogo, 3-4).

5 Cf. At 16, 10-17; 20, 5-15; 21, 1-18; 27, 1-37.

6 Cf. Cl 4, 14; 2 Tm 4, 11; Flm 1, 24.

7 Lc 1, 3; cf. At 1, 1.

8 Lc 1, 4.

Da leitura da obra, não é possível precisar muito mais características do destinatário, a não ser as evidentes: trata-se de um cristão com origem nos gentios, culto e de vistas amplas. O autor pretende tornar presente o vigor e a beleza do cristianismo, e demonstra-o com as ações e as palavras de Jesus e com a pujança da pregação apostólica.

O fato de as características dos destinatários não serem abundantes torna difícil estabelecer o local de composição do texto. Têm sido propostos três locais: Antioquia da Síria, a região da Acaia e da Beócia – onde ficava situada, por exemplo, a florescente igreja de Corinto – e Roma. A hipótese de Antioquia apoia-se no fato de Lucas, em especial no livro dos *Atos*, refletir um conhecimento muito pormenorizado da organização e do vigor evangelizador dessa igreja. A hipótese de Roma resulta da circunstância de o livro dos *Atos* terminar nessa cidade e do alcance universal dos escritos de Lucas. A região da Acaia e da Beócia apresenta características semelhantes – procedência da gentilidade e universalidade –, além de ter a seu favor a tradição posterior. Um prólogo a este Evangelho, de finais do século II, informa que «Lucas nasceu em Antioquia da Síria. Foi médico de profissão, discípulo dos apóstolos e, mais tarde, companheiro de Paulo, até que este sofreu o martírio. Serviu o Senhor com total dedicação. Não se casou nem teve filhos. Morreu aos oitenta e quatro anos, na Beócia, cheio do Espírito Santo»[9].

---

9 *Prologi monarchianorum.*

Para determinar a data de composição, alguns autores têm em consideração o livro dos *Atos*; este segundo livro de Lucas termina com a descrição da situação de São Paulo às vésperas de ser libertado do seu primeiro cativeiro romano. Como Paulo foi libertado desse cativeiro no ano de 63, há quem considere que o *Evangelho de São Lucas* acabou de ser escrito nos anos de 63-65. Outros autores consideram que o silêncio dos *Atos* sobre o que se seguiu ao cativeiro de Paulo não é suficiente para fixar a cronologia, dado que os *Atos* terminam quando, do ponto de vista teológico, se cumpriram as palavras do Senhor que abrem o livro, ou seja, quando o Evangelho chegou aos confins da terra. Inclinam-se, pois, para uma data mais tardia, entre os anos de 67 e 80. Os argumentos tendentes a estabelecer esta segunda data são principalmente de caráter interno, pois a obra de Lucas exprime o ponto de vista de uma pessoa que foi testemunha do vigor e da expansão do Evangelho; ora, se São Lucas era jovem quando seguiu os primeiros apóstolos, nos anos 80 teria maturidade suficiente para escrever uma obra equilibrada como a que temos entre mãos.

Características literárias e teológicas

A leitura do terceiro Evangelho revela imediatamente que o seu autor é um homem culto, com gosto pelo decoro e grande delicadeza de espírito. São Jerônimo faz notar que Lucas maneja a língua grega com mais perfeição gramatical que os outros evangelistas[10]: o se,u vocabulário é muito amplo, prefere os verbos compostos – que permitem descrições mais precisas –, evita os modismos vulgares e silencia cenas com alguma crueza e pormenores que pudessem incomodar pessoas mais sensíveis. No entanto, este Evangelho contém ainda muitos semitismos, em especial quando transcreve palavras de Jesus. Esta estranha combinação entre um bom estilo grego e uma presença periódica de elementos semíticos é uma boa mostra da índole do autor e de sua obra: trata-se de um escritor competente e consciencioso, mas muito fiel às suas fontes.

Esta fidelidade às fontes é uma das muitas características que o *Evangelho de São Lucas* tem em comum com os livros de história. Mas há outras, nomeadamente as presentes no prólogo do Evangelho, em que Lucas segue o costume dos historiadores gregos e latinos[11], utilizando o termo «narração» para dar a entender, logo desde o princípio, que a sua escrita se enquadra no gênero histórico. Outros elementos deste gênero são as «referências à história profana» – como, por exemplo, os dados cronológicos que dá no princípio do Evangelho[12] – e o modo

10 Cf. *Epistolae*, 20, 4.

11 Cf., por exemplo, Flávio Josefo, *Contra Apion*. Note-se também que Lucas segue, em geral, as regras que Luciano de Samósata fixará na sua obra *Quomodo historia conscribenda sit*: o escrito deve ter ordem e cronologia; não deve ser um catálogo de dados, mas estes devem ser selecionados; e tem de procurar fontes de informação, evitar o panegírico e utilizar uma linguagem acessível, mas digna.

12 Cf. Lc 1, 5; 2, 1; 3, 1-2.23.

de composição, pois confessa que pretende escrever de forma ordenada. Tudo isto mostra que São Lucas escreve como historiador.

Porém, São Lucas escreve esta história não para satisfazer a mera curiosidade de seus leitores, mas para lhes transmitir a história da Salvação, desde a encarnação de Cristo até a difusão do Evangelho entre os gentios. Esta história é narrada no Evangelho e nos *Atos dos Apóstolos*, livros que, na realidade, constituem uma só obra literária, na qual descreve as «coisas que entre nós se cumpriram» e a realização da ação salvífica de Deus na história, pois «era necessário» que assim acontecesse[13]. São Lucas utiliza o verbo *salvar* trinta vezes no Evangelho e nos *Atos dos Apóstolos*, vendo a salvação não só na morte e na ressurreição, mas também nos acontecimentos posteriores, a saber, na ascensão de Cristo aos céus e na evangelização. É segundo esta perspectiva da história salvífica que ordena os ensinamentos recebidos daqueles que tinham sido testemunhas dos fatos.

Nos acontecimentos que narra nos dois livros, o evangelista parece ver cumprida a profecia de Isaías: «No fim dos tempos, o monte do templo do Senhor estará firme, será o mais alto de todos e dominará sobre as colinas. Acorrerão a ele todas as gentes, [...] porque de Sião sairá a Lei e de Jerusalém, a palavra do Senhor»[14]. É provavelmente por isto que Jerusalém tem enorme importância neste relato. Assim, São Lucas começa e termina a narração da infância de Jesus com duas cenas que têm

---

13 Lc 1, 1; cf. 13, 33; 17, 25.

14 Is 2, 2-3.

lugar no Templo de Jerusalém; nas tentações do deserto, apresenta uma ordem diferente da de São Mateus, de maneira que terminem em Jerusalém; e Jesus começa, logo desde o princípio de sua vida pública, a caminhar para Jerusalém[15], onde culminarão os acontecimentos salvíficos. São Lucas não fala das aparições de Jesus ressuscitado na Galileia, centrando-se nas aparições em Jerusalém; finalmente, o Evangelho se encerra com uma cena situada no mesmo lugar em que tinha começado: o Templo de Jerusalém[16].

Jerusalém é o local onde se consuma a salvação, mas não o é só porque foi ali que o Senhor morreu; é porque foi ali que teve lugar a sua Ascensão. São Lucas relata este episódio por duas vezes[17], e com pormenores muito relevantes: no Evangelho, Jesus se despede dos discípulos abençoando-os como Sumo Sacerdote, sendo a Ascensão o fim da sua vida terrena. No livro dos *Atos dos Apóstolos*, a Ascensão constitui a passagem do Senhor ressuscitado para a glória, de onde Ele enviará o Espírito Santo, dando início à vida da Igreja. Podemos dizer que todo o *Evangelho de São Lucas* tende para a Ascensão: é o estágio final para o qual Jesus caminha[18].

---

15 Cf. Lc 9, 51-53; 17, 11; 19, 28.

16 «Eles, depois de se haverem prostrado diante dele, voltaram para Jerusalém com grande júbilo. E estavam continuamente no Templo louvando a Deus» (Lc 24, 52-53).

17 Cf. Lc 24, 51-53; At 1, 6-11.

18 Há neste Evangelho várias passagens que aludem à Ascensão: na Transfiguração (Lc 9, 30-31), aparecendo de forma gloriosa, Jesus conversa com Moisés e com Elias da sua morte – o termo é «êxodo» –, que terá lugar em Jerusalém; em Lc 9, 51 está dito: «Aconteceu que, aproximando-se o tempo da sua

III. ENSINAMENTO

Ao lado destes aspectos literários e teológicos, há outros elementos de caráter doutrinal que estão muito presentes no terceiro Evangelho. Tal como acontece nos outros, o mais importante é a doutrina sobre Jesus Cristo; e o que é mais específico de Lucas é a apresentação de Jesus como Profeta, Salvador e Senhor. Por isso, na sua obra também se acentuam outros temas, como a universalidade da salvação, e certos aspectos da vida cristã, como o espírito de pobreza, a oração perseverante, a misericórdia, a alegria etc. Finalmente, São Lucas é o evangelista que descreve com maior clareza a figura de Nossa Senhora como modelo de correspondência ao dom de Deus.

Jesus, Profeta, Salvador e Senhor

Jesus é chamado de *profeta* em várias passagens[19]. Sendo Deus e homem verdadeiro, Ele é o profeta por excelência: não há ninguém que possa falar em nome de Deus como Ele fala[20]. Já no Antigo Testamento, os profetas eram movidos pelo Espírito de Deus. São Lucas sublinha a profunda e misteriosa união do Espírito Santo com o ministério profético de Nosso Senhor:

ascensão, dirigiu-se resolutamente para Jerusalém»; finalmente, em Lc 24, 26, fica estabelecida a necessidade da Paixão de Cristo para «entrar na sua glória».

19 Cf. Lc 7, 16; 9, 19; 13, 33; 24, 19.

20 Cf. Lc 4, 18.43; 9, 45 etc.

assim, no Batismo de Jesus, que assinala o início do seu ministério público, o Espírito Santo desce visivelmente sobre Ele; depois, o Espírito conduz Jesus ao deserto, onde Ele é tentado, à Galileia etc.[21] O próprio Jesus se apropria dessa vocação profética quando, na sinagoga de Nazaré, lê o texto de Isaías – «O Espírito do Senhor repousou sobre mim; pelo que me ungiu para anunciar a boa-nova aos pobres» – e afirma que se cumpriu nEle[22].

Ao longo do *Evangelho de São Lucas*, está igualmente presente o ensinamento de que Jesus é o Salvador dos homens. No Evangelho da infância, sobressai o fato de que em Cristo se cumpriram as promessas antigas da salvação, feitas por Deus aos patriarcas e aos profetas do povo eleito: o Menino que nasceu é o Salvador esperado havia muitos séculos; é assim que O contemplamos no *Benedictus* e no *Magnificat*, bem como no anúncio aos pastores, no cântico de Simeão etc. Mas a salvação se manifesta igualmente na cura das doenças, no perdão dos pecados e na reconciliação[23].

---

21 Cf. Lc 3, 22; 4, 1.14.

22 Cf. Lc 4, 16-30.

23 Uma revisão, ainda que pouco profunda, dos termos utilizados por São Lucas torna evidente que o tema da salvação é fundamental na sua obra: a Santíssima Virgem Maria exulta de alegria em Deus, seu Salvador (cf. Lc 1, 47); os anjos, no nascimento de Jesus, anunciam que «nasceu-vos hoje na cidade de Davi o Salvador, que é o Cristo, o Senhor» (Lc 2, 11); Deus suscitou esse poder salvador (cf. Lc 1, 69) «para nos livrar de nossos inimigos» (Lc 1, 71); isso mesmo anunciará o Batista, para que o povo conheça a salvação, que consiste no perdão dos pecados (cf. Lc 1, 77); os olhos de Simeão entreveem essa mesma salvação quando reconhece o Menino Jesus (cf. Lc 2, 30); vê-la-ão todos os

Finalmente, Jesus é o Senhor, a denominação que se dava a Deus para evitar proferir o seu nome próprio: «Yhwh». O nome era igualmente utilizado como tratamento de respeito entre os seres humanos. São Lucas é, de longe, o evangelista que mais utiliza este título nos seus escritos: 103 vezes no Evangelho e 107 nos *Atos dos Apóstolos*. Jesus é o Senhor – no sentido mais profundo – desde o seu nascimento e manifesta-se como tal na ressurreição. Por isso, a Ele está reservada a glória que se tornará especialmente patente na sua segunda vinda. Neste sentido, Jesus também é o Senhor da história.

Universalidade da salvação

Ao longo de seus dois livros, São Lucas mostra que os bens anunciados pelos profetas encontram cumprimento em Cristo e na sua Igreja, onde Ele continua vivo; além disso, alcançam não apenas os judeus, mas todos os povos do mundo. A universalidade da salvação realizada por Jesus Cristo é amplamente contemplada por São Lucas nos *Atos dos Apóstolos*, mas já está preparada no seu Evangelho e fica, explícita em muitas passagens. Assim, no cântico de Simeão, é dito que a salvação foi oferecida

homens, de acordo com a profecia de Isaías (cf. Lc 3, 6); Zaqueu alcançá-la-á com a visita do Mestre (cf. Lc 19, 9). Em outras passagens, o evangelista recorre ao verbo «salvar» para significar uma cura; é o caso da hemorroíssa (cf. Lc 8, 43-48) e do cego de Jericó (cf. Lc 18, 35-42), bem como da ressurreição da filha de Jairo (cf. Lc 8, 50) etc. A salvação também chegará à mulher pecadora (cf. Lc 7, 50), ao leproso da Samaria (cf. Lc 17, 19) etc.

a «todos os povos» e que Jesus é «luz para iluminar as nações»[24]; São Lucas também aplica à missão de João Batista o texto de Isaías 40, 5: «Toda criatura verá a salvação de Deus»[25]. Na sinagoga de Nazaré, Jesus anuncia a futura pregação aos não judeus[26]; e, posteriormente, explica a seus discípulos que estava escrito que Ele tinha de sofrer e ressuscitar, e «que em seu nome se pregasse a penitência e a remissão dos pecados a todas as nações»[27]. Muitos outros elementos poderiam ser referidos a este propósito, embora o mais significativo seja talvez a forma como os samaritanos são tratados no texto[28].

Exortação à vida cristã

A expressão «hoje se cumpriu...», que é utilizada com certa frequência no *Evangelho de São Lucas*, indica-nos que o anúncio evangélico é visto como o cumprimento

---

24 Lc 2, 29-32.

25 Lc 3, 6.

26 Cf. Lc 4, 24-47; note-se o paralelismo desta passagem com At 13, 46-47, onde os apóstolos, rejeitados pelos judeus, se dirigem aos gentios.

27 Lc 24, 47.

28 São Lucas não refere o episódio da cananeia (cf. Mt 15, 21-28; Mc 7, 24-50), nem inclui o texto de Mt 10, 5 acerca dos samaritanos: «Não vades para entre os gentios, nem entreis nas cidades dos samaritanos», que podia ser entendido como uma limitação da missão dos discípulos a terras de judeus. Jesus repreende os seus discípulos que pedem um castigo para os samaritanos (cf. Lc 9, 55); dá como exemplo de verdadeiro próximo o bom samaritano (cf. Lc 10, 25-37); e, dos dez leprosos que curou, o único que volta atrás para Lhe agradecer é samaritano (cf. Lc 17, 16).

do tempo messiânico. Se o cristão está obrigado a imitar seu Mestre, o primeiro ensinamento é o da Cruz; com efeito, o cristão tem de carregar a sua cruz *todos os dias* e viver a virtude da paciência[29].

Deve também praticar a *pobreza* para responder ao chamamento do Senhor e alcançar a bem-aventurança e a vida eterna. Para seguir a Cristo, a pessoa tem de se desprender de tudo. De nada servem as riquezas em si mesmas quando são convertidas em fim[30]. É necessário viver a abnegação e a renúncia como os primeiros discípulos – que, depois da pesca milagrosa no lago de Genesaré, «deixando eles tudo, seguiram-no» – e como o publicano Levi (Mateus), que, ao ouvir a chamada do Mestre, «deixando tudo, levantou-se e o seguiu»[31].

Finalmente, podem assinalar-se como indicações próprias do terceiro Evangelho a necessidade da *oração* perseverante e da *alegria* interior em todas as circunstâncias; também neste aspecto, as palavras e os atos de Jesus são uma norma para a vida do cristão.

Com efeito, a respeito da oração, há vários textos que são exclusivos do *Evangelho de São Lucas* e em que se refere a oração de Cristo, que, além disso, se torna explícita em momentos especialmente solenes: o Batismo, o período que antecede a escolha dos apóstolos, a Transfiguração, a oração no horto do Getsêmani e a Cruz.

---

29 Cf. Lc 9, 23; 12, 52; 21, 19 etc.

30 Cf. Lc 4, 18; 6, 20; 7, 22; 12, 13-21; 16, 9.14-15.19-31; 18, 22.

31 Lc 5, 11.28.

Por outro lado, se é verdade que os quatro Evangelhos, que recolhem o anúncio da salvação e são precisamente uma «boa-nova», estão impregnados da *felicidade* da redenção operada por Cristo, também é certo que esta nota de alegria se percebe mais facilmente no *Evangelho de São Lucas*. Assim, por exemplo, um anjo do Senhor anuncia a Zacarias que terá um filho e que «muitos se alegrarão com o seu nascimento»; na anunciação a Maria, o arcanjo Gabriel começa a sua saudação com um «salve», que em grego significa, literalmente, *alegra-te*; por sua vez, quando anuncia aos discípulos as perseguições que terão de sofrer por amor do Filho do Homem, o Mestre os anima com as seguintes palavras: «Alegrai-vos nesse dia e exultai». O nascimento do Batista será motivo de *regozijo* e de *júbilo*; o anjo anuncia aos pastores *uma grande alegria*, e há *alegria* no Céu por um pecador convertido; Isabel proclama que o filho lhe saltou de *alegria* no seio; por fim, depois de narrar a Ascensão do Senhor, o Evangelho conclui com estas palavras: «Eles, depois de se haverem prostrado diante dele, voltaram para Jerusalém com grande júbilo. E estavam continuamente no Templo louvando a Deus»[32].

Santíssima Virgem Maria

O terceiro Evangelho – em especial os dois primeiros capítulos – apresenta-nos a Mãe de Cristo com uma luz

32 Cf. Lc 1, 14.28; 6, 23; 15, 7; 24, 52 etc.

peculiar, revelando com extraordinária delicadeza traços da grandeza e da beleza da alma de Santa Maria; provavelmente devido a estas circunstâncias, São Lucas é considerado o pintor da Virgem[33]. Com efeito – e à exceção de Jesus, naturalmente –, não há personagem da história evangélica que seja descrita com tanto amor e tanta admiração como Santa Maria.

Nenhuma criatura humana recebeu graças tão elevadas e tão singulares como Nossa Senhora: Maria é a «cheia de graça»; o Senhor está com Ela; achou graça diante de Deus; concebeu por obra e graça do Espírito Santo, sendo Mãe de Jesus sem deixar de ser virgem; intimamente unida ao mistério redentor da Cruz, será bem-aventurada por todas as gerações porque o Todo-poderoso fez nela grandes coisas.

A tão elevados dons divinos, Nossa Senhora correspondeu com a mais generosa fidelidade: Santa Isabel chama-lhe bendita porque acreditou; a Virgem recebe com humildade o anúncio do arcanjo acerca da sua dignidade de Mãe de Deus, pergunta com simplicidade o que deve fazer para agradar a Deus em tudo, entrega-se por completo aos planos divinos; sabe agradecer alegremente os dons recebidos; observa com fidelidade as leis de Deus e os costumes piedosos do seu povo; sofre com a perda do Menino e queixa-se a Ele, mas aceita serenamente

33 No século VI, Teodoreto, o Leitor (cf. *Excerpta ex ecclesiastica historia*, 1, 1), informa que havia em Jerusalém um quadro da Mãe de Deus pintado por São Lucas. Simeão, o Metafrasto (*Vida de São Lucas*, 6), no século X, e Nicéforo Calisto (*Historia ecclesiastica*, 2, 43), no século XIV, fazem igualmente referência ao talento de Lucas para a pintura.

uma realidade que, naquele momento, não consegue compreender. Santa Maria soube ter uma admiração contemplativa perante os mistérios divinos, que guardou e meditou no seu coração.

Como proclamou continuamente a tradição cristã, Maria é mãe e modelo da Igreja. São Lucas a apresenta desde uma dupla perspectiva, que abarca a maior parte dos textos antes citados: pela sua fé e a sua fidelidade, Nossa Senhora é uma espécie de recapitulação dos homens justos do Antigo Testamento que esperavam a salvação de Deus; pela sua atitude de escuta da Palavra divina a fim de pô-la em prática, é modelo dos discípulos que seguem a Cristo[34].

34 Cf. Lc 2, 19.51; 8, 21; 11, 28.

EVANGELHO
SEGUNDO SÃO LUCAS

Prólogo

1 1 Visto que muitos já empreenderam pôr em ordem 25 FEV
a narração das coisas que entre nós se cumpriram *26 AGO*
2 como no-las referiram os que desde o princípio as viram
e foram ministros da palavra, 3 pareceu-me bom também
a mim, depois de ter investigado diligentemente tudo
desde o princípio, escrever-te por ordem a sua narração,
excelentíssimo Teófilo, 4 para que conheças a solidez dos
ensinamentos que recebeste.

I. NASCIMENTO E INFÂNCIA DE JOÃO BATISTA E DE JESUS

Anunciação de São João Batista

5 Houve no tempo de Herodes, rei da Judeia, um sa-
cerdote chamado Zacarias, da classe de Abias, cuja mu-
lher era da descendência de Aarão e chamava-se Isabel.
6 Ambos eram justos diante de Deus, caminhando irre-
preensivelmente em todos os mandamentos e preceitos
do Senhor. 7 Não tinham filhos, porque Isabel era estéril
e ambos se achavam em idade avançada.

8 Sucedeu que, exercendo Zacarias diante de Deus as
funções de sacerdote na ordem da sua turma, 9 segundo
o costume do sacerdócio, tocou-lhe por sorte entrar no

Templo do Senhor a oferecer o incenso. 10 Toda a multidão
do povo estava fazendo oração do lado de fora, à hora do
incenso. 11 Apareceu-lhe um anjo do Senhor posto de pé ao
lado direito do altar do incenso. 12 Zacarias, ao vê-lo, ficou
perturbado e o temor o assaltou. 13 Mas o anjo disse-lhe:
«Não temas, Zacarias, porque foi ouvida a tua oração;
tua mulher Isabel te dará um filho, ao qual porás o nome
de João. 14 Será para ti motivo de gozo e de alegria, e
muitos se alegrarão com o seu nascimento, 15 porque ele
será grande diante do Senhor; não beberá vinho nem ou-
tra bebida inebriante, será cheio do Espírito Santo desde
o ventre de sua mãe 16 e converterá muitos dos filhos de
Israel ao Senhor seu Deus. 17 Irá adiante de Deus com o
espírito e a fortaleza de Elias, a fim de *reconduzir os co-
rações dos pais para os filhos* e os rebeldes à prudência dos
justos, para preparar ao Senhor um povo perfeito.»
18 Então Zacarias disse ao anjo:
«Como saberei disso? Porque eu sou velho, e minha
mulher está avançada em anos.»
19 E o anjo respondeu-lhe:
«Eu sou Gabriel, que assisto diante de Deus; fui
enviado para te falar e te dar esta boa-nova. 20 Eis que
ficarás mudo e não poderás falar até o dia em que estas
coisas sucedam, visto que não acreditaste nas minhas pa-
lavras, que se hão de cumprir a seu tempo.»
21 O povo estava esperando Zacarias e admirava-se **26 FEV**
de ver que ele se demorava tanto tempo no Templo. ***27 AGO***
22 Quando saiu, não lhes podia falar, e compreenderam
que tivera no Templo alguma visão, o que lhes dava
a entender por acenos; e ficou mudo.

23 Aconteceu que, depois de terem acabado os dias do seu ministério, retirou-se para sua casa. 24 Alguns dias depois, Isabel, sua mulher, concebeu e durante cinco meses esteve escondida, dizendo: 25 «Assim me fez o Senhor nos dias em que me olhou para tirar o meu opróbrio de entre os homens.»

Anunciação e Encarnação do Filho de Deus

(Mt 1, 18-25)

26 Estando Isabel no sexto mês, foi enviado por Deus o anjo Gabriel a uma cidade da Galileia chamada Nazaré, 27 a uma virgem desposada com um varão chamado José, da casa de Davi; o nome da virgem era Maria. 28 Entrando o anjo onde ela estava, disse-lhe:

«Alegra-te, cheia de graça; o Senhor é contigo.»

29 Ela, ao ouvir essas palavras, perturbou-se, e discorria pensativa que saudação seria essa. 30 O anjo disse-lhe:

«Não temas, Maria, pois achaste graça diante de Deus: 31 eis que conceberás no teu ventre e darás à luz um filho, a quem porás o nome de Jesus. 32 Será grande e será chamado Filho do Altíssimo; o Senhor Deus lhe dará o trono de seu pai Davi, reinará sobre a casa de Jacó eternamente, 33 e o seu Reino não terá fim.»

34 Maria disse ao anjo:

«Como se fará isso, se eu não conheço varão?»

35 O anjo respondeu-lhe:

«O Espírito Santo descerá sobre ti, e a virtude do Altíssimo te cobrirá com a sua sombra; por isso mesmo, o Santo que nascer será chamado Filho de Deus.

36 Eis que também Isabel, tua parenta, concebeu um filho
na sua velhice, e este é o sexto mês da que se dizia estéril;
37 porque a Deus nada é impossível.»

38 Então Maria disse:

«Eis aqui a serva do Senhor, faça-se em mim segundo a tua palavra.»

E o anjo afastou-se dela.

Visita de Maria a Isabel

39 Naqueles dias, levantando-se Maria, foi com pres- 27 FEV
sa às montanhas, a uma cidade de Judá, 40 entrou em 28 AGO
casa de Zacarias e saudou Isabel. 41 Aconteceu que, ape-
nas Isabel ouviu a saudação de Maria, o menino saltou
no seu ventre, e Isabel ficou cheia do Espírito Santo;
42 e exclamou em alta voz:

«Bendita és tu entre as mulheres e bendito é o fruto
do teu ventre. 43 Donde a mim esta dita, que a mãe do
meu Senhor venha ter comigo? 44 Porque, logo que a voz
da tua saudação chegou aos meus ouvidos, o menino sal-
tou de alegria no meu ventre. 45 Bem-aventurada a que
acreditou, porque se hão de cumprir as coisas que da
parte do Senhor foram ditas.»

O canto de Maria: Magnificat

46 Então Maria disse:

«*A minha alma* glorifica *o Senhor*,
47 e o meu espírito *exulta em Deus meu Salvador*:

48 porque *lançou os olhos*
para a humildade da sua *serva.*
Portanto, eis que de hoje em diante me chamarão
bem-aventurada todas as gerações;
49 porque fez em mim grandes coisas
o Todo-poderoso,
e o seu nome é Santo.
50 Sua misericórdia se estende de geração em geração
sobre aqueles que o temem.
51 Manifestou o poder do seu braço,
dispersou os homens de coração soberbo.
52 Depôs do trono os poderosos
e elevou os humildes.
53 Encheu de bens os famintos
e despediu vazios os ricos.
54 Veio em auxílio de Israel, seu servo,
lembrado da sua misericórdia,
55 conforme tinha prometido a nossos pais,
a Abraão e à sua posteridade para sempre.»

56 Maria ficou com Isabel cerca de três meses;
depois voltou para sua casa.

Nascimento e circuncisão de São João Batista

57 Completou-se para Isabel o tempo de dar à luz, e **28 FEV**
deu à luz um filho. 58 Os seus vizinhos e parentes ouvi- ***29 AGO***
ram dizer que o Senhor lhe tinha assinalado a sua mise-
ricórdia, e congratulavam-se com ela. 59 Aconteceu que,

ao oitavo dia, foram circuncidar o menino, e chamavam-
no pelo nome de seu pai, Zacarias. 60 Porém, interveio
sua mãe e disse:
«De nenhuma sorte, mas será chamado João.»
61 Disseram-lhe:
«Ninguém há na tua parentela que tenha esse nome.»
62 E perguntavam por acenos ao pai do menino como
queria que se chamasse. 63 Ele, pedindo uma tabuinha, es-
creveu assim: «O seu nome é João.» E todos ficaram admira-
dos. 64 Logo se abriu a sua boca, a sua língua se desprendeu,
e falava bendizendo a Deus. 65 O temor se apoderou de to-
dos os seus vizinhos, e divulgaram-se todas essas maravilhas
por todas as montanhas da Judeia. 66 Todos os que as ouvi-
ram as ponderavam no seu coração, dizendo:
«Quem virá a ser este menino?»
Porque a mão do Senhor era com ele.

O cântico de Zacarias: **Benedictus**

67 Zacarias, seu pai, ficou cheio do Espírito Santo e
profetizou, dizendo:
68 «*Bendito seja o Senhor, Deus de Israel,*
porque visitou e resgatou o seu povo,
69 e suscitou uma força para nos salvar
na casa de seu servo Davi,
70 conforme anunciou desde os tempos antigos
pela boca dos seus santos profetas;
71 para nos livrar de nossos inimigos
e das mãos de todos os que nos odeiam,
72 para exercer a sua misericórdia a favor de nossos pais

e lembrar-se da sua santa aliança,
73 e do juramento que fez a nosso pai Abraão
de nos conceder 74 que, livres das mãos dos nossos inimigos,
o sirvamos sem temor,
75 com santidade e justiça em sua presença,
todos os dias da nossa vida.
76 E tu, menino, serás chamado Profeta do Altíssimo,
porque irás *adiante da face do Senhor*
a preparar os seus caminhos,
77 para dar ao seu povo o conhecimento da salvação
pela remissão dos seus pecados,
78 graças à terna misericórdia do nosso Deus,
que nos trará do alto a visita do sol nascente,
79 *para alumiar os que jazem nas trevas*
e na sombra da morte,
e para dirigir os nossos pés no caminho da paz.»

80 E o menino crescia e se fortificava no espírito,
e habitava em lugares desertos até o dia da sua manifes-
tação a Israel.

Nascimento de Jesus
(Mt 1, 18-25)

2 1 Naqueles dias saiu um edito de César Augusto, pres- 29 FEV
crevendo o recenseamento de todo o mundo. 2 Esse 30 AGO
recenseamento foi anterior ao que se realizou quando
Quirino era governador da Síria. 3 Iam todos recensear-
se, cada um à sua cidade. 4 José foi também da Galileia,
da cidade de Nazaré, à Judeia, à cidade de Davi, que se
chamava Belém, porque era da casa e família de Davi,

5 para se recensear juntamente com Maria, sua esposa,
que estava grávida. 6 Ora, estando ali, aconteceu comple-
tarem-se os dias em que devia dar à luz, 7 e deu à luz o seu
filho primogênito; enfaixou-o e reclinou-o numa man-
jedoura, porque não havia lugar para eles na estalagem.

Adoração dos pastores

8 Naquela mesma região, havia uns pastores que vela-
vam e montavam guarda ao seu rebanho durante a noite.
9 Apareceu-lhes, então, um anjo do Senhor, e a glória
do Senhor os envolveu de luz, e tiveram grande temor.
10 Porém, o anjo disse-lhes:

«Não temais, porque eis que vos anuncio uma boa-
-nova, que será de grande alegria para todo o povo:
11 Nasceu-vos hoje na cidade de Davi o Salvador, que é
o Cristo, o Senhor. 12 Eis o que vos servirá de sinal: En-
contrareis um menino envolto em panos e deitado numa
manjedoura.»

13 E subitamente apareceu com o anjo uma multidão
da milícia celeste, louvando a Deus e dizendo:

14 «Glória a Deus no mais alto dos céus e paz na terra
aos homens por ele amados.»

15 Depois que os anjos se retiraram da sua presença
para o céu, os pastores diziam entre si:

«Vamos até Belém e vejamos o que é que lá sucedeu,
e o que é que o Senhor nos manifestou.»

16 Foram a toda pressa e encontraram Maria, José e o
menino deitado na manjedoura. 17 Vendo isso, relataram
o que se lhes dissera acerca do menino. 18 E todos os que

ouviram se admiraram das coisas que lhes tinham dito os pastores. 19 Maria conservava todas essas coisas, meditando-as no seu coração.

20 E os pastores voltaram, glorificando e louvando a Deus por tudo o que tinham ouvido e visto, conforme lhes foi dito.

Circuncisão de Jesus

(Mt 1, 25)

21 Depois que se completaram os oito dias para ser **1 MAR**
circuncidado o menino, foi-lhe posto o nome de Jesus, ***31 AGO***
como lhe tinha chamado o anjo antes que fosse concebido no ventre materno.

Purificação de Maria e Apresentação do Menino

22 Depois que se completaram os dias da purificação de Maria, segundo a Lei de Moisés, levaram-no a Jerusalém para o apresentar ao Senhor, 23 segundo o que está escrito na Lei do Senhor: *Todo o varão primogênito será consagrado ao Senhor*; 24 e para oferecerem em sacrifício, conforme o que também está escrito na Lei do Senhor, um par de rolas ou dois pombinhos.

Profecia do velho Simeão

25 Havia então em Jerusalém um homem chamado Simeão. Esse homem era justo e piedoso; esperava a consolação de Israel, e o Espírito Santo estava nele.

26 Tinha-lhe sido revelado pelo Espírito Santo que não ve-
ria a morte sem ver primeiro o Cristo do Senhor. 27 Foi
ao templo conduzido pelo Espírito; e, levando os pais o
menino Jesus para cumprirem as prescrições usuais da Lei
a seu respeito, 28 ele o tomou em seus braços e louvou a
Deus, dizendo:

29 «Agora, Senhor, podes deixar partir o teu servo em
paz, segundo a tua palavra;
30 porque os meus olhos viram
a tua salvação,
31 a qual preparaste
ante a face de todos os povos:
32 luz para iluminar as nações
e glória de Israel, teu povo.»

33 Seu pai e sua mãe estavam admirados das coisas que
dele se diziam. 34 Simeão os abençoou e disse a Maria,
sua mãe:

«Eis que este menino está posto para ruína e
ressurgimento de muitos em Israel, e para ser sinal de
contradição: 35 e uma espada trespassará a tua alma, para
que se descubram os pensamentos escondidos nos cora-
ções de muitos.»

A profetisa Ana

36 Havia também uma profetisa chamada Ana, filha de
Fanuel, da tribo de Aser. Estava em idade muito avançada;
tinha vivido sete anos com seu marido desde a sua virgin-
dade 37 e tinha permanecido viúva até os oitenta e quatro

anos; e não se afastava do Templo, servindo a Deus noite e
dia com jejuns e orações. 38 Ela também, sobrevindo nesta
mesma ocasião, louvava a Deus e falava de Jesus a todos os
que esperavam a redenção de Jerusalém.

Infância de Jesus

39 Depois que cumpriram tudo segundo o que man-
dava a Lei do Senhor, voltaram para a Galileia, para a sua
cidade de Nazaré. 40 O menino crescia e se fortificava
cheio de sabedoria, e a graça de Deus era com ele.

O Menino no Templo

41 Seus pais iam todos os anos a Jerusalém, pela festa da 2 MAR *1 SET*
Páscoa. 42 Quando chegou aos doze anos, indo eles a Jeru-
salém segundo o costume daquela festa, 43 acabados os dias
que ela durava, quando voltaram, ficou o menino Jesus
em Jerusalém sem que seus pais o advertissem. 44 Julgando
que ele estivesse na comitiva, caminharam uma jornada
e depois procuraram-no entre os parentes e conhecidos.
45 Não o encontrando, voltaram a Jerusalém em busca
dele. 46 Aconteceu que, três dias depois, o encontraram
no Templo sentado no meio dos doutores, ouvindo-os e
interrogando-os. 47 E todos os que o ouviam estavam ma-
ravilhados da sua sabedoria e das suas respostas. 48 Quando
o viram, admiraram-se. E sua mãe disse-lhe:

«Filho, por que procedeste assim conosco? Eis que teu pai e eu te procurávamos cheios de aflição.»

49 Ele disse-lhes:
«Por que me buscáveis? Não sabíeis que devo ocupar-
me das coisas de meu Pai?»
50 Eles, porém, não entenderam a palavra que lhes disse.

Vida oculta de Jesus em Nazaré
(Mt 2, 23)

51 Depois desceu com eles e foi a Nazaré; e era-lhes
submisso. Sua mãe conservava todas essas coisas no seu
coração. 52 Jesus crescia em sabedoria, em estatura e em
graça diante de Deus e dos homens.

II. PREPARAÇÃO DO MINISTÉRIO DE JESUS

Pregação de São João Batista
(Mt 3, 1-12; Mc 1, 1-8; Jo 1, 19-34)

3 1 No ano décimo quinto do império de Tibério César, 3 MA
sendo Pôncio Pilatos governador da Judeia, Herodes 2 SE
tetrarca da Galileia, Filipe, seu irmão, tetrarca da Itureia
e da província da Traconítida, Lisânias tetrarca da Abili-
na, 2 e sendo pontífices Anás e Caifás, o Senhor falou a
João, filho de Zacarias, no deserto. 3 E ele foi por toda a
terra do Jordão, pregando o batismo de penitência para
remissão dos pecados, 4 como está escrito no livro das
palavras do profeta Isaías:

Voz do que clama no deserto:
«Preparai o caminho do Senhor,
endireitai as suas veredas.
5 *Todo o vale será terraplanado*
e todo o monte e colina serão arrasados;
os caminhos tortuosos tornar-se-ão direitos
e os escabrosos, planos;
6 *e todo homem verá a salvação de Deus.»*

7 E dizia às multidões que vinham para ser por ele batizadas:

«Raça de víboras, quem vos ensinou a fugir da ira por
vir? 8 Fazei, portanto, frutos dignos de penitência, e não
comeceis a dizer: "Temos Abraão por pai." Porque eu vos
digo que Deus é poderoso para suscitar destas pedras fi-
lhos a Abraão. 9 Porque o machado já está posto à raiz das
árvores. Toda árvore que não dá bom fruto será cortada
e lançada no fogo.»

10 As multidões interrogavam-no, dizendo:

«Que devemos, pois, fazer?»

11 Respondendo, dizia-lhes:

«Quem tem duas túnicas, dê uma a quem não tem; e quem tem o que comer, faça o mesmo.»

12 Vieram também publicanos para serem batizados, e disseram-lhe:

«Mestre, que devemos nós fazer?»

13 Ele respondeu-lhes:

«Não exijais nada além do que vos está fixado.»

14 Interrogavam-no também os soldados:

«E nós, que faremos?»

Respondeu-lhes:

«Não façais violência a ninguém nem denuncieis falsamente, e contentai-vos com o vosso soldo.»

15 Estando o povo na expectativa e pensando todos nos seus corações que talvez João fosse o Cristo, 16 João respondeu, dizendo a todos:

«Eu na verdade batizo-vos em água, mas virá um mais forte do que eu, a quem não sou digno de desatar a correia das sandálias; ele vos batizará no Espírito Santo e no fogo; 17 tomará na sua mão a pá, limpará a sua eira e recolherá o trigo no seu celeiro; mas a palha, queimá-la-á num fogo inextinguível.»

18 Por muitas outras exortações anunciava ao povo a boa-nova.

Prisão de São João Batista

19 Porém, Herodes tetrarca, sendo repreendido por ele por causa de Herodíades, mulher de seu irmão, e por causa de todos os males que tinha feito, 20 acrescentou a todos os outros crimes também este: mandar meter João num cárcere.

Batismo de Jesus

(Mt 3, 13-17; Mc 1, 9-11)

21 E aconteceu que, recebendo o batismo todo o povo, 4 MAR
batizado também Jesus e estando em oração, abriu-se o 3 SET
céu, 22 e desceu sobre ele o Espírito Santo em forma corpórea como uma pomba. E ouviu-se do céu esta voz:

«Tu és o meu Filho dileto; em ti pus as minhas complacências.»

Genealogia de Jesus
(Mt 1, 1-17)

23 Jesus, quando começou o seu ministério, tinha cer-
ca de trinta anos, filho, como se julgava, de José, filho de
Heli, filho de Matate, 24 filho de Levi, filho de Melqui,
filho de Jané, filho de José, 25 filho de Matatias, filho
de Amós, filho de Naum, filho de Esli, filho de Nagé,
26 filho de Maate, filho de Matatias, filho de Semein, filho
de Joseque, filho de Jodá, 27 filho de Joanã, filho de Resá,
filho de Zorobabel, filho de Salatiel, filho de Neri, 28 fi-
lho de Melqui, filho de Adi, filho de Cosã, filho de Elma-
dã, filho de Her, 29 filho de Jesus, filho de Eliezer, filho de
Jorim, filho de Matate, filho de Levi, 30 filho de Simeão,
filho de Judá, filho de José, filho de Jonã, filho de Elia-
quim, 31 filho de Meleá, filho de Mená, filho de Matatá,
filho de Natã, filho de Davi, 32 filho de Jessé, filho de
Obede, filho de Booz, filho de Salá, filho de Naasson,
33 filho de Aminadabe, filho de Admin, filho de Arni,
filho de Esrom, filho de Farés, filho de Judá, 34 filho de
Jacó, filho de Isaac, filho de Abraão, filho de Taré, filho
de Nacor, 35 filho de Seruc, filho de Ragau, filho de Fa-
legue, filho de Éber, filho de Salá, 36 filho de Cainã, filho
de Arfaxade, filho de Sem, filho de Noé, filho de La-
mec, 37 filho de Matusalém, filho de Henoquec, filho de
Jarede, filho de Malaleel, filho de Cainã, 38 filho de Enós,
filho de Set, filho de Adão, filho de Deus.

Jejum e tentações de Jesus
(Mt 4, 1-11; Mc 1, 12-13)

4 1 Jesus, cheio do Espírito Santo, partiu do Jordão e
foi conduzido pelo Espírito ao deserto, 2 onde esteve
quarenta dias e foi tentado pelo diabo. Não comeu nada
nesses dias; passados eles, teve fome. 3 Então o diabo
disse-lhe:
«Se és Filho de Deus, dize a esta pedra que se converta
em pão.»
4 Jesus respondeu-lhe:
«Está escrito:
Não só de pão viverá o homem.»
5 Conduziu-o então a um alto monte, mostrou-lhe
num instante todos os reinos da terra 6 e disse-lhe:
«Dar-te-ei o poder de tudo isto e a glória destes
reinos, porque ela me foi dada, e eu a dou a quem quero.
7 Portanto, se tu me adorares, todos eles serão teus.»
8 Jesus respondeu-lhe:
«Está escrito:
Adorarás o Senhor teu Deus e a ele só servirás.»
9 Levou-o também a Jerusalém, colocou-o sobre
o pináculo do templo e disse-lhe:
«Se és Filho de Deus, lança-te daqui abaixo; 10 porque
está escrito:
*Ele dará ordens aos seus anjos a teu respeito para que te
guardem*; 11 e também:
*Eles te susterão em suas mãos, para não magoares o teu
pé em nenhuma pedra.*»
12 Jesus respondeu-lhe:

«Também foi dito:
Não tentarás o Senhor teu Deus.»
13 Terminada toda a tentação, retirou-se dele o diabo
até outra ocasião.

PRIMEIRA PARTE MINISTÉRIO DE JESUS NA GALILEIA

III. COMEÇO DO MINISTÉRIO DE JESUS

14 Jesus voltou sob o movimento do Espírito para 5 MAR *4 SET*
a Galileia, e a sua fama divulgou-se por toda a região.
15 Ensinava nas sinagogas e era aclamado por todos.

Pregação em Nazaré
(Mt 13, 53-58; Mc 6, 1-6)

16 Foi a Nazaré, onde se tinha criado, entrou na si-
nagoga, segundo o seu costume, em dia de sábado, e
levantou-se para fazer a leitura. 17 Foi-lhe dado o livro do
profeta Isaías. Quando desenrolou o livro, encontrou o
lugar onde estava escrito:

18 *O Espírito do Senhor repousou sobre mim;*
pelo que me ungiu
para anunciar a boa-nova aos pobres;
enviou-me a anunciar aos cativos a redenção
e aos cegos a recuperação da vista,

para pôr em liberdade os oprimidos
19 *e pregar o ano favorável do Senhor.*

20 Tendo enrolado o livro, deu-o ao ministro e sen-
tou-se. Estavam fixos nele os olhos de todos os que se
encontravam na sinagoga. 21 E começou a dizer-lhes:
«Hoje se cumpriu esta escritura que acabais de ouvir.»
22 E todos lhe davam testemunho e admiravam-se das
palavras de graça que saíam da sua boca, e diziam:
«Não é este o filho de José?»
23 Então disse-lhes:
«Sem dúvida vós me aplicareis este provérbio: "Médico, cura-te a ti mesmo. Todas aquelas grandes coisas que ouvimos dizer que fizeste em Cafarnaum, faze-as também aqui na tua pátria."»
24 Depois acrescentou:
«Em verdade vos digo que nenhum profeta é bem re-
cebido na sua pátria. 25 Em verdade vos digo que muitas
viúvas havia em Israel no tempo de Elias, quando foi fe-
chado o céu durante três anos e seis meses, e houve uma
grande fome por toda a terra; 26 e a nenhuma delas foi
mandado Elias, senão a uma mulher viúva de Sarepta, do
território de Sidônia. 27 Muitos leprosos havia em Israel
no tempo do profeta Eliseu; e nenhum deles foi curado,
senão Naamã, o sírio.»
28 Todos os que estavam na sinagoga, ouvindo isso,
encheram-se de ira. 29 Levantaram-se, lançaram-no fora
da cidade e conduziram-no até o cume do monte sobre
o qual estava edificada a sua cidade para o precipitarem.
30 Mas ele, passando pelo meio deles, retirou-se.

Jesus na sinagoga de Cafarnaum

(Mc 1, 21-28)

31 Foi a Cafarnaum, cidade da Galileia, e ali ensinava 6 MAR
aos sábados. 32 Espantavam-se da sua doutrina, porque *5 SET*
falava com autoridade.

33 Estava na sinagoga um homem possesso de um de-
mônio impuro, o qual exclamou em alta voz:

34 «Deixa-nos! Que tens tu que ver conosco, ó Jesus Naza-
reno? Vieste para nos perder? Sei quem és: o Santo de Deus!»

35 Jesus o repreendeu, dizendo:

«Cala-te e sai desse homem.»

E o demônio, depois de o ter lançado por terra no meio
de todos, saiu dele sem lhe fazer nenhum mal. 36 Todos se
atemorizaram e falavam uns com os outros, dizendo:

«Que palavra é esta, que manda com autoridade
e poder aos espíritos impuros e estes saem?»

37 E a sua fama ia-se espalhando por todos os lugares
da região.

Cura da sogra de São Pedro

(Mt 8, 14-15; Mc 1, 29-31)

38 Saindo Jesus da sinagoga, entrou em casa de Simão.
Ora, a sogra de Simão estava com febre muito alta.
Pediram-lhe por ela. 39 Ele, inclinando-se para ela, orde-
nou à febre, e a febre deixou-a. Ela, levantando-se logo,
servia-os.

Outras curas
(Mt 8, 16-17; Mc 1, 32-24)

40 Quando se pôs o sol, todos os que tinham enfer-
mos de diversas moléstias traziam-lhos. E ele, impondo
as mãos sobre cada um, sarava-os. 41 De muitos saíam
demônios, gritando:

«Tu és o Filho de Deus!»

Mas ele repreendia-os severamente e impunha-lhes silêncio, porque sabiam que ele era o Cristo.

Pregação em outras cidades da Judeia
(Mc 1, 35-39)

42 Quando se fez dia, tendo saído, foi para um lugar
deserto. As multidões puseram-se a procurá-lo e, tendo-o
encontrado, detinham-no para que se não afastasse deles.
43 Mas ele disse-lhes:

«É necessário que eu anuncie também às outras cidades a boa-nova do Reino de Deus, pois para isso é que fui enviado.»

44 E andava pregando nas sinagogas da Judeia.

Pesca milagrosa e vocação dos primeiros discípulos
(Mt 4, 18-25; Mc 1, 16-20; Jo 1, 35-51)

5 1 Um dia, comprimindo-se as multidões em volta dele
para ouvir a palavra de Deus, Jesus estava junto do
lago de Genesaré. 2 Viu duas barcas que estacionavam

à borda do lago; os pescadores tinham saído e lavavam
as redes. 3 Entrando numa dessas barcas, que era a de
Simão, rogou-lhe que se afastasse um pouco da terra.
Depois, estando sentado, ensinava o povo desde a barca.
4 Quando acabou de falar, disse a Simão:
«Faze-te ao largo e lançai as vossas redes para pescar.»
5 Respondeu Simão:
«Mestre, tendo trabalhado toda a noite, não apanhamos
nada; porém, sobre a tua palavra, lançarei a rede.»
6 Tendo feito isso, apanharam tão grande quantidade
de peixes, que a sua rede rompia-se. 7 Então fizeram sinal
aos companheiros que estavam na outra barca para que
os viessem ajudar. Vieram, e encheram tanto ambas as
barcas, que quase se afundavam. 8 Simão Pedro, vendo
isso, lançou-se aos pés de Jesus, dizendo:
«Afasta-te de mim, Senhor, pois eu sou um homem
pecador.»
9 Porque tanto ele como todos os que se encontravam
com ele ficaram tomados de espanto por causa da pesca
que tinham feito. 10 O mesmo tinha acontecido a Tiago
e a João, filhos de Zebedeu, que eram companheiros de
Simão. Jesus disse a Simão:
«Não tenhas medo; desta hora em diante serás
pescador de homens.»
11 Trazidas as barcas para terra e deixando eles tudo,
seguiram-no.

Cura de um leproso
(Mt 8, 1-4; Mc 1, 40-45)

12 Sucedeu que, encontrando-se Jesus numa cidade, 7 MA
apareceu um homem cheio de lepra, o qual, vendo Jesus, 6 SE
prostrou-se com o rosto por terra e suplicou-lhe:
«Senhor, se tu queres, podes limpar-me.»
13 Ele, estendendo a mão, tocou-o, dizendo:
«Quero, sê limpo.»
Imediatamente desapareceu dele a lepra. 14 Jesus
ordenou-lhe que a ninguém o dissesse, mas acrescentou:
«Vai, mostra-te ao sacerdote e oferece pela tua cura o que foi ordenado por Moisés, para lhes servir de testemunho.»
15 Dilatava-se assim cada vez mais a fama do seu
nome, e concorriam muitas multidões para o ouvir e ser
curadas das suas doenças. 16 Mas ele retirava-se para lu-
gares desertos e fazia oração.

Cura de um paralítico
(Mt 9, 1-8; Mc 2, 1-12)

17 Um dia, enquanto ensinava, estavam ali sentados
fariseus e doutores da Lei vindos de todas as aldeias da
Galileia, da Judeia e de Jerusalém; e o poder do Senhor
fazia-o operar curas. 18 E eis que uns homens, levan-
do sobre um leito um homem paralítico, procuravam
introduzi-lo dentro da casa e colocá-lo diante dele.
19 Porém, não encontrando por onde o introduzir por
causa da multidão, subiram ao telhado e, levantando as

telhas, desceram-no com o seu leito no meio de todos diante de Jesus. 20 Vendo a sua fé, Jesus disse:

«Homem, são-te perdoados os teus pecados!»

21 Então começaram os escribas e os fariseus a pensar e a dizer: «Quem é este que diz blasfêmias? Quem pode perdoar pecados, senão só Deus?»

22 Mas Jesus, conhecendo os seus pensamentos, respondeu-lhes:

«Que estais vós a pensar nos vossos corações? 23 Que coisa é mais fácil: dizer "São-te perdoados os teus pecados", ou dizer "Levanta-te e caminha"? 24 Pois, para que saibais que o Filho do Homem tem poder sobre a terra de perdoar pecados, eu te ordeno: Levanta-te, toma o teu leito e vai para tua casa.»

25 Levantando-se logo em presença deles, tomou o leito em que jazia e foi para sua casa glorificando a Deus.

26 Ficaram todos estupefatos e glorificavam a Deus. Cheios de temor, diziam:

«Hoje vimos coisas maravilhosas.»

A vocação de Mateus

(Mt 9, 9-13; Mc 2, 13-17)

27 Depois disso, Jesus saiu e viu sentado ao telônio um 8 MAR
publicano chamado Levi, e disse-lhe: *7 SET*

«Segue-me.»

28 Ele, deixando tudo, levantou-se e o seguiu.

29 E Levi ofereceu-lhe um grande banquete em sua casa, aonde concorreu grande número de publicanos

e doutros que estavam à mesa com eles. 30 Os fariseus e os
seus escribas murmuravam, dizendo aos discípulos dele:

«Por que comeis e bebeis vós com os publicanos e com os pecadores?»

31 Jesus respondeu-lhes:

«Os sãos não têm necessidade de médico, mas os
enfermos. 32 Não vim chamar os justos, mas os pecadores
à penitência.»

Questão sobre o jejum
(Mt 9, 14-17; Mc 2, 18-22)

33 Eles disseram-lhe:

«Os discípulos de João e os dos fariseus jejuam com frequência e fazem orações; os teus, porém, comem e bebem.»

34 Jesus respondeu-lhes:

«Porventura podeis vós fazer jejuar os amigos do
esposo enquanto o esposo está com eles? 35 Mas virão
dias em que lhes será tirado o esposo; então jejuarão nesses dias.»

36 Também lhes disse esta parábola:

«Ninguém põe um retalho de roupa nova em roupa
velha; doutro modo, o novo rompe o velho, e o retalho
do novo não condiz com o velho. 37 Também ninguém
põe vinho novo em odres velhos; doutro modo, o vinho
novo fará rebentar os odres e derramar-se-á, e perder-se
-ão os odres. 38 Mas o vinho novo deve colocar-se em
odres novos. 39 Ninguém, depois de ter bebido vinho
velho, quer do novo, porque diz: "O velho é melhor."»

Questão sobre o sábado

(Mt 12, 1-8; Mc 2, 23-28)

6 1 Num sábado, passando Jesus pelas searas, os seus 9 MAR *8 SET*
discípulos colhiam espigas e, debulhando-as com as mãos, as comiam. 2 Alguns dos fariseus disseram-lhes:

«Por que fazeis o que não é permitido nos sábados?»

3 Jesus respondeu-lhes:

«Não leste o que fez Davi, quando teve fome ele e os que com ele estavam? 4 Como entrou na casa de Deus, tomou os pães da proposição, comeu deles e deu aos seus companheiros, embora não fosse permitido comer deles senão aos sacerdotes?»

5 Depois acrescentou:

«O Filho do Homem é senhor do sábado.»

Cura do homem com a mão seca

(Mt 12, 9-14; Mc 3, 1-6)

6 Aconteceu que, em outro sábado, entrou Jesus na sinagoga e ensinava. Estava ali um homem que tinha a mão direita seca. 7 Os escribas e os fariseus o estavam observando para ver se curava ao sábado, a fim de terem de que o acusar. 8 Mas ele conhecia os seus pensamentos, e disse ao homem que tinha a mão seca:

«Levanta-te e põe-te em pé no meio.»

Ele, levantando-se, pôs-se de pé. 9 E Jesus disse-lhes:

«Pergunto-vos: É lícito aos sábados fazer o bem ou o mal, salvar a vida ou tirá-la?»

10 Depois, correndo a todos com o olhar, disse ao homem:
«Estende a tua mão.»
Ele estendeu-a, e a sua mão tornou-se sã. 11 Eles en-
cheram-se de furor e falavam uns com os outros para ver
o que fariam contra Jesus.

IV. MILAGRES E ATIVIDADE DE JESUS NA GALILEIA

Eleição dos Doze Apóstolos

(Mt 10, 1-4; Mc 3, 13-19)

12 Naqueles dias Jesus retirou-se para o monte a orar
e passou toda a noite em oração a Deus. 13 Quando se
fez dia, chamou os seus discípulos e escolheu doze den-
tre eles, aos quais deu o nome de apóstolos: 14 Simão,
a quem deu o nome de Pedro, e André seu irmão, Tia-
go, João, Filipe, Bartolomeu, 15 Mateus, Tomé, Tiago,
filho de Alfeu, Simão, chamado Zelota, 16 Judas irmão de
Tiago e Judas Iscariotes, que foi o traidor.

Discurso na planície

17 Descendo com eles, parou numa planície. Estava
lá um grande número dos seus discípulos e uma grande
multidão de toda a Judeia, de Jerusalém, do litoral de
Tiro e de Sidônia, 18 que tinham vindo para o ouvir e

para ser curados das suas doenças. Os que eram agitados
pelos espíritos impuros ficavam também sãos. 19 Todo
o povo procurava tocá-lo, porque saía dele uma virtude
que os curava a todos.

Bem-aventuranças e imprecações

(Mt 5, 1-12)

20 Levantando os olhos para os seus discípulos, dizia:
«Bem-aventurados os pobres, porque vosso é o Reino
de Deus.
21 «Bem-aventurados os que agora tendes fome, por-
que sereis saciados.
«Bem-aventurados os que agora chorais, porque rireis.
22 «Bem-aventurados sereis quando os homens vos
odiarem, vos repelirem, vos carregarem de injúrias e re-
jeitarem o vosso nome como mau, por causa do Filho do
Homem. 23 Alegrai-vos nesse dia e exultai, porque será
grande a vossa recompensa no céu; pois era assim que os
pais deles tratavam os profetas.
24 «Mas ai de vós, ó ricos, porque tendes a vossa
consolação!
25 «Ai de vós que agora estais saciados, porque vireis
a ter fome!
«Ai de vós que agora rides, porque gemereis e chorareis!
26 «Ai de vós quando todos os homens vos louvarem,
porque assim faziam aos falsos profetas os pais deles!

Amor aos inimigos
(Mt 5, 38-48)

27 «Mas digo-vos a vós que me ouvis: Amai os vossos 10 MAR
inimigos, fazei bem aos que vos odeiam; 28 abençoai os *9 SET*
que vos amaldiçoam, orai pelos que vos caluniam. 29 Ao
que te ferir numa face, oferece-lhe também a outra.
Ao que te tirar o manto, não o impeças de levar também
a túnica. 30 Dá a todo aquele que te pede, e, ao que leva
o que é teu, não lho tornes a pedir. 31 O que quereis que
vos façam os homens, fazei-o vós também a eles.

32 «Se vós amais os que vos amam, que mérito tendes?
Porque os pecadores também amam quem os ama. 33 Se
fizerdes bem aos que vos fazem bem, que mérito tendes?
Os pecadores também fazem isso. 34 Se emprestardes àque-
les de quem esperais receber, que mérito tendes? Os peca-
dores também emprestam aos pecadores, para que se lhes
faça outro tanto. 35 Vós, porém, amai os vossos inimigos,
fazei o bem e emprestai sem daí esperardes nada; e será
grande a vossa recompensa, e sereis filhos do Altíssimo,
que é bom para os ingratos e para os maus. 36 Sede miseri-
cordiosos, como também vosso Pai é misericordioso.

37 «Não julgueis, e não sereis julgados; não condeneis,
e não sereis condenados; perdoai, e sereis perdoados;
38 dai, e dar-se-vos-á: uma medida boa, cheia, recalcada
e acogulada vos será lançada nas dobras de vossas vestes.
Porque, com a mesma medida com que medirdes para os
outros, será medido para vós.»

Retidão de coração

(Mt 7, 1-5; 15-20; 24-27)

39 Disse-lhes também esta comparação:
«Pode porventura um cego guiar outro cego? Não
cairão ambos na vala?
40 «O discípulo não é mais que o mestre; mas todo
discípulo será perfeito, se for como seu mestre.
41 «Por que vês tu a palha no olho do teu irmão, e
não notas a trave que tens no teu? 42 Ou como podes
tu dizer a teu irmão: “Deixa, irmão, que eu tire do teu
olho a palha”, não vendo tu mesmo a trave que tens no
teu? Hipócrita, tira primeiro a trave do teu olho, e depois
verás com clareza para tirar a palha do olho de teu irmão.
43 «Porque não há boa árvore que dê mau fruto, nem
má árvore que dê bom fruto. 44 Porquanto cada árvo-
re se conhece pelo seu fruto; pois nem se colhem figos
dos espinheiros, nem se vindimam uvas de um abrolho.
45 O homem bom, do bom tesouro do seu coração tira o
bem; o homem mau, do mau tesouro tira o mal; porque
a boca fala da abundância do coração.
46 «Por que me chamais vós “Senhor, Senhor”, e não
fazeis o que eu vos digo? 47 Todo aquele que vem a mim
e ouve as minhas palavras e as põe em prática, vou mos-
trar-vos a quem ele é semelhante. 48 É semelhante a um
homem que, edificando uma casa, cavou profundamente
e pôs os alicerces sobre a rocha. Vindo uma inundação,
investiu a torrente contra aquela casa, e não pôde movê
-la, porque estava bem edificada.

49 «Mas aquele que ouve e não pratica é semelhante
a um homem que edificou a sua casa sobre a terra sem
fundamentos. Investiu a torrente contra ela, e logo caiu,
e foi grande a ruína daquela casa.»

A fé do centurião
(Mt 8, 5-13; Jo 4, 46-54)

7 1 Tendo terminado esse discurso ao povo, entrou em 11 MAR
Cafarnaum. 2 Ora, um centurião tinha doente, quase 10 SET
a morrer, um servo que lhe era muito querido. 3 Tendo
ouvido falar de Jesus, enviou-lhe alguns anciãos dos ju-
deus a pedir-lhe que viesse curar o seu servo. 4 Eles, tendo
ido ter com Jesus, pediam-lhe instantemente, dizendo:
«Ele merece que lhe faças essa graça, 5 porque é amigo
da nossa nação, e até nos edificou a sinagoga.»
6 Jesus foi com eles. Quando estava já perto da casa, o
centurião mandou-lhe amigos a dizer:
«Senhor, não te incomodes, porque eu não sou digno
de que entres em minha casa. 7 Por essa razão, nem eu me
achei digno de ir ter contigo; mas dize uma só palavra,
e o meu servo será curado. 8 Porque também eu, simples
subalterno, tendo soldados às minhas ordens, digo a um:
"Vai-te", e ele vai; e a outro: "Vem", e ele vem; e ao meu
servo: "Faze isto", e ele o faz.»
9 Jesus, ao ouvir isso, ficou admirado e, voltando-se
para a multidão que o seguia, disse:
«Em verdade vos digo que não encontrei tamanha fé
em Israel.»

Ressurreição do filho da viúva de Naim

10 Voltando para casa os que tinham sido enviados,
encontraram curado o servo.

11 No dia seguinte, foi ele para uma cidade chama-
da Naim. Iam com ele os seus discípulos e muito povo.
12 Quando chegou perto da porta da cidade, eis que era
levado um defunto a sepultar, filho único de uma vi-
úva; e ia com muita gente da cidade. 13 Tendo-a visto,
o Senhor, movido de compaixão para com ela, disse-lhe:

«Não chores.»

14 Aproximou-se, tocou no esquife, e os que o leva-
vam pararam. Então disse:

«Jovem, eu te ordeno, levanta-te.»

15 E sentou-se o que tinha estado morto, e começou a
falar. Depois, Jesus entregou-o à sua mãe. 16 Todos fica-
ram tomados de temor e glorificavam a Deus, dizendo:
«Um grande profeta apareceu entre nós»; e: «Deus visi-
tou o seu povo.»

17 Essa opinião a respeito dele espalhou-se por toda a
Judeia e por toda a região circunvizinha.

Embaixada de São João Batista

(Mt 11, 1-15)

18 Referiram a João os seus discípulos todas essas coi-
sas. 19 João chamou dois dos seus discípulos e enviou-os
a Jesus a dizer-lhe:

«És tu o que há de vir, ou devemos esperar outro?»

20 Tendo ido ter com ele, disseram-lhe:
«João Batista enviou-nos a ti para te perguntar:
"És tu o que há de vir, ou devemos esperar outro?"»
21 Naquela mesma ocasião, Jesus curou muitos de en-
fermidades, de males, de espíritos malignos, e deu vista a
muitos cegos. 22 Depois respondeu-lhes:
«Ide referir a João o que vistes e ouvistes: Os cegos
veem, os coxos andam, os leprosos são limpos, os surdos
ouvem, os mortos ressuscitam, aos pobres é anunciado o
Evangelho; 23 e bem-aventurado aquele que se não escan-
dalizar de mim.»
24 Tendo partido os mensageiros de João, começou 12 MA
Jesus a falar acerca de João às turbas: *11 SE*
«Que fostes vós ver no deserto? Uma cana agitada pelo
vento? 25 Mas que fostes ver? Um homem vestido de rou-
pas delicadas? Mas os que vestem roupas preciosas e vi-
vem entre delícias são os que vivem nos palácios dos reis.
26 Que fostes ver? Um profeta? Sim, vos digo eu, e mais
ainda que profeta. 27 Este é aquele de quem está escrito:

Eis que eu envio o meu mensageiro adiante de ti,
o qual preparará o teu caminho diante de ti.

28 «Porque eu vos digo: Entre os nascidos das mulhe-
res, não há maior profeta que João Batista; porém, o que
é menor no reino de Deus é maior do que ele.»
29 Todo o povo que o ouviu, mesmo os publicanos,
deram glória a Deus, recebendo o batismo de João.
30 Os fariseus, porém, e os doutores da Lei frustraram o de-
sígnio de Deus a respeito deles, não se fazendo batizar por ele.

Censuras contra a incredulidade
(Mt 11, 16-19)

31 «A quem, pois, compararei os homens desta
geração? A quem são semelhantes? 32 São semelhantes às
crianças que estão sentadas na praça, e que falam umas
às outras, dizendo:

"Tocamos flauta,
e vós não bailastes;
entoamos endechas,
e vós não chorastes."

33 «Porque veio João Batista, que não come pão nem
bebe vinho, e dizeis: "Tem um demônio." 34 Veio o Fi-
lho do Homem, que come e bebe, e dizeis: "Eis um
glutão e um bebedor de vinho, amigo dos publicanos e
dos pecadores."
35 «Mas a sabedoria foi justificada por todos os
seus filhos.»

O perdão da mulher pecadora

36 Um dos fariseus pediu-lhe que fosse comer com
ele. Tendo entrado em casa do fariseu, pôs-se à mesa.
37 Uma mulher, que era pecadora na cidade, quando
soube que ele estava à mesa em casa do fariseu, levou
um vaso de alabastro cheio de bálsamo. 38 Colocando-
se a seus pés por detrás dele, começou a banhar-lhe os
pés com lágrimas, e os enxugava com os cabelos da sua
cabeça, os beijava e os ungia com o bálsamo.

39 Vendo isso o fariseu que o tinha convidado, disse
consigo: «Se este fosse profeta, com certeza saberia quem
e de que tipo é a mulher que o toca: uma pecadora.»
40 Então, respondendo Jesus, disse-lhe:
«Simão, tenho uma coisa a dizer-te.»
Ele disse:
«Mestre, fala.»
41 «Um credor tinha dois devedores: um devia-lhe
quinhentos denários; o outro, cinquenta. 42 Não tendo
eles com que pagar, perdoou a ambos a dívida. Qual
deles, pois, mais amará?»
43 «Creio que aquele a quem perdoou mais», respon-
deu Simão.
Jesus disse-lhe:
«Julgaste bem.»
44 Em seguida, voltando-se para a mulher, disse a Simão:
«Vês esta mulher? Entrei em tua casa, e não me deste
água para os pés; ela com as suas lágrimas banhou os meus
pés e enxugou-os com os seus cabelos. 45 Não me deste o
ósculo; ela, porém, desde que entrou, não cessou de beijar
os meus pés. 46 Não ungiste a minha cabeça com bálsamo;
porém esta ungiu com bálsamo os meus pés. 47 Pelo que te
digo: São-lhe perdoados seus muitos pecados, porque muito
amou. Mas aquele a quem pouco se perdoa pouco ama.»
48 Depois disse à mulher:
«São-te perdoados os pecados.»
49 E os convidados começaram a dizer entre si:
«Quem é este que até perdoa pecados?»
50 Mas Jesus disse à mulher:
«A tua fé te salvou; vai em paz.»

As santas mulheres

8 1 Em seguida, Jesus caminhava pelas cidades e 13 MAR
aldeias, pregando e anunciando a boa-nova do Reino *12 SET*
de Deus. Andavam com ele os doze 2 e algumas mulheres
que tinham sido livradas de espíritos malignos e de en-
fermidades: Maria, chamada Madalena, da qual tinham
saído sete demônios, 3 Joana, mulher de Cusa, procura-
dor de Herodes, Susana e outras muitas que os assistiam
com suas posses.

Parábola do semeador. Sentido das parábolas

(Mt 13, 1-23; Mc 4, 1-20)

4 Juntando-se uma grande multidão de povo e tendo ido
ter com ele de diversas cidades, disse Jesus esta parábola:
5 «Saiu o semeador a semear a sua semente; ao seme-
á-la, uma parte caiu ao longo do caminho; foi calcada, e
as aves do céu comeram-na. 6 Outra parte caiu sobre pe-
dra; quando nasceu, secou, porque não tinha umidade.
7 A outra parte caiu entre os espinhos; logo os espinhos,
que nasceram com ela, a sufocaram. 8 Outra parte caiu
em boa terra; depois de nascer, deu fruto, cem por um.»

Dito isso, exclamou:

«Quem tem ouvidos para ouvir, ouça!»

9 Os seus discípulos perguntaram-lhe o que significa-
va essa parábola. 10 Ele respondeu-lhes:

«A vós é concedido conhecer os mistérios do Reino
de Deus, mas aos outros ele é anunciado por parábolas,
para que *vendo não vejam, e ouvindo não entendam.*

11 «Eis o sentido da parábola: A semente é a palavra de
Deus. 12 Os que estão ao longo do caminho são aqueles que
a ouvem, mas depois vem o diabo e tira a palavra do seu co-
ração para que não se salvem crendo. 13 Aqueles sobre pedra
são os que recebem com gosto a palavra quando a ouvem,
mas não têm raízes; por pouco tempo creem, mas no tempo
da tentação voltam atrás. 14 A que caiu entre espinhos são
aqueles que ouviram; porém, indo por diante, ficam sufo-
cados pelos cuidados, pelas riquezas e pelos deleites da vida,
e não dão fruto. 15 Enfim, a que caiu em boa terra represen-
ta aqueles que, ouvindo a palavra com coração reto e bom,
a retêm e dão fruto por sua perseverança.

Parábola da lâmpada
(Mc 4, 21-25)

16 «Ninguém, pois, acendendo uma lucerna, a cobre
com um vaso ou a põe debaixo da cama, mas põe-na
sobre um candeeiro, para que vejam a luz os que entram.
17 Porque nada há oculto que não acabe por ser manifes-
tado, nem escondido que não deva saber-se e tornar-se
público. 18 Vede, pois, como ouvis: porque àquele que
tem lhe será dado e, ao que não tem, ainda aquilo mesmo
que julga ter lhe será tirado.»

O verdadeiro parentesco com Jesus
(Mt 12, 46-50; Mc 3, 31-35; Lc 11, 27-28)

19 Foram ter com ele sua mãe e seus irmãos, e não
podiam aproximar-se dele por causa da multidão.

20 Foram dizer-lhe:
«Tua mãe e teus irmãos estão lá fora e querem ver-te.»
21 Ele respondeu-lhes:
«Minha mãe e meus irmãos são aqueles que ouvem a palavra de Deus e a praticam.»

A tempestade acalmada
(Mt 8, 23-27; Mc 4, 35-41)

22 Um dia, subiu com os seus discípulos numa barca **14 MAR** ***13 SET***
e disse-lhes:
«Passemos à outra margem do lago.»
Eles fizeram-se ao mar. 23 Enquanto iam navegando,
Jesus adormeceu. E levantou-se uma tempestade de vento
sobre o lago, e a barca enchia-se de água, e estavam em
perigo. 24 Aproximando-se dele, despertaram-no, dizendo:
«Mestre, Mestre! Nós perecemos!»
Ele, levantando-se, increpou o vento e as ondas, que
acalmaram, e veio a bonança. 25 Então disse-lhes:
«Onde está a vossa fé?»
Eles, cheios de temor, admiraram-se, dizendo uns para os outros:
«Quem é este que manda aos ventos e ao mar, e eles lhe obedecem?»

O endemoninhado de Gerasa
(Mt 8, 28-34; Mc 5, 1-20)

26 Aportaram no país dos gerasenos, que faz fronteira
com a Galileia. 27 Logo que saltou em terra, foi ter com

ele um homem daquele lugar possesso de muitos demônios. Não se vestia fazia muito tempo, nem habitava em casa, mas nos sepulcros. 28 Logo que viu Jesus, prostrou-se diante dele e começou a vociferar:

«Que tens tu comigo, Jesus, Filho do Deus Altíssimo? Suplico-te que me não atormentes.»

29 Porque Jesus mandava ao espírito impuro que saísse daquele homem, pois há muito tempo se tinha apoderado dele; estava preso com cadeias e grilhões, mas ele, quebradas as cadeias, era impelido pelo demônio para os desertos.

30 Jesus interrogou-o:

«Que nome é o teu?»

Ele respondeu:

«Legião», porque tinham entrado nele muitos demônios.

31 Estes lhe suplicavam que os não mandasse ir para o abismo.

32 Ora, andava por ali pastando no monte uma grande vara de porcos. Os demônios suplicavam-lhe que lhes permitisse entrar neles. Jesus lho permitiu. 33 Saíram, pois, do homem os demônios, entraram nos porcos, e logo a vara se precipitou com ímpeto por um despenhadeiro no lago, e se afogou. 34 Quando os guardas viram isso, fugiram e foram contá-lo à cidade e pelas aldeias. 35 Saíram a ver o que tinha acontecido, foram ter com Jesus e encontraram sentado a seus pés, vestido e em seu juízo, o homem de quem tinham saído os demônios; e tiveram medo. 36 Os que tinham presenciado contaram-lhes como o possesso tinha sido livrado. 37 E todo o povo do país dos gerasenos pediu-lhe que se retirasse deles,

porque estavam possuídos de grande temor. Ele, subindo
na barca, fez-se de volta. 38 O homem de quem tinham
saído os demônios pedia-lhe que o deixasse estar com ele.
Porém, Jesus o despediu, dizendo:
39 «Volta para tua casa e conta quanto Deus te fez.»
Ele foi e publicou por toda a cidade quanto Jesus lhe
tinha feito.

Ressurreição da filha de Jairo e cura da hemorroíssa
(Mt 9, 18-26; Mc 5, 21-43)

40 Tendo voltado Jesus, foi recebido pela multidão, **15 MAR** ***14 SET***
pois todos o estavam esperando. 41 Então, eis que veio
um homem, chamado Jairo, que era o chefe da sinagoga;
lançou-se aos pés de Jesus, implorando-lhe que fosse a
sua casa, 42 porque tinha uma filha única com cerca de
doze anos que estava morrendo. Enquanto Jesus ia cami-
nhando, era apertado pelo povo. 43 Então uma mulher,
que padecia de fluxo de sangue havia doze anos e tinha
despendido com médicos todos os seus bens sem poder
ser curada por nenhum deles, 44 aproximou-se por detrás
e tocou a orla de suas vestes; imediatamente, parou o
fluxo do seu sangue. 45 Jesus perguntou:
«Quem me tocou?»
Negando todos, disse Pedro:
«Mestre, as multidões apertam-te e oprimem-te.»
46 Mas Jesus disse:
«Alguém me tocou, porque conheci que saiu de mim
uma virtude.»

47 A mulher, vendo-se descoberta, aproximou-se tre-
mendo, prostrou-se a seus pés e declarou diante de todo
o povo a causa por que o tinha tocado, e como ficara logo
sã. 48 Jesus disse-lhe:
«Filha, a tua fé te salvou; vai em paz.»
49 Ainda ele não tinha acabado de falar, quando veio
um dizer ao chefe da sinagoga:
«Tua filha morreu, não importunes mais o Mestre.»
50 Jesus, tendo ouvido essas palavras, disse ao pai da
menina:
«Não temas, crê somente, e ela será salva.»
51 Tendo chegado à casa, não deixou entrar ninguém
com ele, senão Pedro, João, Tiago e o pai e a mãe da
menina. 52 Todos choravam e a lamentavam; porém, ele
disse-lhes:
«Não choreis; não está morta, mas dorme.»
53 E zombaram dele, sabendo que estava morta.
54 Então Jesus, tomando-a pela mão, disse em alta voz:
«Menina, levanta-te.»
55 O seu espírito voltou, e levantou-se imediatamen-
te. Ele mandou que lhe dessem de comer. 56 Seus pais fi-
caram cheios de assombro, e Jesus ordenou-lhes que não
dissessem a ninguém o que tinha acontecido.

V. VIAGEM DE JESUS COM SEUS APÓSTOLOS

Missão dos Apóstolos

(Mt 10, 5-15; Mc 6, 6-13)

9 1 Convocados os doze apóstolos, deu-lhes poder e 16 MAR 15 SET
autoridade sobre todos os demônios e para curar as
doenças. 2 Enviou-os a pregar o Reino de Deus e a curar
os doentes. 3 Disse-lhes:

«Não leveis nada para o caminho, nem bastão, nem
alforje, nem pão, nem dinheiro, nem leveis duas túnicas.
4 Em qualquer casa em que entrardes, ficai lá e não
saiais dela até a vossa partida. 5 Quando quaisquer não
vos receberem, ao sair dessa cidade sacudi até o pó dos
vossos pés em testemunho contra eles.»

6 Tendo eles partido, andavam de aldeia em aldeia
pregando o Evangelho e fazendo curas por toda parte.

Opinião de Herodes sobre Jesus

(Mt 14, 1-2; Mc 6, 14-16)

7 Herodes tetrarca ouviu falar de tudo o que se pas-
sava e não sabia que pensar, porque uns diziam: «É João
que ressuscitou dos mortos»; 8 outros: «É Elias que apa-
receu»; outros: «É um dos antigos profetas que ressusci-
tou». 9 Herodes disse:

«Eu mandei degolar João. Quem é, pois, esse de quem
ouço tais coisas?»

E buscava ocasião de o ver.

Regresso dos Apóstolos. Multiplicação dos pães
(Mt 14, 13-21; Mc 6, 30-44; Jo 6, 1-15)

10 Tendo voltado os apóstolos, contaram-lhe tudo o
que tinham feito. Ele, tomando-os consigo, retirou-se à
parte a um lugar do território de Betsaida. 11 Sabendo isso,
as multidões foram-no seguindo. E as recebeu, falou-lhes
do Reino de Deus e sarou os que necessitavam de cura.

12 O dia começava a declinar. Aproximando-se dele os doze, disseram-lhe:

«Despede as multidões para que, indo pelas aldeias e terras circunvizinhas, se alberguem e encontrem que comer, porque aqui estamos num lugar deserto.»

13 Ele respondeu-lhes:

«Dai-lhes vós de comer.»

Mas eles disseram:

«Não temos mais do que cinco pães e dois peixes, a
não ser que saiamos para comprar mantimento para toda
esta multidão», 14 pois eram quase cinco mil homens.

Então disse a seus discípulos:

«Mandai-os sentar divididos em grupos de cinquenta.»

15 Eles assim o executaram, e mandaram-nos sentar a todos.

16 Tendo tomado os cinco pães e os dois peixes, levan-
tou os olhos ao céu, abençoou-os, partiu-os e distribuiu
-os aos seus discípulos para que os servissem à multidão.
17 Comeram todos e ficaram saciados, e levantaram do
que lhes sobrou doze cestos de fragmentos.

18 Aconteceu que, estando a sós orando, se encontravam com ele os seus discípulos. Jesus interrogou-os:

«Quem dizem as multidões que sou eu?»

19 Responderam e disseram:
«João Batista. Mas há quem diga que és Elias, e outros
que ressuscitou um dos antigos profetas.»
20 Ele disse-lhes:
«E vós, quem dizeis que sou eu?»
Pedro, respondendo, disse:
«O Cristo de Deus.»
21 Mas ele mandou que o não dissessem a ninguém.

Jesus prediz sua Paixão e sua Glória. Necessidade da abnegação para seguir Jesus

(Mt 16, 21-28; Mc 8, 31-9, 1)

22 E acrescentou:
«É necessário que o Filho do Homem padeça muitas
coisas, que seja rejeitado pelos anciões, pelos príncipes
dos sacerdotes e pelos escribas, que seja morto e que
ressuscite ao terceiro dia.»
23 Depois, dirigindo-se a todos: **17 MAR** ***16 SET***
«Se alguém quer vir após de mim, negue-se a si
mesmo, tome a sua cruz todos os dias e siga-me. 24 Por-
que quem quiser salvar a sua vida perdê-la-á, e quem per-
der a sua vida por causa de mim salvá-la-á.
25 «Que aproveita ao homem ganhar todo o mundo,
se se perde a si mesmo e se faz dano a si? 26 Porque quem
se envergonhar de mim e das minhas palavras, também
o Filho do Homem se envergonhará dele quando vier
na sua majestade e na de seu Pai e dos santos anjos.
27 Digo-vos na verdade que estão aqui alguns presentes
que não morrerão sem que vejam o Reino de Deus.»

A Transfiguração
(Mt 17, 1-9; Mc 9, 2-13)

28 Cerca de oito dias depois dessas palavras, tomou
consigo Pedro, Tiago e João, e subiu a um monte para orar.
29 E, enquanto orava, tornou-se todo outro o seu rosto, e
as suas vestes tornaram-se um brancas e resplandecentes.
30 E eis que dois homens falavam com ele: Moisés e Elias,
31 os quais apareceram cheios de majestade, e falavam
da morte que ele devia sofrer em Jerusalém. 32 Pedro e
os que estavam com ele tinham-se deixado oprimir pelo
sono. Mas, despertando, viram a majestade de Jesus e os
dois homens que estavam com ele. 33 Quando estes se
separaram dele, Pedro disse a Jesus:

«Mestre, é bom para nós estar aqui; façamos três tendas: uma para ti, uma para Moisés e uma para Elias», não sabendo o que dizia.

34 Estando ele ainda a falar, formou-se uma nuvem
que os envolveu; e tiveram medo, quando os viram entrar
na nuvem. 35 Então saiu uma voz da nuvem, dizendo:

«Este é o meu Filho muito amado: ouvi-o.»

36 Ao soar aquela voz, Jesus ficou só. Eles calaram-se e a ninguém disseram naqueles dias nada do que tinham visto.

Cura do menino lunático
(Mt 17, 14-20; Mc 9, 14-29)

37 Sucedeu no dia seguinte que, descendo eles do
monte, lhes saiu ao encontro uma grande multidão.
38 E eis que um homem do meio da multidão clamou:

«Mestre, rogo-te que ponhas os olhos em meu filho,
porque é o único que tenho. 39 Um espirito maligno se
apodera dele e subitamente dá gritos, e o agita com violência fazendo-o espumar, e apenas o larga depois de o ter
dilacerado. 40 Pedi a teus discípulos que o expulsassem,
mas eles não puderam.»

41 Jesus respondeu:

«Ó geração incrédula e perversa, até quando estarei convosco e vos sofrerei? Traze cá o teu filho.»

42 Quando este se aproximou, o demônio lançou-o por terra e agitou-o com violência. Mas Jesus ameaçou o espírito impuro, sarou o menino e restituiu-o a seu pai.
43 E todos pasmavam da grandeza de Deus.

Segundo anúncio da Paixão

(Mt 17, 22-27; Mc 9, 30-32)

Estandos todos admirados das coisas que ele fazia, **18 MAR** ***17 SET***
Jesus disse aos seus discípulos:

44 «Ponde nos vossos corações estas palavras: O Filho do Homem está para ser entregue nas mãos dos homens.»

45 Eles, porém, não entendiam essa linguagem; era-lhes tão obscura que não compreendiam, e tinham medo de o interrogar acerca dela.

Humildade e tolerância

(Mt 18, 1-14; Mc 9, 33-50)

46 Começaram a discutir entre si sobre qual deles era
o maior. 47 Jesus, vendo os pensamentos do seu coração,

tomou pela mão um menino, colocou-o junto a si
48 e disse-lhes:

«Todo aquele que receber este menino em meu nome a mim recebe, e todo aquele que me receber recebe aquele que me enviou. Porque aquele que entre vós todos é o menor, esse é o maior.»

49 João, tomando a palavra, disse:

«Mestre, nós vimos um que expulsava os demônios em teu nome e lho proibimos, porque não anda conosco.»

50 Jesus respondeu-lhe:

«Não lho proibais, porque quem não é contra vós é por vós.»

SEGUNDA PARTE MINISTÉRIO NA SUBIDA A JERUSALÉM

VI. INÍCIO DA VIAGEM

Os samaritanos não recebem Jesus

51 Aconteceu que, aproximando-se o tempo da sua
ascensão, dirigiu-se resolutamente para Jerusalém 52 e en-
viou adiante de si mensageiros, os quais entraram numa
aldeia de samaritanos para lhe prepararem pousada;
53 mas não o receberam, por dar mostras de que ia para
Jerusalém. 54 Vendo isso, os seus discípulos Tiago e João
disseram:

«Senhor, queres que digamos que desça fogo do céu
e os consuma?»
55 Ele, porém, voltando-se para eles, repreendeu-os,
56 e foram para outra povoação.

Exigências para quem segue Jesus

(Mt 8, 18-22)

57 Indo eles pelo caminho, veio um homem que lhe disse:
«Seguir-te-ei para onde quer que fores.»
58 Jesus respondeu-lhe:
«As raposas têm suas covas e as aves do céu têm seus
ninhos; o Filho do Homem, porém, não tem onde recli-
nar a cabeça.»
59 A outro disse:
«Segue-me.»
Mas ele disse:
«Senhor, permite-me que eu vá primeiro sepultar
meu pai.»
60 «Deixa que os mortos sepultem os seus mortos»,
respondeu-lhe Jesus. «Vai tu anunciar o Reino de Deus.»
61 Um outro disse-lhe:
«Eu, Senhor, seguir-te-ei, mas permite que vá primeiro
dizer adeus aos de minha casa.»
62 Jesus respondeu-lhe:
«Ninguém que põe a sua mão no arado e olha para
trás é apto para o Reino de Deus.»

Missão dos setenta e dois discípulos

10 1 Depois disso, o Senhor escolheu outros seten- 19 MA
ta e dois e mandou-os dois a dois adiante de si 18 SE
por todas as cidades e lugares aonde ele estava para ir. 2 Dizia-lhes:

«Grande é na verdade a messe, mas os operários, poucos. Rogai, pois, ao dono da messe que mande operários para a sua messe. 3 Ide; eis que eu vos envio como cordeiros entre lobos. 4 Não leveis bolsa, nem alforje, nem calçado, e pelo caminho não saudeis ninguém. 5 Na casa em que entrardes dizei primeiro: "A paz seja nesta casa." 6 Se ali houver algum filho da paz, repousará sobre ele a vossa paz; do contrário, tornará para vós. 7 Permanecei na mesma casa, comendo e bebendo do que tiverem; porque o operário é digno da sua recompensa. Não andeis de casa em casa. 8 Em qualquer cidade em que entrardes e vos receberem, comei o que vos puserem diante; 9 curai os enfermos que nela houver e dizei-lhes: "Está próximo de vós o Reino de Deus." 10 Mas, em qualquer cidade em que entrardes e vos não receberem, saindo para as praças dizei: 11 "Até o pó da vossa cidade que se nos pegou aos pés sacudimos contra vós; não obstante isso, sabei que o Reino de Deus está próximo." 12 Digo-vos que, naquele dia, haverá menos rigor para Sodoma que para essa cidade.

Jesus a increpar as cidades incrédulas

(Mt 11, 20-24)

13 «Ai de ti, Corazim! Ai de ti, Betsaida! Porque, se em
Tiro e em Sidônia se tivessem operado as maravilhas que
se têm operado em vós, há muito tempo que teriam feito
penitência, cobertas de cilício e jazendo sobre a cinza.
14 Por isso haverá no dia do juízo menos rigor para Tiro e
Sidônia que para vós.
15 «E tu, Cafarnaum, acaso *te elevarás até o céu? Serás
abatida até o inferno*!
16 «Quem vos ouve a mim ouve, quem vos rejeita a mim
rejeita, e quem me rejeita rejeita aquele que me enviou.»

Regresso da missão

17 Os setenta e dois voltaram alegres, dizendo:

«Senhor, até os demônios se nos submetem em virtude do teu nome.»

18 Ele disse-lhes:
«Eu via Satanás cair do céu como um raio. 19 Eis que
vos dei poder de pisar sobre serpentes e escorpiões e de
vencer toda a força do inimigo, e nada vos fará dano.
20 Contudo, não vos alegreis porque os espíritos maus
vos estão sujeitos, mas alegrai-vos porque os vossos nomes estão escritos nos céus.»

Ação de graças de Jesus

(Mt 11, 25-30)

21 Naquela mesma hora Jesus exultou no Espírito 20 MA
Santo e disse: 19 SE
«Graças te dou, ó Pai, Senhor do céu e da terra, porque
escondeste estas coisas aos sábios e aos prudentes, e as
revelaste aos pequeninos. Assim é, ó Pai, porque assim
foi do teu agrado. 22 Todas as coisas me foram entregues
por meu Pai, e ninguém conhece quem é o Filho, senão
o Pai; nem quem é o Pai, senão o Filho e aquele a quem
o Filho o quiser revelar.»
23 Depois, tendo-se voltado para seus discípulos, disse:
«Ditosos os olhos que veem o que vós vedes. 24 Porque
eu vos afirmo que muitos profetas e reis desejaram ver o
que vedes, e não viram; ouvir o que ouvis, e não ouviram.»

VII. AMPLIAÇÃO DOS ENSINAMENTOS

Parábola do bom samaritano

(Mt 22, 34-40; Mc 12, 28-34)

25 Eis que se levantou um doutor da Lei e lhe disse
para o tentar:
«Mestre, que devo eu fazer para alcançar a vida
eterna?»
26 Jesus respondeu-lhe:
«O que é que está escrito na Lei? Como lês tu?»
27 Ele respondeu:

«*Amarás o Senhor teu Deus com todo o teu coração, com toda a tua alma, com todas as tuas forças* e com todo o teu entendimento, *e o teu próximo como a ti mesmo.*»

28 Jesus disse-lhe:

«Respondeste bem; faze isso e viverás.»

29 Mas ele, querendo justificar-se, disse a Jesus:

«E quem é o meu próximo?»

30 Jesus, retomando a palavra, disse:

«Um homem descia de Jerusalém para Jericó e caiu
nas mãos dos ladrões, que o despojaram e, tendo-lhe feito
feridas, retiraram-se, deixando-o meio morto. 31 Ora,
aconteceu que descia pelo mesmo caminho um sacerdo-
te, o qual, quando o viu, passou de largo. 32 Igualmente
um levita, chegando perto daquele lugar e vendo-o, pas-
sou adiante. 33 Um samaritano, porém, que ia de viagem,
chegou perto dele e, quando o viu, moveu-se de compai-
xão. 34 Aproximou-se, ligou-lhe as feridas lançando nelas
azeite e vinho e, pondo-o sobre o seu jumento, levou-o
a uma estalagem, e teve cuidado dele. 35 No dia seguinte
tirou dois denários, deu-os ao estalajadeiro e disse-lhe:
"Tem cuidado dele; quanto gastares a mais, eu to satisfa-
rei quando voltar." 36 Qual desses três te parece que foi o
próximo daquele que caiu nas mãos dos ladrões?»

37 Ele respondeu:

«O que usou com ele de misericórdia.»

Então Jesus disse-lhe:

«Vai e faze tu o mesmo.»

Marta e Maria acolhem Jesus

38 Indo em viagem, entrou numa aldeia, e uma mu- 21 MA
lher chamada Marta recebeu-o em sua casa. 39 Esta tinha 20 SE
uma irmã chamada Maria que, sentada aos pés do Se-
nhor, ouvia a sua palavra. 40 Marta, porém, afadigava-se
muito na contínua lida da casa. Aproximando-se, disse:
«Senhor, não se te dá que minha irmã me tenha deixa-
do só com o serviço da casa? Dize-lhe, pois, que me ajude.»
41 E o Senhor respondeu-lhe:
«Marta, Marta, tu afadigas-te e andas inquieta com
muitas coisas. 42 Entretanto, uma só coisa é necessária.
Maria escolheu a melhor parte, que lhe não será tirada.»

O Pai-nosso

(Mt 6, 9-13)

11 1 Estando ele a fazer oração em certo lugar, quan-
do acabou, um dos seus discípulos disse-lhe:
«Senhor, ensina-nos a orar, assim como também João
ensinou aos seus discípulos.»
2 Ele respondeu-lhes:
«Quando orardes, dizei:
Pai, santificado seja o teu nome, venha o teu reino.
3 O pão nosso de cada dia nos dá hoje;
4 perdoa-nos os nossos pecados, pois que também nós
perdoamos aos que nos ofenderam;
e não nos deixes cair em tentação.»

Eficácia da oração

(Mt 7, 7-11)

5 Disse-lhes mais:
«Se algum de vós tiver um amigo e for ter com ele
à meia-noite para lhe dizer: "Amigo, empresta-me três
pães, 6 porque um amigo meu acaba de chegar à mi-
nha casa de uma viagem e não tenho nada que lhe dar",
7 e ele, respondendo lá de dentro, disser: "'Não me sejas
importuno; a porta está agora fechada, os meus filhos e
eu estamos deitados; não me posso levantar para tos dar";
8 digo-vos que, ainda que ele se não levantasse a dar-lhos
por ser seu amigo, certamente pela sua importunação se
levantará e lhe dará tudo aquilo de que precisar.

9 «Eu digo-vos: Pedi, e dar-se-vos-á; buscai, e encontra-
reis; batei, e abrir-se-vos-á. 10 Porque todo aquele que pede
recebe, e o que busca encontra, e ao que bate se lhe abrirá.

11 «Se um filho pedir pão, qual é entre vós o pai que
lhe dará uma pedra? Ou, se lhe pedir um peixe, dar-lhe-á
ele, em vez do peixe, uma serpente? 12 Ou, se lhe pedir
um ovo, porventura dar-lhe-á um escorpião? 13 Se, pois,
vós, sendo maus, sabeis dar boas dádivas a vossos filhos,
quanto mais o vosso Pai celestial dará o Espírito Santo
aos que lho pedirem.»

Expulsão dos demônios e o Reino de Deus

(Mt 12, 22-37, 43-45; Mc 3, 22-27)

14 Jesus estava expulsando um demônio que era mudo. 22 MA
Depois de ter expulsado o demônio, o mudo falou, e as 21 SE
multidões ficaram maravilhadas. 15 Mas alguns disseram:
«Ele expulsa os demônios por virtude de Belzebu,
príncipe dos demônios.»

16 Outros, para o tentarem, pediam-lhe um prodí-
gio vindo do céu. 17 Ele, porém, conhecendo os seus
pensamentos, disse-lhes:

«Todo reino dividido contra si mesmo será devastado,
e cairá casa sobre casa. 18 Se, pois, Satanás está divi-
dido contra si mesmo, como estará em pé o seu reino?
Porque vós dizeis que por virtude de Belzebu é que eu lan-
ço fora os demônios. 19 Ora, se é por virtude de Belzebu
que eu lanço fora os demônios, vossos filhos por virtude
de quem os expulsam? Por isso eles mesmos serão os vossos
juízes. 20 Mas, se eu pelo dedo de Deus lanço fora os de-
mônios, certamente chegou a vós o Reino de Deus.

21 «Quando um valente armado guarda o seu palácio,
estão em segurança os bens que possui; 22 porém, se, sobre-
vindo outro mais valente do que ele, o vencer, tirar-lhe-á as
armas em que confiava e repartirá os seus despojos.

23 «Quem não é comigo é contra mim, e quem não
recolhe comigo dispersa.

24 «Quando o espírito impuro sai de um homem,
vaga por lugares áridos buscando repouso. Não o en-
contrando, diz: "Voltarei para minha casa, donde saí.
25 Quando vem, encontra-a varrida e adornada.

26 Então vai, toma consigo outros sete espíritos piores do que ele e, entrando, habitam ali. E o último estado daquele homem torna-se pior do que o primeiro.»

Exigência da palavra de Deus

(Lc 8, 19-21)

27 Aconteceu que, enquanto ele dizia essas palavras, uma mulher, levantando a voz do meio da multidão, disse-lhe:

«Bem-aventurado o ventre que te carregou e os peitos a que foste amamentado!»

28 Porém ele disse:

«Antes, bem-aventurados aqueles que ouvem a palavra de Deus e a põem em prática.»

O sinal de Jonas

(Mt 12, 38-42)

29 Concorrendo as multidões, começou a dizer:

«Esta geração é uma geração perversa; pede um sinal,
mas não lhe será dado outro sinal senão o sinal do profeta
Jonas. 30 Porque, assim como Jonas foi um sinal para os
ninivitas, também o Filho do Homem será um sinal para
esta geração. 31 A rainha do Sul levantar-se-á no dia do
juízo contra os homens desta geração e condená-los-á,
porque veio dos confins da terra ouvir a sabedoria de Salomão; entretanto, eis aqui quem é mais do que Salomão.

32 Os ninivitas levantar-se-ão no juízo contra esta geração e
condená-la-ão, porque fizeram penitência com a pregação
de Jonas; entretanto, eis aqui quem é mais do que Jonas.

Luz do corpo, luz da alma
(Mt 5, 15; 6, 22-23)

33 «Ninguém acende uma lâmpada e a põe em lugar 23 MAR
escondido, nem debaixo do alqueire, mas sobre o cande- 22 SET
labro, para que os que entram vejam a luz. 34 O teu olho
é a lâmpada do teu corpo. Se o teu olho for puro, todo
o teu corpo terá luz; se, porém, for mau, também o teu
corpo estará nas trevas. 35 Vê, pois, que a luz que está em ti
não seja trevas. 36 Se, pois, o teu corpo for todo luminoso,
sem ter parte alguma escura, todo ele será luminoso, como
quando a lâmpada te ilumina com o seu resplendor.»

Censuras aos escribas e fariseus
(Mt 23, 1-36)

37 Enquanto Jesus falava, um fariseu convidou-o a
fazer a refeição com ele. Tendo entrado, pôs-se à mesa.
38 Ora, o fariseu estranhou que ele não se tivesse lavado
antes de comer. 39 Mas o Senhor disse-lhe:
«Agora vós, os fariseus, limpais o que está por fora do
vaso e do prato, mas o vosso interior está cheio de rapina
e de iniquidade. 40 Néscios! Acaso quem fez o que está de
fora não fez também o que está por dentro? 41 Dai, con-
tudo, esmola segundo os vossos meios, e tudo será puro
para vós. 42 Mas ai de vós, fariseus, que pagais o dízimo

da hortelã, da arruda e de toda a casta de ervas, e desprezais a justiça e o amor de Deus! Era necessário praticar estas coisas, mas não omitir aquelas.

43 «Ai de vós, fariseus, que gostais de ter as primeiras cadeiras nas sinagogas e as saudações nas praças!

44 «Ai de vós, porque sois como os sepulcros que não se veem, e sobre os quais se anda sem saber!»

45 Então um dos doutores da Lei, tomando a palavra, disse-lhe:
«Mestre, falando assim, também nos ofendes a nós.»

46 Jesus respondeu-lhe:
«Ai de vós também, doutores da Lei, porque carregais os homens de pesos insuportáveis, e vós nem com um dedo vosso tocais a carga!

47 «Ai de vós, que edificais sepulcros aos profetas,
quando foram os vossos pais que lhes deram a morte!
48 Por certo dais a conhecer que aprovais as obras de vos-
sos pais, porque eles os mataram e vós edificais os seus
sepulcros. 49 Por isso disse a sabedoria de Deus: "Man-
dar-lhes-ei profetas e apóstolos, e eles darão a morte a
uns e perseguirão outros, 50 para que a esta geração se
peça conta do sangue de todos os profetas derramado
desde o princípio do mundo, 51 desde o sangue de Abel
até o sangue de Zacarias, que foi morto entre o altar e o
templo". Sim, eu vos digo que será pedida conta disso a
esta geração.

52 «Ai de vós, doutores da Lei, que usurpastes a chave da ciência! Nem entrastes vós, nem deixastes entrar os que queriam entrar.»

53 Dizendo-lhes ele essas coisas, começaram os fariseus e doutores da Lei a insistir fortemente e a importuná-lo

com muitas perguntas, 54 armando-lhe laços e buscando ocasião de lhe apanharem da boca alguma palavra para o acusarem.

VIII. ANÚNCIO ESCATOLÓGICO

Vários ensinamentos de Jesus

(Mt 10, 16-42)

12 1 Tendo-se juntado ao redor de Jesus milhares e 24 MAR
milhares de pessoas, de sorte que se atropelavam *23 SET*
uns aos outros, começou ele a dizer aos seus discípulos:

«Guardai-vos do fermento dos fariseus, que é a hipocrisia. 2 Nada há oculto que não venha a descobrir-se, e nada há escondido que não venha a saber-se. 3 Por isso as coisas que dissestes nas trevas serão ouvidas às claras, e o que falastes ao ouvido no gabinete será apregoado sobre os telhados.

4 «A vós, pois, meus amigos, vos digo: não tenhais medo daqueles que matam o corpo e depois nada mais podem fazer. 5 Eu vou mostrar-vos a quem haveis de temer: temei aquele que, depois de matar, tem poder de lançar no inferno; sim, eu vos digo, temei esse. 6 Não se vendem cinco passarinhos por dois asses? Entretanto, nem um só deles está em esquecimento diante de Deus. 7 Até os cabelos da vossa cabeça estão todos contados. Não temais, pois; vós valeis mais que muitos passarinhos.

8 «Digo-vos: Todo aquele que me confessar diante dos homens, também o Filho do Homem o confessará diante

dos anjos de Deus. [9] Quem me negar diante dos homens
será negado diante dos anjos de Deus.
[10] «A todo aquele que falar contra o Filho do Homem,
ser-lhe-á dado perdão; mas, àquele que blasfemar contra
o Espírito Santo, não lhe será perdoado.
[11] «Quando vos levarem às sinagogas e perante os ma-
gistrados e autoridades, não cuideis de que modo respon-
dereis ou do que direis, [12] porque o Espírito Santo vos
ensinará naquele mesmo momento o que deveis dizer.»

A parábola do rico insensato

[13] Então disse-lhe alguém da multidão:
«Mestre, dize a meu irmão que me dê a minha parte
da herança.»
[14] Jesus respondeu-lhe:
«Homem, quem me constituiu juiz ou árbitro entre vós?»
[15] Depois disse-lhes:
«Guardai-vos cuidadosamente de toda avareza, porque
a vida de cada um, ainda que esteja na abundância, não
depende dos bens que possui.»
[16] E propôs-lhes uma parábola:
«Os campos de um homem rico tinham dado
abundantes frutos. [17] Ele andava discorrendo consigo:
"Que farei, já que não tenho onde recolher os meus fru-
tos?" [18] Depois disse: "Farei isto: Demolirei os meus ce-
leiros, fá-los-ei maiores, neles recolherei todos os meus
grãos e os meus bens, [19] e direi à minha alma: Ó alma,
tu tens muitos bens em depósito para largos anos; des-
cansa, come, bebe e regala-te." [20] Mas Deus disse-lhe:

"Néscio, esta noite te virão demandar a tua alma; e as
coisas que juntaste, para quem serão?" 21 Assim é o que
entesoura para si, e não é rico para Deus.»

Abandono na Providência de Deus
(Mt 6, 19-34)

22 Depois disse a seus discípulos:
«Portanto vos digo: "Não andeis demasiadamente 25 MAR *24 SET*
inquietos nem com o que vos é preciso para a vossa vida,
nem com o que vos é preciso para vestir o vosso corpo.
23 A vida vale mais que o alimento, e o corpo mais que
as vestes. 24 Considerai os corvos, que não semeiam, nem
ceifam, nem têm despensa, nem celeiro; e Deus, con-
tudo, sustenta-os. Quanto mais valeis vós do que eles?
25 Qual de vós, por muito que pense, pode acrescentar
um só côvado à duração da sua vida? 26 Se vós, pois, não
podeis fazer o que é mínimo, por que estais em cuidado
sobre as outras coisas? 27 Considerai como crescem os
lírios: não trabalham nem fiam; contudo, digo-vos que
nem Salomão em toda a sua glória se vestia como um
deles. 28 Se, pois, a erva, que hoje está no campo e ama-
nhã se lança no forno, Deus a veste assim, quanto mais
a vós, homens de pouca fé? 29 Vós, pois, não procureis
com cuidados excessivos o que haveis de comer ou beber;
não andeis preocupados. 30 Porque são as nações deste
mundo que buscam com excessivo cuidado todas essas
coisas. Mas o vosso Pai sabe que tendes necessidade delas.
31 Buscai, pois, em primeiro lugar o Reino de Deus e a sua
justiça, e todas essas coisas vos serão dadas por acréscimo.

32 «Não temas, pequenino rebanho, porque foi do
agrado do vosso Pai dar-vos o Reino. 33 Vendei o que
possuís e dai esmola; provei-vos de bolsas que não en-
velhecem, de um tesouro inexaurível no céu, onde não
chega o ladrão nem a traça rói. 34 Porque onde está o
vosso tesouro, aí estará também o vosso coração.

Exortação à vigilância e a parábola do semeador

(Mt 24, 42-51)

35 «Estejam cingidos os vossos rins, e acesas as vossas
lâmpadas. 36 Fazei como os homens que esperam o seu
senhor quando volta das bodas, para que, quando vier e
bater à porta, logo lha abram. 37 Bem-aventurados aqueles
servos a quem o Senhor achar vigiando quando vier. Em
verdade vos digo que se cingirá, os fará pôr a mesa e, pas-
sando por entre eles, os servirá. 38 Se vier na segunda vigí-
lia, ou na terceira, e assim os encontrar, bem-aventurados
são aqueles servos. 39 Sabei que, se o pai de família soubes-
se a hora em que viria o ladrão, vigiaria sem dúvida e não
deixaria minar a sua casa. 40 Vós, pois, estai preparados,
porque na hora que não cuidais virá o Filho do Homem.»

41 Pedro disse-lhe:

«Senhor, dizes essa parábola só para nós ou para todos?»

42 O Senhor respondeu:

«Quem é o administrador fiel e prudente que o **26 MAR** ***25 SET***
Senhor estabelecerá sobre as pessoas da sua casa, para
dar a cada um a seu tempo a ração de trigo? 43 Bem-
-aventurado aquele servo a quem o Senhor, quando vier,
achar procedendo assim. 44 Em verdade vos digo que o

constituirá administrador de tudo quanto possui. 45 Porém,
se aquele servo disser no seu coração: "O meu senhor tar-
da em vir", e começar a espancar os criados e as criadas, a
comer, a beber e a embriagar-se, 46 chegará o senhor desse
servo no dia em que ele o não espera e na hora em que ele
não sabe, removê-lo-á e pô-lo-á à parte com os infiéis. 47
Aquele servo que conheceu a vontade do seu senhor e nada
preparou, e não procedeu conforme a sua vontade, levará
muitos açoites. 48 Quanto àquele que, não a conhecendo,
fez coisas dignas de castigo, levará poucos açoites; porque a
todo aquele a quem muito foi dado, muito lhe será exigido;
e a quem muito confiaram, mais conta lhe tomarão.

Jesus como sinal de contradição

(Mt 10, 34-36)

49 «Eu vim trazer fogo à terra, e que quero eu senão
que ele se acenda? 50 Eu tenho de receber um batismo,
e quão grande é a minha ânsia até que ele se conclua!
51 Julgais que vim trazer paz à terra? Não, vos digo eu,
mas divisão; 52 porque, de hoje em diante, haverá numa
casa cinco pessoas divididas: três contra duas e duas con-
tra três. 53 Estarão divididos: o pai contra o filho *e o filho
contra o pai*, a mãe contra a filha e *a filha contra a mãe*,
a sogra contra a nora e *a nora contra a sogra*.»

Saber discernir

(Mt 5, 25-26; 16, 2-3)

54 Dizia também às multidões:
«Quando vós vedes levantar-se uma nuvem no poente,
logo dizeis: "Aí vem chuva", e assim sucede. 55 Quando sentis
soprar o vento do sul, dizeis: "Haverá calor", e assim sucede.
56 Hipócritas, sabeis distinguir os aspectos da terra e do céu;
como, pois, não sabeis reconhecer o tempo presente? 57 E por
que não discernis também por vós mesmos o que é justo?
58 «Quando, pois, fores com o teu adversário ao ma-
gistrado, faze o possível para te reconciliares com ele no
caminho, para que não suceda que te leve ao juiz, que o
juiz te entregue ao meirinho e que o meirinho te meta
na cadeia. 59 Digo-te que não sairás de lá enquanto não
pagares até o último centavo.»

Necessidade da conversão

13 1 Nesse mesmo tempo chegaram alguns a dar-lhe a
notícia de certos galileus, cujo sangue Pilatos mis-
turara com o dos sacrifícios deles. 2 Jesus respondeu-lhes:
«Vós julgais que aqueles galileus eram maiores
pecadores que todos os outros galileus por terem
padecido tanto? 3 Não, eu vo-lo digo; mas, se não fizerdes
penitência, todos perecereis do mesmo modo. 4 Assim
como também aqueles dezoito homens sobre os quais
caiu a torre de Siloé e os matou; julgais que eles também

foram mais culpados que todos os outros habitantes de
Jerusalém? 5 Não, eu vo-lo digo; mas, se não fizerdes
penitência, todos perecereis do mesmo modo.»

Parábola da figueira estéril

6 Dizia também esta parábola:
«Um homem tinha uma figueira plantada na sua 27 MAR 26 SET
vinha. Foi buscar fruto e não o encontrou. 7 Então disse
ao vinhateiro: "'Eis que há três anos venho buscar fruto
desta figueira e não o encontro. Corta-a; para que está ela
ocupando terreno inutilmente?" 8 Ele, porém, respon-
deu-lhe: «Senhor, deixa-a ainda este ano, enquanto eu a
cavo ao redor e lhe lanço esterco. 9 Se isso der fruto, bem
está; senão, cortá-la-ás depois."»

Jesus cura uma mulher no sábado

10 Jesus estava ensinando numa sinagoga em dia de
sábado. 11 Estava lá uma mulher possessa de um espírito
que a tinha doente havia dezoito anos; andava encurvada
e não podia absolutamente levantar a cabeça. 12 Jesus,
vendo-a, chamou-a e disse-lhe:
«Mulher, estás livre da tua enfermidade.»
13 Impôs-lhe as mãos, e imediatamente ficou direita,
e glorificava a Deus.
14 Mas, tomando a palavra o chefe da sinagoga, in-
dignado de que Jesus tivesse curado em dia de sábado,
disse ao povo:

«Há seis dias para trabalhar; vinde, pois, nesses e sede
curados, mas não em dia de sábado.»
15 O Senhor disse-lhe:
«Hipócritas, qualquer de vós não solta aos sábados o seu
boi ou seu jumento da manjedoura para os levar a beber?
16 E esta filha de Abraão, que Satanás tinha presa havia de-
zoito anos, não devia ser livre dessa prisão ao sábado?»
17 Dizendo essas coisas, envergonhavam-se todos os
seus adversários e alegrava-se todo o povo de todas as
ações que gloriosamente eram praticadas por ele.

Parábola do grão de mostarda e do fermento

(Mt 13, 31-35; Mc 4, 30-32)

18 Dizia também:
«A que é semelhante o Reino de Deus, e a que o
compararei eu? 19 É semelhante a um grão de mostarda
que um homem tomou e semeou na sua horta; cresceu,
tornou-se uma grande planta, e as aves do céu repousa-
ram nos seus ramos.»
20 Disse outra vez:
«A que direi que o Reino de Deus é semelhante? 21 É se-
melhante ao fermento que uma mulher tomou e misturou
em três medidas de farinha, até que ficasse tudo levedado.»

A porta estreita

(Mt 7, 13-14.21-23)

22 Ia pelas cidades e aldeias ensinando e caminhando
para Jerusalém. 23 Alguém lhe perguntou:

«Senhor, são poucos os que se salvam?»
Ele respondeu-lhes:
24 «Esforçai-vos por entrar pela porta estreita, porque
vos digo que muitos procurarão entrar e não consegui-
rão. 25 Quando o pai de família tiver entrado e fechado
a porta, vós, estando fora, começareis a bater à porta,
dizendo: "Senhor, abre-nos"; e ele vos responderá: "Não
sei donde vós sois." 26 Então começareis a dizer: "Come-
mos e bebemos em tua presença, tu ensinaste nas nossas
praças." 27 Ele vos dirá: "Não sei donde sois; *apartai-vos
de mim vós todos que praticais a iniquidade*." 28 Ali ha-
verá choro e ranger de dentes, quando virdes Abraão,
Isaac, Jacó e todos os profetas no Reino de Deus, e vós
serdes expulsos para fora. 29 Virão muitos do oriente,
do ocidente, do norte e do sul, e se sentarão à mesa no
Reino de Deus. 30 Então haverá últimos que serão os
primeiros, e primeiros que serão os últimos.»

Resposta de Jesus a Herodes

31 No mesmo momento, alguns dos fariseus foram dizer-lhe: 28 MAR
«Sai e vai-te daqui, porque Herodes quer-te matar.» *27 SET*
32 Ele respondeu-lhes:
«Ide dizer a essa raposa: "Eis que eu lanço fora os
demônios e faço curas hoje e amanhã, e ao terceiro dia
estou no termo. 33 Importa, contudo, que eu cami-
nhe ainda hoje, amanhã e no dia seguinte; porque não
convém que um profeta morra fora de Jerusalém."

Queixa contra Jerusalém

(Mt 23, 37-39)

34 «Jerusalém, Jerusalém, que matas os profetas e apedre-
jas os que te são enviados! Quantas vezes quis juntar os teus
filhos como a galinha recolhe os seus pintinhos debaixo das
asas, e tu não quiseste! 35 Eis que *vos será deixada deserta a
vossa casa.* Digo-vos que não me vereis, até que venha o dia
em que digais: *Bendito o que vem em nome do Senhor.*»

Jesus cura um hidrópico no sábado

14 1 Entrando Jesus, um sábado, em casa de um dos
principais fariseus para comer, eles o estavam ob-
servando. 2 Encontrava-se diante dele um homem hidró-
pico. 3 Jesus, dirigindo a palavra aos doutores da Lei e aos
fariseus, disse-lhes:

«É licito ou não fazer curas ao sábado?»

4 Eles ficaram calados. Então Jesus, pegando no ho-
mem pela mão, curou-o e mandou-o embora. 5 Dirigindo-
se depois a eles, disse:

«Quem dentre vós, se o seu filho ou o seu boi cair num
poço, o não tirará logo, ainda que seja em dia de sábado?»

6 Eles não sabiam o que replicar a isso.

Lição sobre a humildade

7 Disse também uma parábola, observando como os
convidados escolhiam os primeiros lugares à mesa:

8 «Quando fores convidado para bodas, não te ponhas
no primeiro lugar, porque pode ser que outra pessoa de
mais consideração do que tu tenha sido convidada pelo
dono da casa 9 e que, vindo este que te convidou a ti e
a ele, te diga: "Cede o lugar a este", e tu envergonhado
vás ocupar o último lugar. 10 Mas, quando fores convi-
dado, vai tomar o último lugar, para que, quando vier o
que te convidou, te diga: "Amigo, vem mais para cima."
Então terás com isso glória na presença dos que estiverem
juntamente à mesa; 11 porque todo o que se exalta será
humilhado, e o que se humilha será exaltado.»

Atitude diante dos pobres

12 Dizia mais ao que o tinha convidado:
«Quando deres algum jantar ou ceia, não convides os
teus amigos, nem os teus irmãos, nem os parentes, nem
os vizinhos ricos, para que não aconteça que também eles
te convidem e te paguem com isso. 13 Mas, quando de-
res algum banquete, convida pobres, aleijados, coxos e
cegos; 14 e serás bem-aventurado, porque esses não têm
com que retribuir; mas ser-te-á isso retribuído na ressur-
reição dos justos.»

Parábola dos convidados às bodas

(Mt 22, 1-14)

15 Tendo ouvido essas coisas, um dos convivas disse-lhe: 29 MAR
«Bem-aventurado o que participar do banquete no 28 SET
Reino de Deus.»

16 Jesus respondeu-lhe:

«Um homem fez uma grande ceia, para a qual convidou
muitos. 17 À hora da ceia, mandou um servo seu dizer
aos convidados: “Vinde, porque tudo está preparado.” 18
Mas todos começaram a escusar-se. O primeiro disse-lhe:
“Comprei um campo e é-me necessário ir vê-lo; rogo-te
que me dês por escusado.” 19 Outro disse: “Comprei cin-
co juntas de bois e vou experimentá-las; rogo-te que me
dês por escusado.” 20 Disse também outro: “Casei-me,
por isso não posso ir.” 21 Voltando o servo, referiu essas
coisas ao seu senhor. Então, irado, o pai de família disse
ao seu servo: “Vai já pelas praças e pelas ruas da cidade;
traz aqui os pobres, os aleijados, os cegos e os coxos.” 22
Disse o servo: “Senhor, está feito como mandaste, e ainda
há lugar.” 23 Disse o senhor ao servo: “Vai pelos cami-
nhos e ao longo dos cercados, e força-os a vir, para que se
encha a minha casa. 24 Porque eu vos digo que nenhum
daqueles que foram convidados provará a minha ceia.”»

Condições para seguir Jesus
(Mt 10, 37-38; 5, 13)

25 Ia com ele grande multidão de povo. Jesus, voltan-
do-se, disse-lhes:

26 «Se alguém vem a mim e não se desprende de seu
pai, sua mãe, sua mulher, seus filhos, seus irmãos, suas ir-
mãs e até a sua vida não pode ser meu discípulo. 27 Quem
não leva a sua cruz e me segue não pode ser meu discípulo.

28 «Porque qual de vós, querendo edificar uma tor-
re, não se assenta primeiro para calcular a despesa e ver

se tem com que a acabar? 29 Para que, depois de ter as-
sentado o fundamento e não a poder terminar, todos os
que virem não comecem a fazer zombaria dele, dizendo:
30 "Este homem principiou a edificar e não pôde termi-
nar." 31 Ou qual é o rei que, estando para entrar em guer-
ra contra outro rei, não se assenta primeiro a considerar
se com dez mil homens pode ir encontrar-se com o que
traz contra ele vinte mil? 32 Doutra maneira, quando o
outro está ainda longe, enviando embaixadores pede-lhe
paz. 33 Assim, pois, qualquer de vós que não renuncia a
tudo o que possui não pode ser meu discípulo.

34 «O sal é bom; porém, se o sal perder a força, com
que se há de temperar? 35 Não é bom nem para a terra,
nem para estrume, mas será lançado fora. O que tem
ouvidos para ouvir, ouça.»

IX. PARÁBOLAS DA MISERICÓRDIA

A ovelha perdida

(Mt 18, 12-14)

15 1 Aproximavam-se dele os publicanos e os peca- 30 MAR
dores para o ouvir. 2 Os fariseus e os escribas mur- 29 SET
muravam, dizendo:

«Este recebe os pecadores e come com eles.»

3 Então propôs-lhes esta parábola:

4 «Qual de vós, tendo cem ovelhas, se perde uma
delas, não deixa as noventa e nove no deserto para ir
procurar a que se tinha perdido até que a encontre?

[5] E, tendo-a encontrado, a põe sobre os ombros todo
contente [6] e, indo para casa, chama os seus amigos e vizi-
nhos, dizendo-lhes: "Alegrai-vos comigo, porque encon-
trei a minha ovelha que se tinha perdido." [7] Digo-vos
que, do mesmo modo, haverá maior júbilo no céu por
um pecador que fizer penitência do que por noventa
e nove justos que não têm necessidade de penitência.

A dracma perdida

[8] «Ou qual é a mulher que, tendo dez dracmas e, per-
dendo uma, não acende a candeia, varre a casa e procura
diligentemente até que a encontre? [9] E que, depois de a
achar, não convoca as amigas e vizinhas, dizendo: "Ale-
grai-vos comigo, porque encontrei a dracma que tinha
perdido." [10] Assim vos digo eu que haverá júbilo entre os
anjos de Deus por um só pecador que faça penitência.»

O filho pródigo

[11] Disse mais:
«Um homem tinha dois filhos. [12] O mais novo disse
a seu pai: "Pai, dá-me a parte dos bens que me cabe."
E repartiu entre eles os bens. [13] Passados poucos dias,
juntando tudo o que era seu, o filho mais novo partiu
para uma terra distante e lá dissipou os seus bens, vi-
vendo dissolutamente. [14] Depois de ter consumido
tudo, houve naquele país uma grande fome, e ele come-
çou a sentir necessidade. [15] Foi pôr-se ao serviço de um
habitante daquela terra, que o mandou para os seus

campos guardar porcos. 16 Desejava encher o seu ven-
tre das cascas que os porcos comiam, mas ninguém lhas
dava. 17 Tendo caído em si, disse: "Quantos jornaleiros há
em casa de meu pai que têm pão em abundância, e eu aqui
morro de fome! 18 Levantar-me-ei, irei ter com meu pai e
lhe direi: Pai, pequei contra o céu e contra ti; 19 já não sou
digno de ser chamado teu filho; trata-me como um dos
teus jornaleiros." 20 Levantando-se, foi para seu pai.

«Quando ele estava ainda longe, seu pai viu-o, ficou
movido de compaixão e, correndo, lançou-lhe os braços
ao pescoço e beijou-o. 21 O filho disse-lhe: "Pai, pequei
contra o céu e contra ti; já não sou digno de ser chamado
teu filho." 22 Porém, o pai disse aos seus servos: "Trazei
depressa a veste mais preciosa, vesti-lho, metei-lhe um
anel no dedo e as sandálias nos pés. 23 Trazei também
um vitelo gordo e matai-o; comamos e façamos festa, 24
porque este meu filho estava morto e reviveu, tinha-se
perdido e foi encontrado." E começaram a fazer festa.

25 «Ora, o filho mais velho estava no campo. Quando
voltou, ao aproximar-se de casa, ouviu a música e os coros.
26 Chamou um dos servos e perguntou-lhe que era aqui-
lo. 27 Este lhe disse: "Teu irmão voltou e teu pai mandou
matar um novilho gordo, porque o recuperou com saúde."
28 Ele indignou-se e não queria entrar; mas o pai, saindo,
começou a pedir-lhe. 29 Ele, porém, respondeu a seu pai:
"Há tantos anos que te sirvo, nunca transgredi nenhum
mandado teu e nunca me deste um cabrito para eu me
banquetear com os meus amigos; 30 mas, logo que veio
esse teu filho que devorou os teus bens com meretrizes, lhe
mandaste matar um novilho gordo." 31 Seu pai disse-lhe:

"Filho, tu estás sempre comigo, e tudo o que é meu é teu.
32 Era, porém, justo que houvesse banquete e festa, porque
este teu irmão estava morto e reviveu; tinha-se perdido e foi
encontrado."»

X. ENSINAMENTOS DIVERSOS

O administrador fiel

16 1 Dizia também a seus discípulos:
«Um homem rico tinha um feitor, que foi 31 MAR 30 SET
acusado diante dele de ter dissipado os seus bens. 2 Cha-
mou-o e disse-lhe: "Que é isto que ouço dizer de ti? Dá
conta da tua administração; não mais poderás ser meu fei-
tor." 3 Então o feitor disse consigo: "Que farei, visto que o
meu senhor me tira a administração? Cavar não posso, de
mendigar tenho vergonha. 4 Já sei o que hei de fazer para
que, quando for removido da administração, haja quem
me receba em sua casa." 5 Tendo chamado cada um dos
devedores do seu senhor, disse ao primeiro: "Quanto deves
ao meu senhor?" 6 Ele respondeu: "Cem ânforas de azei-
te." Então disse-lhe: "Toma a tua caução, senta-te e escreve
depressa cinquenta." 7 Depois disse a outro: "Tu quanto
deves?" Ele respondeu: "Cem medidas de trigo." Disse-
lhe o feitor: "Toma a tua caução e escreve oitenta." 8 E o
senhor louvou o feitor iníquo por ter procedido sagazmen-
te; porque os filhos deste século são mais hábeis no trato
com os seus semelhantes que os filhos da luz.

9 «Portanto eu vos digo: Granjeai amigos com as ri-
quezas da iniquidade, para que, quando vierdes a preci-
sar, vos recebam nos tabernáculos eternos.
10 «O que é fiel no pouco também é fiel no muito,
e o que é injusto no pouco também é injusto no muito.
11 Se, pois, vós não fostes fiéis nas riquezas iníquas, quem
fiará de vós as verdadeiras? 12 E se vós não fostes fiéis no
alheio, quem vos dará o que é vosso?
13 «Nenhum servo pode servir a dois senhores, porque
ou odiará um e amará o outro, ou se afeiçoará a um e
desprezará o outro. Não podeis servir Deus e o dinheiro.»
14 Ora, os fariseus, que eram amigos do dinheiro, ou-
viam todas essas coisas e zombavam dele. 15 E disse-lhes:
«Vós sois aqueles que pretendeis passar por justos
diante dos homens, mas Deus conhece os vossos cora-
ções; o que é excelente segundo os homens é abominação
diante de Deus.

A Lei e o Evangelho

(Mt 5, 17.32; 11, 12-13; 19, 9; Mc 10, 11)

16 «A Lei e os Profetas duraram até João; doravante,
é anunciado o Reino de Deus e todos se esforçam por
entrar nele com violência.
17 «Ora, é mais fácil passar o céu e a terra do que
perder-se um til da lei.
18 «Todo aquele que repudia sua mulher e toma outra
comete adultério, e o que casa com a que foi repudiada
por seu marido comete adultério.

O rico epulão e o pobre Lázaro

[19] «Havia um homem rico que se vestia de púrpura
e de linho fino, e todos os dias se banqueteava esplen-
didamente. [20] Havia também um mendigo, chamado
Lázaro, que, coberto de chagas, estava deitado à sua por-
ta, [21] desejando saciar-se com as migalhas que caíam da
mesa do rico; e até os cães vinham lamber-lhe as chagas.
[22] Sucedeu morrer o mendigo, e foi levado pelos anjos
ao seio de Abraão. Morreu também o rico e foi sepulta-
do. [23] Quando estava na morada dos mortos, levantan-
do os olhos, viu ao longe Abraão, e Lázaro no seu seio.
[24] Então exclamou: "Pai Abraão, compadece-te de mim
e manda Lázaro para que molhe em água a ponta do seu
dedo e me refresque a língua, pois sou atormentado nes-
ta chama." [25] Abraão disse-lhe: "Filho, lembra-te de que
recebeste os teus bens em vida, e Lázaro, ao contrário,
recebeu males; por isso ele é agora consolado, e tu és
atormentado. [26] Além disso, há entre nós e vós um gran-
de abismo, de maneira que os que querem passar daqui
para vós não podem, nem os daí podem passar para nós."
[27] O rico disse: "Rogo-te, pois, ó pai, que o mandes à mi-
nha casa paterna, [28] pois tenho cinco irmãos, para que os
advirta disto e não suceda virem também eles parar a este
lugar de tormentos." [29] Abraão disse-lhe: "Têm Moisés e
os profetas; ouçam-nos!" [30] Ele, porém, disse: "Não basta
isso, pai Abraão; mas, se algum dos mortos for ter com
eles, farão penitência." [31] Ele disse-lhe: "Se não ouvem
Moisés e os profetas, tampouco acreditarão, ainda que
ressuscite algum dos mortos."»

O escândalo
(Mt 18, 6-7; Mc 9, 42)

17 1 Depois Jesus disse a seus discípulos: 1 ABR
«É impossível que não venham escândalos; 1 OUT
porém, ai daquele por quem eles vêm! 2 Seria melhor
para ele que lhe fosse amarrada ao pescoço a mó de um
moinho e que fosse precipitado no mar do que ser causa
de escândalo para um destes pequeninos. 3 Tomai cuida-
do convosco.

Perdão das ofensas
(Mt 18, 15-17. 21-22)

«Se teu irmão pecar, repreende-o; e, se ele se arrepender,
perdoa-lhe. 4 E, se pecar sete vezes no dia contra ti e sete
vezes no dia for ter contigo, dizendo: "Estou arrependido",
perdoa-lhe.»

Força da fé
(Mt 21, 21; Mc 11, 22-24)

5 Os apóstolos disseram ao Senhor:
«Aumenta-nos a fé.»
6 O Senhor disse-lhes:
«Se tiverdes fé como um grão de mostarda, direis a
esta amoreira: "Arranca-te e transplanta-te para o mar",
e ela vos obedecerá.

Humildade no serviço

7 «Qual de vós, tendo um servo ocupado em lavrar ou
em guardar o gado, lhe dirá quando ele voltar do cam-
po: "Vem depressa, põe-te à mesa"? 8 Não lhe dirá antes:
"Prepara-me a ceia, cinge-te e serve-me enquanto eu
como e bebo; depois comerás tu e beberás"? 9 Porventura
fica o senhor obrigado àquele servo por ter feito o que lhe
tinha mandado? 10 Assim também vós, depois de terdes
feito tudo o que vos foi mandado, dizei: "Somos servos
inúteis; fizemos o que devíamos fazer."»

Os dez leprosos

11 Indo Jesus para Jerusalém, passou pela Samaria e
pela Galileia. 12 Ao entrar numa aldeia, saíram-lhe ao en-
contro dez homens leprosos, que pararam ao longe 13 e
levantaram a voz, dizendo:

«Jesus, Mestre, tem compaixão de nós!»

14 Tendo-os ele visto, disse-lhes:

«Ide, mostrai-vos aos sacerdotes.»

Aconteceu que, enquanto iam, ficaram limpos. 15 Um
deles, quando viu que tinha ficado limpo, voltou atrás, glo-
rificando a Deus em alta voz, 16 e prostrou-se por terra a seus
pés, dando-lhe graças. Era um samaritano. 17 Jesus disse:

«Não são dez os que foram curados? Os outros nove
onde estão? 18 Não se encontrou quem voltasse e desse
glória a Deus, senão este estrangeiro?»

19 Depois disse-lhe:

«Levanta-te e vai; a tua fé te salvou.»

A vinda do Reino de Deus

20 Tendo-lhe os fariseus perguntado quando viria o 2 ABR
Reino de Deus, respondeu-lhes: *2 OUT*
«O Reino de Deus não virá com aparato. 21 Não
se dirá: "Ei-lo aqui", ou: "Ei-lo acolá". Porque eis que
o Reino de Deus está no meio de vós.»

O dia da vinda de Cristo

(Mt 24, 36-41)

22 Depois disse aos seus discípulos:
«Virá um tempo em que vós desejareis ver um só dos
dias do Filho do Homem, e não o vereis. 23 E vos dirão:
"Ei-lo aqui", ou: "Ei-lo acolá". Não vades, nem os sigais.
24 Porque, assim como o clarão brilhante de um relâm-
pago ilumina o céu de uma extremidade à outra, assim
será o Filho do Homem no seu dia. 25 Mas primeiro é
necessário que ele sofra muito e seja rejeitado por esta ge-
ração. 26 Como sucedeu nos dias de Noé, assim sucederá
também quando vier o Filho do Homem: 27 comiam, be-
biam, tomavam mulher e marido, até o dia em que Noé
entrou na arca; e veio o dilúvio que exterminou a todos.
28 Como sucedeu também no tempo de Ló: comiam,
bebiam, compravam, vendiam, plantavam e edificavam;
29 mas, no dia em que Ló saiu de Sodoma, choveu fogo
e enxofre do céu, que exterminou a todos. 30 Assim será
no dia em que se manifestar o Filho do Homem. 31 Nesse
dia, quem estiver no terraço e tiver os seus móveis em

casa, não desça a tomá-los; da mesma sorte, quem esti-
ver no campo, não volte atrás. 32 Lembrai-vos da mulher
de Ló. 33 Quem procurar salvar a sua vida perdê-la-á, e
quem a perder salvá-la-á. 34 Eu vos digo: Nessa noite, de
duas pessoas que estiverem num leito, uma será tomada,
a outra deixada. 35 Duas mulheres estarão moendo jun-
tas: uma será tomada, a outra deixada.» (36)

37 Os discípulos disseram-lhe:

«Onde será isso, Senhor?»

38 Ele respondeu-lhes:

«Onde quer que esteja o corpo, juntar-se-ão aí
também os abutres.»

Perseverança na oração. Parábola do juiz injusto

18 1 Disse-lhes também uma parábola para mostrar 3 ABR
que importa orar sempre e não cessar de o fazer: *3 OUT*
2 «Havia em certa cidade um juiz que não temia a
Deus nem respeitava os homens. 3 Havia também na
mesma cidade uma viúva, que ia ter com ele dizendo:
"Faze-me justiça contra o meu adversário." 4 Ele durante
muito tempo não quis atender. Mas depois disse consigo:
"Ainda que eu não tema a Deus nem respeite os homens,
5 visto que esta viúva me importuna, far-lhe-ei justiça
para que não venha continuamente importunar-me."»

6 Então o Senhor acrescentou:

«Ouvi o que diz o juiz iníquo. 7 E Deus não fará
justiça aos seus escolhidos, que estão clamando a ele
de dia e de noite? Porventura tardará em os socorrer?

8 Digo-vos que depressa lhes fará justiça. Mas, quando
vier o Filho do Homem, encontrará fé sobre a terra?»

Parábola do fariseu e do publicano

9 Disse também esta parábola a uns que confiavam
muito em si mesmos, como se fossem justos, e desprezavam os outros:

10 «Subiram dois homens ao templo a fazer oração: um
era fariseu, o outro publicano. 11 O fariseu, de pé, orava no
seu interior desta forma: "Graças te dou, ó Deus, porque
não sou como os outros homens: ladrões, injustos, adúlteros, nem como este publicano. 12 Jejuo duas vezes na semana, pago o dízimo de tudo o que possuo." 13 O publicano,
porém, conservando-se à distância, não ousava nem sequer
levantar os olhos ao céu, mas batia no peito dizendo: "Meu
Deus, tem piedade de mim, pecador." 14 Digo-vos que este
voltou justificado para sua casa; o outro não. Porque quem
se exalta será humilhado, e quem se humilha será exaltado.»

Jesus bendiz as crianças

(Mt 19, 13-15; Mc 10, 13-16)

15 Traziam-lhe também crianças, para que as tocasse. Vendo isso os discípulos, repreendiam-nos. 16 Porém
Jesus, chamando-os a si, disse:

«Deixai vir a mim as criancinhas e não as impeçais,
porque o Reino de Deus é dos que se parecem com elas.

17 Em verdade vos digo: Quem não receber o Reino de Deus como uma criança não entrará nele.»

O jovem rico. Pobreza e entrega cristãs

(Mt 19, 16-30; Mc 10, 17-31)

18 Então um dos principais fez-lhe esta pergunta: **4 ABR** *4 OUT*
«Bom Mestre, que devo eu fazer para obter a vida eterna?»

19 Jesus respondeu-lhe:

«Por que me chamas bom? Ninguém é bom, senão
só Deus. 20 Tu conheces os mandamentos: *não cometerás adultério, não matarás, não furtarás, não dirás falso testemunho, honra teu pai e tua mãe.*»

21 «Tenho observado tudo isso desde a minha juventude», respondeu ele.

22 Tendo Jesus ouvido isso, disse-lhe:

«Ainda te falta uma coisa: Vende tudo quanto tens, dá-o aos pobres e terás um tesouro no céu; depois vem e segue-me.»

23 Mas ele, ouvindo isso, entristeceu-se, porque era
muito rico. 24 Jesus, vendo essa tristeza, disse:

«Como é difícil que aqueles que têm riquezas entrem
no Reino de Deus! 25 É mais fácil passar um camelo pelo buraco de uma agulha do que entrar um rico no Reino de Deus.»

26 Os que o ouviam disseram:

«Quem pode, pois, salvar-se?»

27 Jesus respondeu-lhes:

«O que é impossível aos homens é possível a Deus.»

28 Então disse Pedro:
«Eis que deixamos tudo e te seguimos.»
29 Ele disse-lhes:
«Em verdade vos digo que ninguém há que tenha
abandonado casa, mulher, irmãos, pais ou filhos por
causa do Reino de Deus 30 que não receba muito mais já
neste mundo e, no século futuro, a vida eterna.»

Terceiro anúncio da Paixão

(Mt 20, 17-19; Mc 10, 32-34)

31 Em seguida tomou Jesus à parte os doze e disse-lhes:
«Eis que vamos para Jerusalém e será cumprido tudo
o que está escrito pelos profetas relativo ao Filho do
Homem. 32 Será entregue aos gentios, será escarnecido,
ultrajado, cuspido 33 e, depois de o açoitarem, o matarão,
e ressuscitará ao terceiro dia.»
34 Eles, porém, nada disso compreenderam; esse
discurso era para eles obscuro, e não penetravam coisa
alguma do que lhes dizia.

Cura do cego de Jericó

(Mt 20, 29-34; Mc 10, 46-52)

35 Sucedeu que, aproximando-se eles de Jericó, esta-
va sentado à borda da estrada um cego pedindo esmola.
36 Ouvindo a turba que passava, perguntou que era aquilo.
37 Disseram-lhe:
«É Jesus Nazareno que passa.»
38 Então ele clamou:

«Jesus, Filho de Davi, tem piedade de mim!»

39 Os que iam adiante repreendiam-no para que se calasse. Porém, ele cada vez gritava mais:

«Filho de Davi, tem piedade de mim!»

40 Jesus, parando, mandou que lho trouxessem. Quando ele chegou, interrogou-o:

41 «Que queres que eu te faça?»

«Senhor, que eu veja», respondeu ele.

42 E Jesus disse-lhe:

«Recobra a vista; a tua fé te salvou.»

43 Imediatamente recobrou a vista, e foi-o seguindo e glorificando a Deus. Todo o povo, vendo isso, deu louvor a Deus.

Conversão de Zaqueu

19 1 Tendo entrado em Jericó, atravessava a cidade. 2 Eis 5 ABR
que um homem chamado Zaqueu, o qual era um 5 OUT
chefe dos publicanos e rico, 3 procurava conhecer de vista
Jesus, mas não podia por causa da multidão, porque era pe-
queno de estatura. 4 Correndo adiante, subiu num sicômo-
ro para o ver, porque havia de passar por ali. 5 Quando Jesus
chegou àquele lugar, levantou os olhos e disse-lhe:

«Zaqueu, desce depressa, porque convém que eu fique hoje em tua casa.»

6 Ele desceu a toda a pressa e recebeu-o alegremente.
7 Vendo isso, todos murmuravam, dizendo: «Foi hospe-
dar-se em casa de um homem pecador.» 8 Zaqueu, de pé
diante do Senhor, disse-lhe:

«Eis, Senhor, que dou aos pobres metade dos meus bens e, naquilo em que eu tiver defraudado alguém, restituir-lhe-ei no quádruplo.»

9 Jesus disse-lhe:

«Hoje entrou a salvação nesta casa, pois este também
é filho de Abraão. 10 Porque o Filho do Homem veio
buscar e salvar o que estava perdido.»

Parábola das minas
(Mt 25, 14-30)

11 Estando eles a ouvir isso, Jesus acrescentou uma
parábola, por estar perto de Jerusalém e porque julgavam
que o Reino de Deus se havia de manifestar em breve.
12 Disse pois:

«Um homem nobre foi para um país distante para
tomar posse de um reino e depois voltar. 13 Chaman-
do dez dos seus servos, deu-lhes dez minas e disse-lhes:
"Negociai com eles até eu vir." 14 Mas os seus concida-
dãos aborreciam-no, e enviaram atrás dele deputados en-
carregados de dizer: "Não queremos que este reine sobre
nós." 15 Quando ele voltou, depois de ter tomado posse
do reino, mandou chamar aqueles servos a quem dera o
dinheiro, a fim de saber quanto cada um tinha lucrado. 16
Veio o primeiro e disse: "Senhor, a tua mina rendeu dez
minas." 17 Ele disse-lhe: "Muito bem, servo bom; por-
que foste fiel no pouco, serás governador de dez cidades."
18 Veio o segundo e disse: "Senhor, a tua mina rendeu
cinco minas." 19 Respondeu-lhe: "Sê tu também gover-
nador de cinco cidades." 20 Veio depois o outro e disse:

"Senhor, eis a tua mina que guardei embrulhada num
lenço; 21 porque tive medo de ti, pois és um homem
austero: tiras donde não puseste e recolhes o que não
semeaste." 22 Disse-lhe o senhor: "Servo mau, pela tua
mesma boca te julgo. Sabias que eu sou um homem aus-
tero, que tiro donde não pus e recolho o que não semeei;
23 logo, por que não puseste o meu dinheiro num banco,
para que, quando eu viesse, o recebesse com os juros?"
24 Depois disse aos que estavam presentes: "Tirai-lhe a
mina e dai-a ao que tem dez." 25 Eles responderam-lhe:
"Senhor, ele já tem dez." 26 "Pois eu vos digo que, a todo
aquele que tiver, se lhe dará; mas ao que não tem será ti-
rado ainda mesmo o que tem. 27 Quanto, porém, àqueles
meus inimigos que não quiseram que eu fosse seu rei,
trazei-os aqui e degolai-os na minha presença."»

TERCEIRA PARTE
MINISTÉRIO EM JERUSALÉM

XI. PURIFICAÇÃO DO TEMPLO E CONTROVÉRSIAS

Entrada do Messias na Cidade Santa

(Mt 21, 1-11; Mc 11, 1-11; Jo 12, 12-19)

28 Dito isso, ia Jesus adiante subindo para Jerusalém. **6 ABR**
29 Aconteceu que, quando chegou perto de Betfagé **6 *OUT***
e de Betânia, junto do monte chamado das Oliveiras,
enviou dois dos seus discípulos, 30 dizendo:

«Ide a essa aldeia que está em frente; entrando nela,
encontrareis um jumentinho atado, em que nunca
montou pessoa alguma; desprendei-o e trazei-o. 31 Se
alguém vos perguntar por que o soltais, dir-lhe-eis:
"Porque o Senhor tem necessidade dele".»

32 Partiram, pois, os que tinham sido enviados e en-
contraram tudo como o Senhor lhes dissera. 33 Quando
desprendiam o jumentinho, disseram-lhes os seus donos:

«Por que soltais vós esse jumentinho?»

34 «Porque o Senhor tem necessidade dele», respon-
deram eles.

35 Levaram-no a Jesus. E, lançando sobre o jumentinho
os seus mantos, fizeram-no montar em cima. 36 À sua pas-
sagem as multidões estendiam os seus mantos no caminho.
37 Quando já ia chegando à descida do monte das Oliveiras,
toda a multidão dos seus discípulos começou alegremente
a louvar a Deus em altas vozes por todas as maravilhas que
tinham visto, 38 dizendo: «*Bendito* o Rei *que vem em nome
do Senhor!* Paz no céu e glória nas alturas!»

39 Então alguns dos fariseus que se achavam entre o
povo disseram-lhe:

«Mestre, repreende os teus discípulos.»

40 Mas ele respondeu-lhes:

«Digo-vos que, se eles se calarem, clamarão as pedras.»

Pranto de Jesus sobre Jerusalém

41 Quando chegou perto, ao ver a cidade, chorou so-
bre ela, dizendo:
42 «Se ao menos neste dia tu também conhecesses o
que te pode trazer a paz! Mas agora isso está encoberto
aos teus olhos. 43 Porque virão para ti dias em que os teus
inimigos te cercarão de trincheiras, te sitiarão, te aperta-
rão por todos os lados, 44 derribarão por terra a ti e aos
teus filhos que estão dentro de ti, e não deixarão em ti
pedra sobre pedra, porque não conheceste o tempo em
que foste visitada.»

Jesus no Templo

(Mt 21, 12-17; Mc 11, 15-19; Jo 2, 13-25)

45 Tendo entrado no Templo, começou a expulsar os
que vendiam nele, 46 dizendo-lhes:
«Está escrito: *A minha casa será casa de oração*, mas vós
fizestes dela *um covil de ladrões*.»
47 Todos os dias ensinava no Templo. Mas os prínci-
pes dos sacerdotes, os escribas e os chefes do povo pro-
curavam matá-lo; 48 porém, não sabiam como proceder,
porque todo o povo ficava suspenso quando o ouvia.

Autoridade de Jesus
(Mt 21, 23-27; Mc 11, 27-33)

20 1 Num daqueles dias, estando Jesus no Templo 7 ABR
ensinando o povo e anunciando a boa-nova, 7 OUT
juntaram-se os príncipes dos sacerdotes e os escribas com
os anciãos 2 e falaram-lhe neste termos:
«Dize-nos com que direito fazes tu essas coisas, ou
quem te deu tal autoridade?»
3 Jesus respondeu:
«Também eu vos farei uma pergunta. Respondei-me:
4 O batismo de João era do céu ou dos homens?»
5 Mas eles discorriam dentro de si: «Se dissermos:
"do céu", dirá: "Por que razão, pois, não crestes nele?"
6 Se dissermos: "dos homens", todo o povo nos apedrejará,
porque está convencido de que João era um profeta.»
7 Responderam, pois, que não sabiam donde era.
8 Jesus disse-lhes:
«Nem eu vos direi com que autoridade faço estas
coisas.»

Parábola dos vinhateiros homicidas
(Mt 21, 33-46; Mc 12, 1-12)

9 Começou a dizer ao povo esta parábola:
«Um homem plantou uma vinha, arrendou-a a uns
vinhateiros e ausentou-se para longe durante muito
tempo. 10 No tempo próprio, enviou um servo aos vinhateiros,
para que lhe dessem a sua parte do fruto da vinha.

Eles, porém, depois de lhe terem batido, reenviaram-
no com as mãos vazias. 11 Tornou a enviar outro servo.
Mas eles, tendo também batido neste, carregando-o de
afrontas despediram-no sem nada. 12 Tornou a enviar ain-
da um terceiro. E eles, ferindo-o, lançaram fora também a
este. 13 Disse então o senhor da vinha: "Que hei de fazer?
Mandarei meu filho amado; talvez lhe guardem respeito."
14 Mas, quando os vinhateiros o viram, discorreram entre
si, dizendo: "Este é o herdeiro; matemo-lo, e será nossa
a herança." 15 E, lançando-o fora da vinha, mataram-no.
Que lhes fará, pois, o senhor da vinha? 16 Virá e acabará
de todo com aqueles vinhateiros, e dará a vinha a outros.»

Tendo eles ouvido isso, disseram:

«Que isso não aconteça!»

17 Jesus, olhando para eles, disse:

«Pois que quer dizer isto que está escrito:

A pedra que os edificadores desprezaram
tornou-se a pedra angular?

18 «Todo aquele que cair sobre aquela pedra será despedaçado e, sobre quem ela cair, será ele esmagado.»

19 Os príncipes dos sacerdotes e os escribas procuravam lançar-lhe as mãos naquela hora, mas temeram o povo. Compreenderam bem que essa parábola tinha sido dita contra eles.

O tributo ao César

(Mt 22, 15-22; Mc 12, 13-17)

20 Não o perdendo de vista, mandaram espias que
se disfarçassem em homens justos para o apanharem no
que dizia, a fim de o poderem entregar à autoridade e ao
poder do governador. 21 Estes interrogaram-no, dizendo:
«Mestre, sabemos que falas e ensinas retamente e não fazes
acepção de pessoas, mas ensinas o caminho de Deus com
verdade. 22 É-nos permitido dar o tributo a César ou não?»
23 Mas Jesus, conhecendo a sua astúcia, disse-lhes:
24 «Mostrai-me um denário. De quem é a imagem e a
inscrição que tem?»
«De César», responderam.
25 Ele disse-lhes:
«Dai, pois, a César o que é de César, e a Deus o que
é de Deus.»
26 E não puderam surpreendê-lo em qualquer palavra
diante do povo. Admirados da sua resposta, calaram-se.

A ressurreição dos mortos

(Mt 22, 23-33; Mc 12, 18-27)

27 Aproximaram-se depois alguns saduceus, que ne- 8 ABR *8 OUT*
gam a ressurreição, e fizeram-lhe a seguinte pergunta:
28 «Mestre, Moisés deixou-nos escrito: *Se morrer o ir-
mão de algum, tendo mulher, e não deixar filhos, case-se com
ela o seu irmão para dar descendência ao seu irmão.* 29 Ora,
havia sete irmãos. O primeiro casou e morreu sem filhos.

30 Casou também o segundo com a viúva e morreu sem
filhos. 31 Casou depois com ela o terceiro. E assim suces-
sivamente todos os sete, e morreram sem deixar filhos.
32 Morreu enfim também a mulher, depois de todos
eles. 33 Na ressurreição, de qual deles será ela mulher,
pois que foi de todos os sete?»

34 Jesus disse-lhes:

«Os filhos deste século casam e são dados em
casamento, 35 mas, dos que forem julgados dignos do
século futuro e da ressurreição dos mortos, nem os ho-
mens desposarão mulheres, nem as mulheres homens;
36 porque não poderão jamais morrer, porquanto são
semelhantes aos anjos e são filhos de Deus, visto serem
filhos da ressurreição. 37 Que os mortos hajam de ressus-
citar, mostrou-o também Moisés a propósito da sarça,
quando chamou ao *Senhor o Deus de Abraão, o Deus de*
Isaac e o Deus de Jacó. 38 Ora, Deus não é Deus de mor-
tos, mas de vivos; porque para ele todos estão vivos.»

39 Alguns dos escribas disseram-lhe:

«Mestre, falaste bem.»

40 Dali em diante, não se atreveram mais a interrogá-lo.

Divindade do Messias

(Mt 22, 41-46; Mc 12, 35-37)

41 Jesus disse-lhes:

«Como dizem que o Cristo é Filho de Davi? 42 Pois o
mesmo Davi, no livro dos Salmos, diz:

Disse o Senhor ao meu Senhor:
"Senta-te à minha direita,
43 *até que eu ponha os teus inimigos*
por escabelo de teus pés."

44 «Se Davi, pois, lhe chama "Senhor", como pode ele
ser seu filho?»

Censuras aos escribas
(Mt 23, 1-36; Mc 12, 38-40)

45 Depois, ouvindo-o todo o povo, Jesus disse aos seus
discípulos:
46 «Guardai-vos dos escribas, que gostam de andar
com vestes compridas, de ser saudados nas praças e de
ocupar as primeiras cadeiras nas sinagogas e os primei-
ros lugares nos banquetes; 47 que devoram as casas das
viúvas a pretexto de longas orações. Estes receberão uma
condenação mais severa.»

A oferenda da viúva
(Mc 12, 41-44)

21 1 Levantando Jesus os olhos, viu vários ricos que **9 ABR**
lançavam as suas oferendas no gazofilácio. 2 Viu ***9 OUT***
também uma viúva pobre que lançava duas pequenas
moedas. 3 E disse:
«Em verdade vos digo que esta pobre viúva lançou
mais que todos os outros. 4 Porque todos estes fizeram a

Deus oferta do que lhes sobrava; ela, porém, deu da sua mesma indigência tudo o que tinha para viver.»

Anúncio da destruição do Templo

(Mt 24, 1-2; Mc 13, 1-2)

5 Dizendo alguns, a respeito do Templo, que estava ornado de belas pedras e de ricas ofertas, Jesus disse:
6 «De tudo isto que vedes, virão dias em que não ficará pedra sobre pedra que não seja demolida.»

Começo das tribulações. Perseguições por causa do Evangelho

(Mt 24, 3-13; Mc 13, 3-13)

7 Então interrogaram-no:
«Mestre, quando acontecerão essas coisas, e que sinal haverá quando estiverem para acontecer?»
8 Ele respondeu:
«Vede, não vos deixeis enganar; porque muitos virão
em meu nome, dizendo: "Sou eu", e: "Está próximo o
tempo." Não os sigais. 9 Quando ouvirdes falar de guer-
ras e de tumultos, não vos assusteis; essas coisas devem suceder primeiro, mas não será logo o fim.»
10 Depois dizia-lhes:
«Levantar-se-á nação contra nação, reino contra
reino. 11 Haverá grandes terremotos por várias partes,

pestes e fomes; aparecerão coisas espantosas e extraor-
dinários sinais no céu. 12 Mas, antes de tudo isso, lan-
çar-vos-ão as mãos e vos perseguirão, entregando-vos
nas sinagogas e nas prisões, e vos levarão à presença dos
reis e dos governadores por causa do meu nome. 13 Isso
vos será ocasião de dardes testemunho. 14 Gravai, pois, nos
vossos corações o não premeditar como vos haveis de defen-
der, 15 porque eu vos darei uma linguagem e uma sabedoria
a que não poderão resistir nem contradizer todos os vossos
inimigos. 16 Sereis entregues por vossos pais, irmãos, parentes
e amigos, e farão morrer muitos de vós, 17 e sereis detestados
por todos por causa de meu nome; 18 mas não se perderá um
só cabelo da vossa cabeça. 19 Pela vossa perseverança salvareis
as vossas almas.

A grande tribulação em Jerusalém

(Mt 24, 15-28; Mc 13, 14-23)

20 «Mas, quando virdes que Jerusalém é sitiada por exér- **10 ABR**
citos, então sabei que está próxima a sua desolação. 21 Os ***10 OUT***
que então estiverem na Judeia, fujam para os montes; os que
estiverem no meio da cidade, retirem-se; os que estiverem
nos campos, não entrem nela; 22 porque esses são dias de
vingança, para que se cumpram todas as coisas que estão
escritas. 23 Ai das mulheres grávidas e das que amamentarem
naqueles dias! Porque haverá grande angústia sobre a terra e
ira contra este povo. 24 Cairão ao fio da espada, serão leva-
dos cativos a todas as nações, e Jerusalém será calcada pelos
gentios, até se completarem os tempos dos gentios.

A vinda do Filho do Homem
(Mt 24, 29-31; Mc 13, 24-27)

25 «Haverá sinais no sol, na lua e nas estrelas. Na terra
haverá consternação dos povos pela confusão do bramido
do mar e das ondas, 26 morrendo os homens de susto na
expectativa que virá sobre todo o mundo, porque *os pode-
res dos céus* se abalarão. 27 Então verão *o Filho do Homem
vir numa nuvem* com grande poder e majestade.
28 «Quando começarem, pois, a suceder essas coisas,
erguei-vos e levantai as vossas cabeças, porque está próxi-
ma a vossa libertação.»

Certeza do fim: a lição da figueira
(Mt 24, 32-35; Mc 13, 28-31)

29 Acrescentou esta comparação:
«Vede a figueira e todas as árvores: 30 quando co-
meçam a desabrochar, sabeis que está perto o verão.
31 Assim, também, quando virdes que acontecem essas
coisas, sabei que está próximo o Reino de Deus. 32 Em
verdade vos digo que não passará esta geração sem que
todas essas coisas se cumpram. 33 Passarão o céu e a terra,
mas as minhas palavras não passarão.

Necessidade da vigilância

(Mt 24, 42-51)

34 «Velai, pois, sobre vós, para que não suceda que
os vossos corações se tornem pesados com os excessos
do comer e do beber e com os cuidados desta vida, para
que aquele dia não vos apanhe de improviso; 35 porque
ele virá como um laço sobre todos os que habitam sobre a
face de toda a terra. 36 Vigiai, pois, orando sem cessar,
a fim de que vos torneis capazes de escapar de todos esses
males que devem suceder e de aparecer com confiança
diante do Filho do Homem.»

Jesus ensina no Templo

37 Jesus de dia ensinava no templo, mas ao anoitecer saía
para passar a noite no monte que se chamava das Oliveiras.
38 E todo o povo madrugava para ir ao Templo ouvi-lo.

XII. PAIXÃO, MORTE E RESSURREIÇÃO DE JESUS

Traição de Judas

(Mt 26, 3-5.14-16; Mc 14, 1-2.10-11)

22 1 Aproximava-se a festa dos ázimos, chamada Pás- **11 ABR**
coa. 2 Os príncipes dos sacerdotes e os escribas pro- ***11 OUT***
curavam um meio de matar Jesus; porém temiam o povo.

[3] Ora, Satanás entrou em Judas, que tinha por sobreno-
me Iscariotes, um dos doze, [4] o qual foi combinar com os
príncipes dos sacerdotes e com os oficiais de que modo
lho entregaria. [5] Eles ficaram contentes e combinaram
com ele dar-lhe dinheiro. [6] Judas deu a sua palavra e bus-
cava ocasião oportuna de lho entregar sem tumulto.

Preparação da Última Ceia

(Mt 26, 17-19; Mc 14, 12-16)

[7] Chegou o dia dos ázimos, no qual se devia imolar a
Páscoa. [8] Jesus enviou Pedro e João, dizendo:

«Ide, preparai-nos a refeição pascal.»

[9] Eles perguntaram:

«Onde queres que a preparemos?»

[10] Ele disse-lhes:

«Logo que entrardes na cidade, sair-vos-á ao encontro
um homem levando uma bilha de água. Segui-o até a casa
em que entrar, [11] e direis ao dono da casa: "O Mestre man-
da-te dizer: Onde está o aposento em que hei de comer a
Páscoa com os meus discípulos?" [12] Ele vos mostrará uma
grande sala toda ornada; preparai aí o que for preciso.»

[13] Indo eles, encontraram tudo como Jesus lhes
dissera e prepararam a Páscoa.

Instituição da Sagrada Eucaristia
(Mt 26, 26-29; Mc 14, 22-25)

14 Chegada a hora, pôs-se Jesus à mesa com os após-
tolos 15 e disse-lhes:
«Tenho desejado ardentemente comer convosco esta
Páscoa antes de sofrer, 16 porque vos digo que não mais a
comerei, até que ela se cumpra no Reino de Deus.»
17 Tendo tomado o cálice, deu graças e disse:
«Tomai e distribuí-o entre vós, 18 porque vos declaro
que não tornarei a beber do fruto da vide, até que chegue
o Reino de Deus.»
19 Depois tomou o pão, deu graças, partiu-o e deu-
lho, dizendo:
«Isto é o meu corpo, que é dado por vós; fazei isto em
memória de mim.»
20 Tomou da mesma sorte o cálice depois de cear, dizendo:
«Este cálice é a nova aliança em meu sangue, que é
derramado por vós.

Anúncio da traição de Judas
(Mt 26, 20-25; Mc 14, 17-21; Jo 13, 21-32)

21 «Entretanto, eis que a mão de quem me há de en- 12 ABR *12 OUT*
tregar está à mesa comigo. 22 Em verdade, o Filho do Ho-
mem vai, segundo o que está decretado, mas ai daquele
homem por quem é entregue!»
23 Eles começaram a perguntar entre si qual deles seria
o que haveria de fazer tal coisa.

Discussão entre os Apóstolos

24 Levantou-se também entre eles uma contenda so-
bre qual deles se devia considerar o maior. 25 Jesus, po-
rém, disse-lhes:
«Os reis das nações dominam sobre elas, e os que têm
autoridade sobre elas chamam-se benfeitores. 26 Não seja
assim entre vós, mas o que entre vós é o maior faça-se
como o menor, e o que governa seja como o que serve.
27 Porque qual é maior, o que está à mesa ou o que serve?
Não é maior o que está sentado à mesa? Pois eu estou no
meio de vós como quem serve.
28 «Vós sois os que tendes permanecido comigo nas
minhas tribulações. 29 Por isso eu disponho o Reino para
vós como meu Pai o dispôs para mim, 30 para que comais
e bebais à minha mesa no meu Reino e vos senteis sobre
tronos a julgar as doze tribos de Israel.

Jesus prediz as negações de São Pedro

(Mt 26, 30-35; Mc 14, 26-31; Jo 13, 36-38)

31 «Simão, Simão, eis que Satanás vos busca com ins-
tância para vos joeirar como trigo; 32 mas eu roguei por ti
para que a tua fé não desfaleça; e tu, uma vez convertido,
confirma os teus irmãos.»
33 Pedro disse-lhe:
«Senhor, eu estou pronto a ir contigo para a prisão e
para a morte.»
34 Jesus, porém, disse-lhe:

«Digo-te, Pedro, que não cantará hoje o galo sem que tu por três vezes tenhas negado que me conheces.»

Exortação aos Apóstolos

35 Depois disse-lhes:

«Quando eu vos mandei sem bolsa, sem alforje e sem sandálias, faltou-vos porventura alguma coisa?»

«Nada», responderam-lhe.

36 Disse-lhes, pois:

«Mas agora quem tem bolsa tome-a, e também alforje;
quem não tem espada venda o seu manto e compre uma.
37 Porque vos digo que é necessário que se cumpra em
mim isto que está escrito: *Foi posto entre os malfeitores*.
Porque as coisas que me dizem respeito estão perto do
seu cumprimento.»

38 Eles responderam:

«Senhor, eis aqui duas espadas.»

Jesus disse-lhes:

«Basta.»

Oração e agonia de Jesus no horto

(Mt 26, 36-46; Mc 14, 32-42)

39 Tendo saído, foi, segundo o seu costume, para 13 ABR 13 OUT
o monte das Oliveiras. Seus discípulos o seguiram.
40 Quando chegou àquele lugar, disse-lhes:

«Orai, para não cairdes em tentação.»

41 Afastou-se deles à distância de um tiro de pedra e,
posto de joelhos, orava, 42 dizendo:
«Pai, se é do teu agrado, afasta de mim este cálice; não se faça, contudo, a minha vontade, mas a tua.»
43 Então apareceu-lhe um anjo do céu que o confor-
tava. Entrando em agonia, orava mais instantemente.
44 O seu suor tornou-se como gotas de sangue que cor-
riam até a terra. 45 Tendo-se levantado da oração e indo
ter com seus discípulos, encontrou-os adormecidos pela
tristeza. 46 Disse-lhes:
«Por que dormis? Levantai-vos e orai, para que não entreis em tentação.»

Prisão de Jesus

(Mt 26, 47-56; Mc 14, 43-52; Jo 18, 1-12)

47 Estando ele ainda falando, eis que chega um tropel de
gente. Aquele que se chamava Judas, um dos doze, vinha à
frente. Aproximou-se de Jesus para o beijar. 48 Jesus disse-
lhe:
«Judas, com um beijo entregas o Filho do Homem?»
49 Os que estavam com Jesus, vendo o que ia acontecer,
disseram-lhe:
«Senhor, e se os feríssemos à espada?»
50 E um deles feriu um servo do sumo pontífice e
cortou-lhe a orelha direita. 51 Mas Jesus, tomando a
palavra, disse:
«Deixai, basta!»
E, tendo-lhe tocado a orelha, o sarou.

52 Disse depois Jesus aos príncipes dos sacerdotes, aos ofi-
ciais do Templo e aos anciãos que tinham vindo contra ele:

«Viestes armados de espadas e de varapaus como contra
um ladrão. 53 Quando eu estava todos os dias convosco no
Templo, nunca estendestes a mão contra mim; porém, esta
é a vossa hora, e o poder das trevas.»

As negações de São Pedro

(Mt 26, 69-75; Mc 14, 66-72; Jo 18, 15-18.25-27)

54 Prendendo-o, levaram-no à casa do príncipe dos
sacerdotes. Pedro seguia-o de longe. 55 Tendo acendido
fogo no meio do pátio e sentando-se ao redor, estava
também Pedro sentado no meio deles. 56 Uma criada,
vendo-o sentado à luz e encarando-o bem, disse:

«Este estava também com ele.»

57 Mas Pedro o negou, dizendo:

«Mulher, eu não o conheço.»

58 Daí a pouco, vendo-o outro, disse-lhe:

«Tu também és um deles.»

Mas Pedro disse:

«Ó homem, não sou.»

59 Passado o intervalo de quase uma hora, um outro
dizia com insistência:

«Certamente que este também estava com ele, pois é galileu.»

60 Pedro respondeu:

«Ó homem, não sei o que dizes.»

Imediatamente, quando ele ainda falava, o galo can-
tou. 61 Tendo-se voltado, o Senhor olhou para Pedro. Pe-
dro então lembrou-se da palavra que lhe tinha sido dita
pelo Senhor: «Antes que o galo cante, me negarás três
vezes.» 62 E, tendo saído, chorou amargamente.

Ultrajes a Jesus
(Mt 26, 67-68; Mc 14, 65)

63 Os homens que guardavam Jesus escarneciam dele **14 ABR**
e feriam-no. 64 Vendaram-lhe os olhos e interrogavam-no: ***14 OUT***
«Profetiza, quem é que te bateu?»
65 E proferiam muitas outras injúrias contra ele.

Interrogatório diante dos príncipes dos sacerdotes
(Mt 26, 57-68; Mc 14, 53-65; Jo 18, 13-24)

66 Quando se fez dia, juntaram-se os anciãos do povo,
os príncipes dos sacerdotes e os escribas. Levaram-no ao
seu tribunal e disseram-lhe:
«Se tu és o Cristo, dize-no-lo.»
67 Ele respondeu-lhes:
«Se eu vo-lo disser, não me acreditareis; 68 também
se vos fizer qualquer pergunta, não me respondereis,
nem me dareis liberdade. 69 Mas desde já estará sentado
o Filho do Homem à direita do poder de Deus.»
70 Então disseram todos:

«Logo, tu és o Filho de Deus?»

«Vós o dizeis; eu o sou», respondeu ele.

71 Então eles disseram:

«Que outro testemunho nos é necessário? Nós mesmos o ouvimos da sua boca.»

Jesus diante de Pilatos
(Mt 27, 11-14; Mc 15, 1-5; Jo 18, 28-40)

23 1 Levantando-se toda a multidão, levaram-no a
Pilatos. 2 Começaram a acusá-lo, dizendo:

«Encontramos este homem sublevando a nossa nação, proibindo dar tributo a César e dizendo que é o Cristo Rei.»

3 Pilatos interrogou-o:

«Tu és o Rei dos Judeus?»

«Tu o dizes», respondeu ele.

4 Então Pilatos disse aos príncipes dos sacerdotes e ao povo:

«Não encontro neste homem crime algum.»

5 Porém eles insistiam cada vez mais, dizendo:

«Ele subleva o povo, ensinando por toda a Judeia: desde a Galileia, onde começou, até aqui.»

Jesus diante de Herodes

6 Pilatos, ao ouvir isso, perguntou se aquele homem
era galileu. 7 Quando soube que era da jurisdição de He-
rodes, remeteu-o a Herodes, que, naqueles dias, se en-
contrava também em Jerusalém. 8 Herodes, tendo visto
Jesus, teve grande alegria, porque havia muito tempo

tinha desejo de o ver, por ter ouvido dele muitas coisas, e
esperava vê-lo fazer algum milagre. 9 Fez-lhe muitas per-
guntas, mas ele nada lhe respondeu. 10 Estavam presen-
tes os príncipes dos sacerdotes e os escribas, acusando-o
com grande insistência. 11 Herodes com os seus guardas
desprezou-o, fez escárnio dele mandando-o vestir com
uma vestidura branca e tornou-o a enviá-lo a Pilatos.
12 Naquele dia ficaram amigos Herodes e Pilatos, porque
antes eram inimigos um do outro.

Jesus condenado à morte
(Mt 27, 15-26; Mc 15, 6-15; Jo 19, 4-16)

13 Pilatos, tendo chamado os príncipes dos sacerdotes, **15 ABR** ***15 OUT***
os magistrados e o povo, 14 disse-lhes:

«Vós me apresentastes este homem como agitador
do povo. Ora, interrogando-o eu diante de vós, não
encontrei nele culpa alguma daquelas de que o acusais.
15 Nem Herodes tampouco, porque no-lo remeteu. Nada
lhe foi encontrado que mereça morte. 16 Por isso soltá-lo
-ei depois de castigado.» (17)

18 Mas todo o povo exclamou a uma voz, dizendo:

«Faz morrer este e solta-nos Barrabás», 19 o qual tinha
sido preso por causa de uma sedição levantada na cidade
e por homicídio.

20 Pilatos, que desejava livrar Jesus, falou-lhes de
novo. 21 Eles, porém, tornaram a gritar:

«Crucifica-o, crucifica-o!»

22 Não obstante, ele disse-lhes pela terceira vez:

«Mas que mal fez ele? Não encontro nele causa alguma
de morte; castigá-lo-ei, pois, e o soltarei.»
23 Eles, porém, insistiam em altos gritos que fosse
crucificado, e os seus clamores iam crescendo. 24 Pila-
tos, pois, decretou que se executasse o que eles pediam.
25 Soltou-lhes aquele que tinha sido preso por causa de
sedição e de homicídio, como eles reclamavam, e aban-
donou Jesus ao arbítrio deles.

Crucificação e morte de Jesus
(Mt 27, 32-56; Mc 15, 21-41; Jo 19, 17-30)

26 Quando o iam conduzindo, tomaram certo Simão
de Cirene, que voltava do campo, e puseram a cruz sobre
ele para que a levasse atrás de Jesus.
27 Seguia-o uma grande multidão de povo e de mu-
lheres, que batiam no peito e o lamentavam. 28 Porém
Jesus, voltando-se para elas, disse:
«Filhas de Jerusalém, não choreis sobre mim, mas
chorai sobre vós mesmas e sobre vossos filhos. 29 Por-
que eis que virá tempo em que se dirá: "Ditosas as es-
téreis, os seios que não geraram e os peitos que não
amamentaram."
30 «Então começarão os homens a *dizer aos montes*:
"*Caí sobre nós*", e aos outeiros: "*Cobri-nos*", 31 porque, se
isto se faz no lenho verde, que se fará no seco?»
32 Eram também levados com Jesus dois malfeitores **16 ABR**
para serem mortos. 33 Quando chegaram ao lugar que se ***16 OUT***
chama Calvário, ali o crucificaram a ele e aos malfeitores,

um à direita e outro à esquerda. 34 Jesus dizia:

«Pai, perdoa-lhes, porque não sabem o que fazem.»

Dividindo as suas vestes, sortearam-nas. 35 O povo
estava *observando*, e os príncipes dos sacerdotes o
escarneciam, dizendo:

«Salvou os outros; salve-se a si mesmo, se é o Cristo, o escolhido de Deus.»

36 Insultavam-no também os soldados, os quais,
aproximando-se dele e oferecendo-lhe vinagre, 37 diziam:

«Se és o Rei dos judeus, salva-te a ti mesmo.»

38 Estava também por cima da sua cabeça uma inscrição: «Este é o Rei dos judeus».

39 Um daqueles ladrões que estavam pendurados blasfemava contra ele, dizendo:

«Não és tu o Cristo? Salva-te a ti mesmo e a nós.»

40 O outro, porém, tomando a palavra, repreendia-o, dizendo:

«Nem tu temes a Deus, estando no mesmo suplício?
41 Nós estamos na verdade justamente, porque recebemos
o castigo que merecem as nossas ações, mas este não fez
nenhum mal.»

42 E dizia a Jesus:

«Senhor, lembra-te de mim quando entrares no teu Reino.»

43 Jesus disse-lhe:

«Em verdade te digo: Hoje estarás comigo no Paraíso.»

44 Era então quase a hora sexta, e toda a terra fi-
cou coberta de trevas até a hora nona; 45 escureceu-se
o sol e rasgou-se pelo meio o véu do Templo. 46 Jesus,
exclamando em alta voz, disse:

«Pai, *nas tuas mãos entrego o meu espírito.*»
Dizendo isso, expirou.
47 O centurião, vendo o que tinha acontecido, glori-
ficou a Deus, dizendo:
«Na verdade este homem era justo.»
48 E toda a multidão que assistia a esse espetáculo e
via o que sucedia retirava-se, batendo no peito.
49 Todos os conhecidos de Jesus e as mulheres que o
tinham seguido desde a Galileia estavam de longe obser-
vando essas coisas.

Jesus é sepultado

(Mt 27, 57-61; Mc 15, 42-47; Jo 19, 31-42)

50 Então um homem chamado José, que era mem- **17 ABR**
bro do Sinédrio, varão bom e justo, 51 que não tinha ***17 OUT***
concordado com a determinação dos outros nem com
os seus atos, oriundo de Arimateia, cidade da Judeia, e
que também esperava o Reino de Deus, 52 foi ter com
Pilatos e pediu-lhe o corpo de Jesus. 53 Tendo-o desci-
do da cruz, envolveu-o num lençol e depositou-o num
sepulcro aberto na rocha, no qual ainda ninguém tinha
sido sepultado. 54 Era o dia da Preparação e o sábado ia
começar. 55 Ora, as mulheres que tinham vindo da Gali-
leia com Jesus, indo atrás de José, observaram o sepulcro
e de que modo o corpo de Jesus fora nele depositado.
56 Voltando, prepararam aromas e bálsamos. No sábado
estiveram em repouso, segundo o preceito.

Ressurreição de Jesus. O sepulcro vazio
(Mt 28, 1-10; Mc 16, 1-8; Jo 20, 1-10)

24 1 No primeiro dia da semana, foram muito cedo
ao sepulcro, levando os aromas que tinham pre-
parado. 2 Encontraram removida a pedra do sepulcro
3 e, entrando, não encontraram o corpo do Senhor Jesus.
4 Aconteceu que, estando perplexas por isso, eis que apare-
ceram junto delas dois homens com vestes resplandecen-
tes. 5 Estando elas amedrontadas e com os olhos no chão,
disseram-lhes:

«Por que buscais entre os mortos aquele que está vivo?
6 Ele não está aqui, mas ressuscitou. Lembrai-vos do que
ele vos disse quando ainda estava na Galileia: 7 "Importa
que o Filho do Homem seja entregue nas mãos de homens
pecadores, seja crucificado e ressuscite ao terceiro dia."»

8 Então lembraram-se das suas palavras. 9 Tendo vol-
tado do sepulcro, contaram todas essas coisas aos onze e
a todos os outros. 10 As que referiam aos apóstolos essas
coisas eram Maria Madalena, Joana, Maria mãe de Tiago
e as outras que estavam com elas. 11 Mas essas palavras
pareciam-lhes como que um delírio, e não lhes deram
crédito. 12 Todavia Pedro, levantando-se, correu ao sepul-
cro. Inclinando-se, viu só os lençóis por terra e retirou-se,
admirando consigo mesmo o que sucedera.

Aparição aos discípulos de Emaús
(Mc 16, 12-13)

13 No mesmo dia, caminhavam dois deles para uma **18 ABR**
aldeia chamada Emaús, que se encontrava a uma distân- ***18 OUT***
cia de sessenta estádios de Jerusalém. 14 Iam falando um
com o outro sobre tudo o que se tinha passado. 15 Sucedeu
que, quando eles iam conversando e discorrendo entre si,
aproximou-se deles o próprio Jesus e caminhou com eles.
16 Os seus olhos, porém, estavam como que fechados, de
modo que não o reconheceram. 17 Ele disse-lhes:

«Que conversas são essas que ides tendo pelo caminho?»

E detiveram-se entristecidos. 18 Respondeu um deles,
chamado Cléofas:

«Só tu és forasteiro em Jerusalém e não sabes o que ali se tem passado estes dias?»

19 Ele disse-lhes:

«Que é?»

Responderam-lhe:

«Sobre Jesus Nazareno, que foi um profeta poderoso
em obras e em palavras diante de Deus e de todo o povo,
20 e de que maneira os nossos príncipes dos sacerdotes e
os nossos magistrados o entregaram para ser condenado
à morte e o crucificaram. 21 Ora, nós esperávamos que ele
fosse aquele que havia de resgatar Israel. Depois de tudo
isso, porém, é já hoje o terceiro dia depois que essas coi-
sas sucederam. 22 É bem verdade que algumas mulheres
das que estavam entre nós nos sobressaltaram, porque, ao
amanhecer, foram ao sepulcro 23 e, não tendo encontrado

o seu corpo, voltaram dizendo que haviam tido uma apari-
ção de anjos, os quais disseram que ele está vivo. 24 Alguns
dos nossos foram ao sepulcro e acharam que era assim
como as mulheres tinham dito, mas não o encontraram.»

25 Então Jesus disse-lhes:

«Ó néscios e tardos de coração para crer tudo o que
anunciaram os profetas! 26 Porventura não era necessário
que o Cristo sofresse tais coisas para entrar na sua glória?»

27 Em seguida, começando por Moisés e discorrendo
por todos os profetas, explicava-lhes o que dele se en-
contrava dito em todas as Escrituras. 28 Aproximaram-se
da aldeia para onde caminhavam, e Jesus fez que ia para
mais longe. 29 Mas eles insistiram, dizendo:

«Fica conosco, porque se faz tarde e o dia declina.»

E entrou para ficar com eles. 30 Estando com eles
à mesa, tomou o pão, benzeu-o, partiu-o e lho deu.
31 Abriram-se, então, os seus olhos e reconheceram-no,
mas ele desapareceu. 32 E disseram um para o outro:

«Não é verdade que nós sentíamos abrasar-se-nos
o coração quando ele nos falava pelo caminho e nos
explicava as Escrituras?»

33 Levantando-se na mesma hora, voltaram para Jeru-
salém. Encontraram juntos os onze e os que estavam com
eles, 34 os quais diziam:

«Na verdade o Senhor ressuscitou e apareceu a Simão.»

35 E eles contaram também o que lhes tinha acontecido
no caminho, e como o tinham reconhecido ao partir o pão.

Aparição aos discípulos no Cenáculo

(Mt 28, 16-20; Mc 16, 14-18; Jo 20, 19-31)

36 Enquanto falavam disso, apresentou-se Jesus no 19 ABR
meio deles e disse-lhes: *19 OUT*
«A paz esteja convosco.»
37 Mas eles, turbados e espantados, julgavam ver al-
gum espírito. 38 Jesus disse-lhes:
«Por que estais turbados e que pensamentos são esses
que vos sobem aos corações? 39 Olhai para as minhas
mãos e pés, porque sou eu mesmo; apalpai e vede, por-
que um espírito não tem carne nem ossos, como vós ve-
des que eu tenho.»
40 Dito isso, mostrou-lhes as mãos e os pés. 41 Mas
eles não podiam ainda crer, estando fora de si com a ale-
gria que sentiam, e então perguntou-lhes:
«Tendes aqui alguma coisa que se coma?»
42 Eles apresentaram-lhe uma posta de peixe assado.
43 Tendo-os tomado, comeu-os à vista deles.
44 Depois disse-lhes:
«Isto é o que eu vos dizia quando ainda estava
convosco: que era necessário que se cumprisse tudo o
que de mim está escrito na Lei de Moisés, nos profetas e
nos Salmos.»
45 Então abriu-lhes o entendimento para compreen-
derem as Escrituras 46 e disse-lhes:
«Assim está escrito e assim era necessário que o Cristo
padecesse e ressuscitasse dos mortos ao terceiro dia,

47 e que em seu nome se pregasse a penitência e a remis-
são dos pecados a todas as nações, começando por Jeru-
salém. 48 Vós sois testemunhas dessas coisas. 49 Eu vou
mandar sobre vós o que meu Pai prometeu. Permanecei
na cidade até que sejais revestidos da virtude do alto.»

A Ascensão do Senhor

(Mc 16, 19)

50 Depois levou-os até cerca de Betânia e, levantan-
do as suas mãos, os abençoou. 51 Enquanto os abençoava,
separou-se deles, e elevava-se ao céu. 52 Eles, tendo se
prostrado diante dele, voltaram para Jerusalém com
grande júbilo. 53 E estavam continuamente no Templo
louvando a Deus.

NOTAS AO EVANGELHO SEGUNDO SÃO LUCAS

1, 1-4. Este prólogo, que é muito breve, expõe, numa linguagem de grande qualidade literária, a intenção de São Lucas com a composição da sua obra: escrever uma história bem ordenada e bem documentada (v. 3) da vida de Cristo desde as suas origens, explicando também o significado salvífico das coisas que «se cumpriram» (v. 1). Trata-se, pois, de uma história, mas que detecta nos acontecimentos o cumprimento das promessas de Deus: «Os Evangelhos não pretendem ser uma biografia completa de Jesus, segundo os cânones da ciência histórica moderna. No entanto, neles aparece, com fundamento histórico seguro, o rosto do Nazareno, visto que foi preocupação dos evangelistas delineá-lo, recolhendo testemunhos fidedignos e trabalhando sobre documentos sujeitos a cuidadoso discernimento eclesial» (São João Paulo II, *Novo millennio ineunte*, n. 18).

***1, 5-2, 52.** São Lucas e São Mateus dedicam os dois primeiros capítulos dos respectivos Evangelhos a narrar alguns episódios da infância do Senhor; por isso, é habitual designar estes capítulos iniciais por *Evangelho da infância de Jesus*. Percebe-se desde logo que Mateus e Lucas não narram os mesmos acontecimentos, embora refiram os mesmos fatos essenciais relativos a Jesus (cf. nota a Mt 1, 1-2, 23). O tom dos dois Evangelhos também é diferente: dramático e sobressaltado em Mateus; dominado pela alegria em Lucas.

O *Evangelho da infância* segundo Lucas inclui seis episódios, estruturados dois a dois, referentes ao nascimento e à infância de João Batista e de Jesus: duas anunciações (1, 5-38); dois nascimentos e duas circuncisões (1, 39-2, 21); e duas cenas no Templo (2, 22-52). Na narração figuram igualmente alguns cânticos – o *Magnificat* (1, 46-55), o *Benedictus* (1, 68-79), o Glória (2, 14) e o *Nunc dimittis* (2, 29-32) –, que exprimem a alegria sentida pelos homens quando têm conhecimento das ações de Deus em favor da humanidade. Tanto as narrativas como os cânticos estão repletos de alusões a textos do Antigo Testamento, dando assim a entender que se está realizando a salvação prometida (cf. 1, 1).

A cena central deste conjunto é a anunciação a Maria e a encarnação do Verbo após a Virgem aceitar sua vocação; estas duas dimensões – cristológica e mariológica – estão presentes em todos os episódios. O Menino que nasce em Belém é o Salvador prometido (1, 71.77; 2, 11.30), o Messias, o Senhor, o Altíssimo (1, 43.76; 2, 11.26); tem uma missão salvadora (2, 38), mas que será sinal de contradição, de ruína e de ressurreição «de muitos em Israel» (2, 34), os quais só poderão salvar-se acreditando nEle. Junto ao Menino está sempre a sua Mãe, que representa, por sua vez, a humanidade fiel a Deus (1, 46-56) e que colabora com uma fé firme (1, 45) no plano divino da salvação (1, 38); por esse motivo, Deus a associa à missão redentora do seu Filho, mas também ao doloroso evento com o qual se realizará este plano salvífico (2, 35): «Enriquecida, desde o primeiro instante da sua concepção, com os esplendores de uma santidade singular, a Virgem de Nazaré é saudada pelo Anjo, da parte de Deus, como "cheia de graça"; e responde ao mensageiro celeste: "Eis a serva do Senhor, faça-se em mim segundo a tua palavra" (Lc 1, 38). Deste modo, Maria, filha de Adão, dando o seu consentimento à palavra divina, tornou-se Mãe de Jesus e, não retida por qualquer pecado, abraçou de todo o coração o desígnio salvador de Deus, consagrando-se totalmente, como escrava do Senhor, à pessoa e à obra de seu Filho; subordinada a Ele e juntamente com Ele, serviu pela graça de Deus onipotente o mistério da Redenção. Por isso, consideram com razão os Santos Padres que Maria não foi utilizada por Deus como instrumento meramente passivo, mas cooperou livremente, pela sua fé e obediência, na salvação dos homens» (Concílio Vaticano II, *Lumen gentium*, n. 56).

1, 5-25. Tal como em outras ocasiões (cf. 2, 1ss; 3, 1ss), São Lucas, conhecedor do método da história, dá início ao seu relato inscrevendo os fatos no contexto da história profana (v. 5). E será em referência ao acontecimento que narra nesta passagem que situará posteriormente a anunciação à Virgem, que teve lugar seis meses depois (cf. 1, 26).

O evangelista apresenta Zacarias e Isabel como exemplos de judeus piedosos (v. 6), em cujas vidas Deus intervém de forma extraordinária. Mas aquilo que o anjo anuncia ultrapassa o âmbito da intimidade familiar (v. 14): Isabel, que já era avançada em anos, terá um filho que se chamará João (v. 13) – nome que significa «Deus é misericordioso» – e que será de santidade eminente (v. 15). Sua missão de precursor do Messias esperado (v. 17) o levará a ser instrumento da salvação de Deus (v. 16). Além disso, a cena parece, quer quanto à forma – intervenção divina, perturbação, anúncio, dificuldade, sinal –, quer em termos de conteúdo, concebida em paralelo e como preparação da cena da anunciação a Maria, que é assim ressaltada por esta. Com efeito, Zacarias queria ter descendência (v. 13), mas não podia; em contrapartida, Nossa Senhora não a pediu (cf. 1, 34), mas Deus lha dá. Tanto Zacarias como Nossa Senhora se perturbam com a saudação do anjo (1, 12.29), mas com atitudes diferentes: Zacarias não acredita (v. 20) e pede um sinal (v. 18), enquanto Nossa Senhora acredita (1, 38) e lhe é dado um sinal que Ela não tinha pedido (1, 36).

No *Evangelho de São Lucas*, a história de Jesus começa no Templo de Jerusalém e termina no mesmo local (24, 53); fica assim expressa a continuidade entre a salvação prometida a Israel e a realizada em Jesus Cristo: «Não foi sem razão que o anjo apareceu no Templo, uma vez que com ele se anunciava a proximidade da vinda do verdadeiro Salvador e se preparava o sacrifício celestial que os anjos haveriam de servir; não se duvide, pois, de que os anjos assistirão à imolação de Cristo» (Santo Ambrósio, *Expositio Evangelii secundum Lucam, ad loc.*).

1, 26-38. O mistério da encarnação abarca diversas realidades: que Maria é virgem, que concebe sem intervenção de varão e que o Menino, verdadeiro homem por ser filho de Maria, é simultaneamente Filho de Deus, no sentido mais forte desta expressão. Estas verdades não são expressas de forma especulativa, mas ao correr dos acontecimentos; a narrativa é, portanto, de uma densidade extraordinária: praticamente todas as palavras têm uma profundidade surpreendente de significado. Os Padres e a Tradição da Igreja não deixaram de anotar este fato, e os cristãos recordam este mistério todos os dias na recitação do Ângelus.

Em primeiro lugar, considerem-se as circunstâncias. A passagem anterior teve lugar na majestade do Templo de Jerusalém; esta tem lugar em Nazaré, uma aldeia da Galileia que sequer é referida no Antigo Testamento. Anteriormente falava-se de duas pessoas justas que queriam ter filhos mas não conseguiam, salientando que Deus remediou essa necessidade (1, 13); neste caso, estamos em presença de uma virgem que não pede filhos e, mais ainda, que pergunta como poderá ocorrer aquilo que o anjo lhe anuncia (v. 34). As palavras do anjo Gabriel referem uma ação singular, soberana e onipotente de Deus (cf. v. 35), que evoca a ação da Criação (cf. Gn 1, 2), altura em que o Espírito Santo desceu sobre as águas para dar vida; mas também a sua ação no deserto, quando criou o povo de Israel e fez notar a sua presença através da nuvem que cobria a arca da aliança (cf. Ex 40, 34-36).

A descrição de Nossa Senhora contida neste relato é muito eloquente. Para os homens, Maria é «uma virgem desposada com um varão chamado José, da casa de Davi» (v. 27); para Deus, é a «cheia de graça» (v. 28), a criatura mais singular que até aquele momento viera ao mundo e que, no entanto, se apresenta como «serva do Senhor» (v. 38). Isto porque Deus, «desde o princípio e antes dos séculos, escolheu e preordenou para seu Filho uma Mãe, na qual Ele se encarnaria e da qual, depois, na feliz plenitude dos tempos, nasceria; e, de preferência a qualquer outra criatura, fê-la alvo de tanto amor a ponto de se comprazer nela com singularíssima benevolência» (Pio IX, *Ineffabilis Deus*).

No quadro da assombrosa ação de Deus entre os homens – confiando a salvação à nossa resposta livre –, compreende-se que Ele tenha escolhido pessoa tão singular. Ao meditar a cena, os leitores podem fazer sua a oração de São Bernardo: «Ouviste dizer, Virgem, que conceberás e darás à luz um filho; ouviste dizer que não será por obra de varão, mas por obra do Espírito Santo. Olha que o anjo aguarda a tua resposta. [...] Também nós, infelizmente condenados à morte pela divina sentença, esperamos, Senhora, essa palavra de misericórdia. Está nas tuas mãos o preço da nossa salvação; se consentires, seremos imediatamente libertados, [...] porque da tua palavra depende o consolo dos miseráveis, a redenção dos cativos, a liberdade dos condenados, e por fim a salvação de todos os filhos de Adão, de toda a tua linhagem. [...] Abre, Virgem ditosa, o coração à fé, os lábios ao consentimento, as castas entranhas ao Criador» (*Laudes Mariae*, *Sermo* 4, 8-9).

Esta passagem contém ainda uma revelação sobre Jesus. Nas suas primeiras palavras (vv. 30-33), o anjo afirma que este Menino será o cumprimento das promessas. As fórmulas são arcaicas; com efeito, frases como «o trono de seu pai Davi» (v. 32; cf. Is 9, 6), «reinará sobre a casa de Jacó eternamente» (v. 33; cf. Nm 24, 17) e «o seu Reino não terá fim» (v. 33; cf. 2 Sm 7, 16; Dn 7, 14; Mq 4, 7) são expressões que estão imersas no mundo das ideias e no vocabulário do

Antigo Testamento, relacionadas com a promessa divina a Israel-Jacó, com os oráculos acerca do Messias descendente de Davi e com os anúncios proféticos do reinado de Deus. Para uma pessoa instruída na religião e na piedade israelita, o significado destas frases era inequívoco; no entanto, a descrição do Menino como Santo e Filho de Deus (v. 35) ultrapassa tudo quanto se poderia imaginar. As consequências do consentimento de Maria (v. 38) tornar-se-ão manifestas no conjunto da história da humanidade: «Eis porque não poucos Padres afirmam [...] que "o nó da desobediência de Eva foi desatado pela obediência de Maria; e aquilo que a virgem Eva atou, com a sua incredulidade, desatou-o a Virgem Maria com a sua fé" (Santo Irineu, *Adversus haereses*, 3, 22, 4); e, por comparação com Eva, chamam Maria a "mãe dos vivos" (Santo Epifânio, *Adversus haereses*, 78, 18) e afirmam muitas vezes: "a morte veio por Eva, a vida veio por Maria" (São Jerônimo, *Epistulae*, 22, 21)» (Concílio Vaticano II, *Lumen gentium*, n. 56).

1, 39-56. Contemplamos agora a grandeza de Maria de outros pontos de vista. Isabel, cheia do Espírito Santo, proclama que Ela é «a mãe do meu Senhor» (v. 43); mas ser Mãe de Deus é também objeto de fé para Maria, razão pela qual é felicitada por Isabel (v. 45). No entanto, a fé da Virgem ultrapassa a mera virtude pessoal, pois dá origem à Nova Aliança: «Assim como Abraão, "*esperando contra toda a esperança*, acreditou e se tornou pai de muitos povos" (Rm 4, 18), assim Maria, no momento da Anunciação, depois de ter declarado a sua condição de virgem, [...] *acreditou* que pelo poder do Altíssimo, por obra do Espírito Santo, se tornaria a mãe do Filho de Deus segundo a revelação do Anjo» (São João Paulo II, *Redemptoris Mater*, n. 14).

A montanha da Judeia dista cerca de 130 km de Nazaré. De acordo com uma tradição que remonta ao século IV, a casa de Zacarias ficava na atual aldeia de Ain-Karim, localizada a cerca de oito quilômetros a oeste de Jerusalém; é aqui que João menino salta de alegria no seio de sua mãe. Os teólogos antigos e modernos viram nesta ação um indício da santificação do Batista no ventre de sua mãe: «Considera a precisão e a exatidão de cada uma das palavras: Isabel foi a primeira a ouvir a voz, mas João foi o primeiro a experimentar a graça, porque Isabel ouviu segundo as faculdades da natureza, mas João alegrou-se por causa do mistério. Isabel sentiu a proximidade de Maria, João a do Senhor; a mulher ouviu a saudação da mulher, o filho sentiu a presença do Filho; elas proclamam a graça, eles, vivendo-a interiormente, conseguem que as mães aproveitem este dom a ponto de, com um duplo milagre, ambas começarem a profetizar por inspiração dos respectivos filhos» (Santo Ambrósio, *Expositio Evangelii secundum Lucam, ad loc.*).

A cena prossegue com o canto do *Magnificat* por parte de Maria. Este cântico, que evoca algumas passagens do Antigo Testamento (cf. 1 Sm 2, 1-10), é sobretudo uma oração e um modelo de oração: «Nessas palavras sublimes [...] transparece a experiência pessoal de Maria, o êxtase do seu coração. Resplandece nelas um clarão do mistério de Deus, a glória da sua inefável santidade, *o amor eterno que, como um dom irrevogável, entra na história do homem*» (São João Paulo II, *Redemptoris Mater*, n. 36). Tal como anteriormente (1, 38), Maria sabe que é a «serva» do Senhor (v. 48); mas agora sabe também que é motivo de bem-aventurança perpétua. O Deus a quem dirige o seu canto tomou partido; e, com palavras que são quase um presságio das bem-aventuranças (6, 20-26), Maria canta ao Senhor que escolhe os pobres e os humildes e nada tem para dar aos ricos e poderosos (vv. 51-53). Mas este Deus é, antes de mais, o Todo-poderoso da misericórdia (vv. 49-50.54-55). Este conhecimento do ser de Deus que as palavras de Nossa Senhora revelam alenta a oração da Igreja: «Senhor, que dais a maior prova do vosso poder quando perdoais e Vos compadeceis, infundi sobre nós a vossa graça, para que, correndo prontamente para os bens prometidos, nos tornemos um dia participantes da felicidade celeste» (Missal Romano, *XXVI Domingo do Tempo Comum, Oração coleta*). E, já que ao longo do Evangelho Maria se apresenta também como modelo para os cristãos, «a nossa oração pode acompanhar e imitar essa oração de Maria. Tal como Ela, sentiremos o desejo de cantar, de proclamar as maravilhas de Deus, para que a humanidade inteira e todos os seres participem da nossa felicidade» (São Josemaria Escrivá, *É Cristo que passa*, n. 144).

1, 57-80. O Evangelho relata, em duas passagens seguidas (1, 57-2, 21), o nascimento e a circuncisão de João Batista e de Jesus. Convém ler estas passagens em contraste: enquanto João nasce em sua casa, num clima de alegria e de admiração (vv. 58.63-64.66), Jesus nascerá fora de sua casa, tendo por berço uma manjedoura, e reconhecido apenas por seus pais e por uns pastores (2, 1-20).

No caso de João Batista, o Evangelho centra-se mais na circuncisão, uma vez que é aí que se manifesta a intervenção de Deus; e narra que, quando Zacarias (v. 63) cumpre o que o anjo lhe tinha mandado (1, 13), começa a falar: «Foi com razão que a língua se lhe desprendeu: presa pela incredulidade, foi desprendida pela fé» (Santo Ambrósio, *Expositio Evangelii secundum Lucam, ad loc.*).

A intervenção de Deus nos acontecimentos suscita interrogações dos vizinhos acerca da missão que Deus teria destinado a João. Zacarias, sabedor de que seu filho seria o precursor do Messias (1, 14-17), entoa um cântico de louvor – o *Benedictus* –, no qual reconhece a ação salvadora de Deus para com Israel (vv. 68-75), que culmina na vinda do próprio Senhor (vv. 76-79); deste modo, a passagem tanto fala de João como de Jesus: «João é uma espécie de linha divisória entre os dois Testamentos, o Antigo e o Novo. [...] Ele é como que a personificação do Antigo e o anúncio do Novo. Porque personifica o Antigo, nasce de pais anciãos; porque personifica o Novo, é declarado profeta no seio de sua mãe. Ainda não nasceu e, com a chegada da Virgem Maria, salta de alegria nas entranhas de sua mãe; fica assim assinalada a sua missão, mesmo antes do nascimento: fica demonstrado de quem é o precursor antes de O ver. [...] Finalmente, nasce, impõe-se-lhe o nome, e solta-se a língua de seu pai. [...] Este silêncio de Zacarias significava que, antes da pregação de Cristo, o sentido das profecias estava de certo modo latente, oculto, encerrado; com o advento daquele a quem se referiam estas profecias, tudo se torna claro» (Santo Agostinho, *Sermones*, 293, 2-3).

2, 1-7. O Evangelho narra o nascimento de Jesus de forma concisa; mas não deixa de sublinhar dois pormenores: o lugar do nascimento, Belém, e a pobreza e o desamparo materiais que o acompanharam. Ambos são também lição de Deus, que se serve dos acontecimentos da história humana para o cumprimento dos seus desígnios e ensina com os seus gestos: «Haverá coisa que possa declarar de forma mais inequívoca a sua misericórdia que o fato de ter aceitado a própria miséria? Poderá haver coisa mais transbordante de piedade que o fato de a Palavra de Deus ter se feito tão pouca coisa por nós? [...] Que os homens deduzam daqui quão grande é o cuidado que Deus tem com eles; que percebam o que Deus pensa e sente por eles» (São Bernardo, *In Epiphania Domini, Sermo* 1, 2).

«Saiu um édito de César Augusto» (v. 1). Pelos documentos extrabíblicos, só temos conhecimento de um recenseamento geral na época de Quirino (v. 2) no ano de 6 d.C., ou seja, uns dez ou doze anos depois do nascimento do Senhor; mas é possível que tenha havido outros censos gerais, e houve certamente censos locais, pelo que talvez a família de Jesus se tivesse deslocado a Belém por ocasião de um desses censos e Lucas não dispusesse de dados para ser mais preciso. Seja como for, o propósito do evangelista é claro: situar o nascimento de Jesus na história universal; não dispondo de uma era comum, ao contrário do que acontece atualmente, refere Quirino (v. 2), governador da Síria, província da qual dependia a Judeia, e o édito de César Augusto (v. 1), que reinou desde 27 a.C. até 14 d.C. Nesta alusão fica igualmente sugerido um paradoxo: César apresentou-se, no seu tempo, como salvador da humanidade e, a fim de perpetuar a sua memória, favoreceu de tal maneira as artes, que a sua época foi chamada «o século de Augusto»; contudo, o verdadeiro Salvador, como diz o anjo a seguir (v. 11), é Jesus, e é o seu nascimento que instaura a nova era a partir da qual se contam os anos e os séculos. Já a primitiva exegese cristã detectou este sentido: «Registrado com todos, podia santificar a todos; inscrito no censo com toda a terra, ofereceu à terra a comunhão consigo; e, depois desta declaração, inscreveu todos os homens da terra no livro dos vivos, de modo que quantos tivessem acreditado nEle fossem depois registrados no Céu com os santos daquele a quem se deve a glória e o poder pelos séculos dos séculos» (Orígenes, *Homilia X in Lucam*, 6).

«Deu à luz o seu filho primogênito» (v. 7). A Bíblia, como outros documentos do Oriente antigo, costuma chamar primogênito ao primeiro varão nascido de mulher, tenha ou não irmãos. «Uma vez que a lei sobre os primogênitos inclui aquele que não tem irmãos, o nome de primogênito refere-se a qualquer um que abre o seio materno e antes do qual não nasceu nenhum, e não só àquele a que se segue um irmão» (São Jerônimo, *Adversus Helvidium*, 19). A Igreja ensina a verdade de fé da virgindade perpétua de Maria (cf. *Catecismo da Igreja Católica*, n. 499), e alguns Padres ampliaram-na a São José: «Tu afirmas que Maria não permaneceu virgem, e eu afirmo mais: que também José foi virgem por Maria, para que o Filho virginal fosse engendrado num matrimônio virginal. [...] Se ele era para Maria, considerada por todos como sua esposa, mais um protetor do que um cônjuge, não resta senão concluir que quem foi considerado digno de ser chamado pai do Senhor viveu virginalmente com Maria» (São Jerônimo, *Adversus Helvidium*, 19). Cf. nota a Mt 1, 18-25.

«Porque não havia lugar para eles na estalagem» (v. 7). A palavra grega que São Lucas utiliza – *katályma* – designa um quarto espaçoso que havia nas casas e que podia servir de sala ou quarto de hóspedes; este termo aparece em mais duas passagens do Novo Testamento, a fim de designar a sala onde o Senhor celebrou a Última Ceia (22, 1; Mc 14, 14). É possível, pois, que o evangelista pretenda dizer que aquele local não era oportuno, porque a Sagrada Família queria preservar a sua intimidade naquele acontecimento. Por outro lado, na pobreza do estábulo conhecemos «a bondade de Nosso Senhor Jesus Cristo, que, sendo rico, se fez pobre por vós, para vos enriquecer com a sua pobreza» (2 Cor 8, 9): «Tem em atenção: [...] a pobreza daquele que foi deitado numa manjedoura e envolvido em panos. Ó admirável humildade, ó pasmosa pobreza! O Rei dos anjos, o Senhor do Céu e da terra é reclinado numa manjedoura. [...] Considera a humildade, ao menos a ditosa pobreza, os inúmeros trabalhos e as penas que Ele sofreu pela redenção do gênero humano» (Santa Clara de Assis, *Carta a Inês de Praga*). Esta humildade não é apenas um exemplo para os homens, mas também um dom de Deus, que se abaixa, fazendo-se próximo de nós: «Deus humilha-se para que possamos aproximar-nos dEle, para que possamos corresponder ao seu amor com o nosso amor, para que a nossa liberdade se renda, não só ante o espetáculo do seu poder, como também ante a maravilha da sua humildade. Grandeza de um Menino que é Deus! Seu Pai é o Deus que fez os céus e a terra, e Ele ali está, num presépio, *quia non erat eis locus in diversorio*, porque não havia outro lugar na terra para o dono de toda a Criação» (São Josemaria Escrivá, *É Cristo que passa*, n. 18).

2, 8-20. As palavras dos anjos aos pastores indicam o significado do nascimento de Jesus. Ele não é um menino qualquer; é o Salvador, o Messias, o Senhor (v. 11). A divindade de Jesus Menino não é manifesta; por isso, teve de ser comunicada pelos anjos: «Aquilo que de si é oculto, que não é patente, tem de ser comunicado. O corpo do recém-nascido era manifesto; mas a sua divindade estava oculta, e portanto era conveniente que aquele nascimento fosse comunicado por meio dos anjos, que são ministros de Deus. Foi por isso que apareceu o anjo rodeado de claridade, para que ficasse patente que o recém-nascido era o resplendor da glória do Pai (cf. Hb 1,3)» (São Tomás de Aquino, *Summa theologiae*, 3, 36, 5, ad 1). As palavras dos anjos indicam igualmente que a chegada do Salvador ao mundo traz consigo os dons mais excelentes: o reconhecimento da glória de Deus e a paz para os homens (v. 14). Daí vem o sentido profundo da adoração dos pastores: a salvação que Cristo trazia estava destinada aos homens de todas as raças e condições, razão pela qual Ele decidiu se manifestar a pessoas de diferentes condições: «Os pastores eram israelitas, os magos eram gentios; aqueles vieram de perto, estes vieram de longe; mas uns e outros coincidiram na pedra angular» (Santo Agostinho, *Sermones*, 202, 1).

Diz o evangelista que os pastores foram apressadamente (v. 16) a Belém porque, como recorda Santo Ambrósio, «ninguém procura Cristo preguiçosamente» (*Expositio Evangelii secundum Lucam, ad loc.*). Já antes ficara dito que, após a anunciação, Nossa Senhora tinha ido às pressas (1, 39) visitar Santa Isabel. A alma que deu entrada a Deus na sua vida vive com alegria a visita do Senhor, e essa alegria dá asas ao seu coração.

2, 21. No Antigo Testamento, a circuncisão era o rito pelo qual um rapaz passava a fazer parte do povo eleito. Tratava-se de um rito ordenado por Deus a Abraão como sinal da sua aliança com ele e com os seus descendentes (cf. Gn 17, 10-14), consistindo na operação sobre o corpo, na recitação de umas bênçãos e na imposição do nome. Tal como em outras vezes (2, 22-24.41), José e Maria cumpriram as suas obrigações legais, à semelhança das restantes famílias israelitas, assinalando a inserção de Jesus no seu povo. No Concílio de Jerusalém, ocorrido no ano de 49, os apóstolos declararam abolida a necessidade deste antigo rito, que foi substituído pelo Batismo, pelo qual o cristão é incorporado na Igreja, novo povo de Deus (cf. At 15, 1-21; cf. igualmente *Catecismo da Igreja Católica*, n. 527).

2, 22-38. A Sagrada Família sobe a Jerusalém com o objetivo de cumprir as prescrições da Lei de Moisés: a purificação da mãe (cf. Lv 12, 2-8) e o resgate do primogênito (cf. Ex 13, 2.12-13). E foi nesta circunstância que Jesus se manifestou a Israel: «A *apresentação de Je-*

sus no Templo mostra-O como o Primogênito pertencente ao Senhor» (*Catecismo da Igreja Católica*, n. 529). Simeão e Ana, já idosos, representam o Israel fiel que espera a vinda do seu Salvador e Redentor (vv. 30.38) e que louva a Deus ao ver cumpridas as suas esperanças (vv. 28.38).

Os primogênitos dos judeus pertenciam ao Senhor; aqueles que não eram da tribo de Levi tinham de ser resgatados no Templo para mostrarem que continuavam a ser propriedade de Deus; o resgate era geralmente feito um mês depois do nascimento, quando se ofereciam cinco siclos pelo primogênito (cf. Nm 18, 16). A mulher que dava à luz um menino ficava impura e tinha de ir ao Templo passados quarenta dias para cumprir o rito de purificação e apresentar a sua oferenda: um cordeiro pequeno ou, se fosse pobre, um par de pombas ou de rolas (cf. Lv 12, 2-8). Nem Jesus, o Filho de Deus, nem Maria Virgem, que tinha concebido sem obra de varão e sem que Jesus, ao nascer, lhe tivesse rompido a integridade virginal, estavam abrangidos por este preceito. Mas, como isto era, na altura, um mistério escondido na intimidade da Sagrada Família, José e Maria fizeram a oferenda dos pobres: não fizeram a dos ricos, mas também não fizeram a dos indigentes: «Aprenderás com este exemplo [...] a cumprir a Santa Lei de Deus, apesar de todos os sacrifícios pessoais? Purificação! Tu e eu, sim, é que precisamos de purificação! Expiação, e, acima da expiação, o Amor. – Um amor que seja cautério, que abrase a imundície da nossa alma, e fogo que incendeie, com chamas divinas a miséria do nosso coração» (São Josemaria Escrivá, *Santo Rosário*, 4º mistério gozoso).

Simeão aparece como homem conduzido pelo Espírito Santo (vv. 25-27), razão pela qual as suas palavras são especialmente reveladoras (vv. 29-32): Jesus é por ele reconhecido como o Messias esperado, «glória de Israel», mas também «luz e salvação» para todos os homens; no entanto, no plano de Deus será «para queda e ressurgimento de muitos em Israel», e a sua missão salvadora será um «sinal de contradição» no qual alguns tropeçarão. Assim se revelam a dor e a alegria que estão presentes e entrelaçadas em toda a vida do Senhor. Finalmente, «a espada de dor predita a Maria anuncia esta outra oblação, perfeita e única, da Cruz, que dará a salvação que Deus "preparou para todos os povos"» (*Catecismo da Igreja Católica*, n. 529); pelo fato de Simeão se dirigir a Maria, percebemos a participação da Virgem no sacrifício de Cristo: «Aquilo que Simeão diz apresenta-se como uma segunda anunciação a Maria, uma vez que indica a dimensão histórica concreta em que o Filho realizará a sua missão, ou seja, na incompreensão e na dor. Se este outro anúncio confirma, por um lado, a sua fé no cumprimento das promessas divinas da Salvação, por outro também lhe revela que ela terá de viver a sua obediência de fé no sofrimento, ao lado do Salvador que sofre, e que a sua maternidade será obscura e marcada pela dor» (São João Paulo II, *Redemptoris Mater*, n. 16). Nossa Senhora e São José ficam admirados (v. 33) ao descobrir novos aspectos do mistério de seu Filho; compreendem assim com maior clareza que Jesus não é apenas glória do seu povo, mas também salvação para toda a humanidade.

O testemunho de Ana (vv. 36-38) é muito parecido com o de Simeão. Se este esperava a consolação de Israel (v. 25), Ana esperava a redenção de Jerusalém (v. 38). Isso significa que o nascimento de Cristo foi expresso por três tipos de testemunhas e de três modos diferentes: em primeiro lugar, pelos anjos que o anunciam; em segundo lugar, pelos pastores, na sequência da aparição dos anjos; e, em terceiro lugar, por Simeão e Ana, movidos pelo Espírito Santo. Assim, pois, quem, como Simeão e Ana, persevera na piedade e no serviço a Deus converte-se em instrumento apto do Espírito Santo para dar a conhecer Cristo aos outros.

2, 39-40. Resumo da vida de Jesus em Nazaré. Esta aldeia não é nunca referida no Antigo Testamento, embora as escavações tenham mostrado que era habitada havia mais de mil anos; tratava-se de um modesto conjunto de casas pobres, meio escavadas numa colina da Baixa Galileia, onde umas quantas famílias de judeus viviam da agricultura e do pastoreio, e onde haveria também um artesão como José, que prestava serviços diversos.

No tempo de Jesus, vigorava uma tradição (cf. Flávio Josefo, *Antiquitates iudaicae*, 2, 9, 6; 5, 4, 10; Fílon, *De vita Mosis*, 5, 10, 4) segundo a qual determinadas personagens – Moisés e Samuel, por exemplo – tinham revelado uma inteligência assombrosa logo na infância. Nesta passagem, o evangelista refere os dotes de Jesus, embora faça ver um pouco mais adiante (cf. 2, 49) que Ele é muito maior que estas personagens. São Beda explicava este texto da seguinte maneira: «Enquanto Menino, isto é, na medida em que estava revestido da fragilidade humana, Nosso Senhor Jesus Cristo tinha de crescer e de se robustecer; enquanto Verbo eterno de Deus, porém, não tinha necessidade de se fortalecer nem de crescer. Por isso é adequado dizer que estava cheio de sabedoria e de graça» (*In Lucae Evangelium, ad loc.*).

2, 41-50. É característico do *Evangelho da infância* o fato de recolher muito poucos atos e palavras de Jesus; em geral, aprendemos quem Ele é partindo das ações e das palavras das outras personagens da narrativa. Este episódio vem alterar esse procedimento. O anjo tinha proclamado a filiação divina de Jesus na anunciação (1, 35), e dentro em breve a voz vinda do Céu dirá o mesmo no Batismo (3, 22); entre um e outro testemunho, é o próprio Jesus que o afirma (v. 49): «*O reencontro de Jesus no Templo* é o único acontecimento que rompe o silêncio dos Evangelhos sobre os anos ocultos de Jesus. Nele Jesus deixa entrever o mistério de sua consagração total a uma missão decorrente de sua filiação divina» (*Catecismo da Igreja Católica*, n. 534).

Os Ázimos e a Páscoa juntos formavam uma das três festas em que os israelitas tinham a obrigação de peregrinar ao Templo de Jerusalém (cf. Dt 16, 16). Essa obrigação não abrangia as mulheres nem as crianças, embora as famílias piedosas tivessem o costume de as levar desde muito cedo. A perda de Jesus é compreensível: a população de Jerusalém triplicava nos períodos de festa e de peregrinações, e as pessoas deslocavam-se em caravanas e em dois grupos, um de homens e outro de mulheres, indo as crianças num dos dois. Quando paravam pelo caminho, as famílias se reuniam, e deve ter sido nesta altura que Maria e José descobriram que o Menino tinha ficado em Jerusalém. O evangelista narra as circunstâncias desta viagem com sobriedade, porque pretende deter-se no diálogo de Jesus com a sua Mãe. Com efeito, os pais vão encontrá-lO ouvindo e fazendo perguntas aos doutores (v. 47), e este quadro é uma forma de preparar o que vem a seguir: que Jesus não é uma criança qualquer, nem sequer uma criança mais sábia que as outras, mas é o Filho de Deus. O diálogo de Jesus com a sua Mãe surpreende o leitor pelo aparente desapego; mas convém ter em consideração que a mentalidade semita aprecia os contrastes e as antíteses. Como observa Santo Ambrósio, Jesus «não os repreende pelo fato de O procurarem como filho, mas obriga -os a levantar os olhos para que vejam o que é devido Àquele de quem é o Filho eterno» (*Expositio Evangelii secundum Lucam, ad loc.*).

2, 51-52. Lucas conclui os episódios da infância com um resumo da vida de Jesus e de Maria nesses anos; são três frases curtas de extraordinária riqueza, que constituem uma espécie de refrão do *Evangelho da infância* (cf. 2, 19.39-40).

Jesus «era-lhes submisso». No episódio anterior, Jesus se mostrava obediente à vontade do Pai (cf. 2, 49); mas, para Ele, obedecer a Deus é também obedecer à vontade de seus pais: «Cristo, a quem o universo estava sujeito, sujeitou-se aos seus» (Santo Agostinho, *Sermones*, 51, 19). Obedecendo a seus pais, Jesus «crescia» (v. 52). Se toda a vida de Cristo é uma revelação do Pai, «esses anos ocultos do Senhor não são coisa sem significado, nem uma simples preparação dos anos que viriam depois, os anos da sua vida pública. [...] Deus desejava que os cristãos tomassem por exemplo toda a vida do Senhor [...]: o Senhor quer que muitas almas encontrem o seu caminho nesses anos de vida silenciosa e sem brilho» (São Josemaria Escrivá, *É Cristo que passa*, n. 20).

Sobre Maria, fica dito que «conservava todas essas coisas no seu coração» (v. 51). O termo que é traduzido por «coisas» também pode significar «palavras»; desta forma, o evangelista ensina que, em Maria, não só se cumpriu a vontade do Senhor (1, 38), como se antecipou aquilo que Jesus afirmou ser uma característica fundamental da vida dos seus discípulos: ouvir a Palavra do Senhor, guardá-la e cumpri-la (8, 21; 11, 28): «Que em todos resida a alma de Maria para glorificar o Senhor; que em todos esteja o espírito de Maria para se alegrarem em Deus. Porque, se corporalmente a Mãe de Cristo é uma só, pela fé Cristo é fruto de todos; pois todas as almas recebem a Palavra de Deus, desde que, sem mancha e preservadas dos vícios, guardem a castidade com pureza irrepreensível (Santo Ambrósio, *Expositio Evangelii secundum Lucam, ad loc.*).

***3, 1-4, 13.** Lucas apresenta a preparação do ministério de Jesus em redor de dois temas: a figura do Batista (3, 1-20), e o Batismo e as tentações de Jesus (3, 21-22; 4, 1-13); a isso, acrescenta a genealogia (3, 23-38). Uma característica do estilo de narração do terceiro Evangelho é assinalar as fases e os locais da salvação; é por essa razão que refere a prisão do Batista numa fase anterior à dos outros sinóticos (3, 19-20; cf. Mt 14, 3-4; Mc 6, 17-18), significando de forma gráfica que a etapa de João precede a de Jesus. Da mesma maneira, situa a última tentação em Jerusalém (4, 9), porque a Cidade Santa ocupa o lugar principal na obra de São Lucas: foi aí que o Senhor se manifestou como luz dos povos (2, 22-35), será aí que consumará a sua morte (9, 31), e aí que se iniciará a missão universal (24, 47).

3, 1-20. A atividade do Batista que precedeu a vida pública de Cristo é registrada pelos quatro evangelistas, mas Lucas é o que a apresenta com mais pormenor e de forma mais ordenada, descrevendo o enquadramento geral (vv. 1-2), a missão de João (vv. 3-6), o conteúdo da sua pregação (vv. 7-14), a sua relação com o Messias que estava próximo (vv. 15-18) e a sua prisão (vv. 19-20).

Lucas situa o aparecimento público de João Batista no tempo e no espaço (vv. 1-2). O 15º ano do império de Tibério César corresponderá ao ano de 27 ou 28-29 da nossa era. Pôncio Pilatos foi *praefectus* da Judeia («procurador», segundo a terminologia posterior) entre os anos de 26 e 36, com uma jurisdição que se estendia à Samaria e à Idumeia. O Herodes que se menciona nesta passagem é Herodes Antipas, que morreu no ano de 39. Filipe, meio-irmão de Herodes Antipas, foi tetrarca das regiões indicadas no texto até o ano de 33-34; não se trata do mesmo Herodes Filipe que era casado com Herodíades, de quem se fala no v. 19. O sumo sacerdote era Caifás, que exerceu o seu pontificado entre os anos de 18 e 36; Anás, o sogro de Caifás, tinha sido deposto no ano 15 pelas autoridades romanas, mas mantinha grande influência na política e na religião judaicas (cf. Jo 18, 13; At 4, 6). A referência às circunstâncias históricas, seguida da expressão «o Senhor falou a...» (v. 2), no início dos livros proféticos, é recorrente (cf. Ez 1, 3; cf. Os 1, 1; Mq 1, 1; Sf 1, 1 etc.); o texto sugere assim que, como o próprio Jesus afirmará depois expressamente (16, 16), João é o último dos profetas e que, por meio dele, Deus inaugura, com a sua palavra (v. 2), o último ato da história.

O evangelista apresenta a figura do Batista à luz de um texto do livro de Isaías (vv. 4-6; cf. Is 40, 3-5) em que o profeta anuncia ao povo hebraico que, após o cativeiro da Babilônia, haverá um novo êxodo; nessa altura, o povo que caminhar através do deserto até chegar à Terra Prometida já não será conduzido por Moisés, mas pelo próprio Deus. O oráculo de Isaías citado nesta passagem é comum aos três Evangelhos sinóticos, mas São Lucas é o único que recolhe o último versículo: «E todo homem verá a salvação de Deus». Deste modo, a missão universal do Evangelho é apresentada logo desde a missão do Batista: todos, incluindo os cobradores de impostos (v. 12) e os soldados

(v. 14), têm acesso à salvação: «O Senhor deseja abrir em vós um caminho pelo qual possa penetrar na vossa alma. [...] O caminho pelo qual a palavra de Deus há de penetrar consiste na capacidade do coração humano. O coração do homem é grande, espaçoso e capaz. [...] Prepara um caminho para o Senhor mediante uma conduta honesta, e com aclamações irrepreensíveis aplana tu o caminho, para que a palavra de Deus caminhe para ti sem obstáculos» (Orígenes, *Commentaria in Ioannem*, 21, 5-7).

Perante a vinda iminente do Senhor, os homens podem se dispor interiormente, fazer penitência pelos seus pecados, retificar a sua vida para receber a graça trazida pelo Messias. Porque a Salvação não vem pela linhagem, porque se é filho de Abraão (v. 8), mas pela conversão que se exprime em obras concretas, específicas para cada um (vv. 10-14). São Lucas afirma (v. 18) que apenas recolheu algumas das exortações com que o Batista evangelizava; a verdade é que o resumo que apresenta é muito semelhante ao de outros documentos da época. Flávio Josefo recorda que João «era um homem bom e pedia aos judeus o exercício da virtude, bem como a justiça uns com os outros e a piedade com Deus, para assim se apresentarem ao Batismo» (*Antiquitates iudaicae*, 18, 5, 2).

Os ensinamentos do Batista também versam sobre o Messias (vv. 15-17): João recorda que ele não é o Messias, mas que este encontra-se próximo e virá com o poder de juiz supremo que é próprio de Deus, e com uma dignidade que não tem semelhança humana: «Aprendei do próprio João um exemplo de humildade: têm-no por Messias, e ele nega que o seja: não lhe ocorre aproveitar-se do erro alheio em benefício próprio. [...] Compreendeu onde estava a sua salvação; compreendeu que não passava de um luzeiro, e temeu que o vento da soberba o apagasse» (Santo Agostinho, *Sermones*, 293, 3).

Finalmente (vv. 19-20), o evangelista refere o destino último de João. Os outros dois Evangelhos sinóticos (cf. Mt 14, 1-12; Mc 6, 14-29) mencionam a censura do Batista ao adultério de Herodes; São Lucas anota igualmente que João denunciou «todos os males» do tetrarca (v. 19). O próprio Flávio Josefo evoca a arbitrariedade desta decisão, afirmando que Herodes, receoso de que a autoridade do Batista «induzisse os seus súditos à rebelião, dado que o povo parecia disposto a seguir os seus conselhos, considerou que era mais seguro [...] afastá-lo do caminho; caso contrário, talvez viesse a se arrepender, se se produzisse uma conspiração. De maneira que foi devido a essas suspeitas de Herodes que ele foi preso e enviado para a fortaleza de Maqueronte»; e foi também por isso que, quando Herodes foi esmagado pelo rei dos nabateus, «os judeus consideraram que fora vingança pela sua morte [de João Batista] que Herodes foi derrotado, porque Deus queria castigá-lo» (*Antiquitates iudaicae*, 18, 5, 2).

3, 21-22. O Batismo de Jesus é narrado pelos três Evangelhos sinóticos; e há alusões a este episódio no *Evangelho de São João* (cf. Jo 1, 29-34) e nos *Atos dos Apóstolos* (cf. At 1, 5; 10, 38). O episódio é apresentado, em todos esses textos, como o começo do ministério, ou melhor, como a preparação imediata para a sua vida pública. Seu significado é extremamente rico: trata-se da manifestação (*epifania*) de Jesus como Messias de Israel e Filho de Deus e da aceitação e inauguração da sua missão como «Servo sofredor» (cf. nota a Mt 3, 13-17); para os homens, constituía ainda o sinal da reconciliação do mundo com Deus (cf. nota a Mc 1, 13-17). Este acontecimento, a adoração dos Magos (cf. Mt 2, 11) e o primeiro milagre que o Senhor fez nas bodas de Caná (cf. Jo 2, 11) constituem as três primeiras manifestações solenes da divindade de Cristo, sendo como tal evocadas na liturgia da solenidade da Epifania: «Recordamos neste dia três mistérios: hoje a estrela guiou os Magos ao presépio; hoje, nas bodas de Caná, a água foi mudada em vinho; hoje, no rio Jordão, Cristo quis ser batizado para nos salvar. Aleluia» (Liturgia das Horas, *Antífona do Magnificat*, II vésperas).

3, 23-38. «Jesus, quando começou o seu ministério, tinha cerca de trinta anos» (v. 23). Além do plano divino, poderá ter tido alguma influência na marcação deste começo o costume judaico da época, segundo o qual um homem só dava início ao ofício de mestre com esta idade, que Jesus – tal como João Batista e, antes dele, Ezequiel (cf. Ez 1, 1) – terá adotado: «Quando chegou à idade perfeita em que devia ensinar, fazer milagres e atrair os homens a si, o Pai teve de indicar a sua divindade, a fim de que a sua doutrina se tornasse mais crível» (São Tomás de Aquino, *Summa theologiae*, 3, 39, 8, ad 3).

As genealogias recolhidas por São Mateus e São Lucas registram semelhanças e diferenças; algumas das diferenças são explicáveis, mas para outras apenas podemos apresentar hipóteses. Ambas as genealogias terminam em São José, como antepassado imediato do Senhor, embora ambas refiram, de uma maneira ou de outra, que o Patriarca não era o pai carnal de Jesus (v. 23; cf. Mt 1, 16). A genealogia de Mateus é descendente e tem início em Abraão, enquanto a de Lucas é ascendente e termina em Adão, embora nenhuma delas recolha «todos» os antepassados do Senhor; estas circunstâncias são facilmente explicáveis, uma vez que as genealogias da Sagrada Escritura não são um mero registro dos ascendentes de uma pessoa, mas antes visam indicar a sua posição étnica e social (cf. nota a Mt 1, 1-17). Mateus sublinha o caráter messiânico de Nosso Senhor, fazendo a genealogia a partir de Abraão e de Davi; Lucas, remontando a Adão, ressalta o seu caráter sacerdotal e a sua missão como Salvador de todo o gênero humano. São Tomás, seguindo Santo Agostinho, chama a atenção para este ponto: «São Lucas, não desde o princípio, mas depois do Batismo de Cristo, narra a genealogia em ordem ascendente, como que apontando o Sacerdote que expia os pecados no momento em que João Batista dá testemunho dEle dizendo: "Eis Aquele que tira os pecados do mundo." E ascendendo por Abraão chega até Deus, com quem nos reconciliamos uma vez limpos e purificados» (*Summa theologiae*, 3, 31, 3, ad 3).

4, 1-13. No início da sua missão salvadora, o Senhor jejua (vv. 2-3; cf. nota a Mt 4, 1-11) e sofre as tentações de Satanás. Os três Evangelhos sinóticos registram que o episódio teve lugar no «deserto» (v. 1), designando, muito provavelmente (cf. 3, 2), a depressão existente junto ao rio Jordão, a norte do mar Morto. Mas este termo também tem sentido teológico, já que foi no deserto que Moisés e Israel foram tentados e vencidos; pelo contrário, tentado no deserto, Jesus triunfa onde outros caíram: o diabo quer afastá-lO da sua missão, mas Ele vence-o. Tendo em consideração que, no terceiro Evangelho, a genealogia do Senhor chega até Adão, a tradição cristã viu neste relato uma vitória de Jesus como antítipo de Adão: onde Adão foi vencido, Jesus venceu, inaugurando assim a nova humanidade: «É conveniente recordar que o primeiro Adão foi expulso do Paraíso para o deserto, para que percebas que o segundo Adão vem do deserto para o Paraíso. Vês assim como os danos por ele infligidos se reparam seguindo os respectivos encadeamentos, e como os benefícios divinos se renovam, tomando os seus próprios traços» (Santo

Ambrósio, *Expositio Evangelii secundum Lucam, ad loc.*).

Narra o evangelista que, na primeira tentação (vv. 3-4), o diabo põe à prova a filiação divina de Jesus que Deus Pai acaba de proclamar (cf. 3, 22); na segunda (vv. 5-8), oferece-Lhe o domínio sobre este mundo em troca da homenagem a Satanás; na terceira (vv. 9-12), situado no pináculo do Templo de Jerusalém, propõe-Lhe que escape aparatosamente da morte em virtude de ser Filho de Deus. Esta narração é muito semelhante à de São Mateus, embora a ordem das tentações seja diferente: a segunda de Mateus aparece em terceiro lugar em Lucas, e vice-versa. Dado que a ordem de São Mateus coincide com a das tentações de Israel no livro do Êxodo (cf. nota a Mt 4, 1-11) e, no *Evangelho de São Lucas,* Jerusalém e, mais especificamente, o Templo têm enorme relevo – é aí que terminam tanto o *Evangelho da infância* como o Evangelho inteiro –, os estudiosos consideram que, nesta passagem, São Lucas adaptou a ordem para pôr a Cidade Santa em destaque: é em Jerusalém que se consuma a nossa salvação, bem como a vitória de Jesus sobre «toda a tentação» (v. 13). «A Sagrada Escritura não diria que, concluídas todas as tentações, o diabo se afastou dEle se nestas três não se encontrasse a matéria de todos os pecados. Porque a causa das tentações são as causas das concupiscências: o deleite da carne, o afã de glória e a ambição de poder» (São Tomás de Aquino, *Summa theologiae*, 3, 41, 4, ad 4).

Nesta altura, Jesus vence o diabo, e o texto menciona que este se retirou «até outra ocasião» (v. 13), referindo-se certamente à Paixão e morte do Senhor. No começo do relato da Paixão, São Lucas afirma que «Satanás entrou em Judas» (22, 3) e que é nesse momento que os acontecimentos se desencadeiam (cf. nota a 22, 1-6); mas nessa altura Jesus também vencerá: com a sua aceitação filial do desígnio do Pai, libertará os homens daquele que tinha o poder da morte, ou seja, do diabo (cf. Hb 2, 14). Ao contrário de Mateus e de Marcos, São Lucas não registra que os anjos serviram o Senhor no final das tentações; em contrapartida, diz que, na agonia de Getsêmani, Jesus foi reconfortado por um anjo (22, 43). «O Mestre quis ser tentado em todas as coisas em que nós o somos, como quis morrer porque nós morremos; como quis ressuscitar porque também nós havíamos de ressuscitar» (Santo Agostinho, *Enarrationes in Psalmos*, 90, 2, 1).

A passagem nos ensina igualmente que as armas que temos para vencer as tentações são a oração, o jejum, o não dialogar com a tentação, o ter nos lábios as palavras de Deus na Escritura e o pôr a confiança no Senhor.

***4, 14-9, 50.** Relato dos começos do ministério público de Jesus na Galileia. Jesus apresenta o programa da sua atuação na sinagoga de Nazaré (4, 16-30), e o «hoje» da salvação (4, 21) que Ele anuncia nesse momento começa a cumprir-se logo a seguir com as suas curas (4, 38-41; 5, 12-26; 7, 1-23; 8, 26-56 etc.), com o perdão dos pecados (5, 17-26; 7, 36-50), com a sua ação misericordiosa sobre os homens (7, 13; 9, 11) etc.

A missão para a qual foi enviado (4, 18) é a de evangelizar; no centro dessa pregação estão o Sermão da Planície (6, 17-49) e as parábolas do Reino (8, 4-18). O evangelista gosta de acentuar a eficácia e a singularidade das palavras de Jesus (4, 31-37; 5, 17-26 etc.), que provocam a aglomeração das multidões ao seu redor (4, 37.40.42; 5, 1.15.19.29 etc.).

Para o cumprimento desse programa de salvação, o Senhor escolhe alguns discípulos (5, 1-11.27-28; 6, 12-16), dentre os quais constitui o grupo apostólico. Depois, forma estes doze com especial dedicação (8, 10; 9, 21 etc.), mostra-lhes a sua glória (9, 28-36) e envia-os a pregar (9, 1-6), numa antecipação do que será a missão universal da Igreja (cf. At 1, 8).

Finalmente, o discurso de Jesus na sinagoga alude à universalidade da sua missão salvífica (4, 25-27), que se tornará manifesta no episódio do centurião (7, 1-10) e que será o tema central da parte seguinte do Evangelho (9, 51-19, 27).

***4, 14-6, 11.** Entre os começos do ministério de Jesus, contam-se a sua pregação nas sinagogas da Galileia (4, 14-15) e da Judeia (4, 44). A pregação de Jesus chama a atenção para o poder que a acompanha (4, 32), o que faz com que a sua fama se estenda cada vez mais (5, 15). Não é de espantar, pois, que os representantes do judaísmo oficial entrem em controvérsia com Ele (5, 27-6, 11).

4, 14-15. Breve resumo da atividade de Jesus, que precede a declaração na sinagoga de Nazaré. No centro desta mensagem não está tanto a pregação do Reino de Deus, como acontece nos outros sinóticos, mas a própria Pessoa de Jesus. Nas poucas palavras deste sumário, o Espírito é novamente mencionado: trata-se do Espírito Santo, que interveio ativamente no nascimento de Jesus e nos episódios da sua infância e que governa agora a sua atividade;

com efeito, depois de descer sobre Ele no Batismo (3, 22), condu-lO ao deserto (4, 1) e impulsiona-O à sua missão na Galileia (v. 14), «porque a humanidade de Cristo é um órgão conjunto com a própria divindade, razão pela qual Cristo se move segundo o impulso da divindade» (Nicolau de Lira, *Postilla super Lucam*, 4).

4, 16-30. Este episódio tem por base o esquema do culto nas sinagogas do seu tempo. Ao sábado, que era dia de descanso e de oração (cf. Ex 20, 8-11), os judeus reuniam-se para receberem instrução sobre a Sagrada Escritura. A sessão começava com a recitação conjunta da *Shemá*, o resumo dos preceitos do Senhor, e com as *dezoito bênçãos*; em seguida, lia-se uma passagem do livro da Lei – o Pentateuco – e outra dos profetas; em seguida, o presidente convidava um dos presentes a tomar a palavra (cf. At 13, 15), ou então alguém se oferecia para isso. Deve ter sido o que aconteceu nesta ocasião: Jesus aproveitou a oportunidade para instruir o povo (v. 16), e o mesmo farão depois os apóstolos (cf. At 13, 5.15.42.44; 14, 1 etc.). A reunião terminava com a bênção sacerdotal (cf. Nm 6, 22ss), que era recitada pelo presidente ou por um sacerdote, se estivesse algum presente, e à qual todos respondiam: «Amém».

Jesus lê a passagem de Isaías 61, 1-2, onde o profeta anuncia a chegada do Senhor, que libertará o povo das suas aflições. A passagem contém, pois, duas notícias: a salvação que Deus realizará a favor do seu povo e a identificação do homem eleito, ungido pelo Senhor, para levá-la a cabo. Jesus ensina que ambas se cumprem nEle. Por um lado, porque «com os seus atos e as suas palavras, Cristo torna o Pai presente entre os homens» (São João Paulo II, *Dives in misericordia*, n. 3); por outro, porque, ao afirmar que a profecia se cumpre nEle (v. 21), está explicando que a mensagem da salvação não é senão Ele próprio: «Sendo Ele a "boa-nova", há em Cristo identidade entre mensagem e mensageiro, entre o dizer, o agir e o ser» (São João Paulo II, *Redemptoris missio*, n. 13).

«Pelo que me ungiu» (v. 18): «Com efeito, Cristo não foi ungido pelos homens, nem a sua unção se deu com óleo ou com unguento material; foi o Pai que O ungiu ao constituí-lO Salvador do mundo, e a sua unção foi no Espírito Santo» (São Cirilo de Jerusalém, *Catecheses*, 21, 2).

«O ano favorável do Senhor» (v. 19). Trata-se de uma alusão ao ano jubilar dos judeus, estabelecido pela Lei (cf. Lv 25, 8ss) de cinquenta em cinquenta anos, simbolizando a época de redenção e liberdade que o Messias traria. A época inaugurada por Cristo, o tempo da nova Lei, é o «ano favorável», o tempo da misericórdia e da redenção, que se cumprirá na vida eterna. Assim também a instituição de anos santos na Igreja Católica tem um sentido de anúncio e de evocação da redenção operada por Cristo e da sua plenitude na vida futura.

Os habitantes de Nazaré, que tinham se maravilhado com Jesus (v. 22), enchem-se agora de furor com as suas palavras (v. 28); de certa maneira, começam a cumprir-se as palavras proferidas por Simeão no Templo (2, 34): Jesus é causa de dor e de alegria. A falta de fé dos conterrâneos de Jesus leva-os a pedir a Jesus um milagre em confirmação dos seus ensinamentos; como Jesus não fazia milagre nenhum, terão possivelmente considerado que Ele era um falso profeta, razão pela qual tentaram precipitá-lO do alto de um monte (v. 29; cf. Dt 13, 2ss). Assim se torna patente a sua mesquinhez, pois não souberam reconhecer a verdade contida nas palavras do Senhor (v. 22). Este episódio nos ensina, pois, a descobrir os caminhos pelos quais podemos verdadeiramente compreender Jesus: só com humildade e desinteresse.

4, 31-37. Logo nos alvores da pregação de Jesus, há duas coisas que chamam a atenção das pessoas que O ouvem: as suas palavras são acompanhadas de obras que exprimem o seu poder (v. 32) e essas mesmas palavras têm o poder de fazer prodígios (v. 36). São essas as qualidades da Palavra de Deus no Antigo Testamento, pois Deus confirma a sua palavra com obras (cf. Ex 19, 3-6) e, com a sua palavra, cria as coisas (cf. Gn 1, 3ss).

«O Santo de Deus» (v. 34). O Santo por excelência é o Ungido de Deus, o Messias. Com esta exclamação, o diabo diz a verdade, mas Jesus não aceita o testemunho do «pai da mentira» (Jo 8, 44). De vez em quando, o demônio diz a verdade para encobrir o erro e semear a confusão; ao mandar calar o demônio, Jesus nos ensina a ser prudentes e a não nos deixarmos enganar por meias-verdades: «Mandou calar os demônios e [...] não desejava que a verdade saísse daquelas bocas imundas, nem dar-lhes oportunidade de introduzirem a malícia da sua vontade nos homens sonolentos» (Santo Atanásio, *Epistula ad episcopos Aegypti et Libyae*, 3).

4, 38-41. A cura da sogra de Pedro, seguida de outras curas, nessa mesma tarde, é registrada pelos três evangelistas sinóticos; mas Lucas é o único que faz notar que pediram por ela (v. 38), deixando assim sublinhada a eficácia da oração pelos outros e a atitude misericordiosa do Senhor: «Assim que pediam ao Salvador, Ele curava os enfermos, dando a entender que também atende as súplicas dos fiéis contra as paixões dos pecados» (São Jerônimo, em *Catena aurea, ad loc.*)

O evangelista recorda que Jesus curava as pessoas em particular, «impondo as mãos sobre cada um» (v. 40). Esta atenção de Jesus a cada um também é exemplo para nós, que devemos sentir a preocupação de que todos os homens conheçam a Cristo: «Nenhum filho da Igreja Santa pode viver tranquilo sem experimentar inquietação perante as massas despersonalizadas: rebanho, manada, vara, escrevi certa vez. Quantas paixões nobres não existem na sua aparente indiferença! Quantas possibilidades! É necessário servir a todos, impor as mãos sobre cada um – "*singulis manus imponens*", como fazia Jesus –, para devolvê-los à vida, para lhes iluminar a inteligência e robustecer a vontade, para que sejam úteis!» (São Josemaria Escrivá, *Forja*, n. 901).

4, 42-44. Tal como em muitas outras passagens (cf. 5, 1.15.19.29 etc.), o evangelista anota que eram verdadeiras multidões as que sentiam a necessidade de estar com Jesus e de escutá-lO. «Nesta vida, ninguém pode satisfazer os seus desejos, e nenhuma coisa criada pode jamais saciar o desejo do homem; só Deus pode saciá-lo com sobras, até o infinito» (São Tomás de Aquino, *Expositio in Credum*, 12, 1012).

5, 1-11. São Lucas relata a vocação de Pedro e dos primeiros discípulos de maneira ligeiramente diferente dos outros evangelistas (cf. Mt 4, 18-25; Mc 1, 16-20; Jo 1, 35-51). Os quatro Evangelhos anotam que esta chamada teve lugar nos começos da vida pública, e os quatro registram a voz premente de Cristo e a resposta imediata dos discípulos. No entanto, Mateus e Marcos colocam esse chamamento como primeiro ato do ministério de Jesus, sublinhando assim a identificação dos discípulos com o seu Mestre; já Lucas fá-lo preceder de um breve ministério de Jesus em Cafarnaum e de um certo convívio entre Jesus e estes apóstolos.

A narrativa faz transparecer a especial relação de Jesus com Pedro, uma vez que este é o seu interlocutor ao longo de todo o relato (cf. vv. 3-5.8.10), e será ele quem depois governará a barca da Igreja. «Antes de ser Apóstolo, pescador. Depois de Apóstolo, pescador. Antes e depois, a mesma profissão. O que é que muda então? O que muda é que na alma – porque nela entrou Cristo, tal como entrou na barca de Pedro – se abrem horizontes mais amplos, maior ambição de servir, e um desejo irreprimível de anunciar a todas as criaturas as *magnalia Dei*, as coisas maravilhosas que o Senhor faz, se O deixamos agir» (São Josemaria Escrivá, *Amigos de Deus*, nn. 264-265).

Por outro lado, analisando o conjunto destes acontecimentos percebe-se como será a missão da Igreja: em nome próprio, os discípulos se esforçaram mas não obtiveram qualquer fruto (v. 5); pelo contrário, em nome do mandato de Cristo, o fruto será até desproporcionado (vv. 6.10). «*Duc in altum*! Estas palavras ressoam hoje aos nossos ouvidos, convidando-nos a lembrar com gratidão o passado, a viver com paixão o presente, a abrirmo-nos com confiança ao futuro: "Jesus Cristo é o mesmo, ontem, hoje e sempre" (Hb 13, 8)» (São João Paulo II, *Novo millennio ineunte*, n. 1).

Ao ver as obras do Senhor, Pedro se enche de espanto (v. 9) e de consciência da própria indignidade pessoal (v. 8); mas nessa altura, como tinha acontecido a Zacarias (1, 13), como tinha acontecido a Nossa Senhora (1, 30), como acontece a todas as pessoas escolhidas por Deus para uma missão, Pedro ouve a palavra de Deus que lhe infunde confiança: «Não tenhas medo» (v. 10). «Se notas que não és capaz – seja por que motivo for –, diz-Lhe, abandonando-te nEle: – Senhor, confio em Ti, abandono-me em Ti, mas ajuda a minha fraqueza! E, cheio de confiança, repete-Lhe: – Olha para mim, Jesus, sou um trapo sujo; a experiência da minha vida é tão triste, não mereço ser teu filho. Diz-Lhe isso..., e dize-o muitas vezes. – Não tardarás a ouvir a sua voz: "*Ne timeas*!" – não temas! Ou também: "*Surge et ambula*!" – levanta-te e anda!» (São Josemaria Escrivá, *Forja*, n. 287).

5, 12-16. O modo de as diversas personagens se dirigirem a Jesus pode ser para cada pessoa um bom modelo de oração: «Jesus ouve a oração de fé, expressa em palavras [...], ou em silêncio [...]. Quer na cura das enfermidades, quer na remissão dos pecados, Jesus responde sempre à oração que implora com fé: "Vai em paz, tua fé te salvou!"» (*Catecismo da Igreja Católica*, n. 2616).

Os Santos Padres entreviram nesta cura um significado mais profundo: a lepra, pela sua fealdade e a sua repugnância, pela sua facilidade de contágio, por ser de cura tão difícil, é uma imagem impressionante do pecado. Todos somos pecadores e temos necessidade do perdão e da graça de Deus (cf. Rm 3, 23-24). Com humildade e confiança, podemos nos dirigir a Cristo com a oração do leproso: «Senhor, se tu queres, podes limpar-me».

Nesta passagem (v. 16) e em muitas outras do terceiro Evangelho, o autor salienta que Jesus se retirava para rezar a sós (cf. 6, 12; 9, 18; 11, 1 etc.). O Mestre nos ensina assim a necessidade da oração pessoal e frequente nas diversas circunstâncias da vida.

5, 17-26. O poder de Jesus e da sua palavra (cf. nota a 4, 31-37) fica ilustrado com este milagre, onde se torna claramente patente que o seu domínio na terra (v. 24) tem uma origem que transcende as coisas terrenas (v. 17): «Segundo Demócrito, a medicina cura as doenças do corpo, mas a sabedoria liberta a alma das suas paixões. O nosso bom Pedagogo, que é a Sabedoria, o Logos do Pai, Criador do homem, cuida solicitamente da criatura no seu todo: médico da humanidade, capaz de tudo curar, cuida tanto da alma como do corpo. O Salvador disse ao paralítico: "Levanta-te, pega a maca e vai para tua casa", e o doente ficou imediatamente curado» (São Clemente de Alexandria, *Paedagogus*, 1, 6, 2).

Esta passagem torna manifesta a fé do paralítico que se deixa transportar, mas também a fé – demonstrada com obras – dos seus amigos: «Que grande é o Senhor, que pelos méritos de uns perdoa a outros, e que, enquanto louva os primeiros, absolve os segundos! [...] Aprende, tu que julgas, a perdoar; aprende, tu que estás doente, a implorar o perdão. E, se a gravidade dos teus pecados te faz duvidar de que possas receber o perdão, recorre a intercessores, recorre à Igreja, que rezará por ti, e o Senhor te concederá, por amor a Ela, o que a ti te poderia negar» (Santo Ambrósio, *Expositio Evangelii secundum Lucam, ad loc.*).

5, 27-32. Este episódio reflete o modo de agir de Jesus, o qual prossegue depois na Igreja. A chamada de Cristo a segui-lO é gratuita, e temos de responder-Lhe com gratidão (v. 29), generosidade e prontidão (v. 28; cf. 5, 11). Comenta São Beda: «Viu-o mais com o olhar interior do seu amor do que com os olhos do corpo. Jesus viu o publicano e, porque o amou, escolheu-o e disse-lhe: "Segue-Me". "Segue-Me", que significa: "Imita-Me". E ele levantou-se e seguiu-O. Não devemos estranhar que um cobrador de impostos, à primeira indicação imperativa do Senhor, abandonasse a sua preocupação com as riquezas e aderisse ao grupo que acompanhava Aquele que percebera carecer em absoluto de bens. É que o Senhor, que o chamou por fora com a sua voz, iluminou-o interiormente de forma invisível para que O seguisse, infundindo-lhe na mente a luz da graça espiritual, para que compreendesse que Aquele que aqui na terra o convidava a deixar os seus negócios temporais era capaz de lhe dar no Céu um tesouro incorruptível» (*Homiliae*, 1, 22).

São Lucas é o único dos três evangelistas sinóticos a afirmar explicitamente que o banquete com os cobradores de impostos teve lugar em casa de Levi (v. 29) e que Jesus convocou os pecadores «à penitência» (v. 32); daí que este episódio tenha ficado como exemplo de acolhimento do Senhor e de iniciativa apostólica. «A conversão de um único publicano foi uma prova de penitência e de perdão para muitos outros publicanos e pecadores. Foi um belo e verdadeiro presságio, uma vez que Mateus, que estava destinado a ser apóstolo e mestre de gentios, no seu primeiro contato com o Senhor arrastou atrás de si pelo caminho da salvação um considerável número de pecadores. Deste modo, o seu ministério de evangelizador tem início logo nos começos da sua fé – ministério que haveria de desempenhar posteriormente, quando chegasse à maturidade na virtude» (*Ibidem*).

5, 33-39. No Antigo Testamento, estavam prescritos alguns dias de jejum, o mais importante dos quais era o «Dia da Expiação» (*Yom-Kippur*: cf. Nm 29, 7ss; At 27, 9). Moisés e Elias tinham jejuado (cf. Ex 34, 28; 1 Rs 19, 8), e o próprio Senhor jejuou no deserto antes de dar início ao seu ministério público (4, 2).

A acusação dos escribas e dos fariseus dá a Jesus a oportunidade de expor a condição da sua pessoa e o alcance da sua doutrina: a alegria que a sua presença no mundo pressupõe faz com que fiquem relegadas para outra altura práticas penitenciais como o jejum (vv. 34-35). A sua doutrina exige odres novos: uma penitência interior mais profunda, uma renovação (vv. 36-38); quem a receber deste modo perceberá que esta doutrina é como o vinho velho (v. 39), ou seja, é melhor, e não quererá regressar à vida que tinha anteriormente. Mas o Senhor não revoga o jejum (cf. v. 35), antes lhe confere um sentido mais profundo: «O mérito dos nossos jejuns não consiste apenas na abstinência dos alimentos; de nada serve retirar ao corpo a sua nutrição se a alma não se afasta da iniquidade e a língua não deixa de falar mal» (São Leão Magno, *Sermo 4 de Quadragesima*, 2).

6, 1-11. Nestas duas controvérsias sobre o sábado, Jesus torna manifestas a sua autoridade e o seu poder divinos e ensina o verdadeiro sentido do descanso sabático (cf. notas a Mt 12, 1-14; Mc 2, 23-28; 3, 1-6); a sua atitude contrasta com a estreiteza de vistas (v. 11) dos doutores da Lei e dos fariseus: «Ó fariseu, vês que Ele faz coisas prodigiosas e cura os doentes em virtude de um poder superior, e projetas a sua morte por inveja!» (São Cirilo de Alexandria, em *Catena aurea, ad loc.*). Este episódio também é uma lição para nós, para que a nossa pequenez nunca nos leve a pôr em dúvida a grandeza do Senhor: «A mão seca tornou-se sã, mas a aridez mental dos judeus não se alterou; porque ao saírem dali, como diz a leitura, foram deliberar sobre o que haviam de fazer com Jesus. Deliberas tu também sobre o que deves fazer? Adora-O como Deus, presta culto ao Autor dos milagres, adora o Homem que está acima dos homens» (Santo Atanásio, *Homilia de semente*, 16).

***6, 12-8, 56.** Com a instituição do colégio apostólico, tem início uma nova seção do Evangelho. Jesus realiza a sua missão com os apóstolos na Galileia, missão esta que compreende a pregação – que se reflete sobretudo no Sermão da Planície (6, 17-49) e no das parábolas (8, 4-18) – e as curas. Lucas recolhe praticamente os mesmos milagres que os outros sinóticos, mas tem como próprio a ressurreição do filho da viúva de Naim, que o Senhor realiza movido pela sua misericórdia (7, 13), que é precisamente a virtude que compendia os ensinamentos do Sermão da Planície (6, 36).

6, 12-16. Tal como em outras ocasiões (9, 28; 22, 39 etc.), fica registrada nesta passagem a oração de Jesus antes de um acontecimento importante (v. 12): a instituição do grupo dos doze apóstolos. A escolha de doze, com o título peculiar de «apóstolos» (v. 13), juntamente com outros pormenores presentes nos outros Evangelhos (cf. notas a Mt 10, 1-4; Mc 3, 13-19), chama a atenção para a continuidade da obra do Senhor: a Igreja, fundada por Ele. Jesus, enviado pelo Pai, associa os apóstolos a este labor: «A missão divina confiada por Cristo aos apóstolos durará até o fim dos tempos, uma vez que o Evangelho que eles devem anunciar é o princípio de toda a vida na Igreja. Por isso, os apóstolos trataram de estabelecer sucessores, nesta sociedade hierarquicamente constituída» (Concílio Vaticano II, *Lumen gentium*, n. 20).

O v. 13 assinala a distinção entre os discípulos em geral e o grupo dos doze apóstolos, exprimindo assim a institucionalização destes, que são nominal e pessoalmente escolhidos por Jesus. Há muito poucas variantes nas listas recolhidas no Novo Testamento; a única diferença significativa é o fato de São Lucas nomear «Judas, irmão de Tiago» (v. 16; cf. At 1, 13), ao passo que São Mateus e São Marcos (cf. Mt 10, 3; Mc 3, 18) mencionam «Tadeu», referindo-se ao apóstolo que é chamado, na hagiografia, Judas Tadeu. Esta homogeneidade indica a importância que é conferida, no Novo Testamento, à lista completa dos doze e à relevância que ela terá depois, no quadro da sucessão apostólica.

6, 17-19. Inicia-se aqui um discurso equivalente ao Sermão da Montanha de São Mateus (cf. Mt 5, 1-7, 29), embora este seja muito mais breve: trinta versículos, em comparação com os 111 que ocupa o de Mateus. Ambos os evangelistas recordam que os ouvintes eram uma multidão, embora São Lucas situe a ação num local plano, depois da descida do monte, e São Mateus o localize numa montanha (v. 17; cf. Mt 5, 1). É possível que o primeiro evangelista pretendesse evocar a entrega da Lei por parte de Deus ao seu povo no Monte Sinai (cf. Ex 19, 1ss); em contrapartida, ao recordar que Jesus pregava em locais planos e facilmente acessíveis às multidões, Lucas pretende salientar a proximidade do Senhor e o caráter universal dos seus ensinamentos.

Tal como acontece em outras passagens dos Evangelhos, tais diferenças não prejudicam a sua historicidade, pois, como ensina a Igreja, estes escritos não são meras crônicas contemporâneas dos acontecimentos, já que «os autores sagrados escreveram os quatro Evangelhos escolhendo algumas coisas entre as muitas transmitidas por palavra ou por escrito, sintetizando umas, desenvolvendo outras, segundo o estado das igrejas, conservando, finalmente, o caráter de pregação, mas sempre de maneira a comunicar-nos coisas autênticas e verdadeiras acerca de Jesus» (Concílio Vaticano II, *Dei Verbum*, n. 19). Neste caso, é possível deduzir da comparação com Mt 5, 1-7, 29 que há uma fonte comum aos dois Evangelhos – oral ou, mais provavelmente, escrita –, que havia anotado o conteúdo de uma importante sessão de pregação de Jesus junto ao mar da Galileia.

No texto de Lucas, podemos distinguir três partes: as

bem-aventuranças e as imprecações (6, 20-26); o amor aos inimigos (6, 27-38); e os ensinamentos sobre a retidão de coração (6, 39-49).

6, 20-26. Lucas resume a quatro as nove bem-aventuranças do primeiro Evangelho (cf. Mt 5, 3-12 e nota), mas fá-las acompanhar de quatro antíteses ou «ais». Em ambos os casos, «a prometida bem-aventurança nos coloca diante escolhas morais decisivas. Convida-nos a purificar nosso coração de seus maus instintos e a procurar o amor de Deus acima de tudo. Ensina que a verdadeira felicidade não reside nas riquezas ou no bem-estar, nem na glória humana ou no poder, nem em qualquer obra humana, por mais útil que seja, como as ciências, a técnica e as artes, nem em outra criatura qualquer, mas apenas em Deus, fonte de todo bem e de todo amor» (*Catecismo da Igreja Católica*, n. 1723).

Em Mateus, as bem-aventuranças são expressas na terceira pessoa do plural, enquanto em Lucas o são na segunda, como se fossem diretamente dirigidas aos ouvintes: é bem-aventurado o discípulo de Cristo que é realmente «pobre» (v. 20), que se encontra «agora» (vv. 21.25) em situação de indigência e de perseguição, porque isso é um sinal de bênção. A realidade não deve ser encarada do ponto de vista do mundo, mas do ponto de vista de Deus; por isso, estas bem-aventuranças não dizem respeito apenas ao nosso comportamento perante os bens e perante as dificuldades, mas aos fatos que exprimem a verdadeira atitude do discípulo: «Todo cristão corrente tem que tornar compatíveis na sua vida dois aspectos que, à primeira vista, podem parecer contraditórios: *pobreza real,* que se note e que se toque – feita de coisas concretas –, que seja uma profissão de fé em Deus, uma manifestação de que o coração não se satisfaz com coisas criadas [...]; e, ao mesmo tempo, *ser mais um entre os seus irmãos, os homens,* de cuja vida participa, com quem se alegra, com quem colabora, amando o mundo e todas as coisas criadas, a fim de resolver os problemas da vida humana e estabelecer o ambiente espiritual e material que facilite o desenvolvimento das pessoas e das comunidades» (São Josemaria Escrivá, *Entrevistas com Mons. Josemaria Escrivá*, n. 110).

Em São Lucas, que é o Evangelho que recolhe mais vezes a palavra «bem-aventurado», o modelo da bem-aventurança é a Virgem Maria (1, 45.48; 11, 27-28), que é também espelho para o discípulo de Cristo: «Bem-aventurada a alma da Virgem que, guiada pelo magistério do Espírito que habitava nela, se submetia sempre e em tudo às exigências da Palavra de Deus. Ela não se deixava levar pelo seu próprio instinto ou juízo, mas a sua atuação exterior correspondia sempre às insinuações internas da sabedoria que nasce da fé. Convinha, com efeito, que a sabedoria divina, que ia edificando a casa da Igreja para habitar nela, recorresse a Maria Santíssima para conseguir a observância da Lei, a purificação da mente, a justa medida da humildade e o sacrifício espiritual. Imita-a tu, alma fiel. Entra no templo do teu coração, se quiseres alcançar a purificação espiritual e a limpeza de todo o contágio do pecado» (São Lourenço Justiniano, *Sermo 10 in Festivitate Purificationis*).

Nas palavras do Senhor está contida uma verdade profunda: o cristão tem de seguir o caminho de Cristo e esse caminho não passa pelas riquezas e pela abundância, nem por consolos mundanos e louvores; o caminho de Cristo foi de afrontas (cf. 18, 32; 22, 63; 23.11.36 etc.) e o do cristão não pode ser diferente. Assim o recordavam os apóstolos: «Que nenhum de vós tenha de sofrer por ser homicida, ladrão, malfeitor, ou por se intrometer na vida alheia. Mas, se sofre por ser cristão, não se envergonhe, antes glorifique a Deus por ter este nome» (1 Pd 4, 15-16); assim o entenderam também os primeiros cristãos perante as tribulações: «A única coisa que tendes de pedir para mim é que tenha fortaleza interior e exterior, para que não só fale, mas também esteja interiormente decidido, a fim de que não seja cristão só de nome, mas também de fato. Se me portar como cristão, também terei direito a esse nome, e nessa altura serei verdadeiramente fiel a Cristo quando tiver desaparecido deste mundo. [...] Aquilo de que o cristianismo precisa, quando é odiado pelo mundo, não é de palavras persuasivas, mas de grandeza de alma» (Santo Inácio de Antioquia, *Ad romanos* 5, 2).

6, 27-38. Estas palavras, colocadas na sequência das bem-aventuranças, podem perfeitamente ser consideradas o núcleo da doutrina de Jesus no que diz respeito ao amor e à misericórdia que os cristãos devem ter pelos outros e que se expressam, antes de mais, no perdão; disso nos deu exemplo o Senhor ao longo da sua vida terrena, e de modo especial na Cruz (cf. 23, 34). «No fato de amarmos os nossos inimigos detecta-se claramente uma certa semelhança com o nosso Pai Deus, que reconciliou o gênero humano, que estava em inimizade com Ele e Lhe era contrário, redimindo-o da condenação eterna por meio da morte de seu Filho» (*Catechismus romanus* 4, 14, 19).

Nos versículos iniciais (27-30), o Senhor enumera algumas injúrias que poderemos sofrer e como haveremos de lhes responder; o estilo semita, amigo de contrastes, permite ressaltar eficazmente as lições de Cristo, que são resumidas no v. 31: «O que quereis que vos façam os homens, fazei-o vós também a eles».

Os vv. 32-34 são uma preparação para a declaração que constitui a verdadeira motivação deste comportamento: o fato de ser o comportamento próprio dos filhos de Deus (v. 35), que querem imitar a misericórdia do Pai (v. 36). Este versículo – «sede misericordiosos, como também vosso Pai é misericordioso» – é paralelo àquele que São Mateus coloca no centro do Sermão da Montanha: «sede, pois, perfeitos como o vosso Pai celestial é perfeito» (Mt 5, 48). O caminho para nos aproximarmos de Deus é a misericórdia, razão pela qual Jesus, o Filho de Deus, é a encarnação da misericórdia divina. «Todos desejam alcançar misericórdia, mas são poucos os que querem praticá-la. [...] Ó homem, como te atreves a pedir, se resistes a dar? Quem desejar alcançar misericórdia no Céu deve praticá-la neste mundo. [...] Existe, pois, uma misericórdia terrena e humana, e uma misericórdia celeste e divina. Qual é a humana? É a que consiste em atender às misérias dos pobres. E qual é a divina? É sem dúvida a que consiste no perdão dos pecados. Tudo o que a misericórdia humana dá neste tempo de peregrinação será devolvido pela misericórdia divina na pátria definitiva. Neste mundo, Deus tem frio e fome na pessoa de todos os pobres, como Ele próprio afirmou: "Sempre que o fizestes a um destes, meus humildes irmãos, a Mim o fizestes". O próprio Deus, que se digna dar no Céu, quer receber na terra» (São Cesário de Arles, *Sermones*, 25, 1).

Finalmente, com o convite à generosidade (vv. 37-38), Jesus completa a ideia do prêmio na outra vida que tinha esboçado anteriormente (v. 35): «O Senhor acrescenta uma condição necessária e iniludível, que é simultaneamente um mandato e uma promessa, a saber, que peçamos perdão pelas nossas ofensas na medida em que perdoamos a quem nos ofende, para que saibamos que é impossível alcançarmos o perdão que pedimos dos nossos pecados se não nos comportarmos de modo semelhante com aqueles que nos fizeram alguma ofensa. Por isso, diz também em outra passagem: "A medida que usardes será usada convosco". E aquele servo do Evangelho, a quem o senhor tinha perdoado toda a dívida e que não quis perdoar a do seu companheiro, foi lançado na prisão. Por não ter querido ser indulgente com o seu companheiro, perdeu a indulgência que tinha conseguido do seu senhor» (São Cipriano, *De dominica oratione*, 23).

6, 39-49. O discurso termina com vários ensinamentos do Senhor que têm um denominador comum: o importante não são as manifestações exteriores de piedade ou de virtude, mas a disposição interior. As glosas dos santos podem nos ajudar a levar esta doutrina à prática.

No princípio (vv. 39-42), é sublinhada a necessidade de nos purificarmos para podermos ver a Deus e aos outros com clareza: «Se me disseres: "Mostra-me o teu Deus", eu te direi por minha vez: "Mostra-me tu o homem que há em ti e eu te mostrarei o meu Deus"; mostra-me, portanto, se os olhos da tua mente veem, e se os ouvidos do teu coração ouvem. [...] Veem a Deus os que são capazes de olhá-lO porque têm os olhos do espírito abertos. É que todos têm olhos, mas há alguns que os têm obscurecidos e não veem a luz do sol. E não é porque os cegos não veem que havemos de dizer que o sol deixou de brilhar; antes temos de atribuir esse fato a eles mesmos e aos seus olhos. Da mesma maneira, tu tens os olhos da tua alma obscurecidos por causa dos teus pecados e das tuas más ações» (São Teófilo de Antioquia, *Ad Autolycum* 1,2).

A seguir (vv. 43-45), Jesus fala-nos de pureza de intenção: do mesmo modo como os frutos dão a conhecer a árvore que os produziu, assim também as obras acabam por revelar o coração do qual nasceram; é aí, no coração, que se encontra a determinação última do valor das nossas ações (v. 45), pois «o negócio não está em ter hábito de religião ou não, mas em procurar exercitar as virtudes e em render a nossa vontade à de Deus em tudo, e em que o concerto da nossa vida seja o que Sua Majestade ordenar dela, e não queiramos nós que se faça a nossa vontade, mas a sua» (Santa Teresa de Jesus, *As moradas*, 3, 2, 6).

Finalmente, recorda-nos que a perseverança se edifica com boas obras (v. 47), e não só com palavras e bons desejos (v. 46): «Haverá testemunho mais fidedigno que o daquele que confessa Jesus Cristo que veio na sua carne e guarda os preceitos evangélicos? Porque aquele que ouve mas não põe em prática nega a Cristo; embora O confesse com palavras, nega-O com as suas obras. [...] O verdadeiro testemunho é aquele que, com as suas obras, se torna fiador dos preceitos do Senhor Jesus» (Santo Ambrósio, *Expositio Psalmi CX-VIII*, 20, 48).

7, 1-10. O relato deixa entrever alguns aspectos da vida em Cafarnaum, que era uma cidade comercial, com importância suficiente para ter uma guarnição comandada por um centurião – que não pratica a religião judaica, mas é muito estimado pelos dirigentes judaicos, pois aprecia o povo e construiu-lhe a sinagoga (v. 5) –, onde as relações entre as diferentes culturas eram fáceis e na qual Jesus tem prestígio em praticamente todos os ambientes sociais. Com efeito, o centurião (v. 3), os judeus de relevo (vv. 4-5), o chefe da sinagoga (8, 41), os cobradores de impostos (5, 29), os trabalhadores, os pequenos proprietários (5, 2-3), nenhum deles é alheio a Jesus, tal como ninguém deve ser alheio à nossa missão apostólica: «Quanto mais perto de Deus está o Apóstolo, mais universal se sente; dilata-se o seu coração para que caibam todos e tudo no desejo de pôr o universo aos pés de Jesus» (São Josemaria Escrivá, *Caminho*, n. 764).

Além do mais, esta narrativa é um belo exemplo da fé e da humildade que são necessárias para lidar com Jesus. O relato contrasta o elogio dos judeus de relevo – «ele merece que lhe faças essa graça» (v. 4) – com a indignidade pessoal que o centurião sente (vv. 6-7); por outro lado, a fé que o oficial romano expressou quando construiu a sinagoga (v. 5) vem agora à superfície em toda a sua magnitude (vv. 8-9). A liturgia da Igreja coloca esta bela oração do centurião nos nossos lábios antes de recebermos a comunhão, para que imitemos as suas disposições quando vamos receber o Senhor; sabemos que esta oração nos enriquece. «Chamando-se indigno, mostrou-se digno de que Jesus entrasse, se não no seu corpo, no seu coração. Não teria sido capaz de dizer isto com tanta fé e tanta humildade se não tivesse no coração Aquele que se considerava indigno de receber. E não teria tido uma felicidade tão grande se o Senhor tivesse entrado em sua casa, mas não no seu peito» (Santo Agostinho, *Sermones*, 62, 1, 1).

7, 11-17. Ao longo do terceiro Evangelho, torna-se manifesta a misericórdia de Deus pelos necessitados e a obrigação que temos de ser misericordiosos uns com os outros (1, 50.54.72.78; 6, 36; 10, 33.37; 15, 20 etc.). Aqui, São Lucas, num milagre que só ele narra, recorda a misericórdia de Jesus para com os que sofrem, uma vez que Ele, Cristo, «é a encarnação definitiva da misericórdia, o seu sinal vivo» (São João Paulo II, *Dives in misericordia*, n. 8).

Neste milagre, chama especialmente a atenção a iniciativa de Jesus: não há qualquer súplica, nem petição, nem apresentação da angústia da viúva (v. 12). A causa do milagre é apenas a compaixão do Senhor: «Jesus vê a angústia daquelas pessoas com quem se cruzou ocasionalmente. Podia ter passado ao largo, ou esperar por um chamado, por um pedido. Mas não se afasta nem espera. Toma Ele próprio a iniciativa, movido pela aflição de uma viúva que havia perdido a única coisa que lhe restava: o filho. [...] Cristo tem consciência de estar rodeado de uma multidão que ficará atônita perante o milagre e irá apregoando o acontecido por toda a região. Mas o Senhor não se comporta artificialmente, não pretende realizar um grande gesto: sente-se singelamente afetado pelo sofrimento daquela mulher e não pode deixar de consolá-la. Aproximou-se dela e disse-lhe: *Não chores*. Foi como se lhe dissesse: Não te quero ver em lágrimas, porque Eu vim trazer a alegria e a paz à terra. A seguir, vem o milagre, manifestação do poder de Cristo-Deus. Mas antes tivera lugar a comoção da sua alma, manifestação evidente da ternura do coração de Cristo-Homem» (São Josemaria Escrivá, *É Cristo que passa*, n. 166).

Perante um milagre tão semelhante aos de Elias e Eliseu (cf. 1 Rs 17, 17-24; 2 Rs 4, 18-37), os presentes consideram Jesus um grande profeta (v. 16). A seguir, o texto deriva para São João Batista (cf. 7, 18-19), que deixa entrever, e para São Pedro, que confessa abertamente (cf. 9, 20), que Jesus é muito mais que um profeta: é o Messias enviado por Deus. A descrição de Jesus como profeta será completada com a outra declaração das gentes: «Deus visitou o seu povo» (v. 16). No Antigo Testamento (cf. Gn 1, 21; 50, 24; Ex 4, 31 etc.), esta expressão designa as intervenções de Deus na história de Israel; e tem o mesmo sentido nos textos de São Lucas (cf. 1, 68.78; At 15, 14). O que mais impressiona é que essa visita salvadora de Deus seja reconhecida agora, depois de Jesus ter feito estes milagres a favor de um pagão e de uma mulher, ao passo que Jerusalém não a reconheceu (19, 44).

7, 18-35. Na resposta aos discípulos de João, Jesus mostra que Ele é o Messias prometido, pois realiza os sinais dos tempos messiânicos anunciados no Antigo Testamento (cf. notas a Mt 11, 1-15; Mc 7, 31-37); a seguir (vv. 24-30), explica a singular grandeza de João: o Batista é grande pelo seu estilo de vida (vv. 24-25), mas sobretudo pela sua missão única, que consistiu em ser o precursor imediato de Cristo (vv. 26-27). No entanto, João ainda pertence ao tempo da promessa; por isso, chegada a plenitude em Cristo, o dom do Reino, ou seja, a filiação divina que se recebe em Cristo, é um dom maior que aquele que João recebeu (vv. 28-29).

Finalmente, Jesus compara a reação dos fariseus e dos doutores da Lei à mensagem de João com a reação que tiveram à sua própria mensagem: o apelo do Batista à conversão foi acolhido pelo povo e pelos cobradores de impostos (cf. v. 29), mas não pelos fariseus e os doutores da Lei, que desse modo «frustraram o desígnio de Deus a respeito deles» (v. 30); dá assim a entender (vv. 31-35) que o mesmo acontecerá com a sua própria mensagem de salvação.

Tendo em consideração a narrativa dos quatro Evangelhos, o leitor poderá ficar desconcertado com a pergunta do Batista (v. 19); porém, uma análise mais atenta permite explicá-la: «São João Batista não perguntava pela vinda de Cristo na carne, como se desconhecesse o mistério da encarnação, pois ele próprio o tinha confessado expressamente ao dizer: "Eu vi e dou testemunho de que este é o Filho de Deus" (Jo 1, 34). Por isso, não pergunta: "És tu o que veio?", mas sim: "És Tu o que está para vir?", inquirindo sobre o futuro, e não sobre o passado. Também não devemos pensar que o Batista ignorasse que Jesus tinha vindo para sofrer, pois ele próprio tinha afirmado: "Eis o Cordeiro de Deus, que tira o pecado do mundo!" (Jo 1, 29). [...] Pode-se afirmar, com São João Crisóstomo, que não foi por ignorância própria, mas para que Cristo desse uma resposta completa aos seus discípulos. Por isso, Cristo responde para os instruir, recorrendo ao argumento dos feitos milagrosos» (São Tomás de Aquino, *Summa theologiae* 2-2, 2, 7, ad 2).

7, 36-50. Esta cena reflete muito bem a pedagogia divina do Senhor e está organizada em torno de várias ideias: a divindade de Jesus, a relação entre o perdão e o amor, o valor e as manifestações da fé etc.

O relato começa com a apresentação das personagens principais – Jesus, Simão e a mulher – e da situação: uma refeição na casa de Simão. O fariseu talvez tivesse convidado o Senhor para pô-lO à prova; seja como for, não o fez com amor, porque omitiu as habituais normas de cortesia (vv. 44-46). É provável que tivesse ouvido dizer que, depois da ressurreição do filho da viúva de Naim, as multidões consideravam Jesus um profeta (7, 16); mas agora parece estar se convencendo de que não é assim (v. 39). É certo que trata Jesus por Mestre (v. 40), mas a seguir o Senhor lhe mostra que é mais do que isso, porque conhece o que está oculto: os pensamentos de Simão e as circunstâncias da mulher. Ora, se apenas Deus conhece os corações, o fariseu não deveria estranhar, como outros estranham (v. 49), que Jesus perdoe os pecados, faculdade que está reservada a Deus.

A atitude da mulher dá ao Senhor oportunidade para explicar as relações entre o perdão e o amor. Na frase final do diálogo com Simão (v. 47), Jesus apresenta a chave de explicação de toda esta passagem: o amor a Deus e o perdão dos pecados têm uma relação de reciprocidade. O perdão suscita o amor e o amor obtém o perdão. A história da mulher é o exemplo e a história de Simão, o contraexemplo. Com efeito, não tendo dado provas de amor a Jesus (vv. 44-46), Simão está muito longe de obter o perdão; e, não sabendo que precisa ser perdoado, está muito longe de amar.

No final, tal como na cena do paralítico de Cafarnaum (vv. 48-50; cf. 5, 20-24), o Senhor perdoa os pecados da mulher. Porém, para que a lição seja completa, diz-lhe que foi a fé que a salvou (v. 50). É a fé que salva, mas o amor é uma expressão dessa fé: «O Senhor não amou o unguento, mas o carinho; agradeceu a fé e elogiou a humildade. Tu também, se desejas a graça, aumenta o teu amor; derrama sobre o corpo de Jesus a tua fé na ressurreição, o perfume da Santa Igreja e o unguento da caridade fraterna» (Santo Ambrósio, *Expositio Evangelii secundum Lucam*, *ad loc.*).

8, 1-3. O Senhor acolhe a dedicação e a ajuda destas mulheres (cf. v. 3), que correspondiam dessa forma aos benefícios recebidos (v. 2) e cooperavam na tarefa apostólica da pregação do Reino de Deus (v. 1). Lucas recolhe este dado e registra o nome de três delas: Maria Madalena, a primeira testemunha da ressurreição (cf. Jo 2, 11-18; Mc 16, 19); Joana, uma mulher de boa posição social que também foi testemunha da ressurreição (24, 10); e Susana, de quem não sabemos mais nada.

Não só nesta passagem, mas em todo o seu relato – tanto no Evangelho como depois, nos *Atos dos Apóstolos* –, São Lucas é o evangelista que mais vezes registra a presença das mulheres na divulgação do Evangelho. O terceiro evangelista recorda de modo especial o extraordinário papel de Maria Santíssima (cf. notas a 1, 5-2, 52), mas é também ele quem evoca Marta e Maria, que acolhem o Senhor em sua casa (10, 38-42); as mulheres que se comovem com o sofrimento de Cristo (23, 27-31); as mulheres que se encontram com a Mãe do Senhor e o grupo dos apóstolos (cf. At 1, 14); e ainda mulheres como Tabita (cf. At 9, 36) e Lídia (cf. At 16, 15), que serviam os seus irmãos na fé etc. A mulher e o homem têm a mesma dignidade dentro da Igreja; no quadro desta dignidade comum, a mulher tem decerto características peculiares, que naturalmente se refletem no seu papel dentro da Igreja: «Se não se recorre à Mãe de Deus, não é possível compreender o mistério da Igreja, a sua realidade, a sua vitalidade essencial. Indiretamente encontramos aqui a referência ao paradigma bíblico da "mulher", delineado claramente já na descrição do "princípio" (cf. Gn 3, 15), e ao longo do percurso que vai da Criação, passando pelo pecado, até chegar à redenção. Deste modo se confirma a união profunda entre o que é humano e o que constitui a economia divina da salvação na história do homem. A Bíblia convence-nos de que não pode haver uma adequada hermenêutica do homem, ou seja, daquilo que é "humano", sem um recurso adequado àquilo que é "feminino". Analogamente acontece na economia salvífica de Deus: se queremos compreendê-la plenamente em relação a toda a história do homem, não podemos deixar de lado, na ótica da nossa fé, o mistério da "mulher": virgem-mãe-esposa» (São João Paulo II, *Mulieris dignitatem*, n. 22).

8, 4-18. A pregação de Jesus em parábolas está presente nos três Evangelhos sinóticos (cf. notas a Mt 13, 1-52 e Mc 4, 1-34), mas Lucas é o evangelista que recolhe um maior número, cerca de 32, dezesseis das quais ocorrem apenas neste Evangelho. No entanto, o longo discurso das parábolas do Reino não tem, neste Evangelho, a mesma importância que nos outros sinóticos; de fato, o evangelista condensa o discurso nestes curtos versículos, preferindo referir pontualmente que, no seu ministério, Jesus ensinava em parábolas (7, 40-50; 10, 30-37; 11, 5-13; 12, 16-21 etc.). Por isso, as parábolas têm por destinatários as multidões; são apenas seis as que se dirigem aos discípulos. Por outro lado, as parábolas não são um mistério; são uma fórmula que reúne a clareza e a possibilidade de aplicação às circunstâncias pessoais dos ouvintes.

A parábola do semeador (vv. 4-15), que também ocorre nos outros Evangelhos (cf. nota a Mt 13, 1-23), diz respeito à Palavra e seu acolhimento por parte dos homens. Todavia, cada Evangelho tem suas notas próprias: nos dois primeiros (cf. Mt 13, 21; Mc 4, 17), o que impede que a semente dê fruto efetivo é a «tribulação e perseguição» por causa da Palavra, enquanto em São Lucas o que impede o fruto é ceder «no tempo da tentação» (v. 13). Da mesma maneira, o terceiro evangelista insiste na impossibilidade de dar fruto se se quer compatibilizar esse desejo com uma vida fácil, sem grandes exigências (v. 14); pelo contrário, esse fruto se alcança com a perseverança (v. 15). Esta parábola é, portanto, um convite a uma vida sóbria, orientada para o Reino: «Peguemos fogo aos espinhos, pois são eles que afogam a Palavra divina. Sabem-no bem os ricos, que não são inúteis apenas para a terra, mas também para o Céu. [...] O mal que é feito ao espírito tem duas origens: a vida de prazer e as preocupações. Qualquer das duas, por si só, basta para afundar o esquife da alma; considerai, pois, que naufrágio vos espera quando concorrem juntas. E não vos espanteis de que o Senhor tenha chamado espinhos aos prazeres. Se não os reconheceis como tais, é porque estais embriagados pela paixão; os homens sãos sabem muito bem que o prazer pica mais que um espinho» (São João Crisóstomo, *In Matthaeum*, 44, 4).

Em alternativa àqueles que afogam a Palavra de Deus com a debilidade da sua vida estão os que dão fruto, os que recebem a Palavra com um «coração reto e bom» (v. 15). Com esta nota, a parábola ensina que quem viver as virtudes humanas também poderá viver as sobrenaturais: «As virtudes humanas adquiridas pela educação, por atos deliberados e por uma perseverança sempre retomada com esforço são purificadas e elevadas pela graça divina. Com o auxílio de Deus, forjam o caráter e facilitam a prática do bem. O homem virtuoso sente-se feliz em praticá-las» (*Catecismo da Igreja Católica*, n. 1810).

As outras parábolas (vv. 16-18) são quase sentenças. A da lâmpada (v. 16) deve ser lida a partir do que é dito em 11, 33-36: a luz é a doutrina de Jesus interiorizada. E a doutrina de Cristo está destinada a expandir-se (v. 17): «Filhos de Deus. – Portadores da única chama capaz de iluminar os caminhos terrenos das almas, do único fulgor em que nunca se poderão dar escuridões, penumbras ou sombras. – O Senhor serve-se de nós como tochas, para que essa luz ilumine... De nós depende que muitos não permaneçam em trevas, mas andem por caminhos que levam até a vida eterna» (São Josemaria Escrivá, *Forja*, n. 1).

8, 19-21. Este episódio, significativamente situado pouco depois da parábola do semeador, ressalta a dignidade dos ouvintes da Palavra. O discípulo já era aquele que ouvia a Palavra, a conservava e dava fruto (8, 15); agora, porém, pelo fato de ouvir a Palavra e pô-la em prática, recebe novo título: passa a ser como os irmãos e a Mãe de Cristo (v. 21). É manifesto, tanto para Jesus como para o leitor do Evangelho, que estas palavras se referem antes de mais a Maria, que é modelo do discípulo, já que acolheu a Palavra do Senhor de modo iminente e deu fruto com ela (cf. 1, 38): «Daí que Maria seja bem-aventurada também porque ouviu a Palavra de Deus e a cumpriu; Ela levou o corpo de Cristo no seu seio, mas, mais ainda, guardou na sua mente a verdade de Cristo. Cristo é a verdade e Cristo teve um corpo: na mente de Maria esteve Cristo, a verdade; no seu seio esteve Cristo feito carne, um corpo. E aquilo que está na mente é mais importante que aquilo que se tem no seio» (Santo Agostinho, *Sermones*, 25, 7).

Acerca do significado de «irmãos», cf. notas a Mt 12, 46-50 e Mc 3, 31-35.

8, 22-25. Este milagre exprime com nitidez o poder de Jesus sobre os elementos naturais e a necessidade da fé por parte dos discípulos (cf. notas a Mt 8, 23-27 e Mc 4, 35-41). Esta cena foi entendida como paradigma da ação de Jesus na sua Igreja – prefigurada na barca agitada pelas ondas – e em cada alma. Há ocasiões em que também nos parece que Jesus está dormindo, mas a nossa oração perseverante «acorda-O»; Ele vem nos ajudar e volta a calma: «Tal como o navio que atravessa o mar», comenta Santo Afonso Maria de Ligório, «[a nossa alma] está sujeita a inúmeros perigos [...], sobretudo por causa das paixões desordenadas, [...] mas nem por isso devemos desconfiar ou desesperar. Pelo contrário, [...] quando nos vemos assaltados por uma paixão descontrolada, [...] empreguemos os meios humanos para evitar as ocasiões e [...] apoiemo-nos em Deus [...]: no auge da tormenta, o marinheiro nunca deixa de contemplar a estrela cujo brilho acabará por conduzi-lo ao porto. Da mesma maneira, nesta vida precisamos ter os olhos sempre fixos em Deus, que é o único que pode nos libertar destes perigos» (*Sermones*, 39).

8, 26-39. Neste episódio, percebe-se o poder de Jesus sobre os demônios, bem como a universalidade da sua missão (cf. notas a Mt 8, 28-34 e Mc 5, 1-20): «O advento do Reino de Deus é a derrota do reino de Satanás [...]. Os *exorcismos* de Jesus libertam homens do domínio dos demônios. Antecipam a grande vitória de Jesus sobre "o príncipe deste mundo" (Jo 12, 31)» (*Catecismo da Igreja Católica*, n. 550). As vitórias de Jesus sobre Satanás, que começam já no jejum e nas tentações do deserto (4, 1-13 e par), terão o seu momento culminante na Cruz e alcançarão sua meta definitiva no final dos tempos (cf. Ap 20, 19).

8, 40-56. Este milagre, comum aos três Evangelhos sinóticos, é uma lição sobre a necessidade e o valor da fé na aproximação a Jesus (cf. notas a Mt 9, 18-26 e Mc 5, 21-43). Mas os Evangelhos se comprazem em salientar que a fé pode ser expressa de muitas formas: «Nunca faltam doentes que imploram como Bartimeu, com uma fé grande, e que não têm pejo em confessá-la aos gritos. Mas reparemos como no caminho de Cristo não há duas almas iguais. Grande também é a fé desta mulher; e, no entanto, não grita: aproxima-se sem que ninguém a note. Basta-lhe tocar de leve o manto de Jesus, porque tem a certeza de que será curada» (São Josemaria Escrivá, *Amigos de Deus*, n. 199).

Jairo e a mulher são exemplos de fé em Jesus: «Esta mulher santa, delicada, religiosa, mais disposta a acreditar, mais prudente pelo pudor – porque há pudor e fé quando se reconhece a própria enfermidade e não se desespera do perdão –, toca discretamente na orla do manto do Senhor, aproxima-se com fé, acredita com devoção e sabe, com sabedoria, que foi curada [...]. É com fé que se toca em Cristo, é com fé que se O vê. [...] Portanto, se também nós queremos ser curados, toquemos com a nossa fé na orla do manto de Jesus» (São Jerônimo, *Expositio in Lucam*, *ad loc.*).

Exemplo de falta de fé são os que zombam de Jesus (v. 53). Quando não temos fé na onipotência divina, fechamo-nos nas nossas limitações humanas, na nossa pequenez, tentando avaliar todas as coisas segundo o critério daquilo que somos capazes de entender. Nesta situação, é natural que não compreendamos as realidades sobrenaturais. É contra esta atitude que São Paulo diz em 1 Cor 2, 14: «O homem terreno não aceita o que vem do Espírito de Deus, pois é uma loucura para ele».

***9, 1-50.** A missão dos apóstolos assinala o começo de uma nova seção: o fim e a coroação do ministério de Jesus na Galileia. Nestes cinquenta versículos, estão concentrados episódios tão transcendentes como a missão apostólica, a multiplicação dos pães, a confissão de Pedro e a Transfiguração; a relação de Jesus com os apóstolos é, pois, o tema de toda esta passagem, cuja cena central é a confissão de Pedro (9, 18-21). Com efeito, até esse momento, os apóstolos estavam com o Senhor e colaboravam na sua missão; a partir dessa altura, porém, Jesus dedica especial atenção à tarefa de os elucidar sobre o sentido dos acontecimentos que terão lugar em Jerusalém e acerca do que deve ser a vida do discípulo de Cristo. Não foi em vão que a doutrina do Senhor nos chegou por meio dos apóstolos: «Toda a Igreja é apostólica na medida em que, por meio dos sucessores de São Pedro e dos apóstolos, permanece em comunhão de fé e de vida com sua origem. Toda a Igreja é apostólica na medida em que é "enviada" ao mundo inteiro; todos os membros da Igreja, ainda que de formas diversas, participam deste envio» (*Catecismo da Igreja Católica*, n. 863).

9, 1-6. Os apóstolos colaboram na missão de Cristo e a continuam. Lucas foi descrevendo o poder e a autoridade com que Jesus proclamava o Evangelho e curava os enfermos; agora, revela que o Senhor entregou aos doze as mesmas qualidades (v. 1) e a mesma missão (v. 2). Eles realizaram a missão (v. 6) e transmitiram-na à Igreja: «Durante a sua vida terrena, Cristo Jesus, Nosso Senhor, ia ensinando quem Ele era, o que tinha sido desde sempre, qual era o desígnio do Pai que Ele realizava no mundo e qual deve ser o comportamento do homem para ser conforme a este mesmo desígnio. E ensinava estas coisas, umas vezes abertamente diante do povo, outras vezes à parte, com os seus discípulos; principalmente os doze, que tinha escolhido para estarem junto dEle, e a quem tinha destinado como mestres das nações. [...] Os apóstolos [...] começaram por dar testemunho na Judeia da fé em Jesus Cristo, instituindo igrejas; depois, foram pelo mundo proclamar às nações a mesma doutrina e a mesma fé. De modo semelhante, continuaram a fundar igrejas em todas as povoações, de tal maneira que as igrejas fundadas posteriormente, para serem verdadeiras igrejas, tomaram e continuam a tomar das primeiras o rebento da fé e a semente da doutrina. Por isso, aquelas igrejas também são consideradas apostólicas, na medida em que descendem das igrejas apostólicas. É norma geral que todas as coisas sejam referidas à sua origem; por isso, no seu conjunto, toda a multidão de igrejas está unida àquela primeira igreja fundada pelos apóstolos, da qual procedem todas as outras» (Tertuliano, *De praescriptione haereticorum*, 20-21).

9, 7-9. A atividade de Jesus suscita uma pergunta capital: «Quem é este?» O Evangelho faz notar que as pessoas não conseguiam responder adequadamente (vv. 7-8; cf. 9, 18-19), que Herodes andava perplexo (v. 7) e que Pedro O confessou como Messias (9, 20). Mas também menciona que a motivação de Herodes era a simples curiosidade (v. 9; cf. 23, 8), enquanto Pedro fez um autêntico ato de fé, no qual comprometeu a própria vida: «O povo chega a pressentir a dimensão religiosa, absolutamente excepcional, deste rabino, cujas palavras o deixam fascinado, mas ainda não consegue colocá-lO acima dos homens de Deus que apareceram ao longo da história de Israel. Ora, Jesus é realmente muito mais! É precisamente este passo sucessivo de conhecimento, que diz respeito ao nível profundo da sua Pessoa, que Ele espera dos "seus". [...] Só a fé professada por Pedro – e, com ele, pela Igreja de todos os tempos – atinge o coração do mistério, a sua profundidade» (São João Paulo II, *Novo millennio ineunte*, n. 19).

9, 10-17. As ações salvadoras de Cristo ficam simbolizadas de modo eminente neste milagre, que acabará por suscitar a confissão de Pedro (9, 18-21). Antes do milagre (v. 11), vemos Jesus realizar ações características da sua missão como Messias, que são as mesmas de que encarrega os seus discípulos (9, 2.6): a proclamação do Reino de Deus e a cura dos enfermos (cf. 4, 18). Com o milagre da multiplicação dos pães, acrescenta-se uma nota: a superabundância dos dons nos tempos messiânicos (cf. Is 25, 6; Sl 78, 19-20 etc.). A ação de alimentar o povo num local deserto (v. 12) evoca os episódios do êxodo, quando Deus sustentava o seu povo (cf. Ex 16, 1ss), e prefigura a Eucaristia, alimento do cristão no seu caminho para Deus: «A santa comunhão do Corpo e do Sangue de Cristo aumenta a união do comungante com o Senhor, perdoa-lhe os pecados veniais e o preserva dos pecados graves. Por serem reforçados os laços de caridade entre o comungante e Cristo, a recepção deste sacramento reforça a unidade da Igreja, corpo místico de Cristo» (*Catecismo da Igreja Católica*, n. 1416).

9, 18-21. Os três primeiros Evangelhos recolhem a confissão de fé de São Pedro, que Lucas narra de maneira mais condensada que os outros dois (cf. notas a Mt 16, 13-20; Mc 8, 27-30). O terceiro Evangelho tem, contudo, um elemento característico: enquanto os outros dois recordam que o episódio teve lugar em Cesareia de Filipe, São Lucas omite a referência geográfica e, em contrapartida, recorda a oração de Jesus (v. 18), presente nos momentos mais importantes do seu ministério (cf. 3, 21; 6, 12; 9, 28 etc.).

A preeminência de Pedro entre os doze é reiterada, de uma maneira ou de outra, nos quatro Evangelhos. Porém, e ao contrário do que acontece em São Mateus (cf. Mt 16, 17-79), nesta passagem não fica registrada a entrega do primado a Pedro; em compensação, no relato da Última Ceia (cf. 22, 31-34 e nota), o terceiro evangelista sublinha a responsabilidade de Pedro com relação a todo o Colégio Apostólico: «Dentre todos, escolhe-se Pedro, que é colocado à frente da missão universal da Igreja, de todos os apóstolos e de todos os Padres da Igreja; e, ainda que no povo de Deus haja muitos sacerdotes e muitos pastores, Pedro governa todos eles, embora todos sejam eminentemente regidos por Cristo. A bondade divina concedeu a este homem uma excelsa e admirável participação no seu poder, e tudo aquilo que os outros hierarcas têm em comum com Pedro lhes é concedido por meio de Pedro» (São Leão Magno, *Sermo 4 in anniversario ordinationi suae*, 2).

9, 22-27. A repreensão a Pedro – que originou estas palavras de Jesus sobre o mistério da Cruz (cf. Mt 16, 21-28; Mc 8, 31-9, 1) – não é registrada por Lucas. Jesus é o Cristo; e, como fica assinalado no episódio da Transfiguração, o seu destino é a glória. Mas a sua missão passa pela Cruz; portanto, quem quiser segui-lO não pode ambicionar outro caminho. A Paixão e a Cruz são episódios-chave na vida de Cristo, sendo por isso também o primeiro degrau da vida cristã: «Quem ama os prazeres, quem procura as comodidades, quem foge das ocasiões de dor, quem se preocupa, quem murmura, quem repreende e se impacienta com a menor coisa que não corre de acordo com a sua vontade e os seus desejos, essa pessoa de cristão tem apenas o nome; só serve para desonrar a sua religião, pois Jesus disse: "Se alguém quer vir após Mim, negue-se a si mesmo, tome a sua cruz, dia após dia, e siga-Me"» (São João Maria Vianney, *Sermão sobre a* *penitência de Quarta-Feira de Cinzas*).

Significativamente, o Senhor acrescenta que o cristão deve renovar «todos os dias» (v. 23) o exercício de levar a cruz, porque a salvação chega num momento preciso: hoje, agora (4, 21; 5, 25; 19, 9.42), pelo que cada momento pode ser o momento definitivo da salvação. «Perguntas-me: – Por que essa Cruz de madeira? – E copio de uma carta: "Ao levantar a vista do microscópio, o olhar vai tropeçar na Cruz negra e vazia. Esta Cruz sem Crucificado é um símbolo. Tem um sentido que os outros não entenderão. E aquele que, cansado, estava a ponto de abandonar a tarefa, aproxima de novo os olhos da ocular e continua trabalhando: porque a Cruz solitária está pedindo uns ombros que carreguem com ela"» (São Josemaria Escrivá, *Caminho*, n. 277).

9, 28-36. A Transfiguração é um dos poucos episódios dos Evangelhos que está cronologicamente relacionado com outro: teve lugar «cerca de oito dias depois» (v. 28; «seis dias depois», segundo Mt 17, 1 e Mc 9, 2) da confissão de Pedro. Mas o vínculo entre os dois episódios também é temático: aquilo que ia «sofrer em Jerusalém» (v. 31) é caminho para a «majestade» (v. 32) de Jesus, o que significa que a Cruz, anunciada um pouco antes (9, 22-23), não é o ponto final, mas apenas um passo para a glorificação: «Por um instante, Jesus mostra sua glória divina, confirmando, assim, a confissão de Pedro. Mostra também que, para "entrar na sua glória" (Lc 24, 26), deve passar pela Cruz em Jerusalém. Moisés e Elias haviam visto a glória de Deus sobre a Montanha; a Lei e os profetas tinham anunciado os sofrimentos do Messias. A Paixão de Jesus é sem dúvida a vontade do Pai: o Filho age como servo de Deus. A nuvem indica a presença do Espírito Santo [...]: "A Trindade inteira apareceu: o Pai, na voz; o Filho, no homem; o Espírito, na nuvem clara" (São Tomás de Aquino, *Summa theologiae*, 3, 45, 4, ad 2)» (*Catecismo da Igreja Católica*, n. 555).

Com a sua Transfiguração, Jesus reforça a fé dos discípulos, mostrando na sua Humanidade um indício da glória que teria depois da ressurreição. Não é em vão que os três discípulos que agora O acompanham (v. 28) são os que estarão mais perto da sua agonia em Getsêmani (cf. Mt 26, 37; Mc 14, 33). Com esta manifestação gloriosa, o Senhor fortalece a esperança deles: «Para uma pessoa se manter no caminho reto, tem de conhecer previamente, mesmo que seja de forma imperfeita, a conclusão do seu caminhar [...]. E isto é tanto mais necessário quanto mais difícil e mais árduo for o caminho, fatigosa a viagem e, pelo contrário, alegre o final» (São Tomás de Aquino, *Summa theologiae*, 3, 45, 1).

9, 37-43. A propósito deste milagre, os outros evangelistas chamam a atenção para o ensinamento de Jesus acerca do valor da fé (cf. Mt 17, 14-20 e nota) e da oração (cf. Mc 9, 14-29 e nota). Lucas, por sua parte, registra a dor do pai pelo seu filho único (v. 38) e a misericórdia de Jesus, que lhe devolve o menino (v. 42). Neste sentido, esse milagre recorda a ressurreição do filho da viúva de Naim, que também era filho único (7, 12) e que também foi entregue à sua mãe por Jesus (7, 15). A reação dos presentes é outro elemento de semelhança entre os dois episódios: se anteriormente a multidão glorificava a Deus porque tinha visitado o seu povo (7, 16), agora maravilha-se com a grandeza de Deus (v. 43; cf. 4, 32; 8, 25; 11, 14). Jesus não faz milagres para sua própria glória, mas para manifestar a misericórdia de Deus: «Em Cristo e por Cristo, Deus torna-se também particularmente visível com a sua misericórdia [...]. Não somente fala dela e a explica com o uso de comparações e parábolas, mas sobretudo *Ele próprio a encarna e a personifica. Ele próprio é, em certo sentido, a misericórdia*» (São João Paulo II, *Dives in misericordia*, n. 2).

9, 43-45. Após o momento de glória, Jesus volta a insistir na sua Paixão e morte. Mas os discípulos não entendem estas palavras: «Ninguém se escandalize por ver os apóstolos tão imperfeitos. Ainda não se tinha consumado o mistério da Cruz, ainda não lhes tinha sido dada a graça do Espírito Santo» (São João Crisóstomo, *In Matthaeum*, 65, 2). Por outro lado, e ao contrário do que acontece em outras passagens, aqui só se refere a humilhação, a entrega do Senhor nas mãos dos homens, sem se falar da glorificação, do triunfo da ressurreição. É mais um sinal de que o amor à cruz é uma marca de identificação com Cristo; trata-se daquilo a que os santos chamaram a ciência da cruz: «Passar com Ele pela morte de cruz, crucificando como Ele a própria natureza com uma vida de mortificação e de renúncia, abandonando-se numa crucifixão cheia de dor, que desemboca na morte como Deus dispuser e permitir. Quanto mais perfeita for esta crucifixão ativa e passiva, tanto mais intensa será a união com o Crucificado e tanto mais rica a participação na vida divina» (Santa Teresa Benedita da Cruz, *Ciência da Cruz*, 53).

9, 46-50. Em contraste com o horizonte de entrega e sofrimento que Jesus vê abrir-se para si mesmo (9, 44), estes dois episódios tornam manifesta a visão humana dos apóstolos, cuja ambição Jesus contrapõe à simplicidade de uma criança (vv. 46-48). Os ensinamentos sobre a humildade e a simplicidade ficaram bem gravados nos primeiros cristãos: «Serás simples de coração e rico de espírito. [...] Não te enaltecerás a ti mesmo, mas serás humilde em tudo. Não te arrogarás glória. Não conceberás determinações perversas contra o teu próximo, nem infundirás temeridade na tua alma» (*Epistula Barnabae*, 19, 2-3).

A seguir (vv. 49-50), o Senhor corrige a atitude exclusivista e intolerante dos apóstolos, convidando-os a terem um coração grande, onde caibam todos: «Alegra-te quando vires que outros trabalham em bons campos de apostolado. – E pede, para eles, graça de Deus abundante e correspondência a essa graça. Depois, tu... segue o teu caminho; convence-te de que não tens outro» (São Josemaria Escrivá, *Caminho*, n. 965).

***9, 51-19, 27.** A viagem de Jesus desde a Galileia até Jerusalém é referida pelos três sinóticos; no entanto, a narração de São Lucas é muito mais extensa – são quase dez capítulos – e recolhe numerosos ensinamentos de Jesus que não estão presentes nos outros Evangelhos: as parábolas do bom samaritano (10, 25-37), da misericórdia (15, 1-32), do fariseu e do publicano (18, 9-14), a conversão de Zaqueu (19, 1-10) etc. Estas passagens refletem os elementos característicos do terceiro Evangelho: a misericórdia de Deus, a universalidade da salvação pregada por Jesus, a alegria da conversão etc.

Pelo fato de dedicar tão grande extensão de texto a esta viagem, Lucas salienta a importância da Cidade Santa na história da salvação. Com efeito, os começos da atividade pública do Senhor têm lugar na Galileia (4, 14-9, 50), de onde o Senhor parte para Jerusalém, passando pela Samaria (9, 51-19, 27); em Jerusalém, consuma-se a nossa salvação (19, 28-24, 53). No segundo livro, os *Atos dos Apóstolos*, procederá em sentido inverso: começamos por contemplar o germinar da Igreja em Jerusalém (cf. At 1, 1-7, 60), a que se segue a expansão para a Samaria (cf. At 8, 1-25) e até os confins da Terra (cf. At 8, 26-28, 31).

***9, 51-10, 24.** O percurso de Jesus até Jerusalém evoca alguns acontecimentos ocorridos durante a sua missão na

Galileia. Assim, a rejeição dos samaritanos (9, 53) faz lembrar a rejeição de que Jesus foi alvo em Nazaré (4, 28-30); a missão dos 72 (10, 1-12.17-20) evoca a missão dos doze (9, 1-6.10); finalmente, as censuras às cidades incrédulas (10, 13-16) são um eco das censuras dirigidas contra a incredulidade dos homens da sua geração (7, 31-35).

9, 51-56. Encaminhando-se decididamente a Jerusalém, à Cruz, Jesus cumpre voluntariamente o desígnio do Pai (cf. 9, 31), que tinha determinado que Ele chegasse à ressurreição e ascensão gloriosas passando pela paixão e morte.

«O tempo da sua assunção» (v. 51): a expressão se refere ao momento em que Jesus, abandonando este mundo, ascenderá aos céus. O evangelista descreve a subida a Jerusalém como uma ascensão onde se manifestará a salvação. Mas a exaltação passa pela Cruz, donde vem o duplo sentido desta palavra no vocabulário cristão: «A Cruz também é chamada glória e exaltação de Cristo. Ela é o cálice transbordante de que nos fala o Salmo e o culminar de todos os tormentos que Cristo padeceu por nós. O próprio Cristo nos ensina que a Cruz é a sua glória. [...] E também nos ensina que a Cruz é a sua exaltação quando diz: "Quando Eu for levantado da terra, atrairei todos a Mim"» (Santo André de Creta, *Sermo 10 de exaltatione Sanctae Crucis*).

«Mas não o receberam» (v. 53). Os samaritanos eram inimigos dos judeus desde que os hebreus antigos tinham se misturado com os gentios que haviam repovoado a região da Samaria na época do cativeiro assírio, em finais do século VIII a.C. (cf. 2 Rs 17, 24-41); as desavenças tornaram-se mais intensas com a restauração de Jerusalém, depois do exílio na Babilônia (cf. Ne 13, 4-31). Por estes e outros motivos, os samaritanos não reconheciam o Templo de Jerusalém como único lugar onde se podiam oferecer sacrifícios e construíram um templo no monte Garizim (cf. Jo 4, 20). Jesus corrige o desejo de vingança dos seus discípulos (vv. 54-56), o qual se opõe à missão do Messias, que não veio condenar os homens, mas salvá-los. Deste modo, os apóstolos vão aprendendo que o zelo pelas coisas de Deus não deve ser áspero nem violento: «O Senhor faz todas as coisas de forma admirável [...]. Ele atua desta maneira com o objetivo de nos ensinar que a virtude perfeita não guarda qualquer desejo de vingança, que onde estiver presente a verdadeira caridade não há lugar para a ira e, por fim, que a debilidade não deve ser tratada com dureza, mas ajudada» (Santo Ambrósio, *Expositio Evangelii secundum Lucam, ad loc.*).

Alguns manuscritos gregos, que foram seguidos pela *Vulgata*, acrescentam o seguinte ao final do v. 55: «dizendo: "Não sabeis a que espírito pertenceis. O Filho do Homem não veio condenar os homens, mas salvá-los"».

9, 57-62. Tal como acontecia no início da sua atividade (cf. 5, 1-11), também agora há pessoas que se sentem chamadas a seguir Jesus. Pedro e os outros apóstolos deixaram tudo (cf. 5, 11.28); mas a estas pessoas ainda falta desprenderem-se de algumas coisas. Esta atitude também contrasta com a de Cristo, que se dirigia «resolutamente» (v. 51) para Jerusalém. Para seguir Jesus, é preciso ser radical: «Às vezes, [a vontade] parece decidida a servir a Cristo, mas procurando ao mesmo tempo o aplauso e o favor dos homens. [...] Empenha-se em conquistar os bens futuros, mas sem deixar escapar os presentes. Uma vontade assim nunca nos permitirá chegar à verdadeira santidade» (São João Cassiano, *Collationes*, 4, 12).

10, 1-12. Jesus envia agora outros 72 discípulos a «todas as cidades e lugares» (v. 1), com instruções muito semelhantes às que tinha dado aos doze (cf. 9, 1-5). O número 72 talvez seja uma alusão aos descendentes de Noé (cf. Gn 10,1ss), que constituíam as nações antes da dispersão de Babel (cf. Gn 10, 32); de qualquer maneira, parece indicar a universalidade da missão de Cristo. Junto a essa universalidade, as palavras de Jesus apontam também a premência da evangelização, duas notas que estarão sempre presentes na ação missionária da Igreja: «A todos os cristãos, às igrejas particulares e à Igreja universal, pede-se a mesma coragem que moveu os missionários do passado, a mesma disponibilidade para escutar a voz do Espírito» (São João Paulo II, *Redemptoris missio*, n. 30).

No grupo dos que seguiam o Senhor e tinham sido chamados (cf. Lc 9, 57-62) havia, além dos doze, numerosos discípulos, cujos nomes, na sua maioria, desconhecemos; mas entre eles contavam-se certamente aqueles que estiveram com Jesus desde o batismo de João até a ascensão do Senhor, como José, chamado Barsabás, e Matias (cf. At 1, 23), bem como Cléofas e seu companheiro, a quem Cristo ressuscitado apareceu no caminho de Emaús (cf. 24, 13-35). Dentre todos esses, o Senhor escolhe 72, a quem exige – tal como aos apóstolos – total desprendimento e abandono na providência divina (v. 4), porque «o pregador há de ter tanta confiança em Deus que, ainda que não se proveja das coisas necessárias para a vida, deve estar persuadido de que não lhe hão de faltar, não aconteça que, enquanto trata de se prover de coisas temporais, deixe de expor aos outros as eternas» (São Gregório Magno, *Homiliae in Evangelia*, 17).

10, 13-16. Como exemplo dos locais onde os discípulos poderão não ser bem acolhidos (v. 16; cf. 10, 10-12), o Senhor cita as cidades do lago: Corazim e Betsaida. Trata-se de povoações judaicas que viram de perto a obra de Deus em Jesus e não mudaram de vida. A comparação com as cidades pagãs, Tiro e Sidônia, enfatiza a culpabilidade daquelas, porque «a quem muito foi dado, muito lhe será exigido» (12, 48). As ações e as palavras dos discípulos são, tal como as de Jesus (v. 16), um convite de Deus à penitência (v. 13); esta não pode limitar-se às obras exteriores, mas deve chegar até o fundo do coração: «A penitência interior é uma reorientação radical de toda a vida, um retorno, uma conversão a Deus de todo nosso coração, uma ruptura com o pecado, uma aversão ao mal e repugnância às más obras que cometemos. Ao mesmo tempo, é o desejo e a resolução de mudar de vida com a esperança da misericórdia divina e a confiança na ajuda de sua graça. Esta conversão do coração vem acompanhada de uma dor e uma tristeza salutares, chamadas pelos Padres de "*animi cruciatus*" [aflição do espírito], "*compunctio cordis*" [arrependimento do coração] (cf. Concílio de Trento, DS 1676-1678; 1705; *Catechismus romanus*, 2, 5, 4)» (*Catecismo da Igreja Católica*, n. 1431).

10, 17-20. Os discípulos experimentaram a alegria de partilhar a missão de Cristo e de perceber o poder que dela emana (v. 17). Mas o Senhor completa os motivos dessa alegria com aquilo que se encontra na raiz de todo bem: o fato de terem sido escolhidos por Deus. «Não duvides: a tua vocação é a maior graça que o Senhor te pôde conceder. – Agradece-Lhe» (São Josemaria Escrivá, *Caminho*, n. 913).

10, 21-24. É costume designar esta passagem, também presente em São Mateus (cf. Mt 11, 25-27 e nota), por «hino de júbilo» do Senhor. Trata-se de um dos momentos em que o Senhor exprime a sua alegria por ver como os humildes entendem e aceitam a Palavra de Deus (v. 21): «As crianças não refletem no alcance das suas palavras. Não obstante, quando seus pais ocupam um trono, quando possuem imensas riquezas, não hesitam em satisfazer os desejos dos *pequenos seres*. [...] Não são as riquezas nem a glória (nem sequer a glória do Céu) que reclama o coração da criancinha... [...]. O que ela pede é o Amor... Ela só sabe uma coisa: amar-Te, ó Jesus!» (Santa Teresa de Lisieux, *História de uma alma*, 9, 4r).

As palavras do Senhor são uma declaração muito clara de quem Ele é: Jesus é aquele que conhece a Deus Pai e no-lO revela, é o revelador e a revelação. Em Jesus, Deus se torna acessível aos homens: «Com efeito, anteriormente, que ideia de Deus poderia ter o homem, a não ser a de um ídolo fabricado pelo seu coração? Ele era incompreensível e inacessível, invisível e superior a todo pensamento humano. Mas agora quis ser compreendido, visto, acessível à nossa inteligência. De que modo?, perguntarás. Jazendo numa manjedoura, pregando na montanha, passando a noite em oração; ou então suspenso na Cruz, na lividez da morte, livre entre os mortos e dominando sobre o poder da morte, bem como ressuscitando ao terceiro dia e mostrando aos apóstolos a marca dos cravos como sinal de vitória, e finalmente subindo, ante o olhar de todos, até o mais íntimo do Céu. Haverá aqui alguma coisa que não seja objeto de verdadeira, piedosa e santa meditação? Quando medito em qualquer destas coisas, o meu pensamento vai para Deus, e por meio de todas elas chego ao meu Deus» (São Bernardo, *Sermo in nativitate B. Virginis Mariae*).

***10, 25-11, 54.** Esta seção é constituída por um conjunto de passagens em que o acontecimento relatado é sobretudo uma oportunidade para apresentar os ensinamentos do Senhor. Os temas abordados são vários: a misericórdia, a oração, os sinais de Jesus etc.

10, 25-37. Jesus elogia e aceita o resumo da Lei que Lhe apresenta o doutor da Lei, cuja resposta (v. 27) se baseia em dois textos do Pentateuco (cf. Dt 6, 5 e Lv 19, 18). No entanto, ao narrar a parábola do bom samaritano, Cristo amplia os horizontes daquele amor, que tinha ficado empequenecido num ambiente legalista, explicando que o próximo não é apenas aquele com quem temos alguma afinidade – seja de parentesco, de raça, de religião etc. –, mas todo que precisa da nossa ajuda, sem distinção de raça, de religião... Deste modo, o horizonte se alarga até abarcar todos os seres humanos, filhos – como cada um de nós – do mesmo Pai Deus.

É possível que, com a referência ao sacerdote e ao levita, o Senhor quisesse referir-se às normas legais (vv. 31-32). Com efeito, de acordo com a Lei de

Moisés (cf. Lv 21, 1-4.11-12; Nm 19, 11-22), o contato com um cadáver gerava uma impureza legal; o que Jesus quer mostrar com esta parábola é que o cumprimento das normas legais não pode afetar a misericórdia.

O leitor percebe igualmente que Jesus é a encarnação da misericórdia divina, uma vez que vive os mesmos gestos misericordiosos que o Pai (cf. 15, 1-32 e notas); por isso, não é de estranhar que esta parábola tenha sido interpretada de forma alegórica logo desde os primeiros séculos. Seguindo a sugestão dos Santos Padres, Santo Agostinho, que a comenta em muitos escritos, identifica o Senhor com o bom samaritano e o homem assaltado pelos ladrões com Adão, origem e figura da humanidade caída: «Daí também que o próprio Senhor e Deus nosso tenha querido chamar-se nosso próximo, pois Jesus nosso Senhor simbolizou a si próprio naquele que socorreu o homem estendido no caminho, meio morto e abandonado pelos salteadores» (*De doctrina christiana*, 1, 33). Por seu lado, o homem que foi abandonado será curado das suas feridas na Igreja: «Tu, alma minha, onde te encontras, onde jazes, onde estás enquanto és curada das tuas dores por Aquele que se fez propiciação pelas tuas iniquidades? Reconhece que te encontras naquela estalagem para onde o piedoso samaritano levou aquele que encontrou meio morto, chagado pelas muitas feridas que lhe causaram os salteadores» (*De Trinitate*, 15, 27, 50).

10, 38-42. O Evangelho nos fala em várias ocasiões (cf. Jo 11, 1-45; 12, 1-10) destes três irmãos – Lázaro, Marta e Maria – com os quais Jesus tinha relação de amizade. As palavras de Jesus não são tanto uma censura a Marta quanto um elogio ardoroso da atitude de Maria, que escuta as palavras do Senhor: «Aquela agitava-se, esta alimentava-se; aquela organizava muitas coisas, esta só prestava atenção a uma. Ambas as ocupações eram boas» (Santo Agostinho, *Sermones*, 103, 3).

Tem-se visto em Marta, por vezes, um símbolo da vida neste mundo e em Maria um símbolo da vida no Céu; em outras ocasiões, Marta foi considerada símbolo da vida ativa e Maria, da vida contemplativa. Na Igreja, há diversas vocações, mas a ação e a contemplação devem estar presentes na vida cristã em geral; o batizado é chamado a alcançar uma unidade de vida em que a relação com Deus se harmonize com a fidelidade à sua missão. Como ensinava São Josemaria, «nesta terra, a contemplação das realidades sobrenaturais, a ação da graça em nossas almas, o amor ao próximo como fruto saboroso do amor a Deus, representam já uma antecipação do Céu, um começo destinado a crescer de dia a dia. Nós, os cristãos, não suportamos uma vida dupla: mantemos uma unidade de vida, simples e forte, na qual se fundamentam e se compenetram todas as nossas ações. [...] Sejamos almas contemplativas, num diálogo constante, procurando a intimidade com o Senhor a toda a hora: desde o primeiro pensamento do dia até o último da noite; pondo continuamente o nosso coração em Jesus Cristo, Nosso Senhor; achegando-nos a Ele por Nossa Mãe, Santa Maria, e por Ele, ao Pai e ao Espírito Santo» (São Josemaria Escrivá, *É Cristo que passa*, n. 126); e também: «Deus os chama a servi-lO *em* e *a partir* das tarefas civis, materiais, seculares da vida humana [...]. Não esqueçam nunca: há *algo* de santo, de divino, escondido nas situações mais comuns, algo que a cada um de nós compete descobrir» (*Idem*, *Entrevistas com Mons. Josemaria Escrivá*, n. 114).

11, 1-4. São Mateus registra o Pai-nosso no contexto do Sermão da Montanha (cf. nota a Mt 6, 1-18); nesta passagem, como resposta de Jesus ao desejo dos seus discípulos, que se admiram com a oração do Mestre (v. 1), o *Evangelho de São Lucas* chama a atenção para a estreita relação entre a oração dos cristãos e a oração de Jesus, Filho de Deus: «Esta oração que nos vem de Jesus é realmente única: ela é "do Senhor". Com efeito, por um lado, mediante as palavras desta oração, o Filho único nos dá as palavras que o Pai lhe deu; Ele é o Mestre de nossa oração. Por outro lado, como Verbo encarnado, Ele conhece em seu coração de homem as necessidades de seus irmãos e irmãs humanos e no-las revela; é o Modelo de nossa oração» (*Catecismo da Igreja Católica*, n. 2765).

É um grande consolo podermos chamar Deus de Pai. Se Jesus, o Filho de Deus, nos ensina a invocar a Deus como Pai, é porque em nós se dá essa realidade profunda de sermos e de nos sentirmos filhos de Deus: «Eu sou essa filha, objeto do amor previdente de um *Pai* que não enviou o seu Verbo para resgatar os *justos*, mas os *pecadores*. Quer que *O ame* porque me *perdoou*, não muito, mas *tudo*. Não esperou que eu *O amasse muito* como Santa Madalena, mas quis que eu *soubesse* como me tinha amado com um amor de inefável providência, para que agora O ame *loucamente*!...» (Santa Teresa de Lisieux, *História de uma alma*, 4, 39r).

O texto recolhido por São Lucas, embora mais conciso que o de São Mateus, recolhe as mesmas invocações e petições: «Se percorreres todas as orações da Sagrada Escritura, creio que não encontrarás coisa alguma que não se encontre nesta oração dominical. Por isso, temos liberdade para dizer estas coisas na oração com umas palavras ou outras, mas não devemos ter liberdade para dizer outras coisas. [...] Aqui tens a explicação, a meu ver, não apenas das qualidades que deve ter a tua oração, mas também do que deves pedir nela; e não fui eu que to ensinei, mas Aquele que se dignou ser Mestre de todos» (Santo Agostinho, *Ad Probam*, 12-13).

Entre as diversas súplicas do Pai-nosso (cf. nota a Mt 6, 1-18), pedimos a Deus que nos dê o pão de cada dia (v. 3); solicitamos a Deus o nosso alimento diário, ou seja, a posse austera do necessário, longe da opulência e da miséria (cf. Pr 30, 8). Os Santos Padres viram no pão que se pede nesta passagem não só o alimento material, mas também a Eucaristia, sem a qual o nosso espírito não pode viver; a Igreja no-la oferece diariamente na Santa Missa, e reconheceremos o seu valor se procurarmos recebê-la diariamente: «Se o pão é diário, porque o recebes apenas uma vez por ano? Recebe todos os dias o que todos os dias é proveitoso; e vive de modo que sejas digno de o receber diariamente» (Santo Ambrósio, *De sacramentis*, 5, 4).

Também pedimos força perante a tentação (v. 4), mas «não pedimos aqui para não sermos tentados, porque na vida do homem neste mundo há tentações (cf. Jo 7, 1) [...]. O que é, pois, que pedimos aqui? Que, não nos faltando o auxílio divino, não consintamos por erro nas tentações, nem cedamos a elas por desalento; que a graça de Deus esteja pronta a nosso favor, e que ela nos console e nos fortaleça quando nos faltarem as forças» (*Catechismus romanus*, 4, 15, 14).

11, 5-13. O Senhor acompanha o Pai-nosso com ensinamentos sobre a oração de petição, começando com uma comparação muito expressiva (vv. 5-8). Os arqueólogos descobriram que as casas de Nazaré eram, à época, um espaço único, constituído por uma cova escavada na rocha, projetada para o exterior com uns quantos metros de construção; as despensas eram pequenas perfurações feitas na rocha. Isso significa que o amigo inoportuno o é de fato, uma vez que, para ir buscar três pães (v. 5), era preciso acordar praticamente toda a casa. Jesus completa esta imagem gráfica com uma sentença em que enuncia a eficácia da oração (vv. 9-10). A experiência da Igreja tem testemunhado de muitas formas a verdade destas palavras do Senhor: «Estando eu uma vez importunando muito o Senhor, [...] temia que, por meus pecados, o Senhor não me ouvisse. Ele apareceu-me como de outras vezes e começou a mostrar-me a chaga da mão esquerda, [...] e disse-me que não duvidasse de que quem aquilo havia passado por mim melhor faria o que eu Lhe pedisse. E que me prometia que não deixaria de fazer nada do que eu Lhe pedisse, pois já sabia que nada Lhe pediria senão o que fosse conforme à sua glória» (Santa Teresa de Jesus, *Livro da vida*, 39, 1).

A seguir (vv. 11-13), com a imagem do pai, garante uma doação maior para o cristão, a saber, o Espírito Santo: «Por estarmos em comunhão com Ele, o Espírito Santo torna-nos espirituais, recoloca-nos no Paraíso, reconduz-nos ao Reino dos Céus e à adoção filial, dá-nos a confiança de chamarmos Deus de Pai e de participarmos na graça de Cristo, de sermos chamados filhos da luz e de termos parte na vida eterna (São Basílio, *De Spiritu Sancto*, 15, 36)» (*Catecismo da Igreja Católica*, n. 736).

11, 14-26. Os adversários de Jesus recorrem agora a uma acusação muito grave: que é o demônio que atua por meio dEle. Jesus refuta a acusação, mas não sem os advertir da sua gravidade (cf. notas a Mt 12, 22-37 e Mc 3, 20-30). Em seguida, recorrendo a uma comparação (vv. 24-26), chama a atenção destes homens para o perigo em que se encontram: em virtude da ação de Deus sobre o seu povo, eles tinham sido libertados do demônio; mas a rejeição obstinada da atuação de Deus, que agia por meio de Cristo, convertia-os em lugar propício para o maligno multiplicar a sua atividade. Há outras passagens do Novo Testamento (cf. Hb 6, 4-6; 2 Pd 2, 20-22 etc.) em que os escritores sagrados exprimem a sua preocupação com os cristãos que se colocam em situação parecida.

Por detrás da polêmica (vv. 15-16), este relato ensina uma verdade clara: o homem forte e bem armado (v. 21) é o demônio, que mantinha o ser humano na condição de escravo; mas Jesus, que é mais forte que ele, veio, venceu-o e está expulsando-o dos lugares de que ele tinha se apropriado. Contudo, embora o demônio tenha sido vencido por Cristo, temos de ser nós a fazer da nossa casa (vv. 24-25) o Reino de Cristo: «Amadíssimos, todos nós fomos, antes do batismo, lugar onde habitava o demônio; depois do batismo, convertemonos em templos de Cristo. [...] Já que Cristo, com a sua vinda, expulsou o demônio do nosso coração para preparar em nós um templo onde pudesse habitar, esforcemo-nos ao máximo, com a sua ajuda, para que Cristo não seja desonrado em nós pelas nossas más obras» (São Cesário de Arles, *Sermones*, 229, 1-3).

11, 27-28. Tal como as entendeu a tradição da Igreja, estas frases são uma declaração da grandeza de Nossa Senhora, que «acolheu as palavras com que seu Filho, pondo o reino acima das relações de parentesco, proclamou bem-aventurados todos os que ouvem a palavra de Deus e a põem em prática, coisa que ela fazia fielmente» (Concílio Vaticano II, *Lumen gentium*, n. 58). Nossa Senhora acreditou na Palavra de Deus (1, 38), e Jesus faz «o elogio de sua Mãe, do seu *fiat*, do *faça-se* sincero, rendido, posto em prática até as últimas consequências, e que não se manifestou em ações aparatosas, mas no sacrifício escondido e silencioso de cada dia» (São Josemaria Escrivá, *É Cristo que passa*, n. 172). A Igreja confessa que «durante toda a sua vida e até sua última provação, quando Jesus, seu filho, morreu na Cruz, sua fé não vacilou. Maria não deixou de crer "no cumprimento" da Palavra de Deus. Por isso a Igreja venera em Maria a realização mais pura da fé» (*Catecismo da Igreja Católica*, n. 149).

11, 29-32. Estas frases do Senhor são uma resposta à provocação que São Lucas relatou um pouco antes (11, 16): os sinais e a sabedoria de Jesus estão à vista de quem os quiser ver. Os ninivitas fizeram penitência porque reconheceram em Jonas um profeta e aceitaram a sua mensagem; ora, Jesus é mais que Jonas e mais que Salomão, em quem a tradição de Israel via o homem sábio por excelência. A «rainha do Sul» – ou seja, a rainha de Sabá, que ficava ao sul da Arábia – visitou Salomão (cf. 1 Rs 10, 1-13) e ficou maravilhada com a sabedoria que Deus lhe tinha infundido; tanto os ninivitas como a Rainha do Sul se levantarão com os judeus que não se converterem nem procurarem a verdade. A vida e a pregação de Cristo são um convite à conversão, mas os seus ouvintes talvez não estivessem dispostos a agir desse modo, razão pela qual não conseguiram compreendê-lO. Cf. nota a Mt 12, 38-45.

11, 33-36. Quem tem o olhar são vê as coisas com clareza; do mesmo modo, na vida moral, o olhar puro e simples sabe apreciar a ação de Deus no mundo. Aqueles homens não souberam reconhecer a ação de Deus nas obras de Jesus porque não eram simples; daí o convite de Jesus para que retifiquem e saibam discernir: «Este discernimento é o pai de todas as virtudes, e é necessário a todos, quer para a direção espiritual dos outros, quer para corrigir e ordenar a própria vida. A decisão no agir é reta quando se rege pelo beneplácito divino; e a intenção é boa quando tende para Deus sem duplicidade. Deste modo, todo o corpo da nossa vida e de cada uma das nossas ações será luminoso e o nosso olho estará são. E o olho são é olho e está são quando vê com nitidez o que é preciso fazer e quando, com reta intenção, faz com simplicidade o que não deve ser feito com duplicidade. A reta decisão é incompatível com o erro; a boa intenção exclui a ficção. Nisto consiste o verdadeiro discernimento: na união da reta decisão e da boa intenção. Por conseguinte, devemos fazer todas as coisas orientados pela luz do discernimento, tendo consciência de que agimos em Deus e na sua presença» (Balduíno da Cantuária, *Tractatus*, 6).

11, 37-54. Nesta passagem, que é uma das mais severas deste Evangelho, Jesus desmascara de modo veemente o vício em razão do qual o judaísmo oficial se opôs com mais força à aceitação da sua doutrina: a hipocrisia revestida de legalismo. Há pessoas que, sob a capa do bem, cumprindo a mera letra dos preceitos, não cumprem o espírito correspondente; não se abrem ao amor de Deus e do próximo e, sob aparência de honorabilidade, afastam os homens do verdadeiro fervor, tornando a virtude intolerável. O Senhor se detém a apontar três consequências desta atitude: pode levar os outros a transgredir as leis sem o saberem (v. 44), podendo mesmo conduzir à morte dos justos (vv. 48-51), e pode impedir a salvação (v. 52).

Num primeiro momento, São Lucas descreve o convite de um fariseu a Jesus, referindo que o fariseu se admirou por Ele não lavar as mãos (v. 38), atitude que ilustra a frase de Jesus registrada na passagem anterior: «Se o teu olho for puro, todo o teu corpo terá luz; se, porém, for mau, também o teu corpo estará nas trevas» (11, 34). Com efeito, o fariseu olha para o exterior, enquanto Jesus nos pede que olhemos para o interior; esse parece ser, aliás, o sentido das comparações seguintes (vv. 39-44). A Lei de Moisés mandava pagar o dízimo das colheitas (cf. Lv 27, 30-33; Dt 14, 22ss) para contribuir com o sustento do culto no Templo; os produtos insignificantes não estavam sujeitos a esta norma, mas os fariseus, que eram extremamente meticulosos, ensinavam que também se devia pagar o dízimo por eles. O Senhor não condena essa prática (v. 42), mas pede sobretudo esmola, justiça e amor a Deus: «Dizia-lhes que só se preocupavam com as coisas exteriores, desprezando as interiores como alheias, porque ignoravam que era preciso fazer à alma aquilo que se fazia ao corpo» (Hegemônio, *Acta disputationis Archelai Episcopi Mesopotamiae et Manetis haeresiarchae,* 21). A Lei também ensinava que quem tocasse numa sepultura ficava impuro durante sete dias (cf. Nm 19, 16); por isso, os sepulcros tinham de estar assinalados, não fosse acontecer que, com a passagem do tempo, se tornassem imperceptíveis e as pessoas lhes tocassem sem reparar. Os fariseus, que não tinham luz para iluminar (cf. 11, 33), podiam tornar-se causa de tropeço para os fiéis (v. 44).

A seguir (vv. 46-52), Jesus responde a um doutor da Lei. Os doutores da Lei, também conhecidos como escribas, eram pessoas que tinham um conhecimento profundo da Lei e das suas interpretações; os fariseus e os saduceus tinham os seus próprios escribas. As censuras que o Senhor aqui lhes dirige são menos prolongadas que as que encontramos em São Mateus (cf. Mt 23, 1-36 e nota), mas soam igualmente duras. Numa linguagem que recorda a dos profetas, Jesus lhes relembra o passado de sangue que vai desde Abel, no começo da Bíblia (cf. Gn 4, 8), até Zacarias, o profeta cujo martírio é narrado no último dos livros sagrados reconhecidos pelos judeus (cf. 2 Cr 24, 20-22). Desta maneira, anuncia o seu próprio destino, que o leitor vê expresso na atitude dos escribas e dos fariseus (vv. 53-54); mas o leitor também percebe que a atitude que deve imitar é a de Jesus: «Não te preocupes muito em saber se alguém é por ti ou contra ti, mas procede e ocupa-te de que Deus esteja contigo em tudo quanto fizeres. Consegue uma consciência pura, que Deus te defenderá bem. A maldade, seja de quem for, não pode prejudicar aquele que Deus quer ajudar. Se souberes calar-te e sofrer, verás sem dúvida o auxílio do Senhor. Ele conhece o tempo e o modo de te libertar; por isso, é a Ele que te deves submeter. É próprio de Deus ajudar e libertar de toda confusão» (Tomás de Kempis, *De imitatione Christi*, 2, 2).

***12, 1-14, 35.** Esta nova seção continua a ser presidida pelos ensinamentos de Jesus. Agora, porém, o tema principal é o escatológico: as palavras de Cristo são um convite à vigilância e à contemplação do Reino futuro (12, 1-13, 9; 13, 22-30; 14, 15-24). Junto a este tema aparecem outros, muito queridos por São Lucas: a autêntica pobreza, a humildade etc.

12, 1-12. Este capítulo é quase todo (12, 1-53) constituído por instruções do Senhor aos seus discípulos, muitas das quais constam igualmente do Sermão da Missão do primeiro Evangelho (cf. Mt 10, 1-42). Em termos de conteúdo, são instruções dirigidas aos discípulos de Cristo; no entanto, Lucas informa que os ouvintes eram uma multidão de milhares de pessoas (v. 1), o que significa manifestamente que as palavras de Jesus se dirigem a todos os cristãos.

O discurso começa com várias sentenças polêmicas. O episódio anterior terminara com a decisão dos inimigos de Jesus de O pressionarem, Lhe armarem ciladas e O acusarem (cf. 11, 53-54), e Cristo previne os seus discípulos de que não estarão livres de uma perseguição semelhante; pelo contrário, serão objeto da hipocrisia dos fariseus como Ele foi (v. 1). Além disso, a insensatez dos seus opositores, que chegaram a atribuir as obras do Filho do Homem a Belzebu (11, 15), repetir-se-á na vida dos discípulos, que, tal como Ele, serão acusados nas sinagogas (em representação dos tribunais religiosos) e em todo gênero de tribunais (v. 11). Mas Jesus lhes pede que sejam valentes e que O confessem sem temor (4.8), porque Deus cuidará deles com a sua providência (vv. 6-7), assistindo-os com a sabedoria do seu Espírito (v. 12). Desde os primeiros cristãos, como Santo Inácio e São Policarpo, até o presente, estes ensinamentos de Jesus continuam a ressoar nas palavras de muitos mártires: «Estou certo de que Deus não me abandonará, a não ser por culpa minha. De resto, ponho-me totalmente nas mãos dEle com absoluta esperança e confiança. Se Ele permitir a minha perdição em razão dos meus pecados, pelo menos a sua justiça será louvada por causa da minha pessoa. Espero, no entanto, e espero-o com toda a certeza, que a sua bondade clementíssima guarde fielmente a minha alma e faça com que seja a sua misericórdia, mais do que a sua justiça, a salientar-se em mim. [...] Não me pode acontecer nada que Deus não queira. E tudo o que Ele quer, por muito mau que nos pareça, é na realidade o melhor» (São Thomas More, *Carta escrita da prisão a sua filha Margarida*).

12, 13-21. Ainda no quadro doutrinal do discurso anterior – valorizar as coisas da terra com os olhos postos no Céu –, Jesus expõe agora os perigos que resultam de concentrar o horizonte da vida nas riquezas: «Tanto para os povos como para as pessoas, possuir mais não é o fim último. Qualquer crescimento é ambivalente. Embora necessário para permitir ao homem ser mais homem, torna-o, contudo, prisioneiro no momento em que se transforma no bem supremo que impede ver mais além» (São Paulo VI, *Populorum progressio*, n. 19).

A parábola que exemplifica este ensinamento é muito significativa porque, num primeiro momento, temos a impressão de que aquele homem rico reagiu com prudência: se a colheita foi boa, convém guardar e não esbanjar. Mas Jesus corrige esta perspectiva com outra mais profunda: esta vida, embora seja boa, é pouca coisa; convém viver com outra atitude, ser rico em relação a Deus (v. 21). Por isso, ter a morte presente é uma riqueza para a nossa vida: «Quem vive como se fosse morrer nesse dia – uma vez que a nossa vida é incerta por natureza – não pecará, uma vez que o bom temor extingue grande parte da desordem dos apetites; pelo contrário, aquele que está convencido de que vai ter uma vida longa facilmente se deixa dominar pelos prazeres» (Santo Atanásio, *Vita Antonii*).

12, 22-34. Prosseguem os ensinamentos acerca das riquezas e do uso dos bens deste mundo. A chave está no último versículo: cada um de nós concentra os seus afetos, as suas esperanças, os seus impulsos mais profundos, o seu coração, naquilo que considera ser o seu bem mais precioso, o seu tesouro. Por isso, em contraposição ao rico insensato que acumulou em vão (12, 20-21), Jesus nos convida a acumular bens no Céu (v. 33), sendo generosos na terra: «Procuremos, além disso, dar frutos de verdadeiro arrependimento. E amemos o próximo como a nós mesmos. Tenhamos caridade e humildade e demos esmola, já que esta lava as almas da imundície do pecado. Com efeito, os homens perdem tudo quanto deixam neste mundo, e apenas levam consigo o prêmio da sua caridade e as esmolas que praticaram, pelas quais receberão do Senhor a recompensa e uma digna remuneração» (São Francisco de Assis, *Carta a todos os fiéis*).

Do mesmo modo, o Senhor nos exorta a não pormos as nossas ilusões e as nossas preocupações nos bens da subsistência, do alimento, do vestuário, da saúde etc. (vv. 22-30), mas na consecução do Reino de Deus (v. 31). Esta radicalidade é a mesma que a Igreja faz ressoar no seu apelo à santidade: «Todos os cristãos são, pois, chamados e obrigados a tender para a santidade e a perfeição do próprio estado. Procurem, por isso, ordenar retamente os próprios afetos, para não serem impedidos de avançar na perfeição da caridade pelo uso das coisas terrenas e pelo apego às riquezas, em oposição ao espírito da pobreza evangélica» (Concílio Vaticano II, *Lumen gentium*, n. 42).

12, 35-48. A exortação à vigilância ocorre com frequência na pregação de Cristo (cf. Mt 24, 42; 25, 13; Mc 14, 34) e na dos apóstolos. Por um lado, porque o inimigo está sempre à espreita (cf. 1 Pd 5, 8); por outro, porque quem ama não dorme (cf. Ct 5, 2). São manifestações concretas dessa vigilância o espírito de oração (cf. 21, 36; 1 Pd 4, 7) e a fortaleza na fé (cf. 1 Cor 16, 13).

Nesta altura, Jesus convida à vigilância mediante duas imagens: os cintos apertados e as lâmpadas acesas (v. 35). Os judeus cingiam as amplas vestes à cintura quando faziam alguns tipos de trabalhos, para longas caminhadas etc., pelo que ter os cintos apertados é uma atitude de disponibilidade e de rejeição de qualquer relaxamento (cf. Jr 1, 17; Ef 6, 14; 1 Pd 1, 13); do mesmo modo, ter as lâmpadas acesas é a atitude própria de quem vigia ou espera a chegada de alguém. Em seguida, o Senhor recorre a duas comparações (vv. 36-40) para mostrar como deve ser a espera vigilante ante a sua vinda segura: como o servo espera o seu senhor e como o dono da casa espera o ladrão; ambos sabem que o outro virá e que esse encontro decidirá o seu futuro. No quadro destes ensinamentos, ficamos deslumbrados com o conteúdo do v. 37: não é fácil conceber que um senhor desta época servisse os seus próprios servos por estes estarem à sua espera; mas é precisamente isso o que faz este senhor: cinge-se e serve-os (cf. Jo 13, 1-20).

Perante a pergunta de São Pedro (v. 41), Jesus introduz a questão da responsabilidade daqueles que ocupam cargos (vv. 42-48a) e de todos em geral (v. 48b); e explica as suas asserções, especificando que o destino do servo fiel (vv. 43-44) não será o mesmo que o do cínico (vv. 45-46) e que o destino do fraco (v. 47) não será o mesmo que o do ignorante (v. 48). «Nos vários gêneros e ocupações da vida, é sempre a mesma santidade que é cultivada por aqueles que são conduzidos pelo Espírito de Deus e, obedientes à voz do Pai, adorando em espírito e verdade a Deus Pai, seguem a Cristo pobre, humilde, que leva a sua Cruz, a fim de merecerem ser participantes da sua glória. Cada um, segundo os próprios dons e funções, deve progredir sem desfalecimentos pelo caminho da fé viva, que estimula a esperança e que atua pela caridade. Em primeiro lugar, os pastores do rebanho de Cristo, à semelhança do sumo e eterno sacerdote, pastor e bispo das nossas almas, desempenhem o próprio ministério santamente e com alegria, humildade e fortaleza; assim cumprido, também para eles será o seu ministério um sublime meio de santificação» (Concílio Vaticano II, *Lumen gentium*, n. 41).

12, 49-53. O fogo exprime frequentemente na Bíblia (cf., por exemplo, Dt 4, 24) o amor ardente de Deus pelos homens. Com esta imagem e com a do Batismo (cf. nota a Mt 10, 16-42), Jesus revela as suas ânsias irreprimíveis de dar a vida por amor aos homens; e os cristãos têm de seguir o seu exemplo: «Ó Jesus..., fortalece as nossas almas, aplaina o caminho e, sobretudo, embriaga-nos de Amor! Converte-nos assim em fogueiras vivas, que incendeiem a terra com o fogo divino que Tu trouxeste» (São Josemaria Escrivá, *Forja*, n. 31). No entanto, Jesus sabe que Deus O constituiu «sinal de contradição» (2, 34-35) e que essa contradição também afetará os seus discípulos.

12, 54-59. Nesta queixa, Jesus joga com os dois sentidos de «tempo»: o climático e o das etapas da salvação. É como se aqueles que O conheceram usassem dois tipos de raciocínio: um, com lógica, para julgar as coisas terrenas; e outro, ilógico, para julgá-lO. Com efeito, os sinais que demonstrou – os seus milagres, a sua vida e a sua doutrina – deveriam ser suficientes para O confessar como Messias; mas aquelas pessoas não foram capazes de compreender os sinais, nem de entendê-lO. Tal atitude não foi exclusiva de muitos contemporâneos de Jesus; pelo contrário, volta a ocorrer nos nossos dias, sempre que se ignoram os sinais que Deus exibe ou as sugestões que faz no fundo da consciência: «Sem dúvida que não estão imunes de culpa todos aqueles que procuram voluntariamente expulsar Deus do seu coração e evitar os problemas religiosos, não seguindo o ditame da própria consciência» (Concílio Vaticano II, *Gaudium et spes*, n. 19).

A seguir (vv. 58-59), recorrendo à imagem do adversário e do magistrado, o Senhor mostra-lhes que ainda têm tempo de retificar – pouco, porque estão a caminho, mas ainda o suficiente para não serem condenados: «Que se apresse, pois, a participar na primeira ressurreição aquele que não quiser ser condenado com o castigo eterno da segunda morte. Aqueles que na vida presente, transformados pelo temor a Deus, passam de uma conduta má a uma conduta boa passam da morte para a vida e serão posteriormente transformados, da sua humilde condição, numa condição gloriosa» (São Fulgêncio de Ruspe, *De remissione peccatorum*, 12, 4).

13, 1-5. Jesus se servia dos acontecimentos do seu tempo para ensinar os seus ouvintes. Assim, nesta passagem, explica que as duas desgraças referidas (vv. 1.4) não devem ser atribuídas aos pecados daqueles que morreram – como era convicção comum na época –, mas são, pelo contrário, um apelo à conversão; todas estas coisas são sinais de Deus, e portanto oportunidades de regressar a Ele: «Percorramos todas as etapas da história e veremos que em qualquer época o Senhor deu a todos os que quiseram converter-se oportunidade de se arrependerem» (São Clemente Romano, *Ad corinthios*, 7, 5).

13, 6-9. Esta parábola é uma glosa ao último versículo da passagem anterior (13, 5): a necessidade da conversão para não perecer eternamente. Nos outros dois sinóticos (Mt 21, 18-22; Mc 11, 12-25), a figueira que não dá frutos simboliza o Templo, que tinha uma aparência de frutos, mas era estéril; em alguns textos do Antigo Testamento (cf. Jr 8, 13; Os 9, 10), a figueira simboliza Israel, o povo de Deus, quando tem de dar frutos e não os dá. A vinha (v. 6) é outra imagem recorrente para simbolizar Israel (cf. Is 3, 14; 5, 7; Jr 12, 10 etc.). No pano de fundo desta parábola, percebe-se que Jesus é o encarregado da vinha (v. 7) com quem Deus dá uma derradeira oportunidade ao seu povo. Deste modo, a parábola constitui, quer para os seus ouvintes diretos, quer para nós, uma advertência: Deus não quer a morte do pecador, mas que se converta e viva (cf. Ez 33, 11), e «usa de paciência para convosco, pois não quer que ninguém pereça, mas que todos se convertam» (2 Pd 3, 9); porém, exige obras que avalizem a conversão: «A grandeza do homem consiste na sua semelhança com Deus, desde que a conserve. Se a alma fizer bom uso das virtudes nela plantadas, será verdadeiramente semelhante a Deus. Ele nos ensinou, por meio dos seus preceitos, que devemos oferecer-Lhe frutos de todas as virtudes que semeou em nós quando nos criou. [...] É amando a Deus que renovamos a sua imagem em nós. [...] Contudo, o amor verdadeiro não se pratica só com palavras, mas de verdade e com obras» (São Columbano, *Instructiones*, 11, 1-2).

13, 10-17. Há outras passagens dos Evangelhos (6, 6-11; 14, 1-6; cf. Mt 12, 9-14; Mc 3, 1-6) que registram episódios semelhantes a este: Jesus cura no sábado, tornando manifesta a grandeza da sua atuação divina e a pequenez daqueles que O acusavam. Nesta passagem, acrescenta-se um aspecto novo: o sábado (cf. Ex 20, 11; 23, 12) foi abençoado por Deus, que o deu ao homem para que descansasse; é, portanto, um dia de louvor e de alegria, donde se segue a conveniência de curar aquela mulher em dia de sábado (v. 16). A alegria da multidão, salientada pelo evangelista (v. 17), confirma a finura do raciocínio de Jesus.

13, 18-21. Duas parábolas que nos ensinam a não medir a força do Reino com os critérios da nossa pequenez: o Reino é uma semente de pequenas dimensões, mas com uma energia que se desenvolverá de forma admirável (vv. 18-19): «Com a parábola do grão de mostarda, incita-os à fé e faz-lhes ver que a pregação do Evangelho se propagará apesar de tudo. Os discípulos do Senhor eram os mais débeis, os menores entre os homens; mas, como havia neles uma força grande, esta se espalhou por todo o mundo» (São João Crisóstomo, *In Matthaeum*, 46). A imagem da levedura tem ainda mais impacto: três medidas de farinha são cerca de quarenta quilos, e o pão que resulta da fermentação da levedura nesta farinha é uma quantidade desmesurada. Essa é a força do Reino: a sua capacidade de transformar tudo aquilo que fecunda, por muito grande ou muito poderoso que seja. Foi disso que os primeiros cristãos se deram conta: «Somos de ontem e já enchemos o mundo», afirmava Tertuliano com orgulho no século II (*Apologeticum*, 37).

13, 22-30. A propósito de uma pergunta, Jesus expõe a sua doutrina sobre a salvação, indicando que esta não depende de privilégios de raça (v. 26), mas do combate espiritual (v. 27). Deus «quer que todos os homens sejam salvos» (1 Tm 2,4); para tal, «empreguem os fiéis as forças recebidas segundo a medida em que as dá Cristo, a fim de que, seguindo as suas pisadas e conformados à sua imagem, obedecendo em tudo à vontade de Deus, se consagrem com toda a alma à glória do Senhor e ao serviço do próximo» (Concílio Vaticano II, *Lumen gentium*, n. 40). É isto o que Jesus pretende indicar com a imagem da «porta estreita», com a qual nos alerta para o perigo de criarmos falsas seguranças. Para alcançar o Céu, não basta pertencer ao povo, não basta ter conhecido o Senhor e escutado a Sua palavra; no juízo divino, a única coisa que tem valor são os frutos de correspondência à graça.

Jesus alude, em várias ocasiões, à vida eterna com a imagem do banquete (v. 29; cf. 12, 35-40; 14, 15-24 etc.), para o qual todos são chamados: «Com efeito, aqueles que, ignorando sem culpa o Evangelho de Cristo e a sua Igreja, procuram, contudo, a Deus com coração sincero, e se esforçam, sob o influxo da graça, por cumprir a sua vontade, manifestada pelo ditame da consciência, também podem alcançar a salvação eterna. Nem a divina Providência nega os auxílios necessários à salvação àqueles que, sem culpa, não chegaram ainda ao conhecimento explícito de Deus e se esforçam, não sem o auxílio da graça, por levar uma vida reta» (*Idem*, n. 16).

13, 31-35. Este texto recolhe dois episódios. O primeiro (vv. 31-33) parece ocorrido na região da Pereia, território próximo de Jerusalém e pertencente à jurisdição de Herodes Antipas (cf. 3, 1); o segundo (vv. 34-35) parece situar-se nas proximidades de Jerusalém. Em conjunto, são muito reveladores do sentido que Jesus deu à sua vida (v. 33): «Com efeito, aceitou livremente sua Paixão e sua Morte por amor de seu Pai e dos homens, que o Pai quer salvar: "Ninguém me tira a vida, mas eu a dou livremente" (Jo 10, 18). Daí a liberdade soberana do Filho de Deus quando Ele mesmo vai ao encontro da morte» (*Catecismo da Igreja Católica*, n. 609). Jesus sabe que o fracasso da sua missão aos judeus é transitório, pois há de chegar o momento em que O confessarão como o Messias que havia de vir (v. 35).

A advertência dos fariseus (v. 31) mostra, tanto nesta como em outras passagens (7, 36; 11, 37 etc.), que Jesus tinha um trato assíduo com eles e que as acusações que dirigia à sua atitude se destinavam a pôr em evidência os elementos de corrupção nela presentes, a fim de que eles pudessem se corrigir.

A seguir (vv. 34-35), o Senhor exprime a dor profunda que sente na alma ao ver a resistência de Jerusalém ao amor de Deus, tantas vezes expresso. Com a imagem da galinha e da ninhada, Jesus manifesta que age em nome de Deus (cf. Mt 23, 37-39 e nota). Santo Agostinho descrevia da seguinte maneira o sentido profundo desta imagem: «Bem sabeis, irmãos, como a galinha adoece quando tem os pintinhos. Nenhuma ave sofre a maternidade como ela. [...] A galinha adoece de tal maneira ao ter os filhotes que, mesmo que eles não andem atrás dela nem a sigam, percebe-se que foi mãe pelas asas caídas, as penas eriçadas, o peculiar cacarejo e todos os seus membros lassos e abatidos; tudo isto, como digo, indica que é mãe, mesmo que não se vejam os filhotes. É assim que Jesus está enfermo» (*In Ioannis Evangelium*, 15, 7).

14, 1-6. Este relato transmite a impressão de que a cena foi preparada: os fariseus convidam Jesus, colocam-nO perante o hidrópico e observam. No tempo de Jesus, considerava-se que a hidropisia – doença que se caracteriza pela produção de uma grande quantidade de matéria líquida, em geral no ventre – se contraía em consequência de um pecado, razão pela qual não era lícito curá-la ao sábado. A argumentação do Senhor revela também que entendimento tem da sua missão aos homens: tal como um homem não deixa de salvar o seu filho ou o seu boi em dia de sábado, também Ele cura aquele homem porque considera todas as nossas necessidades como suas.

Esta atitude contrasta com o fanatismo dos fariseus. O fanatismo é sempre nocivo, conduzindo com frequência à obsessão, bem como à negação – como acontece neste caso – dos princípios mais elementares da caridade e da justiça, e até da mera humanidade. Por isso, não devemos ser fanáticos de coisa alguma, nem sequer das mais sagradas; nesse sentido, o Concílio Vaticano II declarou que, «em matéria religiosa, ninguém seja forçado a agir contra a própria consciência, nem impedido de proceder segundo a mesma, em privado e em público, só ou associado com outros, dentro dos devidos limites. [...] O direito à liberdade religiosa funda-se realmente na própria dignidade da pessoa humana, como a palavra revelada de Deus e a própria razão a dão a conhecer» (*Dignitatis humanae*, n. 2).

14, 7-11. O contexto da refeição para a qual foi convidado é uma oportunidade para Jesus transmitir várias lições; nesta passagem, trata-se de uma lição de humildade: «Uma vez estava eu considerando por que razão era Nosso Senhor tão amigo desta virtude da humildade, e logo se me pôs diante – a meu parecer, sem eu considerar isso, mas de repente – isto: é porque Deus é a suma Verdade, e a humildade é andar na verdade. E é muito grande verdade não termos coisa boa de nós mesmos, senão a miséria e sermos nada; e quem isto não entende anda em mentira. Quem melhor o entende mais agrada à suma Verdade, porque anda nela. Praza a Deus, irmãs, que nos faça a mercê de não sairmos nunca deste próprio conhecimento, amém» (Santa Teresa de Jesus, *As moradas*, 6, 10, 7).

14, 12-14. Jesus continua ensinando com a imagem do banquete. Desta vez não fala do convidado, mas daquele que convida, mostrando que a humildade deve ser completada com a prática da caridade; com efeito, ao dar também é preciso afastar qualquer desejo de vanglória ou de recompensa humana, visando primeiro a Deus (cf. 12, 22-34 e nota), de quem recebemos tudo: «Quem te deu as chuvas, a agricultura, os alimentos, as artes, as casas, as leis, a sociedade, uma vida grata e humana, assim como a amizade e a familiaridade com aqueles a quem te une um verdadeiro parentesco? [...] Não foi Deus, o mesmo que agora solicita a tua benignidade acima de todas as coisas e em vez de todas elas? Não teremos de nos envergonhar, nós que tantos e tão grandes benefícios recebemos ou esperamos dEle, se nem sequer Lhe pagarmos com isto, com a nossa benignidade? E se Ele, que é Deus e Senhor, não hesita em se chamar nosso Pai, seremos nós a renegar os nossos irmãos? Não consintamos, meus irmãos e meus amigos, em administrar mal aquilo que por dom divino nos foi concedido» (São Gregório Nazianzeno, *De pauperum amore*, 23-24).

14, 15-24. A figura do banquete adquire agora um significado peculiar, pois Jesus a utiliza para descrever o Reino de Deus, recorrendo a esta parábola para explicar a formação da Igreja como convocatória universal à salvação. Deus havia escolhido Israel para ser mediador da salvação (cf. Is 46, 1ss); mas quando, estando tudo preparado (v. 17), enviou o seu Filho, os primeiros convidados – o Israel mais digno – rejeitaram-nO. Por isso, Deus vai agora fundar a sua Igreja com os desprezados de Israel (v. 21) e com os pagãos (v. 23).

A parábola apresenta uma série de elementos acerca do apostolado e da missão dos cristãos. O convite de Deus exige muitas vezes o sacrifício dos interesses humanos, e haverá pessoas que não serão capazes de compreender a grandeza daquilo que Deus oferece (vv. 16-20); mas nem por isso os servos do Senhor devem deixar de se empenhar na procura de novos convidados, porque ainda há lugar (vv. 21-22). O Evangelho reproduz uma frase que pode parecer violenta: «força-os a vir» (v. 23); não se trata, obviamente, de violentar a liberdade de ninguém, mas de ajudar as pessoas a decidirem-se pelo bem, eliminando os respeitos humanos, as ocasiões de pecado, a ignorância: «O pai de família, depois de saber que alguns dos que deviam comparecer à festa se desculparam com razões sem razão, ordena ao criado: *Vai pelos caminhos e cercados e força a vir – "compelle intrare" – os que encontrares.* Isto não é coação? Não é usar de violência contra a legítima liberdade de cada consciência? Se meditarmos o Evangelho e ponderarmos os ensinamentos de Jesus, não confundiremos essas ordens com a coação. [...] Esse *compelle intrare* – obriga-os a entrar – não significa violência física nem moral; reflete o ímpeto do exemplo cristão, que por sua vez manifesta na sua atuação a força de Deus. *Vede como o Pai atrai: deleita ensinando, não impondo a necessidade. É assim* que *atrai para si* (Santo Agostinho, *In Ioannis Evangelium*, 26, 7)» (São Josemaria Escrivá, *Amigos de Deus*, n. 37). «Obriga-se a entrar» por meio da oração, do sacrifício, do testemunho de vida cristã e da amizade.

14, 25-35. Nesta passagem, o evangelista apresenta Jesus num contexto diferente. São muitos os que O seguem (v. 25), mas o Senhor explica-lhes que não basta que se sintam atraídos pela sua doutrina: «A doutrina que o Filho de Deus veio ensinar foi o menosprezo de todas as coisas para se poder receber o preço do espírito de Deus; porque, enquanto a alma não se desfizer delas, não terá capacidade para receber o espírito de Deus em pura transformação» (São João da Cruz, *Subida ao Monte Carmelo*, 1, 5, 2).

As palavras do v. 26 podem parecer duras, mas devem ser entendidas no quadro das exigências do Senhor e da linguagem bíblica que reproduzem. Há múltiplos textos do Antigo Testamento em que os verbos «amar» e «odiar» indicam preferências, e sobretudo escolhas; assim, por exemplo, diz o livro do Gênesis que Jacó amava mais Raquel do que Lia (cf. 29, 28-30) e que o Senhor amou Jacó e não gostou de Esaú (cf. Ml 1, 2-3; Rm 9, 13; Lc 16, 13), o que significa que Raquel era a eleita de Jacó e Jacó o eleito de Deus. Por isso, as palavras de Jesus devem ser entendidas como uma preferência e uma opção decisiva: ser discípulo de Jesus é tomar partido por Deus, sem regateios; foi neste sentido que a Tradição da Igreja entendeu esta passagem: «Devemos ter caridade com todos, com os parentes e com os estranhos, mas sem nos afastarmos do amor de Deus por amor a eles» (São Gregório Magno, *Homiliae in Evangelia*, 37, 3). O mesmo ensina a doutrina cristã ao afirmar que os cristãos «procuram mais agradar a Deus que aos homens, sempre dispostos a deixar tudo por Cristo» (Concílio Vaticano II, *Apostolicam actuositatem*, n. 4).

As duas comparações posteriores, a do homem que começou a construir e a do rei que parte para a guerra (vv. 28-32), ilustram a decisão de deixar tudo para seguir Jesus, como fica explicado no v. 33; sem essa decisão, expressa em obras cotidianas, não teremos apetrechos com que terminar a obra, nem com que lutar contra as coisas mundanas, e seremos objeto de troça (v. 29) ou sofreremos uma derrota: «Se não fordes capazes de abandonar todas as coisas do mundo, ao menos possuí-as de tal maneira que não fiqueis retidos no mundo. Deveis possuir as coisas terrenas, e não ser posse delas [...]. Devemos usar as coisas terrenas e desejar as eternas [...]. Utilizemos as coisas terrenas, mas desejemos chegar à posse das eternas» (São Gregório Magno, *Homiliae in Evangelia*, 2, 36, 11).

A sentença final (vv. 34-35) pressupõe a doutrina de Jesus segundo a qual os seus discípulos são o sal e a luz do mundo (cf. Mt 5, 13-16), de tal maneira que, se perderem a sua essência, a sua identidade, a sua vida deixa de ter qualquer utilidade: «Tens necessidade de vida interior e de formação doutrinal. Sê exigente contigo! Tu – cavalheiro cristão, mulher cristã – deves ser sal da terra e luz do mundo, porque tens obrigação de dar exemplo com uma santa desvergonha. – Há de urgir-te a caridade de Cristo e, ao te sentires e saberes outro Cristo desde o momento em que Lhe disseste que O seguias, não te separarás dos teus iguais – parentes, amigos, colegas –, tal como o sal não se separa do alimento que condimenta. A tua vida interior e a tua formação abrangem a piedade e o critério que deve ter um filho de Deus, para temperar tudo com a sua presença ativa. Pede ao Senhor que sejas sempre esse bom condimento na vida dos outros» (São Josemaria Escrivá, *Forja*, n. 450).

***15, 1-32.** Todas as ações e palavras de Jesus tornam manifesta a misericórdia de Deus para com os homens. No entanto, «o evangelista que trata de modo particular estes temas do ensino de Cristo é São Lucas, cujo Evangelho mereceu ser chamado "o Evangelho da misericórdia"» (São João Paulo II, *Dives in misericordia*, n. 3). Neste capítulo, Lucas recolhe três parábolas em que Jesus descreve graficamente a infinita e paternal misericórdia de Deus, o seu desvelo por cada um dos homens e a sua alegria pela conversão do pecador. A meditação destes ensinamentos do Senhor é uma fonte de confiança para nós: «Que doce alegria pensar que Deus é justo, isto é, que tem em conta as nossas fraquezas, que conhece perfeitamente a fragilidade da nossa natureza! De que terei medo, então? Ah! o Deus infinitamente justo que se dignou perdoar com tanta bondade os pecados do filho pródigo não deverá ser justo também para comigo, que estou sempre com Ele?» (Santa Teresa de Lisieux, *História de uma alma*, 8, 83v-84r).

15, 1-10. A acusação dos fariseus e dos doutores da Lei serve a Jesus para ilustrar a preocupação de Deus com a salvação de cada um dos homens. O cume dessa atividade divina é evidentemente a Encarnação de Jesus; por isso, a Tradição cristã, apoiando-se também em outras passagens evangélicas (cf. Jo 10, 11), vê Cristo neste bom pastor: «Pôs a ovelha aos ombros porque, ao assumir a natureza humana, carregou os nossos pecados» (São Gregório Magno, *Homiliae in Evangelia*, 2, 14, 3).

O início da passagem (vv. 1-2) nos dá o contexto em que surgiram estas parábolas: Jesus foi acusado de acolher os pecadores e de comer com eles. É a mesma acusação que o filho mais velho da parábola faz ao pai: ter recebido aquele filho que cometeu todos os pecados possíveis e celebrar o seu regresso com um banquete. A parábola é uma explicação do comportamento de Jesus e nos ensina que quem O julga acaba por ser julgado naquilo mesmo em que julga.

As parábolas da ovelha e da dracma perdidas (vv. 3-10) têm estrutura semelhante: a narrativa se prolonga numa frase dos protagonistas (vv. 6.9), em que exprimem a alegria que sentem por terem encontrado o que tinham perdido, e conclui com uma frase de Jesus em que Ele declara que há essa mesma alegria no Céu quando um pecador se converte (vv. 7.10). Desta maneira, os ouvintes compreendem que as ações do pastor e da mulher representam as ações de Deus para com os homens: Deus não fica de braços cruzados perante a nossa debilidade, mas vai à procura do que se tinha perdido (v. 4) e faz tudo o que for necessário para encontrá-lo (v. 8). Mas sobretudo se alegra, e o mesmo acontece quando nós O procuramos: «Mas tal força tem o amor, se for perfeito, que esqueçamos o próprio contentamento para contentar quem amamos. E é verdadeiramente assim, pois, ainda que os trabalhos sejam muito grandes, logo se nos tornam suaves se procurarmos com eles contentar a Deus» (Santa Teresa de Jesus, *As fundações,* 5, 10).

15, 11-32. Esta é uma das parábolas mais belas de Jesus: a grandeza do coração de Deus, a sua misericórdia infinita, que foi descrita nas parábolas anteriores, é aqui completada com uma caracterização vivíssima das atitudes do Pai (vv. 20-24; 31-32). Nesta parábola, assume especial relevo o processo da conversão propriamente dito: «O *dinamismo da conversão e da penitência* foi maravilhosamente descrito por Jesus na parábola do "filho pródigo", cujo centro é "o pai misericordioso" (Lc 15, 11-24): o fascínio de uma liberdade ilusória, o abandono da casa paterna; a extrema miséria em que se encontra o filho depois de esbanjar sua fortuna; a profunda humilhação de ver-se obrigado a cuidar dos porcos e, pior ainda, de querer matar a fome com a sua ração; a reflexão sobre os bens perdidos; o arrependimento e a decisão de declarar-se culpado diante do pai; o caminho de volta; o generoso acolhimento da parte do pai; a alegria do pai: tudo isso são traços específicos do processo de conversão. A bela túnica, o anel e o banquete da festa são símbolos desta vida nova, pura, digna, cheia de alegria, que é a vida do homem que volta a Deus e ao seio de sua família, que é a Igreja. Só o coração de Cristo que conhece as profundezas do amor do Pai pôde revelar-nos o abismo de sua misericórdia de uma maneira tão simples e tão bela» (*Catecismo da Igreja Católica*, n. 1439).

A parábola, muito simples na sua profundidade, é narrada de três pontos de vista: o do filho mais novo, o do pai e o do filho mais velho. A história do filho mais novo é quase um modelo do processo do pecador: o abandono da casa paterna, o deslocamento para uma terra longínqua onde não pode cumprir os seus deveres de piedade para com Deus ou para com os seus, a vida com os porcos etc. (vv. 13-15). Por isso, «este filho [...] em certo sentido é o homem de todos os tempos, a começar por aquele que foi o primeiro a perder a herança da graça e da justiça original. [...] Indiretamente, a parábola diz respeito a todas as rupturas da aliança de amor: a toda perda da graça e todo pecado» (São João Paulo II, *Dives in misericordia*, n. 5). Mas, em determinado momento, ele toma a decisão de se converter, uma decisão que é constituída por várias ações: o filho sabe que não ofendeu apenas o pai, mas também a Deus (v. 18); e, sobretudo, tem consciência da gravidade do seu pecado: «No âmago da consciência do filho pródigo, emerge o sentido da dignidade perdida, daquela dignidade que brota da relação do filho com o pai. Com essa decisão, empreendeu o caminho de regresso» (*Ibidem*).

A seguir, o relato nos fala do pai, cuja atitude é surpreendente, como é surpreendente a atitude de Deus para com os homens. É certo que o perdão também é humano, mas ao perdão o pai junta a melhor túnica, o anel, as sandálias e o novilho cevado: «O pai do filho pródigo é fiel à sua paternidade, fiel ao amor que desde sempre tinha dedicado ao seu filho. Tal fidelidade manifesta-se na parábola não apenas na prontidão em recebê-lo em casa, quando ele voltou depois de ter esbanjado a herança, mas sobretudo na alegria e no clima de festa tão generoso para com o esbanjador que regressa» (*Idem*, n. 6).

Mas a parábola se detém ainda em outra personagem: o filho mais velho, que se sente ofendido com os gestos do pai; no contexto histórico do ministério público de Jesus, este filho representa a posição de alguns judeus, que se tinham por justos (cf. 18, 9) e consideravam que Deus tinha obrigação de reconhecer as suas obras de justiça, desprezadas e ofendidas pela atitude misericordiosa de Jesus para com os pecadores. Assim, nesta terceira cena, as queixas do filho e a resposta do pai ocupam quase o mesmo espaço: «O homem – cada um dos homens – é também este irmão mais velho. O egoísmo torna-o ciumento, endurece-lhe o coração, cega-o e leva-o a fechar-se aos outros e a Deus. A benignidade e a misericórdia do pai irritam-no e incomodam-no; a felicidade do irmão reencontrado tem um sabor amargo para ele. Também sob este aspecto, ele precisa se converter para se reconciliar» (São João Paulo II, *Reconciliatio et paenitentia*, n. 6).

***16, 1-19, 27.** Esta seção volta a ter a heterogeneidade de conteúdos típica da segunda parte do *Evangelho de Lucas*. O relato prossegue com mais parábolas do Senhor (16, 1-31), embora nesta altura o ensinamento verse sobre o sentido e o perigo das riquezas. Mais adiante (18, 18-30), Jesus voltará a expor este tema por ocasião da recusa do jovem rico e, em sentido positivo, no quadro da conversão de Zaqueu (19, 1-10). Outras parábolas, nomeadamente sobre a oração e a humildade, têm o seu complemento nas sentenças de meio desta seção (17, 1-10). Finalmente, o anúncio dos últimos tempos está presente, quer no discurso direto do Senhor (17, 20-37), quer na parábola das minas (19, 11-27).

No final desta seção, o terceiro anúncio da Paixão (18, 31-34) e a confissão messiânica do cego de Jericó (18, 38) preparam os acontecimentos de Jerusalém.

16, 1-15. A parábola do administrador infiel poderá ser desconcertante, porque temos certa tendência a entender as parábolas – que pretendem ressaltar um ensinamento específico – como alegorias, em que cada elemento e cada personagem têm um significado específico. O Senhor dá por estabelecida a imoralidade da atitude do administrador, mas pretende explicar aos discípulos que devem ser sagazes (v. 8) na tarefa de difusão do Reino de Deus: «Que empenho põem os homens nos seus assuntos terrenos!: sonhos de honras, ambição de riquezas, preocupações de sensualidade. – Eles e elas, ricos e pobres, velhos e homens feitos e moços e até crianças; todos a mesma coisa. – Quando tu e eu pusermos o mesmo empenho nos assuntos da nossa alma, teremos uma fé viva e operante; e não haverá obstáculo que não vençamos nos nossos empreendimentos apostólicos» (São Josemaria Escrivá, *Caminho*, n. 317).

Após a parábola, o Evangelho recolhe umas quantas sentenças do Senhor (vv. 9-15), introduzidas de forma solene – com a expressão «eu vos digo» (v. 9) – e que, dentro da sua diversidade, não deixam de ter um matiz comum: devemos olhar para Deus em todos os momentos da nossa vida, na riqueza e na pobreza, nas coisas grandes e nas coisas pequenas. O centro destas expressões é talvez o v. 13, onde o amor às riquezas é apresentado como uma idolatria: «A riqueza é o grande deus atual; a ela prestam homenagem instintiva a multidão e toda a massa dos homens. Medem a felicidade pelo tamanho da fortuna e, segundo a fortuna, medem também a honradez. [...] A riqueza é, pois, um dos ídolos atuais, da mesma forma que a fama. [...] A fama, o fato de alguém ser conhecido e fazer estardalhaço na sociedade (o que poderíamos chamar de notoriedade da imprensa), chegou a ser considerada um bem em si mesma, um sumo bem, um objeto, também ela, de verdadeira veneração (São John Henry Newman, *Discourses Addressed to Mixed Congregations*, 5» (*Catecismo da Igreja Católica*, n. 1723).

16, 16-18. Nesta passagem, o evangelista recolhe umas palavras do Senhor de conteúdo heterogêneo, mas com um horizonte específico: a história da salvação (cf. v. 16). Jesus não veio abolir a Lei (v. 17), mas levá-la à plenitude, e a doutrina sobre a indissolubilidade do matrimônio (v. 18) é um exemplo desta forma de proceder.

O v. 16 está localizado quase no centro do Evangelho e salienta uma ideia recorrente na obra do terceiro evangelista: Deus tem um plano e escolheu os tempos e os lugares adequados para consumar a salvação de todos os homens por meio de Jesus Cristo. «A economia do Antigo Testamento está essencialmente ordenada à preparação e ao anúncio da vinda de Cristo, Redentor do universo, e do seu Reino messiânico. Assim, os livros da Antiga Aliança são testemunhas permanentes de uma solícita pedagogia divina. *Em Cristo*, esta pedagogia atinge a sua meta: efetivamente, Ele não se limita a falar "em nome de Deus" como os profetas, mas é o próprio Deus que fala no seu Verbo eterno feito carne. [...] Jesus Cristo é o novo início de tudo: tudo converge a Ele, é acolhido e reconduzido ao Criador de quem procede. Deste modo, *Cristo é o cumprimento do anseio de todas as religiões do mundo, constituindo por isso mesmo o seu único e definitivo ponto de chegada*. Se, por um lado, Deus em Cristo fala de si à humanidade, por outro, no mesmo Cristo, a humanidade inteira e toda a criação falam de si a Deus; melhor, dão-se a Deus. Assim, tudo volta ao seu princípio. *Jesus Cristo é a recapitulação* (cf. Ef 1, 10) e, simultaneamente, o cumprimento de todas as coisas em Deus: cumprimento que é glória de Deus» (São João Paulo II, *Tertio millennio adveniente*, n. 6).

16, 19-31. Esta parábola dissipa dois erros: o erro dos que negavam a sobrevivência da alma depois da morte – e, portanto, o Juízo e a retribuição ultraterrena – e o erro dos que interpretavam a prosperidade material nesta vida como prêmio da retidão e a adversidade, como castigo.

A parábola é um exemplo da doutrina sobre as riquezas expressa pouco antes (cf. 16, 1-15). Não se diz explicitamente que este homem rico fizesse coisas más, mas apenas que se vestia muito bem e que todos os dias dava esplêndidos banquetes (v. 19); acontece que, em consequência dessa vida regalada, não consegue ver o próximo em Lázaro e tornou-se incapaz de ouvir a voz de Deus, mesmo que fosse testemunha de manifestações extraordinárias (vv. 29.31). A parábola constitui, pois, um convite à sobriedade de vida e à solidariedade. «Vindo a conclusões práticas e mais urgentes, o Concílio recomenda a reverência para com o homem, de maneira que cada um deve considerar o próximo, sem exceção, como um "outro eu", tendo em conta, antes de mais, a sua vida e os meios necessários para a levar dignamente, não imitando aquele homem rico que não fez caso algum do pobre Lázaro» (Concílio Vaticano II, *Gaudium et spes*, n. 27).

Seguindo os textos sagrados, a doutrina cristã ensina que a expressão «seio de Abraão» indica o estado em que se encontravam as almas dos santos antes da ressurreição de Cristo: gozando de uma situação de paz e ausência de dor, sustentadas pela esperança na ressurreição. Ao ressuscitar dentre os mortos e descer aos infernos, Cristo Nosso Senhor foi libertar estas almas que se encontravam no seio de Abraão (cf. *Catechismus romanus*, 1, 6, 3; *Catecismo da Igreja Católica*, n. 633). Pelo contrário, o rico vai para a «morada dos mortos» (v. 23). O diálogo que este homem mantém com Abraão (vv. 24-31) é uma encenação didática, destinada a gravar na mente dos ouvintes os ensinamentos da parábola, uma vez que, em sentido estrito, nesta morada dos mortos, ou seja, no inferno, não pode haver qualquer gênero de compaixão: «Quando Abraão diz ao rico: "Entre nós e vós há um grande abismo" [...], está dizendo que, depois da morte e da ressurreição, não pode haver lugar para qualquer tipo de penitência; com efeito, nem os ímpios se arrependerão e entrarão no reino, nem os justos pecarão e descerão ao inferno. Trata-se de um abismo inultrapassável» (Afraates, *Demonstrationes*, 20, 12).

17, 1-10. Nesta passagem, estão reunidos vários ensinamentos de Jesus aos seus discípulos (v. 1), bem como aos apóstolos (v. 5), que têm um fundo comum: o comportamento dos cristãos – em especial daqueles que ocupam algum cargo – na futura vida da Igreja.

São especialmente gráficos os ensinamentos sobre a gravidade do pecado do escândalo (vv. 1-2), razão pela qual terão de ser prudentes: «Procuremos, irmãos, não só viver retamente, mas também agir com retidão diante dos homens; e não nos preocupemos só em ter a consciência tranquila, mas também [...] busquemos não fazer nada que possa dar motivo de suspeita aos nossos irmãos mais débeis, não aconteça que, comendo erva limpa e bebendo água pura, pisemos os pastos de Deus, e as ovelhas mais débeis tenham de comer erva pisada e de beber água turva» (Santo Agostinho, *Sermones*, 47, 12-14).

Depois (vv. 3-4), o Senhor convida à grandeza de coração por meio do perdão das ofensas. As suas palavras pressupõem duas coisas: em primeiro lugar, que todo pecado, na Igreja, merece repreensão; e, depois, que o arrependimento merece perdão. Temos de combater qualquer forma de rancor, porque «Deus a ninguém aborrece e rejeita tanto como ao homem que se lembra da injúria, ao coração endurecido, ao ânimo que mantém a ira» (São João Crisóstomo, *De proditione Judae,* 2).

Os apóstolos têm consciência da dificuldade destas exigências; por isso, Cristo ensina-lhes que, com fé em Deus, não há impossíveis (vv. 5-6). Finalmente, Jesus nos incentiva a evitar a vaidade (vv. 7-10). Naturalmente, Jesus não recomenda nem aprova o tratamento abusivo do senhor, mas recorda que a virtude necessária ao cumprimento dos seus mandamentos suscitará a admiração dos outros e será uma fonte de consolo interior; nessa altura, porém, em vez de nos envaidecermos, devemos considerar que nos limitamos a cumprir o plano de Deus. «Não te jactes por seres chamado filho de Deus – reconhece a graça e não desconheças a tua natureza –, nem te envaideças por O teres servido bem: era tua obrigação. O sol desempenha a sua função, a lua obedece e os anjos cumprem o seu serviço. [...] Não pretendamos ser louvados por nós próprios, não antecipemos o juízo de Deus [...], reservemo-lo para o momento adequado» (Santo Ambrósio, *Expositio Evangelii secundum Lucam, ad loc.*).

17, 11-19. De acordo com a Lei de Moisés, para evitar o contágio, os leprosos deviam viver longe das pessoas e dar a conhecer a sua doença, razão pela qual estes dez homens se mantêm à distância de Jesus e Lhe fazem o seu pedido aos gritos (vv. 12-13). O fato de haver um samaritano neste grupo de judeus é explicável pela zona onde o episódio tem lugar; com efeito, havia uma antipatia mútua entre os dois povos (cf. Jo 4, 9), mas a dor que unia os leprosos permitira-lhes ultrapassar os ressentimentos raciais.

Estes homens reagem com fé à indicação de Jesus (v. 14), mas só um deles – um samaritano – une à fé o agradecimento, ato ao qual Jesus chama «dar glória a Deus» (v. 18); daí que, se os dez foram curados, só acerca deste Ele diga que foi salvo (v. 19). A cena fica assim como um exemplo daquilo que Jesus tinha anunciado no seu discurso inaugural na sinagoga de Nazaré (cf. 4, 27); e é simultaneamente um convite à gratidão para com Deus: «Não podemos trazer no coração, proferir com a boca e escrever com a pena coisa melhor que estas palavras: "Graças a Deus". Não há coisa que se possa dizer com maior brevidade, nem ouvir com maior alegria, nem sentir com maior elevação, nem fazer com maior utilidade» (Santo Agostinho, *Epistolae*, 41, 1).

17, 20-37. O diálogo de Jesus com os fariseus (vv. 20-21) e o posterior discurso aos discípulos (vv. 22-37) são especialmente reveladores da sua doutrina sobre o advento do Reino de Deus: em ambos os casos, Ele afirma que o advento do Reino não poderá ser anunciado com as palavras «Ei-lo aqui», ou «Ei-lo acolá» (vv. 21.23).

Aos fariseus, que esperavam uma manifestação gloriosa por parte de Deus para instaurar o seu Reino, Jesus responde que o Reino já chegou. A frase grega original que foi traduzida pela expressão «o Reino de Deus está no meio de vós» (v. 21) também pode ser traduzida por «o Reino de Deus está dentro de vós». Os Padres da Igreja e os comentadores traduzem e explicam esta expressão das duas maneiras. Quando é traduzida da primeira maneira, refere-se a Jesus Cristo e à sua ação, como explica, por exemplo, Santo Efrém, quando afirma que «Ele diz isso de si mesmo porque se encontrava no meio deles» (*Commentarii in Diatessaron*, 18). Contudo, a interpretação espiritual é a mais comum: «Quando aquietamos os sentidos e nos entretemos dentro de nós mesmos com Deus, quando, afastados dos turbilhões do mundo, nos recolhemos dentro de nós mesmos, então vemos claramente o Reino de Deus dentro de nós porque, como Jesus proclamou, o Reino de Deus está dentro de nós» (São João Damasceno, *Homilia in Transfigurationem Domini*, 9). Foi também esta a experiência de algumas almas unidas a Deus: «Ele, o Doutor dos Doutores, ensina sem ruído de palavras. Nunca O ouvi falar, mas sei que Ele está em mim. Ele me guia e me inspira a cada instante o que devo dizer ou fazer. Precisamente no momento em que delas tenho necessidade, descubro luzes que ainda não tinha visto. Não é durante a oração que elas se manifestam mais; a maior parte das vezes é no meio das ocupações do dia» (Santa Teresa de Lisieux, *História de uma alma*, 8, 83v).

Os ensinamentos aos discípulos (vv. 22-35) voltam-se para outra direção: não se trata de uma declaração sobre a presença do Reino, mas de uma lição sobre o tempo da sua consumação. Com efeito, como o Senhor explicou em muitas parábolas, o Reino está chamado a crescer: «Anunciado primeiro aos filhos de Israel, este Reino messiânico está destinado a acolher os homens de todas as nações» (*Catecismo da Igreja Católica*, n. 543). Em determinado momento, produzir-se-á a consumação definitiva. Mas esse momento não é imediato; primeiro, Jesus tem de ser rejeitado pela sua geração (v. 25). Perante estes fatos, os discípulos do Senhor devem manter uma atitude vigilante; por um lado, para não se deixarem enganar por falsos sinais (v. 23); por outro, porque correm o risco de pensar que o Senhor demora para vir e de esquecer que Ele virá, deixando-se levar por uma vida cômoda (vv. 26-33). Jesus virá como Filho do Homem glorificado, de maneira inesperada e surpreendente; daí a necessidade de os homens se comportarem como se o Senhor estivesse para lhes pedir contas a qualquer momento.

«Onde será isso, Senhor?» (v. 37): depois de perguntarem ao Senhor pelo tempo da sua vinda, os discípulos perguntam-Lhe pelo lugar; e a resposta de Jesus tem o sabor de um provérbio com certo tom enigmático, dando a entender que não deseja responder com clareza. No entanto, a imagem que utiliza – a rapidez com que a ave de rapina mergulha sobre a presa – permite compreender que a sua vinda será repentina; ensina-nos assim a viver cada instante como se fosse o último, o mais decisivo da nossa vida: «O verdadeiro cristão está sempre disposto a comparecer diante de Deus. Porque, em cada instante – se luta por viver como homem de Cristo –, encontra-se preparado para cumprir o seu dever» (São Josemaria Escrivá, *Sulco*, n. 875).

18, 1-8. A parábola contém uma lição muito expressiva sobre a necessidade da perseverança na oração e sobre a correspondente eficácia dela. O v. 1 foi uma fonte de ensinamentos sobre a oração em toda a catequese cristã: «"Não nos foi prescrito que trabalhemos, vigiemos e jejuemos constantemente, enquanto, para nós, é lei rezar sem cessar (Evágrio Pôntico, *Capita practica ad Anatolium*, 49)» (*Catecismo da Igreja Católica*, n. 2742). Para tal, é necessário vencer a preguiça e levantar os olhos para Deus em todas as circunstâncias: «"É possível até no mercado ou num passeio solitário fazer uma oração frequente e fervorosa. Sentados em vossa loja, comprando ou vendendo, ou mesmo cozinhando" (São

João Crisóstomo, *De Anna*, 4, 5)» (*Catecismo da Igreja Católica*, n. 2743). Todavia, só conseguirá fazê-lo quem juntar à oração uma vida cristã coerente: «"Ora sem cessar aquele que une a oração às obras e as obras à oração. Somente dessa forma podemos considerar como realizável o princípio de orar sem cessar" (Orígenes, *De oratione*, 12)» (*Catecismo da Igreja Católica* n. 2745).

Concluindo, o Senhor vincula a eficácia da oração à fé (v. 8); assim, a oração se apoia na fé, mas esta, por sua vez, cresce quando se exercita na oração: «Crescias perante as dificuldades do apostolado, orando assim: "Senhor, Tu és o mesmo de sempre. Dá-me a fé daqueles varões que souberam corresponder à tua graça e que realizaram – em teu Nome – grandes milagres, verdadeiros prodígios..." – E concluías: "Sei que os farás; mas também sei que queres que os peçamos, que queres que te procuremos, que batamos fortemente às portas do teu Coração". – No fim, renovaste a tua decisão de perseverar na oração humilde e confiada» (São Josemaria Escrivá, *Forja*, n. 653).

18, 9-14. Além de ser perseverante, a oração tem de ser humilde: é essa a lição desta parábola. «De onde falamos nós, ao rezar? Das alturas de nosso orgulho e vontade própria, ou das "profundezas" (Sl 130, 1) de um coração humilde e contrito? Quem se humilha será exaltado. A *humildade* é o fundamento da oração. "Nem sabemos o que seja conveniente pedir" (Rm 8, 26). A humildade é a disposição para receber gratuitamente o dom da oração; o homem é um mendigo de Deus» (*Catecismo da Igreja Católica*, n. 2559).

A parábola exemplifica duas formas opostas de rezar. De um lado, o fariseu, satisfeito consigo – reza de pé (cf. v. 11) –, gaba-se diante de Deus de todas as coisas boas que faz, não vê em si pecado algum, e portanto não sente necessidade de se arrepender; este homem cumpre as suas obrigações religiosas além do que está prescrito (v. 12), jejuando duas vezes por semana quando os rabinos só estabeleciam que se jejuasse uma vez e pagando o dízimo de tudo o que possui, quando só era obrigado a pagar o dízimo de determinados produtos. As suas palavras não são propriamente oração, porque ele não se dirige a Deus: reza «no seu interior» e despreza os outros (v. 11). O cobrador de impostos se encontra no polo oposto: reconhece humildemente a sua indignidade e mostra um arrependimento sincero; considera-se um pecador e confia apenas na misericórdia divina

(v. 13). A sua oração é autêntica e revela as verdadeiras disposições que se devem ter diante de Deus. O cobrador de impostos volta justificado (v. 14), «porque a oração contrita ou a contrição orante eleva a alma a Deus, une-a à sua bondade e obtém o perdão em virtude do amor divino que lhe comunica este santo movimento» (São Francisco de Sales, *Tratado do amor de Deus*, 2, 20).

18, 15-17. Este episódio nos informa de duas coisas: o apreço de Jesus pelas crianças (v. 16) e a necessidade de imitar as disposições destas para entrar no Reino de Deus (v. 17): «Por que diz Ele, pois, que as crianças são aptas para o Reino dos Céus? Talvez porque, de uma maneira geral, não têm malícia, nem sabem enganar, nem se atrevem a se vingar; porque desconhecem a luxúria, não apetecem as riquezas e desconhecem a ambição. Porém, a virtude de tudo isto não consiste no desconhecimento do mal, mas na sua repulsa; não consiste na impossibilidade de pecar, mas em não consentir no pecado. Portanto, o Senhor não se refere à infância como tal, mas à inocência das crianças na sua simplicidade» (Santo Ambrósio, *Expositio Evangelii secundum Lucam, ad loc.*).

18, 18-30. Esta dupla cena, do Senhor com o jovem rico e do Senhor com os discípulos, é registrada pelos três Evangelhos sinóticos. Lucas é mais sóbrio que os outros evangelistas, mas não deixa de ressaltar os aspectos mais significativos dos ensinamentos de Cristo, cujo núcleo se encontra na frase final de Jesus, dirigida a Pedro (vv. 29-30): quem deixa tudo pelo Reino de Deus receberá muito mais. Deste modo, «o apelo de Jesus dirigido ao jovem rico, de segui-lO na obediência do discípulo e na observância dos preceitos, é relacionado com o convite à pobreza e à castidade» (*Catecismo da Igreja Católica*, n. 2053).

O episódio começa com a pergunta do jovem, que é a mesma que um certo doutor da Lei formulou em outro momento (cf. 10, 25): o que uma pessoa tem de fazer para se salvar? O fato de Jesus ter dado respostas diferentes a cada um deles é revelador da sua pedagogia, que exige a cada um aquilo que este pode entender e oferecer: ao doutor da Lei, recorda os mandamentos do amor a Deus e ao próximo, expressos em obras; ao jovem rico, convida-o ao diálogo e confronta-o com as suas responsabilidades. Com efeito, os mandamentos que Jesus enumera nesta passagem são os da segunda tábua da Lei, mas são precedidos de uma advertência: «Ninguém é bom, senão só Deus» (v. 19). Jesus rejeita o qualificativo de bom, talvez para não permitir que uma qualidade que pertence a Deus fosse reduzida a mera fórmula de cortesia: «Antes de responder à pergunta, Jesus quer que o jovem se esclareça a si próprio sobre o motivo por que O interroga. O "bom Mestre" indica ao seu interlocutor – e a todos nós – que a resposta à questão: "Que hei de fazer para alcançar a vida eterna?" apenas pode ser encontrada dirigindo a mente e o coração para o Único que é bom: "Ninguém é bom, senão um só: Deus" (Mc 10, 18; cf. Lc 18, 19). *Só Deus pode responder à questão sobre o bem, porque Ele é o Bem*» (São João Paulo II, *Veritatis splendor*, n. 9); desta maneira, prepara o que vai exigir a seguir (v. 22). «Já que o Senhor é bom, e ainda mais com aqueles que Lhe são fiéis, abracemo-nos a Ele, ponhamonos do seu lado com toda a nossa alma, com todo o nosso coração, com todo o empenho de que formos capazes. [...] Não há ninguém bom senão só Deus, pelo que tudo o que é bom é divino, e tudo o que é divino é bom» (Santo Ambrósio, *De fuga mundi*, 6, 36).

Jesus responde à preocupação de Pedro e dos outros discípulos (vv. 28-30), dando segurança àquelas pessoas que, depois de terem dado tudo ao Senhor, sintam eventualmente a nostalgia do que deixaram. De fato, a promessa de Jesus suplanta com juros aquilo que o mundo pode dar; aqueles que O seguem com generosidade poderão obter, já aqui na terra, uma alegria e uma paz que ultrapassam em muito as alegrias e os consolos meramente humanos, porque são uma antecipação da felicidade eterna: «Vê lá se encontras na terra quem pague com tanta generosidade!» (São Josemaria Escrivá, *Caminho*, n. 670). No entanto, temos de ser cuidadosos porque, como repete com frequência Santa Teresa de Jesus, «parecendo-nos que damos tudo, oferecemos a Deus a renda e os frutos e ficamos com a raiz e a posse» (*Livro da vida*, 11, 2).

18, 31-34. Trata-se do terceiro anúncio da Paixão e da ressurreição, comum aos três Evangelhos sinóticos. Lucas foi o evangelista que registrou mais anúncios de Jesus (cf. 9, 22.44; 12, 50; 13, 32; 17, 25) e aquele que mais recorda a dificuldade dos discípulos em compreenderem as palavras do Senhor (v. 34). Esta incompreensão não é de estranhar, já que a dor só se entende em profundidade à luz de Cristo morto e ressuscitado, que, «sofrendo por nós, não só nos deu exemplo para que sigamos os seus passos, mas também abriu um novo caminho, em que a vida e a morte são santificadas e recebem um novo sentido» (Concílio Vaticano II, *Gaudium et spes*, n. 22).

18, 35-43. Aqui parece que se esteja evocando o relato do próprio cego. Com efeito, este percebe o movimento da multidão e pergunta o que é aquilo (v. 36); quando ouve dizer que é Jesus, a sua petição se torna premente (vv. 38-39): «Temo que Jesus passe e não volte» (Santo Agostinho, *Sermones*, 88, 13). Quando os outros o mandam calar, ele grita ainda mais (v. 39); e, quando o Senhor o interroga, responde com simplicidade (v. 41). A fé deste homem lhe obtém a cura e suscita o louvor a Deus de todo povo (v. 43); e tudo isto por ter vencido os respeitos humanos: «Quando um cristão principia a viver bem e a praticar boas obras com fervor, desprezando o mundo, começa a ser alvo das críticas e da contradição dos cristãos frios; porém, se perseverar, acabará por vencê-los com a sua constância, e os mesmos que o censuravam virão a respeitá-lo» (Santo Agostinho, *Sermones*, 88, 18).

«Senhor, que eu veja» (v. 41). Essa jaculatória simples poderá aflorar com frequência aos nossos lábios, saída do fundo do coração. É útil repeti-la nos momentos de dúvida, quando não compreendemos os planos de Deus, quando não vemos claramente como devemos nos comportar para nos mantermos fortes na fé, quando o horizonte da entrega a Deus se enche de sombras; trata-se de uma jaculatória que também é válida para quem procura a Deus com sinceridade, sem, contudo, possuir ainda esse dom inestimável que é a fé: «Coloca-te cada dia diante do Senhor e, como aquele homem necessitado do Evangelho, diz-Lhe devagar, com todo o empenho do teu coração: "*Domine, ut videam!*" – Senhor, que eu veja! Que veja o que Tu esperas de mim e lute por ser-te fiel» (São Josemaria Escrivá, *Forja*, n. 318)

19, 1-10. Este episódio ilustra a misericórdia de Deus perante a conversão do pecador, misericórdia que o Senhor descreveu de forma tão prodigiosa nas suas parábolas (15, 1-32). Zaqueu é um filho de Abraão (v. 9) que, no entanto, não parecia viver as condições impostas pela Aliança (cf. vv. 2.7). Mas Jesus também veio salvar aqueles que tinham se desencaminhado (cf. 15, 1-7; Ez 34, 16: «Procurarei aquela que se tinha perdido, reconduzirei a que se tinha tresmalhado; cuidarei da que está ferida e tratarei da que está doente»); por isso, corresponde à atitude de curiosidade de Zaqueu (vv. 3-4) chamando-o pelo nome e aceitando-o junto de si (v. 5). A consequência deste encontro com Cristo é a alegria (v. 6) e a salvação (vv. 9-10).

Podemos retirar muitas lições deste episódio. Em primeiro lugar, que o Senhor vem à nossa procura apesar da nossa condição. Zaqueu era membro do grupo dos cobradores de impostos; além de estarem a serviço dos romanos, estes homens abusavam frequentemente da sua função, razão pela qual eram odiados pelo povo. Portanto, se o Senhor «escolheu um chefe de publicanos, quem desesperará de si mesmo quando a graça o alcança?» (Santo Ambrósio, *Expositio Evangelii secundum Lucam, ad loc.*).

Por outro lado, o leitor detecta na atitude de Zaqueu – porque «era pequeno de estatura», correu para a frente e «subiu num sicômoro» (vv. 3-4) – algo mais do que simples curiosidade; e talvez seja por isso que o Senhor o chama. A nossa busca de Deus deve ser como a de Zaqueu: sem falsas vergonhas nem medo do que os outros dirão de nós: «Convence-te de que o ridículo não existe para quem faz o melhor» (São Josemaria Escrivá, *Caminho*, n. 392).

Finalmente, Zaqueu correspondeu à graça. De fato, com o propósito de restituir quatro vezes mais aquilo em que tivesse eventualmente defraudado alguém, cumpria a Lei de Moisés (cf. Ex 21, 37); além disso, decidiu entregar metade dos seus bens: «Que os ricos aprendam que o mal não consiste em ter riquezas, mas em não as usar bem; porque, assim como as riquezas são um impedimento para os maus, assim também são um meio de virtude para os bons» (Santo Ambrósio, *Expositio Evangelii secundum Lucam, ad loc.*).

19, 11-27. Esta parábola evoca acontecimentos contemporâneos dos ouvintes de Jesus. Com efeito, narra Flávio Josefo que, após a morte de Herodes (que terá ocorrido em 4 ou 3 a.C.), seu filho Arquelau foi a Roma receber a confirmação do título real; porém, vendo nele um homem profundamente cruel, certos notáveis judeus recorreram a César para que não lha desse. Nesse ínterim, alguns servos de Arquelau ficaram protegendo as suas propriedades quando ele se deslocou a Roma (cf. *Antiquitates judaicae* 17, 299-314; *De bello iudaico* 2, 1-19). A mina (v. 13) não era uma moeda cunhada, mas uma unidade de cálculo: de 570 gramas de prata, que equivalia a cem dracmas.

Esta parábola é semelhante à dos talentos, relatada por São Mateus, embora a do primeiro Evangelho esteja enriquecida com outros elementos (cf. Mt 25, 14-30 e nota). Jesus a utiliza para corrigir a visão humana dos discípulos, que pensavam na sua iminente manifestação gloriosa como Messias e na instauração do Reino de Deus (cf. v. 11); e explica-lhes que virá efetivamente, como Rei e como Juiz, pelo que os servos que Lhe forem fiéis não têm de se preocupar com os inimigos do Reino (v. 14), e sim em fazer frutificar a herança que lhes foi entregue. Se soubermos apreciar os tesouros que o Senhor nos deu – a vida, o dom da fé, a graça –, empenhar-nos-emos em fazê-los frutificar no cumprimento dos nossos deveres, no nosso trabalho e no nosso apostolado: «Que a tua vida não seja uma vida estéril. – Sê útil. – Deixa rasto. – Ilumina com o resplendor da tua fé e do teu amor. Apaga, com a tua vida de Apóstolo, o rasto viscoso e sujo que deixaram os semeadores impuros do ódio. – E incendeia todos os caminhos da terra com o fogo de Cristo que levas no coração» (São Josemaria Escrivá, *Caminho*, n. 1).

***19, 28-24, 53.** O relato da última semana de Jesus em Jerusalém inclui: a entrada na Cidade Santa, a purificação do Templo (19, 28-48), as controvérsias de Jesus com as autoridades judaicas (20, 1-44), o Discurso Escatológico (21, 5-36) e a extensa narrativa da Paixão (22, 1-23, 56) e da ressurreição (24, 1-53). Neste conjunto, Lucas destaca os sentimentos de piedade (19, 41-44) e de misericórdia (22, 51.61; 23, 28-29.34.43) de Jesus, a sua grandeza de alma (22, 21-30.47-53; 23, 26-49 etc.) e o seu constante recurso à oração (22, 32.39-46; 23, 34.46). Jesus aparece aqui como o modelo de comportamento para o cristão.

Esta terceira parte termina com o Senhor indicando a seus apóstolos que permaneçam em Jerusalém até a vinda do Espírito Santo e com o relato da ascensão (24, 49-53) – os mesmos acontecimentos com que começam os *Atos dos Apóstolos* (cf. At 1, 4-9), em que se narra a manifestação pública da Igreja e a sua expansão.

***19, 28-21, 38.** A purificação do Templo e as controvérsias com as autoridades judaicas antes da Paixão do Senhor são muito semelhantes nos três sinóticos. Lucas refere expressamente o empenho das autoridades na perda de Jesus (19, 39.47-48; 20, 19-20.26), que dá cumprimento à profecia segundo a qual Ele é a pedra angular (20, 17-18) posta «para ruína e ressurgimento de muitos em Israel, e para ser sinal de contradição» (2, 34). O Discurso Escatológico (21, 5-36) é mais breve que nos outros sinóticos, mas muitos dos seus conteúdos já foram recolhidos anteriormente, durante a narrativa da subida a Jerusalém.

19, 28-40. Em Jerusalém, termo da «longa viagem», vai consumar-se o sacrifício redentor da Cruz. A entrada messiânica de Jesus na Cidade Santa é acompanhada de sua manifestação gloriosa. Ao montar o jumentinho, Jesus dá cumprimento a um oráculo profético: «Exulta de alegria, filha de Sião! Solta gritos de júbilo, filha de Jerusalém! Eis que o teu Rei vem a ti; Ele é justo e vitorioso; vem, humilde, montado num jumento, sobre um jumentinho, filho de uma jumenta» (Zc 9, 9). A aclamação dos discípulos (v. 38) pressupõe que O reconhecem como Rei e como Messias, dado que O aclamam com as palavras de um Salmo de entronização do Messias (cf. Sl 118, 26: «Bendito o que vem em nome do Senhor!») e O acolhem como Salvador (cf. 2, 11-14). Os fariseus, talvez preocupados com o tumulto a que aquela manifestação poderia dar origem, censuram a atitude do Senhor; mas Ele responde-lhes com uma frase proverbial: a sua condição messiânica é de tal maneira evidente que, se os homens não a reconhecessem, seria a própria natureza a proclamá-la (v. 4). «Vamos ao encontro de Cristo, que regressa hoje de Betânia e, por sua própria iniciativa, avança para a sua venerável e ditosa Paixão, para levar à plenitude o mistério da salvação dos homens. [...] Corramos junto com quem se apressa para a sua Paixão, imitando aqueles que saíram ao seu encontro. E não o façamos para estendermos no chão, à sua passagem, ramos de oliveira, vestes ou palmas, mas para nos prostrarmos com a disposição mais humilde de que formos capazes e com o mais limpo propósito, de maneira que acolhamos o Verbo que vem e, assim, consigamos captar aquele Deus que nunca pode ser totalmente captado por nós. [...] Estendamos diante dEle, como palmas, o nosso louvor pela vitória suprema da Cruz. Aclamemo-lO não com ramos de oliveira, mas tributando-nos mutuamente a honra da nossa ajuda material. Atapetemos-Lhe o caminho não com mantos, mas com os desejos do nosso coração, a fim de que, caminhando sobre nós, todo Ele penetre no nosso interior e faça que toda a nossa pessoa seja para Ele e Ele, por sua vez, para nós» (Santo André de Creta, *Sermo 9 de Dominica in Palmis*).

19, 41-44. Quando a comitiva chega a um local a partir do qual se tem uma visão ampla da Cidade Santa, a sua alegria é perturbada pelo inesperado pranto de Jesus. Este pranto – que é registrado apenas por São Lucas – exprime os desejos do seu coração e constitui simultaneamente o último apelo a Jerusalém. Zacarias, o pai de João Batista, tinha sido capaz de captar (cf. 1, 68.78) nos acontecimentos do nascimento de seu filho a «visita» de Deus e do seu Messias ao povo; Jerusalém, por sua vez, que viu tantos sinais de Jesus, não soube reconhecê-lO (vv. 42.44). A destruição do Templo e da Cidade Santa pelas legiões romanas a mando de Tito no ano de 70, profetizada pelo Senhor nesta passagem (vv. 43-44), é sinal da caducidade da Antiga Aliança, substituída pela Nova, que nascerá no Calvário. Jesus também visita cada um de nós: vem como nosso Salvador, ensina-nos por meio da pregação da Igreja, concede-nos o seu perdão e a sua graça nos sacramentos; a nossa correspondência fiel, com uma consciência delicada, tornará eficaz o advento do Senhor. Era isto que Santo Ambrósio ensinava às virgens, embora a lição se aplique a todos os cristãos: «Guarda esta casa, limpa os seus aposentos mais recônditos, para que, estando imaculada esta casa espiritual fundada sobre a pedra angular, se vá edificando o sacerdócio espiritual e o Espírito Santo habite nela. Aquela que assim procura a Cristo, aquela que assim roga a Cristo, não será nunca abandonada por Ele; mais ainda, será visitada por Ele com frequência» (*De virginitate*, 13, 78).

19, 45-48. Aquilo que foi anunciado por Jesus começa a se cumprir: Ele purificou o Templo e os chefes do povo começam a planejar a sua morte. Além do seu sentido profético (cf. notas a Mt 21, 12-17 e Mc 11, 12-25), este gesto de Jesus nos ensina o respeito que a casa do Senhor merece. Quanta maior veneração merecem os nossos templos, onde está presente o próprio Jesus na Sagrada Eucaristia...

20, 1-8. Este diálogo assume a forma de uma discussão teológica, que o Senhor vence. Não surpreende que Ele não respondesse àqueles homens, «porque Jesus não sabe o que fazer da astúcia calculista, da crueldade dos corações frios, da formosura vistosa mas oca. Nosso Senhor ama a alegria de um coração jovem, o passo simples, a voz sem falsete, os olhos limpos, o ouvido atento à sua palavra de carinho» (São Josemaria Escrivá, *É Cristo que passa*, n. 181).

20, 9-19. Nas circunstâncias em que foi proferida, esta parábola tinha muita força (cf. notas a Mt 21, 28-46 e a Mc 12, 1-12). Jesus se identifica claramente com o Filho amado (v. 13; cf. 3, 22) que é lançado para fora da vinha (v. 15), Jerusalém, para O matarem. Mas Jesus é também a pedra angular da nova casa de Deus (v. 17; cf. Sl 118, 22), a pedra vista pelo profeta Daniel (cf. Dn 2, 34-35) que, solta do monte sem a intervenção de ninguém, é capaz de esmagar os impérios humanos (v. 18). Desta maneira, cumpre-se em Jesus aquilo que foi anunciado por Simeão (cf. 2, 34): é motivo de tropeço e condenação para os que O rejeitaram.

20, 20-26. São Lucas recorda pela terceira vez o cerco das autoridades judaicas que queriam perder Jesus (v. 20; cf. 6, 7; 14, 1), embora desta vez os elogios que antecedem a pergunta permitam perceber que a astúcia destes homens foi se tornando cada vez mais insidiosa (vv. 21-22). Com efeito, negar o tributo a Roma, como fizera Judas, o Galileu, na sua revolução (cf. At 5, 37), seria motivo suficiente para O entregarem às autoridades romanas (v. 20). Mas o Mestre percebe a duplicidade dos seus interlocutores e pede-lhes um denário, recorrendo à imagem do César e à inscrição – «Tibério César, Augusto, filho do divino Augusto...» – que se encontravam na moeda para responder aos seus adversários: pagar o tributo, como fazem aqueles que O perseguem com as suas insídias, não significa reconhecer que César é Deus. Na sua qualidade de Messias, Jesus rejeita o messianismo político, não fazendo juízos sobre as autoridades romanas, porque o Reino de Deus que vive e prega é de outro gênero. Porém, estas palavras de Cristo ficariam como modelo do comportamento cristão: «No que diz respeito aos tributos e às contribuições, nós [os cristãos] procuramos pagá-los com prontidão àqueles a quem vós ordenais, tal como Ele [Jesus] nos ensinou» (São Justino, *Apologia*, 1, 17, 1). O sentido profundo destes textos seria depois expresso na doutrina sobre as relações entre a Igreja e as comunidades políticas: «A comunidade política e a Igreja são independentes e autônomas; mas, embora por títulos diversos, ambas servem a vocação pessoal e social dos homens. E tanto mais eficazmente exercitarão este serviço para bem de todos quanto melhor cultivarem entre si uma sã cooperação, tendo igualmente em conta as circunstâncias de lugar e de tempo» (Concílio

Vaticano II, *Gaudium et spes*, n. 76).

20, 27-40. Os saduceus, atendo-se a uma interpretação literal da Lei escrita, não acreditavam na ressurreição da carne; os fariseus, pelo contrário (cf. At 23, 8), aceitavam a ressurreição da carne tal como era exposta em alguns textos da Escritura (cf. Dn 12, 2-3) e na tradição oral. Confrontado com esta nova insídia, Jesus ensina alguns aspectos da ressurreição (cf. nota a Mt 22, 23-33): nessa altura, o matrimônio não será necessário, uma vez que não haverá morte (v. 36); com efeito, o princípio dessa nova vida não é fruto da união do homem e da mulher, mas do próprio Deus (v. 38). «Para *o homem*, esta consumação será a realização última da unidade do gênero humano, querida por Deus desde a Criação [...]. A visão beatífica, na qual Deus se revelará de maneira inesgotável aos eleitos, será a fonte inexaurível de felicidade, de paz e de comunhão mútua» (*Catecismo da Igreja Católica*, n. 1045).

20, 41-44. «Senhor» era o termo habitualmente utilizado pelos judeus de língua grega para se referirem a Deus. Nesta passagem (cf. notas a Mt 22, 41-46 e Mc 12, 35-37), «Jesus mesmo atribui-se de maneira velada este título quando discute com os fariseus sobre o sentido do Salmo 110 [...]. Ao longo de toda a sua vida pública, seus gestos de domínio sobre a natureza, sobre as doenças, sobre os demônios, sobre a morte e o pecado demonstravam sua soberania divina» (*Catecismo da Igreja Católica*, n. 447).

20, 45-47. Estas palavras são uma ampliação das que Jesus proferiu em outra ocasião (cf. 11, 43). De acordo com as tradições judaicas daquela época, recolhidas posteriormente no Talmude, os primeiros lugares nas sinagogas estavam reservados aos especialistas na Lei e os lugares de honra nas refeições, aos mais velhos ou mais eminentes. O Senhor não condena nenhuma destas coisas – aliás, respeitava-as –, mas sim o fato de, querendo ver reconhecida a sua importância (v. 46), os doutores da Lei atropelarem os direitos dos mais fracos (v. 47). Não tenhamos dúvidas de que esta censura também podia ser dirigida a cada um de nós: «Fujamos da vaidade, odiemos profundamente as obras do mau caminho; não vivais isolados, voltados para vós mesmos, como se já estivésseis justificados» (*Epistula Barnabae*, 4, 10-11).

21, 1-4. Em contraposição com os escribas que devoravam as casas das viúvas (20, 47), Jesus chama a atenção para o gesto da viúva pobre (vv. 1-2); e as suas palavras (vv. 3-4) transformam o referido gesto num exemplo perene da atitude do homem diante de Deus: «O Senhor não repara na quantidade daquilo que se Lhe oferece. A esmola não consiste em dar pouco do muito que se tem, mas em fazer como aquela viúva, que deu tudo o que tinha» (São João Crisóstomo, *In Hebraeos*, 1, 4).

***21, 5-38.** Este discurso que Jesus proferiu diante do Templo acerca da destruição de Jerusalém e do final da história consta dos três Evangelhos sinóticos (cf. Mt 24, 1-51; Mc 13, 1-37 e notas). Nestas palavras do Senhor entrecruzam-se três questões: a destruição de Jerusalém – que teve lugar cerca de quarenta anos depois –, os sinais do fim do mundo e a vinda de Cristo em glória e majestade. A linguagem utilizada pelo Senhor é característica do gênero literário apocalíptico, cheio de imagens nem sempre fáceis de interpretar.

21, 5-6. O discurso é provocado pela admiração dos discípulos perante a beleza do Templo, «ornado de belas pedras e de ricas ofertas» (v. 5). De fato, no ano de 20 a.C., Herodes, o Grande, havia empreendido a reconstrução e ampliação do Templo, edificado após o exílio da Babilônia (século VI a.C.); a obra ficou concluída em 64 d.C., ou seja, pouco antes da sua destruição por Tito. No momento em que ocorre este diálogo, a reconstrução já devia ir muito avançada, e as colossais proporções, a ornamentação harmoniosa e a riqueza dos materiais utilizados faziam do edifício o orgulho de qualquer judeu daquela época (cf. Flávio Josefo, *Antiquitates iudaicae*, 15, 11). Daí as palavras de admiração daqueles homens e a surpreendente resposta de Jesus.

21,7-19. Perante a pergunta dos discípulos (v. 7), Jesus anuncia a destruição do Templo, que será acompanhada do aparecimento de falsos messias (v. 8), bem como de guerras e revoltas (v. 9); e aconselha-os a manterem-se serenos perante estes acontecimentos: «não os sigais» (v. 8), «não vos assusteis» (v. 9). Explica-lhes, ainda, que o fim não será imediato (v. 9), dado que primeiro terão de ser os «tempos dos gentios», mencionados mais adiante (21, 24).

A seguir (vv. 10-19), e em continuidade com as guerras e as revoluções anunciadas antes, o Senhor vaticina outros desastres (vv. 10-11) e as dificuldades que terão de sofrer na expansão do Reino de Deus: perseguições, incompreensões, ódios etc. (vv. 12.16-17). Estas palavras de Jesus são acompanhadas de duas notas importantes: em primeiro lugar, promete-lhes a assistência divina (vv. 14-15), garantindo-lhes que as dificuldades, por maiores que sejam, não escapam à Providência, mas ocorrem porque Deus as permite e pode retirar delas bens maiores. Aliás, as perseguições serão uma ocasião para dar testemunho; de fato, e como recorda uma expressão famosa da primeira apologética cristã, «*sanguis martyrum semen christianorum*»: «O sangue dos mártires é semente de cristãos» (Tertuliano, *Apologeticum*, 50, 13). Por outro lado, o Senhor lhes promete uma assistência especial: conferir-lhes-á a sua sabedoria para se defenderem, de tal maneira que até o que possa parecer uma desgraça será o começo da glória.

Em segundo lugar, garante-lhes a vitória, que nascerá da sua constância e perseverança (vv. 18-19). Deste modo, as frases de Jesus são uma exortação à paciência como parte integrante da fortaleza: «É, pois, necessária uma virtude que conserve o bem da razão perante a tristeza, para que a razão não sucumba diante dela. Tal é a função própria da paciência, que é, segundo Santo Agostinho, "a que nos permite suportar os males com bom ânimo, ou seja, sem decair, não aconteça que, suportando-os com impaciência, percamos os bens que nos conduzem a outros maiores"» (São Tomás de Aquino, *Summa theologiae*, 2-2, 136, 1). Daí que, como diz o Senhor, sejamos salvos pela constância, porque «o homem possui a sua alma mediante a paciência, que arranca pela raiz a perturbação causada pelas adversidades que tiram o sossego da alma» (*Idem*, 2-2, 136, 2, 2).

21, 20-24. O discurso prossegue com os sinais da destruição da Cidade Santa, que são sinais do fim do mundo, detendo-se em especial na queda de Jerusalém depois de ser cercada pelos exércitos (v. 20); mais tarde, quando começaram a assistir a estes fatos, os cristãos recordaram as palavras do Senhor e fugiram para a Transjordânia (cf. Eusébio de Cesareia, *Historia ecclesiastica,* 3, 5). A partir destes escritos inspirados, a Tradição cristã considera que Jerusalém é uma imagem da Igreja (cf. Ap 21, 2); desse modo, os sofrimentos da Cidade Santa podem ser considerados figura dos sofrimentos da Igreja peregrina, que «vive no meio das criaturas que gemem e sofrem as dores de parto, esperando a manifestação dos filhos de Deus» (Concílio Vaticano II, *Lumen gentium*, n. 48). É também neste sentido que devem ser entendidas as expressões do v. 24: o cativeiro e, portanto, o desaparecimento de Israel como nação indicam os «tempos dos gentios», ou seja, o período durante o qual os pagãos, os que não pertenciam ao povo de Israel, passam a fazer parte do novo Povo de Deus, a Igreja, até que, no final dos tempos, os judeus se convertam (cf. Rm 11, 25-32).

21, 25-28. As desgraças de Jerusalém constituem sinal daquilo que vai acontecer antes do advento do Filho do Homem: a Criação inteira – céus, terra e mar – participará da angústia dos povos (v. 25), que se debaterão entre a ânsia e o terror. Mas o mesmo não acontecerá com os cristãos, que viverão esses momentos de cabeça erguida (v. 28), porque o triunfo de Cristo (v. 27) é o seu próprio triunfo; verão então que a esperança com que pacientemente suportaram as dificuldades (21, 10-19) tinha fundamento: «Devemos ter paciência e perseverar, irmãos queridos, para que, depois de termos sido admitidos à esperança da verdade e da liberdade, possamos alcançar a própria verdade e liberdade. [...] Que ninguém, por impaciência, decaia no bem agir ou, solicitado e vencido pela tentação, renuncie no meio da sua brilhante corrida, desperdiçando assim o fruto do que foi ganho por ter deixado por concluir aquilo que começou» (São Cipriano, *De bono patientiae*, 13 e 15).

21, 29-36. Tal como acontece nos outros sinóticos (cf. notas a Mt 24, 32-41 e Mc 13, 28-37), as palavras finais deste discurso versam sobre a vinda de Cristo. Com a imagem da figueira e das outras árvores (vv. 29-33), o Senhor dá a garantia de que tudo aquilo se cumprirá. O leitor poderá se sentir desconcertado com o conteúdo do v. 32; note-se, contudo, que, em linguagem apocalíptica, a expressão «esta geração» poderá referir-se a todo o período que se estende até o novo tempo em que o Senhor virá instaurar uma nova vida. Por outro lado, lida no contexto, a expressão diz respeito àquilo que Jesus acaba de responder (v. 31), ou seja, aos sinais visíveis que anunciam a ruína de Jerusalém (21, 7). Mas os últimos acontecimentos – dos quais a ruína da cidade é uma antecipação e um símbolo – são imprevisíveis (v. 35). Assim, a experiência da destruição de Jerusalém deve servir de advertência à vigilância em preparação da vinda do «Filho do Homem», de modo que Ele nos encontre dignos. Daí a exortação final a uma vida sóbria (v. 34) e de oração (v. 36), que nos permita estar de pé diante do Senhor (cf. 21, 28): «Sejamos sóbrios para nos entregarmos à oração, perseveremos com constância nos jejuns e supliquemos com rogos a Deus que tudo vê. [...] Mantenhamos, pois, uma adesão firme à nossa esperança e a Jesus Cristo, penhor da nossa justiça. [...] Sejamos imitadores da sua paciência e, se tivermos de sofrer por causa do seu nome, glorifiquemo-lO, já que este foi o exemplo que nos deixou na sua própria Pessoa, e foi nisto que acreditamos» (São Policarpo, *Ad philippenses*, 7-8).

21, 37-38. Os outros dois Evangelhos sinóticos dão a entender que, durante estes dias, Jesus se retirou a Betânia (cf. Mt 21, 7; 26, 6; Mc 11, 11; 14, 3). O Horto das Oliveiras, de que São Lucas fala nesta passagem, fica entre Jerusalém e Betânia; mais adiante (22, 39), a propósito da oração no horto, o evangelista explica que Jesus frequentava este local, pelo que é natural que fosse rezar ali. É possível que, com esta indicação, o terceiro evangelista queira evocar uma vez mais a importância que Jesus conferia à oração cotidiana: «Procura encontrar diariamente uns minutos dessa bendita solidão que tanta falta te faz para teres em andamento a vida interior» (São Josemaria Escrivá, *Caminho*, n. 304).

***22, 1-24, 53.** O relato da Paixão, morte e ressurreição de Jesus é cheio de intensidade dramática em todos os Evangelhos. Ao narrar a Paixão, Lucas salienta em especial a misericórdia de Jesus, que, mesmo em meio aos sofrimentos, se preocupa com aqueles com quem se encontra: cura o servo ferido de espada (22, 51), consola as mulheres (23, 28ss) e promete o Paraíso ao ladrão arrependido (23, 43). O terceiro Evangelho é, dentre os sinóticos, aquele que narra com mais pormenor as aparições que ocorreram após a ressurreição, registrando nomeadamente – ao contrário dos outros evangelistas – as aparições em Jerusalém. Foi nesta cidade que tiveram lugar a Paixão e a morte de Cristo, e é desde aqui que a salvação se estenderá a toda a terra; por esse motivo, mais do que o lugar do drama de Jesus, Jerusalém é o lugar da salvação.

A leitura destes capítulos foi sempre fonte de meditação e de conversão para os cristãos: «Chamo eu meditação a discorrer muito com o entendimento desta maneira: começamos a pensar na mercê que Deus nos fez em nos dar o seu único Filho, e não paramos ali, mas vamos adiante, aos mistérios de toda a sua gloriosa vida; ou começamos na oração no horto e o entendimento não para até estar pregado na Cruz; ou tomamos uma passagem da

Paixão, como a prisão, e andamos neste mistério considerando aos poucos as coisas que há que pensar nele e que sentir, tanto da traição de Judas como da fuga dos apóstolos, e tudo o mais; e é admirável e muito meritória oração. [...] A alma [...] entende estes mistérios de um modo mais perfeito. É porque lhos representa o entendimento e gravam-se-lhe na memória de tal maneira que, só de ver o Senhor caído por terra com aquele espantoso suor no horto, lhe basta não só para uma hora, senão para muitos dias, vendo numa simples vista de olhos quem Ele é e quão ingratos temos sido a tão grande pena. Mas logo acorre a vontade, ainda que não seja com ternura, a desejar servir em alguma coisa tão grande favor e a desejar padecer alguma coisa por quem tanto padeceu, bem como a outras coisas semelhantes, em que ocupa a memória e o entendimento» (Santa Teresa de Jesus, *As moradas*, 6, 7, 10-11).

22, 1-6. No final da terceira tentação no deserto, o demônio se afastou de Cristo «até um certo tempo» (4, 13); agora, servindo-se de Judas (v. 3), volta a entrar em cena: é a sua hora, a hora do «domínio das trevas» (22, 53). Mas este triunfo aparente foi a sua derrota, uma vez que, com a sua morte, Cristo aniquilou quem tinha poder sobre ela, ou seja, o demônio, libertando assim os que, por medo da morte, estavam sujeitos à escravidão (cf. Hb 2, 14-15): «Na árvore da cruz estabelecestes a salvação da humanidade, para que donde viera a morte daí ressurgisse a vida e aquele que vencera na árvore do Paraíso fosse vencido na árvore da Cruz» (Missal Romano, *Prefácio da festa da Exaltação da Santa Cruz*).

22, 7-20. No tempo de Jesus, o recinto intramuros de Jerusalém tinha cerca de 1500m de comprimento por cerca de 800m de largura. Segundo a Tradição, o Cenáculo ficava localizado na extremidade sul-ocidental da cidade, muito perto da casa do sumo sacerdote e do palácio de Herodes. Ali perto, existe uma rua inclinada – ainda parcialmente conservada – que chega à torrente do Cédron e ao Horto das Oliveiras; naquela noite, Jesus terá presumivelmente descido por esse caminho com os seus discípulos e terá voltado a subi-lo, já preso, até a casa do sumo sacerdote. É possível que as indicações que Jesus dá, nesta passagem, a Pedro e a João (vv. 10-12) se devessem ao seu desejo de que o Sinédrio não soubesse onde pretendia celebrar a Páscoa.

A preparação da Páscoa (v.

7) pressupunha um conjunto de operações laboriosas: a imolação do cordeiro no Templo ao princípio da tarde, a queima de todos os alimentos fermentados que houvesse em casa e a aquisição dos outros ingredientes necessários para a ceia: cinco tipos de ervas amargas, salsa, vinho, azeite, pão ázimo, mel, figos e amêndoas. Dos quatro cálices de vinho com água que se tomavam, o terceiro evangelista menciona dois; o segundo é o que corresponde à consagração.

Todos os Evangelhos registram, de uma maneira ou de outra, os aspectos essenciais que derivam das ações de Jesus nesta cena: que se trata de uma antecipação do sacrifício da Cruz, que este sacrifício se oferece para o perdão dos pecados e pressupõe uma nova aliança de Deus com os homens etc. Nela, o Senhor institui o sacramento da Eucaristia, que é «ação de graças e louvor ao *Pai*, memorial sacrificial de *Cristo* e de seu corpo, presença de Cristo pelo poder de sua palavra e de seu *Espírito*» (*Catecismo da Igreja Católica*, n. 1358). Ver também a nota a Mt 26, 26-29.

Dentre os evangelistas, São Lucas é o que recorda com mais precisão que o Senhor estabeleceu este rito como memorial da Páscoa de Cristo, como algo que deveria ser evocado e repetido na Igreja. Com efeito, a ceia pascal era um rito que tinha este caráter de «memorial», ou seja, que tornava presente e atualizava – também com as orações que se recitavam (cf. Dt 26, 5-10) – a libertação, por parte de Deus, de cada um dos membros do seu povo. Com as primeiras frases (vv. 15-18), o Senhor indica que o antigo rito terminou; e, com as palavras que profere sobre o pão e sobre o vinho (vv. 19-20), institui uma nova realidade: o seu Corpo entregue, o seu Sangue derramado «por vós» fundam a nova aliança entre Deus e os homens, a qual pressupõe a salvação destes. Por isso, Jesus estabelece este rito como memorial – «fazei isto em memória de mim» – que se torna presente na Igreja cada vez que se renova o sacrifício do altar de forma incruenta: «Quando a Igreja celebra a Eucaristia, rememora a Páscoa de Cristo, e esta se torna presente: o sacrifício que Cristo ofereceu uma vez por todas na Cruz torna-se sempre atual: "Todas as vezes que se celebra no altar o sacrifício da Cruz, pelo qual Cristo, nossa Páscoa, foi imolado, efetua-se a obra de nossa redenção" (*Lumen gentium*, n. 3)» (*Idem*, n. 1364).

Desta necessidade de perpetuar o sacrifício deduz-se igualmente que, com estas palavras, o Senhor «instituiu os apóstolos sacerdotes» e «ordenou que eles e os outros sacerdotes oferecessem o seu corpo e o seu sangue» (Concílio de Trento, *De SS. Missae Sacrificio*, can. 2). Por isso, a doutrina da Igreja também recorda aos sacerdotes que «é no culto ou celebração eucarística que exercem principalmente o seu múnus sagrado; nela, atuando na Pessoa de Cristo e proclamando o seu mistério, unem as preces dos fiéis ao sacrifício da sua Cabeça e, no sacrifício da Missa, atualizam e aplicam, até a vinda do Senhor, o único sacrifício do Novo Testamento, ou seja, Cristo oferecendo-se, uma vez por todas, ao Pai, como hóstia imaculada» (Concílio Vaticano II, *Lumen gentium*, n. 28).

22, 21-30. Ao longo do seu Evangelho – em especial no relato da Paixão –, Lucas gosta de chamar a atenção para o caráter exemplar do comportamento de Jesus perante as dificuldades. Em contraste com a narrativa da Ceia, estes dois episódios deixam entrever a solidão de Cristo e os vários sentimentos – tão diferentes daqueles dos discípulos – que animam a sua vida. Mas as palavras que Jesus lhes dirige são um alento de esperança: a despeito da sua atual pequenez de horizontes (v. 24; cf. Mt 20, 20-28; Mc 10, 35-45 e notas), pelo fato de estarem associados à humilhação de Cristo (v. 28), também o estarão à sua exaltação (vv. 29-30).

«E vos senteis sobre tronos a julgar as doze tribos de Israel» (v. 30). O trono é um símbolo do poder real; as doze tribos de Israel simbolizam a universalidade da autoridade que Jesus confere aos apóstolos. Tal como transmitido pela Tradição da Igreja, este poder dos apóstolos prolonga-se nos bispos, que «governam as igrejas particulares que lhes foram confiadas como vigários e legados de Cristo, por meio de conselhos, persuasões, exemplos, mas também com autoridade e poder sagrado, que exercem unicamente para edificar o próprio rebanho na verdade e na santidade, lembrados de que aquele que é maior se deve fazer como o menor, e o que preside como aquele que serve» (Concílio Vaticano II, *Lumen gentium*, n. 27).

22, 31-34. Depois da Ceia, antes da prisão no Getsêmani, Jesus previne os discípulos, e Pedro em especial, da prova a que a sua fé vai estar sujeita (vv. 31-32), dado que o sentido redentor da sua vida e da sua morte não foi compreendido (22, 37-38). São Lucas refere este episódio com mais pormenor que os outros sinóticos e registra a oração de Jesus por Pedro. Com efeito, parece haver, no contexto da Paixão, um combate entre Satanás e Jesus: Satanás triunfa em Judas (22, 3), bem como nas autoridades judaicas, cuja «hora» coincide com a do «poder das trevas» (22, 53); nesta passagem, o combate se amplia a Pedro (v. 31), cuja debilidade é patente, mas que não desfalecerá, porque a sua fé conta com a oração de Jesus. A Igreja ensina que esta assistência especial de Jesus a Pedro para a «missão de defender esta fé de todo desfalecimento e confirmar nela seus irmãos» (*Catecismo da Igreja Católica*, n. 552) prossegue na pessoa do Romano Pontífice, como sucessor de Pedro: «A sede de Pedro permanece sempre intacta de todo erro, segundo a promessa do nosso Salvador ao príncipe dos seus discípulos [...]; assim, pois, este carisma da verdade e da fé nunca deficiente foi divinamente conferido a Pedro e aos seus sucessores nesta cátedra, a fim de que desempenhassem o seu excelso cargo para a salvação de todos» (Concílio Vaticano I, *Pastor aeternus*, n. 3). Cf. notas a Mt 16, 13-20; Jo 21, 15-23.

22, 35-38. Jesus anuncia a sua Paixão (v. 37) aplicando a si próprio a profecia de Isaías sobre o Servo sofredor (cf. Is 53, 12) e fazendo notar que nEle se cumprem as restantes profecias sobre as dores do Redentor. Como acontece em todos estes episódios, percebe-se um significativo contraste entre a compreensão dos acontecimentos por parte de Jesus e a incompreensão dos discípulos. Jesus sabe o que vai acontecer, e por isso prepara a Páscoa com presciência profética (22, 7-13): sabe que Judas vai traí-lO (22, 21), que Pedro vai negá-lO (22, 34) e que está chegando a hora decisiva (22, 53); mas foge da espada e do combate (v. 38; 22, 51), não responde aos ultrajes (22, 63-65) e não se defende na presença do Sinédrio (22, 66-71) nem de Pilatos (23, 3). É inocente, como afirmam Pilatos (23, 4.14.22) e o centurião (23, 47); negado e injustamente condenado, tem gestos e palavras de perdão para com Pedro (22, 61) e os seus verdugos (23, 34). É manifesto que o comportamento de Cristo tem valor de exortação para aqueles que sofrem injustamente; contudo, o seu martírio não está a serviço de uma ideia, mas é o cumprimento da vontade do Pai: «Submeteu a sua vontade à do Pai. E a vontade do Pai foi que seu Filho bendito e glorioso, que Ele entregou por nós e que nasceu por nós, se oferecesse a si mesmo como sacrifício e vítima na ara da Cruz com o seu próprio sangue, não por si mesmo, por quem tinham sido feitas todas as coisas, mas pelos nossos pecados, dando-nos exemplo para que sigamos os seus passos. E quer que todos nos salvemos por Ele e O recebamos com coração puro e corpo casto» (São Francisco de Assis, *Carta a todos os fiéis*, 2, 10-15).

22, 39-46. No horto, Jesus exprime a sua aceitação da morte vergonhosa em cumprimento do desígnio de Deus. A oração de Jesus deve ter se prolongado durante muito tempo – há referências à oração em quase todos os versículos –, embora São Lucas só registre os momentos mais relevantes. A passagem começa e acaba com a recomendação de Jesus de que os apóstolos orem para não caírem em tentação; finalmente, o próprio Jesus nos dá o exemplo, pois, «posto em agonia, orava mais instantemente» (v. 44). A oração do Senhor é, pois, uma lição perfeita de abandono e de união à vontade de Deus: «Estás sofrendo uma grande tribulação? Tens contrariedades? – Diz, muito devagar, como que saboreando, esta oração forte e viril: "Faça-se, cumpra-se, seja louvada e eternamente glorificada a justíssima e amabilíssima Vontade de Deus sobre todas as coisas. – Assim seja. – Assim seja". Eu te garanto que alcançarás a paz» (São Josemaria Escrivá, *Caminho*, n. 691).

A oração é intensa, mas a aflição não o é menos; e a angústia é tal que Jesus é reconfortado por um anjo e chega a suar sangue (vv. 43-44). A humanidade de Cristo mostra nesta passagem toda a sua capacidade de sofrimento: «O medo da morte e dos tormentos não implica culpa alguma, mas tão só um sofrimento como aquele a que Cristo se submeteu, sem dele fugir. Não devemos, pois, considerar apressadamente que é covardia o fato de alguém sentir medo e terror ao pensar em suplícios» (São Tomás More, *A agonia de Cristo*, *ad loc.*).

Como em tudo, também aqui o Senhor é, com as suas atitudes, modelo para nós: «Foi oportuno que o bom Mestre e Salvador verdadeiro, compadecendo-se dos mais débeis, fizesse ver na sua própria Pessoa que os mártires não deviam perder a esperança se se lhes insinuasse a tristeza no coração no momento da Paixão, como consequência da fragilidade humana – embora já a tivessem superado, antepondo à sua vontade a vontade de Deus –, uma vez que Ele sabe o que convém àqueles por quem olha» (Santo Agostinho, *De consensu evangelistarum,* 3, 4).

22, 47-53. Ao narrarem este episódio, os quatro Evangelhos guardam a memória tanto da grandeza de Jesus como dos acontecimentos que ocorreram naquele momento: a multidão vociferante, a traição de Judas, o ferimento do criado do sumo sacerdote etc. Neste contexto, Lucas observa mais duas coisas: a misericórdia do Senhor, que cura o criado ferido (v. 51), e a aparente vitória do demônio (v. 53). Lendo este texto, é difícil deixar de recordar o apóstolo infiel: «Depois de ver de quantas formas mostrou Deus a sua misericórdia com Judas, que de apóstolo se tinha transformado em traidor, ao ver com que frequência o convidou ao perdão, não permitindo que perecesse senão porque ele próprio quis desesperar, ninguém tem nesta vida razão alguma para, mesmo sendo como Judas, desesperar do perdão» (São Tomás More, *A agonia de Cristo*, *ad loc.*).

22, 54-71. Os dois primeiros Evangelhos (cf. Mt 26, 57-75; Mc 14, 53-72 e notas) relatam de forma contrastante os interrogatórios a Jesus e a Pedro. A narrativa de Lucas segue uma ordem mais lógica no que diz respeito à cronologia dos acontecimentos: à noite, Jesus é levado para a casa de Caifás, onde, enquanto Pedro O nega, os criados O insultam e maltratam; na manhã seguinte (v. 66), o Sinédrio se reúne e os seus membros O condenam à morte. Lucas é o único evangelista que recorda o olhar do Senhor a Pedro (v. 61), que provocou a sua contrição; o olhar de Cristo, frequentemente referido no Evangelho (5, 20.27; 6, 10.20 etc.), foi objeto da meditação dos santos: «Considero eu muitas vezes, Cristo meu, quão saborosos e quão deleitosos se mostram os vossos olhos a quem Vos ama e a quem Vós, meu bem, quereis olhar com amor. Parece-me que uma só vez que este olhar tão suave se voltar para as almas que tendes por vossas basta como prêmio de muitos anos de serviço» (Santa Teresa de Jesus, *Exclamações da alma a Deus*, 14). As lágrimas de Pedro (v. 62) são a reação lógica dos corações nobres quando movidos pela graça de Deus; na doutrina da Igreja, esta reação tem o nome de contrição: «Uma dor da alma e uma detestação do pecado cometido, com a resolução de não voltar a pecar» (Concílio de Trento, *De paenitentia*, cap. 4).

Às lágrimas de quem tem fé opõe-se a frieza de quem a não tem (vv. 66-71). As acusações do Sinédrio são tão inconsistentes que não podem ser pretexto razoável para condenar o Senhor; todavia, obtém dEle uma declaração comprometedora. Jesus – mesmo sabendo que com a sua resposta lhes proporciona o pretexto que procuravam – afirma com toda a gravidade não só que é o Cristo (cf. Dn 7, 13-14), mas que é o Filho de Deus. Os membros do Sinédrio captam a resposta, mas exigem a condenação: Jesus tem de morrer por ter blasfemado. Com efeito, para aceitarem aquela confissão de Jesus, era necessário que tivessem uma fé que não tinham (vv. 67-68).

23, 1-25. A narração que Lucas faz da condenação de Jesus parece um desenvolvimento da oração dos cristãos de Jerusalém: «Herodes e Pôncio Pilatos coligaram-se nesta cidade com as nações e os povos de Israel contra o teu Santo Servo Jesus, a quem ungiste, para levarem a cabo tudo quanto determinaste antecipadamente, pelo teu poder e sabedoria» (At 4, 27-28). De acordo com esta descrição, São Lucas apresenta os acontecimentos em três cenas: Jesus perante Pilatos, perante Herodes e novamente perante Pilatos. Confrontado com os atos, o leitor julgará as responsabilidades de cada um, mas está ciente, tal como o evangelista, de que acima da vontade dos homens está o desígnio de Deus.

Na primeira cena (vv. 1-5), percebe-se imediatamente o procedimento ardiloso dos acusadores, com a alteração do motivo da acusação; com efeito, o Sinédrio tinha condenado Jesus por se chamar Cristo (Messias) e Filho de Deus (22, 66-71); agora, porém, acusa-O de se chamar Rei Messias e de alvoroçar o povo (v. 2). Pilatos reconhece imediatamente a inconsistência da acusação (v. 4), mas tenta contemporizar e aproveita a primeira oportunidade que se lhe apresenta (vv. 6-7) para fugir da responsabilidade por aquele caso. Mas aquilo que os comentadores admiram nesta passagem é a grandeza de Jesus: «Passagem admirável, que infunde no coração dos homens uma disposição à paciência para suportar afrontas com equanimidade. O Senhor é acusado e se cala; e tem razão em calar Aquele que não precisa de defesa, pois quem se defende é quem receia ser vencido. Não confirma a acusação com o seu silêncio, antes a rejeita pelo fato de não a refutar. [...] Mais do que afirmar a sua realeza, quis demonstrá-la, para que não tivessem motivo para condená-lO, dado que a acusação era, por si só, uma falsidade» (Santo Ambrósio, *Expositio Evangelii secundum Lucam, ad loc.*).

Na cena seguinte (vv. 6-12), a atitude das personagens exprime aquilo que são: Herodes se apresenta como um ser caprichoso, quase grotesco (vv. 8-9), enquanto os príncipes dos sacerdotes e os doutores da Lei se mostram empenhados na morte de Jesus (v. 10). A grandeza do Senhor torna-se manifesta na sua atitude: perante tais despropósitos, calava-se (v. 9). Eis o comentário que Santo Ambrósio faz a esta passagem: «Herodes queria que Ele fizesse prodígios, mas Jesus calou-se e nada fez, porque a crueldade da personagem não merecia ver coisas divinas e porque o Senhor declinava qualquer tipo de jactância. Herodes poderá ser considerado um modelo e um emblema para os ímpios que, não tendo acreditado na Lei e nos profetas, também não podem ver as obras admiráveis de Cristo no Evangelho» (*Ibidem*).

Novamente diante de Pilatos (vv. 13-25), este, em diálogo com os acusadores, deixa explícita por três vezes (vv. 14.20.22) a sua convicção de que Jesus é inocente; a multidão, porém, exige a morte do Senhor nestas três ocasiões (vv. 18.21.23). Paradoxalmente, Barrabás será ilibado (v. 25), apesar de ser um revoltoso e de ter cometido homicídio (v. 19). A cena não pode deixar de ser lida como uma censura à indolência: nem Herodes nem Pilatos «O declararam culpado, embora cada um tenha servido para a realização do fim cruel do outro. Pilatos lavou as mãos, mas não pôde apagar os seus atos; porque, sendo juiz, tinha obrigação de não ceder ao ódio e ao medo a ponto de derramar sangue inocente. A mulher advertiu-o, a graça alumiou-o durante a noite, a divindade impôs-se; ainda assim, ele não se absteve de proferir uma sentença sacrílega. Parece-me que temos nele uma imagem antecipada e o modelo de todos quantos, mais tarde, viriam a condenar inocentes» (*Ibidem*). Com esta atitude, Pilatos transformou-se no protótipo da pessoa que não admite confrontar-se com a verdade: «Um homem, um... cavalheiro transigente, tornaria a condenar Jesus à morte» (São Josemaria Escrivá, *Caminho*, n. 393).

23, 26-49. Como os outros evangelistas, Lucas descreve a crucifixão e morte de Jesus como o cumprimento do desígnio de Deus sobre Ele, que assim se tornou Servo de dores (cf. notas a Mt 27, 32-56; Mc 15, 21-41).

O comportamento de Jesus é apresentado como exemplo para todos os cristãos, além de suscitar a admiração do centurião e a contrição da multidão (vv. 47-48). Jesus é um modelo de misericórdia e de perdão: consola as mulheres (vv. 28-29), perdoa os que vão matá-lO (v. 34) e abre as portas do Paraíso ao bom ladrão (v. 43). No outro livro de sua autoria, Lucas nos apresenta o primeiro mártir, Santo Estêvão, imitando o comportamento de Cristo (cf. At 7, 60). «O perdão atesta que no mundo está presente *o amor mais forte que o pecado*. O perdão, além disso, é a condição fundamental da reconciliação, não só nas relações de Deus com o homem, mas também nas relações dos homens entre si» (São João Paulo II, *Dives in misericordia*, n. 14).

É na oração que reside a força de Jesus, que se dirige a seu Pai Deus por duas vezes (vv. 34.46), proferindo as suas últimas palavras: «Pai, nas tuas mãos entrego o meu espírito» (v. 46). «Todas as misérias da humanidade de todos os tempos, escrava do pecado e da morte, todos os pedidos e intercessões da história da salvação estão recolhidos neste grito do Verbo encarnado. Eis que o Pai os acolhe e, indo além de todas as esperanças, ouve-os, ressuscitando seu Filho. Dessa forma se realiza e se consuma o evento da oração na economia da Criação e da salvação» (*Catecismo da Igreja Católica*, n. 2606).

Como em outras passagens do Evangelho, também aqui se torna patente que, na presença de Jesus, se revela a condição de cada homem. O gesto de piedade destas mulheres (vv. 27-29) mostra que, além dos seus inimigos, Jesus era acompanhado de pessoas que O amavam. Se tivermos em conta que, de acordo com o Talmude, a tradição judaica proibia as pessoas de chorar pelos condenados à morte, perceberemos a coragem destas mulheres, que romperam em pranto ao ver o Senhor: «Entre a multidão que contempla a passagem do Senhor, há algumas mulheres que não podem conter a sua compaixão e prorrompem em lágrimas [...]. Mas o Senhor quer dirigir esse pranto para um motivo mais sobrenatural, e as convida a chorar pelos pecados [...]. Os teus pecados, os meus, os de todos os homens, põem-se em pé. Todo o mal que fizemos e o bem que deixamos de fazer. O panorama desolador dos delitos e infâmias sem conta, que teríamos cometido se Ele, Jesus, não nos tivesse confortado com a luz do seu olhar amabilíssimo. Que pouco é uma vida para reparar tudo isso!» (São Josemaria Escrivá, *Via sacra*, 8ª estação).

Lucas é o único evangelista que narra o episódio do «bom ladrão» (vv. 39-46), um homem que dá sinais de arrependimento, reconhece a inocência de Jesus e faz um ato de fé nEle; por seu lado, Jesus lhe promete o Paraíso: «O Senhor concede sempre mais do que aquilo que se Lhe pede; o ladrão só Lhe pediu que se lembrasse dele, mas o Senhor respondeu-lhe: "Em verdade te digo: hoje estarás comigo no Paraíso". A vida consiste em habitar com Cristo, e onde está Cristo está o seu Reino» (Santo Ambrósio, *Expositio Evangelii secundum Lucam, ad loc.*). Este episódio também nos convida a admirar os desígnios da divina Providência e a conjunção da graça com a liberdade humana; com efeito, os dois malfeitores estavam na mesma situação, mas um deles desespera e blasfema, enquanto o outro se arrepende, recorre a Cristo em oração confiada e obtém a promessa da sua imediata salvação: «Entre os homens, à confissão segue-se o castigo; diante de Deus, pelo contrário, à confissão segue-se a salvação» (São João Crisóstomo, *De Cruce et latrone*).

A palavra «Paraíso» (v. 43), de origem persa, encontra-se em várias passagens do Antigo (cf. Ct 4, 13; Ne 2, 8; Ecl 2, 5) e do Novo Testamento (cf. 2 Cor 12, 4; Ap 2, 7); na boca de Jesus, é uma forma de mostrar ao bom ladrão que tem à sua espera, ao lado de Cristo e de modo imediato, a felicidade: «Cremos na vida eterna. Cremos que as almas de todos aqueles que morrem na graça de Cristo – quer as que ainda têm de se purificar no fogo do purgatório, quer as que são recebidas por Jesus no Paraíso logo que se separam do corpo, como sucedeu com o Bom Ladrão – formam o Povo de Deus depois da morte, a qual será definitivamente vencida no dia da ressurreição, em que estas almas se reunirão a seus corpos» (São Paulo VI, *Credo do povo de Deus*, n. 28).

23, 50-56. O texto aponta diversos pormenores que pressupõem a identidade entre o sepultado e o ressuscitado: o corpo de Jesus é deposto num sepulcro «no qual ainda ninguém tinha sido sepultado» (v. 53), e as mulheres testemunharam «de que modo o corpo de Jesus fora nele depositado» (v. 55): «"Deus [o Filho] não impediu a morte de separar a alma do corpo, segundo a ordem necessária à natureza, mas os reuniu novamente um ao outro pela Ressurreição, a fim de *ser Ele mesmo em sua pessoa o ponto de encontro da morte e da vida*, sustentando nEle a decomposição da natureza, produzida pela morte, e tornando-se Ele mesmo princípio de reunião para as partes separadas" (São Gregório de Nissa, *Oratio catechetica*, 16)» (*Catecismo da Igreja Católica*, n. 625).

Está tudo acabado. José de Arimateia, que era um homem importante, realiza com delicada veneração o que era necessário para sepultar piedosamente o corpo de Jesus, num exemplo claro para todos os discípulos de Cristo, que por amor a Ele devem arriscar a honra, a posição e o dinheiro. Chegou o momento de meditar na obra de Jesus, que «nos mereceu a vida com a livre efusão do seu sangue; nEle Deus nos reconciliou consigo e uns com os outros e [...] abriu um novo caminho, em que a vida e a morte são santificadas e recebem um novo sentido» (Concílio Vaticano II, *Gaudium et spes*, n. 22).

24, 1-12. Dentre os sinóticos, Lucas é aquele que refere com mais detalhe o anúncio da ressurreição e as aparições de Jesus. Outro elemento que ocupa o centro destes relatos é a dificuldade que os discípulos têm de aceitar os fatos; no entanto, como os «dois homens» recordaram às mulheres (v. 7), a morte de Jesus estava ordenada à sua ressurreição. A ressurreição completa a obra da nossa redenção: «Porque, assim como pela morte carregou os males para nos libertar do mal, assim também foi glorificado pela ressurreição, para nos conduzir ao bem; nas palavras da Epístola aos Romanos (cf. 4, 25), foi entregue à morte pelos nossos pecados e ressuscitou para nossa justificação» (São Tomás de Aquino, *Summa theologiae,* 3, 53, 1c).

Os primeiros versículos descrevem a reação das mulheres, que se mostram perplexas (v. 4) e amedrontadas (v. 5) ao ver o sepulcro vazio e os «dois homens»; a única coisa que as levou a acreditar na ressurreição foi a afirmação de que tudo aquilo tinha sido previamente anunciado por Jesus (vv. 7-8). Os Evangelhos são unânimes em declarar que as mulheres foram as primeiras testemunhas da ressurreição. São Beda – sem aludir à tradição que afirmava que a primeira aparição de Jesus ressuscitado fora à sua Mãe – vê nesta circunstância uma providência de Deus, observando que, se a primeira a ceder à tentação fora uma mulher, Eva, a primeira a anunciar a ressurreição fora outra mulher: «A primeira a experimentar a morte foi também a primeira a ver a ressurreição, [...] e a que tinha transmitido ao varão a culpa também lhe transmitiu a graça» (*In Marci Evangelium*, 4, 16, 9-10).

A seguir, a narrativa detém-se na atitude dos discípulos (vv. 11-12), que não acreditam nas mulheres; com efeito, o que estas vêm revelar semeia a dúvida em Pedro, e pressupõe-se que também em outros (24, 24; cf. Jo 20, 3-8), embora essas vacilações evoluam não para a fé, mas para uma simples admiração (v. 12). Fica assim assinalada a dificuldade que os apóstolos tiveram em acreditar na ressurreição.

24, 13-35. O episódio de Emaús é uma espécie de ponte entre o anúncio da ressurreição e as aparições aos onze. Por um lado, constitui um complemento do episódio anterior, pois no final, quando estes dois discípulos regressam a Jerusalém, os onze já começaram a acreditar na ressurreição em consequência do testemunho de Pedro (vv. 33-34); por outro lado, em alternativa à aparição seguinte (24, 36-49), na qual é sublinhado o verdadeiro corpo do Senhor, a sua realidade física, o episódio de Emaús salienta o reconhecimento de Jesus por parte dos que O amam (cf. Jo 20, 11-17).

É fácil reviver esta cena através da imaginação: os dois discípulos estão entristecidos (v. 17) e perderam a esperança (v. 21), pois esperavam um triunfo que não teve lugar (vv. 19-21); as suas razões eram nobres, mas humanas. Jesus acompanha-os e ouve-os: «Jesus caminha ao lado daqueles dois homens que perderam quase toda a esperança, a tal ponto que a vida começa a parecer-lhes sem sentido. Compreende a sua dor, penetra em seus corações, comunica-lhes um pouco da vida que nEle habita» (São Josemaria Escrivá, *É Cristo que passa*, n. 105).

À sabedoria humana destes discípulos, Jesus opõe a ciência sagrada: a explicação de que aqueles acontecimentos tinham ocorrido em cumprimento da Escritura incendeia o coração dos dois discípulos (cf. v. 32), que querem seguir caminho com Ele (vv. 28-29). Jesus faz o mesmo conosco: «Nunca se impõe, este Senhor nosso. Quer que O chamemos livremente, depois de entrevermos a pureza do Amor que nos meteu na alma. [...] No fundo, pensamos: Fica conosco, porque as trevas nos rodeiam a alma, e só Tu és luz, só Tu podes acalmar esta ânsia que nos consome» (São Josemaria Escrivá, *Amigos de Deus*, n. 314).

Por fim, reconhecem-nO na fração do pão (v. 31), porque Jesus lhes abriu a inteligência e o coração: «Os seus corações, iluminados por Ele, receberam o chamamento da fé e converteram-se, de tíbios, em ardentes, quando o Senhor lhes abriu o sentido das Escrituras. Na fração do pão, quando estavam sentados com Ele à mesa, também se lhes abriram os olhos e tiveram a felicidade imensa de poder contemplar a sua natureza glorificada» (São Leão Magno, *Sermo 1 de Ascensione Domini*, 3).

O relato reflete igualmente a importância que a Sagrada Escritura e a Eucaristia têm na Igreja como alimento da fé em Cristo; como observava o autor de um antigo tratado de ascética, «terei os livros sagrados por consolação e espelho de vida e, sobre tudo isto, o teu santíssimo Corpo por único remédio e refúgio. [...] Sem estas duas coisas, não poderia viver bem:

a palavra de Deus, luz da minha alma, e o teu Sacramento, pão da vida» (Tomás de Kempis, *De imitatione Christi*, 4, 11, 3-4).

24, 36-49. Na narrativa das aparições, parece perceber-se a pedagogia de Jesus, que vai revelando aos seus discípulos os pormenores da Ressurreição: depois de eles terem se convencido de que Ele de fato ressuscitou (24, 34), mostra-lhes que não é simples espírito (v. 37), mas tem carne (vv. 39.41-43), e é o mesmo que morreu na Cruz (vv. 39-40): «Pela minha parte, sei muito bem, e nisso ponho a minha fé, que, depois da sua ressurreição, o Senhor permaneceu na sua carne. E assim, quando se apresentou a Pedro e aos companheiros, disse-lhes: "Tocai-me, apalpai-me e compreendei que não sou um espírito incorpóreo". E imediatamente Lhe tocaram e acreditaram, ficando persuadidos da sua carne e do seu espírito. [...] Mais ainda, depois da sua ressurreição, comeu e bebeu com eles, como homem de carne que era, ainda que espiritualmente fosse uma só coisa com o Pai» (Santo Inácio de Antioquia, *Ad smyrnaeos*, 3, 1-3).

Após as demonstrações da sua identidade, e antes de voltar para junto do Pai, Jesus confia aos seus discípulos uma missão; nestas últimas palavras do Senhor, está compendiado tudo aquilo que São Lucas desenvolverá posteriormente nos *Atos dos Apóstolos*: a pregação do mistério de Cristo fazia parte do desígnio de Deus (vv. 46-47), mistério do qual eles foram testemunhas (v. 48), para a salvação de todos (v. 47). A missão apostólica começaria em Jerusalém (v. 47), porque fora ali que tivera lugar a morte de Jesus (9, 31) e seria ali que teria início a missão do Espírito Santo (v. 49). De fato, se a Galileia era a terra das promessas (24, 6), Jerusalém seria o local do seu cumprimento.

24, 50-53. Com a ascensão, fica consumada a salvação. Jesus, enquanto sumo sacerdote, abençoa os seus fiéis. A sua entrada no Céu não significa apenas a glória merecida pela sua Humanidade Santíssima, mas indica que a nossa humanidade já participa, nEle, da glória da divindade: «Os apóstolos e todos os discípulos, que estavam perturbados com a sua morte na Cruz e duvidavam da sua ressurreição, [...] quando o Senhor subiu ao Céu, não só não experimentaram tristeza alguma, como se encheram de grande júbilo. Na realidade, o fato de a natureza humana, na presença de uma santa multidão, ascender acima da dignidade de todas as criaturas celestiais, [...] acima dos próprios arcanjos, sem que nenhum grau de elevação pudesse dar a medida da sua exaltação, até ser recebida junto do Pai, entronizada e associada à glória daquele com cuja natureza divina se tinha unido na pessoa do Filho, foi motivo de imensa e inefável alegria» (São Leão Magno, *Sermo 1 de Ascensione Domini*, 4).

EVANGELHO

SEGUNDO SÃO JOÃO

INTRODUÇÃO

Com o *Evangelho segundo São João*, fica completo e encerrado o número dos Evangelhos que a Igreja considera sagrados e canônicos. Trata-se, tal como os sinóticos, de um «Evangelho», ou seja, de um anúncio da boa-nova; no entanto, introduz um aprofundamento na compreensão da vida e dos ensinamentos do Senhor que não se encontra naqueles. Daí que tenha sido colocado na sequência dos sinóticos, embora ocupasse o segundo lugar em alguns códices ocidentais antigos.

Há testemunhos de princípios do século II que refletem a enorme autoridade de que gozava este Evangelho, uma vez que já então se citam frases dele e se alude ao sentido de expressões nele contidas. Assim, por exemplo, Santo Inácio de Antioquia (c. 110) fala do Espírito que sabe de onde vem e para onde vai[1] e afirma que o Verbo, o Filho de Deus, compraz em tudo Aquele que O enviou[2]. Também São Policarpo, na sua carta aos filipenses (c. 110), evoca frases presentes no Evangelho de São João, o mesmo acontecendo com São Justino, quando afirma que é necessário nascer de novo para entrar no Reino dos Céus[3]. Por outro lado, há um fragmento

1 Santo Inácio de Antioquia, *Ad philadelphos*, 7, 1, numa alusão a Jo 3, 8.

2 Cf. Jo 1, 11; 7, 28; 8, 29.

3 Cf. São Policarpo, *Ad philippenses*, 7, 1, 2; São Justino, *Apologia*, 1, 61; cf. Jo 3, 5.

do quarto Evangelho num papiro pertencente à Biblioteca John Rylands, de Manchester, na Inglaterra. Trata-se do papiro P52, que foi encontrado em Faium (Egito) e datado da primeira metade do século II; ele prova a enorme difusão deste Evangelho em data tão precoce. Com efeito, este é o mais antigo texto conhecido dos quatro Evangelhos.

Atribuindo a autoria do quarto Evangelho a São João, há o registro de Santo Irineu, bispo de Lyon, nascido em 130 em Esmirna (Ásia Menor), onde conheceu São Policarpo. Este testemunho tem enorme valor, uma vez que, segundo Tertuliano[4], São Policarpo tinha sido constituído bispo de Esmirna pelo próprio São João. Santo Irineu afirma textualmente que «João, o discípulo do Senhor, o mesmo que repousou sobre o seu peito, publicou o Evangelho durante a sua estadia em Éfeso»[5]. Temos também o testemunho de Pápias de Hierápolis, acerca do qual sabemos, por Eusébio de Cesareia[6], que foi discípulo de São João; embora Pápias se refira a João, o Apóstolo, e a João, o Presbítero, tanto Santo Irineu como Eusébio consideram que o autor do Evangelho foi o apóstolo. A partir do século IV, é tradição comum e constante atribuir o quarto Evangelho ao apóstolo São João, e o Magistério da Igreja foi no mesmo sentido[7].

---

4 Tertuliano, *De praescriptionibus adversus haereticos*, 32.

5 Santo Irineu, *Adversus haereses*, 3, 1, 1.

6 Eusébio de Cesareia, *Historia ecclesiastica*, 3, 39, 1.

7 Cf. *Enchiridion biblicum*, nn. 180-182, 200-202 e 475.

I. ESTRUTURA E CONTEÚDO

Em linhas gerais, tanto em São João como nos sinóticos está presente o esquema que os apóstolos apresentavam na sua pregação oral: Jesus dá início ao seu ministério público depois de ser batizado no Jordão por João Batista, prega e faz milagres na Galileia e em Jerusalém e termina a sua vida na terra com a Paixão e a Ressurreição gloriosa[8]. Dentro desse quadro geral, contudo, São João apresenta uma estrutura peculiar, que se caracteriza pela referência às diferentes festas judaicas e pela progressiva manifestação de Jesus como Messias e Filho de Deus. Em traços largos, o esquema do quarto Evangelho poderá ser o seguinte:

PRÓLOGO (1, 1-18). Jesus Cristo é exaltado como Verbo eterno de Deus, Criador do mundo juntamente com o Pai, iluminador de todos os homens, que se fez homem para comunicar ao mundo a verdade sobre Deus e dar aos que nEle crerem a possibilidade de serem filhos de Deus.

PRIMEIRA PARTE: MANIFESTAÇÃO DE JESUS COMO O MESSIAS MEDIANTE SEUS SINAIS E PALAVRAS (1, 19-12, 50). Vai desde o testemunho de João Batista sobre Jesus até a Páscoa em que terá lugar a sua morte. Após uma introdução que registra o primeiro testemunho do Batista (1, 19-34) e a vocação dos primeiros discípulos (1, 35-51), é apresentada a primeira manifestação de

8 Cf. At 10, 38-41.

Jesus como portador da salvação, bem como as primeiras adesões de fé (2, 1-4, 54). Esta manifestação se realiza por meio do seu ministério na Galileia, de uma primeira viagem a Jerusalém por ocasião da festa da Páscoa e do regresso à Galileia, passando pela Samaria. A seguir, Jesus manifesta a sua divindade (5, 1-47) em nova subida a Jerusalém por ocasião de uma festa. Novamente na Galileia, apresenta-se como Pão da Vida (6, 1-71) e, uma vez mais em Jerusalém, durante a festa dos Tabernáculos, revela-se como enviado do Pai, Luz do mundo e Bom Pastor (7, 1-10, 21). Em seguida, em novo confronto com os judeus de Jerusalém, na festa da Dedicação, Jesus afirma que é um com o Pai (10, 22-42) e, em Betânia, perto de Jerusalém, onde ressuscita Lázaro, apresenta-se como aquele que outorga aos homens a ressurreição e a vida eterna (11, 1-57). Finalmente, após a unção por Maria em Betânia, é aclamado Rei messiânico em Jerusalém (12, 1-50).

Segunda parte: manifestação de Jesus como o Messias, Filho de Deus, na sua Paixão, Morte e Ressurreição (13, 1-21, 25). Começa com a Última Ceia – o momento em que Jesus revela a sua intimidade – (13, 1-17, 26), prossegue com a sua Paixão e Morte (18, 1-19, 42) e termina com as aparições do Ressuscitado (20, 1-21, 25); o sepulcro vazio e as aparições dão testemunho do realismo da ressurreição. Jesus ressuscitado infunde o Espírito Santo aos apóstolos, dá-lhes o poder de perdoar os pecados e estabelece Pedro como guia da sua Igreja.

II. COMPOSIÇÃO E ENQUADRAMENTO HISTÓRICO

O autor e as circunstâncias da composição

O leitor do quarto Evangelho percebe imediatamente alguns pormenores que parecem interromper o fio da narrativa e que, por isso, levam a desconfiar de que tenha havido um processo de redação por etapas. Os mais significativos são os seguintes: a atividade de Jesus em Jerusalém por ocasião de uma festa, que é descrita no capítulo 5 mas sem se especificar de que festa se trata, não parece se encaixar adequadamente entre os capítulos 4 e 6, em que Jesus se encontra na Galileia; o recomeço do discurso de Jesus na Última Ceia, no capítulo 15, depois de ter ordenado, no final do capítulo 14: «Levantai-vos, vamo-nos daqui!», é um tanto surpreendente; a narração da aparição de Jesus à margem do lago no capítulo 21, com uma conclusão semelhante à que já se leu no final do capítulo 20, parece fazer dela um acréscimo posterior. Estes e outros elementos literários levam a supor que a forma atual do Evangelho é obra de um redator final, que elaborou um material já existente, conferindo-lhe a ordem que conhecemos; na conclusão do livro, esse redator final fala na primeira pessoa do plural – «sabemos que é verdadeiro o seu testemunho» –, dando voz ao sentir da comunidade, ao mesmo tempo que refere que é «aquele discípulo [que Jesus amava] que dá testemunho destas coisas e que as escreveu»[9].

---

9 Jo 21, 24; cf. 21, 20.

O «discípulo que Jesus amava» e, portanto, o verdadeiro autor deste Evangelho é o apóstolo São João, como se prova pela comparação dos dados do próprio Evangelho com os dados fornecidos pelos sinóticos. Por outro lado, há muitos elementos literários deste Evangelho que confirmam que foi escrito por um judeu que conhecia bem a geografia da Palestina, bem como as festas e os costumes judaicos[10]. Além disso, o estilo do escritor tem claramente uma marca semita, quer no vocabulário, quer nas construções gramaticais. A tradição dos Santos Padres e dos autores eclesiásticos confirma, desde o século II, a autoria de São João e situa a sua redação em Éfeso, para onde o apóstolo tinha ido pregar a boa-nova.

O *Evangelho de São João* reflete uma situação em que os cristãos já se separaram definitivamente do judaísmo. Assim, por exemplo, menciona «os judeus», e não apenas as autoridades judaicas, como um bloco unificado que se opõe a Jesus[11], ao mesmo tempo que recorda que tinham decidido expulsar os cristãos da sinagoga[12]. A referência às festas judaicas, quadro em que Jesus é apresentado introduzindo uma nova economia salvífica, dá a entender que a comunidade destinatária do Evangelho se identifica como o novo e verdadeiro Israel, à margem das instituições judaicas anteriores; fica assim claro que a nova religião vem substituir o judaísmo. Este confronto com o judaísmo e a expulsão dos cristãos da sinagoga tiveram

10 Cf. Jo 1, 28; 3, 23; 4, 5-6; 10, 22; 11, 18.

11 Cf. Jo 1, 19; 2, 18; 5, 10.

12 Cf. Jo 9, 22; 16, 2.

lugar nos finais do século I, pelo que é razoável supor, também de acordo com a tradição, que o Evangelho foi composto na década de 90.

Finalidade do escrito e comparação com os sinóticos

O quarto evangelista escreve a sua obra, segundo ele próprio declara, «a fim de que acrediteis que Jesus é o Cristo, Filho de Deus, e para que, crendo, tenhais a vida em seu nome»[13]; ou seja, o objetivo deste escrito é formar e fortalecer a fé dos seus leitores. Para alcançar este objetivo, enunciado no final da obra, o autor do quarto Evangelho segue um plano diferente do dos sinóticos, centrando-se essencialmente na atividade de Jesus na Judeia e no Templo de Jerusalém, aonde o Senhor sobe pelo menos três vezes por ocasião das festas[14], referindo apenas alguns pormenores da atividade de Jesus na Galileia; salienta também a sua passagem pela Samaria[15]. Em contrapartida, os três primeiros Evangelhos só nos narram uma subida de Jesus à Cidade Santa durante o seu ministério público, aquela em que morrerá durante a festa da Páscoa.

Dos vinte e nove milagres narrados pelos sinóticos, São João menciona apenas dois[16], recolhendo mais cinco que

13 Jo 20, 31.

14 Cf. Jo 2, 13; 7, 10; 12, 12.

15 Cf. Jo 4, 1-42.

16 Jo 6, 11.19.

só ele relata[17]. Mas a característica mais distintiva de sua narrativa reside no fato de apresentar os milagres como «sinais», uma vez que lhe servem de ponto de apoio para expor realidades mais profundas que aquelas que se distinguem com um olhar mais simples. Assim, com as bodas de Caná – o primeiro destes sinais –, manifesta-se a glória de Jesus, revela-se o começo da era messiânica e vislumbra-se já a função de sua Mãe, Santa Maria, na Redenção[18]; a multiplicação dos pães e dos peixes, que também é testemunhada pelos sinóticos, sustenta as palavras de Cristo quando Ele se apresenta como Pão da Vida[19]; a cura do cego de nascença precede a manifestação de Jesus como Luz do mundo[20]; e a ressurreição de Lázaro mostra que só Jesus é a Ressurreição e a Vida[21].

O quarto Evangelho segue os sinóticos na narrativa da Paixão, Morte e Ressurreição de Cristo; mas estes acontecimentos também são descritos segundo uma perspectiva própria, nomeadamente à luz da glorificação de Cristo. Nestes momentos, torna-se manifesta a «hora» de Jesus[22], em que o Pai glorifica o Filho que, ao morrer, vence o demônio, o pecado e a morte, sendo exaltado sobre todas as coisas[23]. Deste modo, nos anúncios que Jesus faz de sua

---

17 Jo 2, 1-11; 4, 46-54; 5, 1-9; 9, 1-41; 11, 33-44.

18 Jo 2, 1-11.

19 Jo 6.

20 Jo 9.

21 Jo 11.

22 Jo 2, 4; 7, 30; 13, 1; 17, 1.

23 Jo 12, 32-33.

Paixão, os sinóticos se centram na conveniência de que o Filho do Homem *sofra*[24], ao passo que São João sublinha a conveniência de que o Filho do Homem *seja exaltado*[25].

O quarto evangelista também apresenta os ensinamentos de Jesus com matizes diferentes dos dos sinóticos; assim, por exemplo, só fala uma vez do Reino de Deus, ao passo que os sinóticos, em especial São Mateus, o referem com muita frequência[26]. São João não trata alguns temas que são frequentes nos sinóticos, como a questão do sábado, o legalismo farisaico etc.; mas fala da vida, da verdade, da luz e da glória, temas que figuram muito pouco nos três primeiros Evangelhos.

O propósito deste escrito, como fica dito no final, é dar a conhecer aquilo que o seu autor viu[27] – intenção presente ao longo de todo o texto, em que, mais do que verbos como «evangelizar» ou «pregar», recorre aos verbos «testemunhar» e «ensinar». O objeto deste testemunho será sempre Jesus Cristo. Assim, a pregação do Batista nos é apresentada como testemunho histórico a favor de Cristo[28]. Mas quem principalmente dá testemunho dEle é o Pai que O enviou[29]; e o próprio Jesus dá testemunho de si, porque sabe de onde vem e para onde vai[30] e porque

---

24 Mt 16, 21 e paralelas.

25 Jo 3, 14-15; 8, 28; 12, 32-33.

26 Jo 3, 5; cf. Mt 3, 2; 4, 23; 5, 3; 11, 12; 13, 24 etc.

27 Jo 19, 35; 21, 24.

28 Jo 1, 7.19.32.34; 3, 26; 5, 33.

29 Jo 5, 37.

30 Jo 8, 14.

testemunha aquilo que viu[31]. As Escrituras também dão testemunho dEle[32], e o mesmo fará o Espírito Santo a ser enviado[33]. Por último, o Senhor diz aos apóstolos: «Vós também dareis testemunho, porque estais comigo desde o princípio»[34]; e o Evangelho escrito é o «testemunho» dado e reconhecido pela Igreja[35].

III. ENSINAMENTO

A revelação de Deus

O aspecto de caráter religioso e doutrinal mais importante do quarto Evangelho consiste em mostrar que Deus, que é invisível, se deu a conhecer por meio de Jesus Cristo: «Ninguém jamais viu Deus; o Unigênito de Deus, que está no seio do Pai, ele mesmo o deu a conhecer»[36]. Só Jesus pôde revelar a intimidade de Deus, porque é o *Logos* de Deus, o Filho eterno que conhece verdadeiramente o Pai, e porque, por sua intercessão e em seu nome, Deus enviou o seu Espírito, que dá a conhecer toda a verdade. Logo no prólogo, fica dito que o Verbo era Deus; ao mesmo tempo, pelo fato de declarar que Ele

31 Jo 3, 11.
32 Jo 5, 39.
33 Jo 15, 26.
34 Jo 15, 27
35 Jo 21, 24.
36 Jo 1, 18.

estava junto de Deus, fica implicitamente afirmado que é consubstancial ao Pai.

O Verbo é o Filho Unigênito do Pai[37]. Ao longo do Evangelho, Jesus falará insistentemente de seu Pai e, nas duas orações que expressa em voz alta, começa por invocar o Pai[38]. Junto a essa distinção entre Ele e o Pai, Jesus exprime também a igualdade de natureza entre ambos: «Eu e o Pai somos um»[39].

O Senhor também fala do Espírito como de uma Pessoa. Com efeito, quer na Última Ceia, quer depois da Ressurreição, fala aos seus da ação reveladora do Espírito, declarando-lhes que Ele próprio rogará ao Pai que lhes dê outro Consolador, o Espírito da Verdade[40], e que o Pai atenderá esse pedido e enviará o Paráclito[41], que procede do Pai e recebe do Filho o que terá de anunciar[42].

A obra de Cristo está unida à ação do Espírito. Já no testemunho de Jesus dado pelo Batista, o sinal para O reconhecer como Filho de Deus é a descida sobre Ele do Espírito em forma de pomba[43]; por outro lado, o Precursor declara que, em contraposição ao seu próprio batismo de água, Jesus batiza no Espírito Santo[44].

---

37 Jo 1, 14.

38 Jo 11, 41; 17, 1.

39 Jo 10, 30.

40 Jo 14, 16-17; 15, 26; 16, 13.

41 Jo 14, 26.

42 Jo 16, 13-15.

43 Jo 3, 5.

44 Jo 1, 32-34.

É o Espírito que, juntamente com a água, cria no homem uma condição nova, uma espécie de renascimento: «Quem não renascer da água e do Espírito Santo não pode entrar no Reino de Deus»[45]. Esta relação entre a água e o Espírito volta a aparecer em 7, 37-39, onde o Senhor afirma que do seio dessa pessoa brotarão rios de água viva, palavras que São João explica da seguinte maneira: «Ora, ele dizia isso falando do Espírito que haviam de receber os que cressem nele, porque ainda não tinha sido dado o Espírito, por não ter sido ainda glorificado Jesus»[46]. Será, pois, o Espírito que recordará e dará a compreender aos discípulos as obras e as palavras de Jesus enquanto revelação do Pai[47], conduzindo-os à verdade plena e glorificando-O[48]. Por último, é o Espírito que realiza a libertação do homem mediante o ministério apostólico: «Recebei o Espírito Santo. Àqueles a quem perdoardes os pecados, ser-lhes-ão perdoados; àqueles a quem os retiverdes, ser-lhes-ão retidos.»[49].

O conhecimento de Deus: a fé e o amor

De acordo com o quarto Evangelho, a fé está unida ao conhecimento da verdade sobre Cristo. Com efeito,

45 Jo 3, 5.

46 Jo 7, 39.

47 Cf. Jo 14, 26.

48 Cf. Jo 16, 13.

49 Jo 20, 22-23.

neste Evangelho, os verbos «crer» e «conhecer» (ou «reconhecer», «saber») ocorrem muitas vezes na mesma frase; há até passagens em que ambos parecem ser intermutáveis[50]. O verbo «conhecer» não tem aqui sentido meramente intelectual, de apreensão da verdade; pelo contrário – e assumindo de certa maneira o seu significado veterotestamentário –, indica uma adesão sem reservas à Verdade, que é o próprio Cristo. Por isso, a fé tanto inclui o ato de entrega confiada como o ato do conhecimento; e este adquire-se pelo testemunho do autor do Evangelho e pela ação do Espírito da Verdade. Deste modo, a fé é simultaneamente um dom gratuito da parte de Deus e um ato livre da parte do homem. Por isso, Jesus exorta insistentemente a que os seus ouvintes creiam nEle, ou seja, a que queiram crer, a que não se fechem voluntariamente à verdade[51].

Quem crê em Cristo torna-se possuidor da vida eterna, isto é, participa da própria vida de Deus, que se comunica por meio da união com Jesus de uma forma que se assemelha à união dos ramos à videira[52]. Comunicar esta vida é a finalidade da revelação de Deus: «Deus amou de tal modo o mundo, que lhe deu seu Filho Unigênito, para que todo o que crê nele não pereça, mas tenha a vida eterna»[53]. Essa vida que tem quem acredita em

---

50 Cf. Jo 6, 69; 17, 8 etc.

51 Jo 3, 36; 5, 24; 8, 24 etc.

52 Jo 15, 1-8.

53 Jo 3, 16.

Cristo – «Quem crê no Filho tem a vida eterna»[54] – também é uma garantia da ressurreição no fim dos tempos: «Pois esta é a vontade de meu Pai: que todo aquele que vê o Filho e crê nele tenha a vida eterna; e eu o ressuscitarei no último dia»[55].

A vida eterna consiste no conhecimento do Pai e do Filho na fé: «Ora, a vida eterna é esta: que te conheçam a ti como o único Deus verdadeiro e a Jesus Cristo, a quem enviaste»[56]. E esse conhecimento é simultaneamente uma participação no amor entre o Pai e o Filho: «Fi-los e fá-los-ei conhecer o teu nome, a fim de que o amor com que me amaste esteja neles, e eu neles»[57]. Deste modo, a fé que comunica ao homem a vida eterna está inseparavelmente unida ao amor, pois consiste precisamente em entrar na relação de amor entre o Pai e o Filho: «Como o Pai me amou, assim eu vos amei. Permanecei no meu amor»[58]. Por isso, deve se manifestar também no amor fraterno, que é o único mandamento dado por Jesus no Evangelho no qual se apresenta a si próprio como modelo[59].

---

54 Jo 3, 36; cf. 3, 18; 5, 24 etc.

55 Jo 6, 40.

56 Jo 17, 3.

57 Jo 17, 26.

58 Jo 15, 9.

59 Jo 15, 9-12; em 1 Jo 3, 23, o mandamento de Jesus aparece com outro formato, sem deixar por isso de ser indubitavelmente o mesmo que o registrado no Evangelho: «Este é o seu mandamento: que acreditemos no nome de seu Filho, Jesus Cristo e que nos amemos uns aos outros, conforme o mandamento que Ele nos deu.»

A Igreja e os sacramentos

Embora o termo «Igreja» não figure no quarto Evangelho, o autor dá a entender que se sente membro do grupo constituído pelos discípulos de Jesus, nomeadamente usando a primeira pessoa do plural tanto para apresentar o testemunho sobre Cristo – «nós vimos a sua glória»[60] – como para garantir a veracidade do que foi transmitido pelo apóstolo: «Sabemos que é verdadeiro o seu testemunho»[61]. Por outro lado, este Evangelho registra as palavras com as quais Jesus descreve os que acreditarem nEle como um redil cuja porta é o próprio Cristo[62], bem como as palavras em que, aludindo às profecias do Antigo Testamento sobre a renovação do povo de Israel[63], Ele se apresenta como Bom Pastor que vem constituir um só rebanho, ao qual podem pertencer todos os homens[64]. Este redil e este rebanho são um símbolo da Igreja, também simbolizada na videira à qual os ramos permanecem unidos[65]. Tanto nesta imagem como nas anteriores, fica estabelecido que é o próprio Jesus Cristo que rege e confere vitalidade à sua Igreja; e Jesus mesmo pede ao Pai que haja entre os discípulos a mesma unidade que Ele tem com o Pai[66].

---

60 Jo 1, 14.

61 Jo 21, 24.

62 Jo 10, 1-6.

63 Cf. Ez 34.

64 Jo 10, 11-17.

65 Jo 15, 1-8.

66 Jo 17, 21-23.

A comunidade posterior dos que vierem a acreditar em Jesus, a Igreja, será uma continuidade do grupo dos discípulos que estiveram com Ele e que dão testemunho dEle; entre estes destaca-se o «discípulo que Jesus amava», por via de cujo testemunho o leitor deste Evangelho chega ao conhecimento de Cristo[67]. Mas o discípulo que detém a preeminência é Pedro, como fica patente no fato de ser ele o primeiro a entrar no sepulcro[68] e de ser a ele que Cristo ressuscitado atribui o pastoreio de todo o rebanho dos fiéis[69].

Pode-se dizer que, no quarto Evangelho, as ações que Jesus realizou têm caráter sacramental, pois nelas eram comunicados dons divinos por meio de sinais exteriores. Jesus promete aos discípulos que realizarão obras como as que Ele realizou[70] e, depois de ressuscitar, dá-lhes o Espírito Santo para que perdoem os pecados, isto é, para que confiram a salvação aos homens[71]. Deste modo, o Evangelho dá a entender que os dons da salvação são conferidos aos fiéis mediante ações realizadas pelos discípulos, que é o mesmo que dizer: mediante ações sacramentais. Em última análise, entra-se na Igreja – rebanho de Cristo – pela adesão a Ele mediante a fé e por um novo nascimento pela água e pelo Espírito[72]; esta expressão alude ao rito do batismo cristão,

---

67 Jo 20, 31; 21, 24.

68 Jo 20, 6-8.

69 Jo 21, 15-19.

70 Jo 14, 12.

71 Jo 20, 22-23.

72 Cf. Jo 3, 5.

que é igualmente simbolizado no relato da cura do cego de nascença[73]. O rebanho de Cristo conta ainda com o alimento do Pão da Vida, que é a Carne e o Sangue de Cristo, que se oferece aos fiéis na Eucaristia[74].

A Virgem Santa Maria

Uma característica peculiar do quarto Evangelho é a relevância que nele têm algumas mulheres, como Marta e Maria, Maria Madalena e, especialmente, a Mãe do Senhor, a Virgem Maria; embora só figure duas vezes, Nossa Senhora aparece precisamente no começo e no final da manifestação de Jesus como Messias e Filho de Deus: em 2, 1-11, na narração das bodas de Caná, em que Jesus deu início aos seus sinais, e em 19, 25-27, quando Jesus morre na Cruz. Estas passagens indicam que a presença de Maria abarca toda a manifestação de Jesus, e há um nítido paralelismo entre elas: Nossa Senhora é referida, em ambas, como a Mãe de Jesus, e também em ambas Ele se dirige a ela tratando-a por «mulher»; por outro lado, tanto em Caná como no Calvário há referência à «hora» de Jesus – no primeiro caso, como uma realidade que ainda não tinha chegado; no segundo, como algo já presente –, hora essa que marcará toda a sua vida[75].

---

73 Jo 9, 1-41.

74 Jo 6, 48-59.

75 Cf. Jo 7, 30; 8, 20; 12, 27; 13, 1; 17, 1.

Em ambas as passagens, em Caná e no Calvário, Jesus trata a sua Mãe por «mulher», palavra cuja utilização pressupõe, de alguma maneira, solenidade e ênfase. Por essa razão, a maioria dos comentadores vê neste título uma alusão a Gn 3, 15, onde está dito que a mulher e a sua descendência vencerão a serpente, símbolo do demônio; e os Santos Padres registram a existência de um paralelismo entre Eva e Maria semelhante ao paralelismo entre Adão e Cristo[76]. Efetivamente, a morte de Cristo constitui um triunfo sobre a serpente, dado que, ao morrer, Jesus nos redime da escravidão do demônio. *Mors per Evam, vita per Mariam*: «a morte veio-nos por Eva, a vida por Maria»[77]. «A primeira Eva», ensina Santo Irineu, «desobedeceu a Deus; pelo contrário, a segunda obedeceu-Lhe. Deste modo, a Virgem Maria veio a ser advogada da virgem Eva»[78]. E Orígenes comenta: «Atrevemo-nos a dizer que a flor das Escrituras são os Evangelhos, e a flor dos Evangelhos é o de São João. Mas ninguém poderá compreender o seu sentido se não tiver repousado no peito de Jesus e recebido Maria como sua Mãe. Para ser como João, é preciso poder, como ele, ser apresentado por Jesus como outro Jesus. Com efeito, se Maria não teve mais nenhum filho além de Jesus, e Jesus disse à sua Mãe: "Eis o teu filho", e não "Eis outro filho", foi como se lhe tivesse dito: "Eis Jesus, a quem deste a vida".

76 Cf. Rm 5, 12-14.

77 São Jerônimo, *Epistola ad Eustochium*, 22, 21.

78 *Adversus haereses*, 5, 19, 1.

«De fato, quem se identificou com Cristo deixou de viver para si: é Cristo que vive nele (cf. Gl 2, 20); e, uma vez que Cristo vive nele, sobre ele diz Jesus a Maria: "Eis o teu filho: Cristo"»[79].

79 *In Ioannem commentarium*, por referência a Jo 19, 26-27.

EVANGELHO
SEGUNDO SÃO JOÃO

Prólogo

20 ABR
20 OUT

1 [1] No princípio era o Verbo,
e o Verbo estava com Deus,
e o Verbo era Deus.
[2] Estava no princípio junto de Deus.
[3] Todas as coisas foram feitas por meio dele,
e sem ele nada foi feito do que se fez.
[4] Nele estava a vida,
e a vida era a luz dos homens.
[5] E a luz resplandece nas trevas,
e as trevas não a receberam.
[6] Apareceu um homem enviado por Deus
que se chamava João.
[7] Ele veio como testemunha
para dar testemunho da luz,
a fim de que todos cressem por meio dele.
[8] Não era a luz,
mas veio para dar testemunho da luz.
[9] O Verbo era a luz verdadeira,
que ilumina todo homem
que vem a este mundo.
[10] Estava no mundo,
e o mundo foi feito por ele,
e o mundo não o conheceu.

11 Veio para o que era seu,
e os seus não o receberam.
12 Mas a todos os que o receberam
deu poder de se tornarem filhos de Deus,
àqueles que creem no seu nome;
13 os quais não nasceram do sangue,
nem da vontade da carne,
nem da vontade do homem,
mas de Deus.
14 E o Verbo se fez carne
e habitou entre nós,
e nós vimos a sua glória,
glória como de Unigênito do Pai,
cheio de graça e de verdade.
15 João dá testemunho dele e clama:
«Este era aquele de quem eu disse:
"O que há de vir depois de mim
é mais do que eu,
porque existia antes de mim."»
16 Da sua plenitude
todos nós recebemos,
e graça sobre graça;
17 porque a Lei foi dada por Moisés,
mas a graça e a verdade
foram trazidas por Jesus Cristo.
18 Ninguém jamais viu Deus;
o Unigênito de Deus,
que está no seio do Pai,
ele mesmo o deu a conhecer.

PRIMEIRA PARTE
A MANIFESTAÇÃO DE JESUS COMO MESSIAS MEDIANTE SEUS SINAIS E PALAVRAS

I. INTRODUÇÃO

Testemunho do Batista

(Mt 3, 1-12; Mc 1, 1-8; Lc 3, 1-18)

19 Eis o testemunho de João, quando os judeus lhe **21 ABR** ***21 OUT***
enviaram de Jerusalém sacerdotes e levitas para pergun-
tar-lhe: «Quem és tu?» 20 Ele confessou a verdade, não a
negou; e confessou:

«Eu não sou o Cristo.»

21 Eles perguntaram-lhe:

«Quem és, pois? És tu Elias?»

Ele respondeu:

«Não sou.»

«És tu o profeta?»

«Não», respondeu.

22 Disseram-lhe então:

«Quem és, pois, para que possamos dar resposta aos que nos enviaram? Que dizes de ti mesmo?»

23 Disse-lhes então:

«Eu sou *a voz do que clama no deserto:*
"Endireitai o caminho do Senhor",
como disse o profeta Isaías.»

24 Ora, os que tinham sido enviados eram fariseus.
25 Interrogaram-no, dizendo:

«Como batizas, pois, se não és o Cristo, nem Elias,
nem o profeta?»
26 João respondeu-lhes:
«Eu batizo com água, mas no meio de vós está quem vós
não conheceis. 27 Esse é o que há de vir depois de mim, ao
qual eu não sou digno de desatar a correia das sandálias.»
28 Essas coisas passaram-se em Betânia, do lado de
além do Jordão, onde João estava batizando.
29 No dia seguinte João viu Jesus, que vinha ter com
ele, e disse:
«Eis o Cordeiro de Deus, que tira o pecado do mundo.
30 Este é aquele de quem eu disse: "Depois de mim vem
um homem que é superior a mim, porque era antes de
mim." 31 E eu não o conhecia, mas vim batizar com água
para ele ser revelado em Israel.»
32 E João deu testemunho dizendo:
«Vi o Espírito descer do céu em forma de pomba, e
repousou sobre ele. 33 Eu não o conhecia, mas o que me
mandou batizar em água disse-me: "Aquele sobre quem
vires descer e repousar o Espírito, esse é o que batiza no
Espírito Santo." 34 Eu o vi e dei testemunho de que ele é
o Filho de Deus.»

Vocação dos primeiros discípulos

(Mt 4, 18-25; Mc 1, 16-20; Lc 5, 1-11)

35 No outro dia João lá estava novamente com dois 22 ABR
de seus discípulos. 36 Vendo Jesus, que ia passando, disse: *22 OUT*
«Eis o Cordeiro de Deus.»

37 Ouvindo as suas palavras, os dois discípulos segui-
ram Jesus. 38 Jesus, voltando-se para trás e vendo que o
seguiam, disse-lhes:

«Que buscais vós?»

Eles disseram-lhe:

«Rabi (que quer dizer "Mestre"), onde habitas?»

39 Jesus disse-lhes:

«Vinde e vede.»

Foram, viram onde habitava e ficaram com ele aquele dia. Era então quase a hora décima.

40 André, irmão de Simão Pedro, era um dos dois que
tinham ouvido o que João dissera e que tinham seguido Je-
sus. 41 Este encontrou primeiro seu irmão Simão e disse-lhe:

«Encontramos o Messias», que quer dizer «Cristo».

42 Levou-o a Jesus. Jesus, fixando nele o olhar, disse:

«Tu és Simão, filho de João; tu serás chamado Cefas», que quer dizer «Pedra».

43 No dia seguinte Jesus resolveu ir à Galileia. Encon-
trou Filipe e disse-lhe:

«Segue-me.»

44 Filipe era natural da cidade de Betsaida, pátria de
André e de Pedro. 45 Filipe encontrou Natanael e disse-lhe:

«Encontramos aquele de quem escreveram Moisés na Lei e os profetas: Jesus de Nazaré, filho de José.»

46 Natanael disse-lhe:

«De Nazaré pode porventura sair coisa que seja boa?»

«Vem e vê», disse-lhe Filipe.

47 Jesus viu Natanael, que ia ter com ele, e disse dele:

«Eis um verdadeiro israelita, em quem não há dolo.»

48 Natanael disse-lhe:

«Donde me conheces tu?»

Jesus respondeu-lhe:

«Antes que Filipe te chamasse, te vi eu, quando estavas debaixo da figueira.»

49 Natanael respondeu:

«Mestre, tu és o Filho de Deus, tu és o Rei de Israel.»

50 Jesus respondeu-lhe:

«Porque eu te disse que te vi debaixo da figueira, crês? Verás coisas maiores que esta.»

51 E acrescentou:

«Em verdade, em verdade vos digo: vereis o céu aberto, e os anjos de Deus subindo e descendo sobre o Filho do Homem.»

II. JESUS, AUTOR DA NOVA ECONOMIA SALVÍFICA: PRIMEIRAS MANIFESTAÇÕES DE FÉ

Bodas de Caná

2 1 Três dias depois, celebraram-se umas bodas em 23 ABR
Caná da Galileia, e encontrava-se lá a mãe de Jesus. *23 OUT*
2 Foi também convidado Jesus com seus discípulos para
as bodas. 3 Faltando o vinho, a mãe de Jesus disse-lhe:

«Não têm vinho.»

4 Jesus respondeu-lhe:

«Mulher, que nos importa a mim e a ti isso? Ainda não chegou a minha hora.»

5 Disse sua mãe aos que serviam:

«Fazei tudo o que ele vos disser.»

6 Ora, havia ali seis talhas de pedras preparadas para a purificação judaica, que levavam cada uma duas a três metretas. 7 Jesus disse-lhes:

«Enchei as talhas de água.»

Encheram-nas até em cima. 8 Então Jesus disse-lhes:

«Tirai agora e levai ao mestre-sala.»

Eles levaram. 9 O mestre-sala, logo que provou a água convertida em vinho (ele não sabia donde viera, ainda que o soubessem os serventes, porque tinham tirado a água), chamou o esposo 10 e disse-lhe:

«Todo homem põe primeiro o bom vinho e, quando já os convidados têm bebido bem, então lhes apresenta o inferior; tu, ao contrário, tiveste o bom vinho guardado até agora.»

11 Esse princípio dos sinais fez Jesus em Caná da Galileia. Assim manifestou a sua glória, e os seus discípulos creram nele.

12 Depois disso, desceu para Cafarnaum com sua mãe, seus irmãos e seus discípulos, mas não se demoraram lá muitos dias.

Purificação do Templo

(Mt 21, 12-17; Mc 11, 15-19; Lc 19, 45-48)

13 Estava próxima a Páscoa dos judeus, e Jesus subiu a Jerusalém. 14 Encontrou no Templo vendedores de bois,

ovelhas e pombas, e os cambistas sentados às suas me-
sas. 15 Tendo feito um azorrague de cordas, expulsou-os a
todos do Templo, e com eles as ovelhas e os bois; lançou
por terra o dinheiro dos cambistas e derrubou as suas
mesas. 16 Aos que vendiam pombas disse:

«Tirai daqui isto: não façais da casa de meu Pai casa
de negócio.»

17 Então lembraram-se seus discípulos do que está es-
crito: *O zelo da tua casa devora-me.*

18 Tomaram então a palavra os judeus e disseram-lhe:

«Com que sinal nos mostras tu que tens autoridade
para fazer essas coisas?»

19 Jesus respondeu-lhes:

«Destruí este Templo, e o reedificarei em três dias.»

20 Replicaram os judeus:

«Este Templo foi edificado em quarenta e seis anos, e
tu o reedificarás em três dias?»

21 Ora, ele falava do Templo de seu corpo. 22 Quando
ressuscitou dos mortos, lembraram-se seus discípulos do
que ele dissera e creram na Escritura e nas palavras que
Jesus tinha dito.

23 Estando em Jerusalém pela festa da Páscoa, muitos
creram no seu nome, vendo os milagres que fazia. 24 Mas
Jesus não se fiava neles, porque os conhecia a todos, 25 e
não necessitava de que lhe dessem testemunho de homem
algum, pois sabia por si mesmo o que há em cada homem.

Visita de Nicodemos

3 1 Havia um homem dos fariseus chamado Nicode- 24 ABR
mos, um dos principais entre os judeus. 2 Este foi ter 24 OUT
com Jesus de noite e disse-lhe:
«Mestre, sabemos que foste enviado por Deus como
Mestre, porque ninguém pode fazer estes milagres que tu
fazes se Deus não estiver com ele.»
3 Jesus respondeu-lhe:
«Em verdade, em verdade te digo que não pode ver o
Reino de Deus senão aquele que nascer do alto.»
4 Nicodemos disse-lhe:
«Como pode um homem nascer, sendo velho?
Porventura pode tornar a entrar no ventre de sua mãe e
renascer?»
5 Jesus respondeu-lhe:
«Em verdade, em verdade te digo que quem não
renascer da água e do Espírito Santo não pode entrar no
Reino de Deus. 6 O que nasceu da carne é carne, o que nas-
ceu do Espírito é espírito. 7 Não te maravilhes de eu te dizer:
É preciso que vós nasçais de novo. 8 O vento sopra onde
quer e tu ouves a sua voz, mas não sabes donde ele vem nem
para onde vai; assim é todo aquele que nasceu do Espírito.»
9 Nicodemos disse-lhe:
«Como se pode fazer isso?»
10 Jesus respondeu:
«Tu és mestre em Israel e não sabes estas coisas?
11 Em verdade, em verdade te digo que nós dizemos o
que sabemos e damos testemunho do que vimos, mas vós
não recebeis o nosso testemunho. 12 Se, quando vos falo

das coisas terrenas, não me acreditais, como me acredi-
tareis se vos falar das celestes? 13 Ninguém subiu ao céu
senão aquele que desceu do céu, o Filho do Homem.
14 E como Moisés levantou no deserto a serpente, assim
também importa que seja levantado o Filho do Homem,
15 a fim de que todo aquele que crê nele tenha a vida
eterna.

16 «Porque Deus amou de tal modo o mundo, que lhe
deu seu Filho Unigênito, para que todo o que crê nele
não pereça, mas tenha a vida eterna. 17 Porque Deus não
enviou seu Filho ao mundo para condenar o mundo, mas
para que o mundo seja salvo por ele. 18 Quem nele crê
não é condenado, mas quem não crê já está condenado,
porque não crê no nome do Filho Unigênito de Deus.
19 A condenação está nisto: A luz veio ao mundo, e os ho-
mens amaram mais as trevas do que a luz, porque as suas
obras eram más. 20 Porque todo aquele que faz o mal odeia
a luz e não se chega para a luz, a fim de que não sejam re-
provadas as suas obras; 21 mas aquele que procede segundo
a verdade chega-se para a luz, a fim de que seja manifesto
que as suas obras são feitas segundo Deus.»

Novo testemunho do Batista

22 Depois disso foi Jesus com seus discípulos para a ter- **25 ABR**
ra da Judeia. Habitava com eles e batizava. 23 João estava ***25 OUT***
também batizando em Enon, junto a Salim, porque ha-
via ali muita água, e o povo concorria para ser batizado.
24 João ainda não tinha sido posto na prisão.

25 Levantou-se uma questão entre os discípulos de

João e um judeu acerca da purificação. 26 Foram ter com João e disseram-lhe:

«Mestre, o que estava contigo do lado de além do Jordão, de quem tu deste testemunho, eis que está batizando e todos vão a ele.»

27 João respondeu:

«O homem não pode receber coisa alguma, se lhe não for dada do céu. 28 Vós mesmos me sois testemunhas de que vos disse: "Eu não sou o Cristo, mas fui enviado diante dele.» 29 O que tem a esposa é o esposo, mas o amigo do esposo, que está de pé e o ouve, enche-se de gozo com a voz do esposo. Esta é a minha alegria, e ela é perfeita. 30 Convém que ele cresça e eu diminua.

31 «O que vem de cima é superior a todos. O que vem da terra é da terra, e terrestre é a sua linguagem. O que vem do céu é superior a todos. 32 Ele testifica o que viu e ouviu, mas ninguém recebe o seu testemunho. 33 Quem recebe o seu testemunho certifica que Deus é verdadeiro. 34 Aquele a quem Deus enviou fala palavras de Deus, porque não lhe dá o Espírito por medida. 35 O Pai ama o Filho e pôs todas as coisas na sua mão. 36 Quem crê no Filho tem a vida eterna; aquele, porém, que não crê no Filho não verá a vida, mas sobre ele pesa a ira de Deus.»

Jesus e a samaritana

4 1 Quando Jesus soube que os fariseus tinham ouvido **26 ABR**
que ele fazia mais discípulos e batizava mais que João ***26 OUT***
2 (todavia, não era o próprio Jesus que batizava, mas os seus discípulos), 3 deixou a Judeia e foi outra vez para

a Galileia. 4 Devia passar pela Samaria. 5 Chegou, pois,
a uma cidade da Samaria chamada Sicar, junto da terra
que Jacó deu a seu filho José. 6 Estava lá o poço de Jacó.
Fatigado da viagem, Jesus sentou-se sobre a borda do
poço. Era quase a hora sexta.

7 Veio uma mulher da Samaria tirar água. Jesus disse-lhe:

«Dá-me de beber.» 8 Os seus discípulos tinham ido à
cidade comprar mantimentos.

9 Disse-lhe, porém, a mulher samaritana:

«Como tu, sendo judeu, me pedes de beber a mim,
que sou samaritana?» Com efeito, os judeus não se
associam aos samaritanos.

10 Jesus respondeu:

«Se tu conhecesses o dom de Deus e quem é que te
diz: "Dá-me de beber", certamente lhe pedirias, e ele te
daria de uma água viva.»

11 A mulher disse-lhe:

«Senhor, tu não tens com que a tirar e o poço é fundo;
donde tens, pois, essa água viva? 12 És tu, porventura,
maior do que o nosso pai Jacó, que nos deu este poço, do
qual ele mesmo bebeu, e os seus filhos e os seus gados?»

13 «Todo aquele que bebe desta água tornará a ter
sede», respondeu Jesus, 14 «mas o que beber da água que
eu lhe der jamais terá sede; mas a água que eu lhe der virá
a ser nele uma fonte de água que salta para a vida eterna.»

15 «Senhor, dá-me dessa água para que eu não tenha
mais sede nem tenha de vir aqui tirá-la», disse-lhe a mulher.

16 Jesus disse-lhe:

«Vai, chama teu marido e vem cá.»

17 «Não tenho marido», respondeu-lhe a mulher.

Jesus replicou:
«Disseste bem: "Não tenho marido", 18 porque tiveste
cinco maridos, e o que agora tens não é teu marido; isso
disseste com verdade.»
19 A mulher disse-lhe: 27 ABR *27 OUT*
«Senhor, vejo que és profeta. 20 Nossos pais adoraram
sobre esta montanha, e vós dizeis que em Jerusalém é o
lugar onde se deve adorar.»
21 Jesus disse-lhe:
«Mulher, crê-me que é chegada a hora em que não
adorareis o Pai nem nesta montanha, nem em Jerusalém.
22 Vós adorais o que não conheceis, nós adoramos o que
conhecemos, porque dos judeus é que vem a salvação.
23 Mas vem a hora, e já chegou, em que os verdadeiros ado-
radores adorarão o Pai em espírito e verdade, porque são tais
adoradores que o Pai deseja. 24 Deus é espírito, e em espírito
e verdade é que o devem adorar os que o adoram.»
25 A mulher disse-lhe:
«Eu sei que deve vir o Messias, que se chama Cristo»,
disse-lhe a mulher. «Quando ele vier, nos anunciará todas
as coisas.»
26 Jesus disse-lhe:
«Sou eu, que falo contigo.»
27 Nisso chegaram seus discípulos e maravilharam-
se de que estivesse falando com uma mulher. Nenhum,
contudo, lhe disse: «Que é o que perguntas?», ou: «Por
que falas com ela?» 28 A mulher então deixou o seu cân-
taro, foi à cidade e disse àquela gente:
29 «Vinde ver um homem que me disse tudo o que eu
tenho feito; será este porventura o Cristo?»

30 Saíram da cidade e foram ter com ele.

31 Enquanto isso, seus discípulos instavam com ele, dizendo:

«Mestre, come.»

32 Mas ele respondeu-lhes:

«Eu tenho um alimento para comer que vós não sabeis.»

33 Pelo que diziam os discípulos uns para os outros:

«Será que alguém lhe trouxe de comer?»

34 Jesus disse-lhes:

«A minha comida é fazer a vontade daquele que me
enviou e cumprir a sua obra. 35 Não dizeis vós que ainda
há quatro meses até a ceifa? Mas eu digo-vos: Levantai os
olhos e vede os campos que já estão branquejando para
a ceifa. 36 O que sega recebe recompensa e junta o fruto
para a vida eterna, para que assim o que semeia como o
que sega juntamente se regozijem. 37 Porque nisto se ve-
rifica o ditado: "Um é o que semeia, e outro o que sega."
38 Eu enviei-vos a segar o que vós não trabalhastes; outros
trabalharam, e vós recolheis o fruto dos seus trabalhos.»

39 Muitos samaritanos daquela cidade creram em Je-
sus por causa da palavra daquela mulher que dava este
testemunho: «Ele disse-me tudo o que tenho feito.»
40 Vindo, pois, ter com ele os samaritanos, pediram-lhe
que ficasse com eles. Ficou lá dois dias. 41 Muitos mais cre-
ram nele em virtude da sua palavra. 42 E diziam à mulher:

«Já não é pela tua palavra que cremos nele, mas porque nós próprios o ouvimos e sabemos que ele é verdadeiramente o Salvador do mundo.»

43 Passados dois dias, partiu Jesus dali para a Galileia; 28 ABR 28 OUT
44 pois Jesus mesmo tinha afirmado que um profeta não

tem honra na sua pátria. 45 Tendo chegado à Galileia,
receberam-no bem os galileus, porque tinham visto todas
as coisas que ele havia feito em Jerusalém no dia da festa;
pois também tinham ido à festa.

Cura do filho de um alto funcionário real

(Mt 8, 5-13; Lc 7, 1-10)

46 Foi, pois, novamente a Caná da Galileia, onde ti-
nha convertido a água em vinho. Havia em Cafarnaum
um funcionário real, cujo filho estava doente. 47 Este,
tendo ouvido dizer que Jesus chegara da Judeia à Gali-
leia, foi ter com ele e rogou-lhe que fosse à sua casa curar
seu filho, que estava a morrer. 48 Jesus disse-lhe:
«Vós, se não virdes milagres e prodígios, não crereis.»
49 O funcionário real disse-lhe:
«Senhor, vem antes que meu filho morra.»
50 Jesus disse-lhe:
«Vai, o teu filho vive.»
Deu o homem crédito ao que Jesus lhe disse e partiu.
51 Quando já ia para casa, vieram os criados ao seu encon-
tro e deram-lhe a nova de que seu filho vivia. 52 Perguntou-
lhes a hora em que o doente se achara melhor. Disseram-lhe:
«Ontem à hora sétima o deixou a febre.»
53 Reconheceu, então, o pai ser aquela mesma a hora
em que Jesus lhe dissera: «Teu filho vive.» E acreditou ele,
assim como toda a sua família.
54 Foi esse o segundo sinal que Jesus fez depois de ter
vindo da Judeia para a Galileia.

III. JESUS MANIFESTA SUA DIVINDADE

Cura do paralítico

5 1 Depois disso, houve uma festa dos judeus, e Jesus 29 ABR
subiu a Jerusalém. 2 Ora, há em Jerusalém, junto da *29 OUT*
porta das ovelhas, uma piscina que em hebraico se chama
Betesda, a qual tem cinco pórticos. 3 Nestes jazia uma
multidão de enfermos, cegos, coxos, paralíticos. (4)
5 Estava ali um homem que, havia trinta e oito anos,
se encontrava enfermo. 6 Jesus, vendo-o deitado e saben-
do que estava assim havia muito, disse-lhe:

«Queres ficar são?»

7 O enfermo respondeu-lhe:

«Senhor, não tenho uma pessoa que me lance na piscina quando a água é agitada; enquanto eu vou, outro desce primeiro do que eu.»

8 Jesus disse-lhe:

«Levanta-te, toma o teu leito e anda.»

9 No mesmo instante ficou são aquele homem,
tomou o seu leito e começou a andar.

Ora, aquele dia era um sábado. 10 Por isso os judeus
diziam ao que tinha sido curado:

«Hoje é sábado e não te é lícito levar o teu leito.»

11 Ele respondeu-lhes:

«Aquele que me curou disse-me: "Toma o teu leito e anda."»

12 Perguntaram-lhe então:

«Quem é esse homem que te disse: "Toma o teu leito e anda?"»

13 Porém, o que tinha sido curado não sabia quem ele era, porque Jesus havia desaparecido sem ser notado, graças à multidão que estava naquele lugar.

14 Depois disso, Jesus encontrou-o no Templo e disse-lhe:

«Eis que estás são; não peques mais, para que te não suceda coisa pior.»

15 Foi aquele homem anunciar aos judeus que era **30 ABR** *30 OUT*
Jesus quem o tinha curado. 16 Por isso os judeus perseguiam Jesus, porque fazia essas coisas no sábado. 17 Mas Jesus respondeu-lhes:

«Meu Pai não cessa de operar, e eu opero também.»

18 Por isso os judeus procuravam com maior ardor matá-lo, porque não somente violava o sábado, mas também dizia que Deus era seu Pai, fazendo-se igual a Deus.

O poder do Filho de Deus

19 Jesus respondeu, e disse-lhes:

«Em verdade, em verdade vos digo: O Filho não pode de si mesmo fazer coisa alguma, mas somente o que vir fazer o Pai; porque tudo o que fizer o Pai, o faz igualmente o Filho. 20 Porque o Pai ama o Filho e mostra-lhe tudo o que faz, e lhe mostrará maiores obras do que essas, até o ponto de vós ficardes admirados. 21 Pois assim como o Pai ressuscita os mortos e lhes dá vida, assim também o Filho dá vida àqueles que quer. 22 O Pai a ninguém julga, mas deu ao Filho todo o poder de julgar, 23 a fim de que todos honrem o Filho como honram o Pai. Quem não honra o Filho não honra o Pai que o enviou.

24 «Em verdade, em verdade vos digo que quem ouve
a minha palavra e crê naquele que me enviou tem a vida
eterna e não incorre na sentença da condenação, mas
passou da morte para a vida. 25 Em verdade, em verdade
vos digo que vem a hora, e já chegou, em que os mor-
tos ouvirão a voz do Filho de Deus, e os que a ouvi-
rem viverão. 26 Com efeito, assim como o Pai tem a vida
em si mesmo, assim deu ao Filho ter vida em si mesmo;
27 e deu-lhe o poder de julgar, porque é o Filho do Ho-
mem. 28 Não vos admireis disso, porque virá tempo em
que todos os que se encontram nos sepulcros ouvirão a sua
voz, 29 e os que tiverem feito obras boas sairão para a
ressurreição da vida; mas os que tiverem feito obras más
sairão ressuscitados para o juízo. 30 Não posso de mim
mesmo fazer coisa alguma. Julgo segundo o que ouço e
o meu juízo é justo, porque não busco a minha vontade,
mas a vontade daquele que me enviou.

31 «Se dou testemunho de mim mesmo, o meu teste-
munho não é verdadeiro. 32 Outro é o que dá testemu-
nho de mim; e sei que é verdadeiro o testemunho que
dá de mim. 33 Vós enviastes mensageiros a João, e ele
deu testemunho da verdade. 34 Eu, porém, não recebo o
testemunho de um homem, mas digo-vos estas coisas a
fim de que sejais salvos. 35 João era uma lâmpada arden-
te e luminosa, e vós por uma hora quisestes gozar da sua
luz. 36 Mas tenho um testemunho maior que o de João:
as obras que meu Pai me deu que cumprisse, estas mes-
mas obras que eu faço, dão testemunho de mim, de que
o Pai me enviou. 37 E o Pai que me enviou, esse mesmo
deu testemunho de mim. Vós nunca ouvistes a sua voz

nem vistes a sua face, 38 e não tendes permanente em vós
a sua palavra, porque não credes neste que ele enviou.
39 Examinais as Escrituras, visto que julgais ter nelas
a vida eterna: são elas que dão testemunho de mim.
40 E não quereis vir a mim para terdes vida.

41 «A glória, não a recebo dos homens, 42 mas sei que
não tendes em vós o amor de Deus. 43 Vim em nome de
meu Pai, e vós não me recebeis; se vier outro em seu pró-
prio nome, recebê-lo-eis. 44 Como podeis crer, vós que re-
cebeis a glória uns dos outros e não buscais a glória que
só de Deus vem? 45 Não julgueis que sou eu que vos hei
de acusar diante do Pai: Moisés, em quem vós confiais,
é que vos acusará. 46 Se crêsseis em Moisés, certamente
creríeis também em mim, porque ele escreveu de mim.
47 Porém, se não dais crédito aos seus escritos, como ha-
veis de dar crédito às minhas palavras?»

IV. JESUS É O PÃO DA VIDA

Multiplicação dos pães

(Mt 14, 13-21; Mc 6, 30-44; Lc 9, 10-17)

6 1 Depois disso, passou Jesus à outra margem do mar da **1 MAI**
Galileia, isto é, de Tiberíades. 2 Seguia-o uma grande ***31 OUT***
multidão, porque via os sinais que fazia em favor dos en-
fermos. 3 Jesus subiu a um monte e sentou-se ali com seus
discípulos. 4 A Páscoa, a festa dos judeus, estava próxima.

5 Jesus então, tendo levantado os olhos e visto que
vinha ter com ele uma grande multidão, disse a Filipe:

«Onde compraremos nós pão para dar de comer a
esta gente?» 6 Dizia, porém, isso para o experimentar,
porque sabia o que havia de fazer.

7 Filipe respondeu-lhe:

«Duzentos denários de pão não bastam para que cada
um receba um pequeno bocado.»

8 Um de seus discípulos, André, irmão de Simão
Pedro, disse-lhe:

9 «Há aqui um jovem que tem cinco pães de cevada e
dois peixes; mas que é isto para tanta gente?»

10 Jesus, porém, disse:

«Mandai sentar essa gente.»

Havia naquele lugar muita grama.

Sentaram-se, pois, os homens, em número de cerca
de cinco mil. 11 Tomou, então, Jesus os pães e, tendo
dado graças, distribuiu-os entre os que estavam recosta-
dos; e igualmente dos peixes deu-lhes quanto queriam.
12 Estando saciados, disse a seus discípulos:

«Recolhei os pedaços que sobraram para que nada se
perca.»

13 Eles os recolheram e encheram doze cestos de pe-
daços dos cinco pães de cevada que sobraram aos que
tinham comido.

14 Vendo então aqueles homens o milagre que Jesus
fizera, diziam:

«Este é verdadeiramente o profeta que vem ao mundo.»

15 Jesus, sabendo que o viriam arrebatar para o
fazerem rei, retirou-se de novo a sós para o monte.

Jesus caminha sobre as águas

(Mt 14, 22-33; Mc 6, 45-52)

16 Quando chegou a tarde, seus discípulos desceram 2 MAI
para junto do mar 17 e, tendo subido numa barca, atra- *1 NOV*
vessaram o mar em direção a Cafarnaum. Era já escuro,
e Jesus ainda não tinha ido ter com eles. 18 O mar co-
meçava a agitar-se por causa do vento forte que soprava.
19 Tendo remado cerca de vinte e cinco ou trinta estádios,
viram Jesus caminhando sobre o mar em direção à barca
e ficaram atemorizados. 20 Mas ele disse-lhes:

«Sou eu, não temais.»

21 Quiseram, então, recebê-lo na barca, e logo a barca
chegou a terra, ao lugar para onde iam.

As multidões buscam Jesus

22 No dia seguinte, a multidão que tinha ficado na
outra margem do mar advertiu que não havia ali mais
que uma barca e que Jesus não tinha entrado nela com
seus discípulos, mas que os seus discípulos tinham parti-
do sós. 23 Chegaram de Tiberíades outras barcas perto do
lugar onde haviam comido o pão depois de o Senhor ter
dado graças. 24 Tendo, pois, visto a multidão que não es-
tava lá nem Jesus nem os seus discípulos, entrou naquelas
barcas e foi a Cafarnaum em busca de Jesus. 25 Tendo-o
encontrado na margem de além do mar, disseram-lhe:

«Mestre, quando chegaste aqui?»

Discurso do Pão da Vida

26 Jesus respondeu-lhes:

«Em verdade, em verdade vos digo: Vós buscais-me não porque vistes os milagres, mas porque comestes dos pães e ficastes saciados. 27 Trabalhai não pela comida que perece, mas pela que dura até a vida eterna, a qual o Filho do Homem vos dará, porque nele imprimiu Deus Pai o seu selo.»

28 Eles então disseram-lhe:

«Que devemos nós fazer para praticar obras de Deus?»

29 Jesus respondeu:

«A obra de Deus é esta: Que acrediteis naquele que enviou.»

30 Mas eles disseram-lhe:

«Que sinal fazes tu, para que o vejamos e acreditemos em ti? Que fazes tu? 31 Nossos pais comeram o maná no deserto, segundo está escrito: *Deu-lhes a comer pão do céu.*»

32 Jesus respondeu-lhes:

«Em verdade, em verdade vos digo: Moisés não vos deu o pão do céu, mas meu Pai é que vos dá o verdadeiro pão do céu. 33 Porque o pão de Deus é o que desceu do céu e dá a vida ao mundo.»

34 «Senhor, dá-nos sempre desse pão», disseram-lhe eles.

35 Jesus respondeu-lhes:

«Eu sou o pão da vida; quem vem a mim não terá **3 MAI**
jamais fome, e quem crê em mim não terá jamais sede. ***2 NOV***
36 Porém, já vos disse que vós me vistes e não credes.
37 Tudo o que o Pai me dá virá a mim, e aquele que vem a mim, não o lançarei fora; 38 porque desci do céu não para fazer a minha vontade, mas a vontade daquele que me en-

viou. 39 Ora, a vontade daquele que me enviou é que eu não perca nada do que me deu, mas que o ressuscite no último dia. 40 Pois esta é a vontade de meu Pai: que todo aquele que vê o Filho e crê nele tenha a vida eterna; e eu o ressuscitarei no último dia.»

41 Murmuravam, pois, dele os judeus, porque dissera: «Eu sou o pão que desceu do céu.» 42 Diziam:

«Porventura não é este aquele Jesus, filho de José, cujo pai e mãe nós conhecemos? Como, pois, diz ele: "Desci do céu"?»

43 Jesus, replicando, disse-lhes:

«Não murmureis entre vós. 44 Ninguém pode vir a mim, a não ser que o Pai que me enviou o atraia; e eu o ressuscitarei no último dia. 45 Está escrito nos profetas: *E serão todos ensinados por Deus.* Portanto, todo aquele que ouve e aprende do Pai vem a mim. 46 Não porque alguém tenha visto o Pai, exceto aquele que vem de Deus; esse viu o Pai. 47 Em verdade, em verdade vos digo: Quem crê em mim tem a vida eterna.

48 «Eu sou o pão da vida. 49 Vossos pais comeram o maná no deserto e morreram. 50 Este é o pão que desceu do céu, para que aquele que dele comer não morra. 51 Eu sou o pão vivo, descido do céu. Quem comer deste pão viverá eternamente; e o pão que eu darei é a minha carne para a vida do mundo.»

52 Disputavam, então, entre si os judeus:

«Como pode este dar-nos a comer a sua carne?» **4 MAI** ***3 NOV***

53 Jesus disse-lhes:

«Em verdade, em verdade vos digo: Se não comerdes a carne do Filho do Homem e não beberdes o seu sangue, não tereis a vida em vós. 54 Quem come a minha carne

e bebe o meu sangue tem a vida eterna, e eu o ressuscitarei
no último dia. 55 Porque a minha carne é verdadeiramente
comida, e o meu sangue verdadeiramente bebida. 56 Quem
come a minha carne e bebe o meu sangue permanece em
mim, e eu nele. 57 Assim como me enviou o Pai que vive e
eu vivo pelo Pai, assim o que me comer a mim, esse mes-
mo também viverá por mim. 58 Este é o pão que desceu do
céu, não como o pão que comeram os vossos pais e morre-
ram: quem come deste pão viverá eternamente.»

59 Jesus disse essas coisas ensinando em Cafarnaum
na sinagoga.

Reação dos discípulos

60 Muitos de seus discípulos, ouvindo isso, disseram:
«Dura é esta linguagem; quem a pode ouvir?»

61 Jesus, conhecendo em si mesmo que seus discípulos
murmuravam por isso, disse-lhes:

«Isto vos escandaliza? 62 Que será quando virdes subir
o Filho do Homem para onde estava antes? 63 É o espírito
que vivifica, a carne para nada aproveita: as palavras que
eu vos disse são espírito e vida. 64 Mas há alguns de vós
que não creem.»

Com efeito, Jesus sabia desde o princípio quais eram
os que não criam e quem havia de o entregar.

65 Depois acrescentou:

«Por isso eu vos disse que ninguém pode vir a mim se
lhe não for concedido pelo Pai.»

66 Doravante, muitos de seus discípulos tornaram
atrás e já não andavam com ele.

67 Por isso Jesus disse aos doze:
«Quereis vós também retirar-vos?»
68 Simão Pedro respondeu-lhe:
«Senhor, a quem havemos nós de ir? Tu tens palavras
de vida eterna; 69 e nós acreditamos e conhecemos que tu
és o Santo de Deus.»
70 Jesus replicou:
«Não fui eu que vos escolhi a vós, os doze? E, contudo,
um de vós é um diabo.»
71 Falava de Judas, filho de Simão Iscariotes, porque era
esse que o havia de entregar, não obstante ser um dos doze.

V. JESUS É A LUZ DO MUNDO

Jesus em Jerusalém durante a festa dos Tabernáculos

7 1 Depois disso andava Jesus pela Galileia; não queria **5 MAI**
andar pela Judeia, visto que os judeus o queriam matar. ***4 NOV***
2 Estava próxima a festa dos judeus chamada dos
Tabernáculos. 3 Disseram-lhe, pois, seus irmãos:
«Sai daqui e vai para a Judeia, a fim de que também os
teus discípulos vejam as obras que fazes. 4 Porque ninguém
que deseja ser conhecido em público faz coisa alguma em
segredo. Já que fazes essas coisas, manifesta-te ao mundo.»
5 Nem mesmo os seus irmãos criam nele. 6 Jesus
disse-lhes:
«Ainda não chegou o meu tempo; o vosso tempo
sempre está preparado. 7 O mundo não pode odiar-vos,

mas odeia-me a mim porque faço ver que as suas obras
são más. 8 Vós ide a essa festa; eu não vou a essa festa
porque ainda não chegou o meu tempo.»

9 Tendo dito isso, deixou-se ficar na Galileia. 10 Mas,
quando seus irmãos já tinham partido, foi ele então também à festa, não publicamente, mas incógnito.

11 Ora, os judeus procuravam-no no dia da festa
e diziam:

«Onde está ele?»

12 E havia um grande rumor entre o povo acerca dele.
Uns diziam:

«É um homem de bem.»

Outros, porém, diziam:

«Não é; antes engana o povo.»

13 Ninguém, contudo, ousava falar dele livremente
por medo dos judeus.

14 Estando já em meio os dias da festa, foi Jesus ao
Templo e ensinava. 15 Admiravam-se os judeus, dizendo:

«Como sabe este as Escrituras não tendo estudado?»

16 Jesus respondeu-lhes:

«A minha doutrina não é minha, mas daquele que me
enviou. 17 Se alguém quiser fazer a vontade dele, reconhecerá se a minha doutrina vem de Deus ou se falo de
mim mesmo. 18 Quem fala de si mesmo busca a própria
glória, mas aquele que busca a glória de quem o enviou,
esse é verdadeiro e não há nele iniquidade. 19 Porventura
não vos deu Moisés a Lei? E, contudo, nenhum de vós
observa a Lei. 20 Por que procurais vós matar-me?»

O povo respondeu:

«Tu estás possesso do demônio; quem procura matar-te?»

21 Jesus replicou-lhes:

«Eu fiz uma só obra, e todos estais por isso
maravilhados. 22 Vós, contudo, porque Moisés vos deu
a circuncisão (se bem que ela não venha de Moisés,
mas dos patriarcas), circuncidais-vos mesmo em dia de
sábado. 23 Se, para não se violar a Lei de Moisés, recebe
um homem a circuncisão em dia de sábado, por qual
motivo vos indignais comigo porque em dia de sábado
curei um homem em todo o seu corpo? 24 Não julgueis
segundo a aparência, mas julgai segundo a justiça.»

25 Então alguns de Jerusalém diziam: **6 MAI** ***5 NOV***

«Não é este aquele que procuram matar? 26 Eis que fala
com toda a liberdade e não lhe dizem nada. Será que os
chefes do povo verdadeiramente reconheceram que este
é o Cristo? 27 Nós, porém, sabemos donde este é; e o
Cristo, quando vier, ninguém saberá donde seja.»

28 Jesus, que ensinava no Templo, exclamou:

«Vós me conheceis e sabeis donde eu sou. E eu não
vim de mim mesmo, mas é verdadeiro aquele que me
enviou, a quem vós não conheceis. 29 Mas eu conheço-o,
porque procedo dele e ele me enviou.»

30 Procuraram então prendê-lo, mas ninguém lhe lan-
çou as mãos porque não tinha ainda chegado a sua hora.

Diversos pareceres sobre Jesus

31 Muitos do povo creram nele e diziam:

«Quando vier o Cristo, fará ele maior número de
sinais que os que este fez?»

32 Os fariseus ouviram esse rumor que dele fazia o
povo, e os príncipes dos sacerdotes e os fariseus enviaram
guardas para o prenderem. 33 Então Jesus disse-lhes:
«Ainda por um pouco estou convosco, depois vou
para aquele que me enviou. 34 Vós me buscareis e não me
encontrareis, nem podeis vir onde eu estou.»

35 Os judeus disseram, pois, entre si:
«Para onde é que irá ele, que o não encontraremos?
Irá, porventura, aos que se acham dispersos entre as
nações e pregará aos gentios? 36 Que quer dizer essa pala-
vra que ele nos disse: "Vós me buscareis e não me encon-
trareis, e onde eu estou vós não podeis vir"?»

37 No último dia, o maior da festa, estava Jesus em pé
e em alta voz dizia:
«Se alguém tem sede, venha a mim; e beba 38 quem
crê em mim. Como diz a Escritura, do seu seio correrão
rios de água viva.»

39 Ora, ele dizia isso falando do Espírito que haviam de
receber os que cressem nele, porque ainda não tinha sido
dado o Espírito, por não ter sido ainda glorificado Jesus.

40 Alguns daquela multidão, tendo ouvido essas pala-
vras, diziam:
«Este é verdadeiramente o profeta.»

41 Outros diziam:
«Este é o Cristo.»
Alguns, porém, diziam:
«Porventura é da Galileia que há de vir o Cristo?
42 Não diz a Escritura que o Cristo *há de vir da geração de*
Davi e da aldeia de *Belém*, onde habitava Davi?»

43 Houve, portanto, divergência entre o povo acerca
dele. 44 Alguns deles queriam prendê-lo, mas nenhum
pôs as mãos sobre ele.

45 Voltaram, pois, os guardas para os príncipes dos
sacerdotes e fariseus, que lhes disseram:

«Por que o não trouxestes preso?»

46 Os guardas responderam:

«Nunca homem algum falou assim.»

47 Os fariseus replicaram:

«Porventura também vós fostes seduzidos? 48 Houve,
porventura, algum dentre os chefes do povo ou dos fa-
riseus que cresse nele? 49 Quanto a esta plebe, que não
conhece a Lei, é maldita.»

50 Nicodemos, que tinha ido de noite ter com Jesus e
que era um deles, disse-lhes:

51 «A nossa Lei condena, porventura, algum homem
antes de o ouvir e antes de se informar sobre o que ele fez?»

52 Responderam-lhe:

«És tu também galileu? Examina as Escrituras e verás
que da Galileia não surge profeta.»

53 E foi cada um para sua casa.

A mulher adúltera

8 1 Jesus foi para o monte das Oliveiras. 2 Ao romper 7 MAI *6 NOV*
da manhã, voltou para o Templo e todo o povo foi ter
com ele, que sentado os ensinava.

3 Então os escribas e os fariseus trouxeram-lhe uma
mulher apanhada em adultério. Puseram-na no meio
4 e disseram-lhe:

«Mestre, esta mulher foi surpreendida em flagrante
delito de adultério.
5 Ora, Moisés na Lei mandou-nos
apedrejar tais mulheres. Que dizes tu?»

6 Diziam isso para lhe armar uma cilada, a fim de o poderem acusar.

Porém Jesus, inclinando-se, pôs-se a escrever com o dedo na terra.

7 Continuando, porém, eles a interrogá-lo, levantou-se e disse-lhes:

«Quem de vós está sem pecado seja o primeiro que lhe atire a pedra.»

8 Depois, tornando a inclinar-se, escrevia na terra.
9 Mas eles, ouvindo isso, foram-se retirando um após o ou-
tro, começando pelos mais velhos; e ficou só Jesus com a
mulher diante dele.
10 Então Jesus levantando-se disse-lhe:

«Mulher, onde estão os que te acusavam? Ninguém te condenou?»

11 «Ninguém, Senhor», respondeu-lhe ela.

Então Jesus disse:

«Nem eu te condeno; vai e não peques mais.»

Jesus Cristo, luz do mundo

12 Outra vez lhes falou Jesus, dizendo:

«Eu sou a luz do mundo; quem me segue não andará nas trevas, mas terá a luz da vida.»

13 Os fariseus disseram-lhe:

«Tu dás testemunho de ti mesmo; o teu testemunho, por isso, não é verdadeiro.»

14 Jesus respondeu:

«Embora eu dê testemunho de mim mesmo, o meu
testemunho é verdadeiro porque sei donde vim e para onde
vou; mas vós não sabeis donde eu venho nem para
onde vou. 15 Vós julgais segundo a carne, eu a ninguém
julgo; 16 e, se julgo alguém, o meu juízo é verdadeiro
porque eu não sou só, mas eu e o Pai que me enviou.
17 Na vossa Lei está escrito que o testemunho de duas
pessoas é digno de fé. 18 Sou eu que dou testemunho de
mim mesmo, e o Pai, que me enviou, também dá testemunho de mim.»

19 Disseram-lhe, pois:

«Onde está teu Pai?»

«Não conheceis nem a mim nem a meu Pai», respondeu Jesus. «Se me conhecêsseis a mim, certamente conheceríeis também meu Pai.»

20 Essas palavras disse Jesus no lugar do gazofilácio, ensinando no Templo; e ninguém o prendeu porque não tinha ainda chegado a sua hora.

Jesus repreende a incredulidade dos judeus

21 Jesus disse-lhes mais: 8 MAI 7 NOV

«Eu me vou: vós me buscareis e morrereis no vosso pecado. Para onde eu vou vós não podeis ir.»

22 Diziam, pois, os judeus:

«Será que ele se matará a si mesmo, pois diz: "Para
onde eu vou vós não podeis ir?"»
23 Ele dizia-lhes:
«Vós sois cá de baixo, eu sou lá de cima. Vós sois deste
mundo, eu não sou deste mundo. 24 Por isso eu vos disse
que morreríeis nos vossos pecados; porque, se não crerdes
que eu sou, morrereis nos vossos pecados.»
25 Disseram-lhe então eles:
«Quem és tu?»
Jesus respondeu-lhes:
«É exatamente isso que eu vos estou dizendo. 26 Mui-
tas coisas tenho a dizer e a julgar a vosso respeito, mas
aquele que me enviou é verdadeiro, e o que ouvi dele é o
que digo ao mundo.»
27 Eles não compreenderam que Jesus lhes falava do
Pai. 28 Jesus disse-lhes mais:
«Quando tiverdes levantado o Filho do Homem,
então conhecereis que eu sou e que nada faço de mim
mesmo, mas que, como o Pai me ensinou, assim falo.
29 O que me enviou está comigo; não me deixou só, por-
que eu faço sempre aquilo que é do seu agrado.»
30 Dizendo ele essas coisas, muitos creram nele.
31 Jesus disse então aos judeus que creram nele:
«Se vós permanecerdes na minha palavra, sereis
verdadeiramente meus discípulos; 32 conhecereis a verda-
de, e a verdade vos tornará livres.»
33 Eles responderam-lhe:
«Nós somos descendentes de Abraão e nunca fomos
escravos de ninguém; como dizes tu: "Sereis livres"?»
34 Jesus respondeu-lhes:

«Em verdade, em verdade vos digo que todo aquele que comete pecado é escravo do pecado. 35 Ora, o escravo não fica para sempre na casa, mas o filho fica nela para sempre. 36 Por isso, se o filho vos livrar, sereis verdadeiramente livres. 37 Bem sei que sois descendentes de Abraão; mas procurais matar-me, porque a minha palavra não penetra em vós.

38 «Eu digo o que vi em meu Pai, e vós fazeis o que ouvistes do vosso pai.»

39 Eles replicaram:

«O nosso pai é Abraão.»

«Se fôsseis filhos de Abraão», disse-lhes Jesus, «faríeis as obras de Abraão. 40 Mas agora procurais matar-me a mim, que vos disse a verdade que ouvi de Deus. Abraão nunca fez isso. 41 Vós fazeis as obras de vosso pai.»

Eles disseram-lhe:

«Nós não somos filhos da fornicação: temos um só pai, que é Deus.»

42 «Se Deus fosse vosso pai, certamente me amaríeis», 9 MAI
disse-lhes Jesus, «porque eu saí e vim de Deus. Não vim *8 NOV*
de mim mesmo, mas Ele me enviou. 43 Por que não conheceis vós a minha linguagem? Porque não podeis ouvir a minha palavra. 44 Vós tendes por pai o diabo e quereis satisfazer os desejos do vosso pai; ele foi homicida desde o princípio e não permaneceu na verdade, porque a verdade não está nele. Quando ele diz a mentira, fala do que lhe é próprio, porque é mentiroso e pai da mentira. 45 Mas, ainda que eu vos diga a verdade, vós não me credes. 46 Qual de vós me arguirá de pecado? Se eu vos digo a verdade, por que me não credes? 47 Aquele que é de

Deus ouve as palavras de Deus; por isso vós não as ouvis, porque não sois de Deus.»

48 Os judeus responderam-lhe:

«Não dizemos nós com razão que tu és um samaritano e que tens demônio?»

49 Jesus respondeu:

«Eu não tenho demônio, mas honro o meu Pai; e vós a
mim desonrastes. 50 Eu não busco a minha glória; há quem a
procure e julgue. 51 Em verdade, em verdade vos digo: quem
guardar a minha palavra não verá a morte eternamente.»

52 Os judeus disseram-lhe:

«Agora reconhecemos que estás possesso de demônio.
Abraão morreu e os profetas também, e tu dizes:
"Quem guardar a minha palavra não provará a morte
eternamente." 53 Porventura és maior do que nosso pai
Abraão, que morreu? Os profetas também morreram.
Quem pretendes tu ser?»

54 Jesus respondeu:

«Se eu me glorifico a mim mesmo, não é nada a
minha glória; meu Pai é que me glorifica, aquele que vós
dizeis que é vosso Deus. 55 Mas vós não o conhecestes;
eu, sim, conheço-o. E se disser que o não conheço, serei
mentiroso como vós; mas conheço-o e guardo a sua pa-
lavra. 56 Abraão, vosso pai, regozijou-se com a esperança
de ver o meu dia; viu-o e ficou cheio de gozo.»

57 Os judeus, por isso, disseram-lhe:

«Tu ainda não tens cinquenta anos e viste Abraão!»

58 Jesus disse-lhes:

«Em verdade, em verdade vos digo: Antes que Abraão fosse feito, eu sou.»

59 Então pegaram em pedras para lhe atirarem; mas
Jesus escondeu-se e saiu do Templo.

Cura do cego de nascença

9 1 Passando Jesus, viu um homem cego de nascença. 10 MAI
2 Os seus discípulos perguntaram-lhe: *9 NOV*
«Mestre, quem pecou: este ou seus pais, para que nas-
cesse cego?»
3 Jesus respondeu:
«Nem ele nem seus pais pecaram; mas foi para se
manifestarem nele as obras de Deus. 4 Importa que eu
faça as obras daquele que me enviou enquanto é dia; vem
a noite, quando ninguém pode trabalhar. 5 Enquanto es-
tou no mundo, sou a luz do mundo.»
6 Dito isso, cuspiu no chão, fez lodo com a saliva e
ungiu com o lodo os olhos do cego. 7 Depois disse-lhe:
«Vai, lava-te na piscina de Siloé», que quer dizer «enviado».
Foi, lavou-se e voltou com vista. 8 Então os seus vizi-
nhos e os que o tinham visto antes pedindo esmola diziam:
«Não é este aquele que estava sentado e pedia esmola?»
Uns diziam:
«É este.»
9 Outros, porém:
«De nenhum modo, mas é outro que se parece com ele.»
Porém ele dizia:
«Sou eu.»
10 Perguntaram-lhe:
«Como te foram abertos os olhos?»
11 Ele respondeu:

«Aquele homem que se chama Jesus fez lodo, ungiu os
meus olhos e disse-me: "Vai à piscina de Siloé e lava-te."
Fui, lavei-me e vejo.»

12 Perguntaram-lhe:

«Onde está ele?»

Respondeu:

«Não sei.»

13 Levaram aos fariseus o que tinha sido cego. 14 Ora, era
dia de sábado quando Jesus fez o lodo e lhe abriu os olhos.
15 Perguntaram-lhe, pois, também os fariseus de que
modo tinha adquirido a vista. Respondeu-lhes:

«Pôs-me lodo sobre os olhos, lavei-me e vejo.»

16 Então alguns fariseus diziam:

«Este homem que não guarda o sábado não é de Deus.»

Porém outros diziam:

«Como pode um homem pecador fazer tais sinais?»

E havia divergência entre eles. 17 Disseram, por isso,
novamente ao cego:

«Que dizes tu daquele que te abriu os olhos?»

«Que é um profeta», respondeu.

18 Mas os judeus não acreditaram que ele tivesse sido
cego e que tivesse adquirido a vista enquanto não chama-
ram seus pais. 19 Interrogaram-nos:

«É este o vosso filho que dizeis que nasceu cego?
Como vê, pois, agora?»

20 Seus pais responderam:

«Sabemos que este é nosso filho e que nasceu cego;
21 mas não sabemos como ele agora vê. Tampouco quem
lhe abriu os olhos sabemos. Perguntai-o a ele mesmo,
que tem idade; ele mesmo fale de si.»

22 Seus pais falaram assim porque tinham medo dos ju-
deus, pois estes tinham combinado que, se alguém confessas-
se que Jesus era o Cristo, fosse expulso da sinagoga. 23 Por isso
é que seus pais disseram: «Ele tem idade, interrogai-o a ele».

Cegueira dos judeus

24 Tornaram, pois, a chamar o homem que tinha sido **11 MAI** ***10 NOV***
cego e disseram-lhe:

«Dá glória a Deus; nós sabemos que esse homem é
um pecador.»

25 Então disse-lhes ele:

«Se é pecador não sei; o que eu sei é que era cego e
agora vejo.»

26 Disseram-lhe pois:

«Que é que te fez ele? Como te abriu os olhos?»

27 «Eu já vo-lo disse e vós não me destes atenção»,
respondeu-lhes. «Por que o quereis ouvir novamente?
Quereis, porventura, fazer-vos também seus discípulos?»

28 Injuriaram-no, então, e disseram:

«Discípulo dele és tu; nós somos discípulos de Moisés.
29 Sabemos que Deus falou a Moisés, mas este não sabe-
mos donde é.»

30 O homem respondeu-lhes:

«É de admirar que vós não saibais donde ele é e que me
tenha aberto os olhos. 31 Nós sabemos que Deus não ouve
os pecadores; mas quem honra a Deus e faz a sua vontade,
esse é ouvido por Deus. 32 Desde que há mundo, nunca se
ouviu dizer que alguém abrisse os olhos a um cego de nas-
cença. 33 Se este não fosse de Deus, não poderia fazer nada.»

34 Responderam-lhe:

«Tu nasceste coberto de pecado e queres nos ensinar?»

E lançaram-no fora.

35 Jesus ouviu dizer que o tinham lançado fora e, tendo-o encontrado, disse-lhe:

«Tu crês no Filho do Homem?»

36 «E quem é, Senhor, para que eu creia nele?», respondeu.

37 Jesus disse-lhe:

«Tu o vês; é este mesmo que fala contigo.»

38 Então ele disse:

«Creio, Senhor», e prostrando-se o adorou.

39 Jesus disse:

«Eu vim a este mundo para um juízo, a fim de que os que não veem vejam e os que veem se tornem cegos.»

40 Ouviram isso alguns dos fariseus que estavam com ele e disseram-lhe:

«Porventura também nós somos cegos?»

41 Jesus disse-lhes:

«Se vós fôsseis cegos, não teríeis culpa; mas, pelo contrário, dizeis: "Nós vemos." Por isso, o vosso pecado permanece.

O Bom Pastor

10 1 «Em verdade, em verdade vos digo que quem 12 MAI
não entra pela porta no aprisco das ovelhas mas *11 NOV*
sobe por outra parte é ladrão e salteador. 2 O que entra
pela porta é pastor das ovelhas. 3 A esse o porteiro abre e
as ovelhas ouvem a sua voz; ele as chama pelo seu nome
e as tira para fora. 4 Quando as tirou todas para fora,

vai adiante delas e as ovelhas seguem-no porque reconhe-
cem a sua voz. 5 Mas não seguem o estranho, antes fogem
dele, porque não conhecem a voz dos estranhos.»

6 Jesus disse-lhes essa parábola, mas eles não compreen-
deram o que lhes dizia.

7 Tornou, pois, Jesus a dizer-lhes:

«Em verdade, em verdade vos digo que eu sou a
porta das ovelhas. 8 Todos os que vieram antes de mim
são ladrões e salteadores, mas as ovelhas não os ouviram.
9 Eu sou a porta; se alguém entrar por mim, será salvo; en-
trará e sairá, e encontrará pastagem. 10 O ladrão não vem
senão para roubar, matar e destruir. Eu vim para que elas
tenham vida e a tenham em abundância.

11 «Eu sou o bom pastor. O bom pastor dá a vida pe-
las suas ovelhas. 12 O mercenário, que não é pastor e de
quem não são próprias as ovelhas, vê vir o lobo, deixa as
ovelhas e foge, e o lobo arrebata e faz desgarrar as ovelhas;
13 porque é mercenário e não se importa com as ovelhas.
14 Eu sou o bom pastor e conheço as minhas ovelhas, e
as minhas ovelhas conhecem-me. 15 Como o Pai me co-
nhece, assim eu conheço o Pai, e dou a minha vida pe-
las minhas ovelhas. 16 Tenho outras ovelhas que não são
deste aprisco; importa que eu as traga; elas ouvirão a mi-
nha voz e haverá um só rebanho e um só pastor. 17 Se o
Pai me ama, é porque dou a minha vida para retomá-la.
18 Ninguém a tira de mim, mas eu por mim mesmo a dou.
Tenho o poder de a dar e tenho o poder de a reassumir.
Esse é o mandamento que recebi de meu Pai.»

19 Originou-se por causa dessas palavras uma nova
divergência entre os judeus. 20 Muitos deles diziam:

«Ele está possesso de demônio e delira; por que estais
a ouvi-lo?»

21 Outros diziam:

«Estas palavras não são de quem está possesso de
demônio. Porventura pode um demônio abrir os olhos
aos cegos?»

VI. JESUS É UM SÓ COM O PAI

Identidade de Jesus com o Pai

22 Celebrava-se em Jerusalém a festa da Dedicação. Era 13 MAI
inverno. 23 Jesus andava passeando no Templo, no pórtico de *12 NOV*
Salomão. 24 Rodearam-no, então, os judeus e disseram-lhe:

«Até quando nos terás tu perplexos? Se és o Cristo,
dize-nos claramente.»

25 Jesus respondeu-lhes:

«Eu vo-lo digo e vós não acreditais. As obras que faço
em nome de meu Pai, essas dão testemunho de mim.
26 Porém, vós não acreditais porque não sois das minhas
ovelhas. 27 As minhas ovelhas ouvem a minha voz; eu co-
nheço-as e elas seguem-me. 28 Eu dou-lhes a vida eterna;
elas jamais hão de perecer e ninguém as arrebatará da
minha mão. 29 Meu Pai, que mas deu, é maior que todas
as coisas, e ninguém pode arrebatá-las da mão de meu
Pai. 30 Eu e o Pai somos um.»

Procuram apedrejar o Senhor

31 Os judeus, então, pegaram em pedras para lhe ati-
rarem. 32 Jesus disse-lhes:

«Tenho-vos mostrado muitas obras boas que fiz da
parte do Pai; por qual dessas obras me apedrejais?»

33 Os judeus responderam-lhe:

«Não é por causa de nenhuma obra boa que te
apedrejamos, mas pela blasfêmia e porque, sendo
homem, te fazes Deus.»

34 Jesus respondeu-lhes:

«Não está escrito na vossa Lei: *Eu disse: "Vós sois deu-
ses?"* 35 Se ela chamou deuses àqueles a quem a palavra de
Deus foi dirigida, e a Escritura não pode falhar, 36 a mim,
a quem o Pai santificou e enviou ao mundo, vós dizeis:
"Tu blasfemas", por eu ter dito: "Sou filho de Deus"?
37 Se eu não faço as obras de meu Pai, não acrediteis em mim;
38 mas, se as faço, quando não queirais crer em mim,
crede nas minhas obras, para que saibais e reconheçais
que o Pai está em mim, e eu no Pai.»

39 Então os judeus procuravam novamente prendê-lo,
mas ele escapou-se das suas mãos. 40 Retirou-se nova-
mente para a margem de além do Jordão, para o lugar em
que João tinha começado a batizar, e ficou lá. 41 Foram
muitos ter com ele, e diziam:

«João não fez nenhum milagre, 42 mas tudo o que
disse deste era verdadeiro.»

E muitos creram nele.

VII. JESUS É A VIDA DO MUNDO

Ressurreição de Lázaro

11 1 Estava enfermo um homem chamado Lázaro, 14 MAI
de Betânia, aldeia de Maria e de Marta, sua irmã. *13 NOV*
2 Maria era aquela que ungiu o Senhor com bálsamo e lhe
enxugou os pés com os seus cabelos, cujo irmão Lázaro es-
tava enfermo. 3 Mandaram, pois, suas irmãs dizer a Jesus:

«Senhor, aquele que amas está enfermo.»

4 Ouvindo isso, Jesus disse:

«Essa enfermidade não é para a morte, mas é para glória de Deus, a fim de que o Filho de Deus seja glorificado por ela.»

5 Ora, Jesus amava Marta, sua irmã Maria e Lázaro.
6 Quando, pois, ouviu que Lázaro estava enfermo, ficou
ainda dois dias no mesmo lugar. 7 Depois disso, disse a
seus discípulos:

«Voltemos para a Judeia.»

8 Os discípulos disseram-lhe:

«Mestre, ainda há pouco te queriam apedrejar os judeus, e tu vais novamente para lá?»

9 Jesus respondeu:

«Não são doze as horas do dia? Aquele que caminha
de dia não tropeça porque vê a luz deste mundo; 10 po-
rém, o que anda de noite tropeça porque lhe falta a luz.»

11 Assim falou, e depois disse-lhes:

«Nosso amigo Lázaro dorme, mas vou despertá-lo.»

12 Os seus discípulos disseram-lhe:

«Senhor, se ele dorme, salvar-se-á.»

13 Mas Jesus tinha falado da sua morte, e eles julga-
vam que falava do repouso do sono.

14 Jesus disse-lhes então claramente:

«Lázaro morreu, 15 e eu, por causa de vós, folgo não
ter estado lá para que creiais; mas vamos ter com ele.»

16 Tomé, chamado Dídimo, disse então aos condis-
cípulos:

«Vamos nós também para morrer com ele!»

17 Chegou Jesus e encontrou-o já havia quatro dias no
sepulcro. 18 Betânia distava de Jerusalém cerca de quinze
estádios. 19 Muitos judeus tinham ido ter com Marta e
Maria para as consolar pela morte de seu irmão.

20 Marta, pois, logo que ouviu que vinha Jesus, saiu- **15 MAI** *14 NOV*
lhe ao encontro, e Maria ficou em casa sentada. 21 Marta
disse então a Jesus:

«Senhor, se tu estivesses cá, meu irmão não teria
morrido. 22 Mas também sei agora que tudo o que pedi-
res a Deus, Deus to concederá.»

23 «Teu irmão há de ressuscitar», disse-lhe Jesus.

24 Marta respondeu-lhe:

«Eu sei que há de ressuscitar na ressurreição, no
último dia.»

25 Jesus disse-lhe:

«Eu sou a ressurreição e a vida; quem crê em mim,
ainda que esteja morto, viverá, 26 e todo aquele que vive
e crê em mim não morrerá eternamente. Crês nisso?»

27 «Sim, Senhor», respondeu ela, «eu creio que tu és
o Cristo, o Filho de Deus, que veio a este mundo.»

28 Dito isso, retirou-se e foi chamar em segredo sua
irmã Maria, dizendo:

«O Mestre está cá e chama-te.»

29 Ela, logo que ouviu isso, levantou-se rapidamente e foi ter com ele. 30 Jesus ainda não tinha entrado na aldeia, mas estava ainda naquele lugar onde Marta saíra ao seu encontro. 31 Então os judeus, que estavam com ela em casa e a consolavam, vendo que Maria se tinha levantado tão depressa e saído, seguiram-na, julgando que ia chorar ao sepulcro. 32 Maria, porém, tendo chegado onde Jesus estava, logo que o viu lançou-se aos seus pés e disse-lhe:

«Senhor, se tivesses estado aqui, não teria morrido meu irmão.»

33 Jesus, vendo-a chorar, a ela e aos judeus que tinham ido com ela, comoveu-se profundamente e perturbou-se; 34 depois perguntou:

«Onde o pusestes?»

Eles responderam:

«Senhor, vem e vê.»

35 Jesus chorou. 36 Os judeus, por isso, disseram:

«Vejam como ele o amava.»

37 Porém alguns deles disseram:

«Este, que abriu os olhos ao que era cego de nascença, não podia fazer que este não morresse?»

38 Jesus, pois, novamente comovido no seu interior, 16 MAI *15 NOV*
foi ao sepulcro. Era uma gruta à qual estava sobreposta uma pedra. 39 Jesus disse:

«Tirai a pedra.»

Marta, irmã do defunto, disse-lhe:

«Senhor, ele já cheira mal, porque já aí está há quatro dias.»

40 Jesus disse-lhe:

«Não te disse eu que, se tu creres, verás a glória de Deus?»
41 Tiraram, pois, a pedra. Jesus, levantando os olhos
ao céu, disse:
«Pai, dou-te graças porque me ouviste. 42 Eu bem sabia
que me ouves sempre, mas falei assim por causa do povo
que está ao meu redor, para que creiam que tu me enviaste.»
43 Tendo dito essas palavras, bradou em alta voz:
«Lázaro, sai para fora!»
44 E saiu o que estivera morto, ligado de pés e mãos
com as ataduras e o seu rosto envolto num sudário. Jesus
disse-lhes:
«Desatai-o e deixai-o ir.»

O Sinédrio decreta a morte de Jesus

(Mt 26, 3-5; Mc 14, 1-2)

45 Então muitos dos judeus que tinham ido visitar
Maria e Marta, vendo o que Jesus fizera, creram nele.
46 Porém alguns deles foram ter com os fariseus e contaram-
lhes o que Jesus tinha feito. 47 Os príncipes dos sacerdotes e
os fariseus reuniram-se então em conselho e diziam:
«Que fazemos nós? Este homem faz muitos sinais.
48 Se o deixamos proceder assim, crerão todos nele, e virão
os romanos e destruirão a nossa cidade e a nossa nação.»
49 Mas um deles chamado Caifás, que era o sumo
sacerdote daquele ano, disse-lhes:
«Vós não sabeis nada, 50 nem considerais que vos
convém que morra um só homem pelo povo, e que não
pereça toda a nação.»

51 Ora, ele não disse isso por si mesmo, mas, como
era sumo sacerdote daquele ano, profetizou que Jesus de-
via morrer pela nação; 52 e não somente pela nação, mas
também para reunir os filhos de Deus dispersos.
53 Desde aquele dia tomaram a resolução de o matar.
54 Jesus, pois, já não andava em público entre os judeus,
mas retirou-se para uma terra vizinha do deserto, para a
cidade chamada Efraim, e lá esteve com seus discípulos.
55 Estava próxima a Páscoa dos judeus, e muitos da-
quela terra subiram a Jerusalém antes da Páscoa para se
purificarem. 56 Procuravam Jesus e diziam uns aos ou-
tros, estando no Templo:
«Que vos parece de ele não ter vindo à festa?»
57 Ora, os príncipes dos sacerdotes e fariseus tinham
dado ordem de que quem soubesse onde ele estava o de-
nunciasse para o prenderem.

VIII. JESUS, ACLAMADO COMO REI MESSIÂNICO

Maria unge o Senhor

(Mt 26, 6-16; Mc 14, 3-11)

12 1 Seis dias antes da Páscoa Jesus foi a Betânia, onde **17 MAI** ***16 NOV***
se encontrava Lázaro, que Jesus tinha ressuscitado
dentre os mortos. 2 Deram-lhe lá uma ceia. Marta servia,
e Lázaro era um dos que estavam à mesa com ele.
3 Então tomou Maria uma libra de bálsamo feito
de nardo puro de grande preço, ungiu os pés de Jesus e

enxugou-lhos com os seus cabelos; e a casa ficou cheia
do perfume do bálsamo. 4 Judas Iscariotes, um dos seus
discípulos e aquele que o havia de entregar, disse:
5 «Por que se não vendeu este bálsamo por trezentos
denários para se dar aos pobres?»
6 Disse isso não porque se importasse com os pobres,
mas porque era ladrão e, tendo a bolsa, roubava o que se
lançava nela. 7 Mas Jesus respondeu:
«Deixa-a; ela reservou este perfume para o dia da
minha sepultura; 8 porque sempre tereis os pobres con-
vosco, mas a mim não me tereis sempre.»
9 Uma grande multidão de judeus soube que Jesus
estava ali e foi lá não somente por causa de Jesus, mas
também para ver Lázaro, a quem ele tinha ressuscitado
dos mortos. 10 Os príncipes dos sacerdotes deliberaram
então matar também Lázaro, 11 porque muitos judeus
por causa dele retiravam-se e criam em Jesus.

Entrada triunfal em Jerusalém
(Mt 21, 1-11; Mc 11, 1-11; Lc 19, 28-40)

12 No dia seguinte uma grande multidão de povo que
tinha ido à festa, ouvindo dizer que Jesus ia a Jerusalém,
13 tomou ramos de palmas, saiu ao seu encontro e clamava:

«Hosana!
Bendito o que vem em nome do Senhor,
o Rei de Israel!»

14 Jesus encontrou um jumentinho e montou em
cima dele, segundo está escrito:

15 *«Não temas, filha de Sião.*
Eis que o teu Rei vem
montado sobre o filhote de uma asna.»

16 A princípio, os seus discípulos não compreenderam
essas coisas, mas, quando Jesus foi glorificado, então lem-
braram-se de que essas coisas tinham sido escritas dele e
que foram precisamente elas as que lhe fizeram.
17 A multidão que estava com ele quando chamou
Lázaro do sepulcro e o ressuscitou dos mortos dava teste-
munho dele. 18 Por isso lhe saiu ao encontro a multidão,
porque ouviram dizer que tinha feito esse sinal. 19 Então
os fariseus disseram entre si:
«Vedes que nada aproveitais? Eis que todo o mundo
corre atrás dele!»

Jesus anuncia sua glorificação

20 Ora, havia lá alguns gregos entre aqueles que ti-
nham ido adorar durante a festa. 21 Estes aproximaram-
se de Filipe, que era de Betsaida da Galileia, e fizeram-lhe
este pedido:
«Senhor, desejamos ver Jesus.»
22 Filipe foi dizê-lo a André; André e Filipe disseram-
no a Jesus. 23 Jesus respondeu-lhes:
«Chegou a hora em que o Filho do Homem será
glorificado. 24 Em verdade, em verdade vos digo que,
se o grão de trigo que cai na terra não morrer, 25 fica

infecundo; mas, se morrer, produz muito fruto. Quem
ama a sua vida perdê-la-á, e quem odeia a sua vida neste
mundo conservá-la-á para a vida eterna. 26 Se alguém me
quer servir, siga-me, e, onde eu estou, estará ali também
o que me serve. Se alguém me servir, o Pai o honrará.

27 «Agora a minha alma está turbada. E que direi eu? **18 MAI** *17 NOV*
"Pai, livra-me desta hora"? Mas é para isso que cheguei a
esta hora. 28 Pai, glorifica o teu nome.»

Então veio do céu uma voz:

«Eu o glorifiquei e o glorificarei novamente.»

29 Ora, o povo que ali estava e ouvira dizia que tinha
sido um trovão. Outros diziam:

«Um anjo lhe falou.»

30 Jesus respondeu:

«Esta voz não veio por causa de mim, mas por causa
de vós. 31 Agora é o juízo deste mundo; agora será lan-
çado fora o príncipe deste mundo. 32 E eu, quando for
levantado da terra, atrairei todos a mim.»

33 Dizia isso para designar de que morte havia de
morrer. 34 Respondeu-lhe a multidão:

«Nós aprendemos da Lei que o Cristo permanece eternamente; como dizes tu que o Filho do Homem deve ser levantado? Quem é esse Filho do Homem?»

35 Jesus respondeu-lhes:

«Ainda por um pouco de tempo está a luz convosco.
Caminhai enquanto tendes a luz, para que não vos
surpreendam as trevas; quem caminha nas trevas não
sabe por onde vai. 36 Enquanto tendes a luz, crede na luz
para que sejais filhos da luz.»

Jesus disse isso; depois retirou-se e escondeu-se deles.

Incredulidade dos judeus

37 Apesar de haver ele feito tantos sinais em sua pre-
sença, não criam nele, 38 para se cumprir a palavra do
profeta Isaías, quando disse:

Senhor, quem acreditou no que ouviu de nós,
e a quem foi revelado o braço do Senhor?

39 Por isso não podiam crer, porque Isaías disse também:

40 *Tornou-lhes cegos os olhos*
e endureceu-lhes o coração,
para que não vejam com os olhos,
nem compreendam com o coração, nem se convertam
e eu os sare.

41 Isso disse Isaías quando viu a sua glória e falou dele.
42 Todavia, mesmo entre os chefes, muitos creram
nele; mas, por causa dos fariseus, não o confessavam para
não serem expulsos da sinagoga, 43 porque amaram mais
a glória dos homens do que a glória de Deus.
44 Jesus levantou a voz e disse:
«Quem crê em mim não crê em mim, mas naquele
que me enviou. 45 Quem me vê a mim vê aquele que
me enviou. 46 Eu vim ao mundo como uma luz, para
que todo aquele que crê em mim não fique nas trevas.
47 Se alguém ouvir as minhas palavras e não as guardar,
eu não o julgo, porque não vim para julgar o mundo,
mas para salvar o mundo. 48 Quem me despreza e não

recebe as minhas palavras já tem quem o julgue: a palavra
que anunciei, essa o julgará no último dia. 49 Com efeito,
eu não falei por mim mesmo, mas o Pai que me enviou,
ele mesmo me prescreveu o que eu devia dizer e ensinar.
50 Eu sei que o seu mandamento é a vida eterna. As coi-
sas, portanto, que digo, digo-as como meu Pai me disse.»

SEGUNDA PARTE MANIFESTAÇÃO DE JESUS COMO O MESSIAS, FILHO DE DEUS, EM SUA PAIXÃO, MORTE E RESSURREIÇÃO

IX. A ÚLTIMA CEIA

Jesus lava os pés de seus discípulos

13 1 Antes da festa da Páscoa, sabendo Jesus que tinha 19 MAI
chegado a sua hora de passar deste mundo ao Pai, *18 NOV*
tendo amado os seus que estavam no mundo, amou-os
até o fim. 2 Durante a ceia, tendo já o demônio posto no
coração de Judas Iscariotes, filho de Simão, a determina-
ção de o entregar, 3 Jesus, sabendo que o Pai tinha posto
em suas mãos todas as coisas e que saíra de Deus e vol-
tava para Deus, 4 levantou-se da mesa, depôs as vestes e,
pegando uma toalha, cingiu-se com ela. 5 Depois lançou
água numa bacia e começou a lavar os pés dos discípulos
e a enxugá-los com a toalha com que estava cingido.

6 Chegou, pois, a Simão Pedro. Pedro disse-lhe:
«Senhor, tu me lavas os pés?»

7 «O que eu faço, tu não o compreendes agora», res-
pondeu-lhe Jesus, «mas compreendê-lo-ás depois.»

8 Pedro disse-lhe:

«Não me lavarás jamais os pés.»

«Se eu não te lavar», respondeu-lhe Jesus, «não terás
parte comigo.»

9 Simão Pedro disse-lhe:

«Senhor, não somente os meus pés, mas também as
mãos e a cabeça.»

10 Jesus disse-lhe:

«Aquele que se banhou não tem necessidade de se
lavar, pois todo ele está limpo. Vós estais limpos, mas
não todos.»

11 Ele sabia qual era o que o ia entregar; por isso disse:
«Não estais todos limpos.»

12 Depois que lhes lavou os pés e retomou as suas
vestes, reclinou-se de novo e disse-lhes:

«Compreendeis o que vos fiz? 13 Chamais-me Mes-
tre e Senhor, e dizeis bem, porque o sou. 14 Se eu, pois,
sendo vosso Senhor e Mestre, vos lavei os pés, também
vós deveis lavar os pés uns aos outros. 15 Dei-vos o exem-
plo, para que, como eu vos fiz, assim façais vós também.
16 Em verdade, em verdade vos digo: O servo não é maior
do que seu senhor, nem o enviado é maior do que aque-
le que o enviou. 17 Se compreendeis essas coisas, bem-
-aventurados sereis se as praticardes. 18 Não falo de todos
vós: sei os que escolhi; porém é necessário que se cumpra
o que diz a Escritura: *O que come o pão comigo levantou
o seu calcanhar contra mim.* 19 Desde agora vo-lo digo,
antes que suceda, para que, quando suceder, creiais que

eu sou. 20 Em verdade, em verdade vos digo que quem recebe aquele que eu enviar a mim recebe, e quem me recebe recebe aquele que me enviou.»

Anúncio da traição de Judas

(Mt 26, 20-25; Mc 14, 17-21; Lc 22, 21-23)

21 Tendo Jesus dito essas coisas, turbou-se em seu es- 20 MAI *19 NOV*
pírito e declarou abertamente:

«Em verdade, em verdade vos digo que um de vós me há de entregar.»

22 Olhavam, pois, os discípulos uns para os outros, não sabendo de quem falava. 23 Ora, um dos seus discípulos, ao qual Jesus amava, estava recostado sobre o peito de Jesus. 24 A este fez Simão Pedro sinal para lhe dizer: «De quem fala ele?»

25 Aquele discípulo, pois, tendo-se reclinado sobre o peito de Jesus, disse-lhe:

«Senhor, quem é esse?»

26 Jesus respondeu:

«É aquele a quem eu der o bocado que vou molhar.»

Molhando, pois, o bocado, deu-o a Judas Iscariotes, filho de Simão. 27 Atrás do bocado, entrou nele Satanás. Jesus disse-lhe então:

«O que queres fazer, faze-o depressa.»

28 Nenhum, porém, dos que estavam à mesa percebeu por que lhe dizia isso. 29 Alguns, como Judas era o que tinha a bolsa, julgavam que Jesus lhe dizia: «Compra as coisas que nos são necessárias para o dia da festa», ou:

«Dá alguma coisa aos pobres.» 30 Ele, pois, tendo recebi-
do o bocado, saiu logo. Era já noite.

31 Depois que ele saiu, Jesus disse:

«Agora é glorificado o Filho do Homem, e Deus é
glorificado nele. 32 Se Deus foi glorificado nele, também
Deus o glorificará em si mesmo; e glorificá-lo-á sem demora.

O novo mandamento.
Predição do abandono de seus discípulos

(Mt 26, 30-35; Mc 14, 26-31; Lc 22, 31-34)

33 «Filhinhos, já pouco tempo estou convosco. Bus-
car-me-eis, mas, assim como disse aos judeus: "Para onde
eu vou, vós não podeis vir", também a vós o digo ago-
ra. 34 Dou-vos um novo mandamento: Que vos ameis
uns aos outros; assim como vos amei, vos ameis também
uns aos outros. 35 Nisso conhecerão todos que sois meus
discípulos, se tiverdes amor uns aos outros.»

36 Simão Pedro disse-lhe:

«Senhor, para onde vais tu?»

Jesus respondeu-lhe:

«Para onde eu vou, não podes tu agora seguir-me, mas seguir-me-ás mais tarde.»

37 Pedro disse-lhe:

«Por que não posso eu seguir-te agora? Darei a minha vida por ti.»

38 Jesus respondeu-lhe:

«Darás a tua vida por mim? Em verdade, em verdade te digo: Não cantará o galo sem que me tenhas negado três vezes.

Jesus revela o Pai

14 1 «Não se turbe o vosso coração. Credes em Deus; 21 MAI
crede também em mim. 2 Na casa de meu Pai há *20 NOV*
muitas moradas. Se assim não fosse, eu vo-lo teria dito.
Vou preparar um lugar para vós. 3 Depois que eu tiver
ido e vos tiver preparado um lugar, virei novamente e to-
mar-vos-ei comigo, para que, onde eu estou, estejais vós
também. 4 E vós conheceis o caminho para onde eu vou.»

5 Tomé disse-lhe:

«Senhor, nós não sabemos para onde vais; como
podemos saber o caminho?»

6 «Eu sou o caminho, a verdade e a vida», respondeu-
lhe Jesus, «ninguém vai ao Pai senão por mim. 7 Se me
conhecêsseis, também certamente conheceríeis meu Pai;
mas desde agora o conheceis e já o vistes.»

8 Filipe disse-lhe:

«Senhor, mostra-nos o Pai, e isso nos basta.»

9 «Filipe», respondeu-lhe Jesus, «há tanto tempo que
estou convosco e ainda não me conheces? Quem me viu,
viu também o Pai. Como dizes, pois: "Mostra-nos o Pai"?
10 Não credes que eu estou no Pai e que o Pai está em mim?
As palavras que vos digo, não as digo por mim mesmo.
O Pai, que está em mim, esse é que faz as obras. 11
Crede em mim: eu estou no Pai e o Pai está em mim;
crede-o ao menos por causa das mesmas obras. 12 Em
verdade, em verdade vos digo que aquele que crê em
mim fará também as obras que eu faço, e fará outras
ainda maiores porque eu vou para o Pai. 13 Tudo o que
pedirdes em meu nome, eu o farei, para que o Pai seja

glorificado no Filho. 14 Se me pedirdes alguma coisa em
meu nome, eu a farei.

Promessa do Espírito Santo

15 «Se me amais, observareis os meus mandamentos;
16 e eu rogarei ao Pai, e ele vos dará outro Paráclito, para
que fique eternamente convosco: 17 o Espírito da verda-
de, a quem o mundo não pode receber, porque não o vê
nem o conhece; mas vós o conheceis, porque habita con-
vosco e estará em vós. 18 Não vos deixarei órfãos; voltarei
a vós. 19 Ainda um pouco, e depois já o mundo me não
verá; mas ver-me-eis vós, porque eu vivo e vós vivereis.
20 Naquele dia conhecereis que estou em meu Pai, e vós
em mim e eu em vós. 21 Aquele que acolhe os meus man-
damentos e os guarda, esse é que me ama; e aquele que
me ama será amado por meu Pai, e eu o amarei e me
manifestarei a ele.»

22 Judas disse-lhe (não o Iscariotes):

«Senhor, por que te hás de manifestar a nós e não ao mundo?»

23 Jesus respondeu-lhe:

«Se alguém me ama, guardará a minha palavra e meu
Pai o amará, e nós viremos a ele e faremos nele a nossa
morada. 24 Aquele que não me ama não observa as mi-
nhas palavras; e a palavra que ouvis não é minha, mas do
Pai que me enviou. 25 Disse-vos essas coisas permane-
cendo convosco. 26 Mas o Paráclito, o Espírito Santo, a
quem o Pai enviará em meu nome, ele vos ensinará todas
as coisas e vos recordará tudo o que vos tenho dito.

27 «Deixo-vos a paz, dou-vos a minha paz; não vo-la
dou como a dá o mundo. Não se turbe o vosso coração
nem se assuste. 28 Ouvistes que eu vos disse: "Vou e vol-
tarei a vós." Se vós me amásseis, certamente vos alegra-
ríeis de eu ir para o Pai, porque o Pai é maior do que eu.
29 Eu vo-lo disse agora, antes que suceda, para que, quan-
do suceder, acrediteis. 30 Já não falarei muito convosco,
porque vem o príncipe deste mundo. Ele não pode nada
contra mim, 31 mas é preciso que o mundo conheça que
amo o Pai e que faço como ele me ordenou.

«Levantai-vos, vamo-nos daqui!

A vide e os ramos

15 1 «Eu sou a verdadeira vide e meu Pai é o agricul- 22 MAI
tor. 2 Todo ramo que não dá fruto em mim, ele *21 NOV*
o cortará; e todo o que der fruto, podá-lo-á para que dê
mais abundante fruto. 3 Vós já estais puros em virtude da
palavra que vos anunciei. 4 Permanecei em mim, e eu per-
manecerei em vós. Como o ramo não pode de si mesmo
dar fruto se não permanecer na videira, assim também vós,
se não permanecerdes em mim. 5 Eu sou a videira, vós os
ramos. Quem permanece em mim e eu nele, esse dá mui-
to fruto, porque sem mim nada podeis fazer. 6 Se alguém
não permanecer em mim, será lançado fora como a vara e
secará; depois, enfeixá-lo-ão, lançá-lo-ão no fogo e arderá.
7 Se permanecerdes em mim e as minhas palavras perma-
necerem em vós, pedireis tudo o que quiserdes e ser-vos-á
concedido. 8 Nisto é glorificado meu Pai, em que vós deis
muito fruto e sejais meus discípulos.

A lei do amor

9 «Como o Pai me amou, assim eu vos amei. Perma-
necei no meu amor. 10 Se observardes os meus preceitos,
permanecereis no meu amor, como eu observei os pre-
ceitos de meu Pai e permaneço no seu amor. 11 Disse-vos
essas coisas para que a minha alegria esteja em vós, e para
que a vossa alegria seja completa. 12 O meu mandamen-
to é este: Amai-vos uns aos outros como eu vos amei.
13 Não há maior amor do que dar a própria vida pelos
seus amigos. 14 Vós sois meus amigos se fizerdes o que vos
mando. 15 Não mais vos chamarei servos, porque o servo
não sabe o que faz o seu senhor; mas chamo-vos amigos,
porque vos dei a conhecer tudo o que ouvi de meu Pai.
16 Não fostes vós que me escolhestes, mas fui eu que vos
escolhi a vós e vos destinei para que vades e deis fruto, e
para que o vosso fruto permaneça, a fim de que tudo o
que pedirdes a meu Pai em meu nome, ele vo-lo conceda.
17 Isto vos mando: Amai-vos uns aos outros.

O ódio do mundo contra os discípulos

18 «Se o mundo vos odeia, sabei que, antes que a vós, **23 MAI**
me odiou a mim. 19 Se fôsseis do mundo, o mundo ama- ***22 NOV***
ria o que era seu; mas porque não sois do mundo, antes
eu vos escolhi do mundo, por isso o mundo vos odeia.
20 Lembrai-vos da palavra que eu vos disse: Não é o
servo maior do que o senhor. Se eles me perseguiram
a mim, também vos hão de perseguir a vós; se guarda-
ram a minha palavra, também hão de guardar a vossa.

[21] Mas tudo isso vos farão por causa do meu nome, por-
que não conhecem aquele que me enviou. [22] Se eu não
tivesse vindo e não lhes tivesse falado, não teriam culpa;
mas agora não têm desculpa do seu pecado.

[23] «Aquele que me odeia, odeia também meu Pai.
[24] Se eu não tivesse feito entre eles tais obras quais ne-
nhum outro fez, não teriam culpa; mas agora viram-nas
e, contudo, odeiam-nos a mim e a meu Pai. [25] Mas isso
aconteceu para se cumprir a palavra que está escrita na
sua Lei: *Odiaram-me sem motivo.*

[26] «Quando, porém, vier o Paráclito que eu vos envia-
rei do Pai, o Espírito da verdade que procede do Pai, ele
dará testemunho de mim. [27] E vós também dareis teste-
munho, porque estais comigo desde o princípio.

A ação do Espírito Santo

16 [1] «Eu disse-vos essas coisas para que vos não es- **24 MAI**
candalizeis. [2] Expulsar-vos-ão das sinagogas; mas ***23 NOV***
virá tempo em que todo aquele que vos matar julgará
prestar culto a Deus. [3] Procederão desse modo porque
não conheceram nem o Pai nem a mim. [4] Ora, eu disse-
vos essas coisas para que, quando chegar esse tempo, vos
lembreis de que vo-las disse. Não vos disse isso, porém,
desde o princípio, porque estava convosco. [5] Agora vou
para aquele que me enviou, e nenhum de vós me pergun-
ta: "Para onde vais?" [6] Mas, porque vos disse essas coisas,
a tristeza encheu o vosso coração. [7] Todavia, digo-vos a
verdade: A vós convém que eu vá porque, se não for, o
Paráclito não virá a vós; mas, se for, eu vo-lo enviarei.

8 Ele, quando vier, convencerá o mundo quanto à culpa,
à justiça e ao juízo. 9 Quanto ao pecado, porque não cre-
ram em mim; 10 quanto à justiça, porque vou para o Pai
e vós não me vereis mais; 11 quanto ao juízo, porque o
príncipe deste mundo já está julgado.

12 «Tenho ainda muitas coisas a dizer-vos, mas não as
podeis compreender agora. 13 Quando vier, porém, o Es-
pírito da verdade, ele vos guiará no caminho de toda a ver-
dade, porque não falará de si mesmo, mas dirá tudo o que
tiver ouvido e anunciar-vos-á as coisas que estão para vir.
14 Ele me glorificará, porque receberá do que é meu e vo-lo
anunciará. 15 Tudo o que o Pai tem é meu. Por isso eu vos
disse que ele receberá do que é meu e vo-lo anunciará.

A plenitude da alegria

16 «Um pouco, e já me não vereis; outra vez um pou-
co, e ver-me-eis.»

17 Disseram então entre si alguns dos seus discípulos:

«Que é isso que ele nos diz: "Um pouco, e já me não vereis;
outra vez um pouco, e ver-me-eis", e: "Vou para o Pai"?»

18 Diziam, pois:

«Que é isso que ele diz: "Um pouco"? Não sabemos
o que ele fala.»

19 Jesus, conhecendo que queriam interrogá-lo,
disse-lhes:

«Vós perguntais uns aos outros por que é que eu disse:
"Um pouco, e já me não vereis; outra vez um pouco, e
ver-me-eis." 20 Em verdade, em verdade vos digo que ha-
veis de chorar e gemer, e o mundo se há de alegrar; haveis

de estar tristes, mas a vossa tristeza há de converter-se em
alegria. 21 A mulher, quando dá à luz, sofre porque che-
gou a sua hora, mas, depois que deu à luz um menino,
já se não lembra da sua aflição pelo gozo que sente de ter
nascido um homem para o mundo. 22 Vós, pois, também
estais agora tristes, mas hei de ver-vos de novo, e o vosso
coração se alegrará, e ninguém vos tirará a vossa alegria.
23 Naquele dia não me interrogareis sobre nada. Em ver-
dade, em verdade vos digo que, se pedirdes a meu Pai
alguma coisa em meu nome, ele vo-la dará. 24 Até agora
não pedistes nada em meu nome; pedi e recebereis, para
que o vosso gozo seja completo.

25 «Tenho-vos dito essas coisas em parábolas. Mas
vem o tempo em que não vos falarei já por parábolas,
mas abertamente vos falarei do Pai. 26 Nesse dia pedireis
em meu nome, e não vos digo que hei de rogar ao Pai
por vós, 27 porque o mesmo Pai vos ama, uma vez que
me amastes e crestes que saí do Pai. 28 Saí do Pai e vim
ao mundo; outra vez deixo o mundo e vou para o Pai.»

29 Os seus discípulos disseram-lhe:

«Eis que agora falas claramente e não usas nenhuma
parábola. 30 Agora conhecemos que sabes tudo e que não
é necessário que alguém te interrogue; por isso cremos
que saíste de Deus.»

31 «Credes agora?», respondeu-lhes Jesus. 32 «Eis que
vem a hora, e já chegou, em que sereis dispersos cada um
para seu lado, e em que me deixareis só; mas eu não estou
só, porque o Pai está comigo. 33 Disse-vos essas coisas
para que tenhais paz em mim. Haveis de ter aflições no
mundo, mas tende confiança: eu venci o mundo.»

Oração sacerdotal de Jesus

17 1 Assim falou Jesus; depois, levantando os olhos 25 MAI
ao céu, disse: *24 NOV*
«Pai, chegou a hora; glorifica o teu Filho, para que teu
Filho te glorifique a ti 2 e, pelo poder que lhe deste sobre
toda carne, dê a vida eterna a todos os que lhe deste.
3 Ora, a vida eterna é esta: que te conheçam a ti como o
único Deus verdadeiro e a Jesus Cristo, a quem enviaste.
4 Glorifiquei-te sobre a terra; acabei a obra que me deste a
fazer. 5 E agora, Pai, glorifica-me junto de ti mesmo com
aquela glória que eu tinha em ti antes que houvesse mundo.

6 «Manifestei o teu nome aos homens que me deste do
mundo. Eram teus e tu a mim os deste; e guardaram a tua
palavra. 7 Agora sabem que todas as coisas que me deste
vêm de ti, 8 porque lhes comuniquei as palavras que me
confiaste; eles as receberam e conheceram verdadeiramente
que eu saí de ti e creram que me enviaste. 9 É por eles que eu
rogo; não rogo pelo mundo, mas por aqueles que me deste,
porque são teus. 10 Todas as minhas coisas são tuas, e todas
as tuas coisas são minhas; e sou glorificado nelas.

11 «Já não estou no mundo, mas eles estão no mun-
do e eu vou para ti. Pai Santo, guarda em teu nome
aqueles que me deste, para que sejam um assim como nós.
12 Quando eu estava com eles, guardava-os em teu nome.
Conservei os que me deste; nenhum deles se perdeu,
exceto o filho da perdição, cumprindo-se a Escritura.
13 Mas agora vou para ti e digo estas coisas estando ain-
da no mundo, para que eles tenham em si mesmos a
plenitude do meu gozo.

14 «Dei-lhes a tua palavra, e o mundo os odiou porque não são do mundo, como também eu não sou do mundo. 15 Não peço que os tires do mundo, mas que os preserves do mal. 16 Eles não são do mundo, como também não sou do mundo. 17 Santifica-os na verdade: a tua palavra é a verdade. 18 Assim como tu me enviaste ao mundo, também eu os enviei ao mundo. 19 Por eles eu me consagro a mim mesmo, para que também sejam verdadeiramente santificados.

20 «Não rogo somente por eles, mas também por aqueles que hão de crer em mim por meio da sua palavra: 21 para que sejam todos um, como tu, Pai, o és em mim e eu em ti, para que também eles sejam um em nós, a fim de que o mundo creia que me enviaste. 22 Dei-lhes a glória que me deste, para que sejam um como também nós somos um: 23 eu neles e tu em mim, para que sejam consumados na unidade e para que o mundo conheça que me enviaste e que os amaste como me amaste. 24 Pai, quero que, onde eu estou, estejam também comigo aqueles que me deste, para que contemplem a minha glória, a glória que me deste porque me amaste antes da criação do mundo. 25 Pai justo, o mundo não te conheceu; mas eu conheci-te, e estes conheceram que me enviaste. 26 Fi-los e fá-los-ei conhecer o teu nome, a fim de que o amor com que me amaste esteja neles, e eu neles.»

X. PAIXÃO E MORTE DE JESUS

Prisão de Jesus

(Mt 26, 47-56; Mc 14, 43-52; Lc 22, 47-53)

18 1 Tendo Jesus dito isso, saiu com os seus discípulos **26 MAI** *25 NOV*
para a outra margem da torrente do Cédron, onde

havia um horto no qual entrou com os seus discípulos.
2 Ora, Judas, o traidor, conhecia bem esse lugar, por-
que Jesus tinha ido lá muitas vezes com seus discípulos.
3 Tendo, pois, Judas tomado a coorte e os servidores for-
necidos pelos príncipes dos sacerdotes e fariseus, foi lá
com lanternas, archotes e armas.

4 Jesus, que sabia tudo o que estava para lhe acontecer,
adiantou-se e disse-lhes:

«A quem buscais?»

5 «A Jesus Nazareno», responderam-lhe.

Jesus disse-lhes:

«Eu sou.»

Judas, que o entregava, estava lá com eles. 6 Apenas
Jesus lhes disse: «Eu sou», recuaram e caíram por terra.
7 Perguntou-lhes novamente:

«A quem buscais?»

«A Jesus Nazareno», disseram-lhe eles.

8 Jesus respondeu:

«Já vos disse que eu sou; se é, pois, a mim que buscais, deixai ir estes.»

9 Desse modo se cumpriu a palavra que tinha dito: «Dos que me deste, não perdi nenhum.»

10 Simão Pedro, que tinha uma espada, puxou dela,
feriu um servo do sumo sacerdote e cortou-lhe a orelha
direita. Esse servo chamava-se Malco. 11 Porém, Jesus
disse a Pedro:

«Mete a tua espada na bainha. Não hei de beber o cálice que o Pai me deu?»

12 Então a coorte, o tribuno e os guardas dos judeus prenderam Jesus e manietaram-no.

Interrogatório diante dos príncipes dos sacerdotes. Negações de São Pedro

(Mt 26, 57-75; Mc 14, 53-72; Lc 22, 54-71)

13 Primeiramente, levaram-no a casa de Anás, por ser
sogro de Caifás, que era o sumo sacerdote daquele ano.
14 Caifás era aquele que tinha dado aos judeus este con-
selho: «Convém que um só homem morra pelo povo.»

15 Simão Pedro e outro discípulo seguiam Jesus.
Esse discípulo, que era conhecido do sumo sacerdote,
entrou com Jesus no pátio do sumo sacerdote. 16 Pedro
ficou fora, à porta. Saiu então o outro discípulo, que
era conhecido do sumo sacerdote, falou à porteira e fez
entrar Pedro. 17 Então a porteira disse a Pedro:

«Não és tu também dos discípulos deste homem?»

«Não sou», respondeu ele.

18 Os servos e os guardas acenderam um braseiro e
aqueciam-se, porque estava frio. Pedro encontrava-se
também entre eles e aquecia-se.

19 Então o sumo sacerdote interrogou Jesus so- **27 MAI**
bre os seus discípulos e sobre a sua doutrina. 20 Jesus ***26 NOV***
respondeu-lhe:

«Eu falei publicamente ao mundo, ensinei sempre na
sinagoga e no Templo, aonde concorrem todos os judeus;
nada disse em segredo. 21 Por que me interrogas? Inter-
roga aqueles que ouviram o que eu lhes disse; eles sabem
o que eu disse.»

22 Tendo dito isso, um dos guardas que estavam pre-
sentes deu uma bofetada em Jesus, dizendo:

«Assim respondes ao sumo sacerdote?»

23 Jesus respondeu-lhe:
«Se falei mal, mostra o que eu disse de mal; se falei bem, por que me bates?»
24 Anás enviou-o manietado ao sumo sacerdote Caifás.
25 Estava lá Simão Pedro aquecendo-se. Disseram-lhe:
«Não és tu também dos seus discípulos?»
Ele negou e respondeu:
«Não sou.»
26 Disse-lhe um dos servos do sumo sacerdote, parente daquele a quem Pedro cortara a orelha:
«Não te vi eu com ele no horto?»
27 Pedro negou outra vez, e imediatamente cantou o galo.

Julgamento diante de Pilatos: Jesus Rei
(Mt 27, 11-14; Mc 15, 1-15; Lc 23, 1-5)

28 Levaram então Jesus da casa de Caifás ao pretório.
Era de manhã. Não entraram no pretório para se não
contaminarem, a fim de comerem a Páscoa. 29 Pilatos,
pois, saiu para lhes falar, e disse:
«Que acusação apresentais contra este homem?»
30 «Se não fosse um malfeitor, não o entregaríamos nas tuas mãos», responderam-lhe.
31 Pilatos disse-lhes então:
«Tomai-o e julgai-o segundo a vossa lei.»
Mas os judeus disseram-lhe:
«Não nos é permitido matar ninguém», 32 para se

cumprir a palavra que Jesus dissera indicando de que morte havia de morrer.

33 Tornou, pois, Pilatos a entrar no pretório, chamou Jesus e disse-lhe:

«Tu és o Rei dos judeus?»

34 Jesus respondeu:

«Tu dizes isso de ti mesmo, ou foram outros que to disseram de mim?»

35 Pilatos respondeu:

«Porventura sou judeu? A tua nação e os príncipes dos sacerdotes te entregaram nas minhas mãos. Que fizeste tu?»

36 Jesus respondeu:

«O meu reino não é deste mundo; se o meu reino fosse deste mundo, certamente os meus servos lutariam para que eu não fosse entregue aos judeus; mas o meu reino não é daqui.»

37 Pilatos disse-lhe então:

«Logo, tu és Rei?»

Jesus respondeu:

«Tu o dizes: eu sou Rei. Para isto nasci e para isto vim ao mundo: para dar testemunho da verdade; todo aquele que é da verdade ouve a minha voz.»

38 Pilatos disse-lhe:

«O que é a verdade?»

Dito isso, tornou a sair para ir ter com os judeus e disse-lhes:

«Não encontro nele motivo algum de condenação.
39 Ora, é costume que eu, pela Páscoa, vos solte um pri-
sioneiro; quereis, pois, que vos solte o Rei dos judeus?»

40 Então gritaram todos novamente:
«Não este, mas Barrabás!»
Ora, Barrabás era um salteador.

Flagelação e coroação de espinhos
(Mt 27, 27-31; Mc 15, 16-20)

19 1 Pilatos tomou então Jesus e mandou-o flagelar. 28 MAI
2 Depois os soldados, tecendo uma coroa de espi- *27 NOV*
nhos, puseram-lha sobre a cabeça e revestiram-no com um
manto de púrpura. 3 Aproximavam-se dele e diziam-lhe:
«Salve, Rei dos judeus!»
E davam-lhe bofetadas.

Pilatos entrega Jesus
(Mt 27, 15-26; Mc 15, 6-15; Lc 23, 13-25)

4 Saiu Pilatos ainda outra vez e disse-lhes:
«Eis que vo-lo trago fora, para que conheçais que não encontro nele crime algum.»
5 Saiu então Jesus, trazendo a coroa de espinhos e o manto de púrpura. Pilatos disse-lhes:
«Eis o homem.»
6 Então os príncipes dos sacerdotes e os ministros, tendo-o visto, gritaram:
«Crucifica-o, crucifica-o!»
Pilatos disse-lhes:

«Tomai-o vós e crucificai-o, porque eu não encontro nele motivo algum de condenação.»

7 Os judeus responderam-lhe:

«Nós temos uma Lei, e segundo a Lei deve morrer porque se fez Filho de Deus.»

8 Pilatos, tendo ouvido essas palavras, temeu ainda
mais. 9 Entrou novamente no pretório e disse a Jesus:

«Donde és tu?»

Mas Jesus não lhe deu resposta. 10 Então Pilatos
disse-lhe:

«Não me falas? Não sabes que tenho poder para te soltar e poder para te crucificar?»

11 Jesus respondeu:

«Tu não terias poder algum sobre mim, se te não fosse dado do alto. Por isso, o que me entregou a ti tem maior pecado.»

12 Desde esse momento, Pilatos procurava soltá-lo. Porém, os judeus gritaram:

«Se soltas este, não és amigo de César! Porque todo aquele que se faz rei declara-se contra César!»

13 Pilatos, tendo ouvido essas palavras, conduziu Jesus
para fora e sentou-se no seu tribunal, no lugar chamado
Litóstrotos (em hebraico, *Gabatá*). 14 Era o dia da Prepara-
ção da Páscoa, cerca da hora sexta. Pilatos disse aos judeus:

«Eis o vosso Rei!»

15 Mas eles gritaram:

«Tira-o, tira-o, crucifica-o!»

Pilatos disse-lhes:

«Pois eu hei de crucificar o vosso Rei?»

«Não temos rei senão César», responderam os príncipes dos sacerdotes.

16 Então entregou-lho para que fosse crucificado. Tomaram, pois, Jesus.

Crucificação e morte de Jesus

(Mt 27, 32-56; Mc 15, 21-41; Lc 23, 26-49)

17 E, carregando a sua cruz, saiu para o lugar chamado
da Caveira (em hebraico, *Gólgota),* 18 onde o crucificaram
e, com ele, outros dois, um de cada lado e Jesus no
meio. 19 Pilatos redigiu um título, que mandou colocar
sobre a cruz. Estava escrito nele: «Jesus Nazareno, Rei
dos judeus». 20 Muitos judeus leram esse título, porque
se achava perto da cidade o lugar onde foi crucificado. Estava redigido em hebraico, em latim e em grego.
21 Os pontífices dos judeus diziam, porém, a Pilatos:

«Não escrevas: "Rei dos judeus", mas: "Este homem disse: Eu sou Rei dos judeus".»

22 «O que escrevi, escrevi», respondeu Pilatos.

23 Os soldados, depois de terem crucificado Jesus, tomaram as suas vestes e fizeram delas quatro partes, uma para cada soldado. Tomaram também a túnica. Quanto à túnica, que não tinha costura e era toda tecida de alto a
baixo, 24 disseram uns aos outros:

«Não a rasguemos, mas lancemos sortes sobre ela para ver a quem tocará», a fim de que se cumprisse a Escritura, que diz:

Repartiram as minhas vestes entre si
e lançaram sortes sobre a minha túnica.

E os soldados assim fizeram.
25 Junto à cruz de Jesus estavam sua mãe e a irmã de 29 MAI *28 NOV*
sua mãe, Maria de Cléofas e Maria Madalena. 26 Jesus,
vendo sua mãe e junto dela o discípulo que amava, disse
à sua mãe:
«Mulher, eis o teu filho.»
27 Depois disse ao discípulo:
«Eis a tua mãe.»
E, dessa hora em diante, a recebeu o discípulo em
sua casa.
28 Em seguida, sabendo Jesus que tudo estava consu-
mado, para se cumprir a Escritura disse:
«Tenho sede.»
29 Havia sido ali posto um vaso cheio de vinagre.
Então os soldados, embebendo no vinagre uma esponja
e atando-a a uma vara de hissopo, aproximaram-lha da
boca. 30 Jesus, tendo tomado o vinagre, disse:
«Tudo está consumado.»
Depois, inclinando a cabeça, entregou o espírito.

Uso da lança e sepultamento de Jesus

(Mt 27, 57-66; Mc 15, 42-47; Lc 23, 50-56)

31 Os judeus, visto que era o dia da Preparação, para
que não ficassem os corpos na cruz no sábado, porque

aquele dia de sábado era de grande solenidade, rogaram
a Pilatos que lhes fossem quebradas as pernas e fossem
tirados. 32 Foram, pois, os soldados e quebraram as per-
nas ao primeiro e ao outro com quem ele havia sido cru-
cificado. 33 Mas quando chegaram a Jesus, vendo que já
estava morto, não lhe quebraram as pernas. 34 Um dos
soldados traspassou-lhe o lado com uma lança, e ime-
diatamente saiu sangue e água. 35 O que foi testemunha
desse fato o atesta; e o seu testemunho é digno de fé, e ele
sabe que diz a verdade, para que também vós acrediteis.
36 Porque essas coisas sucederam para que se cumprisse
a Escritura: *Não se lhe quebrará osso algum*; 37 e também
diz outro lugar da Escritura: *Olharão para aquele a quem
traspassaram.*

38 Depois disso, José de Arimateia, que era discí-
pulo de Jesus, ainda que oculto por medo dos judeus,
rogou a Pilatos que o deixasse levar o corpo de Jesus.
Pilatos permitiu-lho. Foi, pois, e levou o corpo de Jesus.
39 Nicodemos, aquele que tinha ido primeiramente de
noite ter com Jesus, foi também, levando uma mistura
de quase cem libras de mirra e de aloés. 40 Tomaram o
corpo de Jesus e envolveram-no em lençóis com aromas,
segundo a maneira de sepultar usada entre os judeus.
41 Ora, no lugar em que Jesus foi crucificado havia um
horto, e no horto um sepulcro novo em que ninguém
ainda tinha sido sepultado. 42 Por ser o dia da Preparação
dos judeus e o sepulcro estar perto, depuseram lá Jesus.

XI. APARIÇÕES DE JESUS RESSUSCITADO

(Mt 28, 1-10; Mc 16, 1-8; Lc 24, 1-12)

20 1 No primeiro dia da semana, foi Maria Mada- 30 MAI
lena ao sepulcro de manhã, quando ainda estava *29 NOV*
escuro, e viu que a pedra tinha sido retirada do sepulcro.
2 Correu, então, e foi ter com Simão Pedro e com o outro
discípulo, a quem Jesus amava, e disse-lhes:

«Levaram o Senhor do sepulcro e não sabemos onde
o puseram.»

3 Partiu, pois, Pedro com o outro discípulo e foram
ao sepulcro.

4 Corriam ambos juntos, mas o outro discípulo cor-
ria mais do que Pedro e chegou primeiro ao sepulcro.
5 Tendo-se inclinado, viu os lençóis postos no chão, mas
não entrou. 6 Chegou depois Simão Pedro, que o seguia,
entrou no sepulcro e viu os lençóis postos no chão, 7 bem
como o sudário que estivera sobre a cabeça de Jesus, o qual
não estava com os lençóis, mas dobrado num lugar à parte.
8 Então entrou também o outro discípulo, que tinha chega-
do primeiro ao sepulcro; viu e creu. 9 Com efeito, ainda não
entendiam a Escritura, segundo a qual ele devia ressuscitar
dos mortos. 10 Depois os discípulos voltaram para sua casa.

Aparição a Maria Madalena

(Mt 28, 1-10; Mc 16, 9-11)

11 Entretanto, Maria conservava-se da parte de fora
do sepulcro chorando. Enquanto chorava, inclinou-se

para o sepulcro 12 e viu dois anjos vestidos de branco,
sentados no lugar onde fora posto o corpo de Jesus; um à
cabeceira, outro aos pés. 13 Eles disseram-lhe:

«Mulher, por que choras?»

Respondeu-lhes:

«Porque levaram o meu Senhor, e não sei onde o puseram.»

14 Tendo dito isso, voltou-se para trás e viu Jesus de
pé, mas não sabia que era Jesus. 15 Jesus disse-lhe:

«Mulher, por que choras? A quem procuras?»

Ela, julgando que era o jardineiro, disse-lhe:

«Senhor, se tu o levaste, dize-me onde o puseste e eu irei buscá-lo.»

16 Jesus disse-lhe:

«Maria!»

Ela, voltando-se, disse-lhe em hebraico:

«*Rabbuni*!», que quer dizer «Mestre».

17 Jesus disse-lhe:

«Não me retenhas, porque ainda não subi para meu Pai; mas vai a meus irmãos e dize-lhes: "Subo para meu Pai e vosso Pai, para o meu Deus e vosso Deus."»

18 Foi Maria Madalena dar a nova aos discípulos:

«Vi o Senhor e ele disse-me estas coisas.»

Jesus aparece aos discípulos
(Mt 28, 16-20; Mc 16, 14-18; Lc 24, 36-49)

19 Chegada a tarde daquele mesmo dia, que era o pri-
meiro da semana, e estando fechadas as portas da casa

onde os discípulos se achavam juntos por medo dos
judeus, veio Jesus, pôs-se no meio deles e disse-lhes:

«A paz esteja convosco!»

20 Dito isso, mostrou-lhes as mãos e o lado.

Os discípulos alegraram-se muito ao ver o Senhor.
21 Ele disse-lhes novamente:

«A paz esteja convosco. Assim como o Pai me enviou,
também vos envio a vós.»

22 Tendo proferido essas palavras, soprou sobre eles e
disse-lhes:

«Recebei o Espírito Santo. 23 Àqueles a quem perdoardes
os pecados, ser-lhes-ão perdoados; àqueles a quem os re-
tiverdes, ser-lhes-ão retidos.»

24 Tomé, um dos doze, chamado Dídimo, não estava
com eles quando Jesus veio. 25 Os outros discípulos dis-
seram-lhe:

«Nós vimos o Senhor!»

Mas ele respondeu-lhes:

«Se não vir nas suas mãos a abertura dos pregos, se
não meter o meu dedo no lugar dos pregos e não meter a
minha mão no seu lado, não acreditarei.»

26 Oito dias depois, estavam os discípulos outra vez
em casa, e Tomé com eles. Veio Jesus estando as portas
fechadas, pôs-se no meio deles e disse:

«A paz esteja convosco.»

27 Em seguida disse a Tomé:

«Mete aqui o teu dedo e vê as minhas mãos; aproxima
também a tua mão e mete-a no meu lado, e não sejas
incrédulo, mas fiel.»

28 Tomé respondeu e disse-lhe:

«Meu Senhor e meu Deus!»
29 Jesus disse-lhe:
«Tu creste, Tomé, porque me viste; bem-aventurados
os que creram sem ter visto.»
30 Outros muitos sinais fez ainda Jesus na presença
de seus discípulos, que não foram escritos neste livro.
31 Estes, porém, foram escritos a fim de que acrediteis
que Jesus é o Cristo, Filho de Deus, e para que, crendo,
tenhais a vida em seu nome.

A pesca milagrosa

21 1 Depois disso, Jesus tornou a mostrar-se aos seus 31 MAI
discípulos junto do mar de Tiberíades. Mostrou- *30 NOV*
se deste modo: 2 estavam juntos Simão Pedro, Tomé –
o chamado Dídimo –, Natanael – que era de Caná da
Galileia –, os filhos de Zebedeu e dois outros dos seus
discípulos. 3 Simão Pedro disse-lhes:
«Vou pescar.»
Responderam-lhe:
«Também nós vamos contigo.»
Partiram e entraram numa barca. Naquela noite nada
apanharam.
4 Chegada a manhã, Jesus apresentou-se na praia; os
discípulos, todavia, não conheceram que era ele. 5 Jesus
disse-lhes:
«Rapazes, tendes alguma coisa de comer?»
«Não», responderam-lhe.

6 Disse-lhes:
«Lançai a rede para o lado direito da barca e
encontrareis.»
Lançaram a rede e não a podiam puxar por causa da
grande quantidade de peixes. 7 Então aquele discípulo a
quem Jesus amava disse a Pedro:
«É o Senhor!»
Simão Pedro, ao ouvir dizer que era o Senhor, cingiu-
se com a túnica, porque estava nu, e lançou-se à água.
8 Os outros discípulos, que não estavam distantes da ter-
ra senão duzentos côvados, foram na barca puxando a
rede cheia de peixes.
9 Logo que saltaram em terra, viram umas brasas
acesas, peixe em cima delas e pão. 10 Jesus disse-lhes:
«Trazei dos peixes que agora apanhastes.»
11 Simão Pedro subiu na barca e tirou a rede para a
terra cheia de cento e cinquenta e três grandes peixes; e,
apesar de serem tantos, não se rompeu a rede.
12 Jesus disse-lhes:
«Vinde comer.»
Nenhum dos discípulos ousava perguntar-lhe:
«Quem és tu?», sabendo que era o Senhor.
13 Jesus aproximou-se, tomou o pão e deu-lho, e
igualmente do peixe. 14 Foi essa a terceira vez que Jesus se
manifestou aos seus discípulos depois de ter ressuscitado
dos mortos.

O primado de São Pedro

15 Tendo eles comido, disse Jesus a Simão Pedro:
«Simão, filho de João, amas-me mais do que estes?»
Ele disse-lhe:
«Sim, Senhor, tu sabes que eu te amo.»
Jesus disse-lhe:
«Apascenta os meus cordeiros.»
16 Disse-lhe outra vez:
«Simão, filho de João, amas-me?»
Ele disse-lhe:
«Sim, Senhor, tu sabes que eu te amo.»
Jesus disse-lhe:
«Apascenta as minhas ovelhas.»
17 Disse-lhe pela terceira vez:
«Simão, filho de João, amas-me?»
Ficou Pedro triste porque pela terceira vez lhe perguntara: «Amas-me?» E disse-lhe:
«Senhor, tu sabes tudo; sabes que eu te amo.»
Jesus disse-lhe:
«Apascenta as minhas ovelhas.
18 Em verdade, em verdade te digo: quando tu eras jovem, cingias-te e ias aonde desejavas; mas, quando fores velho, estenderás as tuas mãos e outro te cingirá e te levará para onde tu não queres.»
19 Disse isso indicando com que gênero de morte havia Pedro de dar glória a Deus.
Depois de assim ter falado, disse:
«Segue-me.»
20 Pedro, tendo-se voltado, viu que o seguia aquele discípulo que Jesus amava, o qual na ceia estivera recli-

nado sobre o seu peito e lhe perguntara: «Senhor, quem
é o que te há de entregar?» 21 Por isso Pedro, vendo-o,
disse a Jesus:

«Senhor, e deste que será?»

22 Jesus disse-lhe:

«Se quero que ele fique até que eu volte, que tens tu com isso? Tu segue-me.»

23 Correu, portanto, essa voz entre os irmãos de que aquele discípulo não morreria. Todavia, Jesus não disse a Pedro: «Não morrerá», mas: «Se quero que ele fique até que eu venha, que tens tu com isso?»

Conclusão

24 Esse é aquele discípulo que dá testemunho destas
coisas e que as escreveu, e sabemos que o seu testemu-
nho é verdadeiro. 25 Muitas outras coisas fez Jesus; se
se escrevessem uma por uma, creio que nem no mundo
todo poderiam caber os livros que seria preciso escrever.

NOTAS AO EVANGELHO SEGUNDO SÃO JOÃO

1, 1-18. Estes versículos servem de prólogo a todo o Evangelho, sendo ao mesmo tempo um hino de louvor a Cristo.

Enquanto prólogo, a passagem inclui os grandes temas que serão desenvolvidos ao longo da narrativa evangélica: o de que Jesus é o Verbo eterno de Deus (a sua Palavra, a expressão do seu Pensamento) que, enviado ao mundo, comunica aos homens, por meio de suas palavras e de suas obras, a verdade sobre Deus e sobre si mesmo (cf., por exemplo, 8, 31; 10, 29; 14, 6-13), bem como a vida divina ou vida eterna (cf., por exemplo, 3, 16; 5, 26; 6, 35; 11, 25; 15, 5). Todas as visões que os homens haviam tido de Deus neste mundo tinham sido indiretas, uma vez que só tinham contemplado a glória divina, isto é, o resplendor da sua grandeza. Porém, ao chegar a plenitude dos tempos, Deus se manifestou mediante a humanidade de Jesus, uma vez que Ele é a imagem visível do Deus invisível (cf. Cl 1, 15), a revelação máxima de Deus neste mundo, a ponto de Jesus garantir: «Quem me viu, viu também o Pai» (14, 9): «A verdade profunda tanto a respeito de Deus como a respeito da salvação dos homens manifesta-se-nos, por esta revelação, em Cristo, que é, simultaneamente, o mediador e a plenitude de toda a revelação» (Concílio Vaticano II, *Dei Verbum*, n. 2). Ainda enquanto prólogo, são referidos alguns testemunhos da vida terrena de Cristo – João Batista (vv. 6-7.15) e os discípulos que nEle acreditaram (v. 16) –, bem como aqueles que O rejeitaram (v. 11). Comenta Santo Agostinho: «Poderá haver corações insensatos que ainda são incapazes de receber esta Luz, uma vez que o peso dos seus pecados os impede de a verem; mas que não pensem que a Luz não existe pelo fato de não poderem vê-la: foram eles que, pelos seus pecados, se fizeram trevas. Meus irmãos, é como um cego que está diante do sol; o sol está presente, mas o cego está ausente do sol» (*In Ioannis Evangelium*, 1, 19).

Como hino a Jesus Cristo, estes versículos proclamam a divindade e eternidade do Verbo (v. 1), a sua participação na obra da Criação

(v. 3), a sua peculiar ação de iluminação interior dos seres racionais (vv. 4-5), a sua vinda ao mundo e a sua rejeição por parte deste (vv. 9-11), os dons que concede àqueles que O recebem (vv. 12-13), a debilidade com que habitou entre nós, na qual se manifestou a glória divina (v. 14), e a misericórdia salvífica de Deus, que só Ele pode dar a conhecer (vv. 16--18). Em resumo, e à semelhança do que São Paulo faz em algumas passagens das suas cartas (cf. Cl 1, 15-20; Fl 2, 6-11), o evangelista nos anuncia quem realmente é Jesus Cristo, de onde procede, como veio ao mundo e o que fez em favor dos homens. Para tal, apresenta-O de maneira semelhante à forma como se fala da Sabedoria de Deus no Antigo Testamento: como uma entidade personificada, eterna, que participa na criação e na instrução dos homens (cf. Pr 8, 22--31; Eclo 24, 1-21; Sb 7, 21) e registra, como um eco, a função da Palavra de Deus na criação (cf. Gn 1, 1).

No v. 14, fica expressa de forma concentrada a insondável realidade da encarnação. O verbo grego que São João utiliza e que foi traduzido por «habitar» significa, literalmente, montar a tenda e, consequentemente, viver em determinado local. Trata-se de um verbo que evoca o Tabernáculo dos tempos do êxodo, em que o Senhor dava mostras da sua presença no meio do povo de Israel por meio de determinados sinais da sua glória – por exemplo, a nuvem pousada sobre a tenda (cf. Ex 25, 8; 40, 34-35 etc.); por outro lado, o Antigo Testamento anuncia que Deus, e nomeadamente a sua Sabedoria, «habitará no meio do seu povo» (cf. Eclo 24, 8; Jr 7, 3; Ez 43, 9 etc.). Nesta habitação do Filho de Deus encarnado entre os homens cumpre-se ainda a promessa de Isaías acerca do Emanuel ou Deus conosco (cf. Is 7, 14; Mt 1, 23). Por tudo isso, a leitura – feita com religiosa admiração – destas palavras do Evangelho ou a recitação do Ângelus são excelentes ocasiões para fazermos um ato de fé profundo e agradecido e adorarmos a Humanidade Santíssima do Senhor, que com a sua Encarnação nos deu a possibilidade de sermos filhos de Deus. Explica Santo Atanásio: «O Filho de Deus fez-se homem para que os filhos do homem, os filhos de Adão, se fizessem filhos de Deus. [...] Ele é Filho de Deus por natureza, nós somo-lo por graça» (*De Incarnatione contra Apollinarium*, 8); e São João Paulo II completa: «A união de Cristo com o homem é a força e a nascente da força, segundo a incisiva expressão de São João no prólogo do seu Evangelho:

"deu-lhes o poder de se tornarem filhos de Deus" (Jo 1, 12). É esta força que transforma interiormente o homem, qual princípio de uma vida nova que não fenece nem passa, mas dura para a vida eterna (cf. Jo 4, 14)» (*Redemptor hominis*, n. 18). Assim, pela filiação divina, que se adquire por via da união com Cristo por meio do Batismo, podemos participar, real e sobrenaturalmente, da vida de Deus (cf. 2 Pd 1, 4), sendo introduzidos na intimidade da vida trinitária.

A conjugação dos termos «graça e verdade» (v. 14) é sinônima da conjugação «bondade e fidelidade», dois atributos que, no Antigo Testamento, se aplicam constantemente a Deus (cf. Ex 34, 6; Sl 117; 136; Os 2, 16-22 etc.). A expressão «graça sobre graça» (v. 16) pode ser entendida como a substituição da economia salvífica do Antigo Testamento pela nova economia da graça introduzida por Cristo; poderá indicar também uma superabundância dos dons concedidos por Jesus: a umas graças vão-se juntando outras, brotando todas da fonte inesgotável que é Cristo, cuja plenitude de graça nunca acaba.

***1, 19-12, 50.** Jesus vai manifestando progressivamente quem é mediante seus milagres – que são sinais da sua divindade – e suas palavras, nas quais se declara Messias, Filho de Deus e igual ao Pai. Tudo isso se desenvolve num *crescendo* dramático, até chegar a sua «hora», isto é, a sua morte e a sua ressurreição, que serão objeto da segunda parte do Evangelho. Dado o seu conteúdo, esta primeira parte do *Evangelho de São João* foi denominada, com razão, de «livro dos sinais».

***1, 19-51.** Estes versículos, que constituem uma espécie de introdução à primeira parte, contêm o testemunho do Batista (1, 19-34; cf. 3, 22-36) e a vocação dos primeiros discípulos (1, 35-51).

1, 19-34. João dá testemunho não só de que Jesus é o Messias, mas também de que, com a sua morte sangrenta, Ele redimirá o mundo do pecado. Este testemunho do Batista é apresentado como modelo do testemunho que os cristãos têm de dar daquilo que viram e experienciaram na sua fé em Cristo: «Todos os fiéis cristãos, onde quer que vivam, têm obrigação de manifestar, pelo exemplo da vida e pelo testemunho da palavra, o homem novo de que se revestiram pelo batismo e a virtude do Espírito Santo por quem na confirmação foram robustecidos, de tal modo que os demais homens, ao verem as suas boas obras, glorifiquem o Pai e compreendam mais plenamente o sentido genuíno da vida humana e o vínculo universal da comunidade humana» (Concílio Vaticano II, *Ad gentes*, n. 11).

Ao chamar Jesus de Cordeiro de Deus (v. 29), João está aludindo ao sacrifício redentor de Cristo. Isaías tinha comparado as dores do Servo sofredor, o Messias, com o sacrifício de um cordeiro (cf. Is 53, 7); e o sangue do cordeiro pascal, aspergido sobre as portas das casas, tinha servido para poupar da morte os primogênitos dos israelitas no Egito (cf. Ex 12, 6-7). Após a morte e a ressurreição de Jesus, os seus discípulos dão testemunho de que Ele é o Cordeiro pascal – e fazem-no antes de receber a Cristo na Sagrada Comunhão, isto é, quando se preparam para participar no «banquete das núpcias do Cordeiro» (Ap 19, 9).

Ao dizer que Jesus existia antes dele (v. 30), João Batista está fazendo referência à sua divindade; é como se dissesse: «Embora eu tenha nascido antes dEle, Ele não está limitado pelos laços do nascimento, porque, ainda que nasça de sua Mãe no tempo, foi gerado pelo Pai fora do tempo» (São Gregório Magno, *Homiliae in Evangelia*, 7). O testemunho de João sobre o batismo de Jesus revela, por outro lado, o mistério da Santíssima Trindade (cf. vv. 32-34); a pomba é símbolo do Espírito Santo, acerca do qual está referido, em Gn 1, 2, que se movia sobre a superfície das águas.

1, 35-51. Nesta narração do encontro dos primeiros discípulos com Jesus, o evangelista indica vários títulos que Lhe são atribuídos – Rabi (Mestre), Messias (Cristo), Filho de Deus, Rei de Israel, Filho do Homem – e que, em conjunto, indicam que Jesus é o Messias prometido no Antigo Testamento e reconhecido pela Igreja: «O Apóstolo João, que derrama no seu Evangelho a experiência de uma vida inteira, narra a sua primeira conversa com Jesus com o encanto das coisas que nunca mais se esquecem: *Mestre, onde moras? Disse-lhes Jesus: Vinde e vede. Foram, pois, e viram onde morava, e ficaram com Ele aquele dia.* Diálogo divino e humano, que transformou a vida de João e de André, de Pedro, Tiago e tantos outros; que preparou os seus corações para escutarem a palavra imperiosa que Jesus lhes dirigiu junto do mar da Galileia» (São Josemaria Escrivá, *É Cristo que passa*, n. 108).

O evangelista salienta que o encontro de alguns dos discípulos com o Senhor se dá por intermédio de outros que já O seguem: é assim o apostolado cristão. Em comentário ao v. 41, São João Crisóstomo observa: «Esta frase é expressão de uma alma que desejava ardentemente a vinda do Messias e que exulta e se enche de alegria quando vê a sua esperança se converter em realidade, apressando-se depois a anunciar aos seus irmãos tão feliz notícia» (*In Ioannem*, 19, 1).

«Serás chamado Cefas» (v. 42): dar o nome equivalia a tomar posse da coisa nomeada (cf. Gn 17, 5; 32, 29). «Cefas» é a transcrição grega de uma palavra aramaica que significa «pedra», «rocha», e que, a partir deste momento, também significa «Pedro»; daí que, e uma vez que escrevia em grego, o evangelista tenha explicado o significado do termo utilizado por Jesus. Cefas não era um nome próprio, mas Jesus impõe-no ao apóstolo para indicar a função que ele virá a desempenhar – ser seu vigário – e que lhe revelará mais tarde (cf. Mt 16, 16-18).

«Segue-me» (v. 43) é a expressão que Jesus costuma utilizar para chamar os seus discípulos (cf. Mt 8, 22; 9, 9 etc.). Em vida de Jesus, o convite a segui-lO implicava acompanhá-lO no seu ministério público, ouvir a sua doutrina, imitar o seu modo de vida etc. Agora que Jesus está no Céu, seguir a Cristo consiste em viver segundo a vida de Cristo, fazendo nossos os seus sentimentos: «Já não sou eu que vivo, mas é Cristo que vive em mim» (Gl 2, 20).

As coisas maiores (vv. 50-51) recordam a glorificação de Jesus. Evocando o sonho de Jacó, em que o patriarca vê uma escada unindo o céu e a terra, pela qual descem os anjos de Deus (cf. Gn 28, 12), e a figura do Filho do Homem do livro de Daniel (cf. Dn 7, 13), o Senhor alude já ao fato de a sua glorificação ser feita mediante a sua morte na Cruz (cf. 12, 23; 13, 31); com a sua morte, Jesus é o juiz que julgará o mundo (o Filho do Homem) e é caminho de salvação (escada) pelo qual os homens podem chegar ao Céu.

***2, 1-4, 54.** Esta seção abarca o ministério de Jesus na Galileia, em Jerusalém e na Samaria. Aquilo que confere unidade ao segmento é o fato de Jesus se apresentar como Messias, anunciando e realizando uma nova disposição divina de salvação, superior à antiga disposição do Templo, que vigorava na Lei de Moisés – aspectos que ficam refletidos na conversão da água em vinho em Caná da Galileia (2, 9), no comentário que o evangelista faz ao episódio da purificação do Templo («Ele falava do Templo de seu corpo»: 2, 21), na revelação a Nicodemos do novo nascimento pelo batismo (3, 5) e na conversa com a samaritana, em que o Senhor declara que a verdadeira adoração a Deus há de ser «em espírito e verdade» (4, 23-24). Perante a manifestação de Jesus, não cabe a indiferença; é por isso que São João narra os primeiros sentimentos de fé que surgem nos discípulos e no povo, bem como as primeiras reações de rejeição por parte de alguns judeus.

2, 1-12. Caná da Galileia deverá ser a atual Kef Kenna, povoação localizada sete quilômetros a noroeste de Nazaré. A primeira a ser referida entre os convidados para esta boda é Nossa Senhora; São José não é referido, circunstância que não pode ser atribuída a um esquecimento de São João: este silêncio – e muitos outros, ao longo do Evangelho – faz supor que o Santo Patriarca já teria morrido.

Com o milagre das bodas de Caná, Jesus dá início à manifestação da sua glória e inaugura os tempos messiânicos. O milagre – ou, como diz literalmente o texto, o «sinal» da transformação da água em vinho – antecipa a «hora» da glorificação de Jesus (v. 4); o Senhor usará este termo em outro contexto para referir a sua vinda gloriosa (cf. 5, 28), mas, em geral, aplica-o ao período da sua Paixão, morte e glorificação (cf. 7, 30; 12, 23; 13, 1; 17, 1). João sublinha a abundância do dom de Jesus (cerca de trezentos litros de vinho), que é também um sinal do advento dos tempos messiânicos; o vinho simboliza os dons sobrenaturais que Cristo conquistou para nós.

A «Mãe de Jesus» – título que São João dá a Nossa Senhora – só aparece duas vezes no quarto Evangelho: neste episódio (v. 1) e no Calvário (19, 25); fica assim manifesta a participação da Virgem na redenção. Com efeito, estes dois acontecimentos – Caná e o Calvário – estão situados no começo e no final da vida pública, como que para salientar que toda a obra de Jesus está acompanhada pela presença de Maria Santíssima. Nossa Senhora colabora com seu Filho desde o começo até o fim, comportando-se como verdadeira Mãe e dando mostras de especial solicitude pelos homens; assim, em Caná intercede pelos noivos quando ainda não chegou a «hora» de seu Filho, e no Calvário, chegada a «hora» de Jesus, oferece ao Pai a morte redentora de Cristo e aceita a missão que Ele lhe atribui de ser a Mãe de todos os fiéis, representados ali pelo discípulo amado.

A passagem de Caná confere novo significado à maternidade de Maria: «No texto de São João, [...] esboça-se aquilo em que se manifesta concretamente esta maternidade nova, segundo o espírito e não somente segundo a carne, ou seja, a solicitude de Maria pelos homens, o seu ir ao encontro deles, na vasta gama das suas carências e necessidades. Em Caná da Galileia, torna-se patente só um aspecto concreto da indigência humana, aparentemente pequeno e de pouca importância ("Não têm vinho!"); mas é algo que tem um valor simbólico: aquele ir ao encontro das necessidades do homem significa, ao mesmo tempo, introduzi-las no âmbito da missão messiânica e do poder salvífico de Cristo. Dá-se, portanto, uma mediação: Maria põe-se de permeio entre seu Filho e os homens na realidade das suas privações, das suas indigências e dos seus sofrimentos. Põe-se de "permeio", isto é, faz-se de mediadora não como uma estranha, mas na sua posição de Mãe, consciente de que como tal pode – ou, antes, "tem o direito de" – fazer presente ao Filho as necessidades dos homens. A sua mediação tem, portanto, um caráter de intercessão: Maria "intercede" pelos homens. E não é tudo: como Mãe, deseja também que se manifeste o poder messiânico de seu Filho, ou seja, o seu poder salvífico, que se destina a socorrer as desventuras humanas, a libertar o homem do mal que, sob diversas formas e em diversas proporções, pesa na sua vida» (São João Paulo II, *Redemptoris Mater*, n. 21).

A frase «que nos importa a mim e a ti isso?» (v. 4) é uma maneira proverbial de falar no Oriente e pode ser utilizada com diversos matizes. A resposta de Jesus parece indicar que, embora a intervenção de Cristo com o seu poder divino para resolver as dificuldades surgidas naquelas bodas não estivesse inicialmente nos planos divinos, o pedido de Nossa Senhora move-O a intervir. Por este motivo, a piedade cristã atribuiu a Maria, com precisão teológica, o título de onipotência suplicante: «O coração de Maria, que não consegue deixar de se comover com os infelizes, [...] levou-a a assumir o ofício de intercessora e a pedir a seu Filho o milagre, apesar de ninguém lho ter solicitado. [...] Se esta boa Senhora agiu assim sem que lho pedissem, o que não teria feito se lhe tivessem rogado?» (Santo Afonso Maria de Ligório, *Sermões abreviados*, 48, 2, 1).

A Igreja confere grande importância à presença de Jesus nesta boda, vendo nela a confirmação da bondade do matrimônio e o anúncio de que, a partir daquele momento, este será um sinal eficaz da presença de Cristo (cf. *Catecismo da Igreja Católica*, n. 1613): «Ao início da sua missão», faz notar São João Paulo II, «Jesus vai a Caná da Galileia participar num banquete de núpcias, juntamente com Maria e com os primeiros discípulos (cf Jo 2, 1-11); pretende assim demonstrar que a verdade da família está inscrita na Revelação de Deus e na história da salvação» (*Carta às famílias*, n. 18).

A propósito da inclusão, no Santo Rosário, dos mistérios luminosos, o mesmo Papa comenta: «A revelação, que no batismo do Jordão é oferecida diretamente pelo Pai e confirmada pelo Batista, está na boca de Maria em Caná e torna-se a grande advertência materna que ela dirige à Igreja de todos os tempos: "Fazei o que Ele vos disser" (Jo 2, 5). Advertência esta que introduz bem as palavras e os sinais de Cristo durante a sua vida pública, constituindo o fundo mariano de todos os "mistérios da luz"» (*Rosarium Virginis Mariae*, n. 21).

Acerca dos «irmãos» de Jesus (v. 12), cf. nota a Mt 12, 46-50.

2, 13-25. São João apresenta o ministério de Jesus enquadrado nas festas judaicas. Nesta passagem, os acontecimentos estão relacionados com a Páscoa, contexto no qual a purificação do Templo adquire sentido mais profundo que aquele que tem nos outros Evangelhos; com efeito, Jesus revela não só que é o Messias (cf. Mt 21, 12-13), mas também que é o novo e definitivo Templo de Deus entre os homens.

Quando Jesus compara o Templo de Jerusalém com o seu corpo, revela a verdade mais profunda sobre si mesmo: a encarnação, ou seja, que Ele é o Verbo de Deus morando entre nós (cf. 1, 14). O evangelista fez notar, contudo, que só podemos compreender esta verdade à luz dos acontecimentos da última Páscoa (v. 22).

Não há, nas palavras proferidas por Jesus (v. 19), qualquer depreciação pelo Templo, como afirmariam depois os que contra Ele pronunciaram falsos testemunhos (cf. Mt 26, 61; Mc 14, 58) e os que dEle troçaram enquanto agonizava na Cruz (cf. Mt 27, 40; Mc 15, 29; cf. At 6, 14). O sinal a que Ele se refere é a sua própria ressurreição ao terceiro dia (cf. Mt 16, 4: «o sinal de Jonas»). Com efeito, pretendendo indicar a grandiosidade do milagre da sua ressurreição, Jesus recorre a uma linguagem metafórica; é como se dissesse: «Vedes este Templo? Pois bem, imaginai que é destruído; não seria um enorme milagre reconstruí-lo em três dias? Pois é isso mesmo que farei como sinal: vós destruireis o meu corpo, mas ao terceiro dia Eu reconstruí-lo-ei». Naquele momento, a declaração de que Jesus é o Templo de Deus ficou encoberta para todos; tanto os judeus como os discípulos pensaram que Jesus se referia à reedificação do Templo que Herodes, o Grande, tinha começado a construir em 19-20 a.C. Só mais tarde os discípulos compreenderam o verdadeiro sentido das palavras de Jesus (v. 22).

3, 1-21. Nicodemos era, muito provavelmente, membro do Sinédrio de Jerusalém (cf. 7, 50); e também devia ser um homem culto, talvez escriba ou doutor da Lei, porque Jesus chama-lhe mestre em Israel (v. 10). Podemos, pois, afirmar que se trata de um intelectual, de um homem que raciocina, que investiga, que faz da busca da verdade uma das tarefas fundamentais da sua vida, e que o faz, naturalmente, no quadro próprio da mentalidade judaica do seu tempo. No entanto, para entender as verdades divinas não basta a razão: também é preciso ser humilde e receber as correspondentes graças; por isso, Nicodemos terá de reconhecer que, não obstante os seus estudos, ainda é ignorante nas coisas de Deus.

Com base no diálogo de Jesus com Nicodemos, o evangelista enuncia claramente quem é Jesus, em que consiste a salvação que Ele trouxe aos homens e qual é a condição para alcançar essa salvação: a fé que se recebe no Batismo, por ação do Espírito Santo. Num primeiro momento do diálogo (vv. 2-8), Jesus mostra a necessidade de nascer de novo pela água e pelo Espírito Santo – a palavra grega *anothen*, aqui traduzida por «do alto» (v. 3), também significa «de novo», que é o sentido que Nicodemos lhe dá (v. 4). A imagem do novo nascimento permite ressaltar a diferente condição do homem após o Batismo, segundo a qual o ser humano é transformado num ser conforme ao Espírito de Deus e adquire a filiação divina e a liberdade própria dos filhos de Deus: «Todos quantos acreditaram em Cristo receberam o poder de serem filhos de Deus, isto é, filhos do Espírito Santo, para se tornarem da mesma natureza de Deus. E, para salientar que aquele Deus que gera é o Espírito Santo, este acrescentou, com as palavras de Cristo: "Quem não nascer da água e do Espírito não pode entrar no Reino de Deus"» (Dídimo de Alexandria, *De Trinitate*, 2, 12). «Há dois nascimentos; mas ele [Nicodemos] só conhece um. Um é da terra, outro do Céu; um da carne, outro do Espírito; um da mortalidade, outro da eternidade; um do homem e da mulher, outro de Cristo e da Igreja. São ambos únicos. Nem um nem o outro podem repetir-se» (Santo Agostinho, *In Ioannis Evangelium*, 11, 6).

Jesus explica a Nicodemos que, para compreender, é preciso ter fé (vv. 9-15). Em seguida, compara a sua crucifixão futura com a serpente de bronze que, por ordem de Deus, Moisés fixou no alto de uma coluna para curar todos os que fossem picados pelas serpentes venenosas (cf. Nm 21, 8-9); do mesmo modo, Jesus exaltado na Cruz será salvação para todos os que O olharem com fé e causa de juízo para os que não crerem nEle: «As palavras de Cristo são, ao mesmo tempo, palavras de juízo e de graça, de morte e de vida. Porque só infligindo a morte ao que é velho podemos ter acesso à novidade de vida [...]. Não há ninguém que se liberte do pecado por si mesmo e pelas próprias forças e se eleve acima de si mesmo; não há ninguém que se liberte a si mesmo da sua enfermidade, da sua solidão ou da sua escravidão, mas todos precisam de Cristo como modelo, mestre, libertador, salvador, vivificador» (Concílio Vaticano II, *Ad gentes*, n. 8).

As palavras finais (vv. 16-21) mostram sinteticamente que a morte de Cristo é a expressão suprema do amor de Deus pelos homens. Estas palavras constituem, tanto para os destinatários imediatos do Evangelho como para os leitores contemporâneos, um apelo premente à correspondência a este amor: «Lembremo-nos do amor com que [Cristo] nos fez tantas mercês e quão grande no-lo mostrou Deus [...]: pois amor gera amor. [...] Procuremos ir sempre vendo isto e despertando-nos para amar» (Santa Teresa de Jesus, *Livro da vida*, 22, 14).

A propósito da expressão «Deus amou de tal modo o mundo» (v. 16), São João Paulo II observa que estas palavras «introduzem-nos no próprio centro da ação salvífica de Deus. Elas exprimem também a própria essência da soteriologia cristã, quer dizer, da teologia da salvação. Salvação significa libertação do mal; e por isso mesmo está em relação íntima com o problema do sofrimento. Segundo as palavras dirigidas a Nicodemos, Deus dá o seu Filho ao "mundo" para libertar o homem do mal, que traz em si a definitiva e absoluta perspectiva do sofrimento. Ao mesmo tempo, a palavra "dá" ("deu") indica que esta libertação deve ser realizada pelo Filho unigênito mediante o seu próprio sofrimento. E nisto se manifesta o amor, o amor infinito, quer do mesmo Filho unigênito, quer do Pai, o qual "dá" para isso o seu Filho. Tal é o amor para com o homem, o amor pelo "mundo": é um amor salvífico» (*Salvifici doloris*, n. 14).

A entrega de Cristo é o

apelo mais premente à correspondência ao seu grande amor: «Se Deus nos criou e nos redimiu, se nos ama a ponto de entregar por nós o seu Filho Unigênito, se nos espera – todos os dias! – como o pai da parábola esperava o seu filho pródigo, como não há de desejar que frequentemos o seu convívio amorosamente? O estranho seria não falar com Deus, afastar-se dEle, esquecê-lO, mergulhar em atividades alheias a esses toques ininterruptos da graça» (São Josemaria Escrivá, *Amigos de Deus*, n. 251).

3, 22-36. Um pouco mais à frente (v. 2), o evangelista esclarecerá que quem batizava não era o próprio Jesus, mas os seus discípulos; com efeito, este rito não era ainda o batismo cristão, que só começa depois da ressurreição de Cristo (cf. 7, 39; 16, 7; Mt 28, 19). «Enon» (v. 23) significa «fontes» em aramaico. Salim ficava a noroeste da Samaria, a sul da cidade de Escitópolis ou Bet-San, perto da margem ocidental do Jordão, a cerca de vinte quilômetros do lago de Genesaré.

Neste novo testemunho, o Batista afirma, uma vez mais, a superioridade de Jesus sobre ele. O «amigo do esposo» (v. 29) refere-se à pessoa que, de acordo com o costume dos esponsais judaicos, acompanhava o noivo nos momentos iniciais do matrimônio, participando de forma especial nos festejos e na alegria das núpcias; não obstante, e conforme esclarece o Batista, havia uma grande diferença entre ele e o esposo, que era o verdadeiro protagonista do feliz acontecimento.

Com o simbolismo dos esponsais, contexto em que Jesus é o Esposo (cf. Mc 2, 19) e a Igreja, a Esposa (cf. Ef 5, 24-32; Ap 19, 7-9), é evocada a união pela qual Cristo incorpora a Igreja a si. A alegria do Batista torna manifesto que já se iniciou a atuação do Messias; desse modo, ao ver que Cristo convoca os homens e que estes O seguem, a sua alegria é completa, antecipando a alegria da Igreja pela agregação de novos membros ao Corpo de Cristo.

O Batista assumiu a sua missão de Precursor, que estava destinado a desaparecer quando chegasse o Messias (v. 30), e cumpriu-a fielmente e com humildade. Também o cristão deve evitar o protagonismo pessoal na sua atividade apostólica, deixando que os homens busquem a Cristo; e deve se esvaziar cada vez mais de si mesmo para que Cristo encha toda a sua vida: «É necessário que Cristo cresça em ti, para que progridas no seu conhecimento e no seu amor; porque quanto mais O conheces e O amas, mais Ele cresce em ti» (São Tomás de Aquino,

Super Evangelium Ioannis, ad loc.).

As palavras finais deste capítulo (vv. 31-36) revelam a condição divina de Jesus e a sua maneira de ser o Messias, o Cristo; com efeito, só Jesus Cristo, por ser o Filho de Deus, pode revelar Deus Pai aos homens: «Cristo, o Filho de Deus feito homem, é a Palavra única, perfeita e insuperável do Pai. Nele o Pai disse tudo, e não haverá outra palavra senão esta» (*Catecismo da Igreja Católica*, n. 65; ver também notas a Mt 17, 1-13). As obras e as palavras de Jesus, sendo verdadeiramente humanas, são, ao mesmo tempo, obras e palavras de Deus na história humana, porque o Verbo encarnado está unido ao Pai e ao Espírito Santo; em Cristo, há uma só Pessoa – a Pessoa do Verbo –, e os atos são atribuídos à Pessoa.

4, 1-45. Em Jerusalém começa a se manifestar a hostilidade dos fariseus para com Jesus (vv. 1-2), e o Senhor se retira para a Galileia (v. 3), no norte da Palestina, onde eles tinham menos influência, evitando assim que Lhe dessem a morte antes do tempo marcado por Deus Pai; com este gesto, ensina-nos que a Providência divina não exime o fiel de, imitando a Cristo, utilizar a sua inteligência e a sua vontade para descobrir com prudência o que Deus quer dele.

Habitualmente, as pessoas utilizavam um dos dois caminhos possíveis para se deslocarem da Judeia para a Galileia: o mais curto passava pela cidade da Samaria, enquanto o outro, mais longo, se fazia junto ao Jordão. Jesus opta pelo primeiro (v. 4) e, ao aproximar-se desta cidade chamada Sicar – a atual Askar –, localizada no sopé do monte Ebal, encontra esta mulher. Tenha-se em consideração que os judeus tinham enorme aversão pelos samaritanos (vv. 9.27); estes eram judeus que tinham permanecido no território de Israel depois da destruição da Samaria, em 722 a.C., e que tinham se misturado com os colonos levados a essa zona pelos assírios. Os samaritanos sempre afirmaram ser os verdadeiros continuadores da tradição patriarcal e mosaica, mas já no século VI a.C. a sua condição religiosa era considerada pelos outros judeus como um sincretismo grosseiro (cf. 2 Rs 17, 34-40). Contudo, o cisma propriamente dito teve lugar na época de Neemias (século V a.C.), e a situação se radicalizou quando os samaritanos construíram um templo em honra do Senhor, Deus de Israel, no monte Garizim; durante o período de influência síria (século II a.C.), e de acordo com Flávio Josefo (cf. *Antiquitates iudaicae*, 12, 5, 5), os samaritanos pediram a Antíoco que dedicasse o templo de Garizim ao deus grego Zeus Xenios. João Hircano, rei judeu, destruiu este templo, deixando assim aberta uma ferida que nunca mais se fecharia. Os samaritanos passaram a se considerar os legítimos continuadores da fé judaica, mantendo tradições muito antigas, e tinham o Pentateuco como único livro sagrado (cf. também nota a Lc 9, 51-56).

Por vezes, os Evangelhos, em especial o de São João, narram pormenores que podem parecer irrelevantes, mas que não o são. De fato, tal como nós, Jesus também se cansa realmente (v. 6), também precisa recuperar forças, também tem fome e sede; contudo, apesar do cansaço, não desaproveita nenhuma ocasião para fazer bem às almas: «Recolhei os olhos da alma e revivei devagar essa cena: Jesus Cristo, *perfectus Deus, perfectus homo*, perfeito Deus, perfeito homem, está fatigado por causa da caminhada e do trabalho apostólico. Como talvez vos tenha acontecido alguma vez a vós, que acabais exaustos, porque não aguentais mais. É comovente observar o Mestre esgotado. Além disso, tem fome: os discípulos foram ao povoado vizinho buscar alguma coisa que comer. E tem sede. Mas, mais do que a fadiga do corpo, consome-O a sede de almas. Por isso, quando chega a samaritana, aquela mulher pecadora, o coração sacerdotal de Cristo lança-se, diligente, a recuperar a ovelha perdida. Esquece o cansaço, a fome e a sede. [...] Sempre que nos cansemos – no trabalho, no estudo, na tarefa apostólica –, sempre que haja cerração no horizonte, então, os olhos em Cristo: em Jesus bom, em Jesus cansado, em Jesus faminto e sedento. Como te fazes compreender, Senhor! Como te fazes amar! Tu te mostras como nós, em tudo menos no pecado, para que saibamos palpavelmente que contigo podemos vencer as nossas más inclinações, as nossas culpas. Que importância têm o cansaço, a fome, a sede, as lágrimas!... Cristo cansou-se, passou fome, teve sede, chorou. O que importa é a luta – uma luta amável, porque o Senhor permanece sempre ao nosso lado – para cumprir a vontade do Pai que está nos céus» (São Josemaria Escrivá, *Amigos de Deus*, nn. 176 e 201).

No comovente diálogo de Jesus com a samaritana (vv. 7-29), São João volta a expor a doutrina da graça, o dom que Deus dá aos homens por meio do Espírito Santo após a encarnação de seu Filho. Tal como no diálogo com Nicodemos (3, 3-21), também neste caso Jesus utiliza expressões correntes, ditas em sentido material e imediato, para apresentar realidades sobrenaturais; e nesse significado mais profundo, está já presente o núcleo daquilo que será a doutrina da Igreja sobre os sacramentos. De fato, tal como a água é essencial para a vida humana, a água que verdadeiramente pode saciar a sede espiritual do homem é a graça de Cristo; comenta São João Paulo II: «Com efeito, segundo o Evangelho de São João, o Espírito Santo nos é dado com a vida nova, como Jesus anuncia e promete no dia solene da festa dos Tabernáculos: "Se alguém tem sede, venha a Mim; e quem crê em Mim que sacie a sua sede! Como diz a Escritura, hão de correr do seu coração rios de água viva" (7, 37-38). E o evangelista explica: "Ele disse isto referindo-se ao Espírito que iam receber os que nEle acreditassem" (7, 39). É a mesma analogia da água usada por Jesus no diálogo com a samaritana, quando fala de "fonte de água que dá a vida eterna" (4, 14), e no colóquio com Nicodemos, quando anuncia a necessidade de um novo nascimento "da água e do Espírito" para "entrar no Reino de Deus"» (*Dominum et vivificantem*, n. 1).

Por outro lado, este episódio mostra a universalidade da salvação trazida por Cristo, cujo amor abarca todas as almas (vv. 9.31-38). Jesus não pede de beber apenas porque tem sede fisicamente, mas para mostrar que tinha sede de que os homens descobrissem o amor de Deus: «Tinha sede... Mas ao dizer "Dá-Me de beber", era o amor da sua pobre criatura que o Criador do universo reclamava. Tinha sede de amor... Ah!, sinto mais do que nunca que Jesus está sedento. Não encontra senão ingratos e indiferentes entre os discípulos do mundo; e entre os seus próprios discípulos encontra, infelizmente, poucos corações que a Ele se entreguem sem reserva, que compreendam toda a ternura do seu amor infinito» (Santa Teresa de Lisieux, *História de uma alma*, 9, 1v).

O que acontece ao pé daquele poço também nos permite compreender que a oração é o lugar do nosso encontro com Cristo: «A maravilha da oração se revela justamente aí, à beira dos poços aonde vamos procurar nossa água; é aí que Cristo vem ao encontro de todo ser humano, é o primeiro a nos procurar, e é Ele que pede de beber. Jesus tem sede, seu pedido vem das profundezas do Deus que nos deseja. A oração, quer saibamos ou não, é o encontro entre a sede de Deus e a nossa. Deus tem sede de que nós tenhamos sede dEle (cf. Santo Agostinho, *De diversis quaestionibus octoginta tribus*, 64, 4)» (*Catecismo da Igreja Católica*, n. 2560).

Por fim, o texto alude aos desígnios de Deus (vv. 20-26). Os samaritanos ignoravam grande parte do plano divino, pois prescindiam de toda Revelação que não se encontrasse na Lei de Moisés; pelo contrário, os judeus estavam mais perto da verdade acerca do Messias porque aceitavam os livros dos profetas e os Salmos; ambos, no entanto, tinham de se abrir à nova Revelação de Cristo. Com efeito, com o advento do Messias, que os dois povos esperavam, inicia-se a nova e definitiva aliança, em que tanto Garizim – monte onde os samaritanos adoravam – como Jerusalém, com o seu Templo, são superados; o que agrada ao Pai é que todos aceitem o Messias, seu Filho, que é o novo Templo de Deus (cf. 2, 21), e Lhe prestem um culto que brote do coração (cf. 2 Tm 2, 22), culto esse que é suscitado pelo próprio Espírito de Deus (cf. Rm 8, 15).

A transformação que a graça opera nesta mulher é maravilhosa (vv. 28-29); de fato, o pensamento da samaritana passa a estar centrado apenas em Jesus, de tal maneira que, esquecendo o motivo que a tinha levado ao poço, abandona o cântaro e regressa à aldeia, com o único desejo de dar a conhecer a sua descoberta. «Quando foram chamados, os apóstolos deixaram as redes; esta mulher deixa o cântaro e vai anunciar o Evangelho. E não chama apenas um, antes agita a cidade inteira» (São João Crisóstomo, *In Ioannem*, 33).

Este episódio ilustra bem o processo da evangelização, que se inicia com o entusiasmo da samaritana (vv. 39-42): «O mesmo acontece hoje aos que estão de fora e não são cristãos: os seus amigos cristãos começam por lhes dar notícias de Cristo, como fez aquela mulher, como faz a Igreja; depois, vêm a Cristo, isto é, creem em Cristo por esta notícia; e, finalmente, Jesus fica com eles dois dias, e creem muito mais e com mais firmeza que Ele é a sua verdade e o Salvador do mundo» (Santo Agostinho, *In Ioannis Evangelium*, 15, 33).

Na sequência da conversão da samaritana e do regresso dos discípulos, surge outro dos temas frequentes no quarto Evangelho: Jesus veio cumprir a vontade do Pai (v. 34); essa vontade consiste em que todo aquele que conhecer o Filho e nEle acreditar tenha a vida eterna e possa ressuscitar no último dia (cf. 6, 39-40).

4, 46-54. Nesta primeira seção, João narra os milagres feitos por Jesus em Caná da Galileia. No primeiro, o prodígio fez nascer a fé nEle (cf. 2, 1-11); neste segundo, o funcionário real – talvez um pagão da corte de

Herodes Antipas – acredita nas palavras de Jesus antes de ver o milagre. Embora imperfeita, a fé do funcionário tinha sido suficiente para ele percorrer os 33 km que separam Cafarnaum de Caná; e, não obstante a sua posição social elevada, tinha pedido ajuda ao Senhor. Jesus se agrada com a perseverança e a humildade deste homem.

Os Santos Padres comparam este milagre ao do servo do centurião (cf. Mt 8, 5-13; Lc 7, 1-10), ressaltando a fé surpreendente de que o oficial romano dá provas desde o primeiro momento, em contraste com a fé inicialmente imperfeita deste funcionário de Cafarnaum. Comenta São João Crisóstomo: «Ali [no caso do centurião romano], a fé já era robusta; por isso, Jesus prometeu ir, para que nós aprendamos com a devoção daquele homem. Aqui, a fé ainda era imperfeita, e o homem não tinha percebido claramente que Jesus tinha poder para curar à distância; por isso, negando-se a descer, o Senhor quis ensiná-lo a ter fé» (*In Ioannem*, 35).

O Senhor pede que a fé não se oriente, antes de mais, para os milagres, mas que consista na aceitação das suas palavras; os milagres são um apelo à fé e um motivo de credibilidade. No nosso tempo, em que também há milagres, estes são um sinal da misericórdia de Deus e um apelo à confiança no seu poder.

***5, 1-47.** Esta seção inclui a cura de um paralítico na piscina de Betesda e um discurso em que Jesus revela que, por ser Filho, age em união com o Pai; tudo isto acontece no quadro de uma «festa dos judeus» (v. 1), que tanto podia ser a Páscoa como a festa de Pentecostes, que tinha lugar cinquenta dias depois da Páscoa. Nesta passagem, João expõe abertamente a divindade de Jesus, manifesta tanto no milagre como no discurso; simultaneamente, registra o ódio declarado de alguns judeus, que tramam a sua morte a partir do momento em que ouvem Jesus se apresentar como Filho de Deus (v. 18).

5, 1-18. Betesda (v. 2): esta piscina, situada nos arredores de Jerusalém, também é chamada probática, por ficar perto da porta Probática ou das Ovelhas (*probata*, em grego); a referida porta ficava na seção nordeste da muralha (cf. Ne 3, 1-32; 12, 39), e era por ela que entrava o gado destinado aos sacrifícios no Templo. No final do século XIX, foram descobertos neste local vestígios da piscina: era escavada na rocha, de forma trapezoidal e rodeada de quatro galerias ou alpendres; havia um quinto pórtico, que dividia o tanque em duas metades.

A edição sisto-clementina da *Vulgata* recolhe, como segunda parte do v. 3 e constituindo todo o v. 4, a seguinte passagem: «que aguardavam o movimento da água. Pois de vez em quando um anjo do Senhor descia à piscina e agitava a água, e o primeiro que se metesse na piscina depois do movimento da água ficava curado de qualquer doença de que padecesse». A *Neovulgata* omite toda esta passagem, transferindo-a para nota de rodapé, com base no fato de não se encontrar em importantes códices e papiros gregos, nem em muitas versões antigas.

Na cura do paralítico, Jesus deixa claro que age com poder divino, por virtude do qual se encontra acima da lei do sábado e concede aos homens o perdão dos pecados. O posterior encontro de Jesus no Templo com o homem que tinha ficado curado (v. 14) mostra que a cura física era um sinal do perdão recebido. As palavras de Jesus devem ser entendidas no contexto da mentalidade relativa à relação entre o pecado e a doença que vigorava entre os judeus da época e que Ele corrigirá (cf. 9, 3). Com efeito, o paralítico pensava que a sua doença tinha tido origem no pecado; ora, Jesus lhe explica que o verdadeiro mal não é a doença e sim o pecado e que, recebido o perdão divino, o homem deve se esforçar por não voltar a pecar.

De acordo com a Lei de Moisés, o sábado era o dia do descanso semanal (cf. Ex 20, 8-11); guardando o sábado, os judeus julgavam imitar o comportamento de Deus na Criação. São Tomás de Aquino faz notar que Jesus rejeita a interpretação literal que os judeus faziam desta norma: «Querendo imitar a Deus, não faziam nada ao sábado, como se Deus tivesse deixado de agir por completo nesse dia. É verdade que no sábado Deus descansou da criação de novas criaturas; mas continua a agir de forma contínua, conservando-as no ser. [...] Deus é causa de todas as coisas, no sentido em que também as faz subsistir; porque se, num dado momento, o seu poder fosse interrompido, imediatamente as coisas que a natureza contém deixariam de existir» (*Super Evangelium Ioannis, ad loc.*). É por esta razão que Jesus declara: «Meu Pai não cessa de operar, e eu opero também» (v. 17). De fato, Deus não deixa de agir depois de ter criado; e, dado que o Filho age juntamente com o Pai, formando um só Deus com o Espírito Santo, Nosso Senhor Jesus Cristo, o Filho de Deus, pode afirmar que não deixa de trabalhar. Estas palavras de Jesus são uma referência implícita à sua natureza divina, e como tal foram entendidas pelos judeus, que, considerando que eram blasfemas, queriam dar-Lhe a morte (v. 18).

5, 19-47. Este longo discurso, em que Jesus expõe quem é e qual é a sua missão, trata de alguns dos temas preferidos do evangelista: Cristo revela o Pai e recebe dEle o poder de dar a verdadeira Vida.

Na primeira parte, Jesus fala da igualdade e simultaneamente da distinção entre o Pai e o Filho (vv. 19-30). Pai e Filho são iguais: todo o poder do Filho é o poder do Pai, e as obras do Filho são as obras do Pai. Ao mesmo tempo, são distintos: foi o Pai que enviou o Filho. Quando Jesus realiza obras que são próprias de Deus, dá testemunho, com elas, da sua condição divina (cf. v. 36).

As «maiores obras» (v. 20; cf. 1, 50; 14, 12) são a própria ressurreição de Jesus, causa e primícias da nossa (cf. 1 Cor 15, 20ss). O Filho recebeu do Pai o poder de julgar: «Cristo é Senhor da Vida Eterna. O pleno direito de julgar definitivamente as obras e os corações dos homens pertence a Ele enquanto Redentor do mundo. Ele "adquiriu" este direito por sua Cruz. O Pai entregou "todo o julgamento ao Filho" (Jo 5, 22). Ora, o Filho não veio para julgar, mas para salvar e para dar a vida que está nEle. É pela recusa da graça nesta vida que cada um já se julga a si mesmo, recebe de acordo com suas obras e pode até condenar-se para a eternidade ao recusar o Espírito de amor» (*Catecismo da Igreja Católica*, n. 679). As palavras do v. 22 são consoladoras: «É certo que temos de prestar rigorosas contas de todas as nossas culpas ao Juiz eterno. Mas quem será esse nosso Juiz? "O Pai [...] entregou ao Filho todo julgamento". Consolemo-nos, pois, já que o Pai eterno pôs a nossa causa nas mãos do nosso Redentor. São Paulo nos anima com estas palavras: "Quem irá condená-los? Jesus Cristo, aquele que morreu, [...] é quem intercede por nós" (Rm 8, 34). Quem é o Juiz que nos vai condenar? O próprio Salvador que, para não nos condenar à morte eterna, quis condenar a si mesmo e, em consequência, morreu e, não contente com isso, continua, junto do Pai, a ser mediador da nossa salvação» (Santo Afonso Maria de Ligório, *Prática do amor a Jesus Cristo*, 3).

Com os vv. 24-30, termina a primeira parte do discurso de Jesus. Neles se estabelece uma relação entre a vida que Cristo concede aos que creem nEle (vv. 24-27) e a vida futura após a morte (vv. 28-29); tanto um como o outro estado são uma participação na vida divina, razão pela qual, mesmo na situação atual do homem, tal vida se chama «vida eterna» (v. 24): «Cristo, "primogênito dentre os mortos" (Cl 1, 18), é o princípio de nossa própria ressurreição, desde já pela justificação de nossa alma (cf. Rm 6, 4), mais tarde pela vivificação de nosso corpo (cf. Rm 8, 11)» (*Catecismo da Igreja Católica*, n. 658).

Para entendermos as afirmações que Jesus faz nesta passagem (vv. 25-30), precisamos ter presente que, sendo uma única Pessoa (divina), um único sujeito de operações, um único eu, Ele exprime em palavras humanas não só os sentimentos que tem como homem, mas também a realidade mais profunda do seu ser: Ele é o Filho de Deus, tanto na sua geração eterna pelo Pai como na sua geração no tempo, quando assumiu natureza humana.

Na segunda parte do discurso (vv. 31-40), e perante a possível objeção dos judeus de que o testemunho de uma pessoa em causa própria não é suficiente (cf. Dt 19, 15), Jesus explica que as suas palavras são avalizadas por quatro testemunhos: o de João Batista (vv. 32-36; cf. 1, 34), o dos milagres (v. 36; cf. 2, 1-12; 4, 46-54; 5, 1-18 etc.), o do Pai (vv. 37-38; cf. 1, 31-34; 12, 28-30) e o das Escrituras (v. 39). Jesus convida os seus ouvintes a investigarem as Escrituras, a Palavra de Deus, porque, se não se fecharem nos seus preconceitos, poderão descobrir, a partir delas, o sentido do que está acontecendo, nomeadamente o que Ele diz e faz: «A economia do Antigo Testamento destinava-se sobretudo a preparar, a anunciar profeticamente (cf. Lc 24, 44; Jo 5, 39; 1 Pd 1, 10) e a simbolizar com várias figuras (cf. 1 Cor 10, 11) o advento de Cristo, Redentor universal, e o do reino messiânico. [...] Por isso, os fiéis devem receber com devoção estes livros que exprimem o vivo sentido de Deus, nos quais se encontram sublimes doutrinas a respeito de Deus, uma sabedoria salutar a respeito da vida humana, bem como admiráveis tesouros de preces, e nos quais, finalmente, está latente o mistério da nossa salvação» (Concílio Vaticano II, *Dei Verbum*, n. 15).

Finalmente (vv. 41-47), Jesus lança em cara aos seus ouvintes três coisas que os impedem de O reconhecer como Messias e Filho de Deus: a falta de amor a Deus, a procura da glória humana e uma interpretação tendenciosa dos textos sagrados; para se reconhecer quem de fato é Cristo, é necessário ter melhores disposições: «Esse Cristo que tu vês não é Jesus. – Será, quando muito, a triste imagem que podem formar teus olhos turvos... – Purifica-te. Clarifica o teu olhar com a humildade e a penitência. Depois... não te hão de faltar as luzes límpidas do Amor. E terás uma visão perfeita. A tua imagem será realmente a sua: Ele!» (São Josemaria Escrivá, *Caminho*, n. 212).

***6, 1-71.** Este capítulo constitui a quarta seção do Evangelho e tem estrutura similar à do anterior: primeiro, dois sinais, ou milagres – a multiplicação dos pães e dos peixes e Jesus andando sobre as águas –, seguidos de um discurso, neste caso na sinagoga de Cafarnaum, em que Cristo se apresenta como Pão da Vida. São João faz notar que isso aconteceu quando «a Páscoa, a festa dos judeus, estava próxima» (v. 4), insinuando assim que, daí por diante, o banquete eucarístico seria a Nova Páscoa. Muitos dos seguidores de Jesus se escandalizam com as suas palavras; aqueles que não acreditam vão embora (v. 66), e os que acreditam aderem ainda mais firmemente a Ele (v. 69).

6, 1-15. O *Evangelho de São João* registra seis milagres de Jesus: o autor sagrado escolhe os que convêm mais ao seu propósito, que consiste em mostrar algumas facetas do mistério de Cristo. O milagre da multiplicação dos pães e dos peixes, realizado uns dias antes da Páscoa, prefigura a Páscoa cristã e o mistério da Eucaristia e é apresentado em relação direta com o discurso de Cafarnaum sobre o Pão da Vida (6, 26-58), no qual Jesus promete dar a si mesmo como alimento da nossa alma. Esta relação é sublinhada pelas palavras do v. 11, que são quase as mesmas com que os sinóticos e São Paulo narram o começo da instituição da Eucaristia (cf. Mt 26, 26; Mc 14, 22; Lc 22, 14 e 1 Cor 11, 23-24).

Jesus é sensível às necessidades espirituais e materiais dos homens (v. 5); nesta passagem, toma a iniciativa para satisfazer a fome da multidão que O segue. Por outro lado, com os diálogos e o milagre que vai realizar, ensina os seus discípulos a confiarem nEle quando se confrontarem com as dificuldades que não deixarão de encontrar nas suas futuras tarefas apostólicas, empreendendo-as com os meios que tiverem ao seu alcance, mesmo que sejam insuficientes, como eram neste caso os cinco pães e os dois peixes (v. 9): Ele dará o que faltar. Na vida cristã, temos de pôr ao serviço de Deus aquilo que tivermos, mesmo que nos pareça muito pouco; o Senhor saberá multiplicar a eficácia desses meios insignificantes: «Ele [Jesus] não contava com uma quantidade suficiente de bens materiais, mas com a generosidade com que ofereceram o pouco que possuíam. [...] Aquilo que a razão humana não se atrevia a esperar tornou-se realidade com Jesus graças ao coração generoso de um rapazinho» (São João Paulo II, *Mensagem de 8 de setembro de 1997*).

A reação perante o milagre (v. 14) mostra que as pessoas que se beneficiaram daquele prodígio reconheceram em Jesus o profeta, o Messias prometido no Antigo Testamento (cf. Dt 18, 15), mas pensavam num messianismo terreno e nacionalista; com efeito, quiseram fazê-lO rei porque consideravam que o Messias lhes traria uma abundância de bens terrenos e os libertaria do domínio dos romanos.

O Senhor, que mais adiante (6, 26-27) explicará o verdadeiro sentido da multiplicação dos pães e dos peixes, limita-se a retirar-se daquele lugar para evitar uma proclamação popular que seria alheia à sua verdadeira missão; posteriormente, no seu diálogo com Pilatos (cf. 18, 36), Jesus explicará que a sua realeza não é deste mundo: «Os Evangelhos mostram claramente que, para Jesus, aquilo que porventura alterasse a sua missão de Servo de Javé (cf. Mt 4, 8; Lc 4, 5) era uma tentação. Mais: Ele não aceita a posição daqueles que misturavam as coisas de Deus com atitudes meramente políticas (cf. Mt 22, 21; Mc 12, 17; Jo 18, 36) [...]. A perspectiva da sua missão é, pois, muito mais profunda: consiste na salvação integral por um amor transformante, pacificador, de perdão e de reconciliação. Não há dúvida, por outro lado, de que tudo isso é muito exigente para a atitude do cristão que queira servir verdadeiramente os irmãos mais pequeninos, os pobres, os necessitados e os marginalizados; numa palavra, servir todos os que refletem na sua vida o rosto dolente do Senhor (cf. *Lumen gentium*, n. 8)» (São João Paulo II, *Discurso ao episcopado latino-americano*, 28 de janeiro de 1979).

6, 16-21. Este milagre, que também é narrado por Mateus e por Marcos, reflete o poder de Jesus, que surpreende a fé ainda débil dos discípulos; com efeito, Jesus vem de novo ao seu encontro e mostra-lhes que é superior a Moisés, diante de quem Deus teve de separar as águas para que os israelitas atravessassem o mar (cf. Ex 14, 15-31). As palavras «Sou Eu» (ou «Eu sou») (v. 20) evocam aquelas com que Deus revelou o seu nome a Moisés (cf. 8, 28; Ex 3, 14). Este milagre e o discurso do Pão da Vida robustecerão a fé dos discípulos.

Ao meditar neste episódio, a tradição cristã viu na barca uma figura da Igreja, que terá de suportar muitas dificuldades e a quem o Senhor prometeu a sua assistência ao longo dos séculos (cf. Mt 28, 20); é por isso que a Igreja permanecerá firme e segura para sempre. Comenta São Tomás de Aquino: «Aquele vento é uma figura das tentações e da perseguição que a Igreja sofrerá por falta de amor. Porque, como diz Santo Agostinho, quando o amor esfria aumentam as ondas e a nave soçobra. No entanto, o vento, a tempestade, as ondas e as trevas não conseguirão fazer com que a nave se afaste do seu rumo e seja destruída» (*Super Evangelium Ioannis, ad loc.*).

***6, 22-59.** Cafarnaum era o local a partir do qual Jesus desenvolvia o seu ministério na Galileia (cf. nota a Lc 7, 1-10). Foi aí, na sinagoga (v. 59), que foi proferido o discurso do Pão da Vida (vv. 26-59), em que Jesus revela quem é, de onde procede e os bens que nos comunica: a fé, a Eucaristia, a vida eterna.

6, 22-25. Ao mesmo tempo que registra que a fama de Jesus se multiplicava, o evangelista dá a entender que Ele chegou a Cafarnaum de forma milagrosa (v. 25), tal como anteriormente tinha caminhado sobre as águas, refletindo novamente o poder de Jesus sobre os elementos da natureza.

6, 26-34. Este discurso de Jesus começa com uma introdução a modo de diálogo entre o Senhor e os judeus, onde são revelados os bens messiânicos por Ele trazidos. Os interlocutores consideravam que o maná – o alimento que os hebreus recolheram diariamente durante o seu percurso pelo deserto (cf. Ex 16, 13ss) – era um símbolo dos bens messiânicos, pelo que pedem a Jesus que realize um portento semelhante; não lhes tinha sequer ocorrido que, pelo contrário, o maná era apenas uma figura do enorme dom messiânico que Deus iria dar aos homens: o seu próprio Filho, presente no mistério da Sagrada Eucaristia. Neste diálogo, Jesus tenta orientá-los a um ato de fé nEle, para depois lhes revelar abertamente o mistério da sua presença na Eucaristia.

«Porque nele imprimiu Deus Pai o seu selo» (v. 27): com esta frase, o Senhor alude à condição que faz com que apenas Ele, o Filho do Homem, possa dar aos homens os dons mencionados; com efeito, sendo Jesus Deus e homem, a sua natureza humana é o instrumento por meio do qual a Segunda Pessoa da Santíssima Trindade age. São Tomás de Aquino observa acerca desta frase: «O Filho do Homem possui aquilo que dará na medida em que supera todos os outros homens pela sua singular e eminente plenitude de graça [...]. Quando se imprime um selo na cera, esta recebe toda a forma do selo; deste modo, o Filho recebeu toda a forma do Pai. E isto de duas maneiras: uma eterna (geração eterna), da qual não se fala aqui, porque o selo e o que é selado têm naturezas diferentes; a outra maneira, que é a que deve ser entendida nesta passagem, é o mistério da Encarnação, pelo qual Deus Pai imprimiu o Verbo – que é o resplendor e o selo da sua substância, como afirma a Carta aos Hebreus (cf. 1, 3) – na natureza humana» (*Super Evangelium Ioannis, ad loc.*).

6, 35-47. Nesta primeira parte do discurso, Jesus se apresenta como o Pão da Vida. As suas palavras se referem: 1) à fé nEle, e a fé consiste em ir a Ele (vv. 35.37.44-45), aceitando os seus sinais (milagres) e as suas palavras; 2) à ressurreição dos fiéis (vv. 39-40.44.47), que se inicia nesta vida pela fé e se cumprirá em plenitude no final dos tempos; 3) à predestinação, que é o desígnio do nosso Pai do Céu de que todos os homens se salvem (vv. 39-40).

Ao dizer que «serão todos ensinados por Deus» (v. 45), o Senhor evoca Is 54, 13 e Jr 31, 31-34, passagens em que estes dois profetas se referem à Aliança que Deus estabelecerá com o seu povo quando chegar o Messias, com cujo sangue ela ficará selada para sempre e que Deus escreverá no coração dos membros desse povo.

Ir a Jesus (v. 35) consiste em crer nEle, porque é pela fé que nos aproximamos do Senhor. Com a imagem da comida e da bebida, Jesus expressa que é Ele quem realmente sacia as aspirações nobres do homem: «Como é bela a nossa Fé Católica! – Dá solução a todas as nossas ansiedades, e aquieta o entendimento, e enche de esperança o coração» (São Josemaria Escrivá, *Caminho*, n. 582).

O v. 42 menciona São José pela segunda e última vez neste Evangelho, deixando registrada a opinião comum – embora errada – das pessoas que conheciam Jesus e O consideravam filho de José, o artesão (cf. 1, 45; Mt 13, 55; Lc 3, 23; 4, 22). Na verdade, tendo sido concebido por obra do Espírito Santo no seio virginal de Maria, Jesus tem como Pai apenas o próprio Deus (cf. 5, 18); mas São José fez as vezes de pai de Jesus na terra, de acordo com os planos divinos: «A José não se deve apenas o nome de pai, deve-se-lhe esse nome mais que a qualquer outro. E de que maneira era pai? Era tanto mais profundamente pai quanto mais casta foi a sua paternidade. Alguns pensavam que era pai de Nosso Senhor Jesus Cristo como são pais aqueles que engendram segundo a carne, não recebendo os filhos apenas como fruto do seu afeto espiritual; é por isso que São Lucas diz: "Supunha-se que era filho de José". E por que diz apenas "supunha-se"? Porque o pensamento e o juízo humano se referem ao que é habitual acontecer entre os homens. O Senhor não nasceu do gérmen de Jo-sé; mas à piedade e à caridade de José nasceu um filho da Virgem Maria, que era Filho de Deus» (Santo Agostinho, *Sermones*, 51, 20).

6, 48-59. Nesta segunda parte do discurso, Cristo revela o mistério da Eucaristia; as suas palavras são de um realismo tão forte que excluem qualquer interpretação em sentido figurado. Os ouvintes entendem o sentido próprio e direto das palavras de Jesus (v. 52), mas não acreditam que tal afirmação possa ser verdadeira; se a tivessem entendido em sentido figurado ou simbólico, não teriam achado estranho, nem teria havido discussão. É também daqui que nasce a fé da Igreja no fato de que, mediante a conversão do pão e do vinho no seu Corpo e no seu Sangue, Cristo se faz presente neste sacramento: «O Concílio de Trento resume a fé católica ao declarar: "Por ter Cristo, nosso Redentor, dito que aquilo que oferecia sob a espécie do pão era verdadeiramente seu Corpo, sempre se teve na Igreja esta convicção, que o santo Concílio declara novamente: pela consagração do pão e do vinho opera-se a mudança de toda a substância do pão na substância do Corpo de Cristo Nosso Senhor e de toda a substância do vinho na substância do seu Sangue; esta mudança, a Igreja Católica denominou-a com acerto e exatidão *transubstanciação*" (Concílio de Trento, *Decretum de Ss. Eucharistia*, c. 4)» (*Catecismo da Igreja Católica*, n. 1376).

Por três vezes (cf. vv. 31-32.49.58), o Senhor compara o verdadeiro Pão da Vida, que é o seu próprio Corpo, com o maná com o qual Deus tinha alimentado diariamente os hebreus durante os quarenta anos que passaram no deserto; deste modo, faz-nos um convite para alimentarmos frequentemente a nossa alma com o manjar que é o seu Corpo: «Da comparação do Pão dos Anjos com o pão e com o maná, facilmente podiam os discípulos deduzir que, assim como o corpo se alimenta diariamente de pão, e assim como os hebreus eram diariamente recriados com o pão do deserto, assim também a alma cristã poderia comer e regalar-se diariamente com o Pão do Céu. Por outro lado, quase todos os Santos Padres da Igreja ensinam que o pão de cada dia, que se nos ordena que peçamos na oração dominical, não deve ser entendido tanto acerca do pão material, que é alimento do corpo, como da recepção diária do Pão Eucarístico» (São Pio X, *Sacra tridentina synodus*, 20-XII-1905).

6, 60-71. Nestes versículos, fica patente o modo como as palavras do Senhor foram recebidas pelos discípulos. Ao revelar o mistério eucarístico, Jesus lhes exige que tenham fé nas suas palavras; com efeito, esta revelação não deve ser recebida de modo carnal, isto é, tendo apenas em conta aquilo que os sentidos podem apreciar ou partindo de uma visão meramente natural das coisas, mas como uma revelação de Deus, que é «Espírito» e «vida» (v. 63). Tal como acontece em outras ocasiões (cf. 1, 51; 5, 20), a referência de Jesus a acontecimentos futuros, como a glória da sua ressurreição, serve para fortalecer a fé dos discípulos e de todos os fiéis, quando verificarem o cumprimento daquelas palavras (v. 62): «Eu vo-lo disse agora, antes que suceda, para que, quando suceder, acrediteis» (14, 29).

A promessa da Eucaristia, que tinha suscitado discussões (6, 52) e escândalo (v. 61) entre os ouvintes de Cafarnaum, acaba por motivar o abandono de muitos que O tinham seguido (v. 66); Jesus tinha exposto uma realidade maravilhosa e salvífica, mas estes discípulos se fecharam à graça divina, não se mostrando dispostos a aceitar uma realidade que ultrapassava a sua mentalidade estreita. O mistério da Eucaristia exige um especial ato de fé; por isso, já São João Crisóstomo aconselhava: «Inclinemo-nos diante de Deus e não O contradigamos mesmo que aquilo que Ele diz nos possa parecer contrário à nossa razão e à nossa inteligência. [...] Observemos essa mesma atitude a propósito do mistério [eucarístico], não tendo em conta apenas aquilo que cai sob os sentidos, mas atendendo às suas palavras; porque a sua palavra não pode enganar» (*In Matthaeum*, 82).

Pedro, falando em nome dos doze, do mesmo modo como em Cesareia de Filipe tinha confessado que Jesus era o Messias (cf. Mt 16, 13-20; Mc 8, 27-30), também agora exprime a sua fé nas palavras do Senhor, porque reconhece que Ele vem de Deus. A confissão de Pedro é também a comunhão de fé de todos os que creem em Cristo, que encontrarão na fé de Pedro e dos seus sucessores um critério seguro de discernimento sobre a verdade daquilo em que acreditam.

***7, 1-10, 21.** A quinta seção do Evangelho compreende quase quatro capítulos, nos quais fica registrada a atividade de Jesus em Jerusalém durante a celebração da festa dos Tabernáculos, altura em que o Senhor sobe novamente à Cidade Santa. Em contraste com o significado que esta festa tinha para os judeus, Jesus é apresentado como o Messias que instaura uma nova ordem salvífica centrada na graça, uma ordem superior à que existia entre os israelitas, que estava centrada na Lei (cf. 1, 17). Nesta passagem, fica novamente estabelecido que Jesus foi enviado pelo Pai e fala-se do envio do Espírito Santo (cap. 7). Jesus é também o Juiz que perdoa a mulher adúltera (cap. 8) e a Luz do mundo, que devolve a vista ao cego de nascença, mas que condena aqueles que não querem ver (cap. 9); Ele é ainda a Porta pela qual se entra na vida eterna e o Bom Pastor que dá a vida por todos os homens (10, 1-21).

***7, 1-30.** O nome desta festa (v. 2) evoca o tempo que os hebreus passaram no deserto, habitando em tendas de campanha (cf. Lv 23, 34-43); a celebração, que tinha lugar no começo do outono, durava oito dias (cf. Ne 8, 13-18) e comemorava a proteção divina que os israelitas tinham recebido durante aqueles anos de peregrinação. Por coincidir com o final das colheitas, esta festa também se chamava da Colheita (cf. Ex 23, 16) e era uma das três grandes festas anuais em que todo homem israelita devia comparecer diante do Senhor (cf. Ex 23, 14-17; Dt 16, 16).

7, 1-13. João registra a falta de fé dos parentes de Jesus e o fato de o Senhor recusar triunfos humanos e temporais. Com efeito, os parentes de Jesus reconhecem que Ele é capaz de fazer obras maravilhosas, mas nem assim acreditam, pois não entendem o verdadeiro significado desses sinais; percebe-se desta forma que não bastam os milagres para as pessoas acreditarem.

Sobre os «irmãos» de Jesus, cf. nota a Mt 12, 46-50; sobre o termo «mundo», ver 17, 1-26.

7, 14-24. Jesus possui a dignidade e o poder de ser o revelador do Pai. Os judeus, que não tinham visto Jesus nas escolas dos mestres da Lei, ficam assombrados e perguntam a si próprios, com dissimulada malícia: «Como sabe este as Escrituras não tendo estudado?»

(v. 15), acusando-O de ser um falso profeta. Jesus aproveita a oportunidade para declarar que a sua doutrina provém de Deus; mas salienta igualmente que, para discernir essa origem divina, é necessário ter retidão de intenção (v. 24). Por outro lado, propõe aos seus ouvintes um critério que lhes permitirá estabelecer a legitimidade da sua atuação: Ele não atribui a si próprio a grandeza e sublimidade da sua doutrina, nem o caráter extraordinário das suas obras (cf. 8, 54), pois procura exclusivamente a glorificação do Pai e expõe a doutrina que Lhe foi entregue (cf. v. 16).

Seguindo o exemplo de Cristo, a Igreja não procura, na sua atuação apostólica, o triunfo humano, mas o bem das almas e a glória de Deus: «Deus é plenamente glorificado enquanto os homens por ela recebem, plena e conscientemente, a obra de salvação que Ele levou a cabo em Cristo. E assim se realizam por ela os desígnios de Deus, que Cristo serviu com obediência e amor para glória do Pai que O enviou, e para que todo o gênero humano constitua um só povo de Deus, se una num só corpo de Cristo e se edifique num só templo do Espírito Santo» (Concílio Vaticano II, *Ad gentes*, n. 7).

7, 25-30. São João mostra que os hierosolimitanos tinham dúvidas sobre quem era Jesus (vv. 25-27); com efeito, embora se soubesse que o Messias nasceria em Belém, da estirpe de Davi (7, 42), havia quem pensasse que Ele se manteria oculto até o dia da sua manifestação (cf. 1, 33; 14, 22).

Jesus lhes pede que julguem retamente e descubram o seu poder salvador, que procurem compreender o sentido profundo das suas obras; em consequência, os judeus tentam prendê-lO (v. 30), por considerarem que Ele se fazia igual a Deus, o que era uma blasfêmia que, segundo a Lei, devia ser castigada com a morte por lapidação (cf. Lv 24, 15-16.23). Não é a primeira vez que São João menciona a hostilidade dos judeus (cf. 5, 18), nem será a última (cf. 8, 59; 10, 31-33); o evangelista sublinha essa hostilidade porque ela foi real, mas talvez também para salientar a liberdade de Jesus, que, cumprindo a vontade do Pai, se entregará nas mãos dos seus inimigos quando chegar a sua hora (cf. 18, 4-8). «O Senhor não está a referir-se à hora em que O obrigarão a morrer, mas à hora em que se deixará matar. Ele esperava o tempo em que haveria de morrer como tinha esperado o tempo em que haveria de nascer» (Santo Agostinho, *In Ioannis Evangelium*, 31, 5).

O reto reconhecimento das obras de Jesus é o primeiro passo para acreditar na sua condição divina; a aceitação de Jesus pressupõe as exigências que acompanham a conversão moral e mental: «Quem quiser compreender e saborear plenamente as palavras de Cristo terá de se esforçar por moldar em Cristo toda a sua vida» (Tomás de Kempis, *De imitatione Christi*, 1, 1, 1).

7, 31-39. Jesus fala da sua glorificação junto do Pai e do envio do Espírito Santo. A festa dos Tabernáculos era uma festa de alegria e de ação de graças. Em todos os oito dias que a festa durava, o sumo sacerdote se dirigia à piscina de Siloé levando um cálice de ouro (cf. nota a 9, 1-23); depois regressava ao Templo com ele cheio de água, com que aspergia o altar, recordando a água que manara prodigiosamente no deserto (cf. Ex 17, 1-7) e pedindo a Deus chuva abundante; entretanto, cantava-se uma passagem do profeta Isaías (cf. Is 12, 3) que anunciava a vinda do Salvador – que traria consigo a abundância dos dons celestes – e lia-se Ez 47, que fala das torrentes de água viva que brotarão do Templo. Esse tempo venturoso chegou com Jesus: «Se alguém tem sede, venha a mim» (v. 37); um convite que recorda aquele outro da Sabedoria divina: «Vinde a mim todos os que me desejais e saciai-vos» (Eclo 24, 19; cf. Pr 9, 4-5), sugerindo que Jesus é a Sabedoria de Deus encarnada. Com efeito, Ele é o único capaz de saciar a nossa sede: «Sede parece-me significar desejo de uma coisa que nos faz grande falta, que se de todo nos falta nos mata e, se nos sobra, nos acaba com a vida, pois veem-se morrer muitos afogados. Ó Senhor meu! E quem se visse tão engolfada nesta água viva que se acabasse a vida!» (Santa Teresa de Jesus, *Caminho de perfeição*, 19, 8).

As palavras de Jesus registradas no v. 37 suscitaram a Santo Afonso Maria de Ligório um comentário cheio de amor pelo nosso Salvador: «Temos em Jesus Cristo três fontes de graças. A primeira é de misericórdia, na qual podemos purificar-nos de todas as manchas dos nossos pecados [...]. A segunda fonte é de amor: quem medita nos sofrimentos e nas ignomínias que Jesus sofreu por nosso amor, desde o nascimento até a morte, não pode deixar de se sentir abrasado na feliz fogueira que Ele veio acender na terra, nos corações de todos os homens. [...] A terceira fonte é de paz: quem desejar a paz do coração venha a Mim, que sou o Deus da paz» (*Meditações para o Advento,* 1, 8).

Na expressão «rios de água viva» (v. 38), há provavelmente uma referência à profecia de Ez 36, 25ss, na qual se anuncia que, nos tempos messiânicos, o povo será purificado com água pura, receberá um Espírito novo e verá o seu coração de pedra mudado num coração de carne.

Com efeito, uma vez exaltado como corresponde à sua condição de Filho de Deus, Jesus enviará, no Pentecostes, o Espírito Santo, que transformará interiormente todos os que acreditarem nEle: «Da mesma maneira que os corpos transparentes e nítidos, quando recebem os raios da luz, se tornam resplandecentes e irradiam brilho, também as almas que são conduzidas e ilustradas pelo Espírito Santo se tornam espirituais e levam a luz da graça às outras. Do Espírito Santo provém o conhecimento das coisas futuras, o entendimento dos mistérios, a compreensão das verdades ocultas, a distribuição dos dons, a cidadania celeste, a conversa com os anjos. DEle vem a alegria que nunca acaba, a perseverança em Deus, a semelhança com Deus e – a coisa mais sublime que pode ser concebida – a identificação com Deus» (São Basílio, *De Spiritu Sancto*, 9, 23).

Porém, pergunta Santo Agostinho, «como entender a frase do evangelista: "ainda não tinham o Espírito, porque Jesus ainda não tinha sido glorificado", senão no sentido de que aquela dádiva ou efusão do Espírito Santo haveria de ser comunicada no futuro, depois da glorificação de Cristo, como nunca o tinha sido anteriormente?» (*De Trinitate*, 4, 20). O Senhor se referia, portanto, à descida do Espírito Santo depois da sua ascensão ao Céu (v. 39), efusão que São João vê simbolicamente antecipada na transfixão, altura em que do lado de Cristo brota sangue e água (19, 34); os Santos Padres remetem a este acontecimento o nascimento da Igreja, bem como a força santificadora dos sacramentos, em especial o Batismo e a Sagrada Eucaristia.

7, 40-53. O título de «profeta» (v. 40) alude a Dt 18, 18, que prevê o advento, nos últimos tempos, de um profeta que todos haveriam de escutar (cf. 1, 21; 6, 14). «Cristo» («Messias») era o título mais frequente no judaísmo para designar o futuro salvador enviado por Deus.

Os vv. 40-43 expõem, uma vez mais, a diversidade de opiniões acerca de Jesus. Muitos judeus ignoravam – sem preocupar-se em averiguar a verdade – que Ele tinha nascido em Belém, a cidade de Davi, que era precisamente onde, segundo Miqueias (5, 2), estava previsto que nascesse o Messias; esta ignorância era uma desculpa para não O aceitarem como Cristo. É como se o evangelista, que escreve para cristãos que conheciam a verdadeira origem de Jesus Cristo, o Filho de Deus nascido em Belém, quisesse salientar com certa ironia que esse desconhecimento dos hierosolimitanos era precisamente a confirmação de que Jesus era o Messias que eles esperavam (cf. 7, 27).

Outros, porém, ao verem os milagres de Jesus, compreendem que Ele deverá ser o Messias (cf. 7, 31); e outros ainda, os servos das autoridades, não conseguem deixar de reconhecer a força das suas palavras (vv. 45-49): «Eis que os fariseus e os escribas não tiraram proveito, nem da contemplação dos milagres de Jesus, nem da leitura das Escrituras; pelo contrário, os enviados pelas autoridades, embora sem estas ajudas, ficaram cativados com um único discurso. [...] Não só é de admirar a sua prudência, dado que não precisaram de sinais, mas foram conquistados apenas pela doutrina; com efeito, eles não disseram: "Nunca nenhum homem fez tais milagres", mas "Nunca nenhum homem falou assim". É de admirar também a sua convicção: vão ter com os fariseus, que se opunham a Cristo, e falam-lhes desta maneira» (São João Crisóstomo, *In Ioannem*, 9).

8, 1-11. Embora este episódio não conste de muitos códices antigos, a tradição da Igreja o considera inspirado e canônico; a sua omissão poderá dever-se à circunstância de alguns espíritos rigoristas demais terem considerado que a misericórdia de Jesus por esta mulher poderia dar ocasião a um relaxamento nas exigências morais. Seja como for, o episódio confirma como é o juízo de Jesus (8, 15), que, sendo o Justo, não condena; pelo contrário, os acusadores da mulher, sendo pecadores, dão sentença de morte: «Convém estarmos avisados para nunca nos deixarmos de tal maneira transportar à contemplação da misericórdia divina que não nos lembremos da justiça; nem de tal maneira contemplemos a justiça que não nos lembremos da misericórdia; para que nem a esperança careça de temor, nem o temor de esperança» (Fr. Luís de Granada, *Vida de Jesus*, 13).

A resposta de Jesus (v. 7) alude ao modo como se praticava a lapidação entre os judeus: as testemunhas do delito tinham de atirar as primeiras pedras, após o que avançava a comunidade para, de certa maneira, apagar coletivamente o opróbrio que caíra sobre o povo (cf. Dt 17, 7). A questão, colocada do ponto de vista legal, é elevada por Jesus ao plano moral – que sustenta e justifica o plano legal –, interpelando a consciência de cada um dos presentes: Ele não viola a Lei, como observa Santo Agostinho, mas também não quer que se perca aquilo de que andava à procura, porque Ele tinha vindo salvar o que estava perdido: «Vede que resposta tão cheia de justiça, de mansidão e de verdade. Oh! Verdadeira réplica de sabedoria! Ouvistes: "Cumpra-se a Lei e seja apedrejada a adúltera!" Mas como podem aqueles homens, também eles pecadores, cumprir a Lei e apedrejar a mulher? Olhe cada um para si mesmo, entre no interior de si, ponha-se em presença do tribunal do seu coração e da sua consciência, e ver-se-á obrigado a confessar-se pecador. Aquela pecadora deve sofrer o seu castigo, mas não das mãos de pecadores; a Lei deve ser executada, mas não pelos transgressores dela mesma» (*In Ioannis Evangelium*, 33, 5).

8, 12-20. Nesta passagem, Jesus se revela como Luz do mundo. Na primeira noite da festa dos Tabernáculos, o átrio das mulheres do Templo era intensamente iluminado com quatro enormes lamparinas, que comunicavam certa claridade a toda a cidade de Jerusalém; era assim recordada a nuvem luminosa – sinal da presença de Deus – que guiara os israelitas pelo deserto desde a saída do Egito (cf. Ex 13, 21-22; 16, 10 etc.). Talvez, por causa disso, Jesus se apresenta como luz, uma imagem a que recorre em outras passagens (cf. Mt 4, 16) para designar o Messias (1, 78; 2, 30-32).

Jesus é a Luz sob um duplo aspecto: é a luz que ilumina a inteligência, por ser a plenitude da Revelação divina, e é a luz que ilumina o interior do homem, para que ele seja capaz de aceitar esta Revelação e de torná-la vida sua: «Em Cristo e por Cristo, Deus revelou-se plenamente à humanidade e aproximou-se definitivamente dela; e, ao mesmo tempo, em Cristo e por Cristo, o homem adquiriu plena consciência da sua dignidade, da sua elevação, do valor transcendente da própria humanidade e do sentido da sua existência» (São João Paulo II, *Redemptoris Mater*, n. 11).

Perante a objeção que os fariseus Lhe colocam, considerando que Jesus é um homem como os outros (v. 13), Ele lhes responde afirmando a sua união com o Pai, porque «queria dar a conhecer o Pai. O Filho dava glória ao Pai; Ele glorifica Aquele que O enviou» (São Beda, *In Ioannis Evangelium Expositio*, *ad loc.*).

A pergunta que aqueles homens fazem a Jesus é insidiosa e mal-intencionada (v. 19), pois estão convencidos de que Ele não é capaz de lhes mostrar o Pai; a verdade é que conhecer Jesus, isto é, crer nEle e aceitar o mistério da sua divindade, é também conhecer o Pai. Mais adiante, o Senhor repetirá a mesma ideia com outras palavras (cf. 12, 44-45); e, neste mesmo sentido, dirá a Filipe em tom de censura: « há tanto tempo que estou convosco e ainda não me conheceste? Quem me viu, viu também o Pai» (14, 9). Com efeito, Jesus é a manifestação visível de Deus invisível, é a revelação máxima e definitiva de Deus aos homens (cf. Hb 1, 1-13): «Com toda a sua presença e a manifestação da sua Pessoa, com palavras e obras, sinais e milagres, e sobretudo com a sua morte e gloriosa ressurreição, enfim, com o envio do Espírito de verdade, [Jesus] completa totalmente e confirma com o testemunho divino a Revelação, a saber, que Deus está conosco para nos libertar das trevas do pecado e da morte e para nos ressuscitar para a vida eterna» (Concílio Vaticano II, *Dei Verbum*, n. 4).

O «gazofilácio» (v. 20), onde os fiéis depositavam as suas oferendas, estava instalado no átrio das mulheres (cf. Lc 21, 1-4).

8, 21-30. Perante a atitude de repulsa das autoridades judaicas, Jesus as adverte que subirá ao Céu, de onde procede, e elas continuarão à espera do Messias; mas não conseguirão encontrá-lO, porque O procuram onde Ele não se encontra, e não serão capazes de segui-lO, porque não acreditam nEle. A expressão «Eu sou» (vv. 24.28.58), repetida em várias passagens deste Evangelho (cf. 4, 26; 13, 19; 18, 5-8), faz entrever a condição divina de Jesus, pois este era o nome de Deus revelado a Moisés: «Eu sou o que sou» (Ex 3, 14). «O Nome divino "Eu sou" ou "Ele é" exprime a fidelidade de Deus, que, apesar da infidelidade do pecado dos homens e do castigo que ele merece, "guarda seu amor a milhares" (Ex 34, 7). Deus revela que é "rico em misericórdia" (Ef 2, 4), indo até o ponto de dar seu próprio Filho. Ao dar sua vida para libertar-nos do pecado, Jesus revelará que Ele mesmo traz o Nome divino: "Quando tiverdes elevado o Filho do Homem, então sabereis que 'Eu sou'" (Jo 8, 28)» (*Catecismo da Igreja Católica*, n. 211).

A pergunta que os judeus fazem no v. 25, «Quem és tu?», é a mesma pergunta que muitos homens do nosso tempo colocam perante o anúncio que a Igreja faz de Cristo. É certo que os Evangelhos nos dizem muitas coisas acerca de Jesus – que é o Filho de Deus, que é o Messias, que é o Caminho, a Verdade e a Vida etc. –, coisas que a Igreja proclama; mas «os homens do nosso tempo, talvez sem se darem conta, pedem aos crentes de hoje não só que lhes "falem" de Cristo, mas também que de certa forma lho façam "ver". E não é porventura a missão da Igreja refletir a luz de Cristo em cada época da história, e por conseguinte fazer resplandecer o seu rosto também diante das gerações do novo milênio? Mas o nosso testemunho seria excessivamente pobre se não fôssemos primeiro *contemplativos do seu rosto* [...]. A contemplação do rosto de Cristo não pode se inspirar senão naquilo que se diz dEle na Sagrada Escritura, que está, do princípio ao fim, permeada pelo seu mistério; este aparece obscuramente esboçado no Antigo Testamento e revelado plenamente no Novo» (São João Paulo II, *Novo millennio ineunte*, nn. 16-17).

A resposta de Jesus (v. 25) pode ser entendida como confirmação do que acabava de proclamar: «É exatamente isso que eu vos estou dizendo», ou seja, que, enquanto Verbo, Ele é a causa de todas as criaturas (cf. Ap 3, 14; 1, 8): «O Princípio, aquilo que já vos estou dizendo!», que é outra tradução possível desta passagem. Jesus exprime assim a sua origem divina.

Nos vv. 28-29, Jesus se refere à sua Paixão e Morte (cf. 12, 32-33). Completando os sinóticos e as cartas de São Paulo, o quarto Evangelho apresenta a Cruz como um trono régio no qual Cristo, «levantado», oferece a todos os homens os frutos da salvação (cf. 3, 14-15; cf. igualmente Nm 21, 9ss; Sb 16, 6). Jesus declara que, quando chegasse esse momento, os judeus conheceriam quem Ele era e a união íntima que tinha com o Pai, porque muitos deles descobririam, em consequência da sua morte e ressurreição, que era o Messias, o Filho de Deus (cf. Mc 15, 39; Lc 23, 47ss). Os «muitos» que acreditaram nEle em Jerusalém (v. 30) eram uma figura dos milhares que acreditariam após a vinda do Espírito Santo (cf. At 2, 41; 4, 4).

8, 31-38. A nossa fé em Jesus não deve ficar num entusiasmo superficial; temos de ser verdadeiros discípulos, de modo que as suas palavras informem a nossa vida para sempre. O fruto dessa fé profunda será o conhecimento da verdade e uma vida autenticamente livre: «Segundo a fé cristã e a doutrina da Igreja, só a liberdade que se submete à verdade conduz a pessoa humana ao seu verdadeiro bem. O bem da pessoa é estar na verdade e *praticar* a verdade» (São

João Paulo II, *Veritatis splendor*, n. 84).

«A verdade vos tornará livres» (v. 32): «Estas palavras encerram em si uma exigência fundamental e, ao mesmo tempo, uma advertência: a exigência de uma relação honesta com a verdade como condição de uma liberdade autêntica; e a advertência para que seja evitada qualquer verdade aparente, qualquer liberdade superficial e unilateral, qualquer liberdade que não compreenda cabalmente a verdade sobre o homem e sobre o mundo. Ainda hoje, depois de dois mil anos, Cristo continua a aparecer-nos como Aquele que traz ao homem a liberdade baseada na verdade, como Aquele que liberta o homem daquilo que limita, diminui e como que despedaça essa liberdade nas próprias raízes, na alma do homem, no seu coração e na sua consciência» (São João Paulo II, *Redemptor hominis*, n. 12).

Evocando (vv. 33-38) os dois filhos de Abraão (cf. Gn 21, 1-21), Ismael, nascido da escrava (Agar), que não terá parte na herança, e Isaac, nascido da livre (Sara), que será herdeiro das promessas de Deus, Jesus esclarece que a liberdade não se baseia mais na pertença à linhagem de Abraão, mas no conhecimento da verdade, que em última análise consiste em conhecê-lO. Esse conhecimento é o único que nos torna verdadeiramente livres, porque nos tira da escravidão do pecado, que é a causa de todas as servidões humanas: «A liberdade adquire o seu sentido autêntico quando é exercitada em serviço da verdade que resgata, quando a gastamos em proclamar o Amor infinito de Deus, que nos desata de todas as escravidões. Cada dia aumentam as minhas ânsias de anunciar em altos brados esta insondável riqueza do cristão: *a liberdade da glória dos filhos de Deus!* (Rm 8, 21). [...] De onde nos vem essa liberdade? De Cristo, Senhor Nosso. Essa é a liberdade com que Ele nos redimiu (cf. Gl 4, 31). Por isso nos ensina: *Se o Filho vos obtiver a liberdade, sereis verdadeiramente livres* (Jo 8, 36)» (São Josemaria Escrivá, *Amigos de Deus*, nn. 27 e 35).

8, 39-51. Os judeus alegam que são filhos de Abraão (v. 39), mas na realidade «eram seus descendentes carnais, porque tinham degenerado, não imitando a fé daquele de quem eram filhos» (Santo Agostinho, *In Ioannis Evangelium*, 42, 1). Os que vivem da fé – afirma São Paulo – são os verdadeiros filhos de Abraão, e com ele serão abençoados por Deus (cf. Gl 3, 7-9). Os judeus também alegam que são filhos de Deus (v. 41) com base em certas afirmações do Antigo Testamento (cf. Ex 4, 22; Dt 32, 6; Is 63, 16; Jr 3, 4; 31, 9; Ml 1, 6); no entanto, a atitude que assumem a respeito de Jesus contradiz essa condição de filhos de Deus, que deveria levá-los a aceitarem Jesus, uma vez que Ele se apresenta como enviado do Pai.

Aqueles que se opõem conscientemente à verdade expressa por Jesus nas suas obras e nas suas palavras comportam-se como partidários ou filhos do inimigo de Deus, o demônio. Este é pai da mentira: mentindo, seduziu os nossos primeiros pais, e atualmente engana aqueles que seguem as suas insinuações e permanecem nos seus pecados; com efeito, o Filho manifestou-se «para destruir as obras do diabo» (1 Jo 3, 8). Por oposição ao pai da mentira, que prometeu a Adão e Eva que seriam imortais, Jesus promete verdadeiramente a vida eterna a quantos acolherem os seus ensinamentos e permanecerem fiéis a eles (v. 51).

Perante as violentas acusações de possessão diabólica (cf. também Mt 12, 24 e Mc 3, 21-22) de que é alvo, e ainda de que era «um samaritano» (v. 48), isto é, um herege e violador da Lei (cf. nota a 4, 1-45), Jesus se apresenta como alguém que age com mansidão, confiando essa discussão ao juízo divino (v. 50); no entanto, não deixa de reafirmar a verdade da sua missão salvadora (v. 51).

8, 52-59. Interpretando erradamente as palavras de Jesus – como se Ele estivesse se referindo à morte física –, os judeus continuam a acusá-lO de mentir e de elevar a si mesmo acima dos patriarcas e dos profetas. Jesus apela, uma vez mais, às obras que realiza, que são sinais do poder de Deus – «meu Pai é que me glorifica» (v. 54) –, e apresenta-se de novo como o Messias Salvador prometido por Deus aos patriarcas (v. 56). Abraão tinha recebido as primícias da alegria messiânica como profecia, tanto no nascimento de seu filho Isaac como quando este lhe foi devolvido com vida após Deus lhe ter pedido que o sacrificasse (cf. Gn 22, 11ss); esse acontecimento prefigurava a ressurreição de Cristo, uma vez cumprido o sacrifício por meio do qual se realizaria a Redenção. De acordo com algumas tradições judaicas, Deus já teria mostrado a Abraão o dia da salvação. A resposta de Jesus à observação cética dos judeus encerra uma revelação da sua divindade; com efeito, ao afirmar «antes que Abraão fosse feito, eu sou» (v. 58), o Senhor se refere à sua eternidade, que é própria da natureza divina.

9, 1-23. Este milagre demonstra que Jesus é a Luz do mundo (cf. 8, 12-20), ratificando a afirmação do prólogo: «era a Luz verdadeira, que ilumina todo homem» (1, 9). Além de dar luz aos olhos do cego, Jesus o ilumina interiormente, levando-o a fazer um ato de fé na sua divindade (9, 38); ao mesmo tempo, o relato deixa patente o drama profundo daqueles homens que permanecem obcecadamente na sua cegueira. Jesus proclama-se Luz do mundo porque a sua vida entre os homens nos deu o sentido último do mundo, da vida de cada homem e de toda a humanidade. Sem Jesus, toda a criação está às escuras, não encontrando o sentido do seu ser nem sabendo para onde vai: «O mistério do homem só no mistério do Verbo encarnado se esclarece verdadeiramente [...]; por Cristo e em Cristo, esclarece-se o enigma da dor e da morte, o qual, fora do seu Evangelho, nos esmaga» (Concílio Vaticano II, *Gaudium et spes*, n. 22). Jesus chama a nossa atenção – e di-lo-á ainda com maior clareza em 12, 35-36 – para a necessidade de nos deixarmos iluminar por essa luz que é Ele mesmo (cf. 1, 9-12).

No diálogo inicial com os seus discípulos (vv. 1-5), Jesus corrige as opiniões então vigentes, que atribuíam a doença e os males em geral aos pecados pessoais ou às faltas dos pais; simultaneamente, mostra, por meio da cura do cego, que veio tirar o pecado do mundo. Ora, esta é, em última análise, a causa de todos os males que afetam a humanidade.

«Siloé» (v. 6). A piscina de Siloé era um tanque construído dentro das muralhas de Jerusalém – ao sul –, com a finalidade de recolher as águas da fonte de Gion e abastecer a cidade através de um canal escavado pelo rei Ezequias no século VIII a.C. (cf. 2 Rs 20, 20; 2 Cr 32, 30); os profetas consideravam estas águas uma demonstração do favor divino (cf. Is 8, 6; 22, 11). O evangelista recorre ao sentido amplo da etimologia do termo «Siloé» – que em hebraico se diz «Siloaj», significando «enviado» e, talvez, aludindo à água, que nessa língua é substantivo masculino – para mostrar que Jesus é o Enviado do Pai. Com gestos e palavras que evocam o milagre de Naamã, o general sírio que foi curado da lepra pelo profeta Eliseu (cf. 2 Rs 5, 1ss), Jesus exige ao homem que tenha fé nEle: «Que exemplo de firmeza na fé nos dá este cego! [...] Que poder continha a água, para que os olhos ficassem curados ao serem umedecidos? Teria sido mais adequado um colírio misterioso, um medicamento precioso preparado no laboratório de um sábio alquimista. Mas aquele homem crê; põe em prática o que Deus lhe ordena, e volta com os olhos cheios de luz» (São Josemaria Escrivá, *Amigos de Deus*, n. 193).

Ao longo deste episódio, tornam-se presentes as diversas atitudes dos homens perante Jesus e os seus milagres. Assim, os de coração simples, como o cego, creem que Jesus é um enviado, um profeta (v. 17; cf. 9, 33), o Filho de Deus (cf. 9, 38). Os que se fecham voluntariamente em si mesmos e afirmam não precisar de salvação, como os fariseus, obstinam-se em não querer ver nem crer, mesmo quando confrontados com a evidência dos fatos; com efeito, para não terem de aceitar a divindade de Jesus, os fariseus rejeitam a única interpretação correta deste milagre. Pelo contrário, o cego – tal como as almas abertas, sem preconceitos em relação à verdade – encontra no milagre um apoio firme para confessar que Cristo atua com poder divino (9, 33): «[Cristo] apoiou e confirmou, sem dúvida, com milagres, a sua pregação; mas para despertar e confirmar a fé dos ouvintes, e não para exercer sobre eles qualquer coação» (Concílio Vaticano II, *Dignitatis humanae*, n. 11).

A Tradição da Igreja viu neste milagre um símbolo do sacramento do Batismo, no qual, por meio da água, a alma fica limpa e recebe a luz da fé: «Este cego representa a raça humana. [...] Se a cegueira é a infidelidade, a iluminação é a fé. [...] Ele lava os seus olhos no tanque cujo nome significa o Enviado: foi batizado em Cristo» (Santo Agostinho, *In Ioannis Evangelium*, 44, 1-2).

9, 24-41. O diálogo do recém--curado com as autoridades judaicas manifesta que quem aceita Cristo cumpre a vontade de Deus. A expressão «dá glória a Deus» (v. 24) era uma declaração solene, a modo de juramento, com a qual se exortava alguém a dizer a verdade.

A expulsão do cego por ter confessado a Cristo (v. 34) é também uma exortação à fidelidade, mesmo quando ser cristão implique a rejeição dos outros. O fato milagroso é válido para todos, mas a contumácia daqueles fariseus não se rende perante essa evidência, nem sequer depois das averiguações feitas junto dos pais e do próprio cego (9, 13-23): «O pecado dos fariseus não consistia em não verem Deus em Cristo, mas em se encerrarem voluntariamente em si mesmos; em não tolerarem que Jesus, que é a luz, lhes abrisse os olhos» (São Josemaria Escrivá, *É Cristo que passa*, n. 71).

A atitude do homem que tinha sido cego culmina na confissão da natureza divina de Jesus (v. 38). Este encontro não parece ser casual. Com efeito, os fariseus expulsaram da sinagoga o cego que tinha sido curado; mas o Senhor, além de acolhê-lo, ajuda-o a fazer um ato de fé na sua divindade: «Lavada finalmente a face do coração e purificada a consciência, reconhece-O não só como Filho do Homem, mas como Filho de Deus» (Santo Agostinho, *In Ioannis Evangelium*, 44, 15). Este diálogo recorda o que Jesus tinha mantido com a samaritana (cf. 4, 26).

Perante o contraste entre a fé do cego e a obstinação dos fariseus, o Senhor profere a sentença do v. 39: Ele não foi enviado para condenar o mundo, mas para salvá-lo; contudo, a sua presença entre nós pressupõe um juízo, porque todos os homens terão de tomar, quando confrontados com Ele, uma de duas atitudes: aceitá-lO ou rejeitá-lO. Cristo foi posto para ruína de uns e salvação de outros (cf. Lc 2, 34).

As palavras de Jesus suscitaram uma forte impressão entre os fariseus, que queriam detectar nos seus ensinamentos algum motivo de condenação. Percebendo que se referia a eles, voltam a interrogá-lO (v. 40), e a resposta do Senhor é clara: eles podem ver, mas não querem; daí a sua culpa. «Ó miserável cegueira dos olhos da vossa alma, pois para tanta luz estais cegos e para tão grande voz, surdos, não vendo que, na medida em que procurais grandeza e glória, ficais miseráveis e baixos, de tantos bens tornados ignorantes e indignos!» (São João da Cruz, *Cântico espiritual*, 39, 7). Para aqueles que resistem a crer, Jesus será causa de perdição.

10, 1-21. São João mostra agora que os homens podem chegar à salvação pela fé em Cristo e por meio da sua graça. Jesus é a porta pela qual se entra na vida eterna, é o Bom Pastor que nos conduz e que deu a própria vida por nós. Por meio das imagens do pastor, das ovelhas e do redil, é invocado um tema recorrente na pregação profética do Antigo Testamento: o povo eleito é o rebanho e o Senhor é o seu Pastor (cf. Sl 23). Confrontados com a infidelidade de reis e sacerdotes – que também recebiam o nome de pastores –, os profetas, em especial Jeremias e Ezequiel (cf. Jr 23, 1-6; Ez 34, 1-31), prometem pastores novos. Mais ainda: Ezequiel anota que Deus haveria de suscitar um pastor único, semelhante a Davi, que apascentaria as suas ovelhas dando-lhes segurança (cf. Ez 34, 23-31). Jesus se apresenta como o Bom Pastor que cuida das suas ovelhas, dando assim cumprimento às profecias antigas. A arte cristã não demorou a se inspirar nesta figura comovente do Bom Pastor, deixando assim representado o amor de Cristo por cada um de nós.

Para compreender melhor as palavras de Cristo nos vv. 3-5, convém recordar que, naqueles tempos, era costume, ao entardecer, os pastores reunirem vários rebanhos num mesmo recinto, onde permaneciam toda a noite vigiados por um guarda; ao amanhecer, quando chegavam os pastores, o guarda abria as portas e cada um deles chamava as suas ovelhas, que saíam do aprisco atrás dele. O pastor falava frequentemente com as ovelhas, para que, ouvindo a sua voz, não se perdessem, e avançava à frente delas, para as conduzir aos pastos. O Senhor recorre a essa imagem, que os seus ouvintes conheciam bem, para lhes fazer uma advertência importante: quando se ouvem muitas vozes, é preciso reconhecer a de Cristo – continuamente atualizada pelo Magistério da Igreja – e segui-la, a fim de encontrar alimento abundante para a alma. Estas palavras de Jesus têm um significado especial para as pessoas que, na Igreja, exercem o ofício de pastores: «"Eu sou o Bom Pastor". Com estas palavras, pretende estimulá-los à caridade, dando-lhes a perceber que ninguém pode ser bom pastor se não for uma só coisa com Cristo pela caridade e não se converter em membro do verdadeiro pastor» (São Tomás de Aquino, *Super Evangelium Ioannis, ad loc.*).

Cristo aplica a si próprio a imagem da porta (v. 7), pela qual se entra no aprisco das ovelhas que é a Igreja. Tanto os pastores como as ovelhas entram no redil; uns e outros têm de entrar pela porta, que é Cristo. Dizia Santo Agostinho: «Querendo chegar a vós, isto é, ao vosso coração, eu vos prego Cristo; se pregasse outra coisa, quereria entrar por outro lado. Cristo é para mim a porta para entrar em vós; por Cristo, não entro em vossa casa, mas no vosso coração; por Cristo, entro gozosamente, e ouvis-me falar dEle. Por quê? Porque sois ovelhas de Cristo, e fostes comprados com o seu sangue» (*In Ioannis Evangelium*, 47, 2-3). «Assim, a Igreja é o redil, cuja única e necessária porta é Cristo. É também o rebanho do qual o próprio Deus predisse que seria o pastor, e cujas ovelhas, ainda que governadas por pastores humanos, são, contudo, guiadas e alimentadas sem cessar pelo próprio Cristo, Bom Pastor e Príncipe dos pastores, o qual deu a vida pelas suas ovelhas» (Concílio

Vaticano II, *Lumen gentium*, n. 6).

O Bom Pastor conhece cada uma das suas ovelhas e chama-as pelo seu nome (v. 9; cf. v. 3); neste cuidado solícito, está implícita uma exortação aos futuros pastores da Igreja, como São Pedro explicará mais tarde: «Apascentai o rebanho de Deus que vos foi confiado, governando-o não à força, mas de boa vontade, tal como Deus quer; não por um mesquinho espírito de lucro, mas com zelo» (1 Pd 5, 2). «Recordem estes [os sacerdotes] que o seu ministério sacerdotal [...] está – de modo particular – ordenado para a grande solicitude do Bom Pastor, que é a solici-tude pela salvação de todos os homens. E todos devemos refletir bem nisto: a nenhum de nós é lícito merecer o nome de "mercenário", ou seja, de alguém "a quem não pertencem as ovelhas", de alguém que "vê vir o lobo e abandona as ovelhas e foge e o lobo arrebata-as e espanta-as, porque é mercenário e não lhe importam as ovelhas". A solicitude de todo bom pastor é que os homens "tenham vida e a tenham em abundância", a fim de que nenhum deles se perca mas tenham a vida eterna. Façamos que tal solicitude penetre profundamente nas nossas almas. Procuremos vivê-la. Que ela caracterize a nossa personalidade e esteja sempre na base da nossa identidade sacerdotal» (São João Paulo II, *Carta a todos os sacerdotes da Igreja por ocasião da Quinta-feira Santa de 1979*, n. 7).

Como acontece muitas vezes ao longo do Evangelho, há aqui uma referência explícita à eficácia redentora do sacrifício de Cristo (cf. vv. 15-17): Jesus dá a sua vida mesmo pelas ovelhas que não são do redil de Israel; a sua missão é universal, pois convoca todos os filhos de Deus na unidade da Igreja (v. 16).

No final da passagem (vv. 19-21), o evangelista registra as diferentes reações dos ouvintes às palavras de Jesus (cf. 6, 52; 7, 12.25-27.31.40.43) – reações que não diferem das que se verificaram ao longo da história: «Jesus: por onde quer que tenhas passado, não ficou um coração indiferente. – Ou Te amam ou Te odeiam» (São Josemaria Escrivá, *Caminho*, n. 687).

***10, 22-42.** Esta seção tem lugar no contexto da festa da Dedicação do Templo, que comemorava a purificação a que procedeu Judas Macabeu após a profanação de Antíoco IV Epífanes (cf. 1 Mac 1, 54; 4, 36-59; 2 Mac 1, 1-2, 18). Jesus se revela como Filho de Deus, igual ao Pai, revelação que suscita diversas reações: em uns, a fé; em outros, sobretudo nas autoridades judaicas, a rejeição e o ódio, a ponto de quererem prendê-lO (v. 39); mas isto só acontecerá quando o Senhor permitir.

10, 22-30. Perante as dúvidas sobre o caráter messiânico de Jesus, João chama a atenção para a unidade entre Ele e o Pai. Por sua vez, Jesus volta a recorrer à imagem do pastor; é como se dissesse, comenta São Gregório Magno, que «a prova de que conheço o Pai e o Pai Me conhece [...] é a caridade com que morro pelas minhas ovelhas» (*Homiliae in Evangelia*, 14, 3). Aqueles, porém, que se recusarem a reconhecer que Jesus realiza as suas obras da parte do Pai não poderão acreditar; Jesus dá a sua graça a todos, mas alguns levantam obstáculos e não desejam abrir-se à fé: «Posso ver graças à luz do sol; mas, se fechar os olhos, deixo de ver, e não por culpa do sol, mas por minha culpa, porque ao fechar os olhos impeço que a luz solar chegue a mim» (São Tomás de Aquino, *Super Evangelium Ioannis, ad loc.*).

No v. 30, Jesus expõe a identidade substancial entre Ele e o Pai. Anteriormente, tinha declarado que Deus é seu Pai, «fazendo-se igual a Deus» (5, 18); por esse motivo, os judeus tinham pensado várias vezes em Lhe dar a morte (cf. 5, 18; 8, 59). Nesta passagem, fala acerca do mistério de Deus, que os homens só podem conhecer por meio da Revelação; mais adiante, na Última Ceia, voltará a revelar esse mistério (14, 10; 17, 21-22), a que o evangelista faz referência no começo do prólogo (cf. 1, 1 e nota): «Escuta o próprio Filho: "Eu e o Pai somos Um"», exorta-nos Santo Agostinho. «Ele não disse: "Eu sou o Pai", nem disse: "Eu e o Pai são o mesmo". Na expressão "Eu e o Pai somos Um", temos de centrar-nos em duas palavras: "somos" e "Um". [...] Porque, se são um, então não são diversos; e se diz "somos", então há um Pai e um Filho» (*In Ioannis Evangelium*, 36, 9). Jesus revela a sua unidade com o Pai quanto à essência ou natureza divina, mas ao mesmo tempo salienta a distinção pessoal entre o Pai e o Filho. «Cremos, portanto, em Deus Pai que desde toda a eternidade gera o Filho; cremos no Filho, Verbo de Deus que é eternamente gerado; cremos no Espírito Santo, Pessoa incriada, que procede do Pai e do Filho como Amor sempiterno de ambos. Assim, nas três Pessoas divinas, que são igualmente eternas e iguais entre si, a vida e a felicidade de Deus perfeitamente uno superabundam e consumam-se na superexcelência e glória próprias da Essência incriada; e sempre se deve venerar a unidade na Trindade e a Trindade na unidade» (São Paulo VI, *Credo do povo de Deus*, n. 10).

10, 31-42. Os homens só podem conhecer a identidade substancial entre Jesus e o Pai, mistério de Deus, por revelação divina. Os judeus perceberam que Jesus afirmava ser Deus, mas interpretaram as suas palavras como uma blasfêmia e acusaram-nO de, sendo homem, fazer-se Deus (v. 33). Jesus rebate esta acusação com dois argumentos: o testemunho da Sagrada Escritura (as profecias) e o testemunho das suas obras (os milagres).

O Senhor cita o Sl 82, em que Deus, censurando uns juízes por se terem comportado injustamente, lhes recorda: «Vós sois deuses, todos vós sois filhos do Altíssimo» (Sl 82, 6). Se, de acordo com este Salmo, os filhos de Israel são chamados deuses e filhos de Deus, com mais razão deve ser chamado Deus Aquele que foi santificado e enviado por Deus. Com efeito, ao ser assumida pelo Verbo, a natureza humana de Cristo é plenamente santificada e vem ao mundo santificar os homens; as obras que Jesus realiza mostram isso mesmo: «Os Santos Padres constantemente proclamam nada estar remido que não tivesse sido primeiro assumido por Cristo; ora, Ele assumiu por inteiro a natureza humana tal qual ela existe em nós, pobres e miseráveis, rejeitando dela apenas o pecado. De si mesmo disse Cristo que era *Aquele que o Pai santificou e enviou ao mundo*» (Concílio Vaticano II, *Ad gentes*, n. 3).

Em contraste com a oposição de uns (cf. 10, 20.31.39), encontramos a adesão de outros, que vão buscá-lO onde Ele tinha se retirado (v. 41). A atividade preparatória de São João Batista continua a dar frutos: aqueles que tinham aceitado a pregação do Batista aproximam-se agora de Cristo e acreditam ao ver que nEle se cumprem as palavras do Precursor, quando anunciava que Jesus era o Messias, o Filho de Deus (cf. 1, 34). O trabalho que se faz em nome do Senhor nunca é inútil; de fato, assim como a palavra e o exemplo do Batista serviram para que, mais tarde, muitos acreditassem em Jesus, assim também o exemplo apostólico dos cristãos não será em vão, mesmo que às vezes os resultados não sejam imediatos.

***11, 1-57.** Neste capítulo, Jesus se revela como Ressurreição e Vida para os que acreditarem nEle; saliente-se a fé de Marta e a reação de ódio das autoridades judaicas, que decidem dar a morte a Jesus. A observação do evangelista, segundo a qual «estava próxima a Páscoa dos judeus» (v. 55), sugere que estes acontecimentos anunciam a morte redentora de Cristo e a sua gloriosa ressurreição, isto é, a Páscoa cristã.

11, 1-44. Com o milagre da ressurreição de Lázaro, que é um sinal da nossa ressurreição futura, torna-se manifesto o poder de Jesus sobre a morte. O evangelista apresenta em primeiro lugar as circunstâncias do acontecimento e o diálogo de Jesus com as irmãs de Lázaro; depois, a ressurreição deste, quatro dias após a sua morte.

Betânia ficava a cerca de três quilômetros de Jerusalém (v. 8). Nos dias que antecederam a sua Paixão, Jesus frequentou a casa desta família, à qual O unia uma grande amizade; com efeito, São João chama a atenção para os sentimentos de afeto de Jesus (vv. 3.5.56) e para o seu conhecimento antecipado do que ia acontecer (vv. 11.14).

No diálogo com Marta (vv. 20-27), encontra-se uma das revelações mais precisas sobre Jesus: Ele é a Ressurreição e a Vida. É a Ressurreição, porque a sua vitória sobre a morte é causa da ressurreição de todos os homens; é a Vida, porque confere ao homem a participação na vida divina, que culminará na vida eterna. Daí que o cristão possa dizer: «Para os que creem em Vós, Senhor, a vida não acaba, apenas se transforma; e, desfeita a morada deste exílio terrestre, adquirimos no Céu uma habitação eterna» (Missal Romano, *Prefácio I da Liturgia de Defuntos*).

A profundidade dos sentimentos de Cristo fica refletida nas lágrimas que derrama por Lázaro (v. 35). Este versículo é o mais breve de toda a Bíblia; é como se a própria divisão em versículos (introduzida no século XVI) pretendesse solenizar o pranto de Jesus, expressão da sua verdadeira humanidade e testemunho do amor de Deus pelos homens: «Jesus é teu amigo. – O Amigo. – Com coração de carne como o teu. – Com olhos de olhar amabilíssimo, que choraram por Lázaro... – E, tanto como a Lázaro, te ama a ti» (São Josemaria Escrivá, *Caminho*, n. 422).

O milagre é precedido por uma oração de ação de graças de Jesus (vv. 41-42). O agradecimento ao Pai por tê-lO atendido «implica que [...] Jesus *pede* de modo constante. Dessa forma, motivada pela ação de graças, a oração de Jesus nos revela como pedir: *Antes* que o dom seja feito, Jesus adere Àquele que nos dá seus dons. O Doador é mais precioso do que o dom concedido, Ele é o "Tesouro", e nele é que está o coração de seu Filho; o dom é dado "por acréscimo" (cf. Mt 6, 21.33)» (*Catecismo da Igreja Católica*, n. 2604).

Santo Agostinho vê na ressurreição de Lázaro uma figura do sacramento da penitência: tal como Lázaro saiu do túmulo, «assim sais tu quando te confessas. Pois o que significa sair, senão manifestar-se como vindo de um lugar oculto? Mas, para que te confesses, Deus solta um grande brado, chama-te com uma graça extraordinária. E, assim como o defunto saiu ainda atado, assim também o que vai confessar-se ainda é réu; foi para que ficasse desatado dos seus pecados que Jesus disse aos ministros: "Desligai-o e deixai-o andar". O que significa isto? "Tudo o que ligardes na terra será ligado no Céu, e tudo o que desligardes na terra será desligado no Céu" (Mt 18, 18)» (*In Ioannis Evangelium*, 49, 24).

«Ligado [...] com as ataduras» (v. 44): os judeus amortalhavam os seus defuntos lavando-lhes e ungindo-lhes o corpo com aromas para atrasar um pouco a decomposição e atenuar o fedor; depois, envolviam o cadáver com panos e ligaduras, cobrindo-lhe a cabeça com um sudário. Era um sistema parecido com aquele que se utilizava no Egito, mas sem embalsamamento completo, que implicava a extração de algumas vísceras.

11, 45-57. Jesus aparece de novo como sinal de contradição: há quem creia nEle e há quem O acuse. As palavras de Caifás (vv. 49-50), cujo duplo sentido João salienta, referem-se à fundação do novo Israel, a Igreja, mediante a morte de Cristo na Cruz; dessa maneira, um dos últimos pontífices da Antiga Aliança profetiza a investidura do Sumo Sacerdote da Nova, selada com o seu próprio Sangue.

Quando São João observa que Cristo ia morrer «para reunir os filhos de Deus dispersos» (v. 52), refere-se àquilo que o Senhor tinha dito sobre os efeitos salvíficos da sua morte (cf. 10, 15-16). Com efeito, os profetas já tinham anunciado a futura congregação dos israelitas fiéis a Deus para constituírem o novo povo de Israel (cf. Is 43, 5; Jr 23, 3-5; Ez 34, 23; 37, 21-24); estes vaticínios se cumpriram com a morte de Cristo, que, ao ser exaltado na Cruz, atrai e reúne o verdadeiro povo de Deus, formado por todos os fiéis, sejam ou não israelitas (cf. 12, 32). «Ao novo povo de Deus, todos os homens são chamados. Por isso, este povo, permanecendo uno e único, deve estender-se a todo o mundo e por todos os séculos, para se cumprir o desígnio da vontade de Deus que, no princípio, criou uma só natureza humana e resolveu juntar em unidade todos os seus filhos que estavam dispersos. Foi para isto que Deus enviou o seu Filho, a quem constituiu herdeiro de todas as coisas, para ser Mestre, Rei e Sacerdote universal, Cabeça do novo e universal povo dos filhos de Deus» (Concílio Vaticano II, *Lumen gentium*, n. 13).

No século IV, São João Crisóstomo explicava aos seus fiéis a catolicidade da Igreja com estas palavras: «O que quer dizer "para congregar na unidade os filhos de Deus que estavam dispersos"? Que fez deles um só corpo. Quem reside em Roma sabe que os cristãos da Índia são membros seus» (*In Ioannem*, 65, 1).

«Efraim» (v. 54): não se sabe ao certo onde fica esta povoação. Alguns a situam a cerca de vinte quilômetros a nordeste de Jerusalém.

A referência à Páscoa (vv. 55-57) serve para preparar os acontecimentos que se narram a seguir e que sublinham que Cristo é a verdadeira e definitiva Páscoa (cf. 1 Cor 5, 7).

***12, 1-50.** Com esta seção, termina a primeira parte deste Evangelho, centrada na revelação que Jesus faz de si mesmo mediante as suas palavras e os sinais (milagres) que realiza. A unção em Betânia e a posterior entrada triunfal em Jerusalém anunciam a morte redentora de Jesus e a sua glorificação, uma vez ressuscitado. O próprio Senhor anuncia que chegou a hora da sua glorificação pela morte na Cruz e a ressurreição (vv. 23-33). Na sequência do último convite de Jesus a que cressem nEle, muitos creram, mas outros preferiram a glória dos homens (vv. 42-43).

12, 1-11. Jesus vai novamente visitar os seus amigos de Betânia (cf. 11, 5). Comove assistir a esta relação de amizade do Senhor, tão divina e tão humana, que se manifesta num relacionamento próximo e frequente.

Parece ter havido duas unções do Senhor, em dois momentos distintos e por motivos diferentes: a primeira, no início do seu ministério público, na Galileia, relatada por São Lucas (cf. 7, 36-50); a segunda, no final da sua vida, em Betânia, narrada aqui por São João, e que é seguramente a mesma que é narrada por São Mateus (cf. 26, 6-13) e por São Marcos (cf. 14, 3-9). Em São João, este episódio tem um caráter mais pessoal: são indicados os nomes de quem unge o Senhor, Maria (v. 3), e de quem murmura contra ela, Judas Iscariotes (v. 4); a presença de Lázaro, recentemente ressuscitado, e a referência à sepultura de Jesus (v. 7) sugerem que Ele vai morrer para dar a vida pelos homens. Há quem tenha confundido Maria de Betânia com Maria Madalena – identificando esta unção com a que é narrada por São Lucas (cf. Lc 7, 36), feita na Galileia por uma mulher pecadora, também no contexto de um banquete –, considerando que essa pecadora seria Madalena, de quem Jesus tinha expulsado sete demônios (cf. Lc 8, 2). Não há, contudo, bases sólidas para tal identificação, e os textos apontam antes para a hipótese de se tratar de três mulheres diferentes.

A libra (v. 3) era uma medida de peso equivalente a cerca de trezentos gramas, enquanto o denário (v. 5) constituía o salário diário de um trabalhador agrícola (cf. Mt 20, 2-13); isso significa que aquele vaso de perfume equivalia ao salário de um ano. A Tradição da Igreja viu no gesto da irmã de Lázaro uma demonstração da generosidade com que se deve corresponder ao amor de Deus pelos homens: «Que prova tão clara de magnanimidade *o excesso* de Maria! [...] Não sejais mesquinhos nem tacanhos com quem tão generosamente se excedeu conosco, até se entregar totalmente, sem medida» (São Josemaria Escrivá, *Amigos de Deus*, n. 126).

Por outro lado, ao elogiar o gesto magnânimo de Maria, o Senhor anuncia veladamente a proximidade da sua morte (v. 7), e até se vislumbra que será tão inesperada que mal haverá tempo para embalsamar o seu corpo como faziam os judeus (19, 39-40; cf. Lc 23, 56). Jesus não nega o valor da esmola, que tantas vezes recomendou (cf. Lc 11, 41; 12, 33), nem a preocupação com os pobres (cf. Lc 14, 12-14), mas revela a hipocrisia daqueles que, como Judas, aduzem motivos falsamente nobres para não dar a Deus a honra que Lhe é devida (ver também notas a Mt 26, 6-16; Mc 14, 1-11).

12, 12-19. A entrada triunfal em Jerusalém é uma antecipação da glorificação de Jesus na ressurreição. Quando a multidão proclama: «Bendito o que vem em nome do Senhor!» (Sl 118, 26), está aclamando Jesus como Messias. A expressão «Rei de Israel», que não consta dos outros evangelistas na passagem paralela, sublinha um aspecto relevante em São João: a realeza de Cristo; com efeito, o Messias é o Rei por antonomásia, mas de um reino que não é deste mundo (cf. 18, 36). «Jesus não se fez Rei de Israel para impor um tributo nem para constituir um exército poderoso; fez-se Rei de Israel para dirigir as almas, para dar conselhos de vida eterna, para conduzir ao Reino dos Céus aqueles que estão cheios de fé, de esperança e de amor» (Santo

Agostinho, *In Ioannis Evangelium*, 51, 4).

A entrada em Jerusalém montado num jumento tinha um significado profundo: Ele era o Rei da paz anunciado pelos profetas (cf. Zc 9, 9). Todavia, só depois da sua morte na Cruz e da sua ressurreição é que os discípulos entenderam o verdadeiro significado daquele sinal, como testemunha o próprio evangelista (v. 16). Cristo adquire o seu reinado pela humildade e pela Cruz: «Cristo deve reinar, acima de tudo, na nossa alma. Mas que resposta lhe daríamos se nos perguntasse: Como me deixas reinar em ti? Eu lhe responderia que, para que Ele reine em mim, preciso da sua graça em abundância: só assim é que até o último latejo do coração, até o último alento, até o olhar menos intenso, até a palavra mais intranscendente, até a sensação mais elementar se traduzirão num *hosanna* ao meu Cristo-Rei» (São Josemaria Escrivá, *É Cristo que passa*, n. 181).

12, 20-36. Os «gregos» (v. 20) que queriam ver Jesus, provavelmente prosélitos dos judeus, representam o mundo dos gentios (cf. 7, 35). Este fato ocasiona o anúncio da sua glorificação próxima e a explicação do caráter universal da sua missão: o Senhor é como um grão de trigo que morre e que, por isso mesmo, dá muito fruto (v. 24) e atrai todos a si (v. 32).

Nos vv. 24-25, fica registrado o aparente paradoxo entre a humilhação e a exaltação de Cristo. Com efeito, «foi conveniente que se manifestasse a exaltação da sua glória, de tal maneira que estivesse unida à humildade da sua Paixão» (Santo Agostinho, *In Ioannis Evangelium*, 51, 8); trata-se da mesma ideia que está presente em São Paulo, quando afirma que Cristo se humilhou e se fez obediente até a morte e morte de Cruz, e que por isso Deus Pai O exaltou acima de todas as criaturas (cf. Fl 2, 8-9). Este paradoxo é uma lição e um estímulo para o cristão, que há de ver em todos os sofrimentos e nas contrariedades pelas quais passa uma participação na Cruz de Cristo, que nos redime e nos exalta; para sermos sobrenaturalmente eficazes, temos de morrer para nós próprios, esquecendo-nos por completo da nossa comodidade e do nosso egoísmo.

Perante a iminência da «hora» de Jesus, São João apresenta a oração do Senhor (vv. 27-28) com tons que recordam a de Getsêmani, relatada nos outros Evangelhos (cf. Mc 14, 34-36 e paralelas). Jesus se perturba e se dirige filialmente ao Pai, a fim de se fortalecer e ser fiel à sua missão, com a qual Deus ia manifestar a sua glória («glorificar» equivale a mostrar a santidade e o poder de Deus). A voz do Pai, que recorda as manifestações divinas do batismo de Cristo (cf. Mt 3, 13-17 e paralelas) e da transfiguração (Mt 17, 1-13 e paralelas), é uma ratificação solene de que em Jesus habita a plenitude da divindade (cf. Cl 2, 9).

Na Cruz, o mundo e o príncipe deste mundo (Satanás) serão julgados (vv. 31-33). Jesus, cravado na Cruz, é o sinal supremo de contradição para todos os homens: aqueles que O reconhecem como Filho de Deus se salvam; aqueles que O rejeitam se condenam (cf. 3, 18). Cristo crucificado é a manifestação máxima do amor do Pai e da malícia do pecado, que custou tão alto preço (cf. 3, 14-16; Rm 8, 32); é o sinal elevado ao alto, prefigurado pela serpente de bronze erguida por Moisés no deserto. Se ao olhar para aquela serpente ficavam curados os que, por murmurar contra Deus no êxodo do Egito, tinham sido mordidos por serpentes venenosas (cf. 3, 14; Nm 21, 9), assim também Cristo elevado na Cruz é salvação para o homem ferido pelo pecado.

Compete ao cristão manifestar a força salvífica da Cruz: «Mas a Cruz, é preciso inseri-la também nas entranhas do mundo. Jesus quer ser levantado ao alto, aí: no ruído das fábricas e dos escritórios, no silêncio das bibliotecas, no fragor das ruas, na quietude dos campos, na intimidade das famílias, nas assembleias, nos estádios... Lá onde um cristão gaste a sua vida honradamente, deve colocar com o seu amor a Cruz de Cristo, que atrai a si todas as coisas» (São Josemaria Escrivá, *Via sacra*, 11ª estação); «Cristo, Senhor Nosso, foi crucificado e, do alto da Cruz, redimiu o mundo, restabelecendo a paz entre Deus e os homens. Jesus Cristo recorda a todos: *Et ego, si exaltatus fuero a terra, omnia traham ad meipsum*, se vós me colocardes no cume de todas as atividades da terra, cumprindo o dever de cada instante, dando testemunho de mim no que parece grande e no que parece pequeno, *omnia traham ad meipsum*, tudo atrairei a mim. O meu reino entre vós será uma realidade!» (*Idem, É Cristo que passa*, n. 183).

A revelação de Jesus suscita nos seus ouvintes uma pergunta acerca do Messias (v. 34). Embora não dê uma explicação clara e direta, Jesus insinua que a sua presença entre eles é luz suficiente para que entrevejam o mistério e creiam nEle, antes que seja tarde demais.

Sobre o «Filho do Homem» (cf. 1, 51; 3, 13-14; 5, 27 etc.), veja-se a nota a Mt 8, 18-28.

12, 37-50. São João explica o motivo da incredulidade de muitos judeus, apesar de terem sido testemunhas dos milagres e das palavras de Jesus. E cita duas profecias de Isaías. Da primeira (cf. Is 53, 1), deduz-se que a fé é um dom de Deus, um ato pelo qual «o homem tributa ao próprio Deus obediência livre, consentindo e cooperando com a sua graça, à qual poderia resistir» (Concílio Vaticano I, *Dei Filius*, cap. 3); a segunda profecia (cf. Is 6, 9-10), à qual também aludem outros livros do Novo Testamento (cf. Mt 13, 14-15 e paralelas; At 28, 26-27; Rm 11, 7-8), permite explicar que a incredulidade dos judeus, possível fonte de escândalo para as primeiras gerações de cristãos, já tinha sido prevista e anunciada (cf. nota a Mc 4, 1-20): «Há quem murmure dentro de si e, quando tem ocasião, diga mesmo em voz alta: "Que fizeram os judeus, ou que culpa tiveram, se era necessário para que se cumprissem as palavras do profeta Isaías?" A isto respondemos que o Senhor, que conhece o futuro, previu pelo profeta a infidelidade dos judeus; previu-a, mas não foi responsável por ela. Da mesma maneira que Deus não obriga ninguém a pecar pelo fato de conhecer os pecados futuros dos homens [...]. Assim, pois, os judeus pecaram, não sendo forçados a isso por Aquele que odeia o pecado; ao mesmo tempo, Aquele a quem nada está oculto previu que haveriam de pecar. Se tivessem querido agir bem, não teriam sido impedidos de o fazer; mas, nesse caso, Deus também o teria previsto, pois sabe o que cada um vai fazer e qual é o prêmio que há de receber pelas suas obras» (Santo Agostinho, *In Ioannis Evangelium*, 53, 4).

Em contraste com o cego de nascença, que, quando foi curado por Jesus, não se retraiu de o confessar publicamente, apesar da rejeição das autoridades judaicas (cf. 9, 30-41), nesta passagem está exposta a covardia (vv. 42-43) daqueles que, devido às dificuldades daí resultantes, não se atrevem a confessar a sua fé em Jesus. Nestas palavras está contida uma censura permanente a todos os que, por respeitos humanos, preferem a própria glória à glória de Deus; e não podemos esquecer que é frequente os cristãos passarem por dificuldades por quererem ser consequentes com as exigências da sua fé (cf. 1 Pd 5, 9).

O Evangelho conclui a exposição da pregação pública de Jesus com uma recompilação dos temas fundamentais desenvolvidos nos capítulos anteriores: a fé em Cristo enquanto enviado do Pai (v. 44; cf. 3, 16.36; 5, 24 etc.); a unidade e distinção entre o Pai e o Filho (v. 45; 5, 19-30); Jesus como Luz e Vida do mundo (vv. 46.50; cf. 8, 12-20; 11, 25); o juízo dos homens de acordo com a aceitação ou recusa da Revelação de Deus (vv. 47-50; cf. 5, 22; 7, 14-24). Cristo veio salvar o mundo oferecendo-se em sacrifício pelos nossos pecados e trazendo-nos a vida sobrenatural (cf. 3, 17); e foi constituído Juiz dos vivos e dos mortos (cf. 3, 27; At 10, 42; 17, 31).

***13, 1-21, 25.** Na segunda parte deste Evangelho, podem distinguir-se três seções, de acordo com o tema que cada uma delas trata: Última Ceia e discursos de despedida; Paixão e morte; ressurreição do Senhor. Em todas elas, voltamos a encontrar a manifestação e revelação de Cristo, e as diferentes reações – de fé e de incredulidade – que Ele suscita. Esta parte costuma ser designada por «livro da glória», porque é aqui que se cumpre a «hora» do Senhor, isto é, a sua Paixão, morte e ressurreição, que João entende como a glorificação e exaltação de Jesus Cristo.

***13, 1-17, 26.** Estes capítulos registram a revelação de Jesus aos seus discípulos na intimidade da Última Ceia. João relata alguns fatos que não figuram nos outros Evangelhos – como o lava-pés – e omite a instituição da Eucaristia, narrada pelos sinóticos e por São Paulo, e à qual este Evangelho se referiu no capítulo 6. Até aqui, a «vida» e a «luz» tinham especial relevância; a partir de agora, a palavra-chave é «amor».

Entre 13, 33 e 17, 26, João registra aquilo a que se costuma chamar o Discurso da Última Ceia, ou Discurso de Despedida de Jesus, no qual podemos distinguir três sequências: 1) a respeito da partida e do regresso de Cristo (13, 33-38 e cap. 14); 2) a respeito de Cristo e sua Igreja (caps. 15-16); e 3) a oração sacerdotal de Jesus (cap. 17). Os temas de fundo são: 1) o amor, que tem a sua raiz no amor de Cristo e se converte no mandamento do Senhor; 2) o consolo que Jesus dá aos seus discípulos, na previsão da sua partida iminente, com a promessa do seu regresso e do envio do Espírito Santo; 3) a união de Cristo com os seus, à semelhança da videira e dos ramos, fundada no amor e no cumprimento dos seus mandamentos.

13, 1-20. O capítulo começa por apontar a importância daquele momento. A Páscoa, que comemorava a libertação da escravidão do povo judaico da opressão do faraó, era uma figura da obra que Jesus tinha vindo realizar: redimir os homens da escravidão do pecado, mediante o seu sacrifício na Cruz. A Páscoa, explica São Beda, «em sentido místico, significa que o Senhor haveria de passar deste mundo para o Pai e que, seguindo o seu exemplo, os fiéis, abandonados os desejos temporais e a servidão dos vícios pelo contínuo exercício das virtudes, devem passar à pátria celeste prometida» (*In Ioannis Evangelium expositio, ad loc.*).

Jesus estava ciente de tudo o que ia acontecer e de que a sua morte e ressurreição eram iminentes (cf. 18, 4); por isso, as suas palavras adquirem um tom de especial confidência e de amor por aqueles que deixava neste mundo: «O Senhor quis conferir àquela reunião tal plenitude de significado, tal riqueza de memórias, tal comoção de palavras e de sentimentos, tal novidade de atos e de preceitos, que nunca os meditaremos e exploraremos suficientemente. Trata-se de uma ceia testamentária; de uma ceia afetuosa e imensamente triste, ao mesmo tempo que misteriosamente reveladora de promessas divinas, de visões supremas. Sobre ela pesa a morte, com inauditos presságios de traição, de abandono, de imolação; a conversa se apaga depressa, enquanto a palavra de Jesus flui contínua, nova, extremamente doce, tensa em confidências supremas, pairando entre a vida e a morte» (São Paulo VI, *Homilia de Quinta-feira Santa*, 27.03.1975).

Aquilo que Cristo fez pelos seus pode ser resumido nesta frase: «Amou-os até o fim» (v. 1), o que indica a intensidade do amor de Cristo, que chega até dar a sua vida. Mais ainda, esse amor não termina com a sua morte, porque Ele vive e, a partir da sua ressurreição gloriosa, continua a nos amar infinitamente: «É "o amor até o fim" (Jo 13, 1) que confere o valor de redenção e de reparação, de expiação e de satisfação ao sacrifício de Cristo. Ele nos conheceu a todos e amou na oferenda de sua vida [...]. Nenhum homem, ainda que o mais santo, tinha condições de tomar sobre si os pecados de todos os homens e de oferecer-se em sacrifício por todos. A existência em Cristo da Pessoa Divina do Filho, que supera e, ao mesmo tempo, abraça todas as pessoas humanas, e que O constitui Cabeça de toda a humanidade, torna possível seu sacrifício redentor *por todos*» (*Catecismo da Igreja Católica*, n. 616).

No lava-pés, o Senhor se humilha, realizando uma tarefa que era própria dos escravos de uma casa; esta passagem traz à memória o hino da carta de São Paulo aos Filipenses: «Ele, que é de condição divina, [...]

esvaziou-se a si mesmo, tomando a condição de servo» (Fl 2, 6-7). O fato de Cristo lavar os pés dos discípulos tinha um significado profundo, que São Pedro não era capaz de entender naquele momento. Mediante aquele gesto, Jesus exprimia de modo simples e simbólico que não tinha vindo «para ser servido, mas para servir», e que esse serviço consistia em «dar a sua vida em resgate por todos» (Mc 10, 45); deste modo, dá a entender aos apóstolos e, neles, a todos os que depois constituiriam a Igreja que o serviço humilde aos outros torna o discípulo semelhante ao Mestre: «Se, portanto, à luz da atitude de Cristo, se pode verdadeiramente "reinar" somente "servindo", ao mesmo tempo este "servir" exige uma tal maturidade espiritual, que se tem de defini-la precisamente como "reinar"» (São João Paulo II, *Redemptor hominis*, n. 21).

Toda a vida de Jesus foi um exemplo de serviço aos homens, cumprindo a vontade do Pai até a morte na Cruz; no v. 17, o Senhor nos promete que, imitando o Mestre num serviço desinteressando que pressupõe sempre sacrifício, encontraremos a verdadeira felicidade, que ninguém poderá arrebatar-nos (cf. 16, 22; 17, 13). «*Eu vos dei o exemplo*, insiste Jesus, falando aos seus discípulos depois de lhes ter lavado os pés na noite da Ceia. Afastemos do coração o orgulho, a ambição, os desejos de predomínio; e assim, à nossa volta e em nós, reinarão a paz e a alegria, alicerçadas no sacrifício pessoal» (São Josemaria Escrivá, *É Cristo que passa*, n. 94).

Jesus anuncia de antemão aos apóstolos a traição de Judas (vv. 18-19) para que, quando verificassem que as profecias de Cristo tinham se realizado, eles compreendessem que Ele tinha ciência divina e que nEle tinham efetivamente se cumprido as escrituras do Antigo Testamento (cf. 2, 22). Sobre a expressão «Eu sou» (v. 19), veja-se a nota a 8, 21-30.

13, 21-32. No anúncio da traição de Judas, chama a atenção, por contraste, o amor de Jesus pelo discípulo amado, que é o modelo do seu amor por todos os seus verdadeiros discípulos, e do que estes têm pelo Mestre. A narrativa torna-se mais fácil de entender tendo em conta que os comensais estariam, muito provavelmente, apoiados sobre o cotovelo, reclinados em divãs com lugares para várias pessoas, dispostos em torno de uma mesa central, onde se encontravam dispostos os alimentos.

O pão que Jesus oferece a Judas (vv. 26-27) é um sinal de

amizade e, portanto, um convite à correção das maquinações perversas que ele tinha feito; mas Judas rejeita esta oportunidade: «Aquilo que recebeu é bom, mas ele recebeu-o para sua perdição, porque aquele que era mau recebeu com má disposição aquilo que era bom» (Santo Agostinho, *In Ioannis Evangelium*, 61, 6). A entrada de Satanás significa que, a partir daquele momento, Judas se abandonou por completo à tentação diabólica: «Todos estes pormenores», comenta São João Crisóstomo, «foram conservados para nos dizer: se isto vos ultraja, não vos indigneis; pensai no culpado e chorai a sua violência natural. Que interesses fere primeiro aquele que faz mal a outro, o caluniador? Os seus próprios interesses, sem dúvida nenhuma. [...] Jesus Cristo cumula Judas, o traidor, dos seus benefícios, lava os pés dele, repreende-o sem amargura, censura-o de forma discreta, procura conquistar-lhe o coração, honra-o a ponto de comer com ele, a ponto de o abraçar; e nem ao ver que Judas não reconsidera cessa Jesus de se empenhar» (*In Ioannem*, 71, 4).

A informação de que «era já noite» (v. 30) alude às trevas como imagem do pecado, do poder tenebroso que parecia se impor naquele momento (cf. Lc 22, 53), por oposição à Luz verdadeira, Cristo, a quem as trevas não tinham recebido (cf. 1, 5). Chegou o momento da glorificação de Jesus, isto é, da glória que Cristo receberá a partir da sua exaltação na Cruz. O evangelista sublinha que a morte de Cristo é o começo do seu triunfo e, ao mesmo tempo, a glorificação do Pai. O discípulo de Cristo também encontrará o seu maior motivo de glória na identificação com a atitude obediente do Mestre; é isto que São Paulo ensina muito claramente ao dizer: «Quanto a mim, porém, de nada me quero gloriar, a não ser na Cruz de Nosso Senhor Jesus Cristo» (Gl 6, 14).

13, 33-38. Os preceitos do Senhor se resumem a um: o mandamento novo do amor (vv. 34-35). O preceito da caridade compendia toda a lei da Igreja e é o sinal distintivo do cristão: «Qualquer um pode persignar-se com o sinal da Cruz de Cristo; qualquer um pode responder amém; qualquer um pode cantar aleluia; qualquer um pode ser batizado, entrar nas igrejas, construir os muros das basílicas. Mas os filhos de Deus não se distinguem dos filhos do diabo a não ser pela caridade. Aqueles que praticam a caridade são nascidos de Deus; os que não a praticam não são nascidos de Deus. Sinal importante, diferença essencial! Podes ter o que quiseres; se te faltar isto, o resto não te serve para nada; e, se te faltar tudo e só tiveres isto, cumpriste a lei» (Santo Agostinho, *In Epistolam Ioannis ad Parthos*, 5, 7). As palavras «assim como vos amei» conferem a este preceito um sentido e um conteúdo novos: a medida do amor cristão não é dada pelo coração do homem, mas pelo coração de Cristo (cf. Mt 5, 43-48).

O anúncio das negações de Pedro prepara o último diálogo deste Evangelho, onde Jesus pergunta a Pedro se O ama (cf. 21, 15-19). Uma vez mais, Pedro se dirige ao Mestre com simplicidade e com uma disposição sincera de segui-lO até a morte (vv. 36-38); todavia, ainda não estava preparado. Com efeito, nesses momentos, o entusiasmo de Pedro é ardente, mas pouco firme; mais tarde, adquirirá a fortaleza que tem por base a humildade. Nessa altura, não se considerando digno de morrer como o Mestre, morrerá numa cruz, mas de cabeça para baixo, cravando na terra de Roma essa pedra sólida que permanece viva naqueles que lhe sucederam e que é o fundamento sobre o qual se edifica, indefectível, a Igreja. As negações de Pedro, que são um sinal da sua debilidade, foram amplamente compensadas pelo seu profundo arrependimento: «Tomemos exemplo desta contrição e, se cairmos, não desesperemos, mas confiemos em que poderemos sempre tornar-nos dignos de perdão» (São Beda, *In Ioannis Evangelium expositio*, *ad loc.*). Contudo, a fidelidade a Cristo depende do amor: «Qual é o segredo da perseverança? O Amor. – Enamora-te, e não O deixarás» (São Josemaria Escrivá, *Caminho*, n. 999).

14, 1-14. O anúncio das negações de Pedro terá entristecido os discípulos, e Jesus os anima explicando-lhes que vai preparar-lhes um lugar nos Céus porque, apesar das suas misérias e claudicações, eles acabarão por perseverar.

Teresa de Jesus escreverá as suas célebres *Moradas* inspirando-se nas palavras do v. 2 e considerando «a nossa alma como um castelo todo ele de um diamante ou muito claro cristal, onde há muitos aposentos, assim como no Céu há muitas moradas. Que se bem o considerarmos, irmãs, não é outra coisa a alma do justo senão um paraíso onde Ele disse ter suas delícias. Pois não é isso que vos parece que será o aposento onde um Rei tão poderoso, tão sábio, tão puro, tão cheio de todos os bens se deleita?» (*As moradas*, 1, 1). E acrescentará mais adiante: «A porta para entrar neste castelo é a oração» (*Idem*, 2, 11).

A morte de Jesus será uma passagem para o Pai, com quem Ele é uno por ser Deus (v. 10). Os apóstolos não entendiam com profundidade aquilo que Jesus estava lhes ensinando; daí a pergunta de Tomé (v. 5). O Senhor explica-lhes que Ele é o caminho para o Pai: «Era necessário dizer-lhes: "Eu sou o Caminho" para lhes mostrar que, na realidade, eles sabiam o que pensavam ignorar, porque O conheciam» (Santo Agostinho, *In Ioannis Evangelium*, 66, 2).

As palavras de Jesus quando declara que é o Caminho, a Verdade e a Vida (cf. v. 6) ultrapassam em muito a pergunta de Tomé. Ser a Verdade e a Vida é aquilo que é próprio do Filho de Deus feito homem, sobre o qual São João afirma no prólogo do seu Evangelho que é «cheio de graça e de verdade» (1, 14). Ele é a Verdade porque, com a sua vinda ao mundo, fica demonstrada a fidelidade de Deus às suas promessas e porque ensina verdadeiramente tanto quem é Deus quanto que a autêntica adoração deve ser «em espírito e verdade» (4, 23); e é a Vida porque tem, desde toda a eternidade, a vida divina junto do Pai (cf. 1, 4) e porque nos torna participantes dessa vida divina mediante a graça. É por tudo isto que o Evangelho afirma: «Ora, a vida eterna é esta: que te conheçam a ti como o único Deus verdadeiro e a Jesus Cristo, a quem enviaste» (17, 3). Com esta resposta, Jesus está «como que dizendo: por onde queres ir? Eu sou o Caminho. Onde queres chegar? Eu sou a Verdade. Onde queres permanecer? Eu sou a Vida. Qualquer homem consegue compreender a Verdade e a Vida, mas nem todos encontram o Caminho. Os sábios do mundo compreendem que Deus é vida eterna e verdade cognoscível; mas o Verbo de Deus, que é Verdade e Vida junto do Pai, fez-se Caminho assumindo a natureza humana. Caminha contemplando a sua humildade e chegarás até Deus» (Santo Agostinho, *Sermones*, 142 e 141, 1.4). «Se procuras, pois, por onde ir, acolhe a Cristo em ti, porque Ele é o Caminho. [...] É melhor andar pelo caminho, mesmo que seja coxeando, do que andar depressa fora do caminho. Porque aquele que anda pelo caminho coxeando, mesmo que avance pouco, vai se aproximando da meta; mas aquele que anda fora do caminho, quanto mais corre, mais se afasta da meta» (São Tomás de Aquino, *Super Evangelium Ioannis, ad loc.*).

O v. 9 é de uma intensidade deslumbrante: conhecer Cristo é conhecer Deus, porque Jesus é o rosto de Deus: «Toda a vida de Cristo é *Re-*

velação do Pai: suas palavras e seus atos, seus silêncios e seus sofrimentos, sua maneira de ser e de falar. Jesus pode dizer: "Quem Me vê, vê o Pai" (Jo 14, 9); e o Pai pode dizer: "Este é o meu Filho predileto: escutai-O" (Lc 9, 35). Tendo Nosso Senhor se feito homem para cumprir a vontade do Pai, os mínimos traços de seus mistérios nos manifestam "o amor de Deus por nós" (1 Jo 4, 9)» (*Catecismo da Igreja Católica*, n. 516).

Antes de partir deste mundo, o Senhor promete aos apóstolos que os tornará participantes dos seus poderes, para que a salvação de Deus se manifeste por meio deles (vv. 12-14). As obras que eles realizarão são os milagres feitos em nome de Jesus (cf. At 3, 1-10; 5, 15-16 etc.) e, sobretudo, a conversão dos homens à fé cristã e a sua santificação, mediante a pregação e a administração dos sacramentos; e podem ser consideradas obras maiores que as de Jesus (v. 12) na medida em que, pelo ministério dos apóstolos, o Evangelho não foi pregado só na Palestina, mas se difundiu até as extremidades da terra.

Cristo é o nosso intercessor no Céu; por essa razão, pode prometer-nos que fará tudo aquilo que pedirmos em seu nome (v. 13). Pedir em seu nome (cf. 15, 7.16; 16, 23-24) significa apelar ao poder de Cristo ressuscitado, crendo que Ele é onipotente e misericordioso porque é verdadeiro Deus; e significa também pedir aquilo que convém à nossa salvação, porque Jesus é o Salvador. Deste modo, «o que pedirdes» deve ser entendido como aquilo que é bom para quem pede. Quando o Senhor não nos concede aquilo que Lhe pedimos, é porque não convém à nossa salvação; desse modo, tanto se mostra Salvador quando nos nega o que Lhe pedimos como quando no-lo concede.

14, 15-31. Jesus anuncia que, após a sua ressurreição, enviará o Espírito Santo aos apóstolos e que o Espírito Santo os ensinará e lhes recordará tudo quanto Ele lhes tinha dito. Deste modo, o Espírito Santo é revelado como outra Pessoa divina, além de Jesus e do Pai; fica assim anunciado o mistério da Santíssima Trindade, que será revelado em plenitude com o cumprimento desta promessa.

O autêntico amor deve se manifestar com obras (v. 15): «Na verdade, o amor é isto: obedecer e crer naquele que se ama» (São João Crisóstomo, *In Ioannem*, 74). Por isso, Jesus pretende nos fazer compreender que o amor a Deus, para ser verdadeiramente amor, deve se refletir numa vida de entrega generosa e fiel ao cumprimento da vontade divina: quem recebe os seus mandamentos e os observa é quem O ama (cf. v. 21).

«Paráclito» (v. 16) é aquele que é chamado para junto de alguém para consolar, proteger, defender; daí que o Paráclito seja também chamado de Consolador, Advogado etc. Jesus chama o Espírito Santo de «outro Paráclito» (v. 16) porque Ele próprio é nosso Advogado e Mediador no Céu, junto do Pai (cf. 1 Jo 2, 1); e o Espírito Santo será dado aos discípulos em seu lugar quando Ele subir ao Céu, como Advogado e Defensor deles na terra.

O Paráclito é o nosso consolador enquanto caminhamos neste mundo, por entre dificuldades e sujeitos à tentação da tristeza: «Por maiores que sejam as nossas limitações, nós, os homens, podemos olhar com confiança para os céus e sentir-nos cheios de alegria: Deus nos ama e nos livra dos nossos pecados. A presença e a ação do Espírito Santo na Igreja são o penhor e a antecipação da felicidade eterna, dessa alegria e dessa paz que Deus nos proporciona» (São Josemaria Escrivá, *É Cristo que passa*, n. 128).

Os apóstolos se perguntam (v. 22) porque entendem as palavras de Jesus como uma manifestação reservada apenas a eles, ao passo que era crença comum entre os judeus que o Messias se manifestaria a todo o mundo como Rei e Salvador. A resposta de Jesus (v. 23) é aparentemente evasiva; na realidade, porém, ao apontar o modo dessa manifestação, Ele explica por que razão não se manifesta ao mundo: porque se dá a conhecer a quem O ama e guarda os seus mandamentos. Deus tinha se manifestado repetidas vezes no Antigo Testamento e tinha prometido a sua presença no meio do povo (cf. Ex 29, 45; Ez 37, 26-27 etc.); pelo contrário, nesta passagem Jesus nos fala de uma presença em cada pessoa, que é a mesma a que São Paulo se refere quando afirma que somos templos do Espírito Santo (cf. 1 Cor 6, 19; 2 Cor 6, 16-17).

A consciência dessa inabitação da Trindade na alma foi fonte de grande consolação para os santos: «Foi o formoso sonho que iluminou toda a minha vida, convertendo-a num paraíso antecipado» (Santa Isabel da Santíssima Trindade, *Epistula*, 1906); e São Josemaria Escrivá, meditando na inabitação da Santíssima Trindade na alma renovada pela graça, escreve: «O coração necessita então de distinguir e adorar cada uma das Pessoas divinas. De certa maneira, o que a alma realiza na vida sobrenatural é uma descoberta semelhante às de uma criaturinha que vai abrindo os olhos à existência. E entretém-se amorosamente com o Pai e com o Filho e com o Espírito Santo; e submete-se facilmente à atividade do Paráclito vivificador, que se nos entrega sem o merecermos: os dons e as virtudes sobrenaturais!» (São Josemaria Escrivá, *Amigos de Deus*, n. 306).

O termo que foi traduzido por «recordar» (v. 26) também inclui a ideia de «sugerir»: o Espírito Santo trará à memória dos apóstolos aquilo que tinham ouvido de Jesus, mas com uma luz tal que os capacitará a descobrir a profundidade e a riqueza daquilo que tinham visto e ouvido. Assim, «os apóstolos transmitiram aos seus ouvintes, com aquela compreensão mais plena de que eles, instruídos pelos acontecimentos gloriosos de Cristo e iluminados pelo Espírito de verdade, gozavam (cf. 2, 22), as coisas que Ele tinha dito e feito» (Concílio Vaticano II, *Dei Verbum*, n. 19). «Com efeito, o Espírito Santo ensinou e recordou: ensinou tudo aquilo que Cristo não tinha dito porque superava as nossas forças e recordou aquilo que o Senhor tinha ensinado e que, fosse pela obscuridade das coisas, fosse pela limitação do seu entendimento, eles não tinham conseguido conservar na memória» (Teofilacto, *Enarratio in Evangelium Ioannis, ad loc.*).

Com o dom do Espírito Santo, os homens recebem a paz (v. 27), ou seja, a reconciliação com Deus e com os outros. A paz que Jesus nos dá transcende por completo a do mundo, que pode ser superficial, aparente e até compatível com a injustiça; pelo contrário, a paz de Cristo é sobretudo reconciliação com Deus e entre os homens, e é um dos frutos do Espírito Santo (cf. Gl 5, 22-23).

Quando Jesus afirma que o Pai é maior do que Ele (v. 28), está considerando a sua natureza humana; com efeito, enquanto homem, Jesus vai ser glorificado, ascendendo à direita do Pai. Jesus Cristo é «igual ao Pai segundo a divindade, menor que o Pai segundo a humanidade» (*Símbolo atanasiano*).

Por «mundo» (v. 30), como em muitas outras passagens, entende-se aqui o conjunto dos homens que rejeitaram Cristo; por isso, o príncipe deste mundo é o demônio (cf. 1, 10; 7, 7; 15, 18-19; 16, 8-11; 17, 16). Este se opõe à obra de Jesus logo desde o começo da sua vida pública, com as tentações do deserto (cf. Mt 4, 1-11 e paralelas); nesta altura da Paixão, volta a aparecer para obter a vitória sobre Cristo, ainda que seja uma vitória momentânea e aparente. Esta é a hora do poder das trevas (cf. Lc 22, 53), na qual, servindo-se do traidor (cf. 13, 27; Lc 22, 1-6), o demônio consegue que prendam o Senhor e O crucifiquem.

15, 1-8. A imagem da videira já era utilizada no Antigo Testamento para representar o povo de Israel (cf. Sl 80, 9ss; Is 5, 1-7; Mt 21, 33-43); nesta passagem, com a referência aos ramos, essa imagem torna claro que Jesus e aqueles que a Ele estão unidos formam o novo Israel de Deus, a Igreja, cuja cabeça é Cristo. Para produzir fruto, é necessário estar unido à nova e verdadeira videira, que é Cristo; já não se trata apenas de pertencer a uma comunidade, mas de viver a vida de Cristo, a vida da graça, que é a seiva vivificante que anima o fiel e o capacita a dar frutos para a vida eterna: «NEle e por Ele, fomos regenerados no Espírito para produzir frutos de vida; não da vida caduca e antiga, mas da vida nova que tem como fundamento o seu amor. E conservaremos esta vida se perseverarmos unidos a Ele e como que enxertados na sua Pessoa; se seguirmos fielmente os mandamentos que Ele nos deu e procurarmos conservar os grandes bens que nos confiou, esforçando-nos por não contristar, nem sequer nos mais ínfimos pormenores, o Espírito que habita em nós, uma vez que por meio dEle é o próprio Deus que tem a sua morada no nosso interior» (São Cirilo de Alexandria, *Commentarium in Ioannem*, 10, 2).

Em referência a esta passagem de São João, o Concílio Vaticano II explica como deve ser o apostolado dos cristãos: «A fonte e origem de todo o apostolado da Igreja é Cristo, enviado pelo Pai. Sendo assim, é evidente que a fecundidade do apostolado dos leigos depende da sua união vital com Cristo, segundo as palavras do Senhor: "Quem permanece em Mim e Eu nele, esse dá muito fruto, pois sem Mim nada podeis fazer." Esta vida de íntima união com Cristo na Igreja é alimentada pelos auxílios espirituais comuns a todos os fiéis e, de modo especial, pela participação ativa na Sagrada Liturgia; e os leigos devem servir-se deles de tal modo que, desempenhando corretamente as diversas tarefas terrenas nas condições ordinárias da existência, não separem da própria vida a união com Cristo, mas antes, realizando a sua atividade segundo a vontade de Deus, nela cresçam» (*Apostolicam actuositatem*, n. 4).

Por outro lado, a imagem da videira ajuda a compreender a unidade da Igreja, Corpo Místico de Cristo, no qual todos os membros estão intimamente unidos à Cabeça e, nela, uns aos outros (cf. 1 Cor 12, 12-27; Rm 12, 4-5; Ef 4, 15-16); quem não está unido a Cristo por meio da graça acabará por ter o mesmo destino que os ramos secos: o fogo (v. 6). É manifesto o paralelismo com outras imagens da pregação do Senhor acerca do inferno: as parábolas da árvore boa e da árvore má (cf. Mt 7, 15-20), da rede (cf. Mt 13, 47-50), do convidado para o banquete das núpcias (cf. Mt 22, 11-14) etc.

15, 9-17. O autêntico amor a Cristo pressupõe um esforço por guardar os mandamentos divinos, principalmente o mandamento do amor fraterno, à medida da Cruz de Cristo. A exigência que preside a estes mandamentos não é mais o temor, mas o amor; com efeito, trata-se de uma resposta a Deus, que nos amou primeiro e nos mostrou o seu amor na Cruz de Jesus. A amizade de Cristo com o cristão, que o Senhor exprime de modo especial nesta passagem, levou São João da Cruz a comentar: «Chama-Lhe amado para mais O mover e O inclinar aos seus pedidos, porque, quando Deus é amado, é com grande facilidade que responde aos pedidos daquele que O ama. [...] É então que a alma pode verdadeiramente chamar-Lhe Amado: quando está inteiramente com Ele, não tendo o seu coração preso a nenhuma coisa fora dEle; e, assim, traz habitualmente o seu pensamento nEle» (*Cântico espiritual*, 1, 13).

15, 18-27. Perante o escândalo do aparente triunfo do pecado, Jesus ensina que entre Ele e o mundo, enquanto reino do pecado, não há qualquer possibilidade de acordo: quem vive no pecado detesta a luz (cf. 3, 19-20). Foi por esse motivo que perseguiram Cristo e que hão de perseguir os seus apóstolos: «A hostilidade dos perversos soa a louvor à nossa vida, porque demonstra que temos, pelo menos, alguma retidão, na medida em que incomodamos aqueles que não amam a Deus; pois ninguém pode ser, ao mesmo tempo, grato a Deus e aos inimigos de Deus. Demonstra que não é amigo de Deus quem procura comprazer os que se opõem a Ele; e quem se submete à verdade lutará contra aqueles que a ela se opõem» (São Gregório Magno, *Homiliae in Ezechielem*, 1, 9, 14).

Os que negam Jesus não teriam pecado se Ele não tivesse se revelado com obras (v. 24), se a Luz não tivesse iluminado as trevas; agora, porém, já não têm desculpa, pois, rejeitando Cristo, rejeitam a verdade de Deus (cf. Sl 35, 19): «Este pecado consiste em não crerem nas palavras e nas obras de Cristo, pois não tinham pecado antes de Ele ter falado e de ter feito milagres entre eles. Agora, porém, fala deste pecado de incredulidade na medida em que também está na raiz dos restantes; de fato, se acreditassem nEle, também seriam perdoados dos outros pecados» (Santo Agostinho, *In Ioannis Evangelium*, 91, 1).

16, 1-15. Jesus anuncia que aqueles que não conhecem a Deus Pai nem reconhecem a Ele perseguirão os seus discípulos como também O perseguiram, dando-Lhe a morte (cf. 15, 18-20); e fá-lo-ão julgando que estão servindo a Deus (v. 2). Com efeito, o fanatismo pode chegar ao ponto de levar a pessoa a considerar que o crime é lícito quando está a serviço da causa da religião (cf. nota a Lc 14, 1-6).

As perseguições e as dificuldades que os que seguirem a Cristo inevitavelmente hão de encontrar não devem ser causa de escândalo nem de desânimo; pelo contrário, os cristãos, consolados e reconfortados pela ação do Espírito Santo, verão nelas oportunidades para dar testemunho da sua fé. São Beda observa que o Senhor deu estas instruções aos que congrega «para que os males inesperados e repentinos, embora transitórios, não lhes perturbassem o ânimo ignorante ou falho de preparação, mas, conhecendo-os de antemão e aceitando-os pacientemente, os conduzissem aos bens eternos» (*In Ioannis Evangelium expositio, ad loc.*).

Jesus se refere por três vezes ao Paráclito durante o Sermão da Ceia. Na primeira (14, 15ss), afirma que será outro Consolador enviado pelo Pai para estar sempre com eles; na segunda (14, 26), afirma que o Pai enviará em seu nome o Espírito da verdade, que lhes ensinará tudo; nesta terceira (vv. 1-15), anuncia que o fruto da sua ascensão ao Céu será o envio do Espírito Santo e a ação que o Espírito Santo realizará perante o mundo e perante os discípulos, que conduzirá à plena compreensão da verdade revelada por Cristo (cf. nota a 14, 15-31).

Nos vv. 8-11, a palavra «mundo» designa os que não acreditaram em Cristo e O rejeitaram (cf. 14, 30), os quais o Espírito Santo acusará «quanto à culpa, à justiça e ao juízo» (v. 8): quanto à «culpa» pela sua incredulidade; quanto à «justiça» porque mostrará que Jesus era o Justo, que nunca cometeu pecado algum (cf. 8, 46; Hb 4, 15), sendo por isso glorificado junto do Pai; e quanto ao «juízo» ao tornar patente que o demônio, príncipe deste mundo, foi vencido mediante a morte de

Cristo, pela qual o homem é resgatado do poder do maligno e capacitado, pela graça, a rejeitar os seus ataques. «Que os homens creiam em Cristo, para não serem acusados do pecado de infidelidade, pelo qual são privados de todos os bens. Entrem no número dos fiéis, para não serem acusados pela justiça destes, por não imitarem os que foram justificados. Evitem o juízo futuro, para não serem julgados com o príncipe deste mundo, a quem imitam depois de ter sido julgado» (São Beda, *In Ioannis Evangelium expositio, ad loc.*).

Os vv. 14-15, em especial, revelam alguns aspectos do mistério da Santíssima Trindade, tornando manifesta a igualdade entre as três Pessoas divinas, ao dizerem que tudo o que o Pai tem é do Filho, que tudo o que Filho tem é do Pai e que o Espírito Santo também possui o que é comum ao Pai e ao Filho, isto é, a essência divina.

16, 16-33. Os apóstolos não eram capazes de entender aquilo que Jesus lhes anunciava quando se referia à sua morte e à sua ressurreição (v. 17). Quando lhes explica que, depois das tribulações, terão uma alegria completa que ninguém lhes poderá tirar (cf. v. 22; 17, 13), está aludindo diretamente à alegria da ressurreição (cf. Lc 24, 41), mas também ao encontro definitivo com Ele no Céu (cf. 17, 24).

A imagem da mulher que está para dar à luz (v. 21), muito frequente no Antigo Testamento como expressão de uma dor intensa, é também utilizada pelos profetas para representar o nascimento do novo povo messiânico (cf. Is 21, 3; 26, 17; Jr 30, 6; Os 13, 13; Mq 4, 9-10). Na verdade, o nascimento deste povo, que é a Igreja de Cristo, produzirá dores intensas não só a Jesus, mas também – à medida de cada um – aos apóstolos; por isso, essas dores, como as de parto, serão compensadas pela alegria da consumação do Reino de Cristo (cf. Rm 8, 18).

Após a ressurreição, o Senhor falará com toda a clareza aos apóstolos, e eles compreenderão o mistério da Paixão e a imensidão do amor que levou Deus a enviar o seu Filho ao mundo. Entretanto, a firmeza da fé dos discípulos se baseia na convicção de que o Senhor conhece todos os corações e todas as coisas (v. 30). Com efeito, Jesus lhes tinha mostrado que, enquanto estava com eles, conhecia o fundo de seus corações (cf. 2, 25); o anúncio de que eles O abandonariam (v. 32), lido após a sua ressurreição, servirá de consolo a estes discípulos que deixaram sozinho o Mestre à hora da Cruz, mas que voltaram a congregar-se após a sua ressurreição. Perante as tribulações e os ataques dos que rejeitam a Cristo, ouvem-se novamente as palavras de Jesus: «Tende confiança: Eu venci o mundo» (v. 33).

17, 1-26. Jesus se dirige ao Pai num diálogo emocionado, no qual, como sacerdote, Lhe oferece o sacrifício iminente da sua Paixão e morte, na chamada oração sacerdotal.

Na primeira parte desta oração (vv. 1-5), Jesus pede ao Pai que glorifique a sua Humanidade Santíssima e que aceite o seu sacrifício na Cruz. A palavra «glória» (v. 5) designa, nesta passagem, o esplendor, o poder e a honra que são próprios de Deus. A glorificação de Cristo tem um triplo aspecto: 1) serve para revelar a glória do Pai, porque Cristo, obedecendo ao desígnio redentor de Deus, dá a conhecer o Pai (v. 4); 2) torna manifesta a divindade de Cristo por meio da sua Humanidade (vv. 2.5); 3) oferece aos homens a possibilidade de alcançarem a vida eterna, que redunda na glorificação do Pai e de Jesus (vv. 2-3): «O Filho glorifica-Te fazendo com que todos aqueles que Lhe confiaste Te conheçam. É verdade que, se a vida eterna é o conhecimento de Deus, tendemos a viver tanto mais quanto mais progredirmos neste conhecimento [...]. Quando o conhecimento de Deus for pleno, o louvor a Deus não terá fim; e, porque no Céu este conhecimento será completo, também a glorificação a Deus será completa» (Santo Agostinho, *In Ioannis Evangelium*, 105, 3).

Na segunda parte da oração (vv. 6-19), Jesus roga pelos seus discípulos, que vai enviar ao mundo para proclamarem a sua obra redentora; e pede para eles a unidade, a perseverança, a alegria e a santidade. Ao pedir ao Pai que os guarde nEle (v. 11), está pedindo que eles perseverem na doutrina (cf. v. 6) e na comunhão com Ele. Ora, uma consequência desta comunhão é a unidade dos discípulos, que é um reflexo da unidade que existe entre as três Pessoas divinas; deste modo, a fonte de onde brota a unidade da Igreja é a união íntima das três Pessoas divinas, entre as quais há uma doação e um amor mútuos: «Quando o Senhor Jesus pede ao Pai "que todos sejam um só, como [...] Nós somos Um", sugere – abrindo perspectivas inacessíveis à razão humana – que há uma certa analogia entre a união das Pessoas divinas entre si e a união dos filhos de Deus na verdade e na caridade. Esta semelhança torna manifesto que o homem, única criatura da terra a ser querida por Deus por si mesma, não se pode encontrar plenamente a não ser no sincero dom de si mesmo» (Concílio Vaticano II, *Gaudium et spes*, n. 24).

O Senhor também roga pelos que, vivendo no meio do mundo, não são do mundo, para que sejam santos segundo a verdade de Deus (v. 17) e levem a cabo a missão que Ele lhes confiou, assim como Ele realizou a missão que recebeu do Pai (v. 18). O termo «mundo» tem várias acepções no *Evangelho de São João* (cf. nota a 14, 15-31): em primeiro lugar, designa o conjunto da Criação e, dentro dela, a humanidade, que Deus ama profundamente (cf. 1, 10; 3, 16; 13, 1 etc.); mas «mundo» também indica os bens da terra, em si mesmos caducos, e que podem se opor aos bens do espírito (cf. 7, 7; 8, 23; 9, 39; 12, 25.31 etc.). Daí que a petição de Jesus ao Pai (v. 15) tenha implícito um convite à correspondência dos discípulos: «Sede homens e mulheres do mundo, mas não sejais homens ou mulheres mundanos» (São Josemaria Escrivá, *Caminho*, n. 939).

Por meio da sua morte na Cruz, Jesus Cristo se consagra a Deus para nos santificar (vv. 17-19): «Quando diz "Me entrego", esta expressão deve ser entendida no sentido da dedicação a Deus, da oferta como hóstia imaculada em odor de santidade; com efeito, segundo a Lei, era consagrado, ou seja, chamado sagrado, tudo aquilo que era oferecido sobre o altar. Cristo entregou o seu corpo pela vida de todos e devolveu-nos à vida» (São Cirilo de Alexandria, *Commentarium in Ioannem*, 4, 2).

Na terceira parte da oração sacerdotal (vv. 20-26), Cristo volta a rogar pela unidade entre todos os que hão de crer nEle ao longo dos séculos; trata-se da petição de Cristo pela sua Igreja, que deve ser una tal como o Pai e o Filho são um: «Todos nós, uma vez recebido o único e mesmo Espírito, a saber, o Espírito Santo, nos fundimos entre nós e com Deus. Pois embora sejamos muitos por separado e Cristo faça com que o Espírito do Pai e seu habite em cada um de nós, esse Espírito único e indivisível reduz por si mesmo à unidade aqueles que são distintos entre si na medida em que subsistem na sua respectiva singularidade, fazendo com que todos apareçam como uma só coisa nEle» (*Idem*, 11, 11).

O primeiro fruto da unidade da Igreja será a fé de todos os homens em Cristo e na sua missão divina (vv. 21.23): «Jesus Cristo quer que o seu povo cresça [...] e vá aperfeiçoando a sua comunhão na unidade: na confissão de uma só fé, na comum celebração do culto divino e na fraterna concórdia da família de Deus. [...] O supremo modelo e princípio deste mistério é a unidade de um só Deus, o Pai e o Filho no Espírito Santo, na Trindade de Pessoas» (Concílio Vaticano II, *Unitatis redintegratio*, n. 2). Seguindo o exemplo de Cristo, o mesmo Concílio recomendou insistentemente a oração pela unidade dos cristãos, definindo-a como a «alma de todo o movimento ecumênico» (*Idem*, n. 8).

Cristo termina esta oração pedindo a bem-aventurança para todos os cristãos (vv. 24-26). O termo que utiliza – «quero», em vez de «rogo» – mostra que o que está pedindo nesta passagem é a coisa mais importante e que coincide com a vontade do Pai, que quer que todos os homens se salvem e cheguem ao conhecimento da verdade (cf. 1 Tm 2, 4).

A revelação que Deus fez de si mesmo por Jesus Cristo nos introduz na participação da vida divina que culminará no Céu (v. 24): «Só Deus pode dar-nos um conhecimento exato e pleno de si mesmo, revelando-se como Pai, Filho e Espírito Santo, de cuja vida eterna somos, pela graça, chamados a participar, aqui na terra, na obscuridade da fé e, depois da morte, na luz sempiterna» (São Paulo VI, *Credo do povo de Deus*, n. 9).

***18, 1-19, 42.** O *Evangelho de São João* apresenta a Paixão e morte de Jesus como uma glorificação, salientando com numerosos pormenores que na Paixão tem lugar a manifestação suprema de Jesus como Messias Rei. Assim, quando declara «Eu sou!», os que vão prendê-lO recuam e caem por terra (18, 5-8); declara-se Rei na presença de Pilatos (18, 33-37; cf. 19, 2-3.19-22); e manifesta em todos os momentos, com a sua atitude de majestade serena, o seu pleno conhecimento e o seu domínio de todos os acontecimentos (18, 4; 19, 28), nos quais se cumpre a vontade do Pai (18, 11; 19, 30).

Por outro lado, a Paixão é o momento em que o ódio dos seus adversários e do mundo atinge o auge; é a hora do poder das trevas, poder esse que contagia os próprios discípulos, que O abandonam e O negam (18, 25-27). Ao pé da Cruz, porém, também ocorre a suprema confissão de fé nEle: a fé da Santíssima Virgem, que o Senhor entrega aos homens, representados no discípulo amado, como Mãe de toda a humanidade (19, 25-27). Cristo é o novo Cordeiro pascal, que tira o pecado do mundo com a sua morte redentora (19, 31-42; cf. 1, 29.36). Juntamente com o sangue que brota do lado do Senhor, sai também água, símbolo do Batismo e do Espírito Santo prometido (cf. 7, 37-39): ou seja, brota a Igreja.

18, 1-12. Do outro lado da torrente do Cédron (v. 19) fica aquilo a que os sinóticos chamam Getsêmani, o primeiro dos cinco cenários nos quais decorrem os padecimentos de Jesus. João não registra a oração do Senhor no Horto das Oliveiras, mas, em compensação, é o único que menciona que aqueles que foram prender Jesus recuam e caem por terra ao ouvir as suas palavras (vv. 4-6). Este texto evoca o do Sl 46, 10: «No dia em que eu Te invocar, os meus inimigos hão de retroceder»; ao mesmo tempo que faz resplandecer a majestade de Cristo, que se entrega voluntária e livremente: «Se Ele não tivesse permitido, nunca teriam levado a cabo a intenção de O prenderem, mas Ele também não teria cumprido a sua missão. Eles procuravam com ódio Aquele a quem queriam matar; Jesus, pelo contrário, buscava-os com amor, querendo morrer» (Santo Agostinho, *In Ioannis Evangelium*, 112, 3).

Emociona ver Jesus preocupado com o destino dos seus discípulos, quando era Ele quem corria perigo (v. 8). Ele tinha prometido que nenhum dos seus se perderia, à exceção de Judas Iscariotes (cf. 6, 39; 17, 12); e, embora a promessa se referisse essencialmente à preservação da condenação eterna, nesta passagem o Senhor se preocupa também com o destino imediato dos seus discípulos, que ainda não estavam preparados para o martírio.

Torna-se uma vez mais manifesto o temperamento impetuoso e a lealdade de Pedro, que defende o Mestre com o risco da própria vida (vv. 10-11); mas Pedro ainda não tinha compreendido os planos salvíficos de Deus e continua a se opor ao sacrifício de Cristo como fizera no momento do primeiro anúncio da Paixão (cf. Mt 16, 21-22). Cristo não aceita aquela defesa violenta (v. 11); as suas palavras aludem à oração do horto (cf. Mt 26, 39), na qual tinha aceitado livremente a vontade do Pai, entregando-se sem resistências ao plano da Redenção por meio da Cruz. Esta passagem nos ensina que temos de acatar a vontade de Deus com a mesma docilidade e prontidão com que Jesus enfrenta a Paixão.

18, 13-27. O segundo cenário da Paixão é a casa de Anás. Jesus, que tinha «desatado» Lázaro (cf. 11, 44), é atado. Isaac também tinha sido atado antes de ser oferecido em sacrifício (cf. Gn 22, 9), e deixara-se atar voluntariamente, prefigurando a voluntariedade de Jesus para o sacrifício. Durante o interrogatório (vv. 19-24), Jesus insiste no caráter público e notório da sua pregação e dos seus atos: todo o povo teve oportunidade de ouvir as suas palavras e de contemplar os seus milagres, razão pela qual as multidões O aclamaram como Messias. Os próprios pontífices tinham vigiado a sua atividade no Templo e nas sinagogas; mas, como não querem ver nem crer, atribuem elementos ocultos e sinistros aos planos de Jesus.

As negações de Pedro são narradas com maior brevidade que nos outros Evangelhos; e João não menciona o arrependimento de Pedro, embora ele esteja pressuposto pela referência ao canto do galo (v. 27). A própria brevidade do relato permite deduzir que o acontecimento era muito conhecido dos primeiros cristãos; depois da ressurreição, ficará patente o alcance do perdão de Jesus, que confirma Pedro na missão de conduzir a Igreja (cf. 21, 15-17). Aprendamos a lição: «Neste torneio de amor, não nos devem entristecer as nossas quedas, nem mesmo as quedas graves, se recorremos a Deus com dor e bom propósito, mediante o sacramento da Penitência. O cristão não é nenhum maníaco colecionador de uma folha de serviços imaculada. Jesus Cristo Nosso Senhor tanto se comove com a inocência e a fidelidade de João como se enternece com o arrependimento de Pedro depois da queda. Jesus compreende a nossa debilidade e atrai-nos a si como por um plano inclinado, desejando que saibamos insistir no esforço de subir um pouco, dia após dia» (São Josemaria Escrivá, *É Cristo que passa*, n. 75).

***18, 28-19, 16.** O processo diante de Pilatos – que é o terceiro cenário e, de certa maneira, o centro dos cinco em que se divide o relato da Paixão – tem neste Evangelho maior relevo e amplitude que nos sinóticos. Assim, o pormenor com que são relatados os fatos ocorridos no pretório salienta a majestade de Cristo como Rei messiânico, em contraste com a rejeição por parte dos judeus.

O processo se desenvolve em sete momentos, marcados pelas saídas e entradas de Pilatos no pretório. Primeiro (18, 29-32), os judeus apresentam genericamente a acusação: Jesus é um malfeitor. Segue-se o diálogo de Pilatos com Cristo (18, 33-37), que culmina com a afirmação de Jesus: «Eu sou Rei». No terceiro momento, Pilatos tenta salvar o Senhor (18, 38-40), perguntando à multidão se quer que ele solte o «Rei dos judeus». O momento central é o quarto, o momento da coroação de espinhos, em que os soldados saúdam Cristo em tom de zombaria, chamando-Lhe «Rei dos judeus» (19, 1-3). Segue-se o quinto momento, que é o da apresentação do Senhor no *Ecce homo*, coroado de espinhos e com o manto de púrpura, acompanhado da acusação dos judeus de que Jesus dissera ser Filho de Deus (19, 4-7). Em sexto lugar, novamente dentro do pretório, Pilatos volta a dialogar com Jesus (19, 8-12), tentando averiguar mais alguma coisa sobre a sua misteriosa origem; nesta altura, os judeus centram o seu ódio numa acusação diretamente política: «Todo aquele que se faz rei declara-se contra César!» (19, 12). Por último (19, 13-16), Pilatos aponta para Jesus e declara: «Eis o vosso Rei!» (19, 14). A solenidade do momento é salientada pela indicação do local – o Litóstrotos –, do dia – a Preparação da Páscoa – e da hora – por volta do meio-dia. Os representantes dos judeus rejeitam abertamente Aquele que é o verdadeiro Rei, anunciado pelos profetas.

O chamado pretório, ou sede do governador romano, era a residência oficial do procurador ou prefeito em Jerusalém. Pilatos residia habitualmente em Cesareia Marítima, mas nas grandes solenidades se instalava em Jerusalém, acompanhado de um forte contingente militar, para poder intervir com eficácia caso se desse algum motim. Em Jerusalém, no tempo de Cristo e nos seguintes, o procurador ficava alojado no palácio de Herodes, situado na parte ocidental da cidade alta; mas não se sabe bem se a sede de governo que São João refere era este palácio ou outro local da cidade.

18, 28-40. Perante o sumo pontífice, a acusação era de caráter religioso (ser Filho de Deus: cf. Mt 26, 57-68); diante de Pilatos, é de natureza política. O que os judeus pretendem é comprometer a autoridade do Império Romano; com efeito, ao declarar-se Messias e Rei dos judeus, Jesus aparecia como um revolucionário, que conspirava contra César. Não compete a Pilatos intervir em questões religiosas; mas, como a acusação que lhe apresentam contra Jesus afeta a ordem pública e política, o interrogatório do procurador começa obviamente pela averiguação da denúncia fundamental: «Tu és Rei dos judeus?» (v. 33).

Ao responder com uma nova pergunta, Jesus não está tentando escapar da questão; pelo contrário, pretende – aliás, como sempre – esclarecer bem o caráter espiritual da sua missão. Mas a resposta não era fácil. Com efeito, para um gentio, um rei dos judeus era, muito simplesmente, um conspirador contra o Império; já do ponto de vista dos judeus nacionalistas, o Rei Messias era o libertador político-religioso que lhes permitiria alcançar a independência. Ora, a verdade do messianismo de Cristo transcende por completo uma e outra concepções, e é isso que Jesus explica ao procurador (v. 36), mesmo estando ciente da enorme dificuldade que este teria em compreender a verdadeira natureza do Reino de Cristo: «Verdade e justiça; paz e gozo no Espírito Santo. Esse é o reino de Cristo: a ação divina que salva os homens e que culminará quando a História terminar e o Senhor, que se senta no mais alto do Paraíso, vier julgar definitivamente os homens» (São Josemaria Escrivá, *É Cristo que passa*, n. 180). É este o sentido profundo da sua realeza: o seu reino é «reino de verdade e de vida, reino de santidade e de graça, reino de justiça, de amor e de paz» (Missal Romano, *Prefácio da Missa de Cristo Rei*); Cristo reina sobre aqueles que aceitam e vivem a verdade por Ele revelada, que é o amor do Pai (cf. 3, 16; 1 Jo 4, 9).

19, 1-3. Com este episódio, localizado no centro da narrativa, fica salientada a realeza de Cristo sobre a qual Pilatos acaba de interrogá-lO, embora os soldados O aclamem como Rei dos judeus em tom sarcástico. Em Cristo revestido das insígnias reais é possível vislumbrar, sob aquela trágica paródia, a grandeza do Rei dos Reis; ao mesmo tempo, torna-se notório que o seu reino não é conforme àquilo que os homens pensam (18, 36).

Os autores espirituais sempre se comoveram perante esta imagem de Cristo maltratado: «Pensa como estaria aquele rosto divino: inchado pelos golpes, desfeado com a saliva, rasgado pelos espinhos, manchado de sangue, em umas partes recente e ainda fresco, em outras feio e enegrecido. E, como o santo Cordeiro tinha as mãos atadas, não podia limpar os fios de sangue que lhe escorriam pela frente dos olhos; assim, aquelas duas luminárias do Céu estavam eclipsadas e quase cegas, transformadas num pedaço de carne. Finalmente, a sua figura era tal que já não parecia ser quem era, e mal parecia até um homem, mas antes um retábulo de dores pintado pela mão daqueles cruéis pintores e daquele mau comandante» (Fr. Luís de Granada, *Vida de Jesus*, 24). A razão de tanto sofrimento era a redenção dos nossos pecados: «Os pecados, tanto os teus como os meus, como os de todo o mundo, foram os verdugos que O ataram, e O açoitaram, e O coroaram de espinhos, e O puseram na Cruz. Por aqui verás quanta razão tens para sentir a grandeza e a malícia dos teus pecados» (*Idem*, 15).

19, 4-16. Pilatos reconhece a inocência de Jesus, percebendo que não estava diante de um revolucionário político, como pretendiam os seus acusadores. Uma vez que o procurador não queria emitir juízos sobre assuntos religiosos (vv. 6-7; 18, 31), as autoridades judaicas decidem transferir a acusação para o campo político, ainda que para isso tenham de atraiçoar a sua consciência, reconhecendo César como seu verdadeiro rei (v. 15). Quando Pilatos ouve dizer que os judeus acusam Jesus de ter se proclamado Filho de Deus, fica ainda mais assustado (v. 8); assim, quando pergunta a Jesus: «Donde és tu?» (v. 9), o que está realmente perguntando é: «Quem és tu?», ou seja, interrogando Jesus sobre o mistério da sua Pessoa. Mas Jesus não lhe responde: «Embora Jesus tenha respondido muitas vezes àqueles que O interrogavam, as vezes em que, como neste caso, não quis responder foi por causa daquela semelhança com o cordeiro – "não abriu a boca, [...] como uma ovelha emudecida nas mãos do tosquiador" (Is 53, 7) –, de tal forma que, no seu silêncio, não fosse tido como réu, mas como inocente» (São Beda, *In Ioannis Evangelium expositio, ad loc.*).

A majestade de Cristo é novamente sublinhada pela sua resposta a Pilatos sobre a origem divina da autoridade (vv. 8-11). Esta lição de Jesus significa que, considerando as coisas na sua verdade profunda, quando na linguagem corrente (jurídica, política ou social) se fala de soberania do rei ou do povo, estes poderes não podem ser tomados como absolutos, mas como poderes relativos, que estão subordinados à soberania absoluta de Deus; daí que nenhuma lei humana seja justa e, portanto, obrigue em consciência, se não estiver de acordo com a lei divina.

Apesar de Pilatos querer libertar Jesus (v. 12), a chantagem das autoridades judaicas se sobrepõe aos sentimentos do procurador, que transige com a condenação. Esta cena constitui um apelo tremendo a não cedermos naquilo em que não se pode ceder para evitarmos possíveis dificuldades.

O Litóstrotos (v. 13) devia ser uma praça ou um pátio revestido a laje. O vocábulo hebraico *gabatá* significa «local elevado», mas na prática designava este local cuja localização é incerta por não se saber bem, como já foi referido, onde ficava a sede do governador romano (cf. nota a 18, 28-19, 26). No dia da Preparação para a Páscoa, ao meio-dia, o pão fermentado que houvesse na casa de cada um era substituído pelo pão ázimo a ser utilizado na ceia pascal (cf. Ex 12,15ss), e o cordeiro era oficialmente sacrificado no Templo. São João faz notar que foi a essa hora que Jesus foi condenado, sublinhando assim a coincidência da condenação do Senhor à morte com o momento em que era imolado o cordeiro pascal (cf. 1, 29). Esta descrição leva a supor que Jesus e os seus discípulos, talvez seguindo um calendário que era utilizado por um grupo mais restrito de judeus, tinham celebrado a ceia da Páscoa e, portanto, a festa um dia antes da data estabelecida pelas autoridades judaicas do seu tempo; já os sinóticos ignoram este pormenor.

19, 17-30. O nome «Lugar da Caveira» (v. 17) parece aludir ao fato de este local – uma antiga pedreira, localizada nos arredores de Jerusalém – ter a forma de um crânio; este é o quarto cenário do drama da Paixão. São João é o único evangelista que diz expressamente que Jesus levou a Cruz às costas; os outros três referem a ajuda de Simão de Cirene (cf. Mt 27, 32; Mc 15, 21; Lc 23, 26). O caminho de Jesus até o Calvário provoca cada homem a se decidir contra ou a favor dEle e da sua Cruz: «Jesus caminhava, pois, para o local onde seria crucificado, levando a sua Cruz. Extraordinário espetáculo: [...] aos olhos da impiedade, a zombaria de um Rei que leva como cetro o madeiro do seu suplício; aos olhos da piedade, um Rei que leva a Cruz para ser nela cravado, Cruz que haveria de brilhar na fronte dos reis; nela haveria de ser desprezado aos olhos dos ímpios, e nela haveriam de se gloriar os corações dos santos» (Santo Agostinho, *In Ioannis Evangelium*, 117, 3).

A cena da crucifixão é uma espécie de recapitulação condensada da vida e da doutrina de Jesus. Assim, a túnica que os soldados decidem não rasgar (v. 24) simboliza a unidade da Igreja, aquela unidade que Jesus tinha pedido ao Pai na sua oração sacerdotal (cf. 17, 20-26). A presença da Santíssima Virgem e do discípulo amado (vv. 25-27), junto do sangue e da água que brotam do peito de Cristo (v. 34), recordam as bodas de Caná (cf. 2, 1-12), ao mesmo tempo que simbolizam a Igreja e os fiéis que nela se incorporam por meio do Batismo e da Eucaristia. A sede de Jesus (v. 28) traz à memória a cena do encontro com a samaritana (cf. 4, 7) e as palavras que Ele proferiu durante a festa dos Tabernáculos (cf. 7, 37), mostrando o seu desejo de salvar todas as almas. As palavras com que entrega o seu espírito (v. 30) manifestam que Ele morreu realmente, insinuando ao mesmo tempo a entrega do Espírito Santo, prometido em tantos momentos da sua vida pública (cf. 14, 26; 15, 26; 16, 7-14). Por outro lado, Jesus entrega a sua Mãe como Mãe aos discípulos, representados no discípulo amado (vv. 25-27).

No letreiro (cf. v. 19) era registrada pelas autoridades romanas a causa da condenação; era geralmente redigida numa pequena tábua, para conhecimento público, e consistia no resumo da ata oficial, que era remetida para os arquivos do tribunal de César. Por isso, quando os sumos sacerdotes pedem a Pilatos que altere as palavras da inscrição (v. 21), o procurador nega-se a fazê-lo, aduzindo que a sentença já fora ditada e executada, não podendo por isso ser modificada: «O que escrevi, escrevi» (v. 22). Este letreiro é referido pelos quatro evangelistas, embora João seja o único que especifica que ele estava escrito em várias línguas. Desse modo, proclama a realeza universal de Cristo, uma vez que aquele texto poderia ser lido por todos quantos tinham ido a Jerusalém celebrar a Páscoa, provenientes de várias regiões. Ficam assim confirmadas as palavras em que o Senhor declarou: «Eu sou Rei. Para isto nasci e para isto vim ao mundo» (18, 37).

As palavras de Jesus à sua Mãe e ao discípulo (vv. 25-27) revelam o amor filial de Jesus à Santíssima Virgem. Ao declarar Maria como Mãe do discípulo amado, o Senhor a introduz de um modo novo na obra salvífica, que nesse momento chegava ao seu auge, estabelecendo a maternidade espiritual de Maria: «Assim avançou a Virgem pelo caminho da fé, mantendo fielmente a união com seu Filho até a Cruz. Junto desta esteve, não sem desígnio de Deus (cf. Jo 19, 25), padecendo acerbamente com o seu Filho único, e associando-se com coração de mãe ao seu sacrifício, consentindo com amor na imolação da Vítima que dela nascera; finalmente, Jesus Cristo, agonizante na Cruz, deu-a por mãe ao discípulo» (Concílio Vaticano II, *Lumen gentium*, n. 58). Todos os cristãos, representados no discípulo amado, são filhos de Maria: «Confiando-se filialmente a Maria, o cristão, como o apóstolo São João, "acolhe como sua" a Mãe de Cristo e a introduz em todo o espaço da própria vida interior, isto é, no seu "eu" humano e cristão» (São João Paulo II, *Redemptoris Mater*, n. 45);

«João, o discípulo amado de Jesus, recebe Maria e introdu-la em sua casa, na sua vida. Os autores espirituais viram nessas palavras do Santo Evangelho um convite dirigido a todos os cristãos para que saibamos também introduzir Maria em nossas vidas. Em certo sentido, é um esclarecimento quase supérfluo, porque Maria quer sem dúvida que a invoquemos, que nos aproximemos dela com confiança, que recorramos à sua maternidade, pedindo-lhe *que se manifeste como nossa Mãe*» (São Josemaria Escrivá, *É Cristo que passa*, n. 140).

O pormenor de darem de beber vinagre a Jesus (vv. 28-29) também estava previsto no Antigo Testamento: «Deram-me fel, em vez de comida, e vinagre, quando tive sede» (Sl 69, 22). Não significa que Lho tenham dado para Lhe aumentar os tormentos; pelo contrário, era costume oferecer aos condenados água misturada com vinagre, para lhes mitigar a sede. Além da natural desidratação resultante do suplício da Cruz, a sede de Jesus é também uma expressão do seu desejo ardente de cumprir a vontade do Pai e salvar todas as almas.

19, 31-37. Na véspera da Páscoa, eram oficialmente imolados no Templo os cordeiros pascais; de acordo com a Lei, não se podia quebrar nenhum osso deles (cf. Ex 12, 46). A referência à Preparação e ao fato de não terem quebrado as pernas dEle (v. 33) sublinha que Cristo é o verdadeiro Cordeiro Pascal que tira o pecado do mundo.

O sangue e a água que brotaram do peito trespassado de Jesus são figura do Batismo e da Eucaristia, de todos os sacramentos e da própria Igreja: «Ali se abria a porta da vida, de onde manaram os sacramentos da Igreja, sem os quais não se entra na vida que é verdadeira vida. [...] Este segundo Adão adormeceu na Cruz para que dali Lhe fosse formada uma esposa, que saiu da costela do que dormia. Ó morte que dá vida aos mortos! Que coisa haverá mais pura que este sangue? Que ferida mais salutar que esta?» (Santo Agostinho, *In Ioannis Evangelium*, 120, 2). O Concílio Vaticano II diz o mesmo por outras palavras: «Tal começo e crescimento [da Igreja] exprimem-nos o sangue e a água que manaram do lado aberto de Jesus crucificado» (*Lumen gentium*, n. 3).

O relato da Paixão termina com uma citação de Zc 12, 10 (v. 37); com este texto profético, João evoca a salvação realizada por Cristo, que, cravado na Cruz, cumpriu a promessa divina de redenção.

19, 38-42. O quinto cenário da Paixão é o sepulcro que ainda não tinha sido usado. O sacrifício do Senhor começa a produzir frutos; com efeito, os que anteriormente haviam tido medo declaram-se agora corajosamente discípulos de Jesus e cuidam do seu corpo morto com delicadeza e generosidade extremas. Os Santos Padres comentaram frequentemente o pormenor do horto em sentido místico, ensinando que, tendo sido preso num horto – o das Oliveiras – e sepultado em outro horto, Cristo nos redimiu de forma superabundante daquele primeiro pecado que tinha sido cometido num terceiro horto: o do Paraíso. E sobre o sepulcro novo observam que, sendo o corpo de Jesus o único que foi ali depositado, não haveria qualquer dúvida de que o ressuscitado era Ele. Observa Santo Agostinho: «Assim como no seio de Maria Virgem nenhum outro foi concebido, nem antes nem depois dEle, assim também nesse sepulcro ninguém foi sepultado, nem antes nem depois dEle» (*In Ioannis Evangelium*, 120, 5).

***20, 1-21, 25.** A última seção do Evangelho completa a manifestação gloriosa de Jesus como Messias e como Filho de Deus, que João narrou com o objetivo de fortalecer a fé dos discípulos; nela estão incluídas as aparições do Senhor ressuscitado aos apóstolos, para lhes explicar o sentido das Escrituras à luz das suas palavras e das suas obras (20, 8-9) e lhes outorgar o Espírito Santo, com o poder de perdoar os pecados (20, 22-23). O relato da pesca milagrosa no lago de Tiberíades (21, 1-14) prefigura a multidão de povos que o apostolado da Igreja conquistará para Cristo; é também nesta dimensão eclesiológica que se insere o restante do capítulo 21, que narra a entrega do primado da Igreja a São Pedro (21, 15-19). O Evangelho chega ao fim com a ratificação da veracidade do testemunho do evangelista, que viu e ouviu as coisas narradas (21, 24-25).

20, 1-10. O testemunho das santas mulheres e dos discípulos acerca da ressurreição gloriosa de Cristo é narrado pelos quatro evangelistas; estes relatos dizem respeito a duas realidades: ao sepulcro vazio e às aparições de Jesus ressuscitado. São João salienta que, embora Maria Madalena tenha sido a primeira a ir ao sepulcro, os apóstolos são os primeiros a entrar e a dar conta dos pormenores exteriores, que mostravam que Cristo tinha ressuscitado (o sepulcro vazio, os panos caídos, o pano da cabeça enrolado à parte...). O discípulo amado verifica a ausência do corpo de Jesus: o estado do sepulcro, nomeadamente dos panos «dobrados», revelava que o que tinha acontecido não podia ser obra humana e que Jesus não tinha regressado a uma vida terrena como Lázaro; por isso, João registra que «viu e creu» (v. 8).

O sepulcro vazio e os outros pormenores são sinais perceptíveis pelos sentidos; em contrapartida, a ressurreição, embora possa ter efeitos verificáveis pela experiência, só pode ser aceita pela fé. Podemos, pois, dizer, com São Tomás de Aquino, que «cada um dos argumentos, por si, não bastaria para demonstrar a ressurreição; tomados em conjunto, porém, exprimem-na suficientemente, sobretudo pelo testemunho da Sagrada Escritura (cf. sobretudo Lc 24, 25-27), o anúncio dos anjos (cf. Lc 24, 4-7) e a palavra de Cristo, confirmada com milagres» (*Summa theologiae*, 3, 55, 6, ad 1).

20, 11-18. O Evangelho ensina que Jesus se manifesta àqueles que O procuram de verdade. Maria Madalena é modelo para os que procuram Jesus: «O que temos de ter em consideração nestes fatos é a intensidade do amor que ardia no coração daquela mulher, que não se afastava do sepulcro, embora os discípulos tivessem ido embora. Ela procurava o que não tinha encontrado, procurava-o chorando e, incendiada no fogo do seu amor, ardia em desejo daquele que pensava ter-lhe sido levado. Por isso, foi a única que O viu nesta altura, porque tinha ficado à procura dEle, uma vez que aquilo que dá força às boas obras é a perseverança nelas» (São Gregório Magno, *Homiliae in Evangelia*, 25, 1-2.4-5). Nesta cena, Jesus se apresenta como o Bom Pastor que chama as suas ovelhas uma a uma pelos seus nomes (cf. 10, 3) – «Maria!» –, e elas «reconhecem a sua voz» (10, 4): «*Rabbuni*!» Por sua vez, Maria é incumbida da missão de dar testemunho da ressurreição e comunicar aos outros que viu o Senhor; por esse motivo, foi chamada, na tradição oriental, *isapóstolos*, «igual aos apóstolos», e, na tradição latina, *apostola apostolorum*, «apóstola dos apóstolos». Jesus, cujo corpo humano glorioso transcende a materialidade deste mundo, tem de voltar para o Pai; por outro lado, os apóstolos deixaram de ser «servos», ou sequer «amigos» (15, 15), para se tornarem «irmãos» (v. 17), ficando assim manifesto que, após a morte e ressurreição gloriosa de Jesus, os que creem nEle recebem o dom da filiação divina (cf. 1, 12), pelo qual são constituídos filhos de Deus e irmãos de Cristo.

«Não me retenhas» (v. 17):

no texto original, o verbo está no imperativo presente, que implica a continuidade da ação que se realiza; a frase está na negativa – como se percebe pela tradução da *Neovulgata* (*noli me tenere*) –, o que pretende indicar que o Senhor ordena a Madalena que O liberte, pois terá mais oportunidades de vê-lO antes da sua ascensão aos Céus.

20, 19-23. A aparição de Jesus glorioso aos discípulos e a efusão do Espírito Santo sobre eles equivale, no *Evangelho de São João*, ao Pentecostes dos *Atos dos Apóstolos* de São Lucas: «Já tinha sido levado a cabo o plano salvífico de Deus na terra; mas convinha que fôssemos feitos participantes da natureza divina do Verbo, isto é, que abandonássemos a nossa vida anterior para a transformarmos e a conformarmos com um novo estilo de vida e de santidade. E isto só podia ser realizado com a comunicação do Espírito Santo» (São Cirilo de Alexandria, *Commentarium in Ioannem*, 10).

A missão que o Senhor dá aos apóstolos (vv. 22-23), semelhante à do final do *Evangelho de São Mateus* (cf. Mt 28, 18ss), exprime a origem divina da missão da Igreja e o seu poder de perdoar os pecados: «O Senhor instituiu o sacramento da penitência quando, ressuscitado dentre os mortos, soprou sobre os discípulos e disse: "Recebei o Espírito Santo". Por esse fato tão insigne e por tão claras palavras, o comum sentir de todos os Padres entendeu sempre que foi comunicado aos apóstolos e aos seus legítimos sucessores o poder de perdoar os pecados, para reconciliar os fiéis caídos em pecado depois do Batismo» (Concílio de Trento, *De paenitentia*, cap. 1).

20, 24-31. Na nova aparição, ocorrida oito dias depois, destaca-se a figura de Tomé; e, assim como Maria Madalena se tornou o modelo dos que procuram o Senhor (cf. 20, 1-11), assim também Tomé se tornou figura dos que duvidam dEle, tanto da sua divindade como da sua humanidade, mas a seguir se convertem sem reservas. O Ressuscitado é o mesmo que foi crucificado; o Senhor torna novamente claro que a fé nEle deve se apoiar no testemunho daqueles que O viram: «Pensais que foi por pura casualidade que naquela altura estava ausente aquele discípulo escolhido, que ao voltar ouviu relatar a aparição, que ao ouvir duvidou, que ao duvidar tocou e ao tocar acreditou? Não foi por casualidade, mas por disposição de Deus. Com efeito, a divina clemência interveio de modo admirável para que, tocando nas feridas de carne do seu Mestre, o discípulo que duvidava curasse em nós as feridas da incredulidade [...]. Deste modo, duvidando e apalpando, o discípulo se converteu em testemunha da verdadeira ressurreição» (São Gregório Magno, *Homiliae in Evangelia*, 26, 7).

Os vv. 30-31 constituem o primeiro epílogo ou conclusão deste Evangelho, expondo a finalidade com que São João escreveu a sua obra: para que os homens acreditem que Jesus é o Messias, o Cristo anunciado no Antigo Testamento pelos profetas, o Filho de Deus, e para que essa fé os leve a participar, já neste mundo, da vida eterna.

***21, 1-25.** Este capítulo é um acréscimo ao Evangelho, feito ou pelo mesmo evangelista ou por um discípulo seu (cf. v. 24). Nele predomina o tema da Igreja, destacando-se a comunhão entre o discípulo amado e Pedro. Ao narrar a missão que Pedro recebe (vv. 15-23), o discípulo amado reconhece a autoridade petrina e apresenta todo o seu testemunho, quer oral, quer escrito, como que referendado por essa autoridade.

21, 1-14. Esta passagem evoca a da primeira pesca milagrosa, altura em que o Senhor prometeu a Pedro fazer dele um pescador de homens (cf. Lc 5, 1-11). Agora vai confirmá-lo na sua missão de cabeça visível da Igreja.

O relato sublinha o amor do discípulo amado, que reconhece Jesus (v. 7): «Deus deixa-se contemplar pelos que têm um coração puro» (São Gregório de Nissa, *De beatitudinibus*, 6); e reflete a fé de Pedro, que avança à frente dos outros discípulos ao encontro de Jesus. Por outro lado, o narrador pretende sublinhar que o Ressuscitado não é um espírito, mas o mesmo que comeu anteriormente com os seus discípulos, com quem volta a comer: «Passa ao lado dos seus Apóstolos, junto dessas almas que se lhe entregaram. E eles não se dão conta disso. Quantas vezes está Cristo, não perto de nós, mas dentro de nós, e temos uma vida tão humana! [...] *Então o discípulo que Jesus amava disse a Pedro: É o Senhor!* O amor, o amor vê de longe. O amor é o primeiro a captar essas delicadezas. O Apóstolo adolescente, com o firme carinho que sentia por Jesus, pois amava a Cristo com toda a pureza e toda a ternura de um coração que nunca se corrompera, exclamou: É o Senhor! *Simão Pedro, mal ouviu dizer que era o Senhor, vestiu a túnica e lançou-se ao mar.* Pedro é a fé. E lança-se ao mar, cheio de uma audácia maravilhosa. Com o amor de João e a fé de

Escrivá, *Amig*...
265-266).

Este episódio foi frequentemente comentado em sentido místico pelos Santos Padres e pelos Doutores da Igreja: o barco é a Igreja, cuja unidade é simbolizada na rede que não se rompe; o mar é o mundo; Pedro no barco simboliza a autoridade suprema na Igreja; o número de peixes significa o número dos eleitos.

21, 15-23. Em contraste com as negações de Pedro durante a Paixão, Jesus, como Bom Pastor que cura a ovelha ferida (cf. 10, 11; Ez 34, 16; Lc 15, 4-7), confere-lhe o primado que lhe tinha prometido: «Jesus confiou a Pedro uma autoridade específica: "Eu te darei as chaves do Reino dos Céus: o que ligares na terra será ligado nos Céus, e o que desligares na terra será desligado nos Céus" (Mt 16, 19). O "poder das chaves" designa a autoridade para governar a casa de Deus, que é a Igreja. Jesus, "o Bom Pastor" (Jo 10, 11), confirmou este encargo depois de sua Ressurreição: "Apascenta as minhas ovelhas" (Jo 21, 15-17). O poder de "ligar e desligar" significa a autoridade para absolver os pecados, pronunciar juízos doutrinais e tomar decisões disciplinares na Igreja.

exp...
Reino» (*Catecism*...
Católica, n. 553).

Junto à autoridade de Pedro, fica aqui também estabelecido o papel de São João, ao qual se refere o v. 23, para desfazer a opinião de que o discípulo amado não morreria. De acordo com Santo Irineu (*Adversus haereses*, 2, 22, 5; 3, 3, 4), São João viveu mais do que os outros apóstolos, sobrevivendo até os tempos de Trajano (anos 98-117).

21, 24-25. Nesta passagem, recorre-se ao testemunho do «discípulo que Jesus amava» (21, 20) como garantia de veracidade do que ficou escrito desde o começo do livro (v. 24). Aquilo que São João nos narrou, sob inspiração do Espírito Santo, tem uma finalidade: fortalecer a nossa fé em Cristo mediante a consideração do que Ele fez e ensinou. Nunca esgotaremos o extraordinário e insondável conteúdo da figura de Nosso Senhor, da mesma maneira que o quarto Evangelho não o esgota: «Quando uma pessoa começa a interessar-se por Jesus Cristo, não consegue parar. Ficam sempre coisas por saber, coisas por dizer; fica o mais importante. São João Evangelista termina o seu Evangelho precisamente assim (cf. Jo 21, 25). É tão grande a riqueza das coisas que se referem a Cristo, tanta a profundidade que temos de explorar e de tentar compreender [...], tanta a luz, a força, a alegria, o desejo que dEle brotam, tão reais são a experiência e a vida que dEle nos vêm, que parece inconveniente, anticientífico e irreverente dar por terminada a reflexão que a sua vinda ao mundo, a sua presença na história e na cultura, bem como a hipótese, para não dizer a realidade, da sua relação vital com a nossa consciência, exigem honestamente de nós» (São Paulo VI, *Audiência geral*, 20.02.1974).